Martin Voth, Rainer Fragner, Heinbernd Oppenberg,
Karl-Heinz Schimpf, Martina Terfurth

Leistungsprozesse
Wirtschafts- und Sozialprozesse
Kaufmännische Steuerung und Kontrolle
Datenverarbeitung

Spedition und Logistik

Lernsituationen

3. Auflage

Bestellnummer 31615

Bildungsverlag EINS

Haben Sie Anregungen oder Kritikpunkte zu diesem Produkt?
Dann senden Sie eine E-Mail an 31615@bv-1.de
Autoren und Verlag freuen sich auf Ihre Rückmeldung.

www.bildungsverlag1.de

Bildungsverlag EINS GmbH
Sieglarer Straße 2, 53842 Troisdorf

ISBN 978-3-427-**31615**-2

© Copyright 2009: Bildungsverlag EINS GmbH, Troisdorf
Das Werk und seine Teile sind urheberrechtlich geschützt. Jede Nutzung in anderen als den gesetzlich zugelassenen Fällen bedarf der vorherigen schriftlichen Einwilligung des Verlages.
Hinweis zu § 52a UrhG: Weder das Werk noch seine Teile dürfen ohne eine solche Einwilligung eingescannt und in ein Netzwerk eingestellt werden. Dies gilt auch für Intranets von Schulen und sonstigen Bildungseinrichtungen.

Inhalt

Lernsituation 1 — 7
- Sich den Geschäftspartnern vorstellen
- Ein Speditionsunternehmen anmelden
- Die Grundlagen für ein betriebliches Informationssystem legen: Inventar und Bilanz
- Texte mit einem Textverarbeitungsprogramm erfassen

Lernsituation 2 — 25
- Einen Speditionsauftrag abwickeln
- Eine Auszubildende über ihren Status informieren
- Zahlungen veranlassen und überwachen
- Ein Formular mit einem Textverarbeitungsprogramm entwerfen

Lernsituation 3 — 57
- Eine LKW-Sammelgutrelation einrichten
- Mitarbeitern Vollmachten erteilen
- Die Buchungstechnik beherrschen: Grundbuch und Hauptbuch
- Berechnungen in Excel vornehmen

Lernsituation 4 — 77
- Einen Sammelguttransport abwickeln und abrechnen
- Betriebsrat und Jugend- und Auszubildendenvertretung einrichten
- Das Rohergebnis eines Unternehmens darstellen
- Eine Kundenliste anlegen und Serienbriefe schreiben

Lernsituation 5 — 125
- Speditionsverträge mit eigenen Fahrzeugen abwickeln
- Mitarbeiter einstellen und Arbeitsschutzvorschriften beachten
- Das Unternehmensergebnis ermitteln
- Powerpoint-Präsentationen erstellen

Lernsituation 6 — 157
- Ein Nahverkehrsfahrzeug anschaffen und kalkulieren
- Einen Arbeitsvertrag unter Beteiligung des Betriebsrates schließen
- Die Anschaffung eines LKW buchhalterisch erfassen
- LKW-Kostenkalkulation mit Excel durchführen

Lernsituation 7 — 177
- Versicherungsbedingungen vergleichen
- Über einen Rechtsformwechsel entscheiden
- Die Umsatzsteuer erfassen und buchen
- Powerpoint-Präsentationen optimieren

Lernsituation 8 — 207
- Schadensfälle bearbeiten
- Eine Gehaltsabrechnung erstellen
- Den Jahresabschluss unter Einbeziehung der direkten Abschreibung durchführen
- Steuern mit Excel berechnen

Inhaltsverzeichnis

Lernsituation 9 — 237
- Grenzüberschreitende Transporte planen
- Mitarbeiter beurteilen
- Eine DV-gestützte Finanzbuchführung mit Hilfe von Kontenrahmen und Kontenplan einrichten
- EDV-gestützte Tourenplanung durchführen

Lernsituation 10 — 271
- Gefährliche Güter transportieren
- Mitarbeiter abmahnen und kündigen
- Eine Abgrenzungsrechnung durchführen
- Die Hardwareausstattung des Unternehmens erneuern

Lernsituation 11 — 291
- An der Ausarbeitung eines Lager-Logistikvertrages mitwirken
- Die Beschaffung benötigter Materialien durchführen
- Die kurzfristige Erfolgsrechnung (KER) erstellen und auswerten
- Über die Peripheriegeräte und Vernetzung des Computersystems entscheiden

Lernsituation 12 — 317
- Güter mit einem Flugzeug versenden
- Probleme beim Abschluss von Kaufverträgen rechtlich beurteilen
- Die Kosten den Abteilungen zuordnen (BAB I)
- BAB mit Excel erstellen

Lernsituation 13 — 339
- Am Luft-Sammelgutverkehr teilnehmen
- Arbeiten im Zusammenhang mit Kaufvertragsstörungen erledigen
- Die Abteilungsergebnisse mit einem mehrstufigen BAB ermitteln
- Berechnungen im BAB mit Excel automatisieren

Lernsituation 14 — 357
- Einen Container mit einem Seeschiff versenden
- Ein- und ausgehende Zahlungen im Speditionsbetrieb abwickeln
- Über die Annahme eines Exportauftrages entscheiden
- Ein Konzept für den Datenschutz entwickeln

Lernsituation 15 — 385
- Am See-Sammelgutverkehr teilnehmen
- Beurteilung der Konzentration auf den Seeverkehrsmärkten
- Den Betriebsabrechnungsbogen auf Profitcenter umstellen
- Datensicherungsmaßnahmen ergreifen

Lernsituation 16 — 409
- Eine See-Exportsendung abfertigen
- Außenwirtschaftliche Handelsbeziehungen untersuchen und Währungsrisiken absichern.
- Den Deckungsbeitrag und den Break-even-Point von Profitcentern bestimmen
- Grafiken zum Deckungsbeitrag und Break-even-Point erstellen

Lernsituation 17 — 439
- Eine Luft-Exportsendung besorgen
- Formen und Ursachen der Arbeitslosigkeit beurteilen
- Bilanz und GuV über Controlling-Kennziffern auswerten
- Bilanzkennziffern mit Excel berechnen

Lernsituation 18 457
- Eine Importsendung verzollen
- Zollpflichtige Ware innerhalb der EU versenden
- Konjunktur und Konjunkturpolitik einschätzen
- Internetsuche zum Zollrecht durchführen

Lernsituation 19 475
- Ein Angebot für eine JIS-Belieferung entwickeln
- Einen Finanzierungsvergleich durchführen

Lernsituation 20 497
- Ein Angebot für ein Distributionslogisitik-Projekt abgeben
- Eine Bankkreditfinanzierung abwickeln

Lernsituation 21 517
- Einen Kundenbesuch vorbereiten
- Auswirkungen geldpolitischer Maßnahmen darstellen

Zusammenhängende Aufgaben zur Wiederholung
Aufgabensatz 1 (82 Punkte, 90 Minuten) 525

Zusammenhängende Aufgaben zur Wiederholung
Aufgabensatz 2 (104 Punkte, 115 Minuten) 531

Bildquellenverzeichnis
ABX Logistics (Deutschland) GmbH, Kelsterbach
Aloysius Patrimonio – www.fotolia.de
Anatoly Vartanov – www.fotolia.de
Bundesverband Güterkraftverkehr Logistik und Entsorgung (BGL) e.V., Frankfurt
CargoLine GmbH, Dietzenbach
Deutsche Post AG, Bonn
DVV Media Group GmbH, Hamburg
FIATA, Glattbrugg (Schweiz)
Fiege Holding Stiftung & Co. KG, Greven
Hanjin Shipping Co. LTD., Düsseldorf
Hapag Lloyd AG, Hamburg
HSH Nordbank AG, Hamburg
IATA, Frankfurt/Main
IDS Logistik GmbH, Kleinostheim
Lufthansa Cargo AG, Frankfurt/Main
METRO AG, Düsseldorf
MEV Verlag GmbH, Augsburg
PTV Planung Transport Verkehr AG, Karlsruhe
Siemens VDO Automotive AG, Schwalbach
Verein Hamburger Spediteure e. V., Hamburg
Volkswagen AG, Wolfsburg
WM-Holding GmbH, Bocholt

Lernsituation 1

- Sich den Geschäftspartnern vorstellen
- Ein Speditionsunternehmen anmelden
- Die Grundlagen für ein betriebliches Informationssystem legen: Inventar und Bilanz
- Texte mit einem Textverarbeitungsprogramm erfassen

Gerd Berger ist Prokurist bei der Düsseldorfer Niederlassung der Helten GmbH & Co. KG – Internationale Spedition – mit Hauptsitz in Hamburg. Das Hamburger Unternehmen möchte seine Düsseldorfer Niederlassung aufgeben, weil es sich auf einen Geschäftsschwerpunkt, die internationale Spedition, konzentrieren will. Für Gerd Berger hätte das den Umzug nach Hamburg und die Beschäftigung in einer schlechter bezahlten Position bedeutet. Herr Berger überlegt daher, sich selbstständig zu machen und die Niederlassung Düsseldorf zu übernehmen. Als langjähriger Kenner der Branche hat er intensive Kontakte zu Versendern, Frachtführern und Kreditinstituten. Vorsichtige Anfragen bei den Kunden brachten zum Ausdruck, dass man grundsätzlich interessiert sei, mit Herrn Berger auch unter veränderten Bedingungen weiter zusammenzuarbeiten.

Nach schwierigen Verhandlungen ist es ihm gelungen, mit der Geschäftsleitung der Helten GmbH folgende Vereinbarungen zu treffen:

1. Herr Berger übernimmt die (rechtlich unselbstständige) Zweigstelle Düsseldorf zum 01. Juli 20(0)[1] in eigener Verantwortung. Dazu pachtet er von der Helten GmbH & Co. KG das Grundstück und die Verwaltungsräume.
2. Herr Berger übernimmt den Kundenstamm und führt die bisherigen Geschäftsbeziehungen in eigenem Namen weiter.

Die Risiken, die mit der Selbstständigkeit verbunden sind, sind nach Meinung von Gerd Berger gut überschaubar, weil er sich zunächst auf die reine Spediteurtätigkeit beschränken und keinen eigenen Fuhrpark unterhalten will. Nach der Entscheidung, ein eigenes Unternehmen (die Spedition Gerd Berger) zu gründen, waren viele Dinge zu erledigen.

Daten zur Gerd Berger Spedition finden Sie im Informationshandbuch, Stichwort: „Firmenhandbuch"

Zunächst hat sich Gerd Berger um die Anmeldung seines Unternehmens bei der Kommunalverwaltung (Gewerbeamt) zu kümmern. Von der Stadtverwaltung Düsseldorf hat er ein Formular erhalten, mit dem er das Unternehmen anmelden kann. Außerdem will er sich erkundigen, ob eine Eintragung seiner Firma in das Handelsregister zwingend erforderlich ist oder ob er die dafür anfallenden Kosten zunächst sparen kann.

Anmeldeformular siehe Seite 14

Die Rechtsformfrage hat Gerd Berger mit seinem Bankberater der Commerzbank Düsseldorf erörtert und sich zunächst für die Rechtsform der Einzelunternehmung entschieden.

Herr Berger war der Meinung, dass man als selbstständiges Unternehmen nicht mehr auf sich allein gestellt sein dürfe, sondern die Unterstützung eines Verbandes suchen solle. Auf eine entsprechende Anfrage hat die Spedition das auf der Seite 9 abgedruckte Antwortschreiben vom Verband des Verkehrsgewerbes Nordrhein e.V., Düsseldorf, sowie die nachfolgende Beitragstabelle erhalten.

Beitragstabelle für die Mitglieder des Verkehrsverbandes Nordrhein e.V.

Der Beitrag bemisst sich nach dem Jahresumsatz[2] des Unternehmens. Er beträgt im Jahr:

A	Unternehmen bis zu 150.000,00 EUR Jahresumsatz: 0,2 % vom Umsatz; der Mindestbeitrag beträgt 95,00 EUR pro Jahr.
B	Unternehmen über 150.000,00 EUR bis zu 1 Millionen EUR Umsatz: 0,17 % vom Umsatz; der Höchstbeitrag in dieser Gruppe beträgt 1.050,00 EUR.
C	Ab einem Jahresumsatz in Höhe von 1 Millionen EUR gilt ein Staffelbetrag:

Umsatz	Jahresbeitrag
1,0 Mio. EUR bis 1,5 Mio. EUR	1.125,00 EUR
1,5 Mio. EUR bis 2,0 Mio. EUR	1.200,00 EUR
2,0 Mio. EUR bis 2,5 Mio. EUR	1.250,00 EUR
2,5 Mio. EUR bis 3,0 Mio. EUR	1.300,00 EUR usw.
5,0 Mio. EUR bis 10,0 Mio. EUR	1.650,00 EUR
über 10 Mio. EUR	1.800,00 EUR

---

[1] 20(0) = aktuelles Jahr, 20(+1) = Folgejahr usw.

[2] Der Umsatz der Spedition betrug im Jahre 20(0) 729.168,00 EUR (Halbjahresumsatz), hochgerechnet auf ein Jahr 1.458.336,00 EUR. Es werden die Zahlen der Niederlassung Düsseldorf der Helten GmbH & Co KG verwendet.

Bundesverbandsbeitrag

Zur Finanzierung der Spitzenorganisation **BGL** ist für alle Mitglieder der Fachvereinigung Güterkraftverkehr ein zusätzlicher Beitrag in Höhe von 5,00 EUR je Nutzfahrzeug und Monat zu entrichten. Maximal ist der Beitrag für 25 Fahrzeuge zu leisten.

Der **DSLV** erhebt einen Jahresbeitrag, der nach Betriebsangehörigen (einschließlich Inhaber und Auszubildende) gestaffelt ist. Der Grundbeitrag beträgt 148,00 EUR (1 Betriebsangehöriger). Bei 2–5 Betriebsangehörigen sind 302,00 EUR zu entrichten. Dieser Betrag erhöht sich für **jeden**

- 6. – 30. Betriebsangehörigen um 19,50 EUR
- 31. –100. Betriebsangehörigen um 13,00 EUR
- über 100. Betriebsangehörigen um 8,00 EUR

Hat ein Betrieb z. B. 106 Beschäftigte, sind für die ersten 5 Betriebsangehörigen 302,00 EUR zu zahlen. Für die nächsten 6 – 30 Beschäftigten 25 x 19,50 EUR (= 971,25 EUR) usw. Der Gesamtbeitrag beläuft sich dann auf 1.747,50 EUR pro Jahr.[1]

Die **AMÖ** erhebt einen jährlichen Grundbeitrag und zusätzlich einen lohn- und gehaltssummenabhängigen Beitrag. Der Grundbeitrag beläuft sich auf 450,00 EUR. Bei einer jährlichen Lohn- und Gehaltssumme

- bis 250.000,00 EUR sind 1,5 ‰
- über 250.000,00 EUR bis 1,25 Millionen EUR 1,45 ‰,
- über 1,25 Millionen EUR 1,3 ‰

der Lohn- und Gehaltssumme als weiterer Beitrag zu entrichten. Maßgebend ist die Lohn- und Gehaltssumme, die der zuständigen Berufsgenossenschaft (z. B. der Berufsgenossenschaft für Fahrzeughaltungen) gemeldet werden.[2]

Beitrittserklärung

Verband des Verkehrsgewerbes
Nordrhein e. V.
Engelbertstraße 11
40233 Düsseldorf

Firma:
Straße: PLZ: Ort:
Telefon: Telefax:

Hiermit erkläre ich meinen Beitritt zum Verband des Verkehrsgewerbes Nordrhein e. V.

Fachvereinigung
Fachvereinigung
Fachvereinigung

Mein Unternehmen ist seit gewerblich zugelassen.
als
(Art der Unternehmung)
- Rechtsform
- Eintragung ins Handelsregister   Ja   Nein
  Amtsgericht   Nr.
- Inhaber bzw. Geschäftsführer   geboren am:
  (Name, Vorname)
- Umsatz im Jahre 20 ..   EUR
- Bisher schon Mitglied im Verband   Nein
  Ja, Fachvereinigung:
  Mitglieds-Nr.

Ort, Datum

Rechtsverbindliche Unterschrift, Vor- und Zuname, Stempel

---

[1] Helten hatte am Ende des Jahres 14 Beschäftigte (einschließlich des Geschäftsführers Gerd Berger).
[2] Die Spedition hatte im Jahre 20(0) eine Lohn- und Gehaltssumme von 147.939,50 EUR (für ein Halbjahr) und einen sich kontinuierlich aufbauenden Mitarbeiterbestand.

Verband des Verkehrsgewerbes Nordrhein e. V.

Engelbertstraße 11
40233 Düsseldorf

Verkehrsgewerbe Nordrhein e. V., Engelbertstr. 11, 40233 Düsseldorf

Gerd Berger Spedition e. K.
Merkurstraße 14
40223 Düsseldorf

Ihre Zeichen, Ihre Nachricht vom	Unser Zeichen, unsere Nachricht vom hd-bv	Telefon, Name 0211 88654-0 -24	Datum 15.07.20(0)

Mitgliedschaft

Sehr geehrter Herr Berger,

ich nehme Bezug auf das mit Ihnen geführte Telefonat und darf Ihnen den Verband des Verkehrsgewerbes Nordrhein e. V. als Berufs- und Arbeitgeberverband für das private Verkehrsgewerbe näherbringen.

Der Verband ist die Interessenvertretung von ca. 2.000 Unternehmen der gewerblichen Verkehrswirtschaft in Nordrhein. Als Dienstleister für unsere Mitglieder stehen wir Ihnen jederzeit mit Rat und Tat zur Seite. Hierbei können wir auf starke Bundesverbände (BSL, BGL und AMÖ) zurückgreifen, die die Interessen der Kraftwagenspeditionen und LKW-Frachtführer in Brüssel und Berlin vertreten.

Beim Eintritt in den Verband des Verkehrsgewerbes Nordrhein e. V. entscheiden Sie sich gleichzeitig für die Mitgliedschaft in einer Fachvereinigung, und zwar

Fachvereinigung Spedition und Logistik,
Fachvereinigung Güterkraftverkehr oder
Fachvereinigung Möbelspedition.

Welche Vorteile entstehen Ihnen durch eine Mitgliedschaft? An dieser Stelle kann nur in Form eines kurzen Überblicks dargestellt werden, welche Gegenleistung Sie für Ihren Mitgliedsbeitrag erhalten. Nähere Informationen erhalten Sie von der Fachvereinigung, für die Sie sich entschieden haben:

- Regelmäßige und umfassende Information durch unseren Rundschreibdienst und Schnellfax-Service
- Organisation von themenbezogen Diskussions- und Podiumsveranstaltungen
- Kostenlose Inanspruchnahme unserer arbeitsrechtlichen Beratung und Vertretung vor Arbeits- und Sozialgerichten
- Als Arbeitgeberverband sind wir Tarifpartner der Gewerkschaft.
- Von unserem Betriebsberatungsdienst können Sie kompetente und fachkundige Unternehmensberatung erhalten.

Selbstverständlich genießen Sie auch Kostenvorteile bei Seminaren durch das gewerbeeigene Bildungswerk Verkehrsgewerbe Nordrhein e. V., über die wir technische und kaufmännische Fort- und Weiterbildung von Fach- und Führungskräften erfolgreich durchführen. Aufgrund unserer hohen Organisationsquote im Land wie auch im Bund konnte in den letzten Jahren erfolgreiche Lobby-Arbeit in Ihrem Interesse durchgeführt werden.

Die Beitragsordnung ist beigefügt.

Es würde uns freuen, wenn Sie durch Ihren Beitritt zum Verband des Verkehrsgewerbes Nordrhein e. V. die Kraft der Berufsvertretung des Transportgewerbes stärkten.

Mit freundlichem Gruß   Anlagen

R. Pauli

Richard L. Pauli

Lernsituation 1 | zu SLG S. 17–18, 423–432, 447–449, WSP S. 103-104, 91 - 95, KSK S. 8-12, (DV) 178-189

Neben der Anmeldung des Unternehmens beim Gewerbeamt verlangt der Gesetzgeber im Handelsgesetzbuch (HGB) von Gerd Berger die Auflistung des Vermögens und der Schulden des neuen Unternehmens und außerdem eine Bilanz. Daher beauftragt Gerd Berger seine Mitarbeiterin, Frau Keller, sich zunächst um die Erstellung von Inventar und Bilanz zu kümmern.

Die notwendigen Informationen für das Inventar und die Bilanz konnte Herr Berger leicht zusammentragen, schließlich ist sein Betrieb noch gut überschaubar. Die von der Helten GmbH & Co. KG gepachteten Räumlichkeiten mit einem Immobilienwert von 225.000,00 € hat Berger bereits funktionsgerecht und ansprechend ausgestattet mit Büromöbeln im Wert von insgesamt 14.500,00 €, einer Telefonanlage zu 2.050,00 €, einem Faxgerät mit einem Wert von 750,00 € und einer Computeranlage zu 7.950,00 €. Als Geschäftswagen hat Berger einen Mercedes C 220 CDI für 23.000,00 € beim örtlichen Händler gekauft.

Diese Anschaffungen wurden durch die Aufnahme eines Darlehens bei der Commerzbank Düsseldorf in Höhe von 25.000,00 € finanziert. Die Bezahlung des Pkws wickelte Herr Berger direkt über die Commerzbank ab. Die Bargeldkasse hat er mit 1.300,00 € gefüllt. Von seinem bei der Commerzbank Düsseldorf geführten privaten Bankkonto (Konto-Nr. 4860 042 000) hat Berger auf das ebenfalls bei der Commerzbank Düsseldorf geführte neu eingerichtete betriebliche Girokonto 30.000,00 € überwiesen (Konto-Nr. 4865 051 000).

Inventar der Spedition Gerd Berger zum 01. Juli 20(0)		
	€	€
A. Vermögen		
I. Anlagevermögen		
1. Fahrzeuge ...		
2. Geschäftsausstattung		
a) Möblierung	....	
b) Computeranlage	....	

Aktiva		Bilanz der Spedition G. Berger zum 01. Juli 20(0)		Passiva
I Anlagevermögen		I Eigenkapital		
II Umlaufvermögen		II Fremdkapital		

Nachdem Frau Keller sowohl das Inventar als auch die Bilanz zum 01.07.20(0) erstellt hat, wendet sie sich der Aufgabe zu, das Rechnungswesen für die Firma Gerd Berger Spedition e. K. aufzubauen. In einem ersten Schritt muss die Finanzbuchhaltung eingerichtet werden. Das ist mit den folgenden Arbeiten verbunden:

- Übernahme der Bilanzwerte (Ist-Werte) in die Finanzbuchführung des neuen Geschäftsjahres
- Eröffnung der Vermögenskonten
- Eröffnung der Kapitalkonten

Frau Keller liegen die Bilanzwerte vor. Die Vermögens- und Schuldenwerte stellen die Ausgangswerte für die Finanzbuchführung dar und werden in das System der Finanzbuchhaltung eingepflegt. Frau Keller richtet zunächst für jede Bilanzposition ein Konto ein. Dabei unterscheidet sie zwischen Vermögenskonten und Kapitalkonten. Auf die Vermögenskonten überträgt sie die Bilanzwerte der Vermögensseite (Aktiva) und auf die Kapitalkonten die Bilanzwerte der Kapitalseite (Passiva). Sie stellen nun die Anfangs- bzw. Eröffnungsbestände auf den Konten dar.

Vermögenskonten (Beispiel):

Soll		Fahrzeuge			Haben
Datum	Text	€	Datum	Text	€
01.07.	Eröffnungsbestand				

Kapitalkonten (Beispiel):

Soll			Darlehen		Haben
Datum	Text	€	Datum	Text	€
			01.07.	Eröffnungsbestand	

Die Finanzbuchführung ist nun "betriebsbereit": Die Geschäftsvorgänge des laufenden Geschäftsjahres können auf den Konten erfasst und dokumentiert werden. So erhält Herr Berger eine genaue Übersicht über Art, Ursache und Höhe der Veränderungen der Vermögens- und Kapitalbestände.

Die Mitarbeiter wurden über die neue Situation informiert. Alle waren gerne bereit, wie bisher mit Herrn Berger zusammenzuarbeiten, der jetzt allerdings nicht mehr die Position eines Filialleiters, sondern die eines selbstständigen Spediteurs innehat.

In einer gemeinsamen Gesprächsrunde wurden die Aufgaben neu auf die einzelnen Mitarbeiter verteilt.

Herr Berger hat die einzelnen Mitarbeiter jeweils mit der Betreuung einer bestimmten Relation beauftragt, weil er sich davon einen besonders engen Kontakt zu den Kunden verspricht. Aus diesem Grunde sollen auch alle Kunden über die Geschäftsübernahme und die zukünftigen Kundenbetreuer informiert werden. Über das Verfahren war man sich noch nicht ganz einig. In der Diskussion war ein Brief an die Kunden, aber auch ein direktes Gespräch wurde erwogen. Frau Theben schlug vor, eine kleine Werbebroschüre zu entwerfen, die man den Kunden zuschicken oder übergeben könne. *Neue Aufgaben im Unternehmen*

Herr Berger: „Darüber müssen wir uns alle im Klaren sein: Wir haben nicht mehr unsere große Hamburger Zentrale im Rücken, die uns in der Vergangenheit einen großen Teil der Aufträge besorgte. Jetzt müssen wir das alleine schaffen. Das bedeutet auch: Wir müssen alles daransetzen, unsere bisherigen Kunden zu halten und neue zu gewinnen. Dazu brauchen wir eine Marketingkonzeption aus einem Guss und viele Ideen, wie wir Kunden auf uns aufmerksam machen und von unserer Leistungsfähigkeit überzeugen können. Das reicht vom attraktiven Briefkopf über Werbebriefe und direkte Kundengespräche bis zur Werbebroschüre." *Informationen zur **Werbung** befinden sich im Informationshandbuch*

Frau Theben: „Die Zeiten werden für uns härter. Wir werden uns einiges einfallen lassen müssen."

Die Mitarbeiter haben sich an diesem Nachmittag noch lange überlegt, wie diese neuen Aufgaben angegangen werden können. Man war sich einig, dass der Brief und die Broschüre ansprechend gestaltet werden müssen.

Da die Fa. Berger über einen modernen Computer verfügt, sollen die Materialien mit dem Textverarbeitungsprogramm „Microsoft Word" erfasst und gestaltet werden. Ein Brief an die Kunden muss selbstverständlich die DIN-Vorschriften über die Briefgestaltung einhalten.

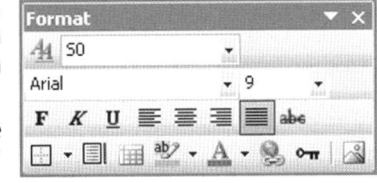

Helten GmbH & Co. KG
Spedition
Merkurstraße 14
40223 Düsseldorf

Helten GmbH & Co. KG, Merkurstraße 14, 40223 Düsseldorf

Papierfabrik
Wendering AG
Aachener Str. 4
40223 Düsseldorf

Fax: 0211 56733
USt.ID: DE 203 765 810

Ihr Zeichen, Ihre Nachricht vom	Unser Zeichen, unsere Nachricht vom	Telefon, Name 0211 567420	Datum
th-no 29.05.20(0)	be-he 23.05.20(0)	210	10.06.20(0)

Filiale Düsseldorf

Sehr geehrte Frau Thieß,

die Helten GmbH & Co. KG ist ein Unternehmen, das seinen Schwerpunkt in der Organisation von Seegütertransporten hat. Wir möchten unsere Aktivitäten auf diesen Bereich konzentrieren. Aus diesem Grunde ziehen wir uns aus unseren Filialen im Binnenland zurück und bauen unsere Zentrale in Hamburg erheblich aus.

Die Filiale Düsseldorf wird von unserem langjährigen Filialleiter, Herrn Berger, übernommen.

Übernahmetermin ist der 01. Juli 20(0).

Herr Berger ist Ihnen aus vielen Jahren harmonischer geschäftlicher Zusammenarbeit bekannt. Wir würden uns sehr freuen, wenn Herr Berger Sie auch in Zukunft zu seinen Kunden zählen dürfte. Wir bedanken uns an dieser Stelle herzlich für die faire Partnerschaft, mit der wir in der Vergangenheit unsere Geschäfte abgewickelt haben.

Mit freundlichen Grüßen

Franz Helten

- Helten GmbH & Co. KG -

Geschäftsführer:	Amtsgericht Hamburg	Bankkonto	Geschäftsräume
Franz Helten	HR-A 396-4491	Kreissparkasse Düsseldorf, BLZ 30150200, Kto.-Nr. 446789	Merkurstraße 14, 40223 Düsseldorf

Gerd Berger Spedition e.K.

Gerd Berger Spedition e.K., Merkurstraße 14, 40223 Düsseldorf

Telefon: 0221 56742-0
Telefax: 0221 56733
E-Mail: gberger-spedition@t-online.de
USt.-ID: DE 458 977 344

Ihr Zeichen, Ihre Nachricht vom	Unser Zeichen, unsere Nachricht vom	Telefon, Name 0221 567420-0	Datum

Inhaber:
Gerd Berger e.K.

Bankverbindung:
Commerzbank Düsseldorf
Konto 4865 051 000,
BLZ 300 400 00

Geschäftsräume
Merkurstraße 14,
40223 Düsseldorf

14 Lernsituation 1 | zu SLG S. 17–18, 423–432, 447–449, WSP S. 103-104, 91 - 95, KSK S. 8-12, (DV) 178-189

Name der entgegennehmenden Gemeinde: Düsseldorf
Gemeindekennzahl Betriebsstätte (Sitz): 05.1.11.000

Gewerbe-Anmeldung
nach § 14 GewO oder § 55 c GewO

Bitte vollständig und gut lesbar ausfüllen sowie die zutreffenden Kästchen ankreuzen

GewA 1

Angaben zum Betriebsinhaber

Bei Personengesellschaften (z. B. OHG) ist für jeden geschäftsführenden Gesellschafter ein eigener Vordruck auszufüllen. Bei juristischen Personen ist bei Feld Nr. 3 bis 9 und Feld Nr. 30 und 31 der gesetzliche Vertreter anzugeben (bei inländischer AG wird auf diese Angaben verzichtet). Die Angaben für weitere gesetzliche Vertreter zu diesen Nummern sind ggf. auf Beiblättern zu ergänzen.

1. Im Handels-, Genossenschafts- oder Vereinsregister eingetragener Name mit Rechtsform (ggf. bei GbR: Angabe der weiteren Gesellschafter)
2. Ort und Nummer des Registereintrages

Angaben zur Person

3. Name
4. Vornamen
4a. Geschlecht — männl. / weibl.
5. Geburtsname (nur bei Abweichung vom Namen)
6. Geburtsdatum
7. Geburtsort und -land
8. Staatsangehörigkeit(en) — deutsch / andere:
9. Anschrift der Wohnung (Straße, Haus-Nr., Plz, Ort; freiwillig: e-mail/web) — Telefon-Nr. / Telefax-Nr.

Angaben zum Betrieb

10. Zahl der geschäftsführenden Gesellschafter (nur bei Personengesellschaften)
    Zahl der gesetzlichen Vertreter (nur bei juristischen Personen)
11. Vertretungsberechtigte Person/Betriebsleiter (nur bei inländischen Aktiengesellschaften, Zweigniederlassungen und unselbständigen Zweigstellen) — Name / Vornamen

Anschriften (Straße, Haus-Nr., Plz, Ort)

12. Betriebsstätte — Telefon-Nr. / Telefax-Nr. / freiwillig: e-mail/web
13. Hauptniederlassung (falls Betriebsstätte lediglich Zweigstelle ist) — Telefon-Nr. / Telefax-Nr. / freiwillig: e-mail/web
14. Frühere Betriebsstätte — Telefon-Nr. / Telefax-Nr.
15. Angemeldete Tätigkeit – ggf. ein Beiblatt verwenden (genau angeben: z. B. Herstellung von Möbeln, Elektroinstallationen und Elektroeinzelhandel, Großhandel mit Lebensmitteln usw; bei mehreren Tätigkeiten bitte Schwerpunkt unterstreichen)
16. Wird die Tätigkeit (vorerst) im Nebenerwerb betrieben? Ja / Nein
17. Datum des Beginns der angemeldeten Tätigkeit
18. Art des angemeldeten Betriebes — Industrie / Handwerk / Handel / Sonstiges
19. Zahl der bei Geschäftsaufnahme tätigen Personen (ohne Inhaber) — Vollzeit / Teilzeit / Keine

Die Anmeldung wird erstattet für
20. eine Hauptniederlassung / eine Zweigniederlassung / eine unselbständige Zweigstelle
21. ein Automatenaufstellungsgewerbe
22. ein Reisegewerbe

Grund
23. 24. Neuerrichtung/Übernahme / Neugründung / Wiedereröffnung nach Verlegung aus einem anderen Meldebezirk / Gründung nach Umwandlungsgesetz (z. B. Verschmelzung, Spaltung)
Wechsel der Rechtsform / Gesellschaftereintritt / Erbfolge/Kauf/Pacht

26. Name des früheren Gewerbetreibenden oder früherer Firmenname

Falls der Betriebsinhaber für die angemeldete Tätigkeit eine Erlaubnis benötigt, in die Handwerksrolle einzutragen oder Ausländer ist:

28. Liegt eine Erlaubnis vor? Ja / Nein — Wenn Ja, Ausstellungsdatum und erteilende Behörde:
29. Nur für Handwerksbetriebe — Liegt eine Handwerkskarte vor? Ja / Nein — Wenn Ja, Ausstellungsdatum und Name der Handwerkskammer:
30. Liegt eine Aufenthaltsgenehmigung vor? Ja / Nein — Wenn Ja, Ausstellungsdatum und erteilende Behörde:
31. Enthält die Aufenthaltserlaubnis eine Auflage oder Beschränkung? Ja / Nein — Wenn Ja, sie enthält folgende Auflagen bzw. Beschränkungen:

Hinweis: Diese Anzeige berechtigt nicht zum Beginn des Gewerbebetriebes, wenn noch eine Erlaubnis oder eine Eintragung in die Handwerksrolle notwendig ist. Zuwiderhandlungen können mit Geldbuße oder Geldstrafe oder Freiheitsstrafe geahndet werden. Diese Anzeige ist keine Genehmigung zur Errichtung einer Betriebsstätte entsprechend dem Planungs- und Baurecht.

32. (Datum)
33. (Unterschrift)

Ordnungsamt Düsseldorf
40200 Düsseldorf
Telefax 02 11. 89-2 91 88

Lernsituation 1 | zu SLG S. 17–18, 423–432, 447–449, WSP S. 103-104, 91 - 95, KSK S. 8-12, (DV) 178-189

Inventar		
	€	€
Düsseldorf, den		

Lernsituation 1 | zu SLG S. 17–18, 423–432, 447–449, WSP S. 103-104, 91 - 95, KSK S. 8-12, (DV) 178-189

Aktiva	Bilanz der Spedition G. Berger		Passiva
	€		€

Düsseldorf, 01.Juli 20(0)   *Gerd Berger*

Finanzbuchhaltung: Konteneröffnung

Vermögenskonten

Soll			Fahrzeuge		Haben
Datum	Text	€	Datum	Text	€

Soll			Geschäftsausstattung		Haben
Datum	Text	€	Datum	Text	€

Kapitalkonten

Soll			Bank		Haben
Datum	Text	€	Datum	Text	€

Soll			Kasse		Haben
Datum	Text	€	Datum	Text	€

Soll			Eigenkapital		Haben
Datum	Text	€	Datum	Text	€

Soll			Darlehen		Haben
Datum	Text	€	Datum	Text	€

Lernsituation 1 | zu SLG S. 17–18, 423–432, 447–449, WSP S. 103-104, 91 - 95, KSK S. 8-12, (DV) 178-189

Aufgabe 1

Richtfest beim Einfamilienhaus der Familie SCHNEIDER: Mit Stolz, weil man bald in den eigenen vier Wänden wohnen kann, und mit Sorge wegen der hohen Zinsbelastungen, betrachtet man das bisherige Ergebnis der Bautätigkeit und blickt schon etwas wehmütig zurück auf den Herbst des vergangenen Jahres. Damals hatte sich die Familie SCHNEIDER entschlossen, dem Architekturbüro MEINERT den Auftrag zur Planung eines Einfamilienhauses zu übertragen. Viele Planentwürfe wurden diskutiert, zahlreiche Finanzierungspläne durchgerechnet. Vor drei Monaten dann wurde die NIERMANN KG – nach einer Ausschreibung des Projektes – vom Architekten mit der Durchführung des Bauvorhabens beauftragt. Das Ergebnis der bisherigen Bemühungen war ein Rohbau, der in weiteren drei Monaten bezugsfertig sein soll – hoffentlich!

a. Beschreiben Sie die Tätigkeiten der drei am Bauvorhaben Beteiligten.

b. Mit welchem Beteiligten lässt sich Ihrer Meinung nach der Spediteur am besten vergleichen, wenn es um die Beförderung einer Sendung von A nach B geht? Ergänzen Sie dazu die unten stehende Übersicht mit den Beteiligten bei einer Güterbeförderung: Spediteur, Frachtführer und Versender. HGB §§ 407 (1), (2), 453 (1), (2)

Hausbau

Bauherr	Architekt	Bauunternehmer

Transport einer Sendung von A nach B

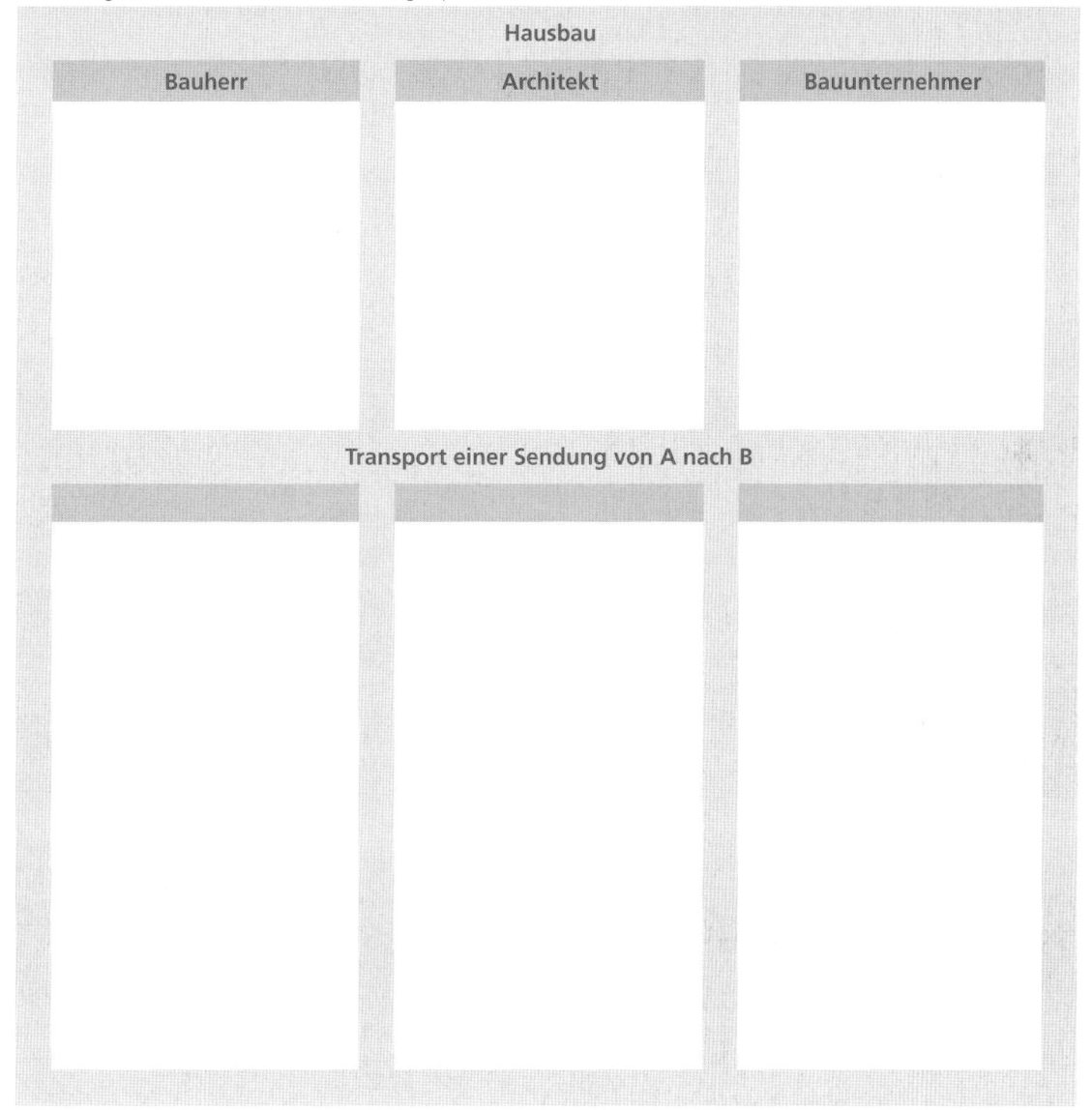

Aufgabe 2

Sammeln Sie alle Aufgaben/Tätigkeiten, die Ihr Ausbildungsbetrieb erledigt, und tragen Sie sie in eine Übersicht nach unten stehendem Muster ein.

Muster

Tätigkeit	Spediteur	Frachtführer	Lagerhalter	Sonstige Tätigkeit

Aufgabe 3

Die Spedition Berger will auch die Frachtführer über den Inhaberwechsel informieren. Entwerfen Sie ein geeignetes Schreiben. Beachten Sie die DIN-Regeln für das Abfassen kaufmännischer Briefe.

Lernsituation 1 | zu SLG S. 17–18, 423–432, 447–449, WSP S. 103-104, 91 - 95, KSK S. 8-12, (DV) 178-189

Telefonmarketing

Aufgabe 4

Kundenfreundliches Verhalten am Telefon sieht Herr Berger als sehr wichtig an. Daher möchte er allen Mitarbeitern die Regeln für das Verhalten am Telefon durch einen Aushang am Schwarzen Brett nahelegen. Als Inhalt des Aushangs stellt er sich vor, dass der Grundsatz „Freundlichkeit ist oberstes Gebot" deutlich herausgestellt wird. Ferner soll der Name des Anrufenden im Gespräch verwendet werden. Außerdem hält er folgende Reihenfolge bei der Annahme eines Gesprächs für sinnvoll: 1. Gruß, 2. Name des Unternehmens, 3. Name des Mitarbeiters und dann 4. ein Satz, der die Dienstbereitschaft zum Ausdruck bringt, z.B. „Was kann ich für Sie tun?"

Informationen zur Textgestaltung im Informationsband, Stichwort: „Gestaltungsmittel"

Gestalten Sie einen optisch ansprechenden Aushang für das Schwarze Brett in der Gerd Berger Spedition. Wenden Sie die Regeln für die Textgestaltung an.

Aufgabe 5

Frau Bergmann, Mitarbeiterin in der Marketingabteilung der SPEDITION GESTNER, wählt die Nummer der Firma SIEMAG. Das Unternehmen stellt elektronische Bauteile, schnurlose Telefone, Faxgeräte u. Ä. her. Aufgrund gelegentlicher kleinerer Aufträge in der Vergangenheit ist bekannt, dass SIEMAG ein hohes Sendungsaufkommen im Kleingutbereich hat, weil auch Endverbraucher beliefert werden.

Kleingut = Sendungen mit einem Gewicht bis ca. 30 kg, siehe Informationsband; Stichwort: Kleingut

SIEMAG: „Guten Tag, SIEMAG AG, Langer, was kann ich für Sie tun?"
Frau Bergmann: „Guten Tag, SPEDITION GESTNER, Bergmann. Bitte den Leiter des Versandes."
SIEMAG: „Einen Augenblick bitte."
Herr Straube: „Straube."
Frau Bergmann: „SPEDITION GESTNER, Bergmann, guten Tag Herr Straube. Vor einigen Tagen haben Sie von uns einen Brief zu unserem neuen Kleingutkonzept IKLO erhalten. Ich möchte heute einmal nachfragen, ob Sie ..."
Straube: (unterbricht) „Einen Moment, ich verbinde Sie mit Frau Bernau, unserer Abteilungsleiterin."
Frau Bergmann: „Ja, vielen Dank."
Frau Bernau: „SIEMAG AG, Bernau, guten Tag?"
Frau Bergmann: „SPEDITION GESTNER, Bergmann, guten Tag Frau Bernau. Vor einigen Tagen haben Sie von uns einen Brief zu unserem neuen Kleingutkonzept IKLO erhalten. Ich möchte heute einmal nachfragen, ob Sie Interesse haben, das Konzept einmal näher kennenzulernen?"
Frau Bernau: „Ihren Brief habe ich gelesen – er schien mir aber nicht viel Neues zu beinhalten."
Frau Bergmann: „Ein 24-Stunden-Service für Ihre Kleingutsendungen bei einem extrem niedrigen Preisniveau – das kann Ihnen kein Mitbewerber bieten."
Frau Bernau: „Nun ja, unser Hausspediteur hat bisher sehr zuverlässig gearbeitet. Mit seinen Preisen waren wir auch zufrieden."
Frau Bergmann: „Ich kann mir nicht vorstellen, dass der zu unseren Konditionen arbeiten kann. Bei Ihrem Sendungsaufkommen würden wir Ihr Unternehmen sogar täglich anfahren; auch Wochenendzustellungen wären für uns kein Problem. Unser Außendienstmitarbeiter wird Ihnen gerne das Konzept in allen Feinheiten erläutern – darf er vielleicht in den nächsten Tagen bei Ihnen vorbeischauen?"
Frau Bernau: „Es tut mir leid, aber ich habe für Wochen keinen Termin mehr frei."
Frau Bergmann: „Darf ich Ihnen denn noch ein paar Prospekte zuschicken?"
Frau Bernau: „Das können Sie gerne tun – also dann – auf Wiedersehen."
Frau Bergmann: „Auf Wiedersehen."

a. Die Mitarbeiterin in der Telefonzentrale von SIEMAG, Herr Straube und Frau Bernau melden sich auf unterschiedliche Art am Telefon. Welches Verfahren ist vorzuziehen?
b. Mit welchen Worten eröffnet die Mitarbeiterin der SPEDITION GESTNER ihr Gesprächsthema?
c. Wie äußert sie sich über die Mitbewerber?
d. Entwickeln Sie für Frau Bergmann eine Gesprächsstrategie, die die Chancen für eine Terminvereinbarung mit Frau Bernau verbessert.

Aufgabe 6

Beurteilen Sie die nachfolgenden Aussagen einer Mitarbeiterin in der Abteilung Kundenservice gegenüber dem Kunden Herrn Arnold.

Gespräch Nr. 1

Herr Arnold: „Heute bis um 12:00 Uhr sollte eine Sendung bei mir eintreffen. Jetzt ist es 16:00 Uhr."
Mitarbeiterin: „Bitte Ihre Sendungsnummer."
Herr Arnold: „8455-241-04"
Mitarbeiterin: „Da müsste ich einmal nachschauen, ob ich Ihre Sendung im System finden kann. Einen Augenblick bitte."

Lernsituation 1 | zu SLG S. 17–18, 423–432, 447–449, WSP S. 103-104, 91 - 95, KSK S. 8-12, (DV) 178-189

Gespräch Nr. 2

Herr Arnold: „Heute bis um 12:00 Uhr sollte eine Sendung bei mir eintreffen. Jetzt ist es 16:00 Uhr."
Mitarbeiterin: „Sagen Sie mir bitte Ihre Sendungsnummer, dann kann ich Ihre Frage sofort klären."
Herr Arnold: „8455-241-04"
Mitarbeiterin: „Haben Sie bitte einen kleinen Augenblick Geduld, Herr Arnold. Das System gibt mir gleich den Status Ihrer Sendung an. Wir können dann sofort überlegen, wie Sie schnellstens an Ihre Sendung kommen."

Aufgabe 7
Entwickeln Sie zu den Mitarbeiteraussagen kundenfreundliche Formulierungen:

Mitarbeiteraussagen	kundenfreundliche Alternative
„Frau Kramer ist leider nicht an ihrem Platz."	„Frau Kramer ist ab 15:00 Uhr wieder erreichbar. Darf sie Sie dann zurückrufen? (Kann ich ihr etwas ausrichten? Möchten Sie eine Nachricht für sie hinterlassen?)"
„Das geht jetzt nicht."	
„Ich glaube, das wird nicht gelingen."	
„Vielleicht gibt es eine Lösung."	
„Ich muss dazu erst Ihre Akte holen."	

Aufgabe 8
Welche Vorteile und Nachteile der Rechtsform der Einzelunternehmung lassen sich aus der Sicht Bergers als Inhaber der Spedition ableiten? Notieren Sie diese stichwortartig!

Aufgabe 9
Informieren Sie sich mithilfe des Informationsteils über die Regelungen des Handelsgesetzbuches zur Firma und stellen Sie fest, ob folgende Firmenbezeichnungen möglich sind! Begründen Sie stichwortartig Ihre Meinung.

a. G. Berger, Spedition;
b. LKW-Spedition Düsseldorf e. K.
c. Gerd Berger - Internationale Spedition e. K.
d. Gerd Berger & Co.
e. Gerd Berger e. K.; Zusatzinformation: Sein Cousin, der wie er nach dem Großvater benannt wurde, führt in Düsseldorf als im Handelsregister eingetragener Kaufmann eine Lederwarengroßhandlung mit der Firma „Gerd Berger e. K.".
f. Manfred Noje führt als Einzelkaufmann die „Spedition Manfred Noje e. K." seit 10 Jahren. Nun will Noje das Unternehmen verkaufen und einigt sich mit dem Kaufinteressenten Hartmut Henkel über die Konditionen. Henkel möchte die Spedition unter ihrer bestehenden Firmenbezeichnung weiterführen. Noje ist damit einverstanden.

Aufgabe 10
Ordnen Sie in der unten stehenden Tabelle die nachfolgenden Abkürzungen den Textbeschreibungen zu: FIATA, IRU, DSLV, BGL.

	Internationaler Zusammenschluss von Verbänden des Güterkraftverkehrs
	Organisation, in der sich nationale Spediteurorganisationen auf internationaler Ebene zusammengetan haben
	Bundesverband von regionalen Spediteur-Fachvereinigungen
	Bundesverband von regionalen Fachvereinigungen des Güterkraftverkehrs

Lernsituation 1 | zu SLG S. 17–18, 423–432, 447–449, WSP S. 103-104, 91 - 95, KSK S. 8-12, (DV) 178-189

Aufgabe 11

Inventar und Bilanz auf der CD mit Begleitmaterialien

Der Spediteur Jakob Wagner, Mannheim, übernimmt am 01. März 20(0) eine Spedition mit folgenden Beständen:

Barmittel	10.100,00 €	Forderungen gegenüber Versendern	53.200,00 €
Guthaben bei der Volksbank	14.900,00 €	Kraftstoffvorrat	2.700,00 €
Guthaben bei der Sparkasse	10.250,00 €	Verbindlichkeiten aus Speditionsgeschäften	40.300,00 €
Guthaben bei der Postbank	2.200,00 €	1 PKW	40.000,00 €
BGA	43.000,00 €	Darlehen bei der Sparkasse	130.000,00 €
1 LKW	120.000,00 €	Darlehen bei der Volksbank	45.000,00 €

a. Erstellen Sie das Inventar!
b. Erstellen Sie die Eröffnungsbilanz!
c. Eröffnen Sie die Bestandskonten mit den Zahlen der Eröffnungsbilanz.

Aufgabe 12

a. Ermitteln Sie die Kennzahlen zum Vermögensaufbau und zur Finanzierungsstruktur für die Spedition Jakob Wagner.
b. Vergleichen Sie die ermittelten Kennzahlen mit den Bilanzkennzahlen der Spedition Gerd Berger. Dokumentieren Sie die ermittelten Daten in dem folgenden Vergleichsschema:

		Spedition Berger	Spedition Wagner
Anlagevermögen	absoluter Betrag		
	Anteil in %		
Umlaufvermögen	absoluter Betrag		
	Anteil in %		
Eigenkapital	absoluter Betrag		
	Anteil in %		
Fremdkapital	absoluter Betrag		
	Anteil in %		

Ergebnis		Spedition Wagner	Spedition Berger
a) Vermögensaufbau	Anteil des Anlagevermögens		
	Anteil des Umlaufvermögens		
b) Finanzierungsstruktur	Eigenkapitalquote (Eigenfinanzierungsgrad)		
	Fremdkapitalquote (Fremdfinanzierungsgrad)		

Für alle EDV-Aufgaben: Grundeinstellungen
Menü: Extras | Sprache | Silbentrennung | Automatische Silbentrennung = ja
Menü: Extras | Autokorrektur-Optionen | Autoformat | Übernehmen: alle Häkchen löschen
Menü: Extras | Autokorrektur-Optionen | Autoformat während der Eingabe | Während der Eingabe übernehmen: alle Häkchen löschen

Aufgabe 13

Gestalten Sie den nebenstehenden Text mit einem Textverarbeitungsprogramm.

Verwenden Sie dabei die Schriftarten, Schriftgrößen und Schriftauszeichnungen wie im abgebildeten Text.

Der rechte Seitenrand soll 9 cm, der linke Seitenrand 2 cm betragen. Der eingerahmte Verweis auf das BGB soll mit der Funktion „Rahmen und Schattierung" als Absatzrahmen formatiert werden.

Aufgabe 14

Erstellen Sie den unten stehenden Text mit einem Textverarbeitungsprogramm. Verwenden Sie dabei die Möglichkeiten der Tabellenfunktion im Textverarbeitungsprogramm und formatieren Sie den Text entsprechend der Vorlage.

Das Speditionsgeschäft

I. Die Vertragspartner: Spediteur und Versender

Durch den *Speditionsvertrag* wird der Spediteur nach § 453 HGB verpflichtet, die Versendung des Gutes zu besorgen. Der Versender ist verpflichtet, die vereinbarte Vergütung zu zahlen.

Der **Spediteur** verpflichtet sich, die Versendung zu besorgen. Er hat daher die Organisation der Beförderung zu übernehmen, insbesondere

1. die Bestimmung des Beförderungsmittels und des Beförderungsweges,
2. die Auswahl ausführender Unternehmer, den Abschluss der für die Versendung erforderlichen Fracht-, Lager- und Speditionsverträge sowie die Erteilung von Informationen und Weisungen an die ausführenden Unternehmer und
3. die Sicherung von Schadenersatzansprüchen des Versenders

Auf die so begründeten Rechtsbeziehungen finden neben den §§ 453 ff. HGB auch die allgemeinen handelsrechtlichen Vorschriften Anwendung. Das sind vor allem die Regelungen über Handelsgeschäfte (§§ 342 ff. HGB).

> Ergänzend ist schließlich auch noch auf die BGB-Vorschriften über die Geschäftsbesorgung (§ 675) und auf das Auftragsrecht (§§ 662 ff. BGB) zurückzugreifen.

Verordnung über den Zugang zum Beruf des Güterkraftverkehrsunternehmers		
(Berufszugangs-Verordnung GüKG)		
§ 1	(1) Der Unternehmer und die zur Führung der *Güterkraftverkehrsgeschäfte* bestellten Personen sind als zuverlässig im Sinne des § 3 Abs. 2 Nr. 1, Abs. 3 Nr. 1 des Güterkraftverkehrsgesetzes anzusehen, wenn davon ausgegangen werden kann, dass sie das Unternehmen unter Beachtung der für den Güterkraftverkehr geltenden Vorschriften führen sowie die Allgemeinheit bei dem Betrieb des Unternehmens vor Schäden oder Gefahren bewahren.	*Zuverlässigkeit*

	(2) Die **Zuverlässigkeit** ist zu verneinen
	  1. bei einer rechtskräftigen Verurteilung wegen schwerer Verstöße gegen strafrechtliche Vorschriften einschließlich des Wirtschaftsstrafrechts,
	  2. bei schweren und wiederholten Verstößen gegen
	    a) arbeits- und sozialrechtliche Pflichten, insbesondere gegen die Vorschriften über die Lenk- und Ruhezeiten des Fahrpersonals,
	    b) Vorschriften, die im Interesse der Verkehrs- und Betriebssicherheit erlassen wurden, insbesondere gegen die Vorschriften über die Abmessungen und Gewichte der Nutzfahrzeuge,	

Aufgabe 15

Erstellen Sie ein Briefformular für persönliche Zwecke. Halten Sie dabei die DIN-Vorschriften für Geschäftsbriefe ein. Kopf- und Fußzeilen sind mit der entsprechenden Funktion in einem Textverarbeitungsprogramm zu gestalten. Textfenster und Bezugszeile sind genau zu platzieren, damit der Brief in Fensterumschlägen verschickt werden kann.

Aufgabe 16

Gestalten Sie den nachfolgenden Text nach den unten aufgeführten Arbeitsschritten (ohne Zeilennummerierung).

---

1 💣

2 **18   Gefahrguttransporte**

3 Werden gefährliche Güter transportiert, entstehen für Mensch und Umwelt besondere Risiken.
4 Feuerwerkskörper sind ein einsichtiges Beispiel für explosive Stoffe, aber auch die Airbag-
5 Module für einen Pkw können bei unsachgemäßer Behandlung explodieren.

6 **18.1   Rechtsgrundlagen für Gefahrguttransporte mit Lastkraftwagen**
7 **auf der Straße**

8 a) Generell gilt für nationale Gefahrguttransporte das „Gesetz über die Beförderung gefährli-
9 cher Güter" als Rechtsgrundlage.

10 b) Daneben existieren für den nationalen und internationalen Verkehr Gefahrgutverordnungen,
11 die die Besonderheiten der jeweiligen Verkehrsträger berücksichtigen:

12   1. ***GGVSE***:   Verordnung über die innerstaatliche und grenzüberschreitende Beförderung
13   gefährlicher Güter auf der Straße und mit Eisenbahnen (Gefahrgutverordnung Straße
14   und Eisenbahn).

15   2. ***ADR:***   Europäisches Übereinkommen über die internationale Beförderung gefähr-
16   licher Güter auf der Straße.

17   **Vorschrift**

18 Das ADR legt in einer Generalklausel eine umfassende Sicherheitspflicht für alle Beteiligten
19 fest:

20   **Sicherheitspflicht**
21 `Die an der Beförderung gefährlicher Güter Beteiligten haben`
22 `die nach Art und Ausmaß der vorhersehbaren Gefahren erforder-`
23 `lichen Vorkehrungen zu treffen, um Schadensfälle zu verhindern`
24 `und bei Eintritt eines Schadens dessen Umfang so gering wie`
25 `möglich zu halten.`

Ablauf der Gestaltung

1.	Zeilennummern und „Ablauf der Gestaltung" bitte nicht erfassen! Seitenrand rechts auf 5,5 cm (Menü: Datei | Seite einrichten | Seitenränder) Menü: Extras	Sprache	Silbentrennung	Automatische Silbentrennung = ja Extras	Autokorrektur-Optionen	Autoformat (alle Optionen ausschalten) / Autoformat während der Eingabe (Optionen bei übernehmen und ersetzen ausschalten)		
2.	Einfügen Sonderzeichen (Menü: Einfügen | Symbol, Zeichensatz „Wingdings"; Auswahl Bombe; Einfügen; Schriftgröße 20 pt)	Zeile	1
3.	Schrift „Arial"; Größe 16 pt; fett; Text erfassen; zwischen „18" und „Gefahrguttransporte" ein Tabulatorschritt; Tabstopp links bei 1,5 cm	Zeile	2
4.	Schrift „Times New Roman"; Größe 10 pt; Blocksatz; Texterfassung ohne Zeilenumbruch am Zeilenende (fortlaufend schreiben)	Zeile	3 -5
5.	Schrift „Arial"; Größe 11 pt; fett; Texterfassung; zwischen „18.1" und „Rechtsgrundlagen" ein Tabulatorschritt; Menü: Format	Absatz	Extra	Hängend um 1,5 cm	Zeile	6-7
6.	Schrift „Times New Roman"; Größe 10 pt; Blocksatz; Texterfassung; zwischen „a)" und „Generell" ein Tabulatorschritt; Menü: Format	Absatz	Extra	Hängend um 0,5 cm. Nach „Rechtsgrundlage" ein Absatzende; Format wird auf Zeile 6 übertragen; Absatzende.	Zeile Zeile	8-9 10-11
7.	Format	Absatz: links 0,5 cm; hängend 0,5 cm; Tabstopp links bei 2,75 cm; Texterfassung; Tabulatorschritt nach „1." und nach „GGVSE:"; Markieren „GGVSE:" fett; kursiv; Tabulatorschritt nach „2." und nach „ADR:"; Markieren „ADR:"; fett; kursiv	Zeile Zeile	12-14 15-16
8.	Schrift „Arial"; Größe 15 pt; fett; zentriert; Texterfassung	Zeile	17
9.	Schrift „Times New Roman"; Größe 10 pt; linksbündig; Texterfassung	Zeile	18-19
10.	Schrift „Arial"; Größe 10 pt; fett; rechtsbündig; Texterfassung	Zeile	20
11.	Schrift „Courier New"; Größe 10 pt; linksbündig; Texterfassung ohne Zeilenumbruch	Zeile	21-25
12.	Markieren Zeile 20-25; Format	Rahmen und Schattierung	Kontur; Schattierung = 10 %		
13.	Erstellen Sie die Kopf- und Fußzeile. Speichern unter dem Namen „Text01.doc".		

Lernsituation 1 | zu SLG S. 17–18, 423–432, 447–449, WSP S. 103-104, 91 - 95, KSK S. 8-12, (DV) 178-189

SELBSTTEST LERNSITUATION 1

→ Diese **Prozesse** sollten Sie beherrschen:

- Einen kaufmännischen Brief nach DIN-Vorschriften schreiben
- Kunden ein Unternehmen vorstellen
- Einen Werbeplan entwickeln
- Werbemedien mit einem Textverarbeitungsprogramm gestalten
- Eine Gewerbeanmeldung durchführen
- Eine Handelsregistereintragung prüfen
- Eine Firma wählen
- Inventar und Bilanz erstellen
- Den Aufbau einer Bilanz beurteilen
- Darstellung der Wertbewegungen in der Bilanz
- Die Bestandskonten der Finanzbuchführung eröffnen

→ Diese **Begriffe** sollten Sie kennen:

1. AMÖ
2. Anlagevermögen
3. Anschriftenfeld
4. Anzeige
5. BGL
6. BSL
7. Bestandskonten
8. Bilanz
9. Bilanzaufbau
10. Broschüre
11. DIN 5008
12. DSLV
13. Eigenkapital
14. Einzelunternehmung
15. FIATA
16. Fachvereinigungen
17. Finanzstruktur
18. Firma
19. Formkaufmann
20. Frachtführer
21. Fremdkapital
22. Genossenschaftsregister
23. Geschäftsführung
24. Gewerbe
25. Gewerbeanmeldung
26. Grundbuch
27. Gründungsvorschriften
28. Haftung
29. Handelsgesetzbuch (HGB)
30. Handelsregister
31. Handelsregister, Abt. A und B
32. Handelsregistereintragung, konstitutive
33. Handelsregistereintragung, deklaratorische
34. IRU
35. Inventar
36. Istkaufmann
37. Kannkaufmann
38. Kapitaleinlage
39. Kapitalkonto (Passivkonto)
40. Kaufmann
41. Kaufmannsarten
42. Lagerhalter
43. Landesverbände
44. Mittelherkunft
45. Mittelverwendung
46. Prospekt
47. Rechtsform
48. Schlussbestandskonto
49. Spediteur
50. Telefonmarketing
51. Umlaufvermögen
52. Verkaufsgespräch
53. Verkehrsverbände
54. Vermögensaufbau
55. Vermögenskonto (Aktivkonto)
56. Vertretung
57. Werbebrief
58. Werbemedien
59. Werbeplan
60. Wertveränderungen
61. Zeitungsbeilage

Lernsituation 1 | zu SLG S. 17–18, 423–432, 447–449, WSP S. 103-104, 91 - 95, KSK S. 8-12, (DV) 178-189

Lernsituation 2

- Einen Speditionsauftrag abwickeln
- Eine Auszubildende über ihren Status informieren
- Zahlungen veranlassen und überwachen
- Ein Formular mit einem Textverarbeitungsprogramm entwerfen

Es ist Montag, der 01. Juli 20(0). Der Versandleiter der Papierfabrik Wendering, Herr Gruber, ruft in der Spedition Berger an:

Herr Gruber: „Guten Tag Herr Klaßen. Ich brauche morgen Nachmittag um 16:00 Uhr einen Lkw für München."

Herr Klaßen: „Guten Tag Herr Gruber. Wie viel Tonnen wollen Sie laden?"

Herr Gruber: „22 Tonnen für die Druckerei ENDERS. Die genauen Daten faxe ich Ihnen sofort zu. Ich gehe von unseren bisher vereinbarten Preisen aus."

Herr Klaßen: „Das geht in Ordnung."

Herr Gruber: „O.k., auf Wiederhören."

Herr Klaßen: „Auf Wiederhören."

Wenige Minuten später trifft folgendes Fax ein:

PAPIERFABRIK WENDERING AG
Aachener Str. 4
40223 Düsseldorf

Gerd Berger Spedition Merkurstraße 14 40223 Düsseldorf	**Fax**	
	Fax	0211 43566722
	Telefon	0211 43566798

Versandauftrag			**Datum**	01.07.20(0)	
Zeichen/Nummern	Anzahl/Verpackung	Art des Gutes	Gewicht	Vermerke	
WEN1-35	35 Europaletten	Papier	22 t		

Empfänger:	Druckerei ENDERS GmbH, Hoflacher Str. 16, 81249 München		
Beladestelle:	Aachener Str. 4, 40223 Düsseldorf		
Entladestelle:	Hoflacherstr. 16, 81249 München		
Abholung:	02.07.20(0), 16:00 Uhr	**Anlieferung:**	03.07.20(0), 7:00 Uhr
Frankatur:			
Preis:	725,00 € netto (ohne Umsatzsteuer)		

Abwicklung des Versandauftrags

Herr Klaßen wird den Versandauftrag zunächst nach Ziffer 3 ADSp auf Vollständigkeit prüfen, damit der Speditionsauftrag entsprechend ausgefüllt und der Wendering AG zur Bestätigung zurückgefaxt werden kann. In Bezug auf die Terminvorgabe durch die Papierfabrik wird er sich sicherheitshalber noch einmal in den ADSp vergewissern (Ziffer 11 ADSp), ob die Spedition Berger eine rechtliche Verpflichtung zur Einhaltung des Termins eingegangen ist.

Als Frachtführer soll die EUROTRANS GmbH beauftragt werden. Bei 35 Paletten ist allerdings zu prüfen, ob EUROTRANS in der Lage ist, mit ihren Fahrzeugen 35 Paletten auf einem Lkw zu transportieren. Die Übersicht im Informationsband gibt die Lkw-Maße an. Die Lkw-Typen der Frachtführer sind bei den Frachtführerbeschreibungen angegeben.

Die Spedition Berger vereinbart mit ihren Frachtführern, dass die Frachtverträge nach dem Handelsgesetzbuch abgewickelt werden.

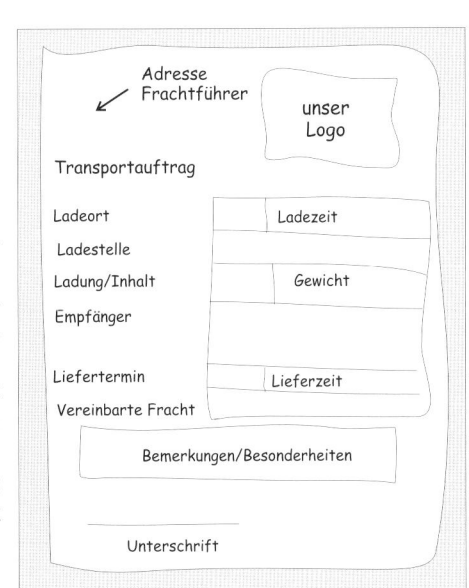

Formularskizze: Adresse Frachtführer, unser Logo, Transportauftrag, Ladeort, Ladezeit, Ladestelle, Ladung/Inhalt, Gewicht, Empfänger, Liefertermin, Lieferzeit, Vereinbarte Fracht, Bemerkungen/Besonderheiten, Unterschrift

Ziffer 3 ADSp: Erläuterungen befinden sich im Informationshandbuch; Originaltext im Anhang des Informationshandbuches

Informationen zu den Frachtführern: Siehe Firmenhandbuch im Informationshandbuch

Lkw-Maße: Siehe Informationshandbuch; Stichwort: „Lkw-Maße"

Lernsituation 2 | zu SLG S. 13-53, 108-111, WSP S. 11-20, 81-83, KSK S. 19-25, (DV) 182-186

In den Transportauftrag sollen folgende besondere Vereinbarungen aufgenommen werden:

- Sofern Schwierigkeiten auftreten, sind wir sofort zu benachrichtigen.
- Der Ablieferungsnachweis, den der Lkw-Fahrer vom Empfänger erhält, ist uns zu übersenden.
- Frachtvertrag nach HGB

Ein Formular entwerfen

Gerd Berger möchte die Arbeit seiner Angestellten möglichst effektiv organisieren. Als er das Fax von Wendering sieht, kommt ihm die Idee, für die eigenen Transportaufträge ein solches Formular mit einem Textverarbeitungsprogramm zu entwickeln. Die Aufträge könnten dann ebenfalls einfach per Fax versendet werden. Gerd Berger hat die nebenstehende Skizze angefertigt, die Grundlage für die Erstellung eines Formulars zum Transportauftrag sein könnte.

Arbeitszeit der Auszubildenden

Zum 01. August 20(0) hat Herr Berger 3 Auszubildende eingestellt, da er zukünftig mit einem starken Wachstum des Unternehmens rechnet. Die 17-jährige Auszubildende Karin Albers und den 20-jährigen Auszubildenden Christian Brennecke lernen den Ausbildungsberuf „Kaufmann/Kauffrau für Spedition und Logistikdienstleistung". Frau Jasmin Weber (19 Jahre) lernt Bürokauffrau.

Frau Keller ist für die Organisation der Ausbildung und die Betreuung der Auszubildenden verantwortlich. Für sie ist von Interesse, mit welchen Arbeitszeiten sie die Auszubildende einplanen kann. Bei der Helten GmbH hatte es immer Probleme mit der Anrechnung der Berufsschulzeit gegeben.

Ein Anruf in der Berufsschule ergab, dass die Unterrichtszeiten (dienstags 5 Unterrichtsstunden, von 8.00 bis 12.25 Uhr; donnerstags 6 Unterrichtsstunden von 8.00 bis 13.10 Uhr) auch im nächsten Schuljahr gelten sollen. Um einen Einsatzplan für Karin Albers und Christian Brennecke zu erstellen, muss Frau Keller noch berücksichtigen, dass für den Weg von der Schule zum Betrieb ½ Stunde benötigt wird. Für die Auszubildende Jasmin Weber findet die Berufsschule im Blockunterricht mit wöchentlich 28 Unterrichtsstunden statt. Für den Einsatzplan ist das erst im März des kommenden Jahres zu berücksichtigen.

Die übliche Arbeitszeit bei Berger beginnt um 8:00 Uhr. Sie endet um 17:30 Uhr, wobei 1 Stunde und 15 Minuten Mittagspause und 15 Minuten Frühstückspause eingerechnet werden. Freitags endet die Arbeitszeit gewöhnlich um 16:30 Uhr, da die Wochenarbeitszeit nach Tarifvertrag 39 Stunden beträgt.

Insgesamt war Frau Keller aber nicht besonders glücklich, dass sie die neue Auszubildende betreuen sollte. Frau Keller: „Was passiert in der Probezeit? Wenn ich z. B. feststelle, dass man mit ihr nicht zusammenarbeiten kann? Oder wenn die junge Dame nach einigen Monaten entdeckt, dass ihr der Beruf gar keine Freude macht - ruckzuck ist sie am nächsten Tag weg. Was geschieht, wenn hier viel zu tun ist? Muss sie dann trotzdem zur Berufsschule? Habe ich den ganzen Tag für das Fräulein bereitzustehen, um ihr etwas beizubringen? Was muss die überhaupt alles lernen? Sind wir als kleiner Betrieb überhaupt in der Lage, ihr das alles beizubringen? Muss ich vielleicht auch noch Ausbildungsnachweise kontrollieren? Und überhaupt: Die jungen Leute machen doch heute was sie wollen. Glauben Sie, die lassen sich noch etwas sagen?"

Einsatzplan für ...														
Montag			Dienstag			Mittwoch			Donnerstag			Freitag		
von	bis	Std.	von	bis	Std.	von	bis	Std.	von	bis	Std.	von	bis	Std.
Schichtzeit			Schichtzeit			Schichtzeit			Schichtzeit			Schichtzeit		
Betriebliche Arbeitszeit			Betriebliche Arbeitszeit			Betriebliche Arbeitszeit			Betriebliche Arbeitszeit			Betriebliche Arbeitszeit		
Schule			Schule			Schule			Schule			Schule		
Gesamt			Gesamt			Gesamt			Gesamt			Gesamt		

Einsatzplan für ...														
Montag			Dienstag			Mittwoch			Donnerstag			Freitag		
von	bis	Std.	von	bis	Std.	von	bis	Std.	von	bis	Std.	von	bis	Std.
Schichtzeit			Schichtzeit			Schichtzeit			Schichtzeit			Schichtzeit		
Betriebliche Arbeitszeit			Betriebliche Arbeitszeit			Betriebliche Arbeitszeit			Betriebliche Arbeitszeit			Betriebliche Arbeitszeit		
Schule			Schule			Schule			Schule			Schule		
Gesamt			Gesamt			Gesamt			Gesamt			Gesamt		

Frau Keller, die für das Rechnungswesen zuständig ist, hat mit dem Ausgang und dem Eingang der ersten Rechnungen zwei Ordner angelegt: Im ersten Ordner mit der Aufschrift "Ausgangsrechnungen Nr. D 0001 bis ..." hat sie die Kopien der Ausgangsrechnungen an die Kunden der Spedition Berger nach Rechnungsnummern geordnet abgelegt.

Bearbeiten von Ein-und Ausgangsrechnungen

In gleicher Weise richtete sie einen Ordner für die Rechnungen der Frachtführer ein. Der Ordner erhielt die Aufschrift „Eingangsrechnungen Frachtführer Nr. K 0001 bis".

Bei Eingang der Rechnungen werden diese zunächst mit dem Eingangsstempel versehen. In den Stempelaufdruck werden das Datum des Rechnungseingangs und die fortlaufenden Rechnungsnummern eingesetzt.

Eingegangen	20(0)-07-03
Rechnungsnummer	*K 0001*

Nachdem die Rechnungen geprüft worden sind, werden diese "auf Termin gelegt" und am Zahlungstermin per Banküberweisung bezahlt. Danach werden sie im Ordner "Eingangsrechnungen" abgeheftet.

Für Herrn Berger ist es besonders wichtig, dass das finanzielle Gleichgewicht des Unternehmens gewahrt bleibt, d. h. die erzielten Einnahmen sollen ausreichen, um die Ausgabenverpflichtungen erfüllen zu können.

Er interessiert sich dafür,

- welche Umsätze mit den einzelnen Versendern erzielt werden,
- ob die Versender pünktlich ihre Rechnungen begleichen,
- in welchem Umfang Leistungen von Frachtführern in Anspruch genommen werden,
- wann diese Ansprüche bezahlt werden,
- welche Zahlungen noch offen stehen.

Frau Keller hat daraufhin die Ordner „Ausgangsrechnungen" und „Eingangsrechnungen" zur Hand genommen und folgende Zusammenstellungen angefertigt:

Ausgangsrechnungen an Kunden im Monat Juli (26. - 29. Kalenderwoche)

Rechnungs-datum	Rechnungsnummer	Woche	vom	bis	Rechnungsbetrag (brutto)
03.07.	AR Wendering D00001	26. KW:	01.07. -	06.07.20(0)	841,00
05.07.	AR Wendering D00002	26. KW:	01.07. -	06.07.20(0)	3.364,00
05.07.	AR Degener & Lutz D00003	26. KW:	01.07. -	06.07.20(0)	3.248,00
05.07.	AR Seidlitz D00004	26. KW:	01.07. -	06.07.20(0)	3.016,00
05.07.	AR Kaulmann D00005	26. KW:	01.07. -	06.07.20(0)	3.248,00
13.07.	AR Wendering D00006	27. KW:	09.07. -	14.07.20(0)	5.046,00

Lernsituation 2 | zu SLG S. 13-53, 108-111, WSP S. 11-20, 81-83, KSK S. 19-25, (DV) 182-186

Rechungs-datum	Rechnungsnummer	Woche	vom	bis	Rechnungsbetrag (brutto)
13.07.	AR Degener & Lutz D00007	27. KW:	09.07. -	14.07.20(0)	4.060,00
13.07.	AR Seidlitz D00008	27. KW:	09.07. -	14.07.20(0)	5.278,00
13.07.	AR Kaulmann D00009	27. KW:	09.07. -	14.07.20(0)	4.060,00
16.07.	AR Wagner D00010	28. KW:	16.07. -	21.07.20(0)	1.624,00
18.07.	AR Hahn D00011	28. KW:	16.07. -	21.07.20(0)	3.248,00
20.07.	AR Wendering D00012	28. KW:	16.07. -	21.07.20(0)	4.205,00
20.07.	AR Degener & Lutz D00013	28. KW:	16.07. -	21.07.20(0)	4.872,00
20.07.	AR Seidlitz D00014	28. KW:	16.07. -	21.07.20(0)	5.278,00
20.07.	AR Kaulmann D00015	28. KW:	16.07. -	21.07.20(0)	4.874,00
27.07.	AR Wendering D00016	29. KW:	23.07. -	28.07.20(0)	5.887,00
27.07.	AR Degener & Lutz D00017	29. KW:	23.07. -	28.07.20(0)	4.872,00
27.07.	AR Seidlitz D00018	29. KW:	23.07. -	28.07.20(0)	6.032,00
27.07.	AR Kaulmann D00019	29. KW:	23.07. -	28.07.20(0)	5.680,00
27.07.	AR Fender D0020	29. KW:	23.07.	28.07.20(0)	4.887,00
Summe					83.620,00

Eingangsrechnungen von Frachtführern im Monat Juli (26. - 29. Kalenderwoche)

Rechungs-datum	Rechnungsnummer	Woche	vom	bis	Rechnungsbetrag (brutto)
03.07.	ER EUROTRANS K00001	26. KW:	01.07.	06.07.20(0)	725,00
05.07.	ER EUROTRANS K00002	26. KW:	01.07.	06.07.20(0)	6.960,00
05.07.	ER MÖLLER TRANS K00003	26. KW:	01.07.	06.07.20(0)	5.278,00
05.07.	ER FAHRLAND K00004	26. KW:	01.07.	06.07.20(0)	4.176,00
13.07.	ER EUROTRANS K00005	27. KW:	09.07.	14.07.20(0)	7.077,00
13.07.	ER MÖLLER TRANS K00006	27. KW:	09.07.	14.07.20(0)	3.944,00
13.07.	ER FAHRLAND K00007	27. KW:	09.07.	14.07.20(0)	4.408,00
20.07.	ER EUROTRANS K00008	28. KW:	16.07.	21.07.20(0)	9.048,00
20.07.	ER MÖLLER TRANS K00009	28. KW:	16.07.	21.07.20(0)	6.728,00
20.07.	ER FAHRLAND K00010	28. KW:	16.07.	21.07.20(0)	4.582,00
27.07.	ER EUROTRANS K00011	29. KW:	23.07.	28.07.20(0)	11.336,00
27.07.	ER MÖLLER TRANS K00012	29. KW:	23.07.	28.07.20(0)	5.162,00
27.07.	ER FAHRLAND K00013	29. KW:	23.07.	28.07.20(0)	3.364,00
Summe					72.788,00

Durch die Aufstellungen von Frau Keller hat Gerd Berger zwar einen Überblick über die Umsätze mit Kunden und Frachtführern. Außerdem kennt er die Geldbewegungen auf dem Konto bei der Commerzbank.

Wenn sie allerdings die Ansprüche von Herrn Berger erfüllen will und die gewünschten Informationen über Umsatzhöhe, Umfang der Zahlungen und ausstehenden Rechnungen übersichtlich und geordnet bereitstellen will, muss sie die Geschäftsvorgänge mit den Kunden und Frachtführern in der Finanzbuchhaltung erfassen.

Kontoauszug des Monats Juli (26. - 29. Kalenderwoche)

Kontoauszug	COMMERZBANK		Nordstraße 108 40223 Düsseldorf	BLZ 300 400 00
Kontonummer	Auszug-Nr.	Seite	Monat	Alter Kontostand (€)
4865 051 000	1	1	JULI 20(0)	0,00
Wert	Buchungstext		Umsätze (€)	
01.07.	Privateinlage Berger		30.000,00	H
07.07.	AR D00001 Wendering		841,00	H
09.07.	AR D00002 Wendering		3.364,00	H
09.07.	AR D00003 Degener & Lutz		3.248,00	H
09.07.	AR D00004 Seidlitz		3.016,00	H
09.07.	AR D00005 Kaulmann		3.248,00	H
13.07.	Auftrag Eurotrans ER K00001		725,00	S
13.07	Auftrag Eurotrans ER K00002		6.960,00	S
13.07	Auftrag Möller ER K00003		5.278,00	S
13.07	Auftrag Fahrland ER K00004		4.176,00	S
17.07.	AR D00006 Wendering		5.046,00	H
17.07.	AR D00007 Degener & Lutz		4.060,00	H
17.07	AR D00008 Seidlitz		5.278,00	H
17.07	AR D00009 Kaulmann		4.060,00	H
24.07.	AR D00012 Wendering		4.205,00	H
24.07	AR D00015 Kaulmann		4.874,00	H
24.07	AR D00010 Wagner Spedition		1.624,00	H
25.07.	Auftrag Eurotrans ER K00005		7.077,00	S
25.07	Auftrag Moeller ER K00006		3.944,00	S
25.07	Auftrag Fahrland ER K00007		4.408,00	S
Gerd Berger Spedition Merkurstraße 14 40223 Düsseldorf				
Auszugsdatum			Neuer Kontostand (€)	
31.07.20(0)			40.296,00	H

Die ausgehenden Rechnungen an die Kunden (Versender) und die Zahlungseingänge erfasst sie auf dem Vermögenskonto Forderungen:

Soll		Forderungen			Haben
Datum	Text	€	Datum	Text	€
03.07.	AR D00001	841,00			

Soll		Verbindlichkeiten			Haben
Datum	Text	€	Datum	Text	€
			03.07.	ER K00001	725,00

Liquiditätsplan für die 30. Kalenderwoche (KW)					
	A Einnahmen	€		B Ausgaben	€
01	Bank		01	Zahlungen an Frachtführer	
02	Kasse		02		
03	Umsatz (Forderungen)				
04					
	Summe Einnahmen			Summe Ausgaben	

Summe Einnahmen	
Summe Ausgaben	
Überdeckung/Unterdeckung	

Lernsituation 2 | zu SLG S. 13-53, 108-111, WSP S. 11-20, 81-83, KSK S. 19-25, (DV) 182-186

Soll			Forderungen		Haben
Datum	Text	€	Datum	Text	€
03.07.	AR D00001	841,00			

Soll			Bank		Haben
Datum	Text	€	Datum	Text	€

Soll			Verbindlichkeiten			Haben
Datum	Text	€	Datum	Text		€
			03.07.	ER K00001		725,00

Einige Tage später: Herr Berger hat Frau Keller zu sich in sein Büro gerufen.

Frau Keller: Guten Morgen Herr Berger!

Herr Berger: Guten Morgen Frau Keller! Schauen Sie einmal her. Ich habe hier eine Mahnung unseres Frachtführers EUROTRANS. Die war heute Morgen in der Post. Das hat mich doch sehr überrascht; haben wir denn wirklich unsere Außenstände nicht rechtzeitig gezahlt?

Frau Keller: Ich musste tatsächlich die Zahlungen an unsere Frachtführer um ein paar Tage aufschieben, Herr Keller

Herr Berger: Das entspricht aber nicht unseren Zielsetzungen. Für so ein junges Unternehmen, wie wir es sind, ist Termintreue bei den Zahlungen geradezu lebenswichtig. Wenn sich das rundspricht, haben wir aber ein echtes Problem. Wie konnte das denn passieren?

Frau Keller: Zum Monatsende kam einiges an Zahlungen zusammen und leider haben unsere Kunden die Zahlungsziele auch nicht eingehalten. Daher hatten wir einen kleinen Liquiditätsengpass. Ich habe aber alle Eingangsrechnungen innerhalb einer Woche bezahlt. Unser Frachtführer EUROTRANS war nur sehr schnell mit seiner Mahnung.

Herr Berger: Daran sollten wir uns ein Beispiel nehmen! Wir haben mit unseren Versendern ein Zahlungsziel von 5 Tagen eingeräumt. Und wenn wir ebenso schnell mahnen, müssten unsere Zahlungseingänge ausreichen, um unsere Zahlungsverpflichtungen einzuhalten. Wir brauchen ab sofort genaue Auskunft über die termingerechte Zahlung der einzelnen Kunden. Außerdem benötigen wir Angaben darüber, mit welchen Beträgen sich einzelne Kunden im Zahlungsrückstand befinden. Können Sie das schnell erledigen?

Frau Keller: Sicher, das ist möglich. Ich lege für jeden Kunden ein eigenes Konto an. In diesem Konto erfasse ich dann den Ausgang der Rechnung mit dem Rechnungsbetrag und dem Rechnungsdatum. Wenn der Kunde dann den Rechnungsbetrag an uns überwiesen hat, buche ich den Betrag wieder aus. Das läuft alles parallel zu den Buchungen auf dem Konto Forderungen. Wir haben auf diese Weise immer einen Überblick, mit welchen Zahlungen wir noch zu rechnen haben.

Herr Berger: Und was machen wir mit den Kunden, die nicht fristgerecht zahlen?

Frau Keller: Da machen wir es, wie die Firma EURO-TRANS: Wir schreiben unverzüglich die Mahnungen. Ich erstelle eine Liste, aus der ich ersehen kann, wann ich die Mahnungen verschicken muss.

Lernsituation 2 | zu SLG S. 13-53, 108-111, WSP S. 11-20, 81-83, KSK S. 19-25, (DV) 182-186

Herr Berger: Lassen Sie sich aber ein paar kundengerechte Mahnungstexte einfallen.

Frau Keller: Ja, da werde ich mir schon noch etwas einfallen lassen. Auf keinen Fall werde ich unsere Kunden verschrecken. Außerdem schlage ich vor, dass wir nicht nur für unsere Kunden einzelne Konten anlegen, sondern auch für unsere Frachtführer. Dann haben wir auch dort immer den Überblick über die Umsätze mit den einzelnen Frachtführern und wir können unsere Zahlungen termingerecht durchführen.

Frau Keller richtet nach dem Gespräch mit Herrn Berger vereinbarungsgemäß für jeden Kunden ein Kundenkonto ein und bucht die Ausgangsrechnungen und die Zahlungseingänge:

Kundenkonto			
Name	Wendering AG	Jahr	20(0)
Straße		Kunden-Nr.	
Ort		Bank	Sparkasse Krefeld
Konditionen		Konto-Nr.:	
Vermerke		Bankleitzahl (BLZ)	
Datum	**Text**	**Soll**	**Haben**
03.07.	AR D 0001	841,00	
05.07.	AR D 00002	3.364,00	
07.07.	ZE für AR D 00001		841,00
09.07.	ZE für AR D 00002		3.364,00
13.07.	AR D 00006	5.046,00	
17.07.	ZE für AR D 00006		5.046,00
20.07.	AR D 00012	4.205,00	
24.07.	ZE für AR D 00012		4.205,00
27.07.	AR D 00016	5.887,00	
31.07.	Saldo		5.887,00
		19.343,00	19.343,00

Damit Frau Keller zeitnah bei Zahlungsfristüberschreitungen der Kunden mit Mahnungen reagieren kann, werden aus den Kundenkonten die Außenstände herausgezogen und in eine Liste übertragen. Weil die Liste die noch „offenen Beträge" enthält, wird sie Offene-Posten-Liste (OP-Liste) genannt.

Offene-Posten-Liste Kunden							
					Zeit: 10:32:46	Datum 31. Juli 20(0)	
Name	Rechnungs-nummer	Rechnungs-datum	\multicolumn{2}{c}{Betrag}	Fälligkeit	\multicolumn{2}{c}{Mahnung}
			Soll	Haben		Datum	Stufe
Wendering AG	AR D00016	27.07.20(0)	5.887,00		31.07.20(0)		

Frau Keller ist sich bewusst, dass Herr Berger sehr großen Wert darauf legt, die ausstehenden Rechungen der Frachtführer pünktlich zu bezahlen. Daher setzt sie ihren Vorschlag, auch für die Frachtführer eigene Konten anzulegen, unmittelbar in die Tat um.

Frachtführerkonto			
Name	Eurotrans GmbH	Jahr	20(0)
Straße	Völklinger Str. 17	Frachtführer-Nr.	160001
Ort	40211 Düsseldorf	Bank	Düsseldorfer VB
Konditionen		Konto-Nr.:	724527455
Vermerke		Bankleitzahl (BLZ)	301 600 83
Datum	**Text**	**Soll**	**Haben**
03.07.	ER K00001		725,00
05.07.	ER K00002		6.960,00
13.07.	ZA für K00001	725,00	
13.07.	ZA für K00002	6.960,00	
	usw.		

Zur Überwachung der Termine für die rechtzeitige Überweisung der ausstehenden Rechnungsbeträge an die Frachtführer richtet sie eine Offene-Posten-Liste Frachtführer ein. Aus den Frachtführerkonten werden die Außenstände herausgezogen und in diese Liste übertragen. Die Fälligkeit der Zahlungen ergibt sich aus den vertraglichen Vereinbarungen mit den Frachtführern. Das Zahlungsziel beträgt in der Regel 10 Tage.

Offene-Posten-Liste Frachtführer			Zeit: 10:33:44		Datum 31. Juli 20(0)	
Name	Rechnungs-nummer	Rechnungs-datum	Betrag		Mahnung	
			Soll	Haben	Fälligkeit	
					Datum	Stufe
EUROTRANS	ER K00011	20.07.20(0)		9.048,00	30.07.20(0)	

Nebenbuch: Debitoren und Kreditoren

Debitoren

Kundenkonto				
Name	Wendering AG		Jahr	20(0)
Straße	Aachener Straße 4		Kunden-Nr.	D 140001
Ort	40223 Düsseldorf		Bank	Kreisspk. Düsseldorf
Konditionen/Vermerke			Konto-Nr.:	215 557
			Bankleitzahl (BLZ)	301 502 00
Datum	Text		Soll	Haben
03.07.	AR D 00001		841,00	
05.07.	AR D 00002		3.364,00	
07.07.	ZE für AR D 00001			841,00
09.07.	ZE für AR D 00002			3.364,00
13.07.	AR D 00006		5.046,00	
17.07.	ZE für AR D 00006			5.046,00
20.07.	AR D 00012		4.205,00	
24.07.	ZE für AR D 00012			4.205,00
27.07.	AR D 00016		5.887,00	
31.07.	Saldo			5.887,00
			19.343,00	19.343,00

Kundenkonto				
Name	Degener & Lutz		Jahr	20(0)
Straße	Holzheimer Weg 33		Kunden-Nr.	140002
Ort	41464 Neuss		Bank	VB Neuss
Konditionen/Vermerke			Konto-Nr.:	42418033
			Bankleitzahl (BLZ)	305 600 90
Datum	Text		Soll	Haben
05.07.	AR D 00003		3.248,00	
09.07.	ZE für AR D 00003			3.248,00
13.07.	AR D 00007		4.060,00	
17.07.	ZE für AR D 00007			4.060,00
20.07.	AR D 00013		4.872,00	
27.07.	AR D 00017		4.872,00	
31.07.				

Lernsituation 2 | zu SLG S. 13-53, 108-111, WSP S. 11-20, 81-83, KSK S. 19-25, (DV) 182-186

Kundenkonto			
Name	Seidlitz GmbH	Jahr	20(0)
Straße	Engerstr. 45	Kunden-Nr.	140003
Ort	47800 Krefeld	Bank	Sparkasse Krefeld
Konditionen/ Vermerke		Konto-Nr.:	8845732
		Bankleitzahl (BLZ)	320 500 00
Datum	**Text**	**Soll**	**Haben**
05.07.	AR D 00004	3.016,00	
09.07.	ZE für AR D 00004		3.016,00
13.07.	AR D 00008	5.278,00	
17.07.	ZE für AR D 00008		5.278,00
20.07.	AR D 00014	5.278,00	
27.07.	AR D 00018	6.032,00	
31.07.			

Kundenkonto			
Name	Kaulmann	Jahr	20(0)
Straße	Bismarckstraße 18	Kunden-Nr.	140004
Ort	42659 Solingen	Bank	Deutsche Bank
Konditionen/ Vermerke		Konto-Nr.:	41678804
		Bankleitzahl (BLZ)	342 800 33
Datum	**Text**	**Soll**	**Haben**
05.07.	AR D 00005	3.248,00	
09.07.	ZE für AR D 00005		3.248,00
13.07.	AR D 00009	4.060,00	
17.07.	ZE für AR D 00009		4.060,00
20.07.	AR D 00015	4.874,00	
24.07.	ZE für AR D 00015		
27.07.	AR D 00019	5.680,00	
31.07.			

Kundenkonto			
Name	Übrige Kunden	Jahr	20(0)
Datum	**Text**	**Soll**	**Haben**
16.07.	AR D 00010	1.624,00	
18.07.	AR D 00011	3.248,00	
24.07.	ZE für AR D 00010		1.624,00
27.07.	AR D 00020	4.887,00	
31.07.			

Offene-Posten-Liste Kunden			Zeit: 10:33:44			Datum 31. Juli 20(0)	
Name	Rechnungs- nummer	Rechnungs- datum	Betrag		Fälligkeit	Mahnung	
			Soll	Haben		Datum	Stufe

Lernsituation 2 | zu SLG S. 13-53, 108-111, WSP S. 11-20, 81-83, KSK S. 19-25, (DV) 182-186

Offene-Posten-Liste Kunden			Zeit: 10:33:44				Datum 31. Juli 20(0)	
Name	Rechnungs-nummer	Rechnungs-datum	Betrag		Fälligkeit	Mahnung		
			Soll	Haben		Datum	Stufe

Frachtführerkonto Kreditoren

Name	Eurotrans GmbH	Jahr	20(0)
Straße	Völklinger Str. 17	Frachtführer-Nr.	160001
Ort	40211 Düsseldorf	Bank	Düsseldorfer VB
Konditionen/Vermerke		Konto-Nr.:	724527455
		Bankleitzahl (BLZ)	301 600 83

Datum	Text	Soll	Haben
03.07.	ER K00001		725,00
05.07.	ER K00002		6.960,00
13.07.	ZA für K00001	725,00	
13.07.	ZA für K00002	6.960,00	
13.07.	ER K00005		7.077,00
20.07.	ER K00008		9.048,00
25.07.	ZA für K00005	7.07700	
27.07.	ER K00011		11.336,00
31.07.			

Lernsituation 2 | zu SLG S. 13-53, 108-111, WSP S. 11-20, 81-83, KSK S. 19-25, (DV) 182-186

Frachtführerkonto				
Name	Möller-Trans	Jahr	20(0)	
Straße	Merowinger Str. 8	Frachtführer-Nr.	160002	
Ort	40223 Düsseldorf	Bank	BfG Düsseldorf	
Konditionen/		Konto-Nr.:	423387229	
Vermerke		Bankleitzahl (BLZ)	300 101 11	
Datum	Text		Soll	Haben
05.07.	ER K00003			5.278,00
13.07.	ER K00006			3.944,00
13.07.	ZA für K00003		5.278,00	
20.07.	ER K00009			6.728,00
25.07.	ZA für K00006		3.944,00	
27.07.	ER K00012			5.162,00
31.07.				

Frachtführerkonto				
Name	Fahrland	Jahr	20(0)	
Straße	Plockstraße 46	Frachtführer-Nr.	160003	
Ort	40211 Düsseldorf	Bank	Kreissparkasse Düsseldorf	
Konditionen/		Konto-Nr.:	967449	
Vermerke		Bankleitzahl (BLZ)	301 502 00	
Datum	Text		Soll	Haben
05.07.	ER K00004			4.176,00
13.07.	ER K00007			4.408,00
13.07.	ZA für ER K00004		4.176,00	
20.07.	ER K00010			4.582,00
25.07.	ZA für ER K00007		4.408,00	
27.07.	ER K00013			3.364,00
31.07.				

Offene-Posten-Liste Frachtführer			Zeit: 10:33:44		Datum 31. Juli 20(0)	
Name	Rechnungs-nummer	Rechnungs-datum	Betrag		Fälligkeit	Mahnung
			Soll	Haben		Datum	Stufe

Lernsituation 2 | zu SLG S. 13-53, 108-111, WSP S. 11-20, 81-83, KSK S. 19-25, (DV) 182-186

Offene-Posten-Liste Frachtführer			\multicolumn{2}{c}{}	Zeit: 10:33:44	\multicolumn{2}{c}{Datum 31. Juli 20(0)}
Name	Rechnungs-nummer	Rechnungs-datum	Betrag		Fälligkeit	Mahnung	
			Soll	Haben		Datum	Stufe

Lernsituation 2 | zu SLG S. 13-53, 108-111, WSP S. 11-20, 81-83, KSK S. 19-25, (DV) 182-186

Speditionsauftrag

1 Versender/Lieferant	2 Lieferanten-Nr.	3 Speditionsauftrag-Nr.	
		4 Nr. Versender beim Versandspediteur	
		6 Datum	7 Relations-Nr.
5 Beladestelle		9 Versandspediteur	10 Spediteur-Nr..
		Gerd Berger Spedition e. K. Merkurstraße 14 40223 Düsseldorf Telefon: 0221 56742-0 Telefax: 0221 56733 E-Mail: gberger-spedition@t-online.de	
8 Sendungs-/Ladungs-Bezugs-Nr.			
11 Empfänger	12 Empfänger-Nr.		
		13 Bordero-/Ladelisten-Nr.	
14 Anliefer-/Abladestelle		15 Versendervermerke für den Versandspediteur	
		16 Eintreff-Datum	17 Eintreff-Zeit

18 Zeichen und Nr.	19 Anzahl	20 Packstück	21 SF	22 Inhalt	23 Lademittel-gewicht in kg	24 Brutto-gewicht in kg
	25 Summe:	26 Rauminhalt cdm/Lademeter		Summen:	27	28

29 Gefahrgut-Klassifikation

UN-Nr. _____ Gefahrgut-Bezeichnung

Gefahrzettelmuster-Nr. _____ Verpackungsgruppe ____ Nettomasse kg/l _____

Hinweise auf Sondervorschriften

30 Frankatur	31 Warenwert für Güterversicherung	32 Versender-Nachnahme

33

Datum, Unterschrift

34 Wir bearbeiten ausschließlich aufgrund der Allgemeinen Deutschen Spediteurbedingungen (neueste Fassung). **Diese beschränken in Ziffer 23 ADSp die gesetzliche Haftung des Spediteurs nach § 431 HGB Schäden an Gütern in speditionellem Gewahrsam auf 5,00 EUR /KG, bei multimodalen Transporten unter Einschluss einer Seebeförderung auf 2 SZR/kg; darüber hinaus je Schadensfall bzw. Schadensereignis auf 1 Mio. EUR bzw. 2 Mio. EUR oder 2 SZR/kg, je nachdem welcher Betrag höher ist.**

Gerd Berger Spedition e.K.

Gerd Berger Spedition e.K., Markusstraße 14, 40223 Düsseldorf

Inhaber: Gerd Berger
Merkurstraße 14
40223 Düsseldorf
Telefon: 0221 56742-0
Telefax: 0221 56733
E-Mail: gberger-spedition@t-online.de
USt.-ID: DE 458977344

Rechnung Nr.

Kundennummer	Ihr Auftrag Nr.	vom	Datum

Sendung

Zeichen und Nr.	Anzahl	Packstück	Inhalt	Brutto-Gewicht in kg

Pos.-Nr.	Text	€	€
	Nettobetrag		
	+ 19 % USt.		
	Bruttobetrag		

Bankverbindung: Commerzbank Düsseldorf, Konto 4865 051 000, BLZ 300 400 00

Lernsituation 2 | zu SLG S. 13-53, 108-111, WSP S. 11-20, 81-83, KSK S. 19-25, (DV) 182-186

Hamburg (Westteil) nach Postleitzahlgebieten

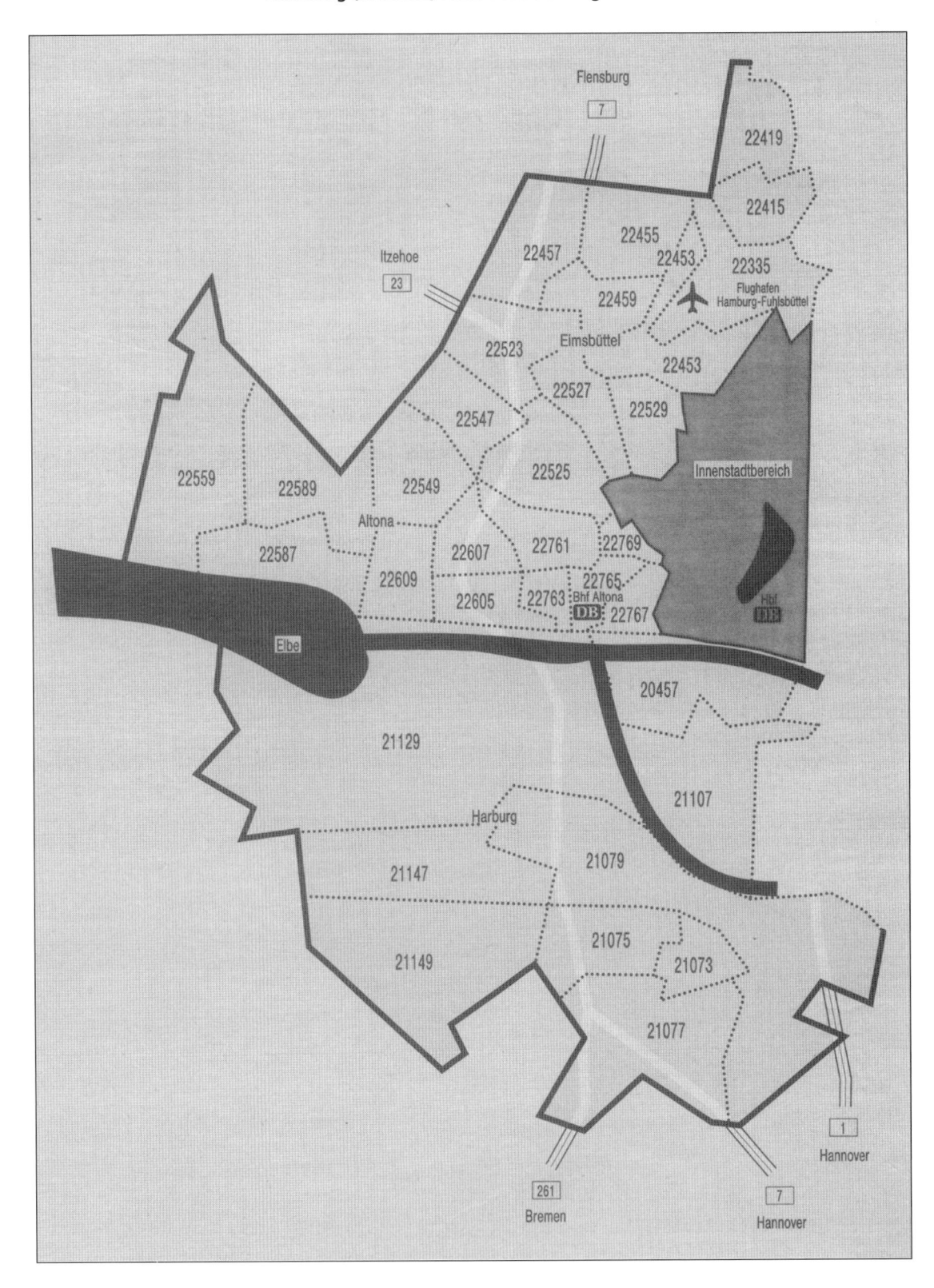

Lernsituation 2 | zu SLG S. 13-53, 108-111, WSP S. 11-20, 81-83, KSK S. 19-25, (DV) 182-186 **41**

Aufgabe 1

Die Gerd Berger Spedition will ihre Geschäfte nach den Allgemeinen Deutschen Spediteurbedingungen (ADSp) abwickeln.

a. Wann ist der Verkehrsvertrag im Einstiegsfall zwischen Berger und der Wendering AG zustande gekommen?

b. Prüfen Sie, ob die ADSp in der Vertragsbeziehung zwischen Berger und der Wendering AG (siehe oben) wirksam geworden sind.

c. Beschreiben Sie das Zusammenwirken von HGB und ADSp in Bezug auf den Verkehrsvertrag zwischen Berger und Wendering.

d. Prüfen Sie auch, ob die Anwendungsbedingungen der ADSp gegeben sind:
- Art des Verkehrsvertrags
- Personenkreis
- Ausschlüsse

HGB § 453 Ziffer 2.1 ADSp zu d) Ziffer 2.3 und 2.4 ADSp „Rechtsgrundlagen des Speditionsvertrages" siehe Informationshandbuch

ADSp-Text: Anhang zum Informationshandbuch

Erläuterungen zu den ADSp im Informationshandbuch, Stichwort: „ADSp"

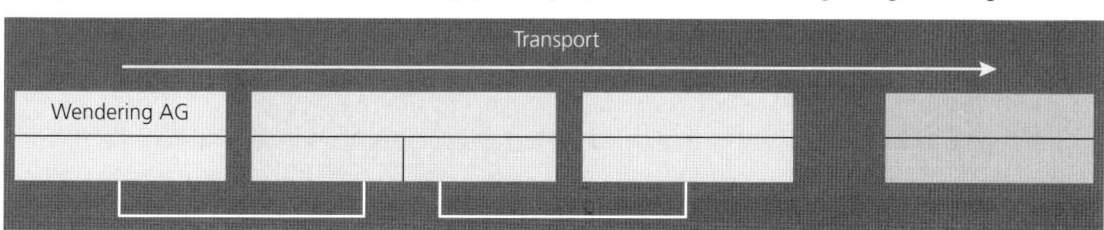

Aufgabe 2

a. Stellen Sie die Vertragsbeziehungen zwischen den Beteiligten der Lernsituation in der unten stehenden Übersicht dar.

b. Ergänzen Sie die Übersicht mit den Vertragsgrundlagen, die den Verkehrsverträgen zugrunde liegen.

[Übersicht: Transport → mit Feldern: Wendering AG, ...]

Aufgabe 3

Stellen Sie folgende Vertragsbeziehungen (Kaufvertrag, Speditionsvertrag, Frachtvertrag) grafisch dar:

Die Haushaltsgerätefabrik Friedrich REINDERS erwirbt von der Ernst KAULMANN KG 1.000 Kleinmotoren. Die Lieferbedingung lautet „ab Werk". Daher beauftragt die Firma REINDERS die Spedition Gerd Berger, die Motoren bei der Ernst KAULMANN KG abzuholen. Berger erteilt der MÖLLER-TRANS GmbH den Auftrag, die Beförderung durchzuführen.

Verwenden Sie die Begriffe Spediteur, Frachtführer, Absender, Käufer, Versender, Verkäufer, Empfänger, Speditionsvertrag, Kaufvertrag, Frachtvertrag.

Vertragsbeteiligte am Speditionsvertrag: Siehe Informationshandbuch Stichwort: „Speditionsvertrag"

Aufgabe 4

Situationsbeschreibung:

Die Firma ANLAGENBAU GmbH, Düsseldorf, beauftragt die Spedition BERGER, die Organisation einer Beförderung von Schwergut zur Bauunternehmung MÜLLER, Frankfurt, zu besorgen.

Die Abwicklung geschieht wie folgt:

a. ANLAGENBAU GmbH bis Hafen Düsseldorf:

Lkw-Unternehmen EURO-TRANS im Auftrag von BERGER

b. Umschlag in Düsseldorf und Frankfurt:

Binnenschiffsspedition LOHBERG, Düsseldorf und Niederlassung Frankfurt/Main; die Aufträge erteilt BERGER.

c. Düsseldorf – Frankfurt:

RHEINTRANS-Reederei, Duisburg, im Auftrag von BERGER

d. Frankfurt (Hafen) – Empfänger:

Lkw-Unternehmer KRÜGER, Frankfurt, auf Veranlassung der Spedition LOHBERG in Frankfurt/Main.

Stellen Sie die Beteiligten mit ihren Fachbezeichnungen und Vertragsbeziehungen in der nachfolgenden Übersicht dar:

Fachbezeichnungen: Frachtführer, Absender, Erstspediteur, Empfänger, Versender, Zwischenspediteur

Aufgabe 5

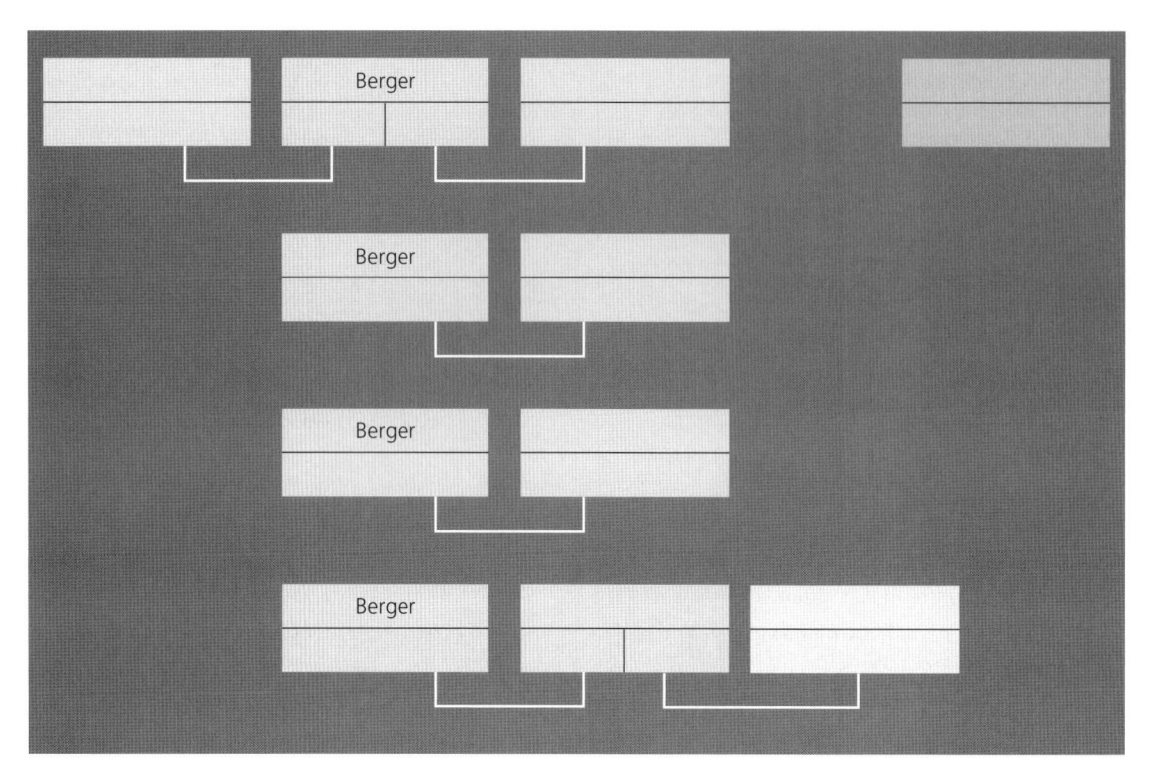

Betrachten Sie die nebenstehenden Aussagen des Handelsgesetzbuchs zum Frachtführer und zum Spediteur.

a. Stellen Sie die Gemeinsamkeiten und die Unterschiede der beiden Vorschriften fest.

b. Entwickeln Sie aus dem HGB-Text die Definitionen für den Frachtführer und den Spediteur.

HGB § 407 Frachtvertrag

(1) Durch den Frachtvertrag wird der Frachtführer verpflichtet, das Gut zum Bestimmungsort zu befördern und dort an den Empfänger abzuliefern.
(2) Der Absender wird verpflichtet, die vereinbarte Fracht zu zahlen.
(3) ...

HGB § 453 Speditionsvertrag

(1) Durch den Speditionsvertrag wird der Spediteur verpflichtet, die Versendung des Gutes zu besorgen.
(2) Der Versender wird verpflichtet, die vereinbarte Vergütung zu zahlen.
(3) ...

Aufgabe 6

Stellen Sie in einer Übersicht nach unten stehendem Muster gegenüber:
- die Informationen, die der Versender dem Spediteur bei der Auftragserteilung nach Ziffer 3 ADSp zu übermitteln hat,
- die konkreten Informationen der Wendering AG im Versandauftrag.

Inhalt des Speditionsauftrags (nach Ziffer 3 ADSp)	Informationen der Wendering AG im Versandauftrag
1. Adressen	
2.	
3.	

Aufgabe 7

Eine Sendung besteht aus 10 Paletten. Auf jeder Palette befinden sich 18 Kartons mit je 6 Flaschen. Auf einer Palette sind nebenstehende Kennzeichen zu erkennen:

a. Ordnen Sie die Angaben den Kennzeichnungspflichten des Versenders nach Ziffer 6 ADSp zu.

b. Welche weiteren Verpackungs- und Kennzeichnungspflichten hat der Versender in diesem Falle nach Ziffer 6 ADSp?

Aufgabe 8

Am 17. Juli 20(0) ruft der Disponent des Transportunternehmens Fahrland in der Spedition Berger an und teilt mit, dass der Auftrag vom 16. Juli 20(0) nicht ordnungsgemäß erledigt werden konnte. Eine Palette musste leider beim Versender stehen bleiben. Das Fahrzeug sei schon auf dem Weg nach Berlin. Herr Baumeister überprüft sofort den Auftrag von DEGENER & Lutz und stellt fest, dass in der Tat der Versandauftrag des Kunden lautete, 35 Paletten zur GARTEC AG nach Berlin zu transportieren. Herr Baumeister überlegt, wie er das Problem möglichst kundenfreundlich lösen könnte.

a. Könnte man nach Ihrer Meinung den Frachtführer für das Problem verantwortlich machen, oder fällt der Fehler in den Geltungsbereich der ADSp?

Auszug aus dem **Speditionsauftrag** an Berger:

Ladung/Inhalt:	22 t Motoren/Getriebe (35 Paletten)
Empfänger	GARTEC AG, Am Bärensprung 188, 13503 Berlin

Speditionsauftrag – Transport-(Beförderungs-)auftrag

Im **Transportauftrag** hat Herr Baumeister „einen Sattelzug für 22 t" bestellt.

b. Entwerfen Sie ein Fax oder einen Stichwortzettel für ein Telefonat an die/mit der Versandleiterin von DEGENER & Lutz, Frau Becker. Bedenken Sie, dass es sich um einen wichtigen Kunden handelt. Entwickeln Sie Vorschläge, wie das Problem gelöst werden kann.

Aufgabe 9

Manche Versender geben in ihren Aufträgen die Frankatur „unfrei" an. Stellen Sie anhand der Ziffer 10 ADSp fest, wer zur Zahlung des vereinbarten Entgelts an den Spediteur verpflichtet ist, wenn der Empfänger sich weigert, die auf der Sendung ruhenden Kosten zu bezahlen.

Aufgabe 10

Die WALDMÜHLE AG Ulm, die Spezialpapier herstellt, hat einen Auftrag von der Bundesdruckerei in Berlin erhalten. Frau Sommsen, die Leiterin des Versandes der WALDMÜHLE AG, telefoniert mit dem Disponenten der Spedition SÜDSPED, Ulm, Herrn Kerkfeld:

Frau Sommsen: „Guten Tag Herr Kerkfeld."

Herr Kerkfeld: „Guten Tag Frau Sommsen. Wie kann ich Ihnen helfen?"

Frau Sommsen: „Ich habe 46 Europaletten Spezialpapier für die Bundesdruckerei in Berlin, 32,2 Tonnen. Die Sendung muss morgen in Berlin sein."

Herr Kerkfeld: „Das ist kein Problem. Wir können die Sendung noch heute bei Ihnen abholen lassen. Dann ist sie gewöhnlich morgen in Berlin."

Frau Sommsen: „Sehr schön. Ich denke, es bleibt bei unseren bisherigen Preisvereinbarungen."

Herr Kerkfeld: „Genau, Ihre Konditionen haben sich nicht geändert."

Frau Sommsen: „Die Sendung steht abholbereit in unserem Lager. Die genauen Daten faxe ich Ihnen sofort zu."

Herr Kerkfeld erfasst die übermittelten Daten in einem Speditionsauftrag und mailt sie dem Auftraggeber zurück. Außerdem erteilt er noch am selben Tag der ULMER Transportgesellschaft per Fax den Auftrag, die Sendung bei der WALDmühle AG abzuholen und nach Berlin zu transportieren.

a. Begründen Sie, welche Vertragsbeziehungen zwischen der WALDMÜHLE AG, der SPEDITION SÜDSPED und der ULMER TRANSPORTGESELLSCHAFT bestehen.

b. Wann sind die Verträge zustande gekommen? Begründen Sie Ihre Lösung.

c. Erläutern Sie, welche Rechtsgrundlagen den Verträgen zugrunde liegen.

d. Unterscheiden Sie Spedition**sauftrag** und Speditions**vertrag**.

e. Welche Terminverpflichtung ist die Spedition SÜDSPED eingegangen?

f. Erläutern Sie die Regelung der ADSp zur Lieferfrist-Problematik und machen Sie die Risiken deutlich, die sich für Speditionen in dieser Frage ergeben.

g. Die ULMER TRANSPORT-GESELLSCHAFT will für den Transport ausschließlich Gliederzüge nach BDF-Norm einsetzen. Ermitteln Sie, wie viele Züge eingesetzt werden müssen und wie viele Palettenstellplätze für eine Beiladung noch zur Verfügung stehen.

Auszug aus dem Speditionsauftrag

18 Zeichen und Nr.	19 Anzahl	20 Packstück	21 SF	22 Inhalt	23 Lademittel-Gewicht in kg	24 Brutto-Gewicht in kg
WAMÜ 0497A 1-46	46	Euro-Paletten		Spezialpapier		32.200,00

h. Die Sendung wird nach Angaben der WALDMÜHLE AG unfrei versandt. Erläutern Sie den Begriff „Frankatur" und geben Sie an, was passiert, wenn die BUNDESDRUCKEREI sich weigern sollte, die Beförderungskosten zu bezahlen.

i. Wandeln Sie die vorliegende Situation so ab, dass der Empfänger gleichzeitig der Versender wäre. Begründen Sie Ihre Lösung.

Aufgabe 11

a. In der nachfolgenden Situation (Pkw-Käufe im selben Autohaus) werden drei unterschiedliche Rechtsebenen angesprochen. Machen Sie diese Ebenen deutlich.

Situation 1

Stefan Schuster kann sich endlich von seiner (angesparten) Ausbildungsvergütung den ersehnten Gebrauchtwagen kaufen. 1.000,00 EUR war der Preis des Fahrzeugs. Der Vertrag mit dem Fahrzeughändler wurde schriftlich geschlossen. Allerdings hatte sich der Händler – weil er Stefan gut kannte und um das Fahrzeug endlich loszuwerden – ausnahmsweise zu einer kostenlosen Inspektion nach den ersten 1.000 km verpflichtet. Dieser Sachverhalt wurde in einem speziellen Feld auf dem vorgedruckten Vertragsformular festgehalten („besondere Vereinbarungen").

Situation 2

Petra Steinig musste bei ihrem Pkw-Kauf auch diesen Vertrag unterschreiben (es war das gleiche Vertragsformular wie bei Stefan mit reichlich „Kleingedrucktem" auf der Rückseite). Spezielle Vergünstigungen gab es für sie aber nicht.

Situation 3

200,00 EUR bar auf die Hand – und Klaus konnte mit dem Uraltwagen vom Platz fahren. Zulassungsbescheinigungen I und II hatte er natürlich in der Tasche, aber sonst gab's keinen Schriftkram.

---

b. Übertragen Sie den Sachverhalt auf das Fracht- und Speditionsrecht. Erläutern Sie vor allem das Verhältnis vom HGB zu den ADSp.

c. Welcher Rechtsebene ist eine Vereinbarung zwischen Spediteur und Frachtführer zuzurechnen, in der der Frachtführer verpflichtet wird, bei allen Beförderungen mit bis zu 40 SZR pro kg Bruttogewicht zu haften? Begründen Sie Ihre Lösung.

Aufgabe 12

Ein Lkw der Möller-Trans GmbH wird mit folgenden Sendungen beladen:

Sdg.-Nr.	Versender	Empfänger	Lademeter
0071	SEIDLITZ GmbH, Krefeld	RAIFFEISENZENTRALE Hamburg, Am Kleinen Kanal 84, 21107 Hamburg	5
0072	SEIDLITZ GmbH, Krefeld	Karl Hermann OHG, Fangdieckstr. 187, 22549 Hamburg	2
0073	DEGENER & Lutz, Neuss	Auto-Export GmbH, Elstorfer Ring 72, 21147 Hamburg	2
0074	DEGENER & Lutz, Neuss	A & B Handelsgesellschaft mbH, Dürerstr. 144, 22607 Hamburg	2
0075	DEGENER & Lutz, Neuss	Schornstein-Service GmbH, Burgwedel 81, 22457 Hamburg	3

Erstellen Sie für den Transport der oben beschriebenen Sendungen einen Belade- und einen Tourenplan mit dem Ziel, die Abläufe beim Abholen und Zustellen der Sendungen sowie bei der Übernahme der Rückladung zu optimieren. Der Lkw wird von hinten be- und entladen. Es handelt sich um ein Fahrzeug nach BDF-Norm.

Bei der Planung ist zu beachten, dass bei der RAIFFEISENZENTRALE, Hamburg, Rückladung aufzunehmen ist (22 t verschiedene Futtermittel für den RAIFFEISENMARKT, Solingen). Eine Karte der Postleitzahlgebiete in Hamburg befindet sich auf Seite 40.

Beladeplan					Ladefolge	
Sdg.-Nr.	Versender	Empfänger			Lademeter	Motorwagen/ Anhänger

Entladeplan		
PLZ	Ort	Empfänger

Aufgabe 13

a. Stellen Sie die wichtigsten zulässigen Lkw-Höchstmaße in einer Übersicht zusammen.

	Gliederzug	Sattelzug
Lastzuglänge (außen)		
Lastzugbreite (innen)		
Lastzughöhe		
Zulässiges Gesamtgewicht		

b. Halten Sie außerdem folgende Maße in der Übersicht fest:

Palettenmaße (Flachpalette)	
Palettenmaße (Gitterbox)	
maximale Palettenzahl im	
a) Gliederzug	
b) Gliederzug nach BDF-Norm	
c) Sattelzug	

Aufgabe 14

Klaus Kämmerling, Disponent für Teil- und Komplettladungen bei der EUROTRANS GmbH, freut sich über den Auftrag der Spedition Berger über 22 Tonnen Papier für München – insbesondere, weil sein Dispositionsplan für mögliche Rückladungen aus dem süddeutschen Raum lukrative Aufträge aufweist. Karl-Heinz Harmsen wird die Tour mit einem MAN-Gliederzug (36 Palettenstellplätze) fahren. *Siehe Einstiegssituation auf Seite 25.*

„Da werde ich eine schöne Tour für unseren Kalle zusammenstellen können", denkt er sich beim Blick auf seinen Plan. Karl-Heinz („Kalle") Harmsen ist mit 56 Jahren dienstältester Fahrer bei EUROTRANS. Nach 30 Jahren „auf dem Bock" in ganz Europa fährt er seit zwei Jahren nur noch innerhalb Deutschlands, um endlich regelmäßig zu Hause sein zu können.

Herr Kämmerling macht sich an die Arbeit, um alle Unterlagen für den Fahrer bereitzuhaben, wenn dieser heute Mittag seinen Dienst antritt. Zunächst druckt er die aktuelle Rückladungsliste aus und erstellt – nach genauer Sichtung des Plans – den Tourenplan mit sämtlichen Be- und Entladestellen. Zur optimalen Planung nimmt er den Stauplan (auf Stellplatzbasis) für den MAN zur Hand und überprüft die Dispositionsmöglichkeiten.

Erstellen Sie den Touren- und Stauplan. Verwenden Sie geeignetes Kartenmaterial.

Lernsituation 2 | zu SLG S. 13-53, 108-111, WSP S. 11-20, 81-83, KSK S. 19-25, (DV) 182-186

E U R O T R A N S – Frachtgut in guten Händen

Übersicht Rückladungen Relation: Süddeutschland
Abteilung Disposition aktueller Stand: 02.07.20(0)

Lade-datum	Beladestelle			Entladestelle			Sendung		
	Versender	PLZ	Ort	Empfänger	PLZ	Ort	Anzahl	Packmittel	Gewicht
03./04.07.	Gerling Druckmaschinen	64295	Darmstadt	Leverkusener Druck	51373	Leverkusen	2	Einwegpaletten, 1,50 x 110 m	900 kg
bis 05.07.	Perlmeier & Sohn	68309	Mannheim	Auto-Export GmbH	44309	Dortmund	8	Europaletten	3,6 t
bis 04.07.	Dassler Entsorgungs GmbH	74078	Heilbronn	Kaulmann KG	42659	Solingen	16	leere Gibo, stapelbar	640 kg
ab 05.07.	Kaminbau Hark KG	76187	Karlsruhe	Petersen & Schmidt	42369	Wuppertal	17	Europaletten	7 t
ab 03.07.	Götte PC Vertrieb	80995	München	Faust Bürotechnik	47198	Duisburg	10	Europaletten	6.800 kg
03.07. fix	Schraubenfabrik Wastler	86899	Landsberg/L.	Bönte Großhandel	67059	Ludwigshafen	7	Europaletten	4,2 t
ab 02.07.	Helbig & Lang OHG	89081	Ulm	Degener & Lutz	41464	Neuss	6	Gibo	5 t
04.07. fix	Raiffeisenzentrale	93055	Regensburg	Seidlitz GmbH	47800	Krefeld	20	Einwegpaletten	10 t
ab 03.07.	Gummiwerke Bamberg	96052	Bamberg	Bäumer Reifenservice	33647	Bielefeld	9	Europaletten	3.600 kg

Anlage zur Fahreranweisung: Stauplan

Lkw-Nr.: 16/MAN
Datum: 02.07. – 05.07.20(0)

Motorwagen

Fahrerhaus | | | | | | | hinten

Anhänger

| | | | hinten

Lernsituation 2 | zu SLG S. 13-53, 108-111, WSP S. 11-20, 81-83, KSK S. 19-25, (DV) 182-186 **47**

EUROTRANS – Frachtgut in guten Händen

Fahreranweisung: Belade- und Tourenplan

Lkw-Nr.:	16/MAN	Kennz. Motorwagen:	D – ET 382	Fahrer:	Harmsen
Palettenplätze:	36	Kennz. Anhänger:	D – ET 114	Datum:	02.07. – 05.07.20(0)

	Beladung					Entladung			
Pos.	Versender	PLZ	Ort	Stell-plätze	Motorwagen/Anhänger	Empfänger	PLZ	Ort	Stell-plätze	Motorwagen/Anhänger
1	Wendering AG	40223	Düsseldorf	35	Mot./Anh.					
2						Druckerei Enders	81249	München	35	Mot./Anh.
3										
4										
5										
6										
7										
8										
9										
10										
11										
12										
13										
14										
15										

Die genauen Adressen der Be- und Entladestellen sind den Frachtbriefen/Speditionsaufträgen zu entnehmen.
Bei Problemen ist unverzüglich die Disposition EUROTRANS zu verständigen, Tel. 0211 533876 - SA/SO und nach 19:00 Uhr: 0170 4422553.

Aufgabe 15

a. Ermitteln Sie die erforderlichen Lademeter für folgende Sendungen (die Paletten sind nicht stapelbar):

    aa. 5   Euro-Flachpaletten

    ab. 18 Industriepaletten

    ac. 8   Euro-Flachpaletten + 6 Industriepaletten

b. Stellen Sie fest, ob für folgende Sendung eine Wechselbrücke nach BDF-Norm ausreicht (Paletten nicht stapelbar): 12 Euro-Flachpaletten + 5 Industriepaletten

Prüfen Sie, ob eine rechnerische Lösung auch ladetechnisch umsetzbar ist.

Aufgabe 16

Welche der unten stehenden Verkehrsmittel würden Sie als Spediteur für die nachfolgend genannten Transporte auswählen? Ergänzen Sie dazu die Tabelle mit den geeigneten Buchstaben für die Verkehrsmittel a bis f.

Transporte

1.	Zuchtrinder von Hamburg nach Teheran
2.	lebende Affen von Kenia nach Frankfurt
3.	Rohöl
	a) von Kuwait nach Rotterdam
	b) von Rotterdam nach Köln

4.	Kies von Ludwigshafen nach Düsseldorf
5.	Eisenerz von Hamburg nach Duisburg
6.	Bücher von Bielefeld nach Köln
7.	antike Möbel von London nach Düsseldorf

Verkehrsmittel

a. Lastkraftwagen (Lkw)   c. Binnenschiff   e. Flugzeug

b. Eisenbahn   d. Seeschiff   f. Rohrleitungen (Pipeline)

Aufgabe 17

Unterscheiden Sie

a. Verkehrsträger   d. wirtschaftliche Transportfähigkeit

b. Verkehrsmittel   e. natürliche Transportfähigkeit

c. Verkehrswege

Aufgabe 18

Ordnen Sie den Verkehrsmitteln nach Ihrer Einschätzung Rangplätze zu. Ergänzen Sie dazu die nachfolgende Übersicht.

	Kapazität	Kosten	Schnelligkeit	Sicherheit	Umweltverträglichkeit
Eisenbahn					
Lkw					
Binnenschiff	2.				
Flugzeug		1.			
Seeschiff	1.				

Aufgabe 19

Ermitteln Sie die Prozentanteile der einzelnen Verkehrsmittel am gesamten Verkehrsaufkommen im Zeitablauf und beurteilen Sie die Entwicklung der verschiedenen Verkehrsmittel.

Güterkaufkommen der Verkehrsmittel im Bundesgebiet 1950 bis 2008 in Millionen Tonnen

Jahr: \ Verkehrsmittel:	gesamt	Lkw	Eisenbahn	Binnenschiff	Pipeline	Flugzeug
1950	688,6	407,9	208,8	71,9	0,0	0,0
1960	1.691,7	1.189,2	317,1	172,0	13,3	0,1
1970	2.844,5	2.136,9	378,0	240,0	89,2	0,4
1980	3.247,1	2.571,1	350,1	241,0	84,0	0,9
1990	3.487,6	2.876,7	303,6	231,6	74,1	1,6
2000	3.889,8	3.257,0	298,8	242,2	89,4	2,4
2008*	3.713,1	3.072,0	313,3	233,7	90,7	3,4

*) geschätzt

Quelle: Bundesverband Güterkraftverkehr Logistik und Entsorgung (BGL) e. V. 2008

http://www.bgl-ev.de/images/daten/verkehr/gueteraufkommen_tabelle.pdf, abgerufen am 28.05.2008

Aufgabe 20

Der Disponent Herr Baumeister erhält von der Papierfabrik Wendering die Anweisung, nicht wie geplant, die Hoflacher Str. 16 in München anzufahren, sondern die 22 t Papierrollen in der Mühlhauser Str. 70 in Augsburg anzuliefern. Herr Baumeister informiert den Fahrer Harmsen telefonisch über diese Änderung. Der Lkw befindet sich zurzeit auf dem Rasthof Spessart/Rohrbrunn an der A3. Entwickeln Sie für Herrn Harmsen eine neue Fahranweisung für die geänderte Tour.

Aufgabe 21

Entwickeln Sie eine Übersicht, die Ihre eigenen Beschäftigungszeiten wiedergibt. Beurteilen Sie anschließend, ob Ihre Arbeitszeit den Bestimmungen des Jugendarbeitsschutzgesetzes entspricht.

Aufgabe 22

Während des Blockunterrichts (32 Unterrichtsstunden an fünf Unterrichtstagen) fällt der Unterricht an einem Tag (Unterrichtstag mit 8 Unterrichtsstunden) aus, weil die Lehrer an diesem Tag ihren Lehrerausflug durchführen. Prüfen Sie, ob der Speditionsbetrieb seine Auszubildenden für diesen Tag in den Betrieb beordern kann.

Aufgabe 23

Welche Aussagen sind richtig?

1. Das JArbSchG gilt auch für Auszubildende, die das 18. Lebensjahr vollendet haben.
2. Ein Berufsschultag mit mindestens 5 Zeitstunden wird mit 8 Arbeitsstunden angerechnet.
3. Ein Schultag mit mehr als 5 Unterrichtsstunden (1-mal in der Woche) wird mit 8 Std. Beschäftigungszeit angerechnet.
4. Die Beschäftigungszeit im Betrieb ist ohne Pausen, die Schulzeit einschließlich Pausen anzusetzen.

Aufgabe 24

Ergänzen Sie die unten abgebildete Übersicht:

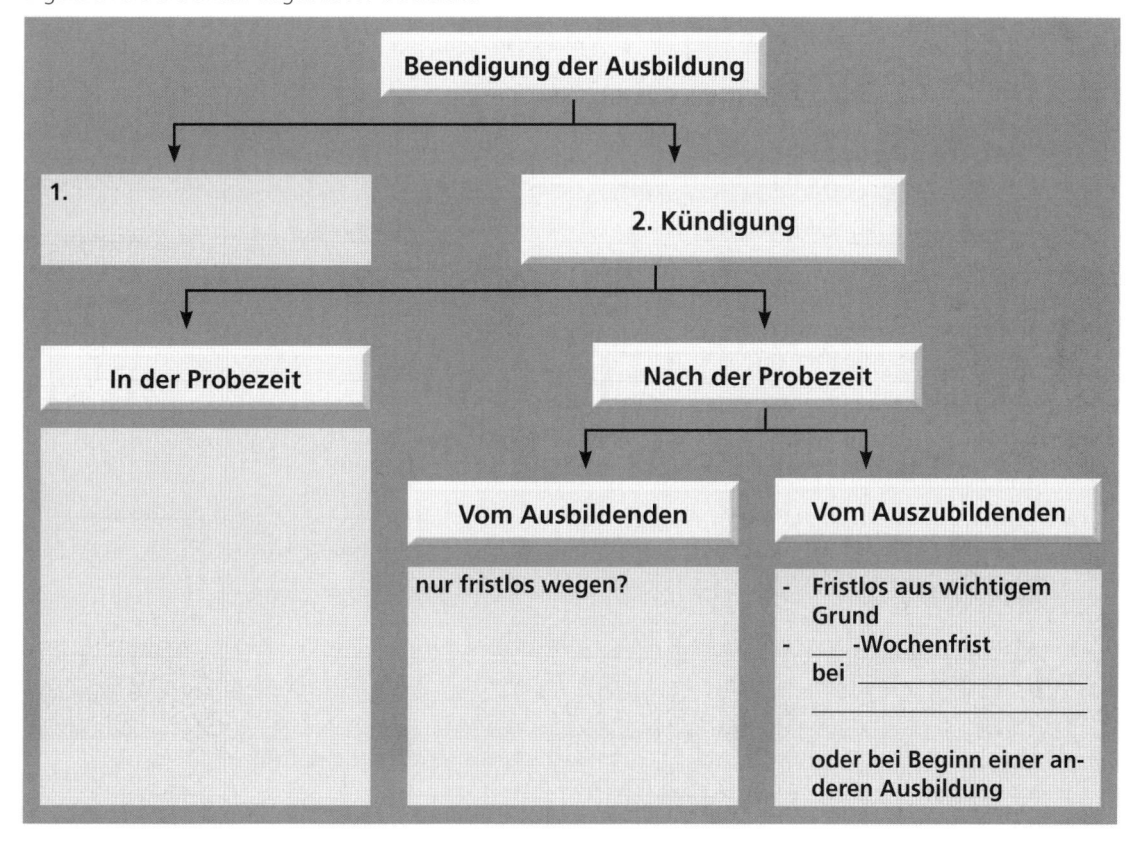

Beendigung der Ausbildung
- 1. _____
- 2. Kündigung
  - In der Probezeit
  - Nach der Probezeit
    - Vom Ausbildenden: nur fristlos wegen?
    - Vom Auszubildenden:
      - Fristlos aus wichtigem Grund
      - ___-Wochenfrist bei _____
      - oder bei Beginn einer anderen Ausbildung

Aufgabe 25

Beurteilen Sie die nachfolgenden Situationen. Ermitteln Sie, ob ein Verstoß gegen das BBiG vorliegt.

a. „Tut mir leid", sagt die Filialleiterin zu Klaus, „aber gerade erfahre ich, dass Frau Arnold auch noch krank geworden ist. Da kannst du unmöglich morgen zur Berufsschule gehen. Ich wäre dann ja ganz alleine im Büro."

b. Gabi kündigt zu Beginn der fünften Woche während ihrer dreimonatigen Probezeit fristlos und ohne Begründung. Der Ausbildende verlangt von ihr, dass sie noch bis zum Ende der Woche weiterarbeitet. Au-

Lernsituation 2 | zu SLG S. 13-53, 108-111, WSP S. 11-20, 81-83, KSK S. 19-25, (DV) 182-186

ßerdem verlangt Gabi ein Zeugnis über die bisherige Ausbildungszeit. Dieses verweigert der Ausbildende mit der Begründung, für diese kurze Zeit könne er ihr kein Zeugnis ausstellen.

c. Claudia hat ihre Abschlussprüfung als Speditionskauffrau mit „gut" bestanden. Da sie in ihrem Ausbildungsbetrieb nicht weiterbeschäftigt werden kann, verabschiedet sie sich am Tage der mündlichen Prüfung (es ist der 15. Juni) im Betrieb, um am nächsten Tag ihre neue Arbeitsstelle anzutreten. „Moment mal", sagt da ihr Ausbilder, „Ihre Ausbildung dauert bis zum 31. Juli diesen Jahres. So steht es im Ausbildungsvertrag und so habe ich Sie hier bei mir auch eingeplant."

Aufgabe 26

a. Erstellen Sie eine Übersicht mit den Pflichten des Auszubildenden und den Pflichten des Ausbildenden. Bedenken Sie dabei, dass die Pflichten des einen die Rechte des anderen sind. Ordnen Sie dazu die nachfolgend genannten Pflichten jeweils dem Auszubildenden und dem Ausbildenden zu.

1. Fürsorgepflicht
2. Weisungsgebundenheit
3. Vergütungspflicht
4. Ausbildungspflicht
5. Führen des Ausbildungsnachweises
6. Zeugnispflicht
7. Sorgfaltspflicht
8. aktive Lernpflicht
9. Freistellungspflicht
10. Schweigepflicht

b. Beschreiben Sie den Inhalt der einzelnen Pflichten mit eigenen Worten.

Aufgabe 27

Die Aufgabe 27 zur Privaten Vorsorge kann auch außerhalb dieser Lernsituation als Modul im Unterricht eingesetzt werden.

Versicherungsgesellschaften bieten privaten Versicherungsnehmern eine Vielzahl möglicher Versicherungsverträge an, die zum Teil zwingend notwendig, zum Teil empfehlenswert, teilweise aber auch wenig sinnvoll sind. Darüber hinaus sind die Konditionen der diversen Versicherungsgesellschaften sehr unterschiedlich. Eine gründliche Auseinandersetzung mit den Versicherungsbedingungen und Konditionen verschiedenen Anbieter ist daher sehr zu empfehlen.

Erarbeiten Sie in Form einer weitgehend selbst organisierten Projektarbeit mindestens die wesentlichen Versicherungsleistungen und deren Kosten anhand ausgewählter Individualversicherungen. Mögliche Projektbearbeitungsschritte sind:

1. Projektplanung im Plenum

    - Bestimmen Sie im Plenum die Versicherungsarten, mit denen Sie sich näher auseinandersetzen wollen (z. B. Lebensversicherung, private Unfallversicherung, private Krankenversicherung usw.).
    - Legen Sie Eckdaten für die Person des Versicherungsnehmers fest (z. B. weiblich, 22 Jahre alt, Berufsanfängerin als Speditionskauffrau, ledig, erste eigene Wohnung usw.).
    - Bilden Sie Arbeitsgruppen, die sich arbeitsteilig mit den ausgewählten Versicherungsarten auseinander setzen sollen. Legen Sie eine Mindestgruppengröße ebenso fest wie eine Maximalgruppengröße (z. B. 2-5 Gruppenmitglieder).
    - Vereinbaren Sie Mindestinhalte für die jeweiligen Präsentationen (z. B. versicherte Risiken, Prämienhöhe für den Musterversicherungsnehmer von mindestens zwei verschiedenen Versicherungsgesellschaften).
    - Vereinbaren Sie einen Bearbeitungszeitrahmen. Berücksichtigen Sie dabei die Notwendigkeit von Beratungsterminen bei Versicherungsagenturen außerhalb der Unterrichtszeit.
    - Vereinbaren Sie Präsentationstermine und einen Präsentationszeitrahmen für die Vorstellung der Ergebnisse der einzelnen Gruppen. Berücksichtigen Sie dabei auch, dass genügend Zeit eingeplant sein sollte, um Fragen der Mitschüler zu beantworten, die sich mit anderen Versicherungsarten beschäftigt haben.
    - Legen Sie fest, wie die Dokumentation der Arbeitsergebnisse erfolgen soll.

2. Projektdurchführung in der Gruppe

    - Organisieren Sie selbstständig die Bearbeitung Ihrer Projektaufgabe (Zeitplanung, Informationsmedien auswählen, Beratungstermin bei Versicherungsagenturen vereinbaren usw.).

3. Projektpräsentation und Reflexion im Plenum

    - Präsentieren Sie Ihre Projektergebnisse entsprechend der getroffenen Vereinbarungen.
    - Stellen Sie sicher, dass den Mitgliedern der übrigen Arbeitsgruppen Ihre Arbeitsergebnisse zur Verfügung gestellt werden.
    - Reflektieren Sie im Plenum den Ablauf und Erfolg der Projektarbeit (z. B. Zusammenarbeit in der Gruppe, Lernerfolg usw.).

Aufgabe 28

Die Berechnungen im Liquiditätsplan der Spedition Gerd Berger ergaben in der 30. KW 20(0) eine Überdeckung in Höhe von 42.132,00 EUR. In der Vergangenheit wurden weitere Ausgaben fällig für:

Ausgabe	Höhe in % vom Umsatz
Personalausgaben	35
Energieausgaben	10
Verwaltungsausgaben	50
Sonstige Ausgaben	5

a. Welche Ausgaben verbergen sich im Einzelnen hinter den oben genannte Ausgabengruppen?
b. Stellen Sie fest, ob die Überdeckung ausreicht, die weiteren Ausgaben zu decken.
c. Wie schätzen Sie die neue Situation ein?

Aufgabe 29

Schließen Sie das Kassenkonto zum 15. Oktober 20(0) ab:

Soll			Kasse		Haben
Datum	Text/Gegenkonto	€	Datum	Text/Gegenkonto	€
11.10.	Eröffnungsbestand	600,00	11.10.	Auszahlungen	173,00
11.10.	Bareinnahmen aus Auftrag	1.393,00	11.10.	Einzahlung bei der Bank	986,00
12.10.	Bareinnahmen aus Auftrag	1.520,00	12.10.	Einzahlung bei der Bank	1.200,00
13.10.	Bareinnahmen aus Auftrag	3.768,00	13.10.	Auszahlungen	300,00
			14.10.	Einzahlung bei der Bank	2.300,00

Aufgabe 30

Führen Sie das Bankkonto für die Woche vom 18.-23.10.20(0) auf der Grundlage der unten stehenden Angaben und schließen Sie das Konto ab.

Geschäftsfälle		€
18.10.20(0)	Eröffnungsbestand	123.384,00
18.10.20(0)	Zahlungseingang für AR 462	8.300,00
19.10.20(0)	Überweisung der Frachtführerrechnung Nr. 395.	2.871,00
19.10.20(0)	Zahlungseingang für AR 438	9.500,00
20.10.20(0)	Zahlungseingang für AR 432	10.600,00
20.10.20(0)	Überweisung der Frachtführerrechnung Nr. 398	4.578,00
21.10.20(0)	Zahlungseingang für AR 455	11.600,00
22.10.20(0)	Zahlungseingang für AR 453	16.500,00
22.10.20(0)	Barauszahlung für den Geschäftsinhaber	3.000,00
22.10.20(0)	Überweisung der Frachtführerrechnung Nr. 399	19.214,00
23.10.20(0)	Zahlungseingang für AR 456	18.300,00

Soll			Bank		Haben
Datum	Text/Gegenkonto	€	Datum	Text/Gegenkonto	€

Aufgabe 31

Führen Sie das Konto Forderungen für den Monat Januar 20(0) nach folgenden Angaben:

Geschäftsfälle		€
01.01.20(0)	EB	17.849,00
03.01.20(0)	Ausgangsrechnung (AR) Nr. 1	1.455,00
05.01.20(0)	AR Nr. 2	1.189,00
09.01.20(0)	Postüberweisung (AR 1.235)	1.620,00
10.01.20(0)	Teilzahlung (Kasse, AR 1.166)	1.380,00
10.01.20(0)	Banküberweisung (AR 1.241)	1.866,00
14.01.20(0)	AR Nr. 3	2.640,00
15.01.20(0)	AR Nr. 4	1.198,00
18.01.20(0)	Banküberweisung (AR 1.246)	2.544,00
22.01.20(0)	AR Nr. 5	1.355,00
23.01.20(0)	Banküberweisung (AR 1.245)	2.576,00
24.01.20(0)	AR Nr. 6	1.195,00
27.01.20(0)	AR Nr. 7	2.590,00
29.01.20(0)	Banküberweisung (AR 1.198)	2.310,00
30.01.20(0)	AR Nr. 8	1.255,00

Soll		Forderungen			Haben
Datum	Text/Gegenkonto	€	Datum	Text/Gegenkonto	€

Aufgabe 32

Kundenkonto				
Name	Max Reinhardt GmbH	Jahr	20(0)	
Straße	Dachsbergweg 16	Kunden-Nr.	D 147	
Ort	40591 Düsseldorf	Bank	Sparkasse Düsseldorf	
Konditionen		Konto-Nr.:	342 381 01	
Vermerke		Bankleitzahl (BLZ)	300 501 10	
Datum	**Text**		**Soll**	**Haben**
01.01.	Eröffnungsbestand		3.700,00	
15.01.	Banküberweisung für AR 1 488			3.700,00
12.02.	AR 2		4.650,00	
10.03.	AR 479		12.400,00	
13.03.	Banküberweisung für AR 29			4.650,00
20.03.	Banküberweisung für AR 47			12.400,00
30.03.	AR 96		7.280,00	
02.04.	AR 112		600,00	
10.04.	Banküberweisung für AR 96 und 112			7.880,00
12.04.	AR 488		22.720,00	
09.05.	Banküberweisung für AR 488			22.720,00
30.05.	AR 882		3.200,00	
01.06.	Banküberweisung für AR 882			3.200,00
10.06.	AR 1 436		8.450,00	
12.06.	AR 1 442		10.000,00	
30.06.	Schlussbestand			18.450,00
			73.000,00	73.000,00

1. Der Gesamtumsatz der ALLSPED betrug im ersten Halbjahr 1.780.000,00 €. Welchen %-Anteil hatte hieran die Max Reinhard GmbH?
2. Im vorangegangenen Halbjahr betrug der Umsatz der ALLSPED 1.640.000,00 €. Der mit der Max Reinhardt GmbH erzielte Umsatz betrug im gleichen Zeitraum 66.500,00 €. Ist der Kunde für das Unternehmen bedeutsamer geworden oder hat sich sein Umsatzanteil (in Prozent) verringert?
3. Errechnen Sie in Prozent:
   a. die Umsatzveränderung der ALLSPED gegenüber dem vorherigen Halbjahr.
   b. die Veränderung des mit dem Kunden Reinhardt erzielten Umsatzes gegenüber dem vorherigen Halbjahr.

ALLSPED Reinhardt	Umsatz in €		Umsatz in %	
	2. Halbjahr 20(-1)	1. Halbjahr 20(0)	2. Halbjahr 20(-1)	1. Halbjahr 20(0)
	1.640.000,00	1.780.000,00		

Aufgabe 33

Führen Sie das Konto des Kunden Metallwerke Fechter GmbH, Gartenstr. 27, 35390 Gießen nach unten stehenden Angaben als Staffelkonto und ermitteln Sie den Saldo zum 31.03.20(0). (Kunden-Nr. 140018, Volksbank Gießen, Konto-Nr. 68 123 964, BLZ 513 900 00).

Geschäftsfälle		€
01.01.20(0)	Saldovortrag	468,50
24.01.20(0)	Ausgangsrechnung Nr. 6	1.725,00
03.02.20(0)	Banküberweisung für AR 189	468,50
05.02.20(0)	AR Nr. 19	697,20
15.02.20(0)	AR Nr. 33	230,00
06.03.20(0)	Banküberweisung für AR 19 + AR 33	927,20
12.03.20(0)	AR Nr. 112	380,00
18.03.20(0)	AR Nr. 156	264,00

Lernsituation 2 | zu SLG S. 13-53, 108-111, WSP S. 11-20, 81-83, KSK S. 19-25, (DV) 182-186

Kundenkonto			
Name	Fechtner Metallwerke	Jahr	20(0)
Straße			
Ort			
Konditionen/ Vermerke			
Datum	**Text**	**Soll**	**Haben**

Aufgabe 34

Für die Buchhaltung bei Berger werden verschiedene Formulare benötigt, die in MS Word erstellt werden sollen:

a. Ein Sachkontenblatt (wie im Konto Forderungen oder beim Kassenkonto).

b. Ein Kundenkonto (wie in Aufgabe 31).

c. Eine Offene-Posten-Liste für Kunden und für unsere Frachtführer.

Aufgabe 35

Berger benötigt für die Abrechnung mit den Kunden ein Rechnungsformular. Erstellen Sie ein Formular mit der Tabellenfunktion eines Textverarbeitungsprogramms nach dem Muster auf Seite 39.

Lernsituation 2 | zu SLG S. 13-53, 108-111, WSP S. 11-20, 81-83, KSK S. 19-25, (DV) 182-186

SELBSTTEST LERNSITUATION 2

→ Diese **Prozesse** sollten Sie beherrschen:

- einen Versandauftrag auf Vollständigkeit prüfen
- ein Speditionsauftrag-Formular ausfüllen
- einen Frachtvertrag abschließen
- eine Ausgangsrechnung erstellen
- Einsatzpläne für Auszubildende aufstellen
- Probleme im Ausbildungsverhältnis klären
- Einen Überblick über die Möglichkeiten der Individualversicherung im Rahmen der privaten Vorsorge gewinnen
- Zahlungsvorgänge buchen
- Einen Liquiditätsplan erstellen
- Zahlungsvorgänge überwachen und offene Postenlisten führen
- Kundenkonten auswerten
- Erstellen von Formularen mit einen Textverarbeitungsprogramm

→ Diese **Begriffe** sollten Sie kennen:

1. Absender
2. Allgemeine Deutsche Spediteurbedingungen
3. Allgemeine Geschäftsbedingungen
4. Anrechnung
5. Arbeitszeit
6. Aufhebung Ausbildungsvertrag
7. Ausbildungsnachweise
8. Ausgangsrechnung (AR)
9. befördern
10. Berufsschulpflicht
11. Berufsschulzeit
12. besorgen
13. diebstahlgefährdete Güter (ADSp)
14. Eingangsrechnung
15. Empfänger
16. Erstspediteur
17. Euro-Flachpalette
18. Fahrzeugmaße
19. Forderungen
20. Frachtführerkonto
21. Frachtvertrag
22. Frankatur
23. Gitterbox-Palette
24. Gliederzug
25. Haftpflichtversicherung
26. Hauptpflichten des Spediteurs
27. Hauptspediteur
28. Hausratversicherung
29. Individualvereinbarung
30. Interessenwahrungs- und Sorgfaltspflicht
31. Kennzeichnungspflichten des Auftraggebers
32. Kraftverkehrsversicherung
33. Kreditoren
34. Kundenkonto
35. Kündigung Ausbildung
36. Lademeter
37. Lebensversicherung
38. Lieferfristvereinbarung (ADSp)
39. Liquidität
40. Lkw-Maße
41. natürliche Transportfähigkeit
42. Nebenpflichten des Spediteurs
43. Offene-Posten-Liste
44. Palettenmaße
45. Personenversicherung
46. Private Krankenversicherung
47. Private Unfallversicherung
48. Probezeit
49. Rechtsebenen
50. Sachversicherung
51. Saldieren
52. Sattelzug
53. Schreibtischspediteur
54. sonstige Geschäfte des Spediteurs
55. Speditionsauftrag
56. Speditionsauftrag-Formular
57. speditionsfremde Leistungen
58. Speditionsvertrag
59. Staffelkonto
60. T-Konten
61. Umsatz
62. Verbindlichkeiten
63. Verkehrsmittel
64. Verkehrsverträge
65. Verkehrswege
66. Vermögensversicherung
67. Versender
68. Versicherungssumme
69. vorformulierte Vertragsbedingungen
70. Wechselbrücken-Lkw
71. Wegezeit
72. wertvolle Güter (ADSp)
73. wirtschaftliche Transportfähigkeit
74. Zwischenspediteur

Lernsituation 2 | zu SLG S. 13-53, 108-111, WSP S. 11-20, 81-83, KSK S. 19-25, (DV) 182-186

Lernsituation 3

- Eine LKW-Sammelgutrelation einrichten
- Mitarbeitern Vollmachten erteilen
- Die Buchungstechnik beherrschen: Grundbuch und Hauptbuch
- Berechnungen in Excel vornehmen

Nachdem sich die Organisation der Stammkundenaufträge eingespielt hat, bemüht man sich in der Spedition Berger verstärkt um die Gewinnung (Akquirierung) neuer Kunden. Es zeigt sich allerdings, dass es kaum möglich ist, Kunden zu gewinnen, die komplette Ladungen zu versenden haben. Viele Versender zeigen aber Interesse, den Transport kleinerer Sendungen (Durchschnittsgewicht 1 Tonne) durch die Spedition Berger besorgen zu lassen. Insbesondere für den Raum Berlin scheint es sich zu lohnen, kleinere Sendungen zu einer Sammelladung zusammenzustellen, nach Berlin zu befördern und dort von einem Empfangsspediteur verteilen zu lassen.

Siehe Lkw-Sammelgutverkehr im Informationshandbuch

Dem Fernverkehrsunternehmer ist es nicht zuzumuten, im Stadtgebiet oder in den Nachbargemeinden von Berlin zahlreiche kleinere Sendungen mit einem Fernverkehr-Lkw zuzustellen.

Die Voraussetzungen für die Einrichtung einer Sammelgutrelation sind nach Meinung von Herrn Berger gegeben:

- Der Frachtführer MÖLLER-TRANS GMBH könnte mit dem Abholen der Sendungen in Düsseldorf und Umgebung beauftragt werden, weil er über entsprechende Nahverkehrsfahrzeuge verfügt. Für die Fernverkehrsstrecke kommen alle drei Partner-Frachtführer infrage, die zu den bisherigen Konditionen auch Sammelgut nach Berlin fahren würden.

- Eine Umschlaghalle steht in einem Nebengebäude zur Verfügung und könnte angemietet werden.

- Umschlagpersonal ist – zunächst stundenweise – verfügbar.

- Es dürfte keine Schwierigkeiten bereiten, in Berlin einen Empfangsspediteur zu finden. Über die DVZ (Deutsche Verkehrs-Zeitung) könnte man z. B. einen Kontakt anbahnen. Der Empfangsspediteur müsste in der Lage sein, täglich ausreichend Sammelgut für den Raum Düsseldorf zusammenzubekommen, damit die Rückladung für den Lkw gesichert ist.

- Die von allen Versendern gewünschte und im Sammelgutverkehr übliche Transportzeit von 24 Stunden müsste erreichbar sein. Das ist aber noch anhand von Erfahrungswerten genau durchzuplanen (15 Sendungen können etwa in jeweils 4 Stunden abgeholt und zugestellt werden; ein Lkw darf maximal 80 km/Std. fahren). 24 Stunden Transportzeit bedeutet, dass eine Sendung, die am Nachmittag bei einem Versender abgeholt wird, bis zum Nachmittag des Folgetages (bis etwa gegen 16:00 Uhr) beim Empfänger eintrifft.

- Das Sendungsaufkommen, das die Versender angegeben haben, reicht für fünf Sammelladungen pro Woche (pro Tag eine Ladung).

Insgesamt müsste nach Meinung von Herrn Berger ein Sammelgutkonzept entwickelt werden können, das die Versender überzeugt.

Für die weitere Planung geht er von folgenden Annahmen aus:

- Eine Standard-Sammelladung besteht aus 15 Einzelsendungen im Gewicht von durchschnittlich 1 Tonne. Die Durchschnittsentfernung beträgt 530 km. Der Empfangsspediteur hat seinen Sitz in Berlin. Es wird davon ausgegangen, dass 10 Sendungen im Umkreis von bis zu 30 km um den Sitz des Empfangsspediteurs zuzustellen sind, für fünf Sendungen beträgt die Nachlaufstrecke bis zu 60 km.

Stichwort „Tarif für den Spediteursammelgutverkehr" im Informationsband

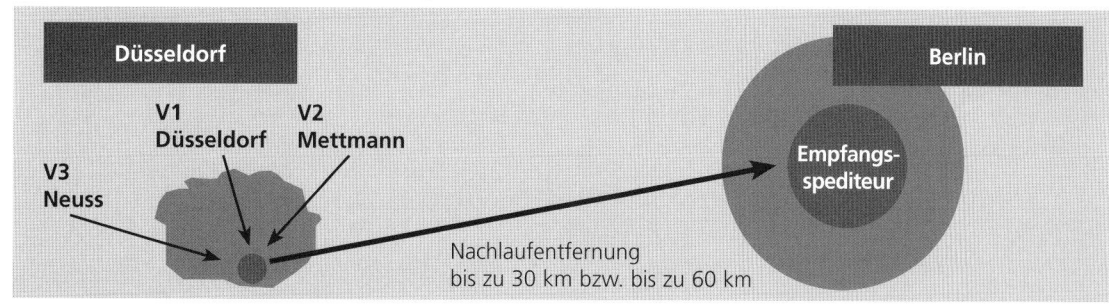

V1 = Versender 1

Düsseldorf

V1 Düsseldorf
V2 Mettmann
V3 Neuss

Berlin

Empfangsspediteur

Nachlaufentfernung
bis zu 30 km bzw. bis zu 60 km

- Die **Versender** wären bereit, die Aufträge nach den Preisempfehlungen für den Spediteursammelgutverkehr („Tarif für den Spediteursammelgutverkehr") abzurechnen. Erfahrungssätze für die Abrechnung mit einem **Empfangsspediteur** und für das Abholen der Sendungen liegen vor, sodass überschlägig ermittelt werden kann, ob sich die Einrichtung des Sammelgutverkehrs lohnt.

- Den Kunden wird ein Haus-Haus-Entgelt berechnet, und zwar vom Haus des Versenders bis zum Haus des Empfängers.

Entfernung in km	Gewicht in kg				
	1–50 EUR	51–100 EUR	101–200 EUR	201–300 EUR	301–400 EUR
1 – 100	27,80	47,10	66,60	96,50	123,80
101 – 200	30,00	52,00	76,50	113,00	146,80
201 – 300	30,60	52,90	78,00	115,70	150,60
301 – 400	30,70	53,30	78,80	117,20	152,60
401 – 500	30,90	53,70	79,70	118,50	154,50
501 – 600	31,40	54,50	81,20	121,10	158,20
601 – 700	32,00	56,20	84,50	126,60	166,00
701 – 800	32,50	57,00	86,20	129,40	169,70
801 – 1.000	33,00	58,60	89,40	135,00	177,60

Entfernung in km	Gewicht in kg				
	401–500 EUR	501–600 EUR	601–700 EUR	701–800 EUR	801–900 EUR
1 – 100	147,90	172,30	201,70	230,90	240,40
101 – 200	177,60	208,40	244,30	280,10	296,00
201 – 300	182,30	214,50	251,30	288,40	305,20
301 – 400	184,70	217,40	255,00	292,50	310,20
401 – 500	187,30	220,40	258,40	296,40	314,60
501 – 600	192,40	226,50	265,60	304,80	323,90
601 – 700	202,10	238,50	279,90	321,30	342,60
701 – 800	206,90	244,60	286,90	329,30	351,80
801 – 1.000	216,80	256,50	301,20	345,80	370,50

Entfernung in km	Gewicht in kg					
	901–1.000 EUR	1.001–1.250 EUR	1.251–1.500 EUR	1.501–2.000 EUR	2.001–2.500 EUR	2.501–3.000 EUR
1 – 100	267,30	291,40	316,00	325,10	325,80	326,50
101 – 200	329,70	365,30	400,60	416,40	434,50	450,80
201 – 300	340,00	377,70	414,90	431,60	452,60	471,50
301 – 400	345,30	383,80	422,10	439,10	461,50	481,90
401 – 500	350,40	390,10	429,20	446,70	470,70	492,20
501 – 600	360,80	402,30	443,40	462,00	488,80	513,00
601 – 700	381,60	426,90	471,60	492,30	524,90	554,40
701 – 800	391,80	439,10	485,80	507,60	543,20	575,10
801 – 1.000	412,60	463,80	514,10	538,20	579,30	616,40

Die Spedition Berger rechnet mit folgenden Aufwendungen:

Firmenhandbuch im Informationsband

- Für das **Abholen** und **Zustellen** der Sendungen in Düsseldorf (Vorlauf) verlangt der Frachtführer jeweils 5,00 EUR je **angefangene** 100 kg.

- Die Aufwendungen für den **Hauptlauf** richten sich nach den Preisvereinbarungen mit den Frachtführern (siehe Firmenhandbuch).

- Der Empfangsspediteur berechnet für das **Entladen und Verteilen** (Umschlag) der Sendungen auf seinem Lager in Berlin 1,50 EUR je **angefangene** 100 kg.

- Für den **Nachlauf** von seinem Umschlaglager bis zum Haus des Empfängers berechnet der Empfangsspediteur ein Entgelt nach folgender Vereinbarung:

Lernsituation 3 | zu SLG S. 190-201, WSP S. 101-102, KSK S. 26-31, (DV) 190-201   **59**

	Verteilungskosten (Nachlauf) in EUR		
	bis 30 km	bis 60 km	bis 90 km
Mindestpreis	8,00 EUR	10,00 EUR	12,00 EUR
bis 300 kg	0,08 EUR/kg	0,09 EUR/kg	0,10 EUR/kg
bis 600 kg	0,07 EUR/kg	0,08 EUR/kg	0,09 EUR/kg
bis 900 kg	0,06 EUR/kg	0,07 EUR/kg	0,08 EUR/kg
bis 1.200 kg	0,05 EUR/kg	0,06 EUR/kg	0,07 EUR/kg
bis 2.000 kg	0,04 EUR/kg	0,05 EUR/kg	0,06 EUR/kg
bis 3.000 kg	0,03 EUR/kg	0,04 EUR/kg	0,05 EUR/kg

In einer Vorkalkulation, die mit einem Tabellenkalkulationsprogramm erstellt wird, soll die Rentabilität des neuen Sammelgutverkehrs geprüft werden.

	A	B	C	D	E
1	Ertrags- und Aufwandsvergleich Sammelladung			€	€
2			Berechnung	Einzelpreis	Gesamtpreis
3	Erträge				
4	Haus-Haus-Entgelte				
5					
6					
7					
8					
9	Summe Erträge				
10					
11	Aufwendungen				
12	1. Vorlauf				
13					
14	2. Hauptlauf				
15					
16	3. Entladen und Verteilen (EuV)				
17					
18	4. Verteilungskosten (Nachlauf)				
19					
20	Summe Aufwendungen				
21					
22	Summe Erträge				
23	./. Summe Aufwendungen				
24	Rohergebnis				

Lernsituation 3 | zu SLG S. 190-201, WSP S. 101-102, KSK S. 26-31, (DV) 190-201

SAMMELGUTVERKEHR		
Zeitabläufe für den 24-Stunden-Service		
Tätigkeiten	Zeit (von – bis)	Dauer
Abholen in Düsseldorf		
Umschlag Düsseldorf		
Hauptlauf		
Umschlag Berlin		
Zustellung Berlin und Umgebung		

Transportroute Düsseldorf – Berlin		
Großstädte	Autobahnen	Autobahnkreuze und -dreiecke
1. Düsseldorf	2.	3.
4.	5.	
6.		
7.		
8.		9.
10.	11.	
12.		
13.		
14.		15.
	16.	17.
	18.	
19. Berlin		

Falls die Entscheidung zugunsten der Sammelgutrelation ausfällt, wären die Kunden über den Sachverhalt (werbewirksam) zu informieren. Für die weitere Planung benötigt Berger vor allem einen Vergleich von erwarteten Aufwendungen und Erträgen für den geplanten Sammelgutverkehr.

Siehe HGB §§ 48-58

Die Organisation der neuen Aufgaben im Sammelgutbereich führen für Gerd Berger zu einer erheblichen zusätzlichen Arbeitsbelastung. Er muss sehr viele Kundengespräche führen, die üblicherweise außer Haus stattfinden. Leider führt das auch dazu, dass häufig wichtige Entscheidungen im Unternehmen aufgeschoben werden, bis Gerd Berger wieder im Büro ist.

Um dieses Problem zu lösen, überlegt Berger, ob er einem Mitarbeiter erweiterte Vollmachten einräumen sollte. Dabei sind aber unterschiedliche Modelle denkbar. Soll z. B. Herr Baumeister Prokura erhalten? Genügt hier nicht auch die Erteilung einer „Allgemeinen Handlungsvollmacht"?

Zunächst muss sich Berger darüber klar werden, welche Handlungsvollmachten die Mitarbeiter eigentlich jetzt schon haben.

Gerd Berger möchte auf jeden Fall eine Lösung, die nicht mehr Entscheidungsbefugnis auf die Mitarbeiter verlagert als notwendig und deren Einrichtung mit geringen Kosten verbunden ist. Er möchte auch sicher sein, dass wesentliche Entscheidungen nicht ohne sein Einverständnis getroffen werden.

Unten stehende Tabelle soll Berger die Entscheidung leichter machen:

Art der Vollmacht	Vollmacht A	Vollmacht B
Umfang der Vollmacht (allgemein)		
Bevollmächtigter darf z.B.		
Bevollmächtigter darf z.B. nicht		
Wie erfolgt Vollmachtserteilung?		

Die Spedition Berger erhält jeden Tag eine Vielzahl an Belegen, die über die Geschäftstätigkeit Auskunft geben. Da werden Angebote für Kunden geschrieben, es gehen Speditionsaufträge von den Kunden ein, Frachtführer übernehmen auf der Grundlage eines Borderos den Transport von Sammelgutsendungen und Empfangsspediteure reichen Rückrechnungen ein für ihre Dienstleistungen. Auf die in diesen Belegen ent-

Lernsituation 3 | zu SLG S. 190-201, WSP S. 101-102, KSK S. 26-31, (DV) 190-201

haltenen Informationen muss die Spedition Berger zugreifen können, um die Informationen dann in den zuständigen Abteilungen der Spedition verarbeiten zu können. Sie sind die Grundlage für die Entscheidungen in dem Unternehmen (Informationssystem).

Nur wenn Frau Keller, die Leiterin der Abteilung Rechnungswesen/Controlling alle Geschäftsvorgänge dokumentiert und systematisch in der Finanzbuchführung erfasst, kann sie Herrn Berger die für seine Entscheidungen notwendigen Informationen geben. Herr Berger ist dann z. B. in der Lage zu überprüfen, ob sich die neuen Sammelgutrelationen positiv entwickeln.

Frau Keller verarbeitet und erfasst in der Finanzbuchhaltung der Spedition Berger aber nur solche Belege, die Werte in € ausweisen: die Eingangs- und Ausgangsrechnungen, die Kontoauszüge und weitere Belege wie z. B. Quittungen für den Nachweis einer Barzahlung.

Sie hat sich angewöhnt, die während der Woche angefallenen Belege zu sammeln und zum Wochenende in der Finanzbuchhaltung zu erfassen.

Gerade kommt die Auszubildende Karin Albers von einem Botengang zur Commerzbank zurück. Sie hatte den Auftrag, Bargeld in Höhe von 2.000,00 € für die Spesenabrechnung mit den Fahrern zu holen. Sie übergibt Frau Keller das Geld und den Barauszahlungsbeleg der Bank.

Frau Keller: Da haben wir ja den Beleg von der Barabhebung. Das ist gut so, denn ohne einen Beleg können wir die Buchung nicht durchführen. Einmal wüssten wir nicht, was zu buchen ist, und außerdem würde das Finanzamt Ärger machen, weil der Grundsatz „Keine Buchung ohne Beleg" sogar gesetzlich vorgeschrieben ist.

BELEG 01 Barauszahlung	COMMERZBANK Nordstraße 108 40223 Düsseldorf	
Kontonummer		Betrag
4865 051 000		2.000,00
Gerd Berger Spedition Merkurstraße 14 40223 Düsseldorf		
Auszahlungsdatum		
01.08.20(0)		

Katrin: Das hört sich aber kompliziert an!

Frau Keller: Aber nein, so kompliziert ist buchen nun auch wieder nicht, wie Du gleich sehen kannst. Man muss nur systematisch vorgehen. Und das ist mithilfe des Kontierungsstempels ganz einfach. Der wird auf jeden Beleg, der zu buchen ist, angebracht. Darin wird dann die entsprechende Buchung eingetragen. Bei der Kontierung müssen Sie sich immer 4 Fragen stellen:

1. Welche Konten werden durch den Geschäftsfall berührt?
2. Um welche Kontenart (Vermögens- oder Kapitalkonten) handelt es sich?
3. Wie verändern sich die Bestände der angesprochenen Konten (Mehrungen und/oder Minderungen)?
4. Auf welcher Kontoseite wird gebucht?

Kontierung			
Konten		€	
Soll	Haben	Soll	Haben
Kasse		2.000,00	
	Bank		2.000,00
Gebucht am	01.08.20(0)	von	Keller

Frau Keller zeichnet Katrin den folgenden Kontierungsvermerk auf und füllt ihn aus.

Katrin: Mit den 4 Fragen ist die Kontierung ja wirklich kein so großes Problem. Werden die Beträge jetzt auf den angegebenen Konten gebucht?

Frau Keller: Grundsätzlich hast Du natürlich recht! Aber die Organisation der Finanzbuchhaltung verlangt, dass zunächst alle Buchungen der Geschäftsfälle für die Erfassung der Geschäftsvorgänge zunächst ein Grundbuch (Journal) eingerichtet wird, in dem die Geschäftsfälle in zeitlicher Reihenfolge (nach dem Datum) erfasst werden. Das sieht dann für den Beleg der Barabhebung folgendermaßen aus:

Jahr 20(0)		Grundbuch				
Datum	Beleg	Buchungstext	Konten		Betrag	
			Soll	Haben	Soll	Haben
01.08.20(0)	BA	Barabhebung	Kasse		2.000,00	
				Bank		2.000,00

Frau Keller: Auf der Grundlage des Grundbuches werden dann alle Geschäftsvorgänge auf den Sachkonten im Hauptbuch gebucht. Erst dadurch, dass die sachlich zusammengehörenden Vorgänge auf den entsprechenden Konten gebucht werden, ist es z. B. möglich, die Zah-

Lernsituation 3 | zu SLG S. 190-201, WSP S. 101-102, KSK S. 26-31, (DV) 190-201

lungseingänge von unseren Kunden zu überwachen. So gibt uns das Sachkonto Forderungen Auskunft über die Umsätze mit den Kunden, aber auch über die noch zu erwartenden Einnahmen (siehe Lernsituation 2). Die Buchung im Hauptbuch hast Du ja schon kennen gelernt.

Hauptbuch

Soll		Kasse			Haben
Datum	Text/Gegenkonto	€	Datum	Text/Gegenkonto	€
01.08.		2.000,00			

Soll		Bank			Haben
Datum	Text/Gegenkonto	€	Datum	Text/Gegenkonto	€
01.08.		40.296,00	01.08.		2.000,00

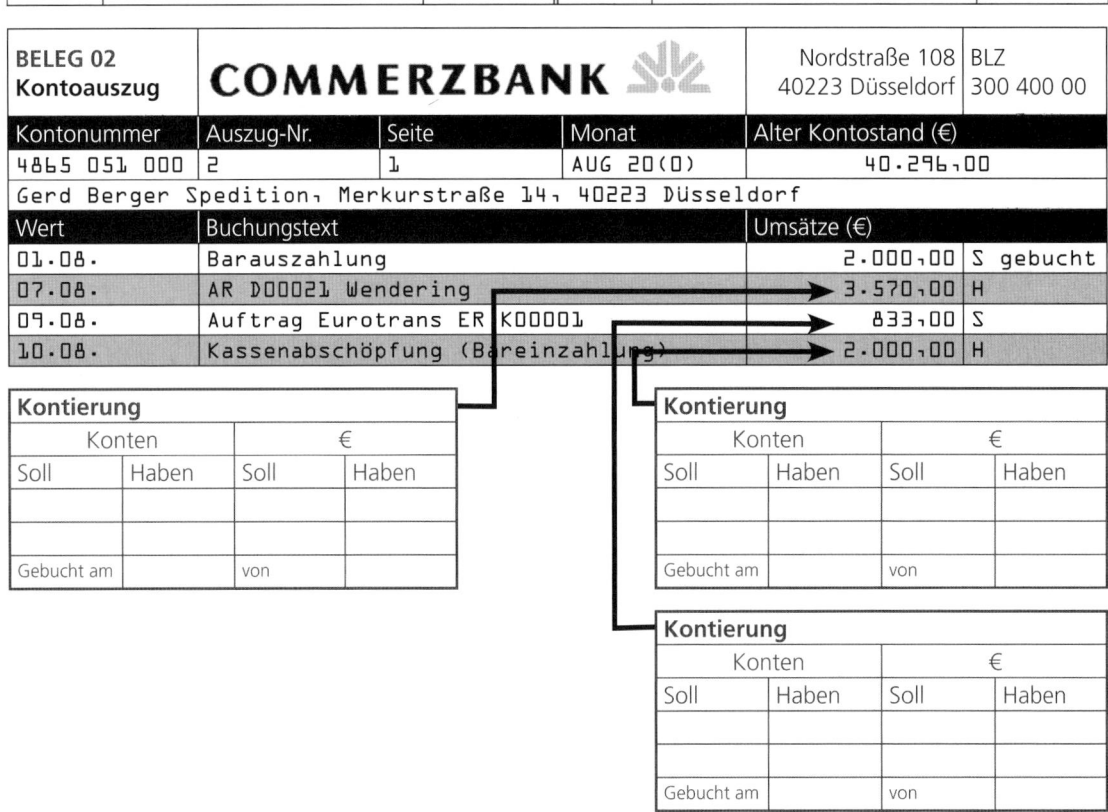

BELEG 02 Kontoauszug — COMMERZBANK — Nordstraße 108, 40223 Düsseldorf — BLZ 300 400 00

Kontonummer	Auszug-Nr.	Seite	Monat	Alter Kontostand (€)
4865 051 000	2	1	AUG 20(0)	40.296,00

Gerd Berger Spedition, Merkurstraße 14, 40223 Düsseldorf

Wert	Buchungstext	Umsätze (€)	
01.08.	Barauszahlung	2.000,00	S gebucht
07.08.	AR D00021 Wendering	3.570,00	H
09.08.	Auftrag Eurotrans ER K00001	833,00	S
10.08.	Kassenabschöpfung (Bareinzahlung)	2.000,00	H

Kontierung

Konten		€	
Soll	Haben	Soll	Haben

Gebucht am | von

Kontierung

Konten		€	
Soll	Haben	Soll	Haben

Gebucht am | von

Kontierung

Konten		€	
Soll	Haben	Soll	Haben

Gebucht am | von

BELEG 03 Kontoauszug — COMMERZBANK — Nordstraße 108, 40223 Düsseldorf — BLZ 300 400 00

Kontonummer	Auszug-Nr.	Seite	Monat	Alter Kontostand (€)
4865 051 000	3	1	AUG 20(0)	25.000,00

Gerd Berger Spedition, Merkurstraße 14, 40223 Düsseldorf

Wert	Buchungstext	Umsätze (€)	
01.08.	Monatliche Rückzahlung Darlehn	2.000,00	S

Auszugsdatum	Alter Kontostand (€)
02.08.20(0)	23.000,00

Kontierung

Konten		€	
Soll	Haben	Soll	Haben

Gebucht am | von

Wir zahlen das Darlehen der Bank in monatlichen Raten durch Überweisung von unserem Bankkonto zurück. Buchungsdatum 01.08.20(0)

Lernsituation 3 | zu SLG S. 190-201, WSP S. 101-102, KSK S. 26-31, (DV) 190-201

Schema zur Entwicklung von Buchungssätzen

Geschäfts-fall/Beleg (Nr.)	Welche Konten werden durch den Geschäftsfall angesprochen?	Um welche Kontenart handelt es sich? (Vermögens-/Kapitalkonten)	Wie verändern sich die Kontobestände/-werte? (Mehrung/Minderung)	Auf welcher Kontoseite wird gebucht? (X) (ankreuzen)	
				Soll	Haben
1. Barauszahlung	Bank	Vermögenskonto	Minderung		X
	Kasse	Vermögenskonto	Mehrung	X	

Buchungsregel:

Erst Soll	dann Haben	Erst Soll	dann Haben

Konten

Soll	Haben	Soll	Haben
Kasse			
	Bank	2.000,00	2.000,00

Lernsituation 3 | zu SLG S. 190-201, WSP S. 101-102, KSK S. 26-31, (DV) 190-201

Jahr 20(0)		Grundbuch					
Datum	Beleg	Buchungstext	Konten		Betrag		
			Soll	Haben	Soll	Haben	

Hauptbuch

Soll		Forderungen			Haben
Datum	Text/Gegenkonto	€	Datum	Text/Gegenkonto	€
01.08.	Saldovortrag	40.756,00			

Soll		Bank			Haben
Datum	Text/Gegenkonto	€	Datum	Text/Gegenkonto	€
01.08.	Saldovortrag	40.296,00			

Soll		Kasse			Haben
Datum	Text/Gegenkonto	€	Datum	Text/Gegenkonto	€
01.08.	Saldovortrag	4000,00			

Soll		Verbindlichkeiten			Haben
Datum	Text/Gegenkonto	€	Datum	Text/Gegenkonto	€
			01.08.	Saldovortrag	40.220,00

Soll			Darlehn		Haben
Datum	Text/Gegenkonto	€	Datum	Text/Gegenkonto	€
			01.08.	Saldovortrag	25.000,00

Gerd Berger Spedition e.K.

Gerd Berger Spedition e.K., Merkurstraße 14, 40223 Düsseldorf

Telefon: 0221 56742-0
Telefax: 0221 56733
E-Mail: gberger-spedition@t-online.de
USt.-ID: DE 458 977 344

Ihr Zeichen, Ihre Nachricht vom   Unser Zeichen, unsere Nachricht vom   Telefon, Name   Datum
0221 567420-0

Inhaber:
Gerd Berger e.K.

Bankverbindung:
Commerzbank Düsseldorf
Konto 4865 051 000,
BLZ 300 400 00

Geschäftsräume
Merkurstraße 14,
40223 Düsseldorf

Lernsituation 3 | zu SLG S. 190-201, WSP S. 101-102, KSK S. 26-31, (DV) 190-201

V1 = Versender 1
E1 = Empfänger 1

Aufgabe 1

Nachfolgend ist die Sammelgutrelation Düsseldorf – Berlin der Spedition Berger in allgemeiner Form abgebildet.

Kennzeichnen Sie in der Übersicht die Tätigkeiten (Umschlag oder Beförderung).

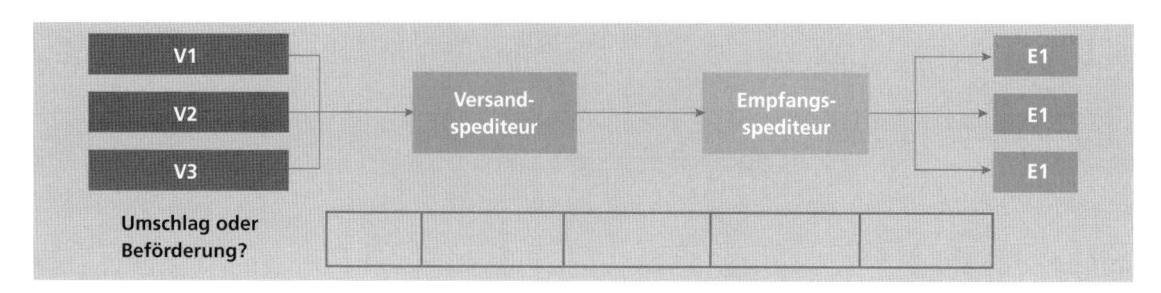

Aufgabe 2

Gelegentlich ist in der Spedition Berger festzustellen, dass das Sendungsaufkommen im Sammelgutverkehr für einen kompletten Lkw nicht ausreicht. In solchen Fällen hat der Betriebsinhaber mit einem befreundeten Spediteur vereinbart, seine Sendungen für Berlin bei der Partnerspedition „beizuladen".

Stellen Sie die Beteiligten, die Vertragsbeziehungen sowie die Vertragsgrundlagen im Sammelgutverkehr grafisch dar, wenn folgende Bedingungen gelten:

Die Spedition Berger übergibt ihre Sammelgutsendungen der Spedition RUHR-SPED GmbH in Essen. RUHR-SPED arbeitet mit der BERLINER SPEDITIONSGESELLSCHAFT mbH zusammen, die die Verteilung ihrer Sammelgutsendungen übernimmt. Den Transport nach Berlin führt die LOGTRA GmbH, Essen, aus. Der Vertragspartner der Spedition BERGER in Berlin ist die Spedition HOMBERG, die die Verteilung der Sendungen in Berlin durchführt.

Aufgabe 3

Unterscheiden Sie:

a. Speditionsauftrag – Speditionsvertrag
b. Speditionsauftrag-Formular – Frachtbrief

Aufgabe 4

Der Tarif befindet sich im Anhang des Informationsbandes. Erläuterungen finden Sie unter dem Stichwort „Preisvereinbarungen" oder „BSL-Empfehlungen".

Bearbeiten Sie anhand des Originaltextes folgende Fragen und Aufgaben zum Tarif für den Spediteursammelgutverkehr:

a. Welchen Grad von Verbindlichkeit hat der Tarif für das Speditionsgeschäft?
b. Nennen Sie die drei Teile, aus denen der Tarif besteht.
c. Wie werden die Begriffe
   ca. „Sammelgutverkehr" und
   cb. „Sendung" definiert?
d. Welchen Leistungsbereich und welchen Leistungsumfang deckt das Haus-Haus-Entgelt ab?
e. Warum wird die Selbstabholung nur unter Einschränkungen zugelassen?
f. Stellen Sie die Zahl der Gewichts- und Entfernungsstufen fest.

Leistungs**bereich**: Ziffer 2 der Bedingungen Leistungs**umfang**: Ziffer 3 der Bedingungen

Aufgabe 5

Errechnen Sie das Entgelt (einschließlich Umsatzsteuer) für folgende Spediteurleistungen nach dem Tarif für den Spediteursammelgutverkehr:

Sendung 1	Sendung 2	Sendung 3	Sendung 4	Sendung 5
70 kg	225 kg	1.540 kg	10 kg	3.000 kg
450 km	610 km	285 km	850 km	620 km
	Es handelt sich um Gefahrgut; Entgelt nach den tariflichen Nebengebühren	Die Sendung ist dem Empfänger zu avisieren.	Versendernachnahme über 1.350,00 EUR	Der Empfänger hat die Anweisung gegeben, die Sendung nicht bei der Empfangsadresse, sondern im 2 km entfernt gelegenen Lager abzuliefern.

Aufgabe 6

Prüfen Sie, ob folgende Sendungen nach dem Tarif für den Spediteursammelgutverkehr sperrig sind und welches Gewicht der Frachtberechnung jeweils zugrunde gelegt wird.

- Sendung 1: 110 x 110 x 100 cm, 180 kg
- Sendung 2: 120 x 80 x 110 cm, 215 kg

Das Gewicht muss mindestens 2,0 kg je angefangene 10 dm³ betragen.

Aufgabe 7
Mit einem Versender ist der Tarif für den Spediteursammelgutverkehr vereinbart worden. Allerdings erhält der Kunde eine Marge von 10 % auf das Haus-Haus-Entgelt. Rechnen Sie folgende Sendung (einschließlich Umsatzsteuer) ab: 255 kg, 540 km.

Aufgabe 8
Wem werden bei folgenden Frankaturen die Entgelte in Rechnung gestellt?

a frei Haus   b unfrei   c ab Werk   d frei Bestimmungsort

Aufgabe 9
Betrachten Sie noch einmal die Aufgabe 3 in Lernsituation 2 (Seite 16) und beantworten Sie folgende Fragen:
a. Wer ist im beschriebenen Fall der „Versender" nach HGB?
b. Wer ist „Auftraggeber" im Sinne des Tarifs für den Spediteursammelgutverkehr?
c. Wer hat das Entgelt zu bezahlen, wenn Sie annehmen, dass die Beteiligten sich auf den Tarif für den Spediteursammelgutverkehr geeinigt haben?

Aufgabe 10
Unterscheiden Sie Beförderung und Umschlag.

Aufgabe 11
Wo findet man im Tarif für den Spediteursammelgutverkehr Antworten auf die unten stehenden Fragen/Probleme?

Teil 1	Bedingungen
Teil 2	Haus-Haus-Entgelte
Teil 3	Nebengebühren

Teil	Fragen/Probleme	Teil	Fragen/Probleme
	Welche Frankaturvorschriften sind zulässig?		Kosten für eine Versendernachnahme
	Preis für 140 kg/410 km		Leistungsumfang des Haus-Haus-Entgeltes
	Für welche Leistungen werden zusätzliche Gebühren berechnet (Art der Sonderleistungen)?		

Aufgabe 12
Die Spedition RHEINSPED GmbH in Duisburg übernimmt von der SILENIUS GmbH in Oberhausen eine Sendung Babywindeln. Die Sendung wird auf fünf stapelbare Euro-Flachpaletten mit einem Bruttogewicht von jeweils 150 kg übernommen. Die Frankatur lautet „unfrei". Der Empfänger der Sendung ist die JUNIOR Fachmarkt GmbH in 27572 Bremerhaven, Am Seedeich 242.

Die Spedition RHEINSPED GmbH wickelt ihre Sammelgutsendung für Norddeutschland mit dem Empfangsspediteur NORD-LOGISTIK GmbH in Bremen ab. Die Paletten werden getauscht.

Die Sendung ist mit einer Nachnahme in Höhe des Warenwertes von 900,00 EUR belastet und soll aus diesem Grund beim Empfänger avisiert werden. Die Sendung wird auf der Grundlage des Tarifs für den Spediteursammelgutverkehr abgerechnet.

Beachten Sie den Tarif für den Spediteursammelgutverkehr im Anhang des Informationsbandes, insbesondere die Ziffern 3.3, 4.3 und die Nebengebühren.

a. Ermitteln Sie
   aa. das Gewicht, das der Berechnung des Speditionsentgelts zugrunde gelegt wird.
   ab. die für die Frachtberechnung maßgebende Entfernung (siehe Entfernungstabelle unten).
b. Berechnen Sie
   ba. das Haus-Haus-Entgelt.
   bb. die Summe der Nebengebühren.
   bc. den Betrag, den der Zahlungspflichtige entrichten muss.
c. Erstellen Sie die Rechnung für den Empfänger der Sendung.

Entfernungstabelle

von/nach in km	Oberhausen	Duisburg	Bremen	Bremerhaven
Oberhausen	–	15	264	343
Duisburg	15	–	275	354
Bremen	264	275	–	66
Bremerhaven	343	354	66	–

Rechnungsformular

RHEINSPED GmbH Duisburg

RHEINSPED GmbH, Krefelder Str. 165, 47226 Duisburg

Krefelder Str. 165
47226 Duisburg
Tel.: 02065 98240
Fax: 02065 98245

Rechnung Nr. 4553-44

| Kundennummer | Ihr Auftrag Nr. | vom | Datum | 18.07.20(0) |

Pos.-Nr.	Text	€	€
001	Haus-Haus-Entgelt Oberhausen – Bremerhaven		
002	Nebengebühren		
	Nettobetrag		
	+ 19 % USt.		
	Bruttobetrag		
	Endbetrag		

Bankverbindung: Konto 4265 044 200
Commerzbank Düsseldorf BLZ 300 400 00

Aufgabe 13

a. Berechnen Sie die Anzahl der Lademeter, die für den nachfolgend abgebildeten Speditionsauftrag berücksichtigt werden muss.

b. Die Sendungen aus dem Speditionsauftrag sollen auf einer genormten Wechselbrücke (Außenlänge 7,45 m, Innenlänge 7,30 m) verladen werden. Stellen Sie fest, wie viele nicht stapelbare Euro-Paletten noch zusätzlich auf dieser Wechselbrücke untergebracht werden können.

Lernsituation 3 | zu SLG S. 190-201, WSP S. 101-102, KSK S. 26-31, (DV) 190-201

Speditionsauftrag (Ausschnitt)

18 Zeichen und Nr.	19 Anzahl	20 Packstück	21 SF	22 Inhalt	23 Lademittel- gewicht in kg	24 Brutto- gewicht in kg
AK 237-01 – 05 5	5	Euro-Flachpalette	0	Warnmelder WZ12		1.450
AK 341-01 1	1	Euro-Flachpalette	0	Warnmelder WZ31		680
AK 583-01 – 06 6	6	Industriepalette	0	Signalanlagen ACX		2.700
AK 592-01 – 02 2	2	Industriepalette	0	Signalanlagen AFP		1.020
Summe:	25	26 Rauminhalt cdm/Lademeter		Summen:	27	28

Aufgabe 14
Ermitteln Sie für folgende Sendungen die benötigten Lademeter:

Sendung	Anzahl	Packstück	Stapelfaktor	Bruttogewicht
1	4	Euro-Flachpalette	0	2.000
2	6	Euro-Flachpalette	1	2.400
3	8	Industriepaletten	1	4.960
4	12	Euro-Flachpaletten	1	3.720
	5	Industriepaletten	0	3.200
5	30	Düsseldorfer Paletten	0	6.000
6	12	Gitterboxpaletten	0	4.080

Gitterbox-Palette: Außenmaße 1.240 x 835 x 970 mm
Düsseldorfer Palette = Halbpalette; Maße = 60 x 80 cm

Aufgabe 15
a. Berechnen Sie für die nachfolgend abgebildete Sendung die Anzahl der Lademeter.
b. Prüfen Sie anhand des Tarifs für den Sammelgutverkehr (Ziffer 4.3), ob die Sendung sperrig ist.
c. Berechnen Sie das frachtpflichtige Gewicht.

Maße: 120 x 120 x 150 cm
Gewicht: 250 kg

Aufgabe 16
Ein Versender übergibt Ihnen folgende Packstücke:
1 Kiste, Maße 2,10 x 1,40 x 90 cm, 7 Euro-Flachplatten, 4 Einwegpaletten, Maße je 110 x 135 cm.

a. Ermitteln Sie die Fracht, wenn wir dem Kunden pro Lademeter 85,00 EUR berechnen. Die Packstücke können nicht gestapelt werden.
b. Prüfen Sie, ob die Packstücke auf eine Wechselbrücke (7,30 m Innenmaß) verladen werden können. Erstellen Sie dazu einen Belegungsplan.

Aufgabe 17
Prüfen Sie, ob die im nachfolgenden Bordero aufgeführten Sendungen auf einer Wechselbrücke (Außenlänge 7,45 m) verladen werden können. Die Paletten sind nicht stapelbar.

Auszug aus dem Bordero

Pos	Zeichen u. Nummern	Anz.	Art	Inhalt	Gewicht kg
01	N&U	1	EUR-FP	Dünger	800
02	LAH1-3	3	EUR-FP	Farben	2.400
03	DEB	1	EUR-FP	Schulungsmaterial	600
04	MAG1-4	4	Industriepaletten	Verblendung	2.300
05	AD	1	EUR-FP	Kataloge	700
06	EL1-3	3	EUR-FP	Sicherungs-Anlagen	1.450
07	BFA1-2	2	Industriepaletten	Filter	1.450
08	LA-1 LA-2	2	EUR-FP	Prospekte	1.000
09	NMOL	1	EUR-FP	Teppichboden	800
	Summe:	18		Summe:	11.500

Aufgabe 18

Eine Sendung besteht aus:

- 25 Euro-Flachpaletten,
- 14 Industriepaletten.

Die Paletten sind nicht stapelbar.
Ermitteln Sie die Anzahl der Wechselbrücken (7,30 m Innenlänge), die für die Beförderung dieser Sendung erforderlich sind.

Aufgabe 19

Die Manfred Noje OHG Spedition beschäftigt 18 Mitarbeiter. Noje und sein Partner Mohr sind völlig überarbeitet, obwohl bereits einigen Mitarbeitern bestimmte Vollmachten übertragen wurden. Dem erfahrenen Speditionskaufmann Norbert Schneider wurde allgemeine Handlungsvollmacht nach HGB erteilt, der Disponent Werner Fischer ist für den ihm übertragenen Bereich zur Vertretung der Spedition berechtigt und die Auszubildende Kirsten Malang wird von Schneider manchmal beauftragt, z. B. neues Büromaterial zu bestellen. Noje und Mohr wollen aufgrund der Erfolge der letzten Monate die Geschäfte aber noch stärker ausweiten. Mohr schlägt daher vor, Schneider zum Prokuristen zu ernennen. Noje ist noch skeptisch, weil er befürchtet, dass Schneiders Vertretungsmacht als Prokurist zu umfangreich ist.

a. Welche Arten von Vollmachten besitzen Schneider, Fischer bzw. Malang derzeit und welchen Umfang umfassen diese Vollmachten?
b. Wie ändert sich der Umfang des Vertretungsrechts, falls Schneider Prokura erteilt wird?
c. Wie wird die Prokura wirksam erteilt?
d. Welche Art der Prokura erscheint Ihnen in dem geschilderten Fall ratsam?

Aufgabe 20

Prüfen Sie, ob nachfolgende Aussagen auf
(1) die Prokura,
(2) die Handlungsvollmacht,
(3) beide Vollmachten zutreffen oder
(4) diese Vollmachtsarten nicht zutreffen.

a. Der Bevollmächtigte ist zu allen Arten von gerichtlichen und außergerichtlichen Geschäften ermächtigt, die der Betrieb eines Handelsgewerbes mit sich bringt.
b. Der Bevollmächtigte kann Grundstücke nur aufgrund einer besonderen Vollmacht belasten und veräußern.
c. Der Bevollmächtigte ist zu allen Geschäften und Rechtshandlungen ermächtigt, die der Betrieb eines bestimmten Handelsgewerbes gewöhnlich mit sich bringt.
d. Der Bevollmächtigte ist ohne besondere Befugnis berechtigt, Wechselverbindlichkeiten einzugehen.
e. Die Erteilung der Vollmacht muss ins Handelsregister eingetragen werden.
f. Der Bevollmächtigte ist ohne besondere Vollmacht berechtigt, neue Gesellschafter in eine Handelsgesellschaft aufzunehmen.

Aufgabe 21

Vertragliche Vertreter einer OHG sind ein Prokurist und ein Handlungsbevollmächtigter. Beide sind zur Einzelvertretung berechtigt. Sie besitzen Vollmachten im normalen gesetzlichen Rahmen. Entscheiden Sie in den nachfolgenden Sachverhalten, ob
(1) nur der Prokurist,
(2) sowohl der Prokurist als auch der Handlungsbevollmächtigte,
(3) weder der Prokurist noch der Handlungsbevollmächtigte
zur Vertretung der OHG berechtigt ist/sind:

a. Unterzeichnung der Jahresbilanz
b. Kauf eines Grundstücks
c. Kauf von branchentypischen Waren
d. Abschluss eines Kreditvertrages
e. Beantragung der Insolvenzeröffnung

Lernsituation 3 | zu SLG S. 190-201, WSP S. 101-102, KSK S. 26-31, (DV) 190-201

Aufgabe 22

Bilden Sie die Buchungssätze zu den Geschäftsfällen der Woche vom 14.05. - 18.05.20(0):

Geschäftsfälle		€
14.05	Spedition Berger überweist vom Bankkonto für die Bezahlung der ER 232	7.500,00
15.05	Laut Kontoauszug Nr. 156 sind dem Bankkonto zum Ausgleich der AR 178 gutgeschrieben	450,00
17.05.	Ein Versender begleicht die AR 180 in Höhe von 750,00 € durch Barzahlung.	50,00
	Über den Rest von 700,00 € erhält die Spedition eine Gutschrift auf dem Postgirokonto.	700,00
18.05	Die monatliche Darlehensrückzahlung wird dem Bankkonto belastet mit	1.000,00

Jahr 20(0)		Grundbuch				
Datum	Beleg	Buchungstext	Konten		Betrag	
			Soll	Haben	Soll	Haben

Aufgabe 23

Entscheiden Sie, ob die folgenden Aussagen richtig oder falsch sind:

1. Wird durch einen Geschäftsfall nur eine Wertbewegung auf der Sollseite eines Kontos ausgelöst, so spricht man vom einfachen Buchungssatz.
2. Der einfache Buchungssatz löst jeweils eine Veränderung auf der Sollseite und auf der Habenseite von zwei Konten aus.
3. Der einfache Buchungssatz liegt dann vor, wenn nur ein Konto verändert wird.
4. Vom zusammengesetzten Buchungssatz spricht man dann, wenn Soll und Haben verändert werden.
5. Ruft ein Geschäftsfall Veränderungen auf mehr als zwei Konten hervor, so liegt ein zusammengesetzter Buchungssatz vor.
6. Beim einfachen Buchungssatz und beim zusammengesetzten Buchungssatz sind die Wertveränderungen auf der Sollseite gleich den Wertveränderungen auf der Habenseite.

	1	2	3	4	5	6
Richtig						
Falsch						

Aufgabe 24

Führen Sie das Grundbuch zu den nachfolgenden Geschäftsfällen der Woche vom 04.12. bis 08.12.20(0) und machen Sie die Betragskontrolle.

Datum	Geschäftsfall	€
04.12	Bareinzahlung auf dem Bankkonto in Höhe von	4.000,00
05.12.	Banküberweisung (Gutschrift) für die AR 189 über	4.100,00
06.12.	Aufnahme eines Bankdarlehens und Bereitstellung auf dem laufenden Bankkonto	40.000,00
06.12.	Bareinzahlung auf dem Bankkonto in Höhe von	5.400,00
07.12.	Banküberweisung zum Ausgleich der ER 686 über die Lieferung eines LKW-Aufbaus	11.000,00

Lernsituation 3 | zu SLG S. 190-201, WSP S. 101-102, KSK S. 26-31, (DV) 190-201

Datum	Geschäftsfall	€
08.12.	Belastung des Bankkontos für die ER 687 in Höhe von	13.000,00
08.12.	Per Dauerauftrag werden vom Bankkonto für Darlehensrückzahlung abgebucht	1.200,00

Jahr 20(0) | **Grundbuch**

Datum	Beleg	Buchungstext	Konten		Betrag	
			Soll	Haben	Soll	Haben

Aufgabe 25

Führen Sie das Hauptbuch zur Aufgabe 24. Beachten Sie bei der Bearbeitung Folgendes:

a. Richten Sie folgende Konten ein: Kasse, Darlehen, Forderungen, Bank, Verbindlichkeiten, SBK
b. Die Konten haben folgende Anfangsbestände:

Kasse	10.000,00 €	Verbindlichkeiten	29.000,00 €
Darlehen	0,00 €	Eigenkapital	36.000,00 €
Forderungen	20.000,00 €		
Bank	35.000,00 €		

c. Buchen Sie die Sie die Geschäftsvorgänge auf den Konten und schließen Sie die Konten ab.

Soll		Kasse			Haben
Datum	Text/Gegenkonto	€	Datum	Text/Gegenkonto	€

Soll		Forderungen			Haben
Datum	Text/Gegenkonto	€	Datum	Text/Gegenkonto	€

Soll			Bank		Haben
Datum	Text/Gegenkonto	€	Datum	Text/Gegenkonto	€

Soll			Verbindlichkeiten		Haben
Datum	Text/Gegenkonto	€	Datum	Text/Gegenkonto	€

Soll			Darlehn		Haben
Datum	Text/Gegenkonto	€	Datum	Text/Gegenkonto	€

Soll			Eigenkapital		Haben
Datum	Text/Gegenkonto	€	Datum	Text/Gegenkonto	€

Soll			Schlussbestandskonto		Haben
Datum	Text/Gegenkonto	€	Datum	Text/Gegenkonto	€

Aufgabe 26

Ein Speditionsunternehmen hat vier Abteilungen. Die Abteilungsleiter sind für die Umsätze verantwortlich und am Ergebnis beteiligt. Die Abteilungen haben folgende Umsätze erzielt:

Abteilungsumsätze in €			
Abteilung	Januar	Februar	März
Sammelgut	1.322.500,00	1.115.000,00	1.126.500,00
Lagerei	785.450,00	795.300,00	800.500,00
Fernverkehr	405.600,00	497.300,00	494.200,00
International	572.000,00	585.400,00	603.200,00

a. Übertragen Sie die Daten in eine Excel-Tabelle und formatieren Sie die Tabelle (Schrift, Zahlen, Rahmen).

b. Ermitteln Sie
- die Summen der Umsätze für die einzelnen Abteilungen und für die Monate,
- die durchschnittlichen Umsätze der Abteilungen insgesamt und in den einzelnen Monaten.

c. Berechnen Sie die Umsatzbeteiligung und das Gesamtentgelt für das Vierteljahr und für jeden Abteilungsleiter. Die Provision beträgt 0,5 %, wenn der Umsatzdurchschnitt der drei Monate über 500.000,00 € liegt und nur 0,3 %, wenn das Ziel nicht erreicht wird. Die Provision errechnet sich jeweils vom gesamten Umsatz der Abteilung. Das Entgelt setzt sich aus einem Festgehalt und der Umsatzbeteiligung zusammen.

Grundgehalt der Abteilungsleiter (Monat)	
Sammelgut	4.500,00
Lagerei	3.800,00
Fernverkehr	3.700,00
International	4.200,00

Aufgabe 27

In einem Unternehmen werden Reisekosten abgerechnet. Es werden folgende Reisekosten (in Abhängigkeit von der Motorleistung des PKW) bezahlt:

- 75 kw und mehr = 34 Cent je km
- 65 kw und mehr = 29 Cent je km
- unter 65 kw = 25 Cent je km

Spesen werden für die Hin- und Rückfahrt gewährt. Dabei wird mit einer Durchschnittsgeschwindigkeit von 110 km/h gerechnet. Bei einer Fahrtdauer (Hin- und Rückfahrt) von mehr als 10 Std. werden 36,00 €, sonst 26,00 € Spesen bezahlt.

a. Erstellen Sie eine neue Tabelle mit formatierten Daten.
b. Ermitteln Sie die Reisekosten für die Mitarbeiter.
c. Ermitteln Sie die Spesen (in €/Cent).
d. Ermitteln Sie die Auszahlungsbeträge für die Angestellten.
e. Ermitteln Sie die Summe der Reisekosten, der Spesen und der Auszahlung für das Unternehmen.
f. Ermitteln Sie die durchschnittlichen Reisekosten, Spesen, Auszahlungen je Reise.
g. Ermitteln Sie die maximalen Auszahlung je Reise.

Geben Sie zu berechnende Daten nicht manuell ein, sondern verwenden Sie für alle Berechnungen die Funktionen des Tabellenkalkulationsprogramms. Runden Sie €-Beträge mit der „runden"-Funktion, wenn sie Ergebnis von Multiplikationen oder Divisionen sind.

Daten	Müller	Meier	Lehmann
PKW	Audi A6	VW Passat	VW Golf
Motorleistung (in kw)	85	70	60
Ziel	Stuttgart	München	Berlin
Entfernung	516	605	486

Aufgabe 28

In einem Gespräch mit den Mitarbeitern im Bereich Sammelgut macht Berger darauf aufmerksam, dass der Erfolg des Unternehmens direkt mit der Auslastung der Kapazitäten verknüpft ist. Zur besseren Orientierung regt Berger an, die Zusammenhänge am Beispiel der Sammelgutkalkulation darzustellen.

Frau Theben wird beauftragt, mit Excel ein Liniendiagramm zu erstellen, in der die Fixkosten, die variablen Kosten, den Umsatz und der Rohgewinn in Abhängigkeit von der Auslastung der Fernverkehrsfahrzeuge aufgezeigt wird. Dabei gehen wir von den Kalkulationsdaten aus der Situation 3 aus. Die Vollauslastung des LKW ist bei 18 Standardsendungen gegeben.

Aufgabe 29

In Gesprächen mit unseren Kunden verlangen diese häufig einen „Preisnachlass", wenn sie der Spedition Berger Sendungen mit einem hohen Gewicht oder für eine große Entfernung zum Versand übergeben. Herr Berger ist der Ansicht, dass der Sammelguttarif bereits eine solche Preisdegression enthält. Bei zunehmenden Sendungsgewichten oder Entfernungen wird der 100-kg/100-km-Preis je Sendung niedriger.

Da Frau Theben schwerpunktmäßig mit der Werbung für unsere Kunden beschäftigt ist, regt Herr Berger an, dass sie einmal Diagramme (Punkt x,y-Diagramm) erstellen soll, um den Kunden diese Preisstruktur zu veranschaulichen.

Wird in einem Diagramm der Sammelguttarif auf je 100 kg bezogen (bei einer angenommenen Entfernung von z. B. 100 km), müsste der Preis bei zunehmendem Sendungsgewicht deutlich sinken (Gewichtsdegression). Die Entfernungsdegression kann durch ein Diagramm aufgezeigt werden, in dem die Entwicklung des 100-kg-Preises je 100 km (bei einem angenommen Gewicht von z. B. 200 kg oder 500 kg) in Abhängigkeit von der Transportentfernung gezeichnet wird.

Aufgabe 30

In der Lernsituation 3 wurde der Sammelgutverkehr nach Berlin kalkuliert. Dabei wurden die Kosten für Abholung, Umschlag beim Versandspediteur, die Hauptlaufkosten, die Umschlagkosten beim Empfangsspediteur und die Kosten des Nachlaufs unterschieden.

Erstellen Sie ein Kreisdiagramm mit MS Excel, in dem die prozentualen Anteile der einzelnen Kostenarten deutlich werden.

Aufgabe 31

Ein Speditionsunternehmen hatte in den letzten Jahren folgende Umsätze in 3 Tätigkeitssparten:

	2006	2007	2008
Fernverkehr	1.227.955	1.359.772	1.452.378
Sammelgut	875.300	922.480	652.570
International	2.419.888	1.954.924	2.451.652

Erstellen Sie ein Säulendiagramm, in dem die Umsatzentwicklung dargestellt wird. Die Säulen sollen unterschiedlich (aber in einer Farbe) schraffiert werden. Das Diagramm und die Achsen sind zu beschriften. Das Diagramm soll eine Legende erhalten.

SELBSTTEST LERNSITUATION 3

Diese **Prozesse** sollten Sie beherrschen:

- Abwicklung eines Sammelguttransportes
- Sammelguttarif anwenden
- Rohergebnis eines Sammelguttransportes ermitteln
- Vertretungsvollmachten erteilen
- Belege vorkontieren
- Ein Grundbuch führen
- Auf Konten des Hauptbuchs buchen
- Berechnungen mit Excel vornehmen
- Excel-Diagramme erstellen

Diese **Begriffe** sollten Sie kennen:

1. Abholauftrag
2. Allgemeine Handlungsvollmacht
3. Artvollmacht
4. Avisierung
5. BSL-Empfehlungen
6. Bestandsrechnung
7. Buchungssatz
8. Doppelte Buchführung
9. Einzelprokura
10. Einzel-/Spezialhandlungsvollmacht
11. Empfangsspediteur
12. EuV
13. Filialprokura
14. Frachtpflichtiges Gewicht
15. Frankaturvorschriften
16. Generalvollmacht
17. Gesamtprokura
18. Grundbuch
19. Grundsätze der ordnungsgemäßen Buchführung
20. Hauptbuch
21. Hauptlauf
22. Haus-Haus-Entgelt
23. Haustarife
24. Kontierungsstempel
25. Kundensätze
26. Lieferschein
27. Lkw-Sammelladungsverkehr
28. Nachlauf
29. Nahverkehr
30. Rohergebnis
31. Rollkarte
32. Rückrechnung
33. Sachkonten
34. Sammelgutausgang
35. Sammelguteingang
36. Schema zur Entwicklung von Buchungssätzen
37. Selbstabholung
38. Selbstanlieferung
39. Sperrigkeit
40. Tarif (Sammelgut)
41. Tatsächliches Gewicht
42. Umschlag
43. Unfrei-Beträge
44. Urversender
45. Versandspediteur
46. Vorlauf

Lernsituation 3 | zu SLG S. 190-201, WSP S. 101-102, KSK S. 26-31, (DV) 190-201

Lernsituation 4

- Einen Sammelguttransport abwickeln und abrechnen
- Betriebsrat und Jugend- und Auszubildendenvertretung einrichten
- Das Rohergebnis eines Unternehmens darstellen
- Eine Kundenliste anlegen und Serienbriefe schreiben

Die Bemühungen um die Einrichtung einer Sammelgutrelation Düsseldorf – Berlin waren erfolgreich:

- Das Sendungsaufkommen im Raum Düsseldorf wird so hoch eingeschätzt, dass eine tägliche Linie nach Berlin eingerichtet werden kann. **MÖLLER-TRANS** wird das Abholen der Stückgutsendungen übernehmen.
- Mit dem Eigentümer der Lagerhalle im Nebengebäude hat man sich auf eine langfristige Anmietung der Halle geeinigt.
- Für den Hauptlauf wird ebenfalls **MÖLLER-TRANS** eingesetzt. Der Preis entspricht der Beförderung Neuss – Berlin.
- Unser Empfangsspediteur in Berlin ist die Spedition **HOMBERG**, Erdener Str. 45, 14193 Berlin. HOMBERG wird neben dem Umschlag und dem Verteilen unserer Sammelgutsendungen auch dafür sorgen, dass in der Sammelgutrelation Berlin – Düsseldorf täglich ausreichend Sammelgut für den Raum Düsseldorf zur Verfügung steht.

Nach Einschätzung von Gerd Berger ist es fraglich, ob die mit Aufnahme des neuen Geschäftszweiges anfallenden Tätigkeiten mit den vorhandenen Arbeitskräften bewältigt werden können. Für die neu einzurichtende Abteilung „Sammelgut/Lager" sollen weitere Mitarbeiter eingestellt werden. Im Lager werden ein Lagermeister und mehrere Lagerarbeiter (Teilzeitkräfte) benötigt.

Eine Gruppe von Mitarbeitern der Spedition Berger trifft sich zum Mittagessen in einem Chinarestaurant um die Ecke. Dabei entwickelt sich folgendes Gespräch:

Heinz Degen: Ich habe gehört, dass auch in unserem Betrieb Arbeitszeitkonten eingeführt werden sollen. Überstunden kann man dann in Zeiten abfeiern, in denen nicht so viel in der Firma los ist.

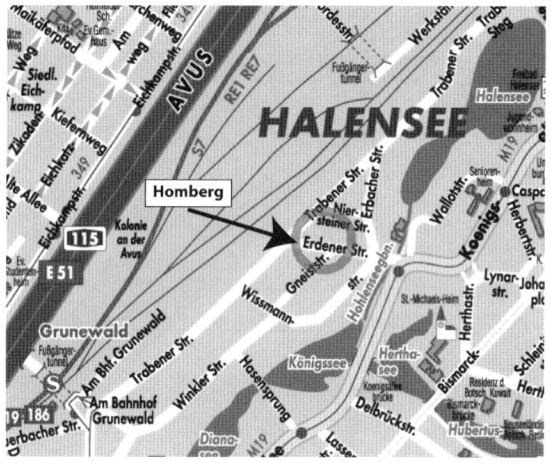

Karl Siebert: An und für sich eine gute Sache. Überstunden gibt es ja hier genug. Ob es aber auch Zeiten gibt, in denen wir die abfeiern können, ist fraglich. Und was wird mit den Überstundenzuschlägen?

Katrin Schunke: Bei einem solchen System muss aber auch die Arbeitszeit erfasst werden. Kommen jetzt Stechuhren? Wenn das schon eingeführt wird, kann auch gleich Gleitzeit eingeführt werden.

Markus Schmitt: Das sollte Herr Berger aber nicht ohne Mitbestimmung der Beschäftigten einführen. Wer weiß, wie ein solches System gestaltet wird. Das beeinflusst unsere Arbeits- und Freizeit und eventuell auch unser Gehalt.

Karl Siebert: Im Unternehmen, in dem meine Frau beschäftigt ist, regelt das die Geschäftsleitung mit dem Betriebsrat. Da haben die Arbeitnehmer Rechte, der Chef kann nicht alleine machen was er will.

Katrin Schunke: Wir haben aber keinen Betriebsrat. Aber einige von uns sind doch in der Gewerkschaft. Wir sollten überlegen, einen Betriebsrat zu wählen. Man müsste aber zuerst viel mehr über die Wahl eines Betriebsrats wissen. Immerhin sind bei Berger neben den leitenden Angestellten jetzt mehr als 20 Arbeitnehmer beschäftigt.

Christian Brendel: Aber nicht nur einen Betriebsrat. Wir sind schon drei Auszubildende und zwei Jugendliche Arbeitnehmer im Betrieb, wir brauchen auch eine Vertretung.

Heinz Degen: Karl, Du bist doch in der Gewerkschaft. Kannst Du dich nicht erkundigen, wie wir das ganze auf die Reihe kriegen?

Karl Siebert: Ich kann die Informationen besorgen. Meine Frau hat mir schon einen Flyer der Gewerkschaft mitgebracht. Wir können dann ja gemeinsam prüfen, ob unser Unternehmen die Voraussetzungen erfüllt, wer wahlberechtigt ist und wie groß der Betriebsrat wird. Das gleiche gilt auch für die Jugend- und Auszubildendenvertretung. Danach können wir mit Herrn Berger über die Betriebsratswahl reden. Und dann ... wählen wir einfach.

Siehe dazu auch die Übersicht über die Aufgaben des Betriebsrates bei http://de.wikipedia.org/wiki/Betriebsverfassungsgesetz

Lernsituation 4 | zu SLG S. 190-212, WSP S. 25-30, 73-80, KSK S. 32-41, (DV) 186-189

Heinz Degen: Na, ob das so einfach ist? Ich kann mit Karl zum Chef gehen. Wir sollten aber vorher aufschreiben, wie die Wahl abläuft. Und man müsste Herrn Berger wenigstens einen groben Überblick darüber geben, welche Rechte ein Betriebsrat hat.

Christian Brendel: Das gilt aber auch für die JAV. Wir müssen Herrn Berger auch die Aufgaben und die Rechte der JAV darlegen.

Vereinte Dienstleistungsgewerkschaft — ver.di

Betriebsrat – mehr Rechte für alle Beschäftigten

Mit einem Betriebsrat haben alle Beschäftigten im Unternehmen mehr Rechte und werden
besser in betriebliche Entscheidungsprozesse einbezogen.

Der Betriebsrat

- sorgt für eine gerechte Eingruppierung.
- bestimmt mit über Arbeitsbedingungen: über Arbeitsbeginn und -ende, Pausenzeiten, Überstunden, Bereitschaftsdienst, Teilzeit, Gleitzeit usw.
- ist vor jeder Kündigung anzuhören.
- setzt sich für die Rechte der Auszubildenden ein.
- achtet darauf, dass alle Beschäftigten Weiterbildungsangebote erhalten.
- sorgt für den Arbeits- und Gesundheitsschutz.

Sammelgut nach Berlin

Heute, am 1. September 20(0), ist der erste Transport nach Berlin abzufertigen.

Nachdem alle Kunden über die Tatsache informiert worden waren, dass wir eine Sammelgutrelation nach Berlin einrichten, hatten folgende Kunden den Wunsch geäußert, täglich angefahren zu werden, weil bei ihnen gewöhnlich jeden Tag Stückgutsendungen zum Transport nach Berlin anfallen:

1. **WOLTERS GmbH**, Bau-Keramik, Eichendorffstraße 18, 40474 Düsseldorf
2. **E + S GmbH**, Etiketten, Daneköthen 184,
   40627 Düsseldorf

Die Sendungen haben durchschnittlich ein Gewicht von jeweils 1–2 Tonnen und werden auf zwei Paletten übergeben.

Außerdem hatten verschiedene Kunden in den vergangenen Tagen angerufen, die Sammelgut für Berlin haben, das am 01.09.20(0) abgeholt werden soll. Diese Aufträge wurden sofort in Speditionsauftragsformularen festgehalten (siehe nächste Seite).

Zwei weitere Speditionsaufträge haben folgende Daten:

Sped.-Auftr.-Nr.	Datum	Versender	Empfänger	Sendung	Eintreff-Datum
000256-20(0)	31.08.20(0)	**Giermex** Bodenbeläge Ludwig-Beck-Straße 24 41466 Neuss	Wohndesign Alexanderstr. 223 10179 Berlin	5 EUR-Flachpaletten Teppichfliesen, GIE 1–5, 2.500 kg, **unfrei**	02.09.20(0)
000257-20(0)	31.08.20(0)	**Maschinenfabrik G. Werner** Industriestraße 118 40822 Mettmann	W. Enders Brunnenbau Fliederweg 143 15517 Fürstenwalde	6 EUR-Flachpaletten Maschinenteile WE 1–6, 3.000 kg, frei Haus	02.09.20(0)

Achtung Unfrei-Sendung!

Lernsituation 4 | zu SLG S. 190-212, WSP S. 25-30, 73-80, KSK S. 32-41, (DV) 186-189

Auszug Speditionsauftrag

Speditionsauftrag — **Gerd Berger** Spedition e.K.

1 Versender/Lieferant	2 Lieferanten-Nr.	3 Speditionsauftrag-Nr. 000255-20(0)	
K. Fahling OHG Kolberger Straße 17 40599 Düsseldorf		4 Nr. Versender beim Versandspediteur	
5 Beladeliste		6 Datum 31.08.20(0)	7 Relations-Nr. 2
8 Sendungs-/Ladungs-Bezugs-Nr.		9 Versandspediteur	10 Spediteur-Nr.
11 Empfänger	12 Empfänger-Nr.	Gerd Berger Spedition e. K. Merkurstraße 14 40223 Düsseldorf Telefon: 0221 56742-0 Telefax: 0221 56733 E-Mail: gberger-spedition@t-online.de	
Gärtnerei **M. Kersting** **Fichtenallee 92** **14480 Potsdam**			
14 Anliefer-/Abladestelle		13 Bordero-/Ladeliste-Nr.	
		15 Versendervermerke für den Versandspediteur	
		16 Eintreff-Datum 02.09.20(0)	17 Eintreff-Zeit

18 Zeichen und Nr.	19 Anzahl	20 Packstück	21 SF	22 Inhalt	23 Lademittel-gewicht in kg	24 Brutto-gewicht in kg
FAH1 - FAH5	5	EUR-Flachpaletten		Blumendünger		2.800
Summe:	25 5	26 Rauminhalt cdm/Lademeter		Summen:	27	28 2.800
30 Frankatur **frei Haus**		31 Warenwert für Güterversicherung		32 Versender-Nachnahme		

MÖLLER-TRANS ist mit dem Abholen der Sammelgutsendungen zu beauftragen und mit den notwendigen Informationen (Abholaufträge oder Tourenplan) auszustatten. Wird dem Frachtführer ein Tourenplan übergeben, ist zu berücksichtigen, dass **MÖLLER-TRANS** über folgende Nahverkehrsfahrzeuge verfügt:

- vier 7,5-t-Fahrzeuge (zulässiges Gesamtgewicht), die Ladefläche hat eine Länge von 6,20 m und nimmt maximal 15 EUR-Flachpaletten auf, die Nutzlast beträgt 4 t,
- sechs 11-t-Fahrzeuge (zulässiges Gesamtgewicht); 7 t Nutzlast; 6,20 m Ladefläche, 15 EUR-Flachpaletten.

zulässiges Gesamtgewicht, Nutzlast

Für unseren neuen Mitarbeiter im Lager sind in zwei wichtigen Punkten genauere **Anweisungen** für die Arbeitsabläufe im Lager erforderlich:

1. Kontrollarbeiten der Lagermitarbeiter, ob die Versender ihren Pflichten zur **Verpackung** und **Kennzeichnung** der Sendungen nach Ziffer 6 ADSp auch tatsächlich in jedem Fall nachgekommen sind.
2. Arbeiten, die mit der **Schnittstellenkontrolle** nach Ziffer 7 ADSp durch uns zu erledigen sind. Der Lagermitarbeiter muss wissen, wo sich Schnittstellen befinden und was er dort zu tun hat.

Kontrollarbeiten zur Verpackung und Kennzeichnung der eingehenden Sendungen Schnittstellenkontrolle

Nach dem Eintreffen des Nahverkehrsfahrzeugs können auch die Daten der beiden Sendungen von **WOLTERS** und **E+S** in Form von Speditionsaufträgen erfasst werden.

Sped.-Auftr.-Nr.	Datum	Versender	Empfänger	Sendung	Eintreff-Datum
000258-20(0)	01.09.20(0)	**WOLTERS GmbH,** Bau-Keramik, Eichendorffstraße 18, 40474 Düsseldorf	BBS Baustoffe Annaberg 122 13127 Berlin	2 EUR-Flachpaletten Fliesen WO1 u. WO2, 1.700 kg, frei Haus	02.09.20(0)
000259-20(0)	01.09.20(0)	**E + S GmbH,** Etiketten, Daneköthen 184, 40627 Düsseldorf	Bürobedarf J. Sandmann, Sonnenallee 212 12167 Berlin	2 EUR-Flachpaletten Computer-Etiketten ES1-2, 1.500 kg, frei Haus	02.09.20(0)

Lernsituation 4 | zu SLG S. 190-212, WSP S. 25-30, 73-80, KSK S. 32-41, (DV) 186-189

Außerdem hat man sich in der Spedition Berger entschlossen, den Kunden sofort mit der Aufnahme des Sammelgutverkehrs ein **Sendungsverfolgungssystem** anzubieten. Dazu ist eine eindeutige Kennzeichnung der Sendung (Codierung) erforderlich. Entsprechende Lesegeräte (Scanner) und Software für den Ausdruck von Scanner-Etiketten sind angeschafft worden. Ein System zur Identifizierung der Sendungen ist aber noch zu entwickeln.

Siehe Barcode-Technik

Für das Sendungsverfolgungssystem sind die Einscannpunkte festzulegen, an denen die Sendungen jeweils erfasst werden, damit den Kunden jederzeit ein Bericht über den Verbleib ihrer Sendung (Status-Report) gegeben werden kann. Die Qualität dieser Sendungsinformationen hängt wesentlich von der Sorgfalt ab, mit der gescannt wird. Auch dies müsste in die Arbeitsanweisung für den Lagermitarbeiter aufgenommen werden.

Eine wesentliche Voraussetzung für die Teilnahme an einem bundesweiten Sammelgutverkehr besteht darin, tatsächlich ein ausreichendes Sendungsaufkommen zu erreichen. Hier sind erneut große Anstrengungen im Bereich der Werbung und Akquisition zu unternehmen.

Gerd Berger bittet Frau Theben, die für Werbung zuständig ist, einen Serienbrief an die vorhandenen Kunden zu entwerfen und dafür die Kundenadressen in Excel zu erfassen. Diese

	A	B	C	D	E	F
1	V_Nr.	V_Name1	V_Name2	V_Strasse	V_PLZ	V_Ort
2	9	E + S GmbH	Etiketten	Daneköthen 184	40627	Düsseldorf
3	10	Fahling OHG		Kolberger Strasse 17	40599	Düsseldorf
4	11	GIERMEX GmbH	Bodenbeläge	Ludwig-Beck-Strasse 24	41466	Neuss
5	31	WOLTERS GmbH	Bau-Keramik	Eichendorffstrasse 18	40474	Düsseldorf
6	120	Werner	Maschinenfabrik	Industriestraße 118	40822	Mettmann

Kundendaten sollen dann mit dem Textverarbeitungsprogramm verknüpft werden.

Mit dem Textverarbeitungsprogramm Word ist die Erstellung von Serienbriefen recht einfach. Mit dem Seriendruckmanager wird der Brief an die Kunden mit der Quelle (den Kundendaten aus der Exceltabelle) verbunden.

Für die Kundendaten werden danach Platzhalter (Seriendruckfelder) in den Brief eingefügt, die beim Ausdruck durch die Datenbankdaten ersetzt werden. Die einzelnen Seriendruckfelder können aus einer Liste ausgewählt werden, die Word im Seriendruckmodus als Schaltflächen zur Verfügung stellt. Die Platzhalter werden in französische Anführungsstriche (z. B. «V_Name01», «V_Name_02») gesetzt, damit man sie erkennen kann.

Bordero = Anweisung des Versandspediteurs an den Empfangsspediteur, wie er mit den Sammelgutsendungen zu verfahren hat. Siehe Seite 42.

Der Empfangsspediteur **HOMBERG** erwartet als Grundlage für die Verteilung und Abrechnung ein Bordero. Für die Unfrei-Sendung (Nr. 256) ist das Beförderungsentgelt beim Empfänger zu erheben (565 km, 2.500 kg).

Der Betrag wird im Bordero aufgeführt, damit er auch tatsächlich vom Empfänger erhoben werden kann. Ein entsprechendes Feld ist im Formular vorgesehen:

Auszug aus einem Bordero

Empfänger	Frankatur	Vom Empfänger zu erheben	
		Steuerpflichtig EUR	Nicht steuerpflichtig EUR
Raum & Design Christophstr. 88, 40225 Düsseldorf	frei Haus		
Walter EDV-Training Koppelskamp 34, 40489 Düsseldorf	frei Haus		Nachnahme 725,00
Gerd Lager Ahornstraße 77, 40882 Ratingen	unfrei	340,00	

Lernsituation 4 | zu SLG S. 190-212, WSP S. 25-30, 73-80, KSK S. 32-41, (DV) 186-189   **81**

Mit allen **Kunden** wird nach dem **Tarif für den Spediteursammelgutverkehr** (BSL-Empfehlungen) abgerechnet. Ein Tarifauszug befindet sich in der Lernsituation 3 (siehe Seite 58). Der Tarif ist im Informationsband näher erläutert (siehe „Preisvereinbarungen im Sammelgutverkehr", Originaltext im Anhang des Informationsbandes).

Rechnungsformulare auf Seite 93

Mit allen Versendern ist außerdem die Berechnung der **Palettentauschgebühr** nach BSL-Empfehlungen (siehe Nebengebühren) vereinbart worden. Die Gebühr erhält der Versandspediteur.

Entfernungen	km	Nachlauf-Entfernungen in Berlin	km
Spedition Berger – Spedition Homberg	548	▌Kersting	22
Düsseldorf – Potsdam	534	▌Wohndesign	14
Neuss – Berlin	565	▌Enders	82
Mettmann – Fürstenwalde	579	▌BBS	23
Düsseldorf – Berlin	536	▌Sandmann	10

Der Fernverkehrsunternehmer **MÖLLER-TRANS** ist mit den nötigen Papieren für den Fernverkehrstransport (Hauptlauf) auszustatten. Außerdem sind die Rechnungen an die Versender zu erstellen.

Am späten Abend trifft ein Fax der Spedition HOMBERG ein. Es enthält das **Bordero** mit den Sammelgutsendungen, die am nächsten Morgen aus Berlin bei uns eintreffen werden und die im Raum Düsseldorf zu verteilen sind. Sie müssen am 02. September 20(0) ausgeliefert werden. Dazu sind die Sendungen auf Rollkarten zu erfassen, die für den Fahrer des Nahverkehrsfahrzeugs festhalten, welche Sendungen auf welcher Tour des Fahrzeugs ausgeliefert werden sollen. Bei den Positionen 03, 06 und 07 des Borderos ist sicherzustellen, dass der Fahrer die Speditionsentgelte und Nachnahmebeträge beim Empfänger einzieht, bevor er die Sendung übergibt.

Am 3. September 20(0) trifft die Sammelgut-Rückrechnung der Spedition HOMBERG bei Berger ein. Außerdem erhalten wir von MÖLLER-TRANS die Rechnung für das Abholen der Sammelgutsendungen und für den Hauptlauf. Beide Rechnungen sind noch zu kontrollieren.

Spedition Homberg GmbH

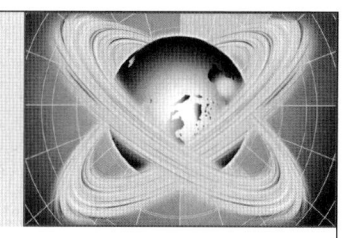

Spedition Homberg GmbH, Erdener Straße 45, 14193 Berlin

Gerd Berger Spedition e. K.
Merkurstraße 14
40223 Düsseldorf

Telefon: 030 748663
Fax: 030 748650
ID-Nr.: DE 171 312 165
E-Mail: Homberg@t-online.de
Datum: 03.09.20(0)

Rechnung Nr. 66–443–20(0)

Position	Text	€	€
	Sammelgut vom 01.09.20(0)		
01	Verteilkosten lt. Vereinbarung (siehe Bordero Nr. 001/10-0)		437,00
02	Entladen und Verteilen		172,50
	Rechnungsbetrag netto		609,50
	Umsatzsteuer 19 %		115,81
	Rechnungsbetrag brutto		725,31

Bankverbindung Postbank Berlin, Kto-Nr. 243 775 03, BLZ 100 100 10

Lernsituation 4 | zu SLG S. 190-212, WSP S. 25-30, 73-80, KSK S. 32-41, (DV) 186-189

Auszug aus dem Bordero

Versender	Empfangsspediteur			
	Spedition HOMBERG Erdener Str. 45, 14193 Berlin			
	Vom Empfänger zu erheben		Rückrechnung	
	Steuerpfl. EUR	Nicht steuerpfl. EUR	Verteilkosten (Nachlauf)	Sonstiges EUR
Fahling, Kohlberger Str 17, 40599 Düsseldorf			84,00	
GIERMEX Ludwig-Beck-Str. 24, 41466 Neuss			75,00	
Werner Industriestr. 118, 40822 Mettmann			150,00	
WOLTERS Eichendorffstr. 18, 40474 Düsseldorf			68,00	
E+S Daneköthen 184, 40627 Düsseldorf			60,00	
			437,00	
			172,50	EuV
			609,50	Zwischensumme
			115,81	Umsatzsteuer
			725,31	Summe gesamt

MÖLLER-TRANS GmbH
Güternah- und Güterfernverkehr
Merowingerstraße 8
40223 Düsseldorf

MÖLLER-TRANS GmbH, Merowingerstraße 8, 40223 Düsseldorf

Gerd Berger Spedition e. K.
Merkurstraße 14
40223 Düsseldorf

Telefon: 0211 87655
Fax: 0211 32198
ID-Nr. DE 421 658 945
Datum: 03.09.20(0)

Rechnung Nr. 443255/20(0)

Position	Text	EUR	EUR
01	Abholen Sammelgut am 1. September 20(0), 11.500 kg, 5,00 EUR/100 kg		575,00
02	Transport Düsseldorf – Berlin am 1. September 20(0), 11.500 kg Sammelgut		600,00
	Rechnungsbetrag netto		1.175,00
	Umsatzsteuer 19 %		223,25
	Rechnungsbetrag brutto		1.398,25

Bankverbindung: Kreissparkasse Düsseldorf, Kto-Nr. 775 348 21, BLZ 30150200

Damit ist man in der Spedition Berger in der Lage, das Rohergebnis der ersten Ladung mit Sammelgut zu errechnen und mit den Planzahlen (siehe Lernsituation 3) zu vergleichen.

Lernsituation 4 | zu SLG S. 190-212, WSP S. 25-30, 73-80, KSK S. 32-41, (DV) 186-189

	A	B	C	D	E
1	Ertrags- und Aufwandsvergleich Sammelladung			€	€
2			Berechnung	Einzelpreis	Gesamtpreis
3	Erträge				
4	Haus-Haus-Entgelte				
5					
6					
7					
8					
9	Summe Erträge				
10					
11	Aufwendungen				
12					
13					
14					
15					
16					
17					
18					
19					
20	Summe Aufwendungen				
21					
22	Summe Erträge				
23	./. Summe Aufwendungen				
24	Rohergebnis				

Für die Abrechnung sind noch folgende Informationen von Bedeutung (siehe Lernsituation 3):

- Der Nahverkehrsunternehmer MÖLLER-TRANS berechnet uns 5,00 EUR pro **angefangene** 100 kg für das **Abholen** von Sammelgutsendungen.
- Die Aufwendungen für den **Hauptlauf** richten sich nach den Preisvereinbarungen mit den Frachtführern (siehe Firmenhandbuch).
- Der Empfangsspediteur berechnet uns für das **Entladen und Verteilen** (EuV) der Sendungen auf seinem Lager in Berlin 1,50 EUR pro **angefangene** 100 kg.
- Die **Verteilkosten** (Nachlauf) ergeben sich aus der Preisliste (siehe Lernsituation 3), die wir mit der Spedition HOMBERG vereinbart haben.

Nachnahmen sind zu avisieren

Durch den Ertrags- und Aufwandsvergleich mithilfe eines Tabellenkalkulationsprogramms kann das Rohergebnis eines einzelnen Sammelgutauftrages auf einfache Weise ermittelt werden. Da aber die Spedition Berger in Zukunft ein umfangreiches Sammelladungsgeschäft mit einer Vielzahl von Relationen aufbauen will, genügen diese Aufzeichnungen nicht. Herr Berger muss fortlaufend darüber Kenntnis haben, ob die Aufträge seiner Kunden erfolgreich verlaufen und ein ausreichendes Rohergebnis erzielen.

Siehe Tabelle oben

Dazu ist es notwendig, dass alle Eingangsrechnungen (ER) und Ausgangsrechnungen (AR) der abgewickelten Aufträge nicht nur als Verbindlichkeiten und Forderungen buchhalterisch erfasst werden (Bestandsrechnung), sondern auch auf den Erfolgskonten, die den betrieblichen Leistungsprozess darstellen (Erfolgsrechnung). Darum richtet Frau Keller in der Finanzbuchhaltung zusätzlich in der Erfolgrechnung die Konten Speditionsaufwand und Speditionserlöse ein.

Eingangsrechnungen von Frachtführern	**Ausgangsrechnungen an Kunden (Versender)**

Soll		Speditionsaufwand			Haben	Soll		Speditionserlöse			Haben
Dat.	Text	€	Dat.	Text	€	Dat.	Text	€	Dat.	Text	€

Außerdem greift Frau Keller bei der Erfassung der Aufträge auch auf die schon eingerichteten Hauptbuch-Konten zurück:

Lernsituation 4 | zu SLG S. 190-212, WSP S. 25-30, 73-80, KSK S. 32-41, (DV) 186-189

Soll			Verbindlichkeiten		Haben
Dat.	Text	€	Dat.	Text	€

Soll			Forderungen		Haben
Dat.	Text	€	Dat.	Text	€

Mit den Eingangs- und Ausgangsrechnungen wird auch die in den Rechnungsbeträgen enthaltene Umsatzsteuer erfasst. Zu diesem Zweck richtet sie die Konten Vorsteuer und Mehrwertsteuer ein.

Soll			Vorsteuer		Haben
Dat.	Text	€	Dat.	Text	€

Soll			Mehrwertsteuer		Haben
Dat.	Text	€	Dat.	Text	€

Sind die Konten eingerichtet, kann Frau Keller mit der Bearbeitung und Buchung der Eingangsrechnungen ER) und der Ausgangsrechnungen (AR) beginnen. Sie erhält die Eingangsrechnungen aus dem ersten Sammelgutauftrag nach der Rechnungsprüfung von der Speditionsabteilung. Da ist einmal die Eingangsrechnung des Frachtführers Möller-Trans mit der Rechungsnummer ER 443255/20(0) und zum anderen die Rückrechnung des Empfangsspediteurs Homberg aus Berlin mit der Rechnungsnummer ER 66-443-20(0) (siehe oben). Frau Keller versieht beide Rechnungen mit dem Kontierungsstempel und führt dann die Vorkontierung der Belege durch.

Von den Ausgangsrechnungen an die Kunden erhält sie allerdings nur die Durchschriften, weil die Originalausgangsrechnungen (die Rechnungsformulare stehen weiter unten) an die Kunden verschickt wurden.

Frau Keller kontiert auch hier die Belege (AR = Ausgangsrechnungen) vor und bucht sie anschließend im Grundbuch, im Hauptbuch und auf den Kundenkonten (Debitoren).

Im Anschluss an die Erfassung der Eingangs- und Ausgangsrechnungen kann Frau Keller das Rohergebnis durch die Gegenüberstellung von Speditionsaufwendungen und Speditionserlösen rechnerisch ermitteln.

Gerd Berger Spedition e.K.

Gerd Berger Spedition e.K., Markusstraße 14, 40223 Düsseldorf

K. Fahling OHG
Kohlbergerstr. 17
40223 Düsseldorf

Durchschrift

Kontierung			
Konten		€	
Soll	Haben	Soll	Haben
Gebucht am		von	

Rechnung Nr.: D-00021

Kundennummer	Speditionsauftrags-Nr. 255-20(0) vom 20(0)-09-01 Datum 20(0)-09-01

Sendung

Zeichen und Nr.	Anzahl	Packstück	Inhalt	Brutto-Gewicht in kg
FAH 1–FAH 5	5	Euro-FP	Blumendünger	2.800,0

Pos.-Nr.	Text	€	€
01	Haus-Haus-Entgelt Düsseldorf – Potsdam am 20(0)-09-01, 2.800 kg/534 km		513,20
	Palettentauschgebühr	2,60	13,00
	Nettobetrag		526,00
	+ 19 % USt.		99,94
	Bruttobetrag		625,94

Bankverbindung: Commerzbank Düsseldorf, Konto 4865 051 000, BLZ 300 400 00, USt-ID: DE 458977344

Rechnung Maschinenfabrik Werner (gekürzt)

Pos.-Nr.	Text	EUR	EUR
	Nettobetrag		
	+ 19 % USt.		
	Bruttobetrag		

Rechnung WOLTERS GmbH (gekürzt)

Pos.-Nr.	Text	EUR	EUR
	Nettobetrag		
	+ 19 % USt.		
	Bruttobetrag		

Rechnung E + S GmbH (gekürzt)

Pos.-Nr.	Text	EUR	EUR
	Nettobetrag		
	+ 19 % USt.		
	Bruttobetrag		

Lernsituation 4 | zu SLG S. 190-212, WSP S. 25-30, 73-80, KSK S. 32-41, (DV) 186-189

Jahr 20(0)	Grundbuch			Konten		Betrag	
Datum	Beleg	Buchungstext		Soll	Haben	Soll	Haben

Jahr 20(0)	Grundbuch						
Datum	Beleg	Buchungstext		Soll	Haben	Soll	Haben

Hauptbuch

Bestandsrechnung

Soll				Forderungen	Haben
Datum	Text/Gegenkonto	€	Datum	Text/Gegenkonto	€

Soll				Verbindlichkeiten	Haben
Datum	Text/Gegenkonto	€	Datum	Text/Gegenkonto	€

Soll				Vorsteuer	Haben
Datum	Text/Gegenkonto	€	Datum	Text/Gegenkonto	€

Soll				Mehrwertsteuer	Haben
Datum	Text/Gegenkonto	€	Datum	Text/Gegenkonto	€

Erfolgsrechnung

Soll				Spediionsaufwand		Haben
Datum	Text/Gegenkonto	€	Datum	Text/Gegenkonto		€

Soll				Speditionserlöse		Haben
Datum	Text/Gegenkonto	€	Datum	Text/Gegenkonto		€

Soll				Unternehmensergebnis (GuV)		Haben
Datum	Text/Gegenkonto	€	Datum	Text/Gegenkonto		€

Debitoren-Kreditoren

Debitoren

Kundenkonto				
Name	Wolters	Jahr	20(0)	
Straße	Eichendorfstraße 18	Kunden-Nr.	D 140008	
Ort	40474 Düsseldorf	Bank		
Konditionen/Vermerke		Konto-Nr.:		
		Bankleitzahl (BLZ)		
Datum	Text		Soll	Haben

Kundenkonto

Name	Maschinenfabrik G. Werner	Jahr	20(0)
Straße	Industriestraße 118	Kunden-Nr.	D 140007
Ort	40822 Mettmann	Bank	
Konditionen/		Konto-Nr.:	
Vermerke		Bankleitzahl (BLZ)	
Datum	**Text**	**Soll**	**Haben**

Kundenkonto

Name	Übrige Kunden	Jahr	20(0)
Straße		Kunden-Nr.	D 140099
Ort		Bank	
Konditionen/		Konto-Nr.:	
Vermerke		Bankleitzahl (BLZ)	
Datum	**Text**	**Soll**	**Haben**

Debitoren

Frachtführerkonto

Name	Möller-Trans	Jahr	20(0)
Straße	Merowinger Str. 8	Kunden-Nr.	K 160002
Ort	40223 Düsseldorf	Bank	
Konditionen/		Konto-Nr.:	
Vermerke		Bankleitzahl (BLZ)	
Datum	**Text**	**Soll**	**Haben**

Empfangsspediteur

Name	Spedition Homberg	Jahr	20(0)
Straße	Erdener Straße 45	Kunden-Nr.	K 160010
Ort	14193 Berlin	Bank	
Konditionen/		Konto-Nr.:	
Vermerke		Bankleitzahl (BLZ)	
Datum	**Text**	**Soll**	**Haben**

Lernsituation 4 | zu SLG S. 190-212, WSP S. 25-30, 73-80, KSK S. 32-41, (DV) 186-189

Muster

Abholauftrag

Gerd Berger *Spedition e.K.*

Datum: _____

Versender: _____

Sender: _____

Empfänger: _____

Bemerkungen _____

Düsseldorf, den _____ Unterschrift _____

Tourenplan (Abholung)

Nr.	Versender		Anzahl	Packstück	Gewicht
	Postleitzahl	Name, Straße			
			Summe Packstücke:	Summe Gewicht:	

Tourenplan (Abholung)

Nr.	Versender		Anzahl	Packstück	Gewicht
	Postleitzahl	Name, Straße			
			Summe Packstücke:	Summe Gewicht:	

Lernsituation 4 | zu SLG S. 190-212, WSP S. 25-30, 73-80, KSK S. 32-41, (DV) 186-189

1 Absender (Name, Anschrift)	**FRACHTBRIEF** **für den gewerblichen** **Güterkraftverkehr**
2 Empfänger (Name, Anschrift)	**3** Frachtführer (Name, Anschrift)
4 Meldeadresse	**5** Nachfolgende Frachtführer (Name, Anschrift)

6 Übernahme des Gutes

Versandort

Beladestelle

7 Vorbehalte und Bemerkungen der Frachtführer

8 Ablieferung des Gutes

Ort

Entladestelle

9 Beigefügte Dokumente

10 Anzahl der Packstücke	**11** Zeichen und Nummern	**12** Art der Verpackung	**13** Bezeichnung des Gutes	**14** Bruttogewicht in kg	**15** Volumen in m³

16 Gefahrgut-Klassifikation   Nettomasse kg/l

UN-Nr.   Offizielle Benennung

Nummer Gefahrzettelmuster   Verpackungsgruppe

17 Weisungen des Absenders (Zoll- und sonstige amtliche Behandlung des Gutes)

18 Nachnahme:	**20** Besondere Vereinbarungen
19 Frankatur	

21 Ausgefertigt in am	Gut empfangen am
22 Unterschrift und Stempel des Absenders	**23** Unterschrift und Stempel des Frachtführers	**24** Unterschrift und Stempel des Empfängers

	25 Amtl. Kennzeichen	**26** Nutzlast in kg	
KFZ			
Anhänger			

Lernsituation 4 | zu SLG S. 190-212, WSP S. 25-30, 73-80, KSK S. 32-41, (DV) 186-189

Versandspediteur					Bordero-Nr. Datum: Blatt: Relation:		Frachtführer			Empfangsspediteur			Rückrechnung	
Pos.	Zeichen und Nummern	Anz.	Art	Inhalt	Gewicht kg	Versender	Empfänger	Frankatur	Vom Empfänger zu erheben			Verteilkosten (Nachlauf)/EUR	Sonstiges EUR
									Steuerpfl. EUR	Nicht steuerpfl. EUR			
Summe:					Summe:			Summe:					

E u V
Zwischensumme
Umsatzsteuer
Summe gesamt

+ Umsatzsteuer
Zwischensumme
Nicht steuerpfl.
Summe gesamt

Gerd Berger Spedition e.K.

Gerd Berger Spedition e.K., Markusstraße 14, 40223 Düsseldorf

Inhaber: Gerd Berger
Merkurstraße 14
40223 Düsseldorf
Telefon: 0221 56742-0
Telefax: 0221 56733
E-Mail: gberger-spedition@t-online.de
USt.-ID: DE 458977344

Rechnung Nr.

Kundennummer	Speditionsauftrags-Nr.	vom	Datum

Sendung

Zeichen und Nr.	Anzahl	Packstück	Inhalt	Brutto-Gewicht in kg

Pos.-Nr.	Text	€	€
	Nettobetrag		
	+ 19 % USt.		
	Bruttobetrag		

Bankverbindung: Commerzbank Düsseldorf, Konto 4865 051 000, BLZ 300 400 00

Düsseldorf (Postleitzahlgebiete) und Umgebung

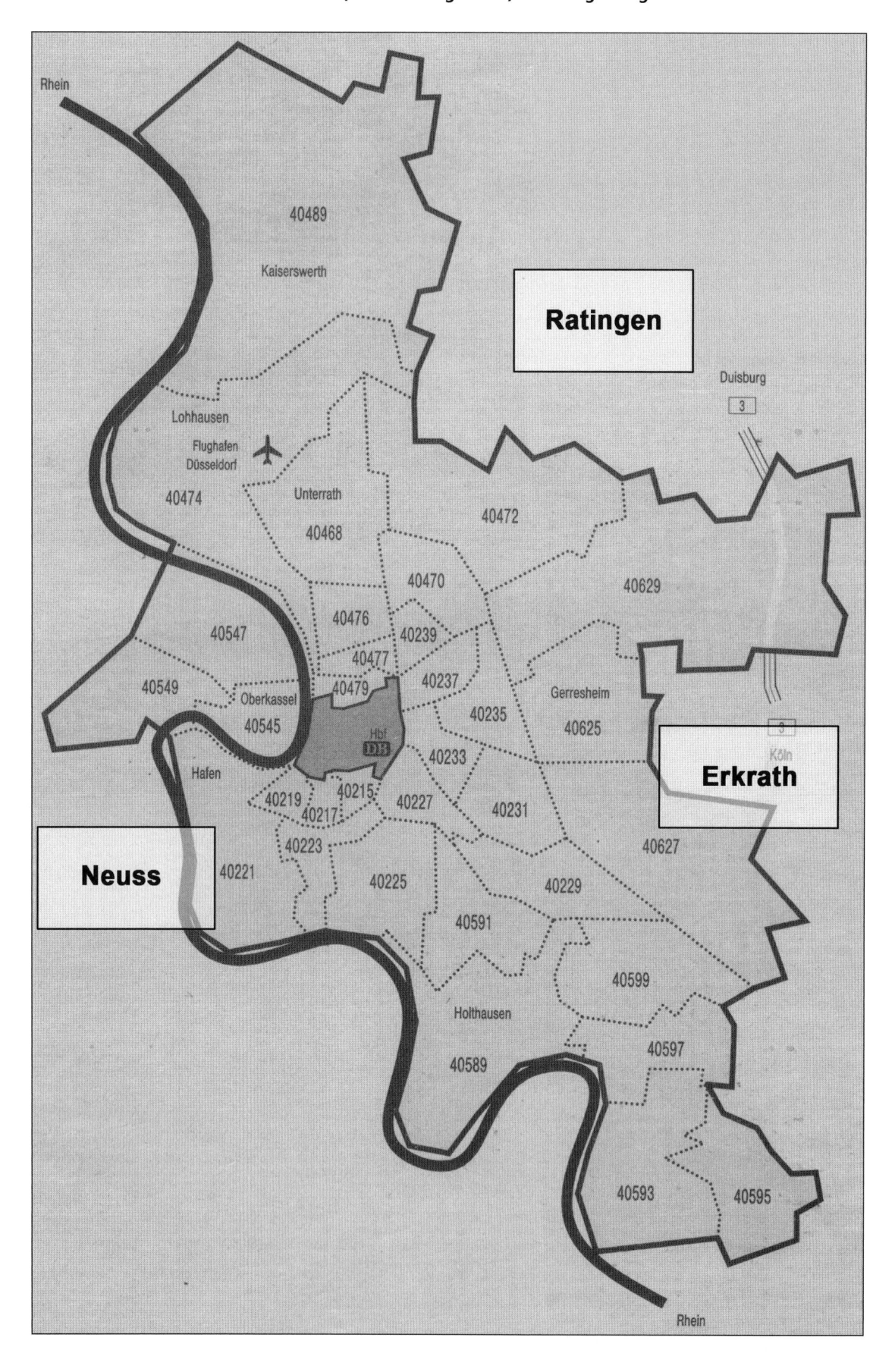

Lernsituation 4 | zu SLG S. 190-212, WSP S. 25-30, 73-80, KSK S. 32-41, (DV) 186-189

Aufgabe 1
Stellen Sie die Vertragsbeziehungen in der Einstiegssituation für folgende Beteiligte dar:
K. Fahling OHG, Spedition Berger, MÖLLER-TRANS, Spedition HOMBERG, Gärtnerei M. Kersting

Aufgabe 2
Nehmen Sie an, der Versender Fahling OHG hätte im Speditionsauftrag unten stehende Sendungsbeschreibung gegeben: Prüfen Sie anhand der Ziffer 3 ADSp, ob der Versender seine Verpflichtung aus dem Speditionsvertrag erfüllt hätte.

Speditionsauftrag (gekürzt)

			Inhalt		Gewicht in kg
			Blumendünger		2.800

Aufgabe 3
a. Bis wann müssen die Zahlungen für die von Ihnen erstellten Ausgangsrechnungen (Fahling OHG u. a.) eingehen?

b. Warum enthalten die ADSp diese kurze Zahlungsfrist?

Aufgabe 4
a. Ergänzen Sie zum unten abgebildeten Sammelgutverkehr die bestehenden Vertragsarten und die ausgeübten Tätigkeiten (befördern/umschlagen).

b. Bestimmen Sie die Schnittstellen nach ADSp für den Gesamtablauf der Güterversendung im Sammelgutverkehr. Begründen Sie Ihre Lösung.

c. Welche der von Ihnen definierten Schnittstellen gelten für den Versandspediteur?

d. Halten Sie fest, welche Kontrollarbeiten der Spediteur an Schnittstellen durchführen muss.

Versender	Nahverkehrs-unternehmer	Versand-spediteur	Fernverkehrs-unternehmer	Empfangs-spediteur	Nahverkehrs-unternehmer	Empfänger

Vertragsart / Tätigkeiten (befördern/umschlagen) / Schnittstelle Nr.

Muster

Schnittstelle Nr.	Begründungen

Aufgabe 5
a. Bereits am Abend des 1. September 20(0) trifft ein Fax der Spedition HOMBERG ein. Es enthält das Bordero mit den Sammelgutsendungen, die am nächsten Morgen aus Berlin bei uns eintreffen werden und die im Raum Düsseldorf zu verteilen sind. Sie müssen am 2. September 20(0) ausgeliefert werden. Dazu sind die Sendungen auf Rollkarten zu erfassen, die für den Fahrer des Nahverkehrsfahrzeugs festhalten, welche Sendungen auf welcher Tour des Fahrzeugs ausgeliefert werden sollen. Bei den Positionen 03, 06 und 07 des Borderos ist sicherzustellen, dass der Fahrer die Speditionsentgelte und Nachnahmebeträge beim Empfänger einzieht, bevor er die Sendung übergibt. Das Ausrollen der Sendungen am 2. September 20(0) ist zu disponieren. *(Bordero von HOMBERG siehe unten Seite 48. Rollkarten siehe Seite 49)*

Außerdem sind die Sammelgutsendungen am 2. September 20(0) **abzuholen**. Drei Versender sind täglich anzufahren, nämlich

- **WOLTERS GmbH**, Bau-Keramik, Eichendorffstraße 18, 40474 Düsseldorf, 2 Tonnen auf 2 EUR-Flachpaletten
- **E + S GmbH**, Etiketten, Daneköthen 184, 40627 Düsseldorf, 1,2 Tonnen auf 2 EUR-Flachpaletten
- **ALMA AG**, Brandschutztechnik, Benninghauser Str. 172, 40591 Düsseldorf, 2 Tonnen auf 2 EUR-Flachpaletten

Weiterhin sollen bei folgenden Versendern Güter abgeholt werden:

Lernsituation 4 | zu SLG S. 190-212, WSP S. 25-30, 73-80, KSK S. 32-41, (DV) 186-189

- Papierfabrik **Wendering AG**, Aachener Str. 4, 40223 Düsseldorf, 1 Palette, 900 kg Papier, Empfänger Druckerei Hanser, Altvaterstr. 94, 14129 Berlin
- **Klaus Vogel GmbH**, Förderanlagen, Jean-Paul-Str. 83, 40470 Düsseldorf, 2 EUR-Flachpaletten, 1,3 t Maschinenteile, Empfänger Rudolf Manscheid KG, Albanstr. 113, 12277 Berlin
- **Silke Anders**, Geschenk- und Fan-Artikel, Düsseldorfer Str. 16, 41460 Neuss, 1 Palette, 400 kg Geschenkartikel, Empfänger Kaufhaus Hanse, Am Feldberg, 12621 Berlin
- **DHS, Hotelbedarf**, Buchenweg 60, 40699 Erkrath, 2 EUR-Flachpaletten, 1,2 t Reinigungsmittel, Empfänger Hotel Brandenburger Hof, Kurfürstenstr. 12, 10785 Berlin

Tourenplan-Muster auf Seite 90

Es ist zu prüfen, ob das Zustellen und Abholen der Sammelgutsendungen getrennt durchgeführt werden soll oder ob es sinnvoll ist, die Arbeitsvorgänge miteinander zu kombinieren. Im Falle der Kombination von Zustellung und Abholung ist es sinnvoll, sich den genauen Ablauf durch eine Übersicht nach folgendem Muster zu veranschaulichen:

No.	PLZ	Ort	Zustellung	Abholung	Name	Paletten	Zwischensumme Paletten	Gewicht	Zwischensumme Gewicht
			(ankreuzen)	(ankreuzen)					
	40223	Nordtour		Abfahrt Berger		10		6.800	
1			X		xy	2	8	1.450	5.350
	40223			Ankunft Berger					

Unsere Leistungen, die wir für die Spedition HOMBERG der Sammelgutladung vom 2. Sept. 20(0) erbringen, berechnen wir der Partnerspedition in einer Rückrechnung auf dem Bordero. Das Bordero-Formular befindet sich weiter unten.

b. Erstellen Sie die Rückrechnung an die Spedition Homberg. Beachten Sie, dass wir für die Avisierung und den Einzug der Nachnahme eine Gebühr nach BSL-Empfehlungen berechnen.

c. Berechnen Sie das Rohergebnis, das die Spedition Berger durch den Verteilverkehr in Düsseldorf erzielt hat.

Nachlaufentfernungen in Düsseldorf		
Position	Empfänger	km
01	Binder	5
02	Raum & Design	4
03	Walter	41
04	Bäumer	13
05	Reise-Verlagsgesellschaft	14
06	Lager	32
07	Bauer	9
08	E + S	14
09	Waltermann	6

d. Vergleichen Sie die Konditionen, die wir mit Möller-Trans und mit Homberg für den Verteilverkehr vereinbart haben.

Preisvereinbarungen siehe Seite 83, Nebengebühren im Anhang des Informationsbandes.

Lernsituation 4 | zu SLG S. 190-212, WSP S. 25-30, 73-80, KSK S. 32-41, (DV) 186-189

Versandspediteur				Bordero-Nr.		Frachtführer			Empfangsspediteur			
Spedition Homberg Erdener Str. 45, 14193 Berlin				0001/164		MÖLLER TRANS GmbH- Merowinger Str. 8, 40223 Düsseldorf			Gerd Berger Spedition e. K. Merkurstraße 14, 40223 Düsseldorf			
				Datum: Blatt/Relation	01.09.20(0) 1/017						**Rückrechnung**	
									Vom Empfänger zu erheben		Verteilkosten (Nachlauf)/EUR	Sonstiges EUR
Pos	Zeichen u. Nummern	Anz.	Art	Inhalt	Gewicht kg	Versender	Empfänger	Frankatur	Steuerpfl. EUR	Nicht steuerpfl. EUR		
01	N&U	1	EUR-FP	Dünger	800	Natur & Umwelt Pohlstraße 32 10785 Berlin	Binder Gartencenter Comeniusplatz 148 40547 Düsseldorf	frei Haus				
02	LAH1-3	3	EUR-FP	Farben	2.400	E. Lahrmann GmbH, Gellertstr. 181 13127 Berlin	Raum & Design Christophstr. 88 40225 Düsseldorf	frei Haus				
03	DEB	1	EUR-FP	Schulungs- material	600	Druckerei Ernst Debus Friedrichstr. 61 12205 Berlin	Walter EDV-Training Koppelskamp 34 40489 Düsseldorf	frei Haus		Nachnahme 1.725,00		
04	MAG1-4	4	EUR-FP	Verblendung	2.300	Metallwerke AG Tillmannsweg 19 14109 Berlin	L. Bäumer GmbH Hoher Weg 6 40878 Ratingen	frei Haus				
05	AD	1	EUR-FP	Kataloge	700	Achterhaus-Druck Bergstr. 26 10115 Berlin	Reise-Verlagsges. Fritz-Erler-Str. 57 40595 Düsseldorf	frei Haus				
06	EL1-3	3	EUR-FP	Sicherungs- Anlagen	2.450	ELSY GmbH Steinstraße 71 14974 Ludwigsfelde	Gerd Lager Ahornstraße 77 40882 Ratingen	unfrei	496,60			
07	BFA1-2	2	EUR-FP	Filter	1.450	BFA Filtertechnik Südendstr. 28 12169 Berlin	Ernst Bauer KG Rotdornstr. 24 40472 Düsseldorf	unfrei	448,60			
08	LA-1 LA-2	2	EUR-FP	Prospekte	2.000	Druckerei Lage Baseler Str. 121 13407 Berlin	E + S Bürotechnik Sandstraße 22 40627 Düsseldorf	frei Haus				
09	NMOL	1	EUR-FP	Teppichboden	800	Nolte GmbH Fußbodentechnik Domstraße 19 14482 Potsdam	Gerd Waltermann Teppichboden Paulusstr. 181 40237 Düsseldorf	frei Haus				
Summe:		18		Summe:	13.500		Summe:		945,20	1.725,00		
							+ Umsatzsteuer (19 %)		179,59			
							Zwischensumme		1.124,79			
							Nicht steuerpfl.		1.725,00			
							Summe gesamt		**2.849,79**			

FP = Flachpalette

EuV
Zwischensumme
Umsatzsteuer
Summe gesamt

Lernsituation 4 | zu SLG S. 190-212, WSP S. 25-30, 73-80, KSK S. 32-41, (DV) 186-189

Gerd Berger Spedition Merkurstraße 14 40223 Düsseldorf	**Rollkarte** Nr.			Datum:		Lkw: Fahrer:			
								Vom Empfänger zu erheben	
Pos.	Versender	Nr. und Zeichen	Anzahl/ Packstück	Inhalt	Brutto-gewicht/kg	Empfänger	Fracht u. Ä. (brutto)	Versender-Nachnahmen	Sendung vollzählig und in einwandfrei-em Zustand erhalten
					Summe Packstücke				
					Summe Gewicht				

Lernsituation 4 | zu SLG S. 190-212, WSP S. 25-30, 73-80, KSK S. 32-41, (DV) 186-189

Rollkarte

Gerd Berger Spedition
Merkurstraße 14
40223 Düsseldorf

Nr.:
Datum:
Lkw:
Fahrer:

Pos.	Versender	Nr. und Zeichen	Anzahl/ Packstück	Inhalt	Bruttogewicht/kg	Empfänger	Vom Empfänger zu erheben		Sendung vollzählig und in einwandfreiem Zustand erhalten
							Fracht u. Ä. (brutto)	Versender-Nachnahmen	
Summe Packstücke									
Summe Gewicht									

Rollkarte

Gerd Berger Spedition
Merkurstraße 14
40223 Düsseldorf

Nr.:
Datum:
Lkw:
Fahrer:

Pos.	Versender	Nr. und Zeichen	Anzahl/ Packstück	Inhalt	Bruttogewicht/kg	Empfänger	Vom Empfänger zu erheben		Sendung vollzählig und in einwandfreiem Zustand erhalten
							Fracht u. Ä. (brutto)	Versender-Nachnahmen	
Summe Packstücke									
Summe Gewicht									

Lernsituation 4 | zu SLG S. 190-212, WSP S. 25-30, 73-80, KSK S. 32-41, (DV) 186-189

Aufgabe 6

Die Haus-Haus-Entgelte finden Sie auf Seite 58

Überprüfen Sie die beim Empfänger nachzunehmenden Beträge aus den Unfrei-Sendungen (Positionen 06 und 07) des Empfangsborderos (Seite 97). Gehen Sie davon aus, dass die Spedition HOMBERG mit ihren Kunden ebenfalls nach dem Tarif für den Spediteursammelgutverkehr abrechnet (Haus-Haus-Entgelt zuzüglich Palettentauschgebühren).

Entfernungen:

- 06: Ludwigsfelde – Ratingen 570 km
- 07: Berlin – Düsseldorf 550 km

Aufgabe 7

Die Spedition Süd-Sped betreibt Lkw-Sammelladung. Für den Vor- und Hauptlauf setzt sie sowohl eigene Fahrzeuge als auch fremde Frachtführer ein. Stellen Sie die Schnittstellen aus der Sicht der Spedition Süd-Sped in folgenden Situationen fest und begründen Sie jeweils Ihre Lösung:

a. SÜD-SPED lässt Sammelgutsendungen bei den Urversendern durch einen fremden Frachtführer abholen und zum eigenen Umschlaglager befördern.

b. Die Spedition holt die Sammelgutsendungen mit eigenen Nahverkehrsfahrzeugen bei den Urversendern ab.

c. Selbsteintritt im Vorlauf durch SÜD-SPED, Hauptlauf durch einen fremden Frachtführer.

d. Selbsteintritt im Vor- und Hauptlauf.

Aufgabe 8

Ziffer 13 ADSp

Der Empfänger einer Sammelgutsendung beklagt sich bei seinem Spediteur, der Sammelgutsendungen mit eigenen Fahrzeugen ausrollt, darüber, dass eine wichtige und wertvolle Sendung dem 17-jährigen Auszubildenden ausgehändigt worden sei. Dieser habe eine Empfangsquittung unterzeichnet, ohne die Sendung genau zu prüfen. Der Empfänger ist der Meinung, einem Jugendlichen dürfe man eine Sendung nicht übergeben. Prüfen Sie die ADSp daraufhin, ob der Empfänger recht hat.

Aufgabe 9

Unterscheiden Sie: Abholauftrag – Bordero – Rollkarte

Aufgabe 10

Markieren Sie empfehlenswerte Einscann-Punkte im Lkw-Sammelgutverkehr in diesem Ablaufdiagramm mit Nummern.

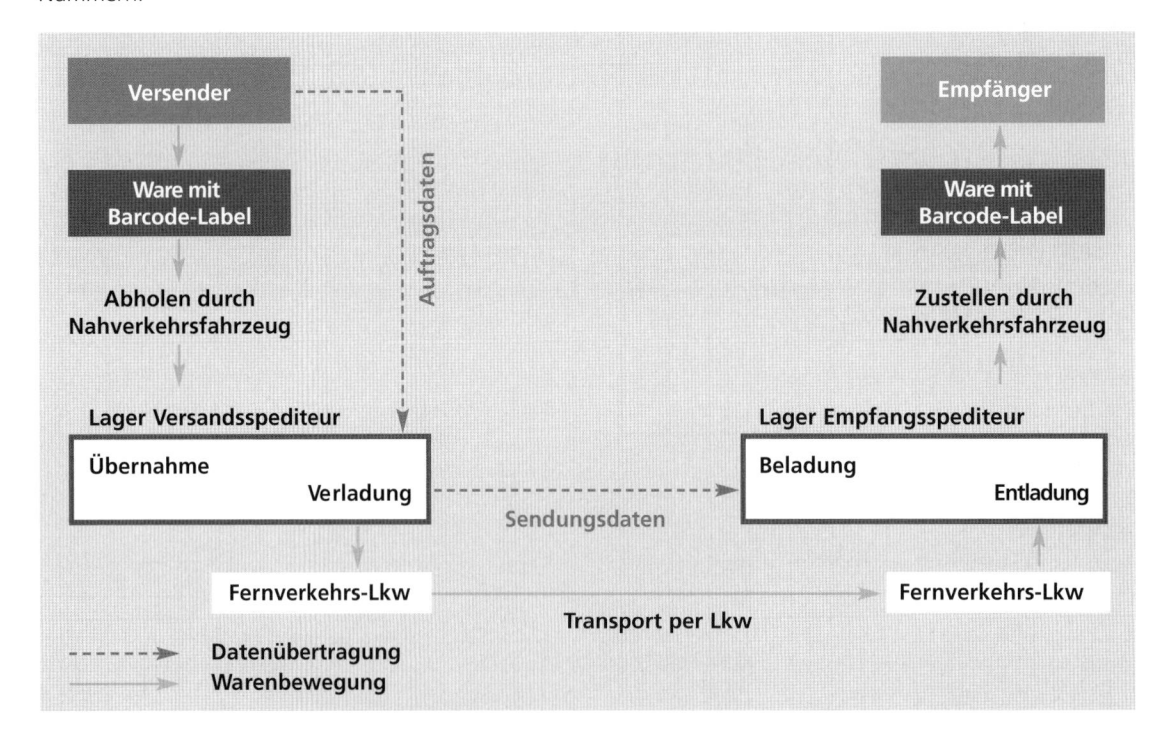

Aufgabe 11

Die Spedition Wagner rechnet als Versandspediteur mit ihren Kunden nach dem Tarif für den Spediteursammelgutverkehr (Haus-Haus-Entgelte in Lernsituation 3) ab. Die Sendungsdaten sind dem Bordero unten auf Seite 103 zu entnehmen.

a. Errechnen Sie die Entgelte, die die Kunden jeweils tragen müssen (einschließlich Umsatzsteuer). Beachten Sie dabei:
   - Palettentauschgebühren (erhält der Versandspediteur)
   - Avis- und Nachnahmegebühr (erhält der Empfangsspediteur)
   - die Mindestgewichte nach Ziffer 4.3 BSL-Empfehlungen
b. Ergänzen Sie die Beträge für die Unfrei-Sendungen, die vom Empfänger zu erheben sind und vervollständigen Sie die Spalte „Vom Empfänger zu erheben".
c. Erstellen Sie die Rückrechnung des Empfangsspediteurs. Gehen Sie von folgenden Vereinbarungen zwischen Versand- und Empfangsspediteur aus:
   - Avis- und Nachnahmegebühr nach BSL-Empfehlungen
   - Entladen und Verteilen: 1,40 EUR pro **angefangene** 100 kg
   - Verteilung von Sammelgut:

von kg	bis kg	Zone 1 (bis 25 km)	Zone 2 (über 25 km)
31	75	7,50	10,00
...	...	...	...
261	300	20,00	27,00
...	...	...	...
501	600	31,00	42,00
...	...	...	...
901	1.000	41,00	55,00
1.001	1.100	42,00	56,00

von kg	bis kg	Zone 1 (bis 25 km)	Zone 2 (über 25 km)
1.101	1.200	43,00	57,00
1.401	1.500	48,00	65,00
...	...	...	...
1.801	1.900	53,00	72,00
...	...	...	...
2.001	2.500	61,00	82,00
2.501	3.000	68,00	91,00

Die Entfernungen betragen:

	km		km		km
Bremen – Stuttgart	630	Bremen – Gerlingen	637	Achim – Reutlingen	654
Bremen – Ostfildern	638	Achim – Stuttgart	608	Delmenhorst – Kornwestheim	613

Nachlauf-Entfernungen (Empfangsspediteur – Empfänger)

Pos.	Empfänger	km	Pos.	Empfänger	km
01	Scheuner	9	05	Wegener	26
02	Maurer	10	06	Hausner	7
03	Elitz	5	07	Marat	47
04	Moto-Möller	10	08	Kaiser	16

d. Nehmen Sie weiter an, dass die Spedition Wagner die ELBE-TRANS, Bremen, mit dem Abholen der Sammelgutsendungen beauftragt. Beantworten Sie bezogen auf die Sendung mit der Positions-Nr. 08 folgende Fragen:

   da. Welche Punkte in der Transportkette sind für die Spedition Wagner Schnittstellen?

   db. Welche Kontrollarbeiten bezogen auf die **konkrete Sendung** Nr. 08 sind an dieser bzw. diesen Schnittstellen zu erledigen?

Aufgabe 12

Die Sendung Nr. 03 im Bordero von Aufgabe 11 ist mit einer Nachnahme in Höhe von 1.200,00 EUR belegt. Der Fahrer des Empfangsspediteurs Heckner & Co. händigt die Sendung dem Empfänger aus gegen das Versprechen, die fälligen Beträge (Nachnahme und Frachtüberweisung) – mangels ausreichenden Bargeldes – am nächsten Tag zu überweisen. Es stellt sich allerdings heraus, dass der Empfänger nicht zahlt und das Geld verloren ist. Die Speditionsverträge unterliegen den ADSp.

a. Unterscheiden Sie Nachnahme und Frachtüberweisung.

b. Wer hat für die nachzunehmenden Beträge zu haften?

c. Der Empfänger einer Unfrei-Sendung verweigert die Annahme der Sendung. Der Fahrer ruft den Disponenten an, um anzufragen, wie er sich verhalten soll. Der Disponent, der sich an den Versender wendet, erhält die Anweisung, die Sendung zurückzubefördern. Begründen Sie, wer die Kosten für den Hin- und für den Rücktransport zu tragen hat.

HGB: IV. Abschnitt Frachtrecht § 422 HGB Nachnahme	ADSp 10. Frachtüberweisung, Nachnahme
(1) Haben die Parteien vereinbart, dass das Gut nur gegen Einziehung einer Nachnahme an den Empfänger abgeliefert werden darf, so ist anzunehmen, dass der Betrag in bar oder in Form eines gleichwertigen Zahlungsmittels einzuziehen ist. (2) ... (3) Wird das Gut dem Empfänger ohne Einziehung der Nachnahme abgeliefert, so haftet der Frachtführer, auch wenn ihn kein Verschulden trifft, dem Absender für den daraus entstehenden Schaden, jedoch nur bis zur Höhe des Betrages der Nachnahme.	10.1 Die Mitteilung des Auftraggebers, der Auftrag sei unfrei abzufertigen oder der Auftrag sei für Rechnung des Empfängers oder eines Dritten auszuführen, berührt nicht die Verpflichtung des Auftraggebers gegenüber dem Spediteur, die Vergütung sowie die sonstigen Aufwendungen zu tragen. 10.2 Die Mitteilung nach Ziff. 10.1 enthält keine Nachnahmeweisung.

Aufgabe 13

In der Spedition Wagner GmbH ist ein Sendungsverfolgungssystem erst im Aufbau. Zurzeit werden die Sendungsdaten an zwei Punkten erfasst, und zwar beim Eingang im Lager der Spedition Wagner und beim Eintreffen des Fernverkehrs-Lkw im Lager von Heckner & Co.

a. Welchen Informationswert hätte in dieser Situation ein Statusreport für den Versender?

b. Wie sollte ein optimales Sendungsverfolgungssystem Ihrer Meinung nach beschaffen sein?

Aufgabe 14

Berechnen Sie das Rohergebnis einer Sammelladung nach folgenden Daten:

Pos.	Frankatur	Vom Empfänger zu erheben		Rückrechnung (Auszug)	
		Steuerpfl. EUR	Nicht steuerpfl. EUR	Verteilkosten (Nachlauf)/EUR	Sonstiges EUR
01	frei Haus			84,00	
02	unfrei	479,60		92,00	
03	frei Haus			63,00	
04	frei Haus			43,00	
05	frei Haus			51,00	
	Summe	479,60			
	+ Umsatzsteuer	91,12			
	Zwischensumme	570,72		120,00	EuV
	Nicht steuerpfl.				Zwischensumme
	Summe gesamt	570,72			Umsatzsteuer
					Summe gesamt

Weitere Beträge (Netto)

	EUR
Haus-Haus-Entgelt für Pos. 01	452,90
Haus-Haus-Entgelt für Pos. 03	480,00
Haus-Haus-Entgelt für Pos. 04	423,20
Haus-Haus-Entgelt für Pos. 05	320,00
Vorlauf	346,00
Hauptlauf	625,00

Lernsituation 4 | zu SLG S. 190-212, WSP S. 25-30, 73-80, KSK S. 32-41, (DV) 186-189

Versandspediteur				Bordero-Nr.		0001/164		Frachtführer		Empfangsspediteur			
Spedition Wagner GmbH Mathildenstraße 25 28203 Bremen				Datum: Blatt/Relation		27.10.20(0) 01/24		INTER-TRANS GmbH & Co. KG Charlottenstraße 27 28203 Bremen		Heckner & Co. – Internationale Spedition Augsburger Straße 174 70327 Stuttgart			
												Rückrechnung	
										Vom Empfänger zu erheben			
Pos	Zeichen u. Nummern	Anz.	Art	Inhalt	Gewicht kg	Versender	Empfänger	Frankatur		Steuerpfl. EUR	Nicht steuerpfl. EUR	Verteilkosten (Nachlauf)/EUR	Sonstiges EUR
01	HAM1-2	2	EUR-FP	Papier	1.200	W. Hausmann KG Papierverarbeitung Hannoversche Str. 68 28309 Bremen	Georg Scheuer KG Papierwaren Artusweg 77 70469 Stuttgart	frei Haus					
02	CAT1-4	4	EUR-Gitterboxpaletten	Chemikalien	1.900	Catering Service GmbH Steffensweg 88 28217 Bremen	Frank Maurer Oberwiesenstr. 64 70619 Stuttgart	frei Haus					
03	Mofu	1	EUR-FP	Elektroartikel	920	Mobilfunk Großhandel Pappelstraße 47 28199 Bremen	Elektro-Elitz GmbH Remscheider Str. 12 70376 Stuttgart	unfrei			Nachnahme: 1.200,00 EUR		
04	BEMO1_3	3	EUR-FP	Zubehörteile	1.500	BEMO Motorrad-Zubehör Ortstraße 124 28237 Bremen	MOTO-Möller Zweiradhandel Scharnhauser Str. 88 73760 Ostfildern	frei Haus					
05	BERN	1	EUR-Gitterboxpaletten	Trockenfrüchte	600	Helmut Berndsen Gastfeldstraße 139 28201 Bremen	Martina Wegener Rosenstraße 17 70839 Gerlingen	frei Haus					
06	MEIN	1	EUR-FP	Ersatzteile	300	Josef Meinrad Dentaltechnik Mohnblumenweg 42 28832 Achim	G. Hausner Dental-Technik Jägerstraße 172 70174 Stuttgart	frei Haus					
07	GERÜ1-5	5	EUR-FP	Metallwaren	2.800	Gerüstbau GmbH Parkweg 168 28832 Achim	MARAT GmbH Albstraße 155 72764 Reutlingen	frei Haus					
08	W&C1-4	4	EUR-FP	Prospekte	1.050	W & C Autoglas Lange Straße 166 27749 Delmenhorst	S. Kaiser GmbH Jakobstraße 124 70806 Kornwestheim	unfrei					
Summe:		21		Summe:	10.270			Summe:					

+ Umsatzsteuer (19 %)
Zwischensumme
Nicht steuerpfl.
Summe gesamt

EuV
Zwischensumme
Umsatzsteuer
Summe gesamt

Aufgabe 15

Nennen Sie die Leistungen, die durch folgende Entgelte in der Lkw-Sammelladung abgedeckt werden:
1. Haus-Haus-Entgelt (laut Tarif für den Spediteursammelgutverkehr)
2. E und V
3. Verteilkosten/Nachlauf

Aufgabe 16

Nach §§ 458–460 HGB arbeitet ein Spediteur für den Teil seines Auftrags, der sich auf die Beförderung bezieht, wie ein Frachtführer. Betrachten Sie unter diesem Gesichtspunkt folgenden Gesprächsausschnitt (Versender Müller, Disponent Gruber):

Herr Müller: „Guten Tag Herr Gruber."

Herr Gruber: „Guten Tag Herr Müller. Wie kann ich Ihnen helfen?"

Herr Müller: „Ich habe 350 kg Getriebeteile, die morgen in Hamburg sein müssen."

Herr Gruber: „Das ist kein Problem. Noch heute kann unser Fahrer die Sendung bei Ihnen abholen. Heute Abend geht sie dann zusammen mit anderen Gütern per Lkw nach Hamburg. Morgen gegen Mittag ist die Sendung beim Empfänger."

Herr Müller: „Sehr schön. Wie viel kostet das?"

Herr Gruber: „Wir arbeiten nach unseren Haustarifen, die wir Ihnen erst in der letzten Woche zugeschickt haben. Einen Augenblick bitte, ich rechne Ihnen das eben aus."

Herr Müller: „Schon gut, die Preisliste habe ich geprüft. Sie ist in Ordnung."

Aufgabe 17

Das Sammelgutgeschäft der Spedition Berger ist in den letzten Monaten kontinuierlich ausgeweitet worden. Auf Berlin folgten Sammelgutrelationen nach Hamburg, Frankfurt und München. Alle vier Relationen entwickelten sich gut und waren ein bedeutendes Werbeargument bei den Marketingaktivitäten des Unternehmens. Allerdings mussten viele Kundenaufträge abgewiesen werden, sobald Sammelgutsendungen in Empfangsorte befördert werden sollten, die von der Spedition Berger nicht bedient wurden. Leider war auch keine regionale Häufung festzustellen, die durch die gezielte Einrichtung neuer Sammelgutrelationen hätte aufgefangen werden können. Letztlich – das wurde aus Kundengesprächen immer deutlicher – erwarten die Kunden, dass alle Sendungen eines Versenders von einer Spedition übernommen werden können und dass eine Spedition Transporte innerhalb Deutschlands in 24 oder spätestens 48 Stunden abwickeln kann.

Herr Berger beauftragte daher einige Mitarbeiter, die Frage zu prüfen, wie man sich an eine der bestehenden Sammelgutkooperationen anschließen könne.

Zahlreiche Gespräche mit verschiedenen Kooperationen hatten zum Ergebnis, dass bei zwei Kooperationen Chancen für eine Aufnahme bestehen, und zwar im

DSI-Verbund
und bei **C-LINE**.

In beiden Fällen handelt es sich um Zusammenschlüsse mittelständischer Speditionsunternehmen. Konzeptionell entscheiden sie sich aber offensichtlich deutlich voneinander. Während DSI den Sammelgutverkehr im **Direktverkehr** und als **Begegnungsverkehr** betreibt, wickelt C-LINE die Transporte nach dem **HUB and SPOKE-System** und zusätzlich – bei ausreichendem Sendungsaufkommen – im Direktverkehr ab. Die Vor- und Nachteile der beiden Konzepte sind einander gegenüberzustellen und in die Entscheidungsfindung für eine der Kooperationen einzubeziehen.

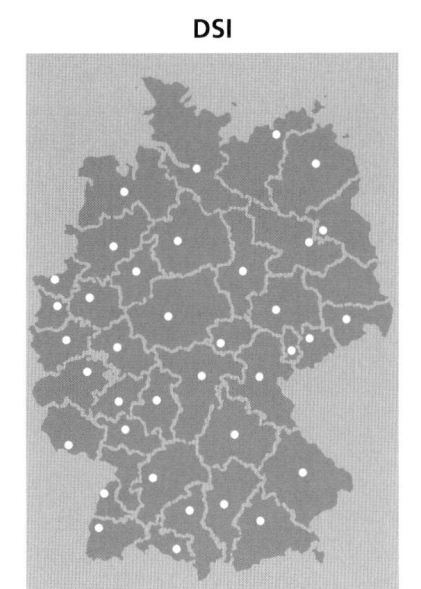

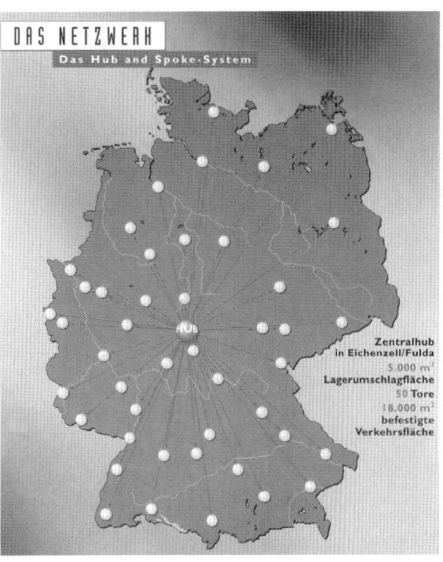

Lernsituation 4 | zu SLG S. 190-212, WSP S. 25-30, 73-80, KSK S. 32-41, (DV) 186-189

DSI	C-LINE
	DAS NETZWERK – Das Hub and Spoke-System Zentralhub in Eichenzell/Fulda 5.000 m² Lagerumschlagfläche 50 Tore 18.000 m² befestigte Verkehrsfläche

Informationen über Kooperationen befinden sich im Internet, z. B. unter
www.dpd.de
www.ids-logistik.de
www.cargoline.de

Beide Systeme bieten ihren Kunden eine bestimmte Produktpalette, die von allen Verbundpartnern sichergestellt werden muss. Die nachfolgende Übersicht gibt die Leistungsangebote der Kooperationen wieder.

Die Produkte von C-LINE:

C-LINE	
NightLine Systemverkehre	Ihre Stückgutsendungen werden im Hub and Spoke-System oder direkt zuverlässig gebündelt zugestellt. Auch strukturschwache Gebiete werden täglich angesteuert. Die Regellaufzeit von 24 Stunden bringt Ihr Stückgut sicher ans Ziel. Der EDV-fähige Tarif benennt klare, sendungsbezogene Kosten und ermöglicht eine einfache Rechnungskontrolle.
NightLinePlus Terminverkehre	NIGHT LINE PLUS schafft über Nacht mehr Flexibilität und Handlungsspielraum für Ihre Termindisposition und sichert Ihnen die Zustellung Ihrer Stückgutsendungen (bis maximal 2.000 Kilogramm) am nächsten Arbeitstag zu, wahlweise bis 10:00 oder bis 12:00 Uhr. Damit verbunden ist ein „Geld-zurück-Versprechen". Ist Ihre Sendung nicht bis zum vereinbarten Termin beim Empfänger, gibt es Geld zurück. So rücken die wichtigsten Wirtschaftsregionen und Ballungsräume unseres Landes noch näher zusammen. Regelversand wird nicht vorausgesetzt.
ParcelLine Paketverkehre	C-Line ist Ihr Ansprechpartner für die gesamte Logistik. Die klassische Trennung von Stückgut und Paketen entfällt. Die Paketverkehre werden in Zusammenarbeit mit einem Paketdienstleister organisiert. Die Paketfrachtzentren und das Netz der C-Line ergeben eine lückenlose Dienstleistung, die Sie weiterbringt. So liefern wir ohne Mehrkosten auch samstags aus.
BranchenLogistic	Wir bündeln Ihren Warenstrom! Das heißt, mit nur einer Anfahrt bringen wir die Produkte von Herstellern aus dem gesamten Bundesgebiet „wie bestellt" direkt an die Rampe. Der tägliche Lkw-Stau vor der Warenannahme gehört damit der Vergangenheit an. Von heute auf morgen haben Sie es nicht mehr mit unzähligen Systemen zu tun, sondern mit einem leistungsfähigen Logistik-Partner, der Sie in vielerlei Hinsicht entlastet.
ConceptLine Logistikberatung	Logistik beginnt im Kopf. Deshalb steht die Analyse und Beratung am Anfang unserer Dienstleistung. Wir erarbeiten für Sie maßgeschneiderte Konzepte – vom Outsourcing über die Beschaffungs- und Distributionslogistik bis hin zur Lagerlogistik. Und wir helfen Ihnen dabei, logistische Abläufe zu optimieren. Der durchdachten Projektplanung folgt die Durchführung bis ins Detail.
OrderLine Beschaffungslogistik	Damit Ihre Produktion auf dem Laufenden bleibt, müssen Abläufe koordiniert und Waren bedarfsgerecht gebündelt werden. C-Line liefert Ihnen die besten Voraussetzungen dafür. Verlässliche Regellaufzeiten von 24 bis 72 Stunden geben Ihnen Planungssicherheit. Moderne Informationstechnologie schafft Transparenz. Und das Netz der C-Line sorgt für bundesweite Flächendeckung. Bis in den kleinsten Winkel gilt: Einer unserer Partner ist garantiert in Ihrer Nähe.

Lernsituation 4 | zu SLG S. 190-212, WSP S. 25-30, 73-80, KSK S. 32-41, (DV) 186-189

Die Produkte des DSI-Verbunds

DSI		
DSI-ONE DAY	DSI-ONE DAY bedeutet: ■ die Beförderung von Sendungen bis 2.500 kg ■ in der Regel 24 Stunden Laufzeit während der Werktage Montag bis Freitag, d. h. Übernahme an Tag „A" und Auslieferung an Tag „B"	
DSI-EXPRESS 8	DSI-EXPRESS 8. Hinter diesem Namen verbirgt sich eine Logistik-Leistung, die Ihre Sendungen bis 2.500 kg mit Expressgarantie befördert und am nächsten Werktag bis 08:00 Uhr zustellt.	
DSI-EXPRESS 10	DSI-EXPRESS 10. Hinter diesem Namen verbirgt sich eine Logistik-Leistung, die Ihre Sendungen bis 2.500 kg mit Expressgarantie befördert und am nächsten Werktag bis 10:00 Uhr zustellt.	
DSI-EXPRESS 12	DSI-EXPRESS 12 garantiert die Zustellung Ihrer Stückgut-Sendung bis 2.500 kg mit Expressgarantie am nächsten Werktag bis 12:00 Uhr.	
DSI-GARANTIE	DSI-GARANTIE befördert Ihre Sendungen bis 2.500 kg mit Zustellgarantie innerhalb von max. 24 Stunden während der Werktage.	
DSI PICK UP	Für alle, die sich eine qualifizierte Abwicklung ihrer Abholungen und Retouren wünschen, gibt es unser Produkt DSI PICK UP Service. Der Service garantiert durch umfassende organisatorische Maßnahmen ein hohes Maß an Sicherheit und Qualität. Insbesondere das DSI-weit einheitliche DSI PICK UP Service-Formular stellt sicher, dass alle notwendigen Angaben für eine geregelte Abwicklung ohne Zeitverzug bereitstehen.	

In der Spedition Berger ist sorgfältig zu prüfen, ob die Leistungen auch erbracht werden können, vor allem in terminlicher Hinsicht. Zumindest für ausgewählte Relationen ist zu ermitteln, ob die betrieblichen Abläufe in der Spedition Berger z. B. die Zustellung einer Sendung am nächsten Tag bis 08:00 Uhr zulassen.

Lenk- und Ruhezeiten siehe Informationsband

Bei der Fahrzeitberechnung ist zu beachten, dass Lkw-Fahrer nach 4 1/2 Stunden Fahrzeit eine Pause von 45 Minuten einlegen müssen und dass die tägliche Lenkzeit bis zu 9 Stunden betragen darf, 2-mal wöchentlich bis zu 10 Stunden. Für den HUB & SPOKE-Verkehr sind die **Zeitschranken** von Bedeutung, da die ein- und ausgehenden Sendungen im zentralen HUB der C-Line-Kooperation in Eichenzell aufeinander abgestimmt werden müssen. Die nachfolgende Übersicht gibt die Zeitschranken für ausgewählte Kooperationspartner wieder.

Übersicht Zeitschranken C-LINE						
Nr.	Ort	Km	Std.	Meldezeit verladene Menge	Zeitschranke Ankunft HUB	Zeitschranke Abfahrt HUB
121	Berlin	441	8	15:00	22:30 – 23:00	23:30 – 24:00
282	Bremen	385	6	17:00	22:30 – 23:00	23:30 – 24:00
782	Singen	389	6	17:00	22:30 – 23:00	23:30 – 24:00
490	Osnabrück	287	4	19:30	23:30 – 24:00	00:30 – 01:00
221	Hamburg	424	6	17:00	22:30 – 23:00	00:30 – 01:00
410	Mönchengladbach	337	5	18:00	22:30 – 23:00	00:30 – 01:00
402	Düsseldorf	312	5	18:00	22:30 – 23:00	00:30 – 01:00
761	Karlsruhe	237	3,5	19:00	22:30 – 23:00	00:30 – 01:00
075	Gera	225	4	19:00	22:30 – 23:00	00:30 – 01:00
017	Freital	353	6,5	17:00	22:30 – 23:00	00:30 – 01:00
944	Plattling	373	5	18:00	22:30 – 23:00	01:00 – 01:30
336	Bielefeld	235	3,5	18:00	21:00 – 21:30	gegen 02:00
572	Neunkirchen	191	4	18:00	21:30 – 22:00	01:30 – 02:00
681	Mannheim	178	3	19:00	21:30 – 22:00	01:30 – 02:00
974	Schweinfurt	78	1,5	20:00	21:30 – 22:00	01:30 – 02:00
361	Eichenzell	0	0	20:00	21:30 – 22:00	01:30 – 02:00

Tarif siehe Lernsituation 3 und Informationsband

Die Kooperationspartner im C-Line-Verbund rechnen gewöhnlich nach dem Tarif für den Spediteursammelgutverkehr ab. Über Margen werden allerdings individuelle Vereinbarungen mit den Kunden getroffen, sodass unterschiedliche Konditionen vorliegen.

Die DSI-Kooperation hat für ihre Mitglieder das unten dargestellte Preismodell entwickelt. Auch hier werden Margen mit Kunden ausgehandelt. Anhand ausgewählter Sendungen ist zu prüfen, welche Erlöse in den beiden

Kooperationen erzielt werden, wenn man von den normalen Preislisten ausgeht. Ein weiterer Gesichtspunkt ist die Handhabung des Tarifs (einfach, kompliziert, arbeitsaufwendig, verständlich für den Kunden usw.).

Sammelgut-Preisliste der DSI-Kooperation (Auszug, ohne Umsatzsteuer)

Preisliste Gewicht kg	Basis-Preis EUR	Zone I bis 150 km Kilogramm-Preis frei Haus EUR	Zone II bis 350 km Kilogramm-Preis frei Haus EUR	Zone III bis 550 km Kilogramm-Preis frei Haus EUR	Zone IV über 550 km Kilogramm-Preis frei Haus EUR
30 – 50	4,86	0,32	0,41	0,46	0,49
51 – 70	5,85	0,30	0,39	0,44	0,47
...	...	...	...	...	...
101 – 200	13,55	0,19	0,27	0,29	0,34
201 – 300	19,68	0,16	0,24	0,26	0,31
...	...	...	...	...	...
501 – 750	30,88	0,14	0,18	0,21	0,22
751 – 1.000	34,51	0,13	0,17	0,20	0,21

Die Kooperation verlangt von ihren Mitgliedern auch eine bestimmte technische Ausstattung, damit Leistungen des Verbundes einheitlich nach außen dargestellt werden können. Ihren aktuellen technischen Stand in Bezug auf Sendungsverfolgungssysteme beschreiben die Kooperationen wie folgt:

C-LINE

Neben der Organisation des physischen Warenflusses ist die sendungsbegleitende bzw. vorauseilende Information die andere, mittlerweile mindestens genauso wichtige Seite des gesamten logistischen Prozesses. Mit CEPRA hat C-Line ein barcodegestütztes Packstückverfolgungssystem geschaffen, das die Sendungsdaten und Warenbewegungen aller Kooperationspartner zentral in einer Sendungsdatenbank verwaltet und online vorhält.

Mit CEPRA® bietet C - Line eine lückenlose Sendungsverfolgung auf Packstückebene. Damit sind Sie jederzeit schnell und kostengünstig über den Status Ihrer Sendung informiert.

- CEPRA steht für Central Elektronic Parcel Administration System.
- CEPRA bedeutet die völlige Transparenz der Transportwege in Echtzeit.
- CEPRA liefert den Status jedes einzelnen Packstücks direkt auf den PC.
- CEPRA dokumentiert lückenlos die gesamte Logistikkette.
- CEPRA weist den Weg zur papierlosen Abwicklung der Zukunft.

Zentrale Komponente ist ein Packstückverfolgungsmodul, das eine Statusmeldung nach jedem Scanvorgang erzeugt. Der Datenaustausch zwischen den Partnern wird von einem Kommunikationsmodul gesteuert. Ein weiteres Modul beschleunigt schließlich den Nachrichtenaustausch in der Datenübertragung durch den Einsatz von Mobilfunk. Operative Basis für diese drei Module ist das Euro-Log-Rechenzentrum in der Nähe von München. Die Verbindungen zu den Verbundpartnern laufen über Server, die ihrerseits über das Internet-Protokoll mit der zentralen Sendungsdatenbank verbunden sind. Die Recherche der Sendungsdaten für Disponenten und Auftraggeber erfolgt schnell und bequem über die C-Line-Homepage.

DSI — Handscanner

Die Stückgutkooperation DSI hat ihr Projekt zur Funkablieferscannung erfolgreich abgeschlossen: In den letzten Monaten wurden bei den 37 DSI-Partnern insgesamt 1.450 Bordrechner in die Fahrzeuge eingebaut, 909 Koffersysteme konfiguriert und über 2.400 Handscanner ausgeliefert – damit ist in allen DSI-Unternehmen die Systemlösung zur Funkablieferscannung installiert. Zentraler Vorteil der neuen Technologie: Der Informationsfluss wird optimiert - der Papieraufwand minimiert. Die DSI-Partner können ihren Kunden jetzt eine schnellere und detailliertere Sendungsauskunft, aber auch eine leistungsfähigere Dispositionsabwicklung bieten. Durch die hochmoderne Datenkommunikationslösung per SMS erreichen wir jetzt außerdem weitgehend papierlose Prozesse. Pro Tag werden innerhalb des DSI-Netzwerkes rund 250.000 SMS – Short Message Services – versandt, um die Daten zu Dispositionsaufträgen und Rückmeldungen auszutauschen.

Außerdem können im DSI-Verbund Sendungen (auch vom Kunden) elektronisch erfasst und in digitaler Form weiter verwandt werden.

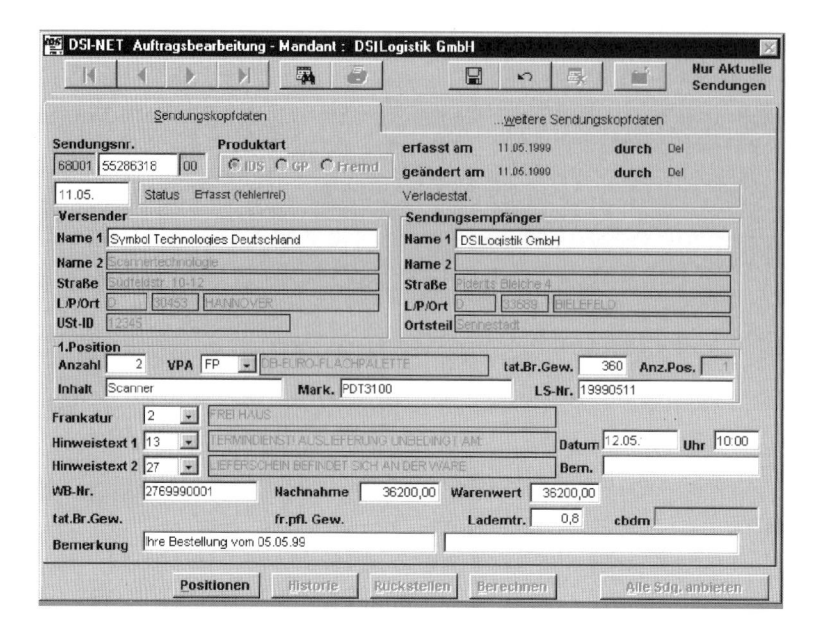

Lernsituation 4 | zu SLG S. 190-212, WSP S. 25-30, 73-80, KSK S. 32-41, (DV) 186-189

Es ist zu prüfen, ob die Spedition Berger die geforderten technischen Voraussetzungen erfüllt oder durch zumutbare Investitionen in naher Zukunft erfüllen kann, um an den technischen Systemen teilzunehmen.

Aufgabe 18

In einer Sammelgutkooperation sind zwei HUBs eingerichtet worden (siehe nebenstehende Grafik):

- HUB 1: Lehrte (bei Hannover)
- HUB 2: Eichingen (bei Ulm)

Die beiden HUBs sind durch einen Shuttle-Verkehr miteinander verbunden.

a. Welchen Beförderungsweg nimmt eine Sammelgutsendung von Potsdam nach Augsburg? Versand- und Empfangsspediteur haben ihren Sitz in Berlin bzw. in München.

b. Was veranlasst den Verbund, ein zweites HUB einzurichten?

c. Erläutern Sie vier Vorteile eines HUBs im Sammelgutverkehr.

d. In welchen Situationen wird der Berliner Sammelgutspediteur den Direktverkehr gegenüber der Beförderung über den HUB vorziehen?

e. Welche Bedeutung haben die Zeitschranken innerhalb eines HUB & Spoke-Systems?

f. Erläutern Sie die Aussage „Das HUB-and-SPOKE-System führt im Vergleich zum Direktverkehr zu höheren Kosten."

Aufgabe 19

Nachdem die Spedition Berger der Sammelgutkooperation C-LINE beigetreten ist, haben sich die Geschäfte weiterhin gut entwickelt. Jeder Winkel Deutschlands wird in spätestens 48 Stunden erreicht. Aufgrund des weiterhin hohen Sendungsaufkommens in die vier Relationen Berlin, Hamburg, Frankfurt und München werden diese Empfangsorte von Berger direkt angefahren. Alle anderen Relationen werden über den Zentral-HUB Eichenzell bei Fulda abgewickelt.

Heute, am 07. Juli 20(0), „brummt" es wieder besonders: Allein acht Lkw mit insgesamt 245 Paletten fahren nach Eichenzell, um dort ihre Ladung umzuschlagen. Insbesondere die Empfangsniederlassungen

- Hannover (24 Paletten),
- Koblenz (17 Paletten),

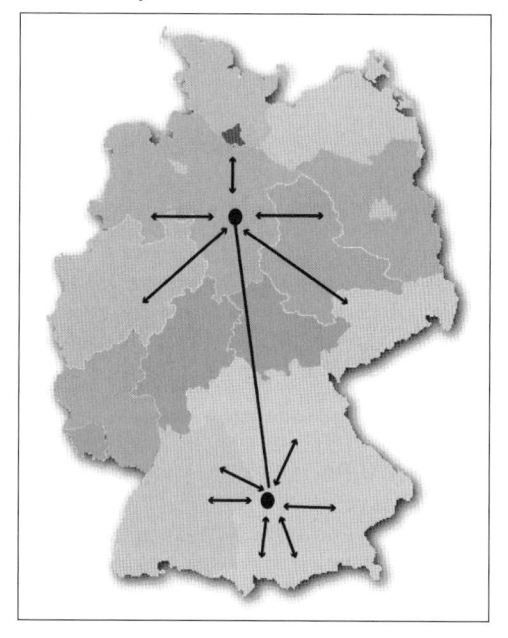

- Leipzig (21 Paletten) und
- Nürnberg (19 Paletten)

sind zum wiederholten Male stark vertreten.

„Eigentlich sollten wir diese Stationen direkt anfahren", denkt sich Herr Klaßen, der für Disposition des HUB zuständige Disponent, „zumal die auch meist zahlreiche Sendungen für unser Gebiet haben."

Als Herr Klaßen das Thema während der täglichen Dispositionsbesprechung anspricht, wird Gerd Berger sofort hellhörig: „Wenn wir häufig so große Mengen für diese Relationen haben, dann sollten wir auch die Möglichkeit nutzen, direkt zu fahren. Die Kooperationsvereinbarung lässt das zu und wir haben schließlich kein Geld zu verschenken!"

Er erteilt Herrn Klaßen den Auftrag, eine Vergleichsrechnung zu erstellen, um für jede Relation die kritische Palettenanzahl zu ermitteln, ab der sich ein Direktverkehr lohnt. Anschließend solle er eine entsprechende Arbeitsanweisung verfassen.

Herr Klaßen macht sich sofort ans Werk und stellt die Werte für den Kostenvergleich zusammen.

Kosteninformation

I. Kosten für komplette Lkw (Sattelzug, Kapazität 33 EUR-Flachpaletten)

EUROTRANS GMBH, Düsseldorf:	Düsseldorf – Hannover	280,00 EUR
	Düsseldorf – Koblenz	190,00 EUR
WERNER FAHRLAND, Düsseldorf:	Düsseldorf – Leipzig	540,00 EUR
	Düsseldorf – Nürnberg	400,00 EUR

Lösungswege: Mathematisch oder beispielhaft eine bestimmte Palettenzahl herausgreifen und zwischen Direktverkehr und HUB vergleichen.

II. Kosten bei Verladung über HUB Eichenzell

1. Der Transport vom Lager Düsseldorf zum HUB Eichenzell kostet 300,00 EUR. Die Kosten werden von Berger getragen. Bei einer kalkulierten Auslastung von 30 Paletten werden somit pro Palettenstellplatz 10,00 EUR verrechnet.
2. Die Umschlagkosten im HUB werden den Ausgangsniederlassungen mit 1,50 EUR pro 100 kg berechnet. Auswertungen der letzten drei Monate ergeben für Berger ein durchschnittliches Palettengewicht von 320 kg pro im HUB umgeschlagener Palette.
3. Die Transporte vom HUB zu den Empfangsniederlassungen werden von der Zentraldisposition in Eichenzell organisiert. Die Abrechnung an die Versandstationen erfolgt auf Stellplatzebene. Herrn Klaßen liegt die aktuelle Liste der Verrechnungspreise für alle Empfangsstationen (alphabetisch sortiert) vor:

C-LINE Preisübersicht			
Verrechnungspreise für den Transport vom HUB Eichenzell zu den Empfangsstationen (Auszug)			
Empfangsspediteur	**PLZ**	**Ort**	**Verrechnungspreis/Palettenstellplatz**
Schneider & Hansen	21129	Hamburg	9,50 EUR
Ostendorf Transporte	30669	Hannover	7,50 EUR
F.X. Oberleitner	95030	Hof	9,00 EUR
Spedition Clement	34131	Kassel	3,50 EUR
Kannenberg KG	56072	Koblenz	7,00 EUR
Leipziger Transportgesellschaft	04347	Leipzig	8,50 EUR
Leitner und Sohn	80939	München	10,00 EUR
Dombrindt & Co.	48163	Münster	8,00 EUR
Frankenland-Spedition	90471	Nürnberg	6,00 EUR

Aufgabe 20

Ein Versand- und Internethändler für Büroartikel wickelt seine Aufträge über KEP-Dienste ab. Stellen Sie fest, von welchen der nachfolgend genannten Vorteilen bei der Zusammenarbeit mit KEP-Dienstleistern der Händler besonders profitiert.

Lernsituation 4 | zu SLG S. 190-212, WSP S. 25-30, 73-80, KSK S. 32-41, (DV) 186-189

Vorteile durch die Zusammenarbeit mit KEP Dienstleistern

Kategorie	Prozent
Termingerechte Lieferung/Schnelligkeit	31 %
Kundenzufriedenheit/-bindung	14 %
Service (z.B. 24h-Service, Ansprechpartner, Haus-zu-Haus-Lieferung)	14 %
Flexibilität (bezüglich Lieferung, Abholung)	9 %
Kosteneinsparungen/-transparenz, Preisvorteile	9 %
Zeitgewinne	8 %
Zuverlässigkeit/Genauigkeit	8 %
Gute Konditionen	5 %
Effektivere/schneller Produktion	3 %
Sonstige	13 %

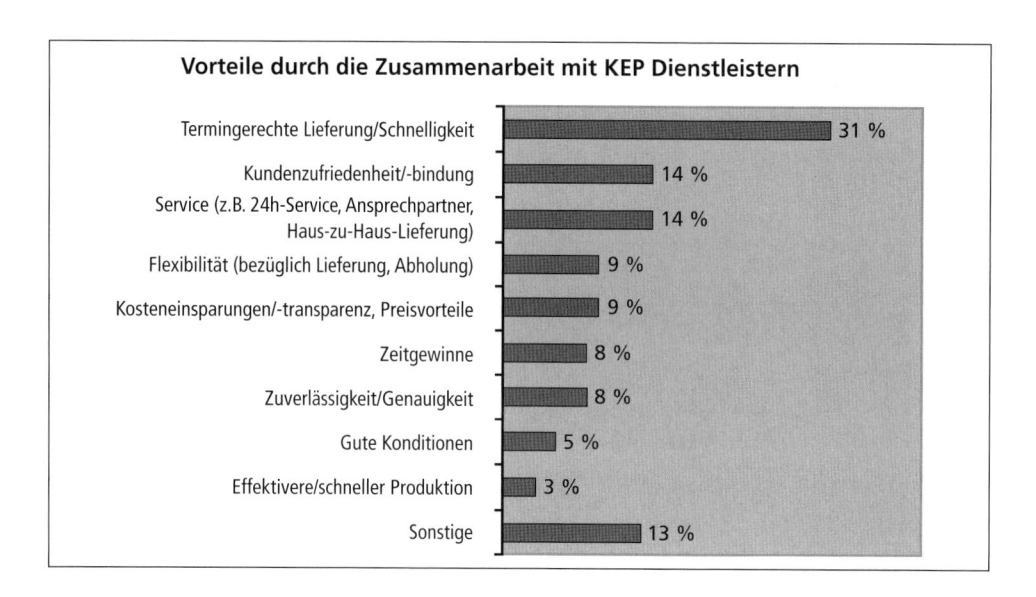

Aufgabe 21

Ein Hersteller von elektronischen Konsumgütern konnte durch die Nutzung von KEP-Diensten bei der Beschaffung von Rohstoffen und Vorprodukten folgende Vorteile feststellen:

1. Verkürzung der Beschaffungszyklen
2. Minimierung der Vorratshaltung
3. deutlich verringerte Kapitalbindung
4. Erweiterung der Zahl der erreichbaren Lieferanten
5. Verringerung der Bestellgrößen
6. Reduktion des (kostenträchtigen) Werkverkehrs

Begründen Sie, auf welche Weise die KEP-Dienste zur Erreichung dieser Vorteile beitragen.

Aufgabe 22

a. Zeichnen Sie die Autobahnen BAB 1 bis BAB 10, BAB 24 und 45 farbig in eine Deutschlandkarte ein.

b. Erstellen Sie eine Liste mit den Autobahnnummern, den an den Autobahnen gelegenen Großstädten und den Autobahnkreuzen bzw. Autobahndreiecken zwischen den eingezeichneten Autobahnen.

Aufgabe 23

Bringen Sie die unten stehenden Städte in die Reihenfolge, in der sie ein Lastzug von Bonn nach Berlin über die Autobahn passiert:

Herford, Hagen, Bielefeld, Braunschweig, Hannover, Magdeburg, Potsdam, Wuppertal, Köln, Gütersloh.

Aufgabe 24

Bringen Sie die unten stehenden Städte in die Reihenfolge, in der sie ein Lastzug von Düsseldorf nach Passau über die Autobahn passiert:

Nürnberg, Deggendorf, Aschaffenburg, Siegen, Leverkusen, Regensburg, Bergisch-Gladbach, Würzburg.

Aufgabe 25

Eine Düsseldorfer Spedition fertigt Lkw-Sammelladungen für fünf Empfangsspediteure mit den Standorten München, Hamburg, Berlin, Hannover und Dresden ab. Die Empfangsspediteure rollen die Sendungen an die Endempfänger aus. Ordnen Sie nachfolgende Orte den Empfangsstationen zu.

Meißen, Neustrelitz, Potsdam, Peine, Freiberg, Freising, Bad Aibling, Glückstadt, Bad Oldesloe, Riesa, Helmstedt, Celle, Dachau, Stade, Ludwigsfelde.

Empfangsstation	Empfangsorte
München	
Hamburg	
Berlin	
Hannover	
Dresden	

Aufgabe 26

Ordnen Sie den Ziffern 1 bis 16 die Bundesländer mit den entsprechenden Hauptstädten zu.

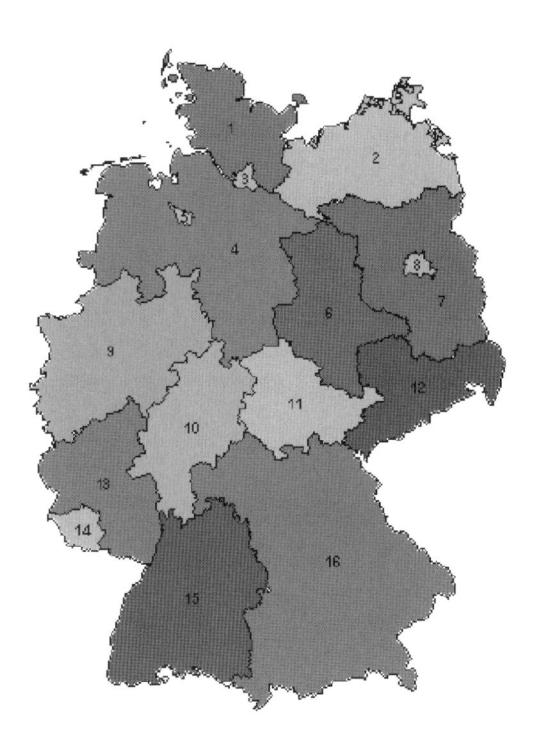

	Bundesland	Hauptstadt
1		
2		
3		
4		
5		
6		
7		
8		
9		
10		
11		
12		
13		
14		
15		
16		

Aufgabe 27
Ergänzen Sie folgende Matrix, indem Sie die Ziffern vor den Begriffen in das jeweilige Kästchen eintragen.

Ballungsräume	Größere Städte	Wasserstraßen-anschluss	Bedeutende Autobahnen	Flughäfen
Hamburg/Unterelbe	Cuxhaven	Elbe, _____	A1, A7	Fuhlsbüttel
Bremen/Unterweser	Brake, _____	Weser, _____	A1, A27, A29	Neuenland
Ruhrgebiet	Duisburg, Essen, Dortmund	Rhein-Herne-Kanal, Rhein, Wesel-Datteln-Kanal	A2, A42, _____	Rhein-Ruhr-Flughafen
Rheinschiene	Köln, Bonn	Rhein	_____	Köln-Bonn
Saarbrücken	Völklingen, _____	Saar, Mosel	A8, A6,	Saarbrücken/Ensheim
Rhein-Main-Neckar	Frankfurt/M., Mainz, Ludwigshafen, Mannheim, _____	Rhein, Main, Neckar	A3, A5, A6 A67, A81	Rhein-Main
Mittlerer Neckar	Stuttgart, Heilbronn	Neckar	A6, A8, A81	_____
München	Augsburg	entfällt	A8, _____	„Franz-Josef-Strauß",
Nürnberg	Fürth, _____	_____	A3, A6, A9	Nürnberg
Niedersächsisches Industriegebiet	Hannover, Braunschweig Peine, Salzgitter	_____	A2, A7	Langenhagen
Sächsisches Industriegebiet	Dresden Chemnitz, _____	_____	A4, A13	Dresden-Klotzsche
Halle-Leipzig	_____	entfällt.	A9, A14	Leipzig/Halle
Großraum Berlin	Potsdam, Brandenburg	Havel, Elbe-Havel-Kanal, Havelkanal, Havel-Oder-Wasser-straße, Spree-Oder-Kanal	A10, A12, A24	Tegel, Tempelhof, _____

1 Echterdingen, 2 Nordenham, 3 A40, 4 Pirmasens, 5 Bad Kreuznah, 6 A9, 7 Riehm, 8 Erlangen, 9 Hunte, 19 Bautzen, 11 Mittellandkanal, 12 Bitterfeld, 13 Schönefeld, 14 Nord-Ostsee-Kanal, 15 Rhein-Main-Donau-Kanal, 16 A3, 17 Elbe

Aufgabe 28
Eine Sammelgutspedition belädt in Wuppertal an einem Tag drei seiner Lkw mit Sammelgut für die Empfangsspediteure in Hamburg, Stuttgart und Aachen.
Ordnen Sie je vier der nachfolgenden Endempfängerorte den richtigen Relationen zu.
1 Lüneburg, 2 Itzehoe, 3 Göppingen, 4 Euskirchen, 5 Heilbronn, 6 Eschweiler, 7 Ulm, 8 Elmshorn, 9 Monschau, 10 Jülich, 11 Glückstadt, 12 Pforzheim

Relation Hamburg				
Relation Stuttgart				
Relation Aachen				

Aufgabe 29
Die folgenden Autobahnstrecken weisen Lücken auf. Ergänzen Sie die nachstehenden Orte:
Berlin, Siegen, Magdeburg, Neumünster, Bielefeld, Hannover, Weimar, Würzburg.

Dortmund	_____	Frankfurt/Main	_____	Nürnberg
Berlin	_____	Hannover	_____	Hamm
Flensburg	_____	Hamburg	_____	Kassel
Frankfurt (Oder)	_____	Halle	_____	Erfurt

Aufgabe 30

Geben Sie in geografisch richtiger Reihenfolge Großstädte an, die an folgenden Bundesautobahnen liegen.

Autobahn	Beginn (Stadt)	Großstädte im Verlauf der Bundesautobahnen	Ende (Stadt)	Gesamtlänge (km)
A 1				730
A 2				486
A 3				778
A 4				564
A 5				445
A 6				432
A 7				935
A 8				797
A 9				529
A 10				196
A 11				112
A 12				58
A 13				151

Aufgabe 31

Stellen Sie mithilfe einer Tabelle nach unten stehendem Muster die Wahlvorschriften für den Betriebsrat und für die Jugend- und Auszubildendenvertretung vergleichend gegenüber.

	Betriebsrat		JAV
Wahlverfahren	Vereinfachtes Verfahren	Normales Verfahren	Normales Verfahren
Betriebsgröße (Arbeitnehmer, Jugendliche und Azubis)			
Kandidatenaufstellung			
aktives Wahlrecht (Wahlberechtigung)			
passives Wahlrecht (wählbar)			
Wahlverfahren (Ablauf)			
Größe BR/JAV			
Wahlturnus			

Aufgabe 32

Stellen Sie in einem Brief an den Ausbildenden den Antrag auf Errichtung einer Jugend- und Auszubildendenvertretung! Absender : Sabine Heumer, Neustr. 11, 40591 Düsseldorf Empfänger: HT-Speditions GmbH

Vorschlag für den Aufbau des Briefes:

1. Voraussetzungen für die Einrichtung einer Jugend- und Auszubildendenvertretung laut Betriebsverfassungsgesetz
2. Beweis, dass diese Voraussetzungen erfüllt sind Jugendliche und Azubis im Ausbildungsbetrieb von Sabine: Sabine Heumer, 17 Jahre; Melanie Hansen, 19 Jahre; Klaus Tenbrock, 21 Jahre; Frank Vornweg, 22 Jahre; Jutta Waldner, 16 Jahre Alle aufgeführten Personen sind Azubis.

3. Jugend- und Auszubildendenvertretung in der vorgesehenen Zahl beantragen

Aufgabe 33

Entwerfen Sie als Mitglied der Jugend- und Auszubildendenvertretung eine Liste, in der die AuszubildendenAnregungen, Beschwerden u. Ä. eintragen können. Gehen Sie dabei von möglichen eigenen Wünschen aus.

Muster:

Jugend- und Auszubildendenvertretung INTERSPED GmbH

I. Maßnahmen, die beim Betriebsrat zu beantragen sind:
- 2 Stunden betrieblicher Unterricht je Woche - ...

II. Mögliche Verstöße gegen geltende Gesetze, Verordnungen usw.
- Arbeitszeit laut BBiG oder JArbSchG - ...

III. Anregungen, besonders im Hinblick auf die Berufsausbildung
- Prüfungsvorbereitungs-Lehrgang
- Messebesuch

Aufgabe 34

Ermitteln Sie die Zahl der Jugendlichen und der Auszubildenden in Ihrem Ausbildungsbetrieb, die eine JAV wählen dürfen.

Aufgabe 35

Warum kann keine JAV gewählt werden, wenn es im Betrieb keinen Betriebsrat gibt?

1	Es steht im BetrVG.	
2	Beide Vertretungen sollen zum Wohl aller Beschäftigten zusammenarbeiten.	
3	Jugendliche und Auszubildenden zählen im Betrieb nicht so viel wie die anderen Beschäftigten.	

Aufgabe 36

Warum dürfen neben den Jugendlichen auch die Auszubildenden, soweit sie keine 25 Jahre alt sind, an der Wahl der gemeinsamen Interessenvertretung für Jugendliche und Auszubildende teilnehmen?

1	Weil viele Auszubildende schon älter als 18 Jahre alt sind.	
2	Die Hauptaufgabe dieser Vertretung ist es, sich um die betriebliche Ausbildung zu kümmern	
3	Es käme sonst in kaum einem Betrieb eine solche Vertretung zustande.	

Aufgabe 37

Warum hat der Gesetzgeber gerade den Wahltermin 01.10. - 30.11. bestimmt?

Aufgabe 38

Die Aufgaben zur Sozialversicherung (Aufgaben 37 – 43) können auch außerhalb dieser Lernsituation als Modul im Unterricht eingesetzt werden.

In einem der nachfolgenden Fälle kommt die Krankenversicherung nicht für die Kosten auf. Finden Sie diesen Fall heraus.
1. Eine Mutter geht mit ihrem 1 Jahr alten Kind zur U3-Vorsorgeuntersuchung.
2. Ein Alkoholabhängiger erhält eine Entziehungskur.
3. Eine berufstätige Mutter erleidet im Betrieb einen Unfall, der eine Haushaltshilfe erforderlich macht.
4. Die Auszubildende Sabine ist seit 8 Wochen arbeitsunfähig krank. Trotzdem braucht sie sich um ihren Lebensunterhalt keine Sorgen zu machen.

Aufgabe 39

Bekommt die Auszubildende Rita Muth, ledig, ohne Kinder, die nach der Abschlussprüfung zur Kauffrau für Spedition und Logistikdienstleistung nicht weiterbeschäftigt wird, Arbeitslosengeld I oder Arbeitslosengeld II?

Aufgabe 40

Ist in nachfolgenden Fällen die Unfallversicherung oder die Krankenversicherung zuständig?
1. Die Kauffrau für Spedition und Logistikdienstleistung Elke Sanders ist begeisterte Joggerin. Sie zieht sich bei ihrem Sport einen Bänderriss zu, der einen zweiwöchigen Krankenhausaufenthalt zur Folge hat.

Lernsituation 4 | zu SLG S. 190-212, WSP S. 25-30, 73-80, KSK S. 32-41, (DV) 186-189

2. Der Auszubildende Markus Henrichs fährt direkt nach der Arbeit zum Handballtraining. Auf dem Weg dorthin stürzt er mit seinem Fahrrad und bricht sich ein Bein.
3. Auf dem Weg von der Arbeit nach Hause stürzt der Kaufmann für Spedition und Logistikdienstleistung Manfred Elting auf dem Gehweg infolge Glatteis. Er muss ins Krankenhaus.

Aufgabe 41
Welche Versicherung (RV, AV oder UV) zahlt die folgenden Umschulungsmaßnahmen?
1. Die arbeitslose Bekleidungsschneiderin Martina Fischer wird zur Sachbearbeiterin für Datenverarbeitung umgeschult, damit sie leichter einen neuen Arbeitsplatz bekommt.
2. Der Bäcker Andreas Schneider wird wegen einer Mehlallergie zum Kaufmann für Spedition und Logistikdienstleistung umgeschult.
3. Während einer Urlaubsreise verunglückt der Kraftfahrer Ernst Schaub (Jahrgang 1959) so schwer, dass er seinen Beruf nicht mehr ausüben kann. Er wird zum Kaufmann für Spedition und Logistikdienstleistung umgeschult.

Aufgabe 42
Ordnen Sie der KV, PV, RV, AV bzw. UV den folgenden Aussagen zu:
1. Dient der Vorsorge für Alter, Invalidität und der Versorgung von Hinterbliebenen
2. Gibt Hilfe bei Berufsunfällen und Berufskrankheiten
3. Gibt Unterstützung bei Arbeitslosigkeit
4. Übernimmt Kosten für Vorsorgeuntersuchungen sowie bei Krankheit und Mutterschaft
5. Übernimmt teilweise die Kosten für Pflege im Alter

Aufgabe 43
Der Heizungsinstallateur Olaf Neumark, 27 Jahre alt, verheiratet, ein Kind, ist nach einem Schwimmunfall während seines Urlaubs querschnittsgelähmt. Die Behinderung ist so stark, dass er seinen Beruf nicht mehr ausüben kann. Er möchte sich daher zum Kaufmann für Spedition und Logistikdienstleistung umschulen lassen.
a. An welchen Träger der Sozialversicherung sollte sich Herr Neumark Ihrer Meinung nach wenden?
b. Welche Vorzüge ergäben sich für ihn in seiner Situation, wenn er eine private Unfallversicherung abgeschlossen hätte?
c. Berechnen Sie den Beitrag, den Herr Neumark für eine private Unfallversicherung zu zahlen hätte.
d. Wäre die Versicherungsgesellschaft Ihrer Ansicht nach auch bereit, Herrn Neumark erst nach dem Unfall in die Versicherung aufzunehmen?

Aufgabe 44
Die Geschäftsleitung der SIAG GmbH plant für die 1.200 Beschäftigten des Unternehmens die Einrichtung einer Betriebskrankenkasse. Der Personalchef, der die Vorlage für die Geschäftsleitung erarbeitet hat, argumentiert mit folgenden Vorzügen einer eigenen Krankenkasse für die Belegschaft:
- Die individuelle Betreuung unserer Kassenmitglieder ist besser gewährleistet wegen der geringeren Mitgliederzahl.
- Die Arbeitnehmer identifizieren sich eher mit ihrer Krankenkasse, da sie wissen, wohin ihre Beiträge fließen.
- Durch den Verband der Betriebskrankenkassen erfolgt eine intensive Beratung und ständige Schulung unserer Mitarbeiter.
- Der Datenschutz ist gewährleistet, da die Geschäftsführung des Unternehmens keine Zugriffsmöglichkeit auf die Daten der Betriebskrankenkasse hat.

Der Leiter der zuständigen Allgemeinen Ortskrankenkasse, der zu einer Stellungnahme gebeten worden war, äußert sich hingegen wie folgt:
- Das Prinzip der Solidarität wird untergraben, weil dieser Betrieb ein günstigere Risikostruktur (überwiegend männliche Arbeitnehmer, überdurchschnittliche Einkommen, weniger Krankmeldungen als im Durchschnitt) als die meisten anderen Betriebe, so dass die Kosten für uns nach dem Austritt dieses Unternehmens steigen.
- Wir können komplizierte Fälle direkt vor Ort entscheiden durch unsere Fachkräfte, die BKK muss ihren Verband zu Hilfe rufen.
- Die Beschäftigten der Betriebskrankenkassen sind Angestellte des Unternehmens, sind sie dann noch unabhängig?
- Ist der Datenschutz für diesen empfindlichen Bereich überhaupt gewährleistet? Daten der BKK können leichter ins Personalbüro des Arbeitgebers gelangen.

a. Prüfen Sie die vorgebrachten Argumente und entscheiden Sie sich begründet, welchem Vorschlag die Geschäftsleitung folgen sollte.

b. Entwerfen Sie eine schriftliche Stellungnahme des Betriebsrates zu dieser mitbestimmungspflichtigen Angelegenheit.

Aufgabe 45

Buchen Sie im Grundbuch der Spedition Reinders, Dinslaken, folgende Rechnungen von Frachtführern:

15.02. 20(0)	ER 254 von Schulten Transporte Bottrop	€
	Fracht	3.800,00
	+ 19 % USt.	722,00
	Rechnungsbetrag	4.522,00

18.02. 20(0)	ER 256 von Wanders Transporte, Oberhausen	€
	Fracht	
	+ 19 % USt.	
	Rechnungsbetrag	3.689,00

18.02. 20(0)	ER 255 von Ridder, Wesel	
	Fracht	2500,00
	+ 19 % USt.	
	Rechnungsbetrag	

Jahr 20(0)		Grundbuch					
Datum	Beleg	Buchungstext	Konten		Betrag	
			Soll	Haben	Soll	Haben

Aufgabe 46

Buchen Sie im Grundbuch der Spedition Reinders, Dinslaken, folgende Rechnungen an Versender:

16.02.20(0)	AR 354 an Wegmann OHG, 30161 Hannover	€
	Fracht	4.300,00
	+ 19 % USt.	817,00
	Rechnungsbetrag	5.117,00

19.02.20(0)	AR 355 an Werner Schulte & Co., Herford	€
	Fracht	
	+ 19 % USt.	
	Rechnungsbetrag	3.570,00

20.02.20(0)	AR 356 an Kortinger GmbH., 44329 Dortmund	€
	Fracht	4.250,00
	+ 19 % USt.	
	Rechnungsbetrag	

Jahr 20(0)	Grundbuch		Konten		Betrag	
Datum	Beleg	Buchungstext	Soll	Haben	Soll	Haben

Aufgabe 47

Buchen Sie im Hauptbuch der Spedition Reinders die Grundbuchbuchungen und berechnen Sie das Rohergebnis.

Hauptbuch

Bestandsrechnung

Soll		Forderungen				Haben
Datum	Text/Gegenkonto	€	Datum	Text/Gegenkonto		€

Soll		Verbindlichkeiten				Haben
Datum	Text/Gegenkonto	€	Datum	Text/Gegenkonto		€

Soll		Vorsteuer				Haben
Datum	Text/Gegenkonto	€	Datum	Text/Gegenkonto		€

Soll		Mehrwertsteuer			Haben
Datum	Text/Gegenkonto	€	Datum	Text/Gegenkonto	€

Erfolgsrechnung

Soll		Spediionsaufwand			Haben
Datum	Text/Gegenkonto	€	Datum	Text/Gegenkonto	€

Soll		Speditionserlöse			Haben
Datum	Text/Gegenkonto	€	Datum	Text/Gegenkonto	€

Soll		Unternehmensergebnis (GuV)			Haben
Datum	Text/Gegenkonto	€	Datum	Text/Gegenkonto	€

Aufgabe 48

Die Geschäftsfälle für den Monat März 20(0) der Spedition ALLSPED GmbH sind in der Finanzbuchhaltung noch zu bearbeiten.

- Buchen Sie die unten stehenden Geschäftsfälle im Grund- und Hauptbuch.
- Schließen Sie die Konten Speditionsaufwand und Speditionserlöse für den Monat März ab und bestimmen Sie das Rohergebnis des Monats März.

Geschäftsfälle		€
02.03.20(0)	ER 386 von Daniels Transporte, Moers	
	Nettobetrag	4.200,00
	+ 19 % USt.	798,00
	Rechnungsbetrag	4.998,00
04.03.20(0)	Banküberweisung an Alltrans KG, Duisburg	
	für ER 379 vom 15.02.20(0)	2.530,00
12.03.20(0)	ER 387 von Alltrans KG, Duisburg	
	Nettobetrag	3.200,00
	+ 19 % USt.	608,00
	Rechnungsbetrag	3.808,00
25.03.20(0)	ER 388 von Wanders Transport, Oberhausen	
	Nettobetrag	3.400,00
	+ 19 % USt.	646,00
	Rechnungsbetrag	4.046,00
29.03.20(0)	Banküberweisung an Daniels Transporte, Moers	4.998,00
	für ER 386 vom 02.03.20(0)	
01.03. bis	ER 389-395 von verschiedenen Frachtführern (Sammelbuchung)	
31.03.20(0)	Nettobetrag	13.000,00
	+ 19 % USt.	2.470,00
	Rechnungsbetrag	15.470,00
01.03. bis	AR 506 - 625 an verschiedene Versender (Sammelbuchung)	
31.03.20(0)	Nettobetrag	38.200,00
	+ 19 % USt.	7.258,00
	Rechnungsbetrag	45.458,00
	Zahlungseingänge durch Banküberweisung von verschiedenen Versendern für AR 401 - 525 (lt. Kontoauszügen)	18.250,00
	Zahlungsausgänge durch Banküberweisung an verschiedene Frachtführer für ER 351 - 389 (lt. Kontoauszügen)	14.789,00

Jahr 20(0)		Grundbuch					
Datum	Beleg	Buchungstext	Konten		Betrag		
			Soll	Haben	Soll	Haben	

Lernsituation 4 | zu SLG S. 190-212, WSP S. 25-30, 73-80, KSK S. 32-41, (DV) 186-189

Jahr 20(0)		Grundbuch		Konten		Betrag	
Datum	Beleg	Buchungstext		Soll	Haben	Soll	Haben

Hauptbuch

Bestandsrechnung

Soll		Forderungen			Haben
Datum	Text/Gegenkonto	€	Datum	Text/Gegenkonto	€
02.03	Saldivortrag	83.800,00			

Soll		Vorsteuer			Haben
Datum	Text/Gegenkonto	€	Datum	Text/Gegenkonto	€

Soll		Bank			Haben
Datum	Text/Gegenkonto	€	Datum	Text/Gegenkonto	€
02.03	Saldovortrag	59.000,00			

Soll	Kasse				Haben
Datum	Text/Gegenkonto	€	Datum	Text/Gegenkonto	€
02.03	Saldovortrag	1.000,00			

Soll	Verbindlichkeiten				Haben
Datum	Text/Gegenkonto	€	Datum	Text/Gegenkonto	€
			02.03	Saldovortrag	72.530,00

Soll	Mehrwertsteuer				Haben
Datum	Text/Gegenkonto	€	Datum	Text/Gegenkonto	€

Erfolgsrechnung

Soll	Spediionsaufwand				Haben
Datum	Text/Gegenkonto	€	Datum	Text/Gegenkonto	€

Soll	Speditionserlöse				Haben
Datum	Text/Gegenkonto	€	Datum	Text/Gegenkonto	€

Soll	Unternehmensergebnis (GuV)				Haben
Datum	Text/Gegenkonto	€	Datum	Text/Gegenkonto	€

Aufgabe 49
Erstellen Sie mit der Serienbrieffunktion eines Textverarbeitungsprogramms eine Tabelle mit den Kundenadressen. Formatieren Sie die Adressen so, dass immer zwei Adressen nebeneinanderstehen und die Adressen alphabetisch sortiert sind. Verwenden Sie die Kundentabelle aus der Aufgabe 50 als Datenquelle.

Aufgabe 50
Ergänzen Sie die Excel-Tabelle mit den Kunden von Intersped um die Namen der Ansprechpartner. Kennzeichnen Sie dabei, ob es sich um eine Frau oder einen Mann handelt.

V_Nr.	V_Name1	V_Name2	V_Strasse	V_PLZ	V_Ort	A_Vname	A_NName	mw
10001	ALMA AG	Brandschutztechnik	Benninghauser Str. 172	40591	Düsseldorf	Peter	Schmitz	m
10002	DHS	Hotelbedarf	Buchenweg 60	40699	Erkrath	Michaela	Kowalski	w
10003	E + S GmbH	Etiketten	Daneköthen 184	40627	Düsseldorf	Jens	Ettling	m
10004	Fahling OHG		Kolberger Strasse 17	40599	Düsseldorf	Martin	Brandt	m
10005	GIERMEX GmbH	Bodenbeläge	Ludwig-Beck-Strasse 24	41466	Neuss	Alexandra	Schubert	w
10006	Klaus Vogel GmbH	Förderanlagen	Jean-Paul-Str. 83	40470	Düsseldorf	Charles	Dubois	m
10007	Silke Anders	Geschenk- und Fan-Artikel	Düsseldorfer Str. 16	41460	Neuss	Silke	Anders	w
10008	Werner	Maschinenfabrik	Industriestraße 118	40822	Mettmann	Theo	Krüger	m
10009	WOLTERS GmbH	Bau-Keramik	Eichendorffstrasse 18	40474	Düsseldorf	Markus	Wolters	m

Erstellen Sie das Anschriftenfeld und die Anrede für einen Serienbrief nach folgendem Muster:

ALMA AG Brandschutztechnik Benninghauser Str. 172 40591 Düsseldorf Sehr geehrter Herr Peter Schmitz	DHS Hotelbedarf Buchenweg 60 40699 Erkrath Sehr geehrte Frau Michaela Kowalski

Die Anredeform (Sehr geehrter Herr / Sehr geehrte Frau) soll automatisch gewählt werden, je nach dem, welcher Wert im Feld mw eingetragen ist.

SELBSTTEST LERNSITUATION 4

→ Diese **Prozesse** sollten Sie beherrschen:
- Sammelguttransport organisieren
- Sammelguttransport mit dem Empfangsspediteur abrechnen
- Rohergebnis ermitteln
- Funktionsweise einer Sammelgutkooperation
- Vergleich unterschiedlicher Kooperationssysteme
- Durchführung von Betriebsrats- und JAV-Wahlen
- Einkäufe von Speditionsleistungen buchen
- Verkäufe von Speditionsleistungen buchen
- Rohergebnis ermitteln
- Serienbriefe erstellen

- Einen Überblick über die deutsche Sozialversicherung gewinnen

→ Diese **Begriffe** sollten Sie kennen:

1. Abholauftrag
2. Aktives Wahlrecht
3. Arbeitslosenversicherung
4. Aufgaben Betriebsrat
5. Aufwendungen
6. Avisierung
7. BSL-Empfehlungen
8. Begegnungsverkehr
9. Begleitpapiere
10. Beitragsbemessungsgrenze
11. Beiträge zur Sozialversicherung
12. Berufsgenossenschaft
13. Betriebsrat
14. Betriebsratswahl
15. Bordero
16. Bruttoumsatz
17. Bundesagentur für Arbeit
18. Deutsche Rentenversicherung (Bund, regional)
19. Direktverkehr
20. Eigenkapital
21. Erfolgsrechnung
22. Erträge
23. Expressdienste
24. Frachtpflichtiges Gewicht
25. Frankaturvorschriften
26. Generationenvertrag
27. HUB and SPOKE
28. Haus-Haus-Entgelt
29. Haustarife
30. IC-Kurierdienst
31. Input
32. Jugend- und Auszubildenden-Vertretung
33. KEP-Dienste
34. Kleingut
35. Kooperation
36. Krankenversicherung
37. Kundensätze
38. Kurierdienste
39. Marge
40. Nabe-Speiche-System
41. Output (Speditionsleistungen)
42. Paketdienste
43. Passives Wahlrecht
44. Pflegegeld
45. Pflegeversicherung
46. Raster-System
47. Rechte Betriebsrat
48. Rentenversicherung
49. Rohergebnis
50. Rohergebnis
51. Rollkarte
52. Rückrechnung
53. Sammelgutausgang
54. Sammelguteingang
55. Sammelgutkooperation
56. Selbstabholung
57. Selbstanlieferung
58. Sozialversicherung
59. Sozialversicherungspflicht
60. Speditionsaufwand
61. Speditionserträge
62. Sperrigkeit
63. Tatsächliches Gewicht
64. Umsatzsteuer/Mehrwertsteuer
65. Unfallversicherung
66. Unfrei-Beträge
67. Unternehmensergebnis (GuV)
68. Versendernachnahme
69. Vorsteuer

124 **Lernsituation 4** | zu SLG S. 190-212, WSP S. 25-30, 73-80, KSK S. 32-41, (DV) 186-189

Lernsituation 5

- Speditionsverträge mit eigenen Fahrzeugen abwickeln
- Mitarbeiter einstellen und Arbeitsschutzvorschriften beachten
- Das Unternehmensergebnis ermitteln
- Powerpoint-Präsentationen erstellen

Heute trifft in der Gerd Berger Spedition e.K. das nachfolgende Fax ein.

WERNER ENDERS GMBH
Obst- und Gemüsekonserven
Neusser Straße 88
41564 Kaarst

Werner Enders GmbH, Neusser Str. 88, 41564 Kaarst

Gerd Berger Spedition e. K.
Merkurstraße 14
40223 Düsseldorf

Fax-Nr. 02131 75587
Telefon-Nr. 02131 75598

Transportauftrag

Datum 05.10.20(0)

Wie telefonisch besprochen erhalten Sie folgenden Transportauftrag:

Zeichen/Nummern	Anzahl/Verpackung	Art des Gutes	Gewicht	Vermerke
EN1-26	26 Euro-Paletten	Gemüsekonserven	18 t	

Empfänger	Hellmer Großmarkt, Alsterbogen 89, 24943 Flensburg
Beladestelle	Neusser Straße 88, 41564 Kaarst
Entladestelle	Alsterbogen 89, 24943 Flensburg

Abholung	06.10.20(0), abholbereit im Laufe des Vormittags ab 7:00 Uhr	Anlieferung	Die Sendung muss spätestens am 06.10.20(0) um 20:00 Uhr in Flensburg sein.
Frankatur	Frei Haus	Fracht	650,00 EUR netto
Sonstige Vereinbarungen	Der Frachtbrief wird von Ihnen ausgestellt.		

Dies ist der erste Auftrag eines neuen Großkunden – so war Frau Theben mit der ENDERS GmbH übereingekommen. Da mit einem hohen Sendungsaufkommen zu rechnen ist, hatte man in der Spedition Berger entschieden, einen eigenen Lkw anzuschaffen und ihn besonders für diesen Kunden einzusetzen. Mehr Flexibilität im Fahrzeugeinsatz und größere Zuverlässigkeit beim Transport mit eigenem Personal waren wichtige Gesichtspunkte, die in der Diskussion um den Selbsteintritt vorgebracht wurden. Natürlich hoffte man vor allem, das Betriebsergebnis durch die Übernahme von Transporten mit eigenen Fahrzeugen zu verbessern.

Für die Teilnahme am Güterkraftverkehr ist eine Erlaubnis erforderlich, die beim Straßenverkehrsamt beantragt werden muss. Die Erlaubnis soll für die Gerd Berger Spedition beantragt werden. Als Person, die zur Führung der Güterkraftverkehrsgeschäfte bestellt ist, ist Herr Berger anzugeben.

Herr Berger hat bereits folgende Unterlagen eingeholt bzw. zurechtgelegt:

- sein Zeugnis über die erfolgreiche Prüfung zum Speditionskaufmann vor der Industrie- und Handelskammer Düsseldorf,
- eine Bescheinigung des Finanzamtes und der Stadt Düsseldorf über die steuerliche Zuverlässigkeit des Unternehmens,
- eine Bescheinigung der Krankenkasse, dass die Beiträge zur Sozialversicherung immer pünktlich entrichtet worden sind,
- eine Bescheinigung der Berufsgenossenschaft, dass die Beiträge zur Unfallversicherung ordnungsgemäß bezahlt wurden,
- ein Führungszeugnis des Bundeszentralregisters in Berlin über das Ordnungsamt der Stadt Düsseldorf, aus dem hervorgeht, dass Herrn Berger keine schweren Verstöße im Sinne der Berufszugangsverordnung vorzuwerfen sind,

Lernsituation 5 | zu SLG S. 74-123, WSP S. 31-36, KSK S. 42-46, (DV) 202-207

Siehe „Gewerbezentralregister-Auszug" im Informationsband

- eine Bescheinigung (Auskunft) aus dem Gewerbezentralregister (ebenfalls über das Ordnungsamt der Stadt Düsseldorf), dass sich die Spedition Gerd Berger keine Vergehen gegen das Gewerberecht hat zuschulden kommen lassen,
- ein Auszug aus dem Handelsregister.

Aufgrund der nachfolgend abgebildeten Bilanz hat die Commerzbank Düsseldorf eine Eigenkapitalbescheinigung ausgestellt.

Bilanz zum 01.09.20(0)

Aktiva			Bilanz der Gerd Berger Spedition e. K., Düsseldorf			Passiva
I.	Anlagevermögen			I.	Eigenkapital	89.552,00
	1.	Transportgeräte	15.198,00	II.	Fremdkapital	
	2.	Fahrzeuge	38.970,00		1. langfristige Schulden	
	3.	Betriebs- und Geschäfts-Ausstattung	36.741,00		1.1 Darlehen	57.000,00
					...	
					2. kurzfristige Schulden	
II.	Umlaufvermögen				2.1 Verbindlichkeiten	55.007,00
	1.	Forderungen	68.692,00		2.2 Bankschulden	
	2.	Kasse	1.560,00		2.3 Umsatzsteuerzahllast	3.596,00
	3.	Bank	43.994,00			
			205.155,00			205.155,00

Der Antrag zur Erteilung der Erlaubnis ist an das Straßenverkehrsamt Düsseldorf zu senden. Anschrift: Stadtverwaltung Düsseldorf, Straßenverkehrsamt, Heinrich-Ebert-Str. 61, 40468 Düsseldorf. Das Datum lautet: 15. September 20(0).

Auf der Suche nach einem geeigneten Fahrzeug entschied sich die Spedition für einen Gliederzug mit einem zulässigen Gesamtgewicht von 40 t und einer Nutzlast von 25 t (Motorwagen 12 t, Anhänger 13 t). Die Anschaffung wurde über die Firma Autohaus Niemeyer, Saarbrücker Str. 106 in 40476 Düsseldorf, abgewickelt. Die Erstellung des Pritschenaufbaus für den Motorwagen und eines geeigneten Anhängers erledigte die Firma Fahrzeugbau Robert, Rheinbabenstraße 14 in 40476 Düsseldorf. Das Fahrzeug wurde unter dem amtlichen Kennzeichen D-MZ-4883 (Anhänger D-JP 2341) zugelassen und steht einsatzbereit auf dem Gelände der Spedition.

Information unserer Kunden und Frachtführer

Unsere Kunden sollen darüber informiert werden, dass wir zukünftig mit eigenen Fahrzeugen fahren. Vor allem die Betreuung der Sendungen auf der Transportstrecke durch eigenes Personal soll werblich herausgestellt werden.

Auch unsere Frachtführer sollen von der neuen Situation erfahren. Ein Verweis auf das kontinuierlich gestiegene Frachtaufkommen der letzten Monate dürfte aber eine Verstimmung erst gar nicht aufkommen lassen.

Herr Schneider wurde als Fahrer eingestellt. Er ist allerdings neu in diesem Beruf tätig, sodass ihm einige grundlegende Dinge erläutert werden müssen:

Schnittstellenkontrolle: siehe Ziffer 7 ADSp
Ladezeit: siehe § 5 VBGL (unten) und Erläuterungen im Informationsband

- sein Verhalten bei der Be- und Entladung der Güter beim Absender bzw. Empfänger,
- Kontrollarbeiten bei der Übernahme der Sendung beim Absender (Schnittstellenkontrolle),
- Ladezeit, die dem Absender zur Verfügung steht,
- Verhalten bei Verzögerungen anlässlich der Be- und Entladung,
- Informationen über den Umgang mit dem Frachtbrief,
- Ablieferung und Inkasso,
- eine sorgfältige Erläuterung der Vorschriften zu den Lenk- und Ruhezeiten.

VBGL-Erläuterungen im Informationsband

Die Anweisung soll sich nach den Rechten und Pflichten des Frachtführers richten, wie sie im HGB festgelegt sind. ADSp und VBGL sollen ergänzend hinzugezogen werden, wenn das HGB keine präzisen Aussagen macht. Die Lenk- und Ruhezeiten sind in den EG-Sozialvorschriften geregelt. Die nachfolgende Übersicht gibt die Fundstellen im HGB und in den Allgemeinen Geschäftsbedingungen an.

Inhalte der Arbeitsanweisung	HGB	ADSp	VBGL
a) Be- und Entladen – beförderungssichere Beladung – betriebssichere (verkehrssichere) Beladung – Entladung	§ 412		§ 5 (1)
b) Kontrollarbeiten bei der Übernahme der Sendung beim Absender	§§ 409, 411	Ziffer 6, 7	§ 3
c) Ladezeit	§ 412 (2)		§ 5 (2 - 5)
d) Verzögerungen bei der Be- und Entladung	§ 417 (1), (2)		
e) Frachtbrief	§§ 408, 409		
f) Ablieferung und Inkasso	§§ 420 (1), 422 (1), (3)	Ziffer 13	

Auszug aus den VBGL

Qualitätsmanagement siehe Informationsband

§ 3 Übergabe des Gutes

(1) Der Absender hat dem Frachtführer das Beförderungsgut in beförderungsfähigem Zustand gemäß § 411 HGB zu übergeben. Die erforderlichen und ordnungsgemäß ausgefüllten Begleitpapiere (§§ 410, 413 HGB) sind ebenfalls zu übergeben.

(2) Führt der Frachtführer die Beförderung trotz Nichtvorliegens der Voraussetzungen des Abs. 1 durch, nachdem er den Absender auf die Mängel hingewiesen hat, so trägt der Frachtführer einen entsprechenden Vorbehalt in den Frachtbrief oder das andere Begleitpapier ein. Der Absender ist in einem solchen Fall zum Ersatz aller Schäden verpflichtet, die dem Frachtführer durch diese Mängel entstanden sind. § 254 BGB bleibt unberührt.

(3) Eine Überprüfung des äußerlichen Zustandes der Frachtstücke sowie deren Zeichen und Nummern erfolgt durch den Frachtführer, sofern ihm dies möglich und zumutbar ist.

(4) Der Frachtführer ist zur Überprüfung von Stückzahl, Menge oder Gewicht des Beförderungsgutes nur verpflichtet, wenn dies zumutbar, möglich und vereinbart ist. Der Absender hat, außer bei geringfügigem Umfang der Überprüfung, für die entstandenen Aufwendungen Ersatz zu leisten.

(5) Wird vom Frachtführer eine schriftliche Bestätigung dieser Angaben gemäß Abs. 3 verlangt, kann dieser eine Überprüfung aber nicht vornehmen, erfolgt die Bestätigung durch den Frachtführer unter Vorbehalt.

(6) Nimmt der Frachtführer ein Gut zur Beförderung an, das äußerlich erkennbare Beschädigungen aufweist, so kann er verlangen, dass der Absender den Zustand des Gutes im Frachtbrief oder in einem anderen Begleitpapier besonders bescheinigt.

§ 5 Verladen und Entladen

(1) Der Absender hat beförderungssicher nach den einschlägigen Rechtsvorschriften und dem Stand der Technik zu beladen, der Empfänger entsprechend zu entladen, nachdem er die Auslieferung an sich verlangt hat. Handlungen oder Unterlassungen der Personen, die für den Absender oder Empfänger tätig werden, werden diesen zugerechnet. Der Frachtführer ist grundsätzlich verpflichtet, die Betriebssicherheit der Verladung sicherzustellen. Eine beförderungssichere Verladung durch den Frachtführer erfolgt nur gegen angemessene Vergütung. Die Entladung durch den Frachtführer ist ebenfalls vergütungspflichtig.

(2) Für das Beladen und das Entladen steht eine dem jeweiligen Vorgang angemessene Zeit (Ladezeit, Entladezeit) zur Verfügung. Für Komplettladungen (nicht jedoch bei schüttbaren Massengütern) eines Auftraggebers mit Fahrzeugen/Fahrzeugeinheiten mit 40 t zulässigem Gesamtgewicht beträgt die Be- und Entladefrist (höchstens 1 Beladestelle, höchstens 1 Entladestelle), vorbehaltlich anderweitiger vertraglicher Absprachen, pauschal jeweils maximal 2 Stunden für die Beladung und maximal 2 Stunden für die Entladung. Bei Fahrzeugen/Fahrzeugeinheiten mit niedrigerem Gesamtgewicht reduzieren sich diese Zeiten. Für diese Zeit kann keine besondere Vergütung verlangt werden.

(3) Die Beladefrist beginnt mit dem Zeitpunkt der vereinbarten Bereitstellung des Fahrzeugs. Erfolgt die Bereitstellung des Fahrzeugs später als zum vereinbarten Zeitpunkt und ist der Auftraggeber mit der verspäteten Bereitstellung einverstanden, so beginnt die Beladefrist ab dem Zeitpunkt der Bereitstellung.

(4) Die Entladefrist beginnt in dem Moment, in dem der Empfänger die Verfügungsgewalt über das Gut erhält. Im Zweifel ist dies der Zeitpunkt, zu dem eine Person, die zur Verfügung über das Gut befugt ist, die für sie bestimmte Ausfertigung des Frachtbriefs oder eines anderen Begleitpapiers erhält.

(5) Wartet der Frachtführer aufgrund vertraglicher Vereinbarung oder aus Gründen, die nicht seinem Risikobereich zuzurechnen sind, über die Belade- oder Entladezeit hinaus, so hat er Anspruch auf eine angemessene Vergütung (Standgeld).

Das Informationsblatt über die Tätigkeiten des Fahrers soll eine erste Arbeitsanweisung sein. Die Spedition Gerd Berger e.K. plant, die Qualität ihrer Arbeit von dritter Stelle zertifizieren zu lassen. Arbeitsanweisungen sollen daher auf einem Formular erfasst werden, wie es unten dargestellt worden ist. Die Arbeitsanweisung muss für den Fahrer eindeutig formuliert sein. Dabei müssen die gesetzlichen Vorschriften dargestellt werden, damit der Fahrer seine Verantwortung für die Einhaltung der Lenk- und Ruhezeiten wahrnehmen kann.

Muster (Vorschlag)

Gerd Berger Spedition e. K.			
Seite	1 von ...		Erstellt:
Ausgabe Nr.	1	**Arbeitsanweisung** **Fahrerverhalten im Güterfernverkehr**	Geprüft:
Ausgabedatum: 04.12.20(0)			Genehmigt:

1. Beladen des Lkw
- Der Absender ist verpflichtet, die Güter auf dem Lkw zu verladen.
- Bei entsprechender Vereinbarung kann der Fahrer diese Aufgabe übernehmen. Die Vereinbarung ist auf dem Abholauftrag vermerkt.
- Der Absender hat die Güter so zu verladen, dass ...
- ...

2. Kontrollarbeiten bei der Übernahme der Sendung
- Der Fahrer hat die Sendung bei der Übernahme in folgenden Punkten mit den Frachtpapieren (Abholauftrag, Frachtbrief o. a.) zu vergleichen:
  - Anzahl der Packstücke
  - unbeschädigter äußerer Zustand
  - ...

...

Die erste Fahrt des Fahrers nach Hamburg/Flensburg soll zum Anlass genommen werden, um mit ihm zusammen die Lenk- und Ruhezeiten auf diesem Transport (Hin- und Rückfahrt) genau durchzuplanen. Auch die Handhabung des Fahrtenschreibers muss ihm in diesem Zusammenhang erklärt werden.

Obwohl im angeschafften Fahrzeug nur ein analoger Fahrtenschreiber eingebaut ist, soll der Fahrer auch schon die Handhabung des digitalen Tachografen kennenlernen.

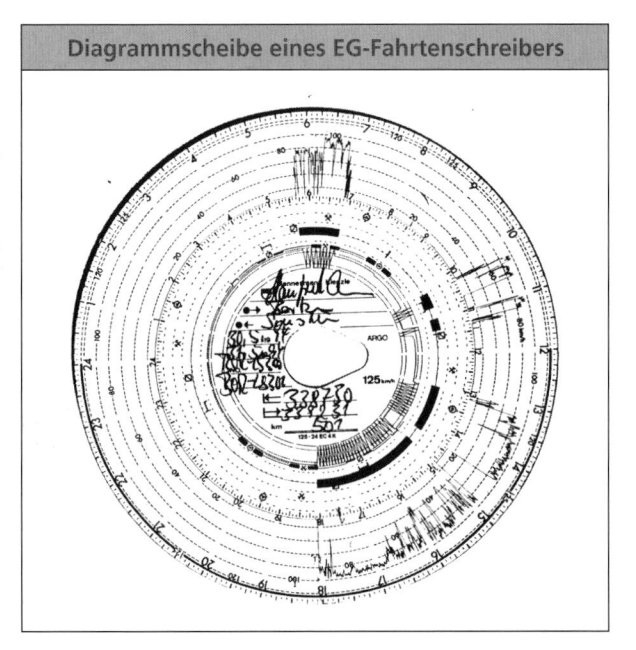

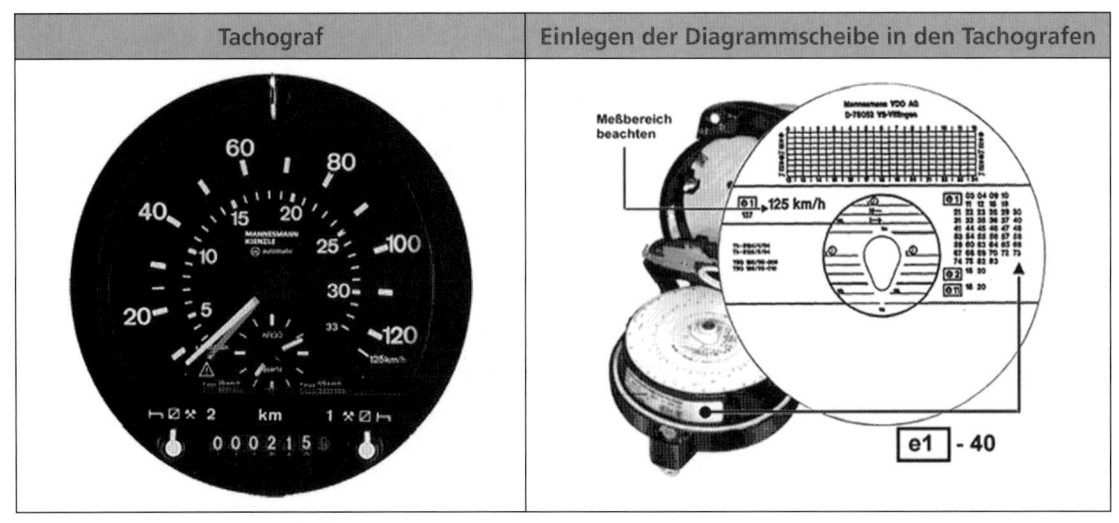

Diagrammscheibe eines EG-Fahrtenschreibers

Tachograf

Einlegen der Diagrammscheibe in den Tachografen

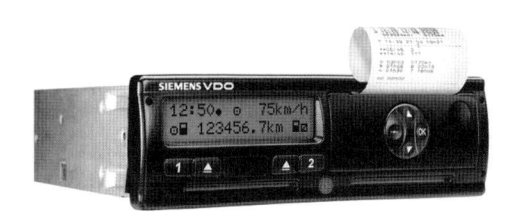

Digitaler Tachograf   *Fahrerkarte*

Da es sich um den ersten Auftrag eines neuen Kunden handelt, hat Frau Theben sich vorgenommen, die Kundenwünsche besonders sorgfältig zu erfüllen. Insbesondere ist das Fahrzeug so zu disponieren, dass der Ablieferungstermin exakt eingehalten wird – selbstverständlich unter Beachtung der gesetzlich vorgeschriebenen Lenk- und Ruhezeiten.

In der Transportablauf- und Terminplanung sind zwei Rückladungen von Flensburg nach Koblenz und von Koblenz nach Neuss zu berücksichtigen. Absender in Flensburg ist der Helmer Großmarkt. In Koblenz laden wir 15 t Motorgehäuse für DEGENER & LUTZ in Neuss.

Sendungsdaten der Rückladungen:

1	Rückladung ab Flensburg:
	Hellmer Großmarkt, Alsterbogen 89, 24943 Flensburg 20 t Konserven, 26 Paletten, zur PRO-Einkaufsgenossenschaft, Alte Burgstraße 147, 56077 Koblenz
2	Rückladung ab Koblenz:
	15 t Motorgehäuse, 17 Paletten, von Metallwerke Seyer GmbH, In der Laach 22, 56072 Koblenz, Empfänger: DEGENER & LUTZ, Holzheimer Weg 33, 41464 Neuss

Für alle Sendungen stimmt die Ablieferungsadresse mit der Empfängeranschrift überein.

Unser Fahrer beginnt mit der Tour am 06.10.20(0) um 07:30 Uhr auf dem Hof der Spedition Berger. Für die Pflicht zur Be- und Entladung gilt die gesetzliche Regelung. Alle Be- und Entladevorgänge dauern jeweils 30 Minuten und sind in der Zeit von 05:00 bis 20:00 Uhr möglich. Die Durchschnittsgeschwindigkeit beträgt 60 km/h.

Entfernungen		
von	nach	km
Düsseldorf	Kaarst	30
Kaarst	Flensburg	540

von	nach	km
Flensburg	Koblenz	660
Koblenz	Koblenz	15
Koblenz	Neuss	150
Neuss	Düsseldorf	15

Der Helmer Großmarkt möchte von uns den voraussichtlichen Ablieferungstermin für die Sendungen wissen.

Muster einer Tourenplanungstabelle (Vorschlag)

Tourenplanung Kaarst, Flensburg, Koblenz, Neuss					
Datum	**Uhrzeit**	**Ortsangaben**	**km**	**Fahrzeit (Std.:Min.)**	**Pause (Std.:Min.)**
06.10.20(0)	07:30	Abfahrt Düsseldorf	30	0:30	
	08:00	Ankunft Enders			
	08:30	Ende Beladen			0:30
	12:30	Fahrt bis Höhe Vechta	240	4:00	
	13:00	Pause			0:30

		Summe			
11 (12) Stunden Ruhezeit					

Lernsituation 5 | zu SLG S. 74-123, WSP S. 31-36, KSK S. 42-46, (DV) 202-207

Die WEMA Westdeutsche Maschinenbau-AG möchte ihr gesamtes Transportvolumen über eine Ausschreibung vergeben. Da es sich um erhebliche Mengen sowohl im Sammelgut- als auch im innerdeutschen Ladungsbereich handelt, will Berger an dieser Ausschreibung teilnehmen. Die WEMA AG hat die Teilnehmer an der Ausschreibung aufgefordert, ihre jeweiligen Unternehmen zu präsentieren.

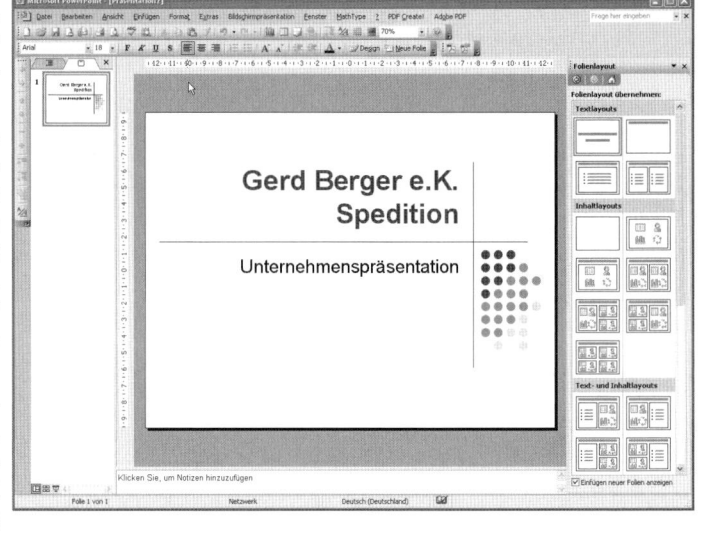

Berger beauftragt seine Mitarbeiter, eine Powerpoint-Präsentation des Unternehmens vorzubreiten. Darin sollen die Kerngeschäftsfelder der Berger Spedition attraktiv und kundenbezogen dargestellt werden. Allerdings darf die Präsentation auch nicht zu lange werden, um in der zur Verfügung stehenden Zeit mit den Kunden ins Gespräch zu kommen.

Logo und Grafiken im Internet unter www.spedibuch.de

Berger erwartet eine seriöse und ansprechende Gestaltung. Er empfiehlt, die bei Powerpoint mitgelieferten Präsentationsvorlagen zu benutzen und an die Gegebenheiten des Unternehmens anzupassen.

Mit der Anschaffung eines Fernverkehrsfahrzeuges ist eine Umorganisation des Unternehmens notwendig geworden. Berger hat durch die Ernennung von Herrn Baumeister zum Speditionsleiter und Prokuristen und die Erteilung einer allgemeinen Handlungsvollmacht (Generalhandlungsvollmacht) an Frau Keller abgesichert, dass auch bei seiner Abwesenheit alle Geschäfte des Unternehmens weiter abgewickelt werden können.

Seine persönliche Arbeitsbelastung hat sich dadurch aber nicht geändert. In letzter Zeit hat er feststellen müssen, dass er sich aufgrund zunehmenden Termindrucks nicht ausreichend Zeit für anstehende unternehmerische Entscheidungen nehmen konnte. Gerd Berger muss jetzt zuerst einen Fahrer für den Fernverkehr einstellen. Zudem ist die Einstellung eines persönlichen Assistenten beabsichtigt, der ihm beratend und entlastend zur Seite stehen soll.

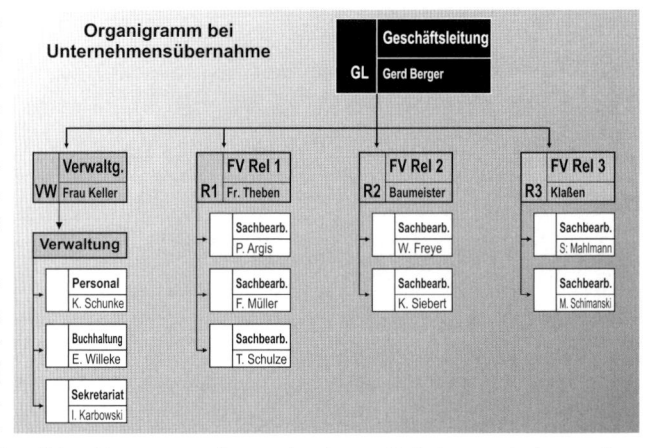

Bevor Berger jedoch Stellenanzeigen aufgibt, beauftragt er Frau Schunke, die ja für Personalangelegenheiten zuständig ist, mit dem Entwurf der Stellenbeschreibungen der beiden Stellen. Sie kann dann auch gleich die Stellenanzeigen vorbereiten. Frau Keller bittet Frau Schunke ebenfalls darum, einen Gesprächsleitfaden für die Einstellungsgespräche vorzubereiten.

Gerd Berger möchte vor der Einstellung der neuen Mitarbeiter eine Übersicht darüber, wie der nach der Erteilung der Vollmachten, der Einrichtung der neuen Sammelgutrelation und der Anschaffung des eigenen Fahrzeuges gewachsene Aufgabenumfang auf die Mitarbeiter der Spedition Berger verteilt werden kann. Dabei muss insbesondere geklärt werden, welches Leitungssystem bei der Fa. Berger angewendet wird.

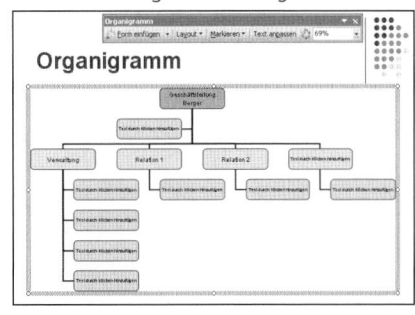

Das Organigramm des Unternehmens muss neu aufgestellt werden. Frau Schunke hat dafür folgende Personalliste zusammengestellt: Zusammen mit der Abteilungsleiterin Frau Keller wird sie mit der Erstellung des neuen Organigramms beauftragt. Die Stelle für den Assistenten soll gleich mit eingeplant werden.

Das Organigramm kann mit dem Organigramm-Assistenten in Powerpoint erstellt werden.

Name	Vorname	Abteilung	Arbeitsgebiet	Position	Vollmacht	Alter	Status
Berger	Gerd				Inhaber		Vollzeit
Albers	Katrin	AZUBI				17	Vollzeit
Argis	Peter	Spedition	Relation 1	Sachbearbeiter		22	Vollzeit
Bacher	Peter	SG/LA	Sammelgut	Hilfskraft		17	Vollzeit
Baumeister	Peter	Spedition		Abteilungsleiter	Prokura	52	Vollzeit
Brennecke	Christian	AZUBI				20	Vollzeit

Name	Vorname	Abteilung	Arbeitsgebiet	Position	Vollmacht	Alter	Status
Degen	Heinz	SG/LA	Sammelgut	Sachbearbeiter		37	Vollzeit
Franke	Armin	SG/LA	Sammelgut	Sachbearbeiter		42	Vollzeit
Freye	Walter	Spedition	Relation 2	Gruppenleiter		32	Vollzeit
Hansen	Wolfgang	SG/LA	Lager	Lagerarbeiter		36	Teilzeit
Karbowski	Ingrid	Verwaltung	Sekretariat	Sachbearbeiterin		24	Vollzeit
Keller	Tanja	Verwaltung		Abteilungsleiterin	HBV	44	Vollzeit
Klasen	Manfred	Spedition	Relation 3	Gruppenleiter		46	Vollzeit
Kolbe	Franz	SG/LA	Lager	Lagermeister		53	Vollzeit
Krage	Peter	SG/LA	Lager	Lagerarbeiter		17	Vollzeit
Mahlmann	Sigrid	Spedition	Relation 3	Sachbearbeiterin		26	Vollzeit
Margold	Bruno	SG/LA	Sammelgut	Gruppenleiter		36	Vollzeit
Meyer	Christian	SG/LA	Lager	Lagerarbeiter		22	Teilzeit
Müller	Friedrich	Spedition	Relation 1	Sachbearbeiter		38	Vollzeit
NN		SG/LA	Sammelgut	Fahrer Fernverkehr			Vollzeit
NN		GL		Assistent			Vollzeit
Rütten	Waltraud	SG/LA	Sammelgut	Sachbearbeiterin		24	Vollzeit
Schimanski	Markus	Spedition	Relation 3	Sachbearbeiter		28	Vollzeit
Schmitt	Otto	SG/LA		Abteilungsleiter		43	Vollzeit
Schulze	Theo	Spedition	Relation 1	Sachbearbeiter		27	Vollzeit
Schunke	Katrin	Verwaltung	Personal	Sachbearbeiterin		30	Vollzeit
Siebert	Karl	Spedition	Relation 2	Sachbearbeiter		24	Vollzeit
Theben	Maike	Spedition	Relation 1	Gruppenleiterin		35	Vollzeit
Walter	Claus	Spedition	Relation 2	Sachbearbeiter		29	Vollzeit
Weber	Jasmin	AZUBI				19	Vollzeit
Willeke	Ernst	Verwaltung	Buchhaltung	Sachbearbeiter		28	Vollzeit

Arbeits- und Gesundheitsschutz

Pressemitteilung Nr. 38/04

Mitbestimmung des Betriebsrats beim Gesundheitsschutz

Nach § 87 Abs. 1 Nr. 7 BetrVG hat der Betriebsrat im Rahmen der gesetzlichen Vorschriften mitzubestimmen bei Regelungen über den Gesundheitsschutz. Dies umfasst auch die vom Arbeitgeber vorzunehmende Beurteilung der Gefährdung am Arbeitsplatz und die Unterweisung der Arbeitnehmer über Sicherheit und Gesundheitsschutz. Eine Betriebsvereinbarung hierüber kann die Aufstellung des Konzepts nicht dem Arbeitgeber überlassen und die Beteiligung des Betriebsrats auf ein Beratungsrecht beschränken. Vielmehr muss die Betriebsvereinbarung selbst den Gegenstand regeln.

Bundesarbeitsgericht, 8. Juni 2004 - 1 ABR 4/03

Nach dem neuen Arbeitsschutzgesetz gehört es zu den Grundpflichten eines Arbeitgebers, die Arbeitsbedingungen im Betrieb zu beurteilen und die Gefährdungen zu ermitteln, denen die Arbeitnehmer bei ihrer Arbeit ausgesetzt sind (ArbSchG § 3.1 und 5).

ArbStättV und BildschirmarbV in http://bundesrecht.juris.de

In der Spedition Berger soll daher mit einer systematischen Gefährdungsanalyse aller Arbeitsplätze begonnen werden. Zunächst soll eine Checkliste auf der Grundlage der Arbeitsstätten-Verordnung und der Bildschirmarbeits-Verordnung bearbeitet werden, in der die Anforderungen an den Arbeitsplatz aufgelistet werden.

Diese Liste ist auch dem Betriebsrat zuzustellen, der in dieser Frage ein Mitbestimmungsrecht hat. Eventuell soll über die Gefährdungsanalyse und die zu treffenden Maßnahmen an den einzelnen Arbeitsplätzen eine Betriebsvereinbarung geschlossen werden.

Büroraum		Abteilung Raum Nr.		
Allgemeine Anforderungen		JA	FRAGLICH	NEIN
1. Büroraum ist mindestens 8m² groß		☐	☐	☐
2. Raumhöhe ist größer als 2,50 m		☐	☐	☐
usw.		☐	☐	☐

Lernsituation 5 | zu SLG S. 74-123, WSP S. 31-36, KSK S. 42-46, (DV) 202-207

Abbildung Büroraum	Bildschirmarbeitsplatz

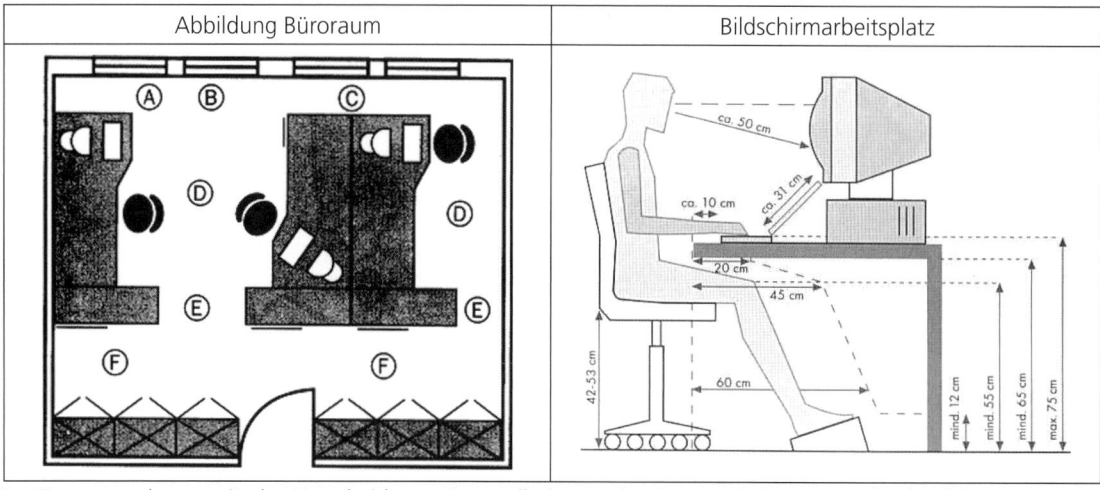

Im Zusammenhang mit der Entscheidung, Sammelladung mit eigenen Fahrzeugen durchzuführen, ist Herr Berger sehr daran interessiert, die Ertragssituation der Spedition und deren Entwicklung im 1. Quartal der Geschäftstätigkeit festzustellen. Dazu fordert er von der Abteilung Rechnungswesen/Controlling die kurzfristige Ergebnisrechnung für die Monate Juli bis September an. Frau Keller hat noch einige ausstehende Buchungen durchzuführen, um das Unternehmensergebnis ermitteln zu können. Nach dem Abschluss der Erfolgskonten kann dann auch die kurzfristige Ergebnisrechnung (KER) für den Monat September erstellt werden (Zahlen zu vollen EUR gerundet).

GERD BERGER Düsseldorf
Kurzfristige Ergebnisrechnung der Monate 07. bis 12.20(0)

Monat	Juli	Aug.	Sept.	Okt.	Nov.	Dez.
Umsatz (Brutto)	167.238,00	216.038,00	230.042,00			
-USt.	23.067,00	29.798,00	31.730,00			
= Umsatzerlöse	144.171,00	186.240,00	198.312,00			
-Speditionsaufwand	125.496,00	151.255,00				
= Rohergebnis	18.675,00	34.985,00				
-Betriebsaufwand	21.360,00	19.270,00				
= Unternehmensergebnis	- 2.685,00	15.715,00				

Ausschnitt aus der Finanzbuchhaltung: (monatliche Erfassung der Erfolgsvorgänge)

Hauptbuch

Erfolgsrechnung

Soll			Unternehmensergebnis (GuV)		Haben
Datum	Text/Gegenkonto	€	Datum	Text/Gegenkonto	€
30.09.	Speditionsaufwand	153.635,00	30.09.	Speditionserträge	198.312,00
30.09.	Personalaufwand				
30.09.	Mieten und Pachten				
30.09.	Energie				
30.09.	Versicherungen				
30.09.	Büromaterial				
30.09.	Werbung				
30.09.	Kommunikation				

Soll		Personalaufwand			Haben
Datum	Text/Gegenkonto	€	Datum	Text/Gegenkonto	€
28.09.		14.769,00			

Soll		Mieten und Pachten			Haben
Datum	Text/Gegenkonto	€	Datum	Text/Gegenkonto	€

Soll		Energie			Haben
Datum	Text/Gegenkonto	€	Datum	Text/Gegenkonto	€

Soll		Versicherungen			Haben
Datum	Text/Gegenkonto	€	Datum	Text/Gegenkonto	€

Soll		Büromaterial			Haben
Datum	Text/Gegenkonto	€	Datum	Text/Gegenkonto	€

Soll		Werbung			Haben
Datum	Text/Gegenkonto	€	Datum	Text/Gegenkonto	€

Soll		Kommunikation			Haben
Datum	Text/Gegenkonto	€	Datum	Text/Gegenkonto	€

Bestandsrechnung

Soll		Bank			Haben
Datum	Text/Gegenkonto	€	Datum	Text/Gegenkonto	€

Soll		Vorsteuer			Haben
Datum	Text/Gegenkonto	€	Datum	Text/Gegenkonto	€

Soll		Verbindlichkeiten			Haben
Datum	Text/Gegenkonto	€	Datum	Text/Gegenkonto	€

Die Konten enthalten noch keine Eintragungen, da die Betriebsaufwendungen des Monats September bisher nicht gebucht wurden. Folgende Belege sind daher noch zu buchen:

Bürocenter Adler GmbH

Gerd Berger
Spedition
Merkurstr. 14
40223 Düsseldorf

Feuerbachstr. 210
40223 Düsseldorf, 15.09.20(0)
Telefon: 0211 533876
Fax: 0211 533843

Bestelldatum	Besteller	Versandart	Lieferbedingungen		Zahlungsbedingung
11.09.20(0)	GERD BERGER		frei Haus		netto Kasse
Menge	Einheit	Bescheibung	Preis/Einh.	USt.	Betrag
1		Servicevertrag September	230,00	19,0 %	230,00
1	Paket	Tonerkartuschen 427639 41	40,00	19,0 %	40,00
10	Pakete	Kopierpapier 4N/638 57	13,00	19,0 %	130,00
Netto					400,00
USt.					76,00
Rechnungsbetrag					476,00

Deutsche Telekom

Ihre Rechnung

Rechnungsdatum 30.09.20(0)
Rechnungsmonat September 20(0)
Kundennummer 181060165
Buchungskonto 21100056742

	Menge bzw. Einheit	Nettoeinzel- betrag / €	Nettogesamt- betrag / €	USt. in %
Monatliche Beiträge Anschluss mit Nebenstellen	1	117,00	117,00	19
Beträge für Verbindungen Vom 01.09. bis 30.09.20(0)	16.981	0,052	883,00	19
Summe Entgelte			1.000,00	
Umsatzsteuer			190,00	
Rechnungsbetrag			1.190,00	

L&M MEDIA
Werbeagentur

Dachstraße 34 47055 Duisburg
Telefon: 0203 606244
Fax: 0203 606243
Datum: 17.09.20(0)

Gerd Berger Spedition Merkurstr. 14 40223 Düsseldorf

Leistung	Betrag
Werbekampagne Einführung Sammelgut-Spedition netto	2.300,00
USt. 19 %	437,00
Rechnungsbetrag	2.737,00

Kontoauszug — COMMERZBANK

Nordstraße 108, 40223 Düsseldorf | BLZ 300 400 00

Kontonummer	Auszug-Nr.	Seite	Monat	Alter Kontostand (€)	
4865 051 000	16	1	SEPT 20(0)	42.993,00	H

Wert	Buchungstext	Umsätze (€)	
02.09.	Dauerauftrag Miete Büro	1.075,00	S
02.09.	Dauerauftrag Miete Umschlagslager	2.800,00	S
02.09.	Lastschrift Stadtwerke für Energie (Sept.) 900,00+19% = 1.071,00	1.071,00	S
02.09.	Lastschrift Versicherung (Sept.)	263,00	S

Gerd Berger Spedition
Merkurstraße 14
40223 Düsseldorf

Auszugsdatum	Neuer Kontostand (€)	
03.09.20(0)	37.784,00	H

Finanzbuchhaltung

Jahr 20(0) — Grundbuch

Datum	Beleg	Buchungstext	Konten		Betrag	
			Soll	Haben	Soll	Haben

Antrag auf Erteilung einer

Erlaubnis für den gewerblichen Güterkraftverkehr (§ 3 Abs. 1 GüKG)
Gemeinschaftslizenz (Artikel 3 der Verordnung [EWG] Nr. 881/92)

1 Antragstellendes Unternehmen
1.1 Name bzw. Firma und Rechtsform

1.2 Zuständiges Amtsgericht, falls das Unternehmen im Handels- oder Genossenschaftsregister eingetragen ist

----

1.3 Hauptsitz

(Straße und Hausnummer)

(Postleitzahl und Ort, Telefon, Telefax, E-Mail)

2 Antragstellender Unternehmer und Personen, die zur Führung der Güterkraftverkehrsgeschäfte bestellt sind

2.1 -- ----------------------------
    (Vor und Familienname, abweichender Geburtsname)   (Tag und Ort der Geburt)

    -- ----------------------------
    (Anschrift)   (Stellung im Unternehmen)

2.2 -- ----------------------------
    (Vor und Familienname, abweichender Geburtsname)   (Tag und Ort der Geburt)

    -- ----------------------------
    (Anschrift)   (Stellung im Unternehmen)

(Bitte bei einer Gesellschaft die vertretungsberechtigten Organe wie die Gesellschafter und die Geschäftsführer, bei einer Genossenschaft den Vorstand, bei einer Erbengemeinschaft die Miterben, bei einem Minderjährigen die gesetzlichen Vertreter angeben, gegebenenfalls in einer ergänzenden Anlage.)

3 Niederlassungen
3.1 ---
                              (Straße und Hausnummer)
3.2 ---
                              (Straße und Hausnummer)
(Bitte alle Niederlassungen angeben, gegebenenfalls in einer ergänzenden Anlage.)

4 Anzahl der benötigten Ausfertigungen/beglaubigten Abschriften
Entsprechend der Anzahl der eingesetzten Kraftfahrzeuge (Lastkraftwagen und Zugmaschinen/Sattelzugmaschinen) werden _____ Ausfertigungen/beglaubigte Abschriften der

☐ Erlaubnis
☐ Gemeinschaftslizenz beantragt.

5 Fahrzeugliste

    -- ----------------------------------
    (Fahrzeugart)   (Zulässiges Gesamtgewicht)

    -- ----------------------------------
    (Fahrzeugart)   (Zulässiges Gesamtgewicht)

(Bitte führen Sie alle von Ihnen eingesetzten Fahrzeuge auf (gegebenenfalls in einer ergänzenden Anlage), und zwar jeweils die Art (Lastkraftwagen, Zugmaschine/Sattelzugmaschine oder Anhänger/Auflieger) und das zulässige Gesamtgewicht; bei Sattelzugmaschinen ohne Auflieger bitte das zulässige Gesamtgewicht der in der Regel eingesetzten Fahrzeugkombination angeben, wenn es weniger als 40 Tonnen beträgt.)

6 Bereits erteilte Genehmigungen
Das Antrag stellende Unternehmen ist bereits Inhaber einer:

☐ Erlaubnis mit ☐ Ausfertigungen
☐ Gemeinschaftslizenz mit ☐ beglaubigten Abschriften:

--   --
(Nummer)   (Datum der Erteilung)

--   --
(Gültigkeitszeitraum)   (Erteilungsbehörde)

7 Bestätigung und Unterschrift
Hiermit wird bestätigt, dass die vorstehenden Angaben vollständig und richtig sind.

--   --
(Ort und Datum)   (Rechtsverbindliche Unterschrift)

Bitte fügen Sie Ihrem Antrag folgende Unterlagen bei:

1. für den Antrag stellenden Unternehmer:
   a) den Auszug aus dem Handels- oder Genossenschaftsregister (beglaubigte Abschrift), wenn eine entsprechende Eintragung besteht,
   b) den Nachweis der Vertretungsberechtigung,
   c) das Führungszeugnis und die Auskunft aus dem Gewerbezentralregister (bei einer Gesellschaft für die vertretungsberechtigten Organe wie die Gesellschafter und die Geschäftsführer, bei einer Genossenschaft für den Vorstand, bei einer Erbengemeinschaft für die Miterben, bei einem Minderjährigen für die gesetzlichen Vertreter),
   d) die Unterlagen, die zum Nachweis der finanziellen Leistungsfähigkeit des Betriebes nach § 2 Abs. 2 bis 4 der Berufszugangsverordnung für den Güterkraftverkehr erforderlich sind (Unbedenklichkeitsbescheinigungen des Finanzamts, der Gemeinde, der Träger der Sozialversicherung und der Berufsgenossenschaft, deren Stichtage zum Zeitpunkt der Antragstellung nicht länger als drei Monate zurückliegen dürfen, sowie Eigenkapitalbescheinigung, gegebenenfalls mit Zusatzbescheinigung, deren Stichtage zum Zeitpunkt der Antragstellung nicht länger als ein Jahr zurückliegen dürfen),
   e) den Nachweis der fachlichen Eignung, falls der Antrag stellende Unternehmer die Güterkraftverkehrsgeschäfte selbst führt;
2. für die Personen, die zur Führung der Güterkraftverkehrsgeschäfte bestellt sind:
   a) das Führungszeugnis,
   b) die Auskunft aus dem Gewerbezentralregister,
   c) den Nachweis der fachlichen Eignung,
   d) den Nachweis des Beschäftigungsverhältnisses.

Das Führungszeugnis und die Auskunft aus dem Gewerbezentralregister sind zur Vorlage bei der Erlaubnisbehörde zu beantragen. Sie dürfen nicht älter als 3 Monate sein.

Lernsituation 5 | zu SLG S. 74-123, WSP S. 31-36, KSK S. 42-46, (DV) 202-207

1 Absender (Name, Anschrift)	**FRACHTBRIEF** **für den gewerblichen** **Güterkraftverkehr**	
2 Empfänger (Name, Anschrift)	3 Frachtführer (Name, Anschrift)	
4 Meldeadresse	5 Nachfolgende Frachtführer (Name, Anschrift)	
6 Übernahme des Gutes Versandort _____ Beladestelle 8 Ablieferung des Gutes Ort _____ Entladestelle 9 Beigefügte Dokumente	7 Vorbehalte und Bemerkungen der Frachtführer	

10 Anzahl der Packstücke	11 Zeichen und Nummern	12 Art der Verpackung	13 Bezeichnung des Gutes	14 Bruttogewicht in kg	15 Volumen in m³

16 Gefahrgut-Klassifikation				Nettomasse kg/l	
UN-Nr.		Offizielle Benennung			
Nummer Gefahrzettelmuster			Verpackungsgruppe		

17 Weisungen des Absenders (Zoll- und sonstige amtliche Behandlung des Gutes)

18 Nachnahme:		20 Besondere Vereinbarungen
19 Frankatur		

21 Ausgefertigt in	am	Gut empfangen am	
22 Unterschrift und Stempel des Absenders	23 Unterschrift und Stempel des Frachtführers	24 Unterschrift und Stempel des Empfängers	
	25 Amtl. Kennzeichen	26 Nutzlast in kg	
KFZ			
Anhänger			

Lernsituation 5 | zu SLG S. 74-123, WSP S. 31-36, KSK S. 42-46, (DV) 202-207

1 Absender (Name, Anschrift)	**FRACHTBRIEF für den gewerblichen Güterkraftverkehr**
2 Empfänger (Name, Anschrift)	3 Frachtführer (Name, Anschrift)
4 Meldeadresse	5 Nachfolgende Frachtführer (Name, Anschrift)
6 Übernahme des Gutes Versandort Beladestelle 8 Ablieferung des Gutes Ort Entladestelle 9 Beigefügte Dokumente	7 Vorbehalte und Bemerkungen der Frachtführer

10 Anzahl der Packstücke	11 Zeichen und Nummern	12 Art der Verpackung	13 Bezeichnung des Gutes	14 Bruttogewicht in kg	15 Volumen in m³

16 Gefahrgut-Klassifikation   Nettomasse kg/l

UN-Nr.   Offizielle Benennung

Nummer Gefahrzettelmuster   Verpackungsgruppe

17 Weisungen des Absenders (Zoll- und sonstige amtliche Behandlung des Gutes)

18 Nachnahme:	20 Besondere Vereinbarungen
19 Frankatur	

21 Ausgefertigt in   am   Gut empfangen am

22 Unterschrift und Stempel des Absenders	23 Unterschrift und Stempel des Frachtführers	24 Unterschrift und Stempel des Empfängers

	25 Amtl. Kennzeichen	26 Nutzlast in kg	
KFZ			
Anhänger			

Lernsituation 5 | zu SLG S. 74-123, WSP S. 31-36, KSK S. 42-46, (DV) 202-207

1	Büroraum			
	Abteilung: Raum:	\multicolumn{3}{c}{ankreuzen}		
		ja	fraglich	nein
A	Allgemeine Anforderungen			
	■ Büroraum ist mindestens 8 m² groß			
	■ Raumhöhe ist größer als 2,50 m			
	■ Boden rutschhemmend			
	■ Keine Stolperstellen			
	■ Lichtschutzvorrichtungen vorhanden und verstellbar (A)			
B	Flächenangebot			
	■ Ungehinderter Zugang zum Fenster (B)			
	■ Bedienbare Haustechnik (z. B. Heizung) (C)			
	■ Bewegungsfläche am Arbeitsplatz (D): mind. 1,5 m², mind. 1 m tief			
	■ Zugang zum Arbeitsplatz (E) mind. 60 cm bzw. 80 cm bei mehreren Nutzern			
	■ Verkehrswege (F): unterste Grenze 80 cm[a]			
	■ Kein Überschneiden: Verkehrswege mit Bewegungsflächen am Arbeitsplatz			
C	Arbeitsumweltbedingungen			
	■ Tageslicht: ausreichend vorhanden			
	■ Kunstlicht: ausreichend vorhanden (im Schreib-Lese-Bereich mind. 500 Lux)			
	■ Raumtemperatur: gleichmäßig bei ca. 21 °, im Sommer selten über 26 °			
	■ Luftqualität: gering belastet, gleichmäßige Luftfeuchte (um 50 %)			
	■ Geräuschpegel im Raum: für konzentriertes geistiges Arbeiten geeignet (auch bei geöffnetem Fenster, Schalldruckpegel durchschnittlich unter 50 dB A)			
	■ Raumgestaltung: gleichmäßige Lichtverhältnisse, keine spiegelnden Flächen			
	(a) Alle Türen öffnen und sämtliche Schübe von Schränken ziehen, die nicht unmittelbar zu einem Arbeitsplatz gehören. An jeder Stelle müssen nun mindestens 80 cm Durchgang verbleiben.			

2	Arbeitsplatz			
		ja	fraglich	nein
A	Allgemeine Anforderungen			
	1. Arbeitstisch			
	■ trägt das GS-Zeichen			
	■ ist standfest, schwingt nicht			
	■ die Höhe beträgt zwischen 68 und 76 cm			
	2. Arbeitsfläche			
	■ mindestens 160 x 80 cm oder 1,28 m² (Tischtiefe aber nicht unter 80 cm)			
	■ reflexionsarme Oberfläche (nicht zu hell, nicht zu dunkel)			
B	Benutzerdefinierte Anforderungen			
	1. Die Tischhöhe ist für den Arbeitsplatzinhaber optimal			
	2. Alle Arbeitsmittel können nach seinen Bedürfnissen angeordnet werden			
	3. Der Bildschirmstandort ist optimal			
	4. Für den derzeitigen Bildschirmstandort gelten folgende Bedingungen			
	■ Bildschirm steht nicht über die hintere Tischkante hinaus			
	■ oberste Darstellungszeile ist nicht oberhalb Augenhöhe des Benutzers			
	■ Augenabstand zum Bildschirm von mindestens 50 cm			
	■ Handauflagefläche vor der Tastatur ca. 10 cm			
	5. Der Benutzer kann gerade vor dem Bildschirmgerät sitzen			
	6. Die Bewegungs- und Beinfreiheit unter dem Tisch ist ausreichend			
	7. Arbeitsfläche bietet ausreichend Platz für nicht bildschirmbezogene Tätigkeiten			

3	Arbeitsstuhl			
		ja	fraglich	nein
A	Allgemeine Anforderungen			
	1. Der Arbeitsstuhl trägt das GS-Zeichen			
	2. - ist standfest			
	3. - ist in der Höhe verstellbar			
	4. - hat eine neig- und fixierbare Rückenlehne			
	5. - federt den Stoß beim Hinsetzen ab			
	6. - hat einen atmungsaktiven Sitzbezug			
	7. - hat einen Abstützpunkt im Lendenwirbelbereich			

Lernsituation 5 | zu SLG S. 74-123, WSP S. 31-36, KSK S. 42-46, (DV) 202-207

3	Arbeitsstuhl	ja	fraglich	nein
B	Benutzerdefinierte Anforderungen			
	1. Die Sitzhöhe ist für den Arbeitsplatzinhaber optimal			
	2. Die Bewegungsfreiheit ist durch Arm- oder Rückenlehne nicht eingeschränkt			
	3. Der Drehstuhl ermöglicht ermüdungsfreies Sitzen			
	4. Der Drehstuhl unterstützt den Rücken auch bei wechselnden Arbeitshaltungen			

4	Arbeitsmittel	ja	fraglich	nein
A	Allgemeine Anforderungen			
	1. Technische Arbeitsmittel (Bildschirm, Tastatur etc.) tragen das GS-Zeichen			
	2. Alle Arbeitsmittel haben reflexionsarme Oberflächen			
B	Spezielle Anforderungen			
	1. Bildschirmgeräte			
	▪ flimmerfreie Darstellung			
	▪ verzerrungsfreie Darstellung			
	▪ gut lesbare Zeichen			
	▪ einstellbarer Kontrast			
	▪ in der Größe aufgabenkonform			
	▪ dreh- und neigbar			
	▪ strahlungsarm (Hinweis auf Geräterückseite)			
	▪ ist kein Laptop oder Notebook			
	2. Vorlagen: gut lesbar mit ausreichendem Kontrast zwischen Zeichen und Papier			

5	Belastungen	ja	fraglich	nein
A	Stütz- und Bewegungsapparat			
	1. Am Arbeitsplatz ist ausreichend Raum für wechselnde Arbeitshaltungen			
	2. Sitz- und Tischhöhe sind aufeinander abgestimmt (keine Zwangshaltung)			
	3. Arbeitsablauf ermöglicht Wechsel zwischen Sitzen, Gehen und Stehen			
B	Sehen und Wahrnehmen			
	1. Bildschirm: frei von Spiegelungen durch Tages-/Kunstlicht			
	2. Mitarbeiter wird bei der Bildschirmarbeit nicht geblendet durch Tages-/Kunstlicht			
	3. Unterbrechung der Tätigkeit durch regelmäßige Kurzpausen			
C	Mensch-Maschine-Schnittstelle			
	1. Die eingesetzte Software entspricht den Anforderungen an			
	2. - leichte Bedienbarkeit			
	3. - die Arbeitsaufgabe			
	4. - die Fähigkeit des Benutzers			
D	Sonstige Belastungsmomente			
	1. (z. B. statische Aufladungen, Zugerscheinungen u. Ä.)			

6	Ergebnis					
A	Tragen Sie hier die Anzahl der gegebenen Antworten ein					
	ja		fraglich		nein	
	Sollten Sie häufig mit „fraglich" geantwortet haben, ist fachlicher Rat erforderlich.					
	„Nein"-Antworten bedeuten Handlungsbedarf: Die Mängel müssen abgestellt werden.					
B	Zusammenfassendes Ergebnis					
		Arbeitsplatz und Arbeitsplatzsituation sind ohne feststellbare Mängel.				
		Einige Positionen sind fraglich. Fachlicher Rat wird eingeholt.				
		Bei				
		Bis zum				
	Nachfolgende Mängel sind offensichtlich gesundheitsgefährdend:					
	Sie werden schnellstmöglich behoben.					
	Zuständig:					
	Datum					
	Unterschrift					

Lernsituation 5 | zu SLG S. 74-123, WSP S. 31-36, KSK S. 42-46, (DV) 202-207

Aufgabe 1
Betrachten Sie noch einmal den Einstiegsfall und beantworten Sie die nachfolgenden Fragen und Aufgaben. Begründen Sie jeweils Ihre Antwort.
  a. Welche Vertragsart liegt vor (Speditions- oder Frachtvertrag)?
  b. Wann ist der Vertrag zustande gekommen?
  c. Wie viele Exemplare werden vom Frachtbrief ausgestellt? Wer erhält ein Exemplar?
  d. Unterscheiden Sie zwischen Verladeort und Verladestelle.
  e. Welche Sachverhalte dokumentiert der Frachtbrief durch die Unterschrift der Vertragspartner?
  f. Unterscheiden Sie zwischen betriebssicherer und beförderungssicherer Verladung.

Aufgabe 2
Welche Verbindlichkeit hat die Lieferterminangabe im Auftrag von Enders für die Spedition Berger?

Aufgabe 3
Anlässlich eines neuen Transportes für die ENDERS GmbH erhält die Spedition Berger einen Anruf vom Fahrer, Herrn Schneider. Er berichtet, dass sich die Beladung des Lkw verzögere, weil die Güter noch nicht versandfertig seien. Wenn er noch länger wartet, sei die Lieferfrist nicht mehr einzuhalten und eine weitere Sendung, die er abzuholen habe, sei ebenfalls nicht mehr rechtzeitig bis zum Bestimmungsort zu befördern. Herr Schneider möchte von Ihnen wissen, wie er sich verhalten soll.

Informieren Sie sich über Ihre rechtlichen Möglichkeiten und entscheiden Sie sachgerecht, d. h. auch unter Berücksichtigung des Interesses an einer reibungslosen Kundenbeziehung.

Aufgabe 4
Der Fahrer unseres Lkw, Herr Schneider, ruft vom Büro der IMPEX GmbH, Hamburg, an: Er könne nicht abladen, weil der **Empfänger** wünscht, dass die 22 t Gemüsekonserven nicht hier in Hamburg, sondern zum REWE-Zentrallager in 22946 Großensee befördert werden. Sein Tourenplan sehe aber vor, nach der Ablieferung der Sendung in Hamburg eine andere termingebundene Sendung abzuholen und sofort nach Düsseldorf zu befördern. Wenn er dem Empfängerwunsch nachkomme, bedeute das einen Umweg von mindestens 80 km; außerdem sei dann der Termin der zweiten Sendung nicht mehr einzuhalten.

Siehe „Nachträgliche Weisungen" nach § 418 HGB

  a. Informieren Sie sich über die Rechtslage.
  b. Entscheiden Sie, wie der Fahrer sich verhalten soll.

Aufgabe 5
Als unser Fahrer nach längerer Wartezeit endlich das Fahrzeug beim Empfänger an der Rampe ansetzen kann, wird ihm mitgeteilt, dass man im Moment „leider keine Zeit zum Entladen habe und er sich noch ein halbes Stündchen gedulden müsse". Um nicht noch mehr Zeit zu verlieren, übernimmt unser Fahrer kurzerhand das Entladen selbst – so war es ihm auch indirekt durch einen stummen Hinweis auf das vorhandene Entladegerät nahegelegt worden.

Leider passiert unserem Fahrer ein Missgeschick, indem er mit dem Gabelstapler des Empfängers eine andere Sendung rammt und dabei nicht unerheblichen Schaden anrichtet. In einem Telefongespräch, das unser Disponent mit dem Empfänger führt, entwickeln sich zwei unterschiedliche Meinungen, wer für den Schaden aufzukommen habe.

- Der Empfänger ist der Meinung, der Fahrer habe als Erfüllungsgehilfe des Frachtführers gehandelt und sei demnach für den Schaden verantwortlich.
- Unser Disponent vertritt die Ansicht, es sei nicht Aufgabe des Fahrers, Güter zu entladen. Wenn er trotzdem beim Entladen behilflich sei, ist er als Erfüllungsgehilfe des Empfängers zu betrachten.

Klären Sie die Streitfrage mithilfe des Handelsgesetzbuches.

Aufgabe 6
Nennen Sie jeweils ein Papier, durch das die Gerd Berger Spedition e.K. bei der Beantragung der Erlaubnis
- die Zuverlässigkeit,
- die finanzielle Leistungsfähigkeit,
- die fachliche Eignung nachweist.

Aufgabe 7
Nach abgeschlossener Ausbildung in einer Spedition beschließt der Speditionskaufmann Klaus Esser, selbstständiger Unternehmer zu werden. Unter Rückgriff auf Ersparnisse in Höhe von 2.500,00 EUR und mithilfe eines Bankkredits über 50.000,00 EUR kauft er sich einen alten Gliederzug (40 t zulässiges Gesamtgewicht, Preis 40.000,00 EUR), eine gebrauchte Büroeinrichtung (10.000,00 EUR) und beantragt bei der Stadtverwaltung Düsseldorf eine Erlaubnis für den Güterkraftverkehr. Die Stadtverwaltung lehnt den Antrag mit folgenden Begründungen ab:
  1. Die Stadt ist ausreichend mit Unternehmen des Güterkraftverkehrs versorgt.
  2. Der Antragsteller ist zum dritten Mal wegen überhöhter Geschwindigkeit gebührenpflichtig verwarnt worden.

3. Der Antragsteller hat seine Lehrabschlussprüfung nur mit „ausreichend" bestanden.
4. Die Finanzierung des Unternehmens lässt Zweifel an der wirtschaftlichen Leistungsfähigkeit des Antragstellers aufkommen.

Beurteilen Sie die Ablehnung des Antrags durch die Stadtverwaltung anhand der Berufszugangsverordnung.

Aufgabe 8
Welche Erlaubnis/Genehmigung ist für folgende Transporte erforderlich? Falls mehrere Lösungen infrage kommen, ist von einem ökonomisch sinnvollen Einsatz der Erlaubnis/Genehmigung auszugehen.

| 1 | Erlaubnis | 2 | Gemeinschaftslizenz | 3 | CEMT-Genehmigung | 4 | bilaterale Genehmigung |
| 5 | Drittstaatengenehmigung | | | 6 | keines der angegebenen Papiere | | |

	Ein französischer Unternehmer befördert Güter von Freiburg nach Duisburg.
	Ein deutscher Unternehmer transportiert Sammelgut von Düsseldorf nach Berlin.
	20 t Fliesen werden von einem deutschen Unternehmer von Frankfurt über Österreich nach Italien befördert.
	Russischer Unternehmer, Autoteile von Dortmund nach Moskau
	Deutscher Unternehmer, Maschinenteile von Tschechien nach Ungarn
	Deutscher Unternehmer, Textilien von Ankara (Türkei) nach Istanbul (Türkei)
	Ein Tiefkühlproduktehersteller holt frisch geerntetes Gemüse bei seinen Vertragslandwirten mit eigenen Fahrzeugen ab.
	Ein Paketdienst stellt Pakete mit einem Lkw (zulässiges Gesamtgewicht 3 t) bei den Endempfängern zu.
	Deutscher Unternehmer, Transport von Hilfsgütern nach Rumänien
	Deutscher Unternehmer, Transport von Düsseldorf nach Minsk (Weißrussland)

Aufgabe 9
Ein Frachtführer erhält von der Firma ESTRADA Handels-GmbH in Hamburg den Auftrag, Maschinenteile im Gewicht von 5 t beim Hersteller in Mannheim abzuholen und sofort zum Käufer der Ware nach Düsseldorf (Maschinenbau GmbH) zu befördern. Wer ist verpflichtet, die Maschinenteile zu verladen?

Aufgabe 10
Die Einhaltung der Vorschriften des GüKG wird überwacht (richtige Aussage ankreuzen (x)):

☐ Industrie- und Handelskammer ☐ Straßenverkehrsamt
☐ Bundesamt für Güterverkehr ☐ Deutscher Speditions- und Logistikverband

Aufgabe 11
Welche der nachfolgend genannten Papiere werden im Transport von Düsseldorf nach Hamburg bzw. Flensburg (siehe Lernsituation 5 oben) eingesetzt?

- Erlaubnis
- Rollkarte
- Zulassungsbescheinigung Teil I
- Bordero
- Führerschein
- Abholauftrag
- Frachtbrief
- Lieferschein

Aufgabe 12
Ergänzen Sie die nachfolgende Checkliste zu den Begleitpapieren im Güterkraftverkehr.

	Art des Papiers			erforderlich für den Transport im Güterkraftverkehr?	
	persönliche Papiere	Fahrzeugpapiere	Beförderungspapiere	ja	nein
Abholauftrag	☐	☐	☐	☐	☐
Lieferschein	☐	☐	☐	☐	☐
Speditionsauftrag	☐	☐	☐	☐	☐
Frachtbrief	☐	☐	☐	☐	☐
Erlaubnis	☐	☐	☐	☐	☐
Zulassungsbescheinigung Teil I	☐	☐	☐	☐	☐
Führerschein	☐	☐	☐	☐	☐
Bordero	☐	☐	☐	☐	☐

Aufgabe 13
Unterscheiden Sie Selbsteintritt, Sammelladung und Fixkostenspedition.

Aufgabe 14
Das Antragsverfahren der Spedition Berger auf Erteilung einer Erlaubnis lief wie erwartet: Das Ergebnis war die unten abgebildete Erlaubnisurkunde.
a. Welche Berechtigung verleiht diese Erlaubnisurkunde?
b. Wie viele Fahrzeuge können mit einer Erlaubnis betrieben werden?
c. Wem wird die Erlaubnis erteilt?

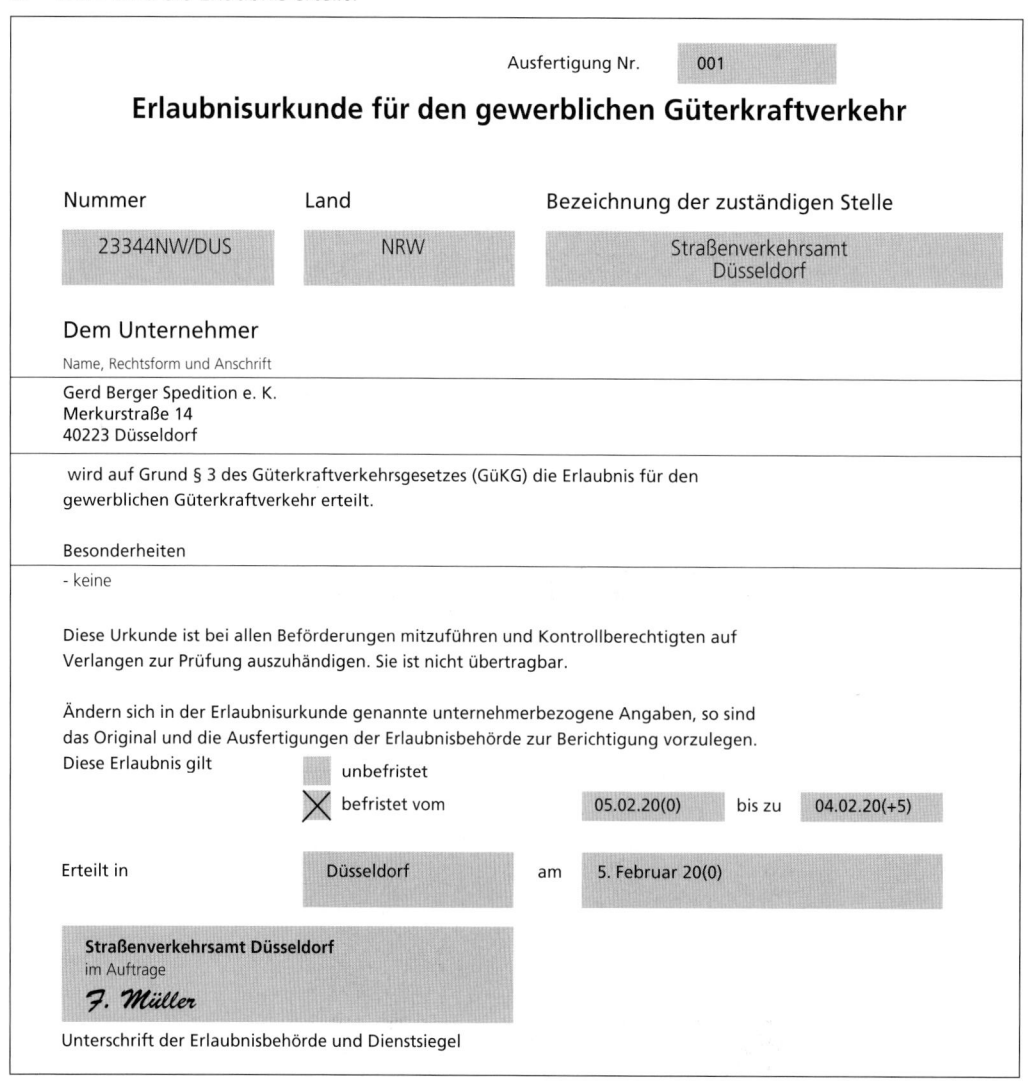

Ausfertigung Nr. 001

Erlaubnisurkunde für den gewerblichen Güterkraftverkehr

Nummer	Land	Bezeichnung der zuständigen Stelle
23344NW/DUS	NRW	Straßenverkehrsamt Düsseldorf

Dem Unternehmer
Name, Rechtsform und Anschrift

Gerd Berger Spedition e. K.
Merkurstraße 14
40223 Düsseldorf

wird auf Grund § 3 des Güterkraftverkehrsgesetzes (GüKG) die Erlaubnis für den gewerblichen Güterkraftverkehr erteilt.

Besonderheiten
- keine

Diese Urkunde ist bei allen Beförderungen mitzuführen und Kontrollberechtigten auf Verlangen zur Prüfung auszuhändigen. Sie ist nicht übertragbar.

Ändern sich in der Erlaubnisurkunde genannte unternehmerbezogene Angaben, so sind das Original und die Ausfertigungen der Erlaubnisbehörde zur Berichtigung vorzulegen.

Diese Erlaubnis gilt
☐ unbefristet
☒ befristet vom 05.02.20(0) bis zu 04.02.20(+5)

Erteilt in Düsseldorf am 5. Februar 20(0)

Straßenverkehrsamt Düsseldorf
im Auftrage
J. Müller
Unterschrift der Erlaubnisbehörde und Dienstsiegel

Aufgabe 15
Ergänzen Sie die Übersicht zu den wichtigsten Regelungen der Lenk- und Ruhezeiten nach EG-Sozialvorschriften.

a. tägliche Lenkzeit [   ] Stunden, 2-mal wöchentlich [   ] Stunden

b. wöchentliche Lenkzeit: maximal [   ] Stunden

c. Lenkzeitunterbrechung nach einer Lenkzeit von [   ] Stunden; Mindestruhezeit [   ] Minuten

d. Tagesruhezeit innerhalb von 24 Stunden im Regelfall: [   ] Stunden

Aufgabe 16
Ergänzen Sie die nachfolgende Übersicht zu den Lenk- und Ruhezeiten.

Wochentage		tägliche Lenkzeit in Std.		maximale Lenkzeit in Std.
4	x	9	=	
	x		=	
			1. Woche	
			2. Woche	
			Doppelwoche	

Aufgabe 17
Beurteilen Sie das nachfolgend abgebildete Schaublatt aus einem EG-Fahrtenschreiber und stellen Sie fest, ob die auf ihm dokumentierten Fahrten den EG-Sozialvorschriften entsprechen.

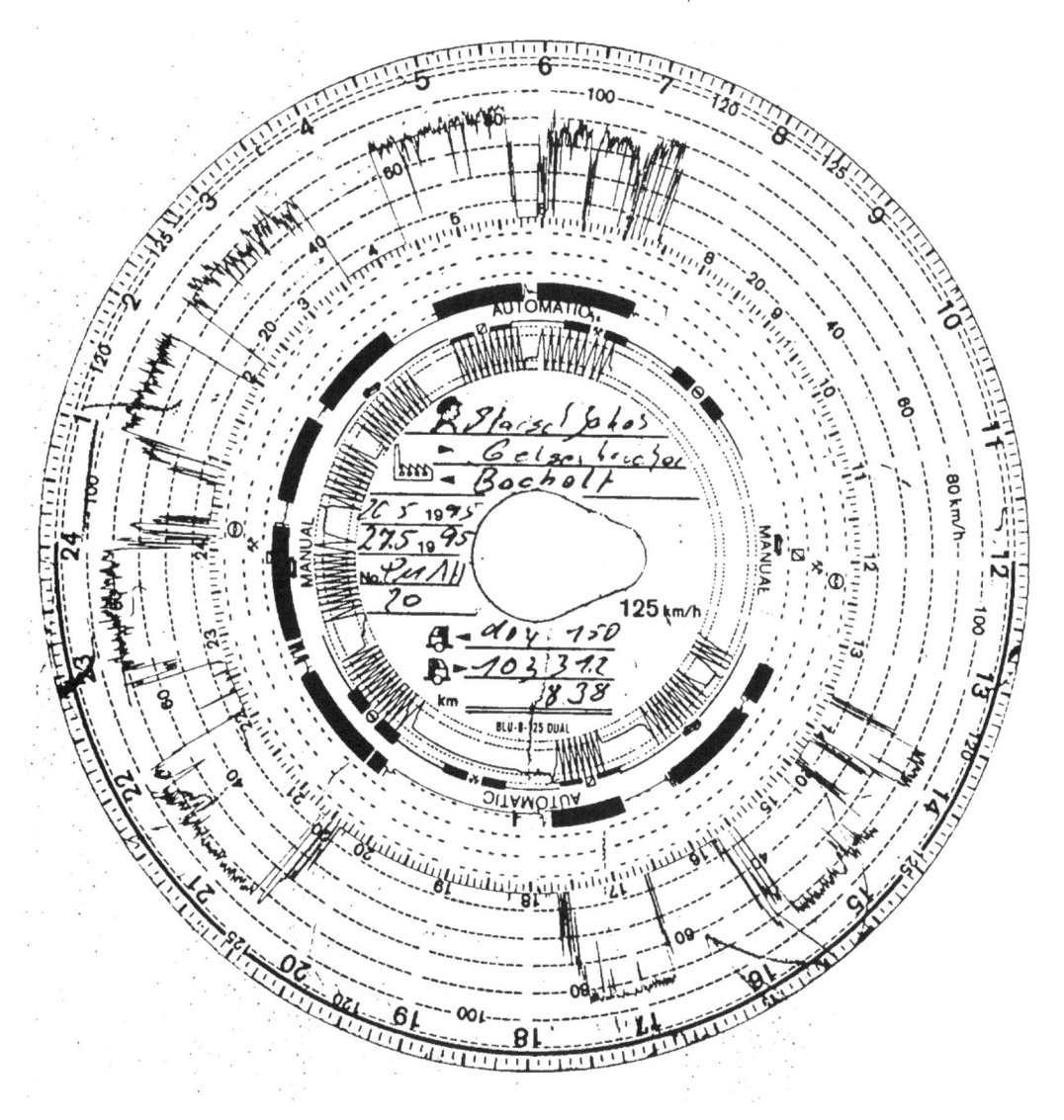

Aufgabe 18

Nehmen Sie an, dass ein Lkw-Fahrer an drei Tagen eine maximale Strecke zurücklegen möchte. Stellen Sie seinen Arbeitseinsatz (Fahrzeiten, Lenkzeitunterbrechungen, Tagesruhezeiten) in der unten stehenden Übersicht gemäß den EG-Sozialvorschriften dar. Gehen Sie von folgenden Vorgaben aus:

1. Arbeitsbeginn: 15.06., 08:00 Uhr, „normale" Lenk- und Ruhezeiten, „normale" Tagesruhezeit.
2. Fortsetzung der Arbeit nach der Tagesruhezeit mit 10 Stunden Lenkzeit und Verkürzung der Tagesruhezeit auf 9 Stunden.
3. Fortsetzung der Arbeit nach der Tagesruhezeit mit 10 Stunden Lenkzeit und Blockbildung in der Tagesruhezeit (2 Blöcke: 1. Block 3 Stunden, 2. Block 9 Stunden).

Lenk- und Ruhezeiten

Std.	15.06.	Std.	16.06.	Std.	17.06.
1		1		1	
2		2		2	
3		3		3	
4		4		4	
5		5		5	
6		6		6	
7		7		7	
8	Beginn 08:00 Uhr	8		8	
9		9		9	
10		10		10	
11		11		11	
12		12		12	
13		13		13	
14		14		14	
15		15		15	
16		16		16	
17		17		17	
18		18		18	
19		19		19	
20		20		20	
21		21		21	
22		22		22	
23		23		23	
24		24		24	

Aufgabe 19

Errechnen Sie die UTC-Zeit (Koordinierte Weltzeit) für das digitale Kontrollgerät:

a. Deutschland, Ortszeit 10:00 Uhr, Sommerzeit
b. Frankreich, Ortszeit 18:00 Uhr, Winter
c. Finnland, Ortszeit 15:00 Uhr, Winter
d. England, Ortszeit 12:00 Uhr, Sommer
e. Griechenland, Ortszeit 22:00 Uhr, Sommer

Aufgabe 20
Erläutern Sie, warum sich die Stellenbildung an einer fiktiven Person mit durchschnittlichem Leistungsvermögen orientieren sollte.

Aufgabe 21
Untersuchen Sie das Organigramm Ihres Ausbildungsbetriebes:
- Welche Gliederungsmerkmale liegen vor?
- Welches Leitungssystem besteht?

Aufgabe 22
Die Maier GmbH in Freiburg ist ein kleineres Speditionsunternehmen. Da in der letzten Zeit der Betriebsumfang erheblich angestiegen ist, möchte der Geschäftsführer die Organisation des Unternehmens verbessern. Er möchte den Gesellschaftern vorschlagen, von einem reinen Liniensystem zu einem Stab-Liniensystem überzugehen.

Für seine Präsentation in der Gesellschafterversammlung sollen die Merkmale und die Vor- und Nachteile der beiden Leitungssysteme dargestellt werden.

Aufgabe 23
Entscheiden Sie, ob die nachfolgenden Fälle als Aufwendungen oder als Zugänge im Anlagevermögen zu buchen sind:
a. Kauf von Büromaterial (Bleistifte, Kugelschreiber, Schreibpapier)
b. Rechnung über Heizöl
c. Kauf einer neuen Büroeinrichtung (Schreibtisch, Schreibtischstuhl, Regale)
d. Löhne für Reinigung der Geschäftsräume
e. Kauf eines Kleintransporters
f. Beitrag zur Industrie- und Handelskammer

Aufgabe 24
Werden die Salden der nachfolgend genannten Konten zum Unternehmensergebnis (GuV) oder zum Schlussbestandskonto abgeschlossen? Tragen Sie die Konten in das unten stehende Unternehmensergebnis (GuV) sowie Schlussbestandskonto ein.

Konten:			
Speditionsaufwendungen	IHK-Beiträge	Miete	Verbindlichkeiten
Gebäude	Aufwendungen für Verpackungsmaterial	Kasse	Werbung
Kraftstoffverbrauch	Kraftstoffe	Büromaterial	Versicherungsbeiträge
Fuhrpark	Gehälter	Eigenkapital	Gewerbesteuer
BGA	Forderungen	Postgebühren	Umsatzsteuer
	Bank	Darlehen	Umsatzerlöse
		Telekommunikation	

Soll		Gewinn und Verlust			Haben
Datum	Text	€	Datum	Text	€

Soll	Gewinn und Verlust			Haben

Soll		Schlussbestand			Haben
Datum	Text	€	Datum	Text	€

Aufgabe 25
Ergänzen Sie die nachfolgende Übersicht mit den Begriffen:

Aufwandskonten – Kapitalkonten – Vermögenskonten – Erfolgskonten – Ertragskonten - Bestandskonten

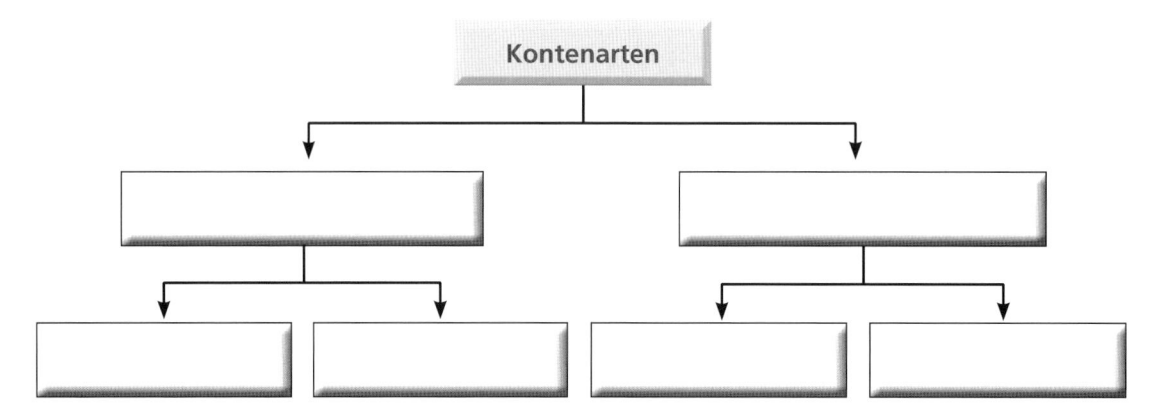

Aufgabe 26
Die Geschäftsfälle für den Monat Mai 20(0) der Spedition Werner, 46414 Rhede, sind in der Finanzbuchhaltung noch zu bearbeiten.

- Richten Sie folgende Konten für den Monat Mai 20(0) ein und eröffnen Sie die Bestandskonten mit den angegebenen Eröffnungsbeständen.
- Buchen Sie die unten stehenden Geschäftsfälle im Grund- und Hauptbuch.
- Schließen Sie die Konten ab und stellen Sie fest, welches Rohergebnis und welches Reinergebnis im Monat Mai erzielt worden ist.

Bestandskonten			
Vermögenskonten	€	Kapitalkonten	€
BGA	120.000,00	Eigenkapital	175.750,00
Fahrzeuge	255.000,00	Darlehen	200.000,00
Forderungen	150.660,00	Verbindlichkeiten	240.180,00
Vorsteuer	0,00	Umsatzsteuer	720,00
Bank	90.320,00		
Kasse	670,00		

Erfolgskonten			
Aufwandskonten		Ertragskonten	
Speditionsaufwand		Speditionserlöse	
Personalaufwand			
Mietaufwand			
Gewerbesteuer			
Kraftstoffverbrauch			
Kommunikationsaufwand			

Geschäftsfälle		€
02.05.20(0)	ER 7234 vom Frachtführer Geelmann	
	Nettopreis	14.000,00
	19 % Umsatzsteuer	2.660,00
	Bruttobetrag	16.660,00
05.05.20(0)	Einkauf von Briefmarken bei der Post für 100,00 € (in bar).	100
14.05.20(0)	Ein Kunde begleicht die Ausgangsrechnung Nr. 8326 durch Überweisung auf das Bankkonto der Spedition Werner GmbH.	8.700,00
19.05.20(0)	Überweisung vom Bankkonto zum Ausgleich einer Rechnung des Frachtführers Tiemann. Belastung des Kontos mit	13.920,00
23.05.20(0)	Die Stadtverwaltung bucht von Bankkonto der Spedition Werner GmbH die Gewerbesteuer ab.	800
30.05.20(0)	AR 8569 an den Kunden Sandemann für Speditionsleistungen im Monat Mai	
	Nettopreis	10.500,00
	19 % Umsatzsteuer	1.995,00
	Bruttopreis	12.495,00
30.05.20(0)	Verkauf von Speditionsleistungen im Monat Mai gegen Rechnung an verschiedene Kunden (Rechnungsnummern 8570 bis 8588)	
	Nettopreis	124.000,00
	19 % Umsatzsteuer	23.560,00
	Bruttopreis	147.560,00
30.05.20(0)	Frachtführerleistungen verschiedener Unternehmen im Monat Mai	
	Nettopreis	52.000,00
	19 % Umsatzsteuer	9.880,00
	Bruttobetrag	61.880,00
30.05.20(0)	Abrechnung der Aral Tankstelle für Kraftstoffe	
	Nettopreis	3.200,00
	19 % Umsatzsteuer	608
	Bruttopreis	3.808,00
30.05.20(0)	Telefonrechnung der Telekom	
	Nettopreis	8.600,00
	19 % Umsatzsteuer	1.634,00
	Bruttobetrag	10.234,00
30.05.20(0)	Bezahlung der Miete durch Banküberweisung	3.200,00
30.05.20(0)	Überweisung der Monatsgehälter durch die Hausbank	12.000,00
30.05.20(0)	Sammelüberweisung von verschiedenen Kunden auf das Bankkonto der Spedition Werner GmbH.	64.500,00
30.05.20(0)	Sammelüberweisung vom Bankkonto zum Ausgleich von Rechnungen verschiedener Frachtführer; Belastung des Kontos mit	58.600,00

Lernsituation 5 | zu SLG S. 74-123, WSP S. 31-36, KSK S. 42-46, (DV) 202-207

Ausschnitt aus der Finanzbuchhaltung: (monatliche Erfassung der Erfolgsvorgänge)

Jahr 20(0)		Grundbuch				
Datum	Beleg	Buchungstext	Konten		Betrag	
			Soll	Haben	Soll	Haben
Datum	Beleg	Buchungstext	Soll	Haben	Soll	Haben

Hauptbuch

Bestandsrechnung

Soll				BGA	Haben
Datum	Text/Gegenkonto	€	Datum	Text/Gegenkonto	€

Soll				Fahrzeuge	Haben
Datum	Text/Gegenkonto	€	Datum	Text/Gegenkonto	€

Soll				Forderungen	Haben
Datum	Text/Gegenkonto	€	Datum	Text/Gegenkonto	€

Soll				Vorsteuer	Haben
Datum	Text/Gegenkonto	€	Datum	Text/Gegenkonto	€

Soll				Bank	Haben
Datum	Text/Gegenkonto	€	Datum	Text/Gegenkonto	€

Soll				Kasse	Haben
Datum	Text/Gegenkonto	€	Datum	Text/Gegenkonto	€

Lernsituation 5 | zu SLG S. 74-123, WSP S. 31-36, KSK S. 42-46, (DV) 202-207

Soll			Eigenkapital		Haben
Datum	Text/Gegenkonto	€	Datum	Text/Gegenkonto	€

Soll			Darlehen		Haben
Datum	Text/Gegenkonto	€	Datum	Text/Gegenkonto	€

Soll			Verbindlichkeiten		Haben
Datum	Text/Gegenkonto	€	Datum	Text/Gegenkonto	€

Soll			Umsatzsteuer		Haben
Datum	Text/Gegenkonto	€	Datum	Text/Gegenkonto	€

Erfolgsrechnung

Soll			Spediionsaufwand		Haben
Datum	Text/Gegenkonto	€	Datum	Text/Gegenkonto	€

Soll			Personalaufwand		Haben
Datum	Text/Gegenkonto	€	Datum	Text/Gegenkonto	€

Soll	Miete				Haben
Datum	Text/Gegenkonto	€	Datum	Text/Gegenkonto	€

Soll	Gewerbesteuer				Haben
Datum	Text/Gegenkonto	€	Datum	Text/Gegenkonto	€

Soll	Kraftstoffverbrauch				Haben
Datum	Text/Gegenkonto	€	Datum	Text/Gegenkonto	€

Soll	Kommunikationsaufwand				Haben
Datum	Text/Gegenkonto	€	Datum	Text/Gegenkonto	€

Soll	Speditionserlöse				Haben
Datum	Text/Gegenkonto	€	Datum	Text/Gegenkonto	€

Soll	Unternehmensergebnis (GuV)				Haben
Datum	Text/Gegenkonto	€	Datum	Text/Gegenkonto	€

Lernsituation 5 | zu SLG S. 74-123, WSP S. 31-36, KSK S. 42-46, (DV) 202-207

Aufgabe 27

a. Wird durch die nachfolgenden Geschäftsfälle aus Sicht der Spedition ALLSPED GmbH – neben verschiedenen anderen Konten - das Vorsteuer- (V) oder das Umsatzsteuerkonto (U) angesprochen?

b. Wird in den nachfolgenden Geschäftsfällen – neben verschiedenen Bestandskonten – ein Aufwands- (A) oder ein Ertragskonto (E) angesprochen?

Geschäftsfälle	V oder U	A oder E
1. Einkauf von Frachtführerleistungen		
2. Einkauf von Kraftstoffen an einer Tankstelle		
3. Verkauf von Speditionsleistungen an Kunden		
4. Eine Quittung über eingekauftes Büromaterial ist zu buchen.		
5. Die Rechnung der Telekom für Kommunikationsaufwendungen trifft ein.		
6. Die Stadtwerke buchen vom Konto die Energiepauschale für den Monat Juli ab.		
7. Ausgangsrechnung an einen Kunden		
8. Eingangsrechnung von einem Frachtführer		
9. Ein Reinigungsunternehmen berechnet uns die Aufwendungen für die Reinigung der Verkaufsräume.		
10. Die Löhne und Gehälter werden überwiesen.		

Aufgabe 28

Der Transportunternehmer Fahrland möchte seine Fahrer und die Disponenten zum Thema „Lenk- und Ruhezeiten" und „Digitaler Tachograf" schulen. Zu diesem Thema soll eine Powerpoint-Präsentation erstellt werden, die sowohl im Seminar als auch zum eigenständigen Lernen zu Hause verwendet werden kann.

a. Erstellen Sie die Powerpoint-Präsentation.
b. Ermöglichen Sie das Vor- und Zurückblättern per Tastendruck.
c. Verwenden Sie Hyperlinks zu den Quelltexten im Internet.
d. Erstellen und gestalten Sie ein Handout.

SELBSTTEST LERNSITUATION 5

→ Diese **Prozesse** sollten Sie beherrschen:

- eine Erlaubnis beantragen
- Fernverkehrstransporte im Selbsteintritt organisieren
- eine Arbeitsanweisung für einen Lkw-Fahrer entwerfen
- die Handhabung des analogen und des digitalen Kontrollgeräts erklären
- Eine Stellenanzeigen entwerfen
- Einen Gesprächsleitfaden für ein Einstellungsgespräch erstellen
- Das Organigramm der Berger Spedition aufstellen
- Den betrieblichen Aufwand erfassen
- Erfolgskonten abschließen
- das Unternehmensergebnisses ermitteln
- Eine Powerpoint-Präsentation gestalten

→ Diese **Begriffe** sollten Sie kennen:

1. Analoges Kontrollgerät
2. Arbeitsstätten-Verordnung
3. Aufwandsarten: Kraftstoffverbrauch, Verwaltungsaufwand, usw
4. Ausführender Frachtführer
5. Be- und Entladen (HGB)
6. Begleitpapiere
7. Berechtigungen
8. Berufszugangsvoraussetzungen
9. Betriebsaufwand (betriebliche Aufwendungen)
10. Bilaterale Genehmigung
11. Bildschirmarbeits-Verordnung
12. Bundesamt für Güterverkehr
13. CEMT-Genehmigung
14. Diagrammscheibe
15. Digitales Kontrollgerät
16. Dreiländerverkehr
17. Drittstaaten-Genehmigungen
18. EG-Sozialvorschriften
19. EU-Lizenz
20. EU-Staaten
21. Erfolgskonten
22. Ergonomie
23. Erlaubnis
24. Fachliche Eignung
25. Gefährdungsermittlung
26. Gesprächsleitfaden
27. Güterkraftverkehrsgesetz
28. Liniensystem
29. Organigramm
30. Persönliche Zuverlässigkeit
31. Reingewinn
32. Speditionsaufwand
33. Stab-Linien-System
34. Stellenanzeige, Inhalte
35. Tageslenkzeit
36. Tagesruhezeit
37. Transitverkehr
38. Unternehmensergebnis (GuV)
39. Vertraglicher Frachtführer
40. Wechselverkehr

156 **Lernsituation 5** | zu SLG S. 74-123, WSP S. 31-36, KSK S. 42-46, (DV) 202-207

Lernsituation 6

- Ein Nahverkehrsfahrzeug anschaffen und kalkulieren
- Einen Arbeitsvertrag unter Beteiligung des Betriebsrates schließen
- Die Anschaffung eines LKW buchhalterisch erfassen
- LKW-Kostenkalkulation mit Excel durchführen

Durch das ständig gestiegene Sammelgutaufkommen im Raum Düsseldorf ist unser Nahverkehrsunternehmer Möller-Trans offensichtlich an seine Kapazitätsgrenze geraten. Das reibungslose Abholen und Zustellen von Sammelgutsendungen ist nicht mehr gewährleistet. Vor allem bei eiligen Sendungen oder wenn Sonderfahrten zu erledigen sind, fehlt es an der notwendigen Flexibilität. In der Gerd Berger Spedition wurde daher beschlossen, für den Bereich Neuss/Meerbusch einen eigenen Abholbezirk zu bilden. Anfragen bei verschiedenen örtlichen Nahverkehrsunternehmen führten zu mehreren Angeboten. Das günstigste Angebot stammte von der Firma LENZ TRANSPORT GmbH:

LENZ TRANSPORT GmbH

LENZ TRANSPORT GmbH, Ruhrstraße 82, 41469 Neuss

Gerd Berger Spedition e. K.
Merkurstraße 14
40223 Düsseldorf

Ruhrstraße 82
41469 Neuss
Telefon: 02131 774506
Fax: 02131 774510

Angebot

Datum
14.11.20(0)

Sehr geehrter Herr Baumeister,

wie telefonisch besprochen; biete ich an:
- Tägliches Abholen und Zustellen von Sammelgut im Raum Neuss/Meerbusch
- Sendungsaufkommen: ca. 12 t (je 6 t Abholung und Zustellung)
- Beförderungsstrecke pro Tag: ca. 160 km
- Beginn: sofort
- Preis pro 100 kg Sammelgut: 3,00 EUR

Der Preis ist abhängig vom angenommenen Sendungsaufkommen und der zurückgelegten Beförderungsstrecke. Sollten sich die Daten grundlegend ändern, wären neue Preisverhandlungen erforderlich.

Über Ihren Auftrag würde ich mich sehr freuen.

Mit freundlichen Grüßen

Lenz

Darüber hinaus hatte Herr Baumeister den Auftrag erhalten, dem Angebot zum Vergleich die Kosten gegenüberzustellen, die entstünden, wenn die Gerd Berger Spedition ein eigenes Fahrzeug für den Nahverkehr anschaffte. Herr Baumeister hatte zu diesem Zweck verschiedene Angebote über Nahverkehrsfahrzeuge eingeholt. Das Angebot des Autohauses Niemeyer entsprach den Vorstellungen von Herrn Baumeister am besten:

Angebot

Position	Text	EUR	EUR
01	Nahverkehrsfahrzeug Fahrgestell mit Pritsche, Typ: 1220 4X2, Emissionsklasse S2 Aufbau: Plane mit Spiegel Daten Gesamtgewicht: 7.500 kg, Nutzlast: 3.000 kg, Motorleistung: 140 PS Bereifung: 1. Achse 2 x 285/70 R 19,5 2. Achse 4 x 285/70 R 19,5	200,00	28.500,00 1.200,00
	Nettobetrag 19 % USt.		29.700,00 5.643,00
	Summe Bruttobetrag		35.343,00

Spiegel = Bügel zum Stützen der Plane

Lernsituation 6 | zu SLG S. 125–138, 213–215, WSP S. 25-30, 37-44, KSK S. 53-55, (DV) 190-201

Da aus dem Rechnungswesen der Spedition noch keine Zahlen für eigene Fahrzeuge vorliegen, greift Herr Baumeister für die Fahrzeugkostenrechnung auf Musterberechnungen des Verkehrsverbandes Niederrhein zurück, um sich eine Vorstellung von den zu erwartenden Kosten für den Einsatz eines eigenen Fahrzeugs zu verschaffen. Diese Zahlen können auch zunächst der Kalkulation zugrunde gelegt werden, bis man über eigene Zahlen verfügt. Weiterhin nimmt er an, dass das Fahrzeug kontinuierlich mit dem Abholen und Zustellen von Sammelgut ausgelastet ist, und zwar mit 12 t täglich (2 Touren zu je 3 Tonnen zustellen, 2 Touren zu je 3 Tonnen abholen).

Soweit wie möglich hat Herr Baumeister aber bereits **Ist-Zahlen** zusammengetragen, die er anstelle der Durchschnittszahlen verwenden will, um die Kostenrechnung realistischer zu machen.

Zahlen für die Kostenrechnung	Durchschnittszahlen des Verkehrsverbandes	Ist-Zahlen
Jahreslaufleistung	40.000 km	
Nutzungsdauer	9 Jahre	
Reifenlaufleistung	(Autohaus Niemeyer) 100.000 km	
Kraftstoffverbrauch	(Autohaus Niemeyer) 20 l pro 100 km	
Dieselpreis		1,20 EUR pro Liter
Reparatur/Wartung	2.500,00 EUR	
Fahrerlohn (brutto pro Jahr)		24.485,00 EUR
Weihnachtsgeld		600,00 EUR
Urlaubsgeld		375,00 EUR
Personalfaktor	1,2	
Sozialaufwendungen	26 %	
Spesen	5,00 EUR pro Tag	
Zinssatz auf betriebsnotwendiges Vermögen	7,5 %	
Güterschaden-Haftpflichtversicherung	(nicht auf einzelne Fahrzeuge bezogen, sondern in der Haftungsversicherung des Spediteurs enthalten)	
Verwaltungskosten	25 %	
Kalkulatorischer Unternehmerlohn		keiner
Kalkulatorische Wagnisse		keine

Für die Versicherung des Fahrzeugs (Haftpflicht- und Kaskoversicherung) hat die Versicherungsgesellschaft, mit der BERGER zusammenarbeitet (W & O Versicherung), das unten stehende Angebot übermittelt. Für die Fahrzeugversicherung ist zu entscheiden, ob das Fahrzeug voll- oder teilkaskoversichert wird.

Fahrzeugversicherung (Prämien einschließlich 19 % Versicherungssteuer)

Wagnis	Haftpflicht-deckungssummen		Teilkasko				Vollkasko			
Nutzlast	unbe-grenzt	2,5 Mio. EUR	ohne	mit 150,00 EUR	mit 500,00 EUR	mit 2.500 EUR	ohne	mit 150 EUR	mit 500 EUR	mit 2.500 EUR
bis 2 t	3.481,8	3.450,9	181,0	99,9	72,4	38,7	1.734,9	1.462,4	1.260,4	852,9
bis 3 t	4.325,1	4.286,8	203,1	107,2	80,4	42,9	1.734,9	1.462,4	1.260,4	852,9
bis 4 t	4.325,1	4.286,8	203,1	107,2	80,4	42,9	1.734,9	1.462,4	1.260,4	852,9
bis 5 t	4.325,1	4.286,8	203,1	107,2	80,4	42,9	1.893,4	1.580,4	1.354,2	916,1
bis 6 t	4.325,1	4.286,8	221,5	116,0	87,0	46,4	1.988,9	1.635,4	1.407,6	951,9
bis 8 t	5.045,2	5.000,4	241,9	125,9	94,4	50,3	2.306,8	1.948,5	1.672,0	1.129,6
bis 10 t	5.045,2	5.000,4	241,9	125,9	94,4	50,3	2.524,6	2.190,1	1.868,0	1.260,8
über 10 t	5.237,9	5.191,5	290,0	149,1	111,8	59,6	2.539,3	2.405,4	1.881,8	1.269,6

Am Ende möchte Herr Baumeister den Kilometer- und Tagessatz der eigenen Fahrzeugkostenrechnung mit den Angebotsdaten der LENZ TRANSPORT GmbH vergleichen. Damit Fahrzeugkostenrechnungen zukünftig rationell durchgeführt werden können, entwickelt Herr Baumeister mithilfe eines Kalkulationsprogramms ein Formular, das er jederzeit auch für andere Fahrzeugdaten verwenden kann. Er achtet darauf, dass die Tabelle in einen **Eingabe-** und einen **Ausgabeteil** getrennt wird. Der Ausgabeteil soll ausschließlich die Daten aus dem Eingabeteil rechnerisch verwerten und keine manuellen Dateneingaben mehr erfordern.

Lernsituation 6 | zu SLG S. 125–138, 213–215, WSP S. 25–30, 37–44, KSK S. 53–55, (DV) 190-201 **159**

Eingaben nur in den grau unterlegten Feldern.

Fahrzeugkostenrechnung		
Eingabeteil		
A	Technische Angaben	Lkw
1	Erstzulassung	
2	Kaufdatum	
3	Aufbau	
4	Motorleistung (PS)	
5	Anzahl der Reifen	
6	Gesamtgewicht in Tonnen	
7	Nutzlast in Tonnen	
8	Anzahl der Achsen	

B	Kalkulationsdaten	
9	Jahreslaufleistung (km)	
10	Jahreseinsatzzeit (Tage)	
11	Tageseinsatzzeit (Stunden)	
12	Nutzungsdauer (Jahre)	
13	Reifenlaufleistung	
14	Kraftstoffverbrauch (Liter/100 km)	
15	Kraftstoffpreis (EUR/Liter)	

C	Kapitalwerte	
16	Fahrzeugkaufpreis ohne Reifen	
17	Kaufpreis Bereifung	
18	Umlaufvermögen	
19	betriebsnotwendiges Vermögen	

weitere Daten		
Schmierstoffe/Öle		%
Reparaturen/Wartung		EUR/Jahr
sonstige Betriebskosten		EUR/Jahr
Fahrerlohn		EUR/Std.
Weihnachtsgeld		EUR/Jahr
Urlaubsgeld		EUR/Jahr
Sozialaufwendungen		%
Personalfaktor		
Spesen		EUR/Tag
Zinssatz		%
Kfz-Steuer		EUR/Jahr
Kfz-Haftpflichtversicherung		EUR/Jahr
Kfz-Kaskoversicherung		EUR/Jahr
Güterschadenhaftpflichtvers.		EUR/Jahr
Autobahn-Maut		EUR/Jahr
Verwaltungskosten		%
kalkulatorischer Unternehmerlohn		%
kalkulatorische Wagnisse		%

Ausgabeteil		
D	Kostenrechnung	Lkw

	Variable Fahrzeugkosten	EUR/Jahr
20	Abschreibung (Abnutzung)	
21	Kraftstoffkosten	
22	Schmierstoffe/Öle	
23	Reifenkosten	
24	Reparaturen/Wartung	
25	sonstige Betriebskosten	
26	Autobahn-Maut	
27	**km-abhängige Kosten**	
	usw.	

Für die Kalkulation der Zustell- und Abholkosten sind der Kilometer- und Tagessatz auf ein Gewicht von 100 kg umzurechnen, damit die Angebotsdaten der LENZ TRANSPORT GmbH vergleichbar werden.

Außerdem lassen sich dann die Kosten in unsere bisherige Sammelgutkalkulation einfügen. Eine gewisse Unsicherheit liegt aber noch in der Auslastung des Fahrzeugs. Herr Baumeister hat daher eine Tabelle entwickelt, die die Kosten bei unterschiedlichen Auslastungsgraden und unterschiedlichen Beförderungsstrecken sichtbar macht.

Kilometersatz
Tagessatz
100-kg-Kostensatz

Muster

Fahrzeugkosten pro 100 kg bei unterschiedlichen Nutzungsgraden					
Entfernung pro Tag	Transportgewicht pro Tag (kg)				
	4.000	6.000	8.000	10.000	12.000
90	km-Kosten				
	Tageskosten				
usw.	Gesamt				

Lernsituation 6 | zu SLG S. 125–138, 213–215, WSP S. 25–30, 37–44, KSK S. 53–55, (DV) 190–201

Der Kauf des Nahverkehrsfahrzeugs erfolgte auf der Grundlage des Angebotes des Autohauses Niemeyer. Schon wenige Tage später stand der neue LKW einsatzbereit auf dem Gelände der Spedition Berger.

Mit der Anlieferung des LKWs ging auch die folgende Rechnung ein.

Autohaus Niemeyer

Mercedes-Benz

Saarbrücker Straße 106
40476 Düsseldorf
Telefon: 0211 953-687
FAX: 0211 953-673
Datum: 27.11.20(0)

Gerd Berger Spedition e. K.
Merkurstraße. 14

40223 Düsseldorf

Rechnung Nr. 1703/20(0)

Position	Text	€	€
01	Nahverkehrsfahrzeug Fahrgestell mit Pritsche, Typ: 1220 4X2, Emissionsklasse S2 Aufbau: Plane mit Spriegel Gesamtgewicht: 7.500 kg Nutzlast: 3.000 kg Motorleistung: 150 PS Abzüglich 5 % Rabatt	30.000,00 1.500,00	28.500,00
02	Bereifung: 1. Achse 2 x 285/70 R 19,5 2. Achse 4 x 285/70 R 19,5 Ausstattung: Serienausstattung (siehe Anlage)	200,00	1.200,00
03	100 Liter Dieselkraftstoff	1,00	100,00
	Nettobetrag		29.800,00
	19 % USt.		5.662,00
	Summe Bruttobetrag		35.462,00

Folgende weitere Ausgaben sind im Zusammenhang mit der Anschaffung des Nahverkehrsfahrzeugs angefallen, die Frau Keller in einer Liste zusammengefasst hat:

POS	Firma	Leistung	Abrechnungen in €	
01	ER Autolackiererei Adams	Beschriftung der Plane und Fahrerhaus	Nettobetrag	850,00
			USt	161,50
			Bruttobetrag	1.011,50
02	Quittung Zulassungsbehörde	Gebühren für Fahrzeugzulassung	Gebühr	98,00
03	Quittung Schilder Knipping	Nummernschilder	Nettobetrag	25,00
			USt	4,75
			Bruttobetrag	29,75

Die Eingangsrechnung von Niemeyer liegt nun der Finanzbuchhaltung vor und kann gebucht werden. Außerdem ist das Fahrzeug noch in das Bestandsverzeichnis aufzunehmen.

Lernsituation 6 | zu SLG S. 125–138, 213–215, WSP S. 25-30, 37-44, KSK S. 53-55, (DV) 190-201

Bestandsverzeichnis							
Nr.	Bezeichnung des Gegenstandes	Anschaffungs-wert €	Nutzungs-dauer Jahre	Anschaffungs-datum Monat	Abschreibungs-basis €	Wertminderung 20(0) €	Inventurwert zum 31.12.20(0) €
1.	Gabelstapler	12.987,00	8	04.10.20(0)	12.987,00		
2							

Anschaffungskosten		
01	Nahverkehrsfahrzeug ohne Bereifung (Listenpreis)	30.000,00
02		
03		
04		
05		
06		
07		
08		
09		
10		

Jahr 20(0)	Grundbuch					
Datum	Beleg	Buchungstext	Konten		Betrag	
			Soll	Haben	Soll	Haben

Lernsituation 6 | zu SLG S. 125–138, 213–215, WSP S. 25-30, 37-44, KSK S. 53-55, (DV) 190-201

Soll		Fahrzeuge			Haben
Datum	Text	€	Datum	Text	€

Soll		Vorsteuer			Haben
Datum	Text	€	Datum	Text	€

Soll		Verbindlichkeiten			Haben
Datum	Text	€	Datum	Text	€

Soll		Bank			Haben
Datum	Text	€	Datum	Text	€

Soll		Kasse			Haben
Datum	Text	€	Datum	Text	€

Soll		Kraftstoffverbrauch			Haben
Datum	Text	€	Datum	Text	€

Die Geschäftsleitung hat die Einstellung eines Fahrers und eines Assistenten entschieden. Frau Keller, Leiterin „Allgemeine Verwaltung", hat dementsprechend das Bewerbungsverfahren durchgeführt. Sie erscheint bei Herrn Berger mit den Ergebnissen der Vorstellungsgespräche.

Frau Keller: Herr Berger, aufgrund der Vorstellungsgespräche hat sich herausgestellt, dass Herr Hünting die geeignete Kraft ist, die wir für die Stelle als Assistent der Geschäftsleitung suchen. Ich habe hier die entsprechenden Beurteilungsbögen. Die letzte Entscheidung liegt natürlich bei Ihnen. Dem Fahrer Karl-Heinz Bauer haben Sie ja schon während seines Bewerbungsgespräches eine Zusage gegeben.

Herr Berger: Ich bin sicher, dass Sie die richtige Wahl getroffen haben. Wann kann der neue Mitarbeiter bei uns beginnen?

Frau Keller: Er soll zu Beginn des nächsten Monats, also am 1. Dezember die Stelle bei uns antreten.

Lernsituation 6 | zu SLG S. 125–138, 213–215, WSP S. 25-30, 37-44, KSK S. 53-55, (DV) 190-201

Herr Berger: O. K. Frau Keller, dann bereiten Sie den entsprechenden Arbeitsvertrag vor. Wir sollten eine Probezeit von sechs Monaten vereinbaren. Bei entsprechender Bewährung wird es dann automatisch in ein unbefristetes Arbeitsverhältnis umgewandelt. Ich gehe davon aus, dass Sie dem Bewerber das tariflich vorgesehene Gehalt angeboten haben. Über zusätzliche Leistungen können wir uns ja nach der Probezeit unterhalten.

Frau Keller: Im Einstellungsgespräch haben wir wegen der hohen Qualifikation eine übertarifliche Zulage von zunächst 475 Euro geboten. Wir werden Herrn Hünting in Gehaltsstufe V eingruppieren. Im Übrigen richtet sich der Arbeitsvertrag nach den gesetzlichen und tarifvertraglichen Regelungen. Ich werde den Vertrag entsprechend vorbereiten lassen und Ihnen dann zur Unterzeichnung vorlegen. Dann können wir diesen Vertrag Herrn Hünting so schnell wie möglich zusenden. Sonst springt er uns womöglich noch ab.

Siehe das Beispiel zum Arbeitsvertrag im Infoband.

Kurz nach dem Gespräch zwischen Frau Keller und Herrn Berger über die Ergebnisse der Vorstellungsgespräche ruft Herr Berger Frau Keller in deren Büro an.

Herr Berger: Frau Keller, da fällt mir gerade noch rechtzeitig ein, dass wir den Betriebsrat noch über die geplanten Einstellungen unterrichten müssen.

Das Formular befindet sich auf Seite 164

Frau Keller: Das ist richtig, aber wir müssen den Betriebsrat nicht nur darüber unterrichten, sondern nach meiner Kenntnislage hat er sogar ein Mitbestimmungsrecht bei der Einstellung der neuen Mitarbeiter.

Herr Berger: Da haben Sie sicherlich Recht. Wir wollen uns auch nicht unnötig Ärger mit dem Betriebsrat einhandeln. Unternehmen Sie bitte das Notwendige, damit uns da kein Fehler unterläuft. Sonst müssen wir womöglich die Einstellungsverfahren neu aufrollen.

Frau Keller: Herr Berger, da ist noch etwas Unangenehmes. Es scheint Ärger bei unseren Mitarbeitern zu geben. Die Urlaubsplanung, die ich auf Ihre Anregung hin erstellt habe, ist wohl nicht auf die breite Zustimmung gestoßen, die wir erhofft haben. Der Betriebsratsvorsitzende hat mich gebeten, dass wir doch im Rahmen der Betriebsvereinbarung grundsätzliche Regelungen für eine Urlaubsplanung erstellen sollten.

Herr Berger: Ja, das scheint mir doch auf Dauer auch vernünftig zu sein. Um unser gutes Betriebsklima zu erhalten, sollten wir uns mit dem Betriebsrat einigen. Unsere betrieblichen Interessen dürfen aber nicht zu kurz kommen. Frau Keller, lassen Sie doch bitte einen Vorschlag für die Grundsätze einer Urlaubsplanung erarbeiten. Diesen Vorschlag möchte ich dann mit dem Betriebsrat beraten und eventuell eine Betriebsvereinbarung abschließen, damit wir in Zukunft nicht durch solche Unstimmigkeiten weitere Störungen im Betriebsablauf hinnehmen müssen.

Damit wir in Zukunft den Betriebsrat von vorne herein in unsere Entscheidungen einbeziehen können, müssten Sie einmal eine Checkliste über die Aufgaben und Beteiligungsrechte des Betriebsrates zusammenstellen.

Auszüge aus den Bewerbungsunterlagen

Daten des neuen Mitarbeiters:

Name: Hünting, Markus, geboren am 07. Februar 1974 in Duisburg, verheiratet;

Ausbildung: Abitur, Ausbildung zum Speditionskaufmann, anschließend 3 Jahre in der Disposition Fernverkehr tätig, Studium an der FH Heilbronn, Abschluss Diplom-Betriebswirt (Schwerpunkt Verkehrslogistik)

Anschrift: Rheingasse 17, 47228 Duisburg

Beachten Sie auch den Tarifvertrag im Informationsband

Muster Benachrichtigung des Betriebsrates

Unterrichtung des Betriebsrates gem. § 99 Betriebsverfassungsgesetz			
Name	Vorname	Pers. Nr.	Geburtsdatum
Beruf/Tätigkeit		Abteilung	Einstellung/Eingruppierung
Herr/Frau			soll zu folgenden Bedingungen eingestellt werden:
☐	Unbefristet		
Der Betriebsrat wird um Stellungnahme gebeten.			
Datum			Unterschrift/Arbeitgeber
Anlagen			
☐ Bewerbungsbogen ☐ Lichtbild ☐ Lebenslauf ☐ Arbeitserlaubnis ☐ Zeugnisse			
Stellungnahme des Betriebsrates			
☐	Der Durchführung der Maßnahme wird zugestimmt.		
☐	Der Durchführung der Maßnahme wird nicht zugestimmt, da nach Ansicht des Betriebsrates ein Grund gemäß § _____ Betriebsverfassungsgesetz vorliegt.		
Begründung:			
Datum			Unterschrift

Aufgabe 1

A	Technische Angaben	
1	Erstzulassung	20(0)
2	Kaufdatum	20(0)
3	Aufbau	Pl/Sp
4	Motorleistung (PS)	140
5	Anzahl der Reifen	6
6	Gesamtgewicht in Tonnen	7,5
7	Nutzlast in Tonnen	3,0
8	Anzahl der Achsen	2

B	Kalkulationsdaten	
9	Jahreslaufleistung (km)	45.000
10	Jahreseinsatzzeit (Tage)	240
11	Tageseinsatzzeit (Stunden)	8
12	Nutzungsdauer (Jahre)	9
13	Reifenlaufleistung/km	100.000
14	Kraftstoffverbrauch (Liter/100 km)	20
15	Kraftstoffpreis (EUR/Liter)	0,95

C	Kapitalwerte	
16	Fahrzeugkaufpreis ohne Reifen/EUR	29.000,00
17	Kaufpreis Bereifung/EUR	1.500,00

Berechnen und erläutern Sie folgende Positionen:

a. betriebsnotwendiges Vermögen
b. Abschreibung (Abnutzung) = 65 %
c. Abschreibung (Entwertung) = 35 %

Lösen Sie folgende Aufgaben:

d. Von welchen Größen hängt die Höhe der Kfz-Steuer ab, die für den Lkw zu bezahlen ist?
e. Unterscheiden Sie
   ea. Kfz-Haftpflichtversicherung
   eb. Kfz-Teilkasko-Versicherung
   ec. Kfz-Vollkasko-Versicherung
   ed. Güterschaden-Haftpflichtversicherung
   ee. Gemeinkosten - Einzelkosten
f. Erläutern Sie die Berechnung und die Unterscheidung von Kilometer- und Tagessatz.

Aufgabe 2

Die Sammelgutspedition SÜD-LOGISTIK hat für ihr Nahverkehrsfahrzeug eine Tabelle mit 100-kg-Preisen erstellt. Sie geht dabei von folgenden Annahmen aus:

Nutzlast	3,5 t	Kilometer pro Tag und Tour	120 km
Nutzung pro Tag	2,5 t	Tagessatz	225,00 EUR
Kilometersatz	0,33 EUR		

a. Berechnen Sie die 100-kg-Kosten.
b. Warum rechnet die Spedition als Empfangsspediteur in der Rückrechnung den Nachlauf von Sammelsendungen mit einem 100-kg-Preis gegenüber dem Versandspediteur ab?
c. Welche Alternativen sind bei dieser Abrechnung in der Praxis üblich?

Aufgabe 3

Berechnen Sie den Tages-, Stunden und Kilometersatz des Fahrzeugs anhand der nachfolgenden Zahlen aus der Fahrzeugkostenrechnung einer Spedition.

Leistungsdaten des Fahrzeugs Jahres-Kilometer-Leistung 45.000 km
Einsatztage pro Jahr 230 Tage
Einsatzstunden pro Tag 8 Stunden
Nutzlast 10 Tonnen
km-abhängige Kosten 15.750,00 EUR pro Jahr
Zeitabhängige Kosten 66.000,00 EUR pro Jahr

Aufgabe 4

Ein Frachtführer kalkuliert für ein Nahverkehrsfahrzeug mit folgenden Kalkulationssätzen, die aus der eigenen Kostenrechnung gewonnen werden konnten: Tagessatz 290,00 EUR, Kilometersatz 0,40 EUR. Das Unternehmen berücksichtigt 10 % Gewinnzuschlag und 19 % Umsatzsteuer. Berechnen Sie den Angebotspreis für folgende Fahrzeugeinsätze:

a. Einsatzzeit 2 Tage, zurückzulegende Strecke 350 km
b. Einsatzzeit 5 Stunden, zurückzulegende Strecke 170 km.

Die tägliche Einsatzzeit des Fahrzeugs beträgt 8 Stunden.

Aufgabe 5

Kennzeichnen Sie die nachfolgend aufgeführten Kostenarten als fix oder variabel.

Kostenarten		
1. Garagenmiete	5. Auszubildendenvergütungen	9. Rechtsanwaltskosten
2. Öl als Schmiermittel	6. TÜV-Gebühren (Kfz)	10. Büromiete
3. Kaskoversicherung	7. Reifenverbrauch	11. Gehälter für das kaufm. Personal
4. Diesel	8. Fahrerlohn	

Aufgabe 6

Ein Verkehrsunternehmen möchte aus den errechneten Tages- und Kilometersätzen eine Tabelle erstellen, die die Fahrzeugkosten in Abhängigkeit von der Einsatzzeit (in Tagen bzw. Teilen davon) und den zurückgelegten Kilometern sichtbar macht (siehe unten stehendes Muster)

Kilometersatz: 0,33 EUR, Tagessatz: 390,00 EUR

Güterfernverkehr	Fahrzeug:		40-t-Sattelzug									
variable Fahrzeugkosten pro gefahrenen km in EUR												
Fixkosten pro Einsatztag in EUR			bei **240** Einsatztagen pro Jahr und **12** Einsatz-Stunden pro Tag									
	Fahrzeugkosten EUR											
gefahre-ne km	Einsatzzeit (Fahr-, Warte-, Lade- und Pausenzeit) in Tagen bis											
	0,25	0,50	0,75	1,00	1,25	1,50	1,75	2,00	2,25	2,50	2,75	3,00

Aufgabe 7

Ermitteln Sie aufgrund der nachfolgenden Angaben (siehe nächste Seite) die Kilometer- und Tagessätze für die beiden Fahrzeuge der TRANSLOG GmbH. Runden Sie alle Beträge zu vollen EUR.

Beachten Sie noch folgende Hinweise:

- Sofern Daten fehlen, sind die üblichen Durchschnittswerte aus der Fahrzeugkostenrechnung (siehe Informationsband) zu verwenden.
- Kfz-Haftpflichtversicherung: Prämien für ein Jahr (p. a.)
- Kaskoversicherung: Der angegebene Betrag ist die Prämie für ein Jahr. Das Fahrzeug wird nur in den ersten beiden Jahren der Nutzung kaskoversichert.

Lernsituation 6 | zu SLG S. 125–138, 213–215, WSP S. 25-30, 37-44, KSK S. 53-55, (DV) 190-201 **167**

	Fahrzeug (polizeil. Kennzeichen)	D-SV-4988		D-DA-3291	
A	**Technische Daten**	Zug-maschine	Anhänger/Auflieger	Zug-maschine	Anhänger/Auflieger
1	Erstzulassung	20(0)		20(0)	20(0)
2	Kaufdatum	20(0)		20(0)	20(0)
3	Aufbau	Plane + Spr.		Plane + Spr.	Plane + Spr.
4	Motorleistung/Emissionsklasse	97 KW/Euro II		280 KW/Euro II	
5	Anzahl der Reifen	6 Stück	–	8	4
6	Gesamtgewicht in Tonnen	7,49		25	16
7	Nutzlast in Tonnen	3,3		16,4	9.4
8	Anzahl der Achsen	3 Stück		4	2
B	**Kalkulationsdaten**				
9	Jahreslaufleistung	50.000 km		120.000 km	120.000 km
10	Jahreseinsatzzeit	235 Tage		235 Tage	235 Tage
11	Tageseinsatzzeit	8 Std.		12 Std.	12 Std.
12	Nutzungsdauer	9 Jahre		9 Jahre	11 Jahre
13	Reifenlaufleistung	80.000 km		140.000 km	180.000 km
14	Kraftstoffverbrauch	19 l/100 km		36,5 l/100 km	
15	Kraftstoffpreis	1,25 EUR		1,25 EUR	
C	**Kapitalwerte**				
16	Fahrzeugkaufpreis ohne Reifen	36.225,00 EUR		94.300,00 EUR	15.750,00 EUR
17	Kaufpreis Bereifung	1.125,00 EUR		400,00 EUR/Stück	437,50 EUR/Stück
18	Umlaufvermögen	500,00 EUR/t		500,00 EUR/t	500,00 EUR/t
19	betriebsnotw. Vermögen				
D	**Kostenrechnung**				
Variable (km-abhängige) Kosten (Auswertung)					
20	Abschreibung (Abnutzung)				
21	Kraftstoffkosten				
22	Schmierstoffe/Öle				
23	Reifenkosten				
24	Reparaturen/Wartung	3.350,00 EUR		10.000,00 EUR	3.900,00 EUR
25	sonstige Betriebskosten				
26	Autobahn-Maut			11.000,00	
27	**km-abhängige Kosten**				
Fixe (zeitabhängige) Kosten (Auswertung)					
28	Fahrerlohn	21.940,00 EUR		24.710,00 EUR	
29	Weihnachtsgeld	1.000,00 EUR		1050,00 EUR	
30	Urlaubsgeld	350,00 EUR		400,00 EUR	
31	Sozialaufwendungen	24,8 %		24,8 %	
32	Zwischensumme (28–31)				
33	Personalfaktor	1,2		1,2	
34	Spesen	8,00 EUR/Tag		18,00 EUR/Tag	
35	**Fahrerpersonalkosten**				
36	Abschreibung (Entwertung)				
37	Verzinsung	7,5 %		7,5 %	7,5 %
38	Kfz-Steuer				
39	Kfz-Haftpflichtversicherung/p. a.	3.132,50 EUR		4.152,50 EUR	54,00 EUR
40	Kfz-Kaskoversicherung/p. a.	1.343,00 EUR		3.107,00 EUR	495,00 EUR
41	Güterschadenhaftpflichtvers.	600,00 EUR		0	0
42	**feste Fahrzeugkosten**				
43	**Fahrzeug-Einsatzkosten**				
44	Verwaltungskosten	18 %		18 %	18 %
45	Kalkulatorischer U-Lohn	keiner		keiner	keiner
46	Kalk. Wagnisse	keine		keine	keine
47	**Gemeinkosten**				
48	**fixe (zeitabhängige) Kosten**				
49	**Gesamtkosten**				

Lernsituation 6 | zu SLG S. 125–138, 213–215, WSP S. 25-30, 37-44, KSK S. 53-55, (DV) 190-201

Aufgabe 8
Ein Verkehrsunternehmen möchte eine Übersicht erstellen, aus der hervorgeht, welche Kosten ein Nahverkehrsfahrzeug in Abhängigkeit von der Zeit und der zurückgelegten Strecke verursacht (siehe unten stehendes Muster). Der Kilometersatz beträgt 0,31 EUR, der Stundensatz 35,92 EUR.

Fahrzeugkosten: Güternahverkehr								
Strecke in km	Einsatzzeitraum in Stunden							
	1	2	3	4	5	6	7	8
0								
5								
10								
15								
20								
25								
30								
35								
40								
45								
50								
...								

Aufgabe 9
Berechnen Sie anhand der folgenden Daten

a. den Kilometersatz

b. den Tagessatz

c. die Fahrzeugeinsatzkosten

Kalkulationsdaten

Jahreslaufleistung 40.000 km	Jahreseinsatzzeit 240 Tage
Fahrpersonalkosten 39.745,00 EUR	Gemeinkosten 14.200,00 EUR
variable Kosten (Kraftstoff, Reifen, Reparatur u. a.) 9.300,00 EUR	feste Fahrzeugkosten 7.800,00 EUR

Aufgabe 10
Fügen Sie die Beträge der zugehörigen Kostenarten in die unten stehende Übersicht ein.

Nr.	Kostenart	EUR
1	Variable Kosten	12.000,00
2	Fahrpersonalkosten	36.000,00
3	Feste Fahrzeugkosten	8.000,00
4	Verwaltungskosten	10.000,00

Variable Fahrzeugkosten	Fixe Fahrzeugkosten	Fahrzeugeinsatzkosten	Gesamtkosten

Aufgabe 11

In der Spedition Schneider GmbH verursacht ein Lkw, Nutzlast 25 t, im letzten Jahr folgende Kosten:

Kosten	EUR
Kraftstoffkosten	20.000,00
Schmierstoffkosten	600,00
Reifenkosten	1.800,00
Abschreibung gesamt (je 50 % variable und fixe Kosten)	14.000,00
Reparaturen	2.500,00
Fahrerlohn einschließlich Nebenkosten (Personalfaktor 1,0)	45.500,00
Kfz-Steuer	1.550,00
Kfz-Versicherung	10.500,00
übrige feste Fahrzeugkosten	4.050,00
Allgemeine Verwaltungskosten	11.000,00

Berechnen Sie

a. den km-Satz der variablen Kosten bei einer Jahresfahrleistung von 110.000,00 km.

b. die fixen Kosten je Tag, wenn der Lkw an 240 Arbeitstagen eingesetzt wird.

c. die Kosten je 100 kg, wenn die Nutzlast des Lkw bei 185 Fahrten im Jahr durchschnittlich zu 80 % ausgenutzt wurde.

Aufgabe 12

Die Spedition INTERSPED stellt ihren Versendern die Maut gesondert in Rechnung. Dies gilt sowohl für Sammelgut als auch für Ladungen. Ermitteln Sie für folgende Sendungen den Rechnungsbetrag (brutto). Verwenden Sie dazu die Mauttabellen auf der nächsten Seite.

- **Sendung 1** Sammelgut, 235 kg, 250 km, Kundensatz nach BSL-Empfehlungen
- **Sendung 2** Teilladung, 8.700 kg, 534 km, vereinbarter Preis 430,00 EUR netto
- **Sendung 3** Teilladung, 6,3 Lademeter, 267 km, vereinbarter Preis 550,00 EUR netto

Aufgabe 13

Zur nachfolgenden Rechnung ist am 07. Juni 20(0) ein Zahlungseingang von 6.071,87 EUR festzustellen.

TRANSLOG GmbH – Cranachstraße 123 – 40235 Düsseldorf

Friedrich Meermann KG
Postfach 122334
35392 Gießen

Rechnung   Nr. 737/20(0)   28.05.20(0)

Position	Bezeichnung	EUR
050669	Zollvorlage	5.000,00
050774	Verzollungsprovision	150,00
038765	Frachtvorlage (Frachtführer)	800,00
071212	Auslagen	100,00
	Summe	6.050,00
093444	Güterversicherung	24,50
	Nettobetrag	6.074,50
100435	+ 19 % Umsatzsteuer	185,16
	Bruttobetrag	6.259,66

a. Prüfen Sie, ob die Rechnung rechnerisch richtig ist. Wie kommt der Überweisungsbetrag zustande?

b. Warum beträgt die Umsatzsteuer nur 185,16 EUR?

c. Welchen Betrag erhält der Spediteur letztlich für seine Leistung (Verzollung der Sendung)?

d. Beurteilen Sie folgendes Verhalten: Der Kunde überweist am 28. Juni 20(0) 6.259,66 EUR, weil im Geschäftsleben üblicherweise ein Zahlungsziel von 30 Tagen eingeräumt wird.

Lernsituation 6 | zu SLG S. 125–138, 213–215, WSP S. 25–30, 37–44, KSK S. 53–55, (DV) 190–201

Tabelle zur Weiterberechnung der Lkw-Maut für den Spediteursammelgutverkehr
Mautgebühren* für Sendungen von 1 bis 3.000 kg (in EUR)

Gewicht** in kg Entfernung in km

Gewicht	1–100	101–200	201–300	301–400	401–500	501–600	601–700	701–800	801–900	901–1.000	1.001–1.100
1– 50	0,03	0,08	0,14	0,19	0,24	0,30	0,35	0,41	0,46	0,52	0,57
51– 100	0,06	0,17	0,29	0,41	0,52	0,64	0,76	0,87	0,99	1,10	1,22
101– 200	0,12	0,35	0,58	0,81	1,05	1,28	1,51	1,74	1,98	2,21	2,44
201– 300	0,20	0,58	0,97	1,36	1,75	2,13	2,52	2,91	3,30	3,68	4,07
301– 400	0,27	0,82	1,36	1,90	2,44	2,99	3,53	4,07	4,61	5,16	5,70
401– 500	0,35	1,05	1,75	2,44	3,14	3,84	4,54	5,23	5,93	6,63	7,33
501– 600	0,43	1,28	2,13	2,99	3,84	4,69	5,54	6,40	7,25	8,10	8,95
601– 700	0,51	1,51	2,52	3,53	4,54	5,54	6,55	7,56	8,57	9,57	10,58
701– 800	0,59	1,75	2,91	4,07	5,24	6,40	7,56	8,72	9,89	11,05	12,21
801– 900	0,66	1,98	3,30	4,62	5,93	7,25	8,57	9,89	11,20	12,52	13,84
901–1.000	0,74	2,21	3,69	5,16	6,63	8,10	9,58	11,05	12,52	13,99	15,47
1.001–1.250	0,88	2,62	4,37	6,11	7,85	9,60	11,34	13,08	14,83	16,57	18,32
1.251–1.500	1,07	3,20	5,34	7,47	9,60	11,73	13,86	15,99	18,12	20,25	22,39
1.501–2.000	1,37	4,08	6,79	9,50	12,22	14,93	17,64	20,35	23,07	25,78	28,49
2.001–2.500	1,76	5,24	8,73	12,22	15,71	19,19	22,68	26,17	29,66	33,14	36,63
2.501–3.000	2,15	6,41	10,67	14,93	19,20	23,46	27,72	31,98	36,25	40,51	44,77

* Beträge in Euro ohne Umsatzsteuer (Mehrwertsteuer) **frachtpflichtiges Gewicht in kg

Mautgebühren* für Sendungen ab 3001 kg (in EUR)
Gewicht** in kg Entfernung in km

Gewicht	1–100	101–200	201–300	301–400	401–500	501–600	601–700	701–800	801–900	901–1.000	1.001–1.100
3.001– 4.000	1,82	5,43	9,03	12,67	16,28	19,88	23,52	27,13	30,73	34,37	37,98
4.001– 5.000	2,34	6,98	11,61	16,29	20,93	25,56	30,24	34,88	39,51	44,19	48,83
5.001– 6.000	2,86	8,53	14,19	19,91	25,58	31,24	36,96	42,63	48,29	54,01	59,68
6.001– 7.000	3,38	10,08	16,77	23,53	30,23	36,92	43,68	50,38	57,07	63,83	70,53
7.001– 8.000	3,90	11,63	19,35	27,15	34,88	42,60	50,40	58,13	65,85	73,65	81,38
8.001– 9.000	4,42	13,18	21,93	30,77	39,53	48,28	57,12	65,88	74,63	83,47	92,23
9.001–10.000	4,94	14,73	24,51	34,39	44,18	53,96	63,84	73,63	83,41	93,29	103,08
10.001–11.000	5,46	16,28	27,09	38,01	48,83	59,64	70,56	81,38	92,19	103,11	113,93
11.001–12.000	5,98	17,83	29,67	41,63	53,48	65,32	77,28	89,13	100,97	112,93	124,78
12.001–24.000	6,20	18,60	31,00	43,40	55,80	68,20	80,60	93,00	105,40	117,80	130,20

* Beträge in Euro ohne Umsatzsteuer (Mehrwertsteuer) **frachtpflichtiges Gewicht in kg

Mautgebühren* für Sendungen über 3 Lademeter (in EUR)
Lademeter Entfernung in km

Lademeter	1–100	101–200	201–300	301–400	401–500	501–600	601–700	701–800	801–900	901–1.000	1.001–1.100
3,1– 4,0	2,17	6,51	10,85	15,19	19,53	23,87	28,21	32,55	36,89	41,23	45,57
4,1– 5,0	2,79	8,37	13,95	19,53	25,11	30,69	36,27	41,85	47,43	53,01	58,59
5,1– 6,0	3,41	10,23	17,05	23,87	30,69	37,51	44,33	51,15	57,97	64,79	71,61
6,1– 7,0	4,03	12,09	20,15	28,21	36,27	44,33	52,39	60,45	68,51	76,57	84,63
7,1– 8,0	4,65	13,95	23,25	32,55	41,85	51,15	60,45	69,75	79,05	88,35	97,65
8,1– 9,0	5,27	15,81	26,35	36,89	47,43	57,97	68,51	79,05	89,59	100,13	110,67
9,1–10,0	5,89	17,67	29,45	41,23	53,01	64,79	76,57	88,35	100,13	111,91	123,69
10,1–14,0	6,20	18,60	31,00	43,40	55,80	68,20	80,60	93,00	105,40	117,80	130,20

* Beträge in Euro ohne Umsatzsteuer (Mehrwertsteuer)

Aufgabe 14
Ergänzen Sie nachfolgende Tabelle:

Wirtschaftsbereiche	Ausgewählte Standorte	Unternehmen
Landwirtschaft		
Bergbau		
Textilindustrie		
Chemische Industrie		
Automobilindustrie		
Maschinenbau		
Elektroindustrie		

Aufgabe 15
Ergänzen Sie nachfolgendes Silbenrätsel. (Tragen Sie Ihre Lösung so in die Kästchen ein, dass in dem stark umrandeten Bereich das Lösungswort entsteht.)

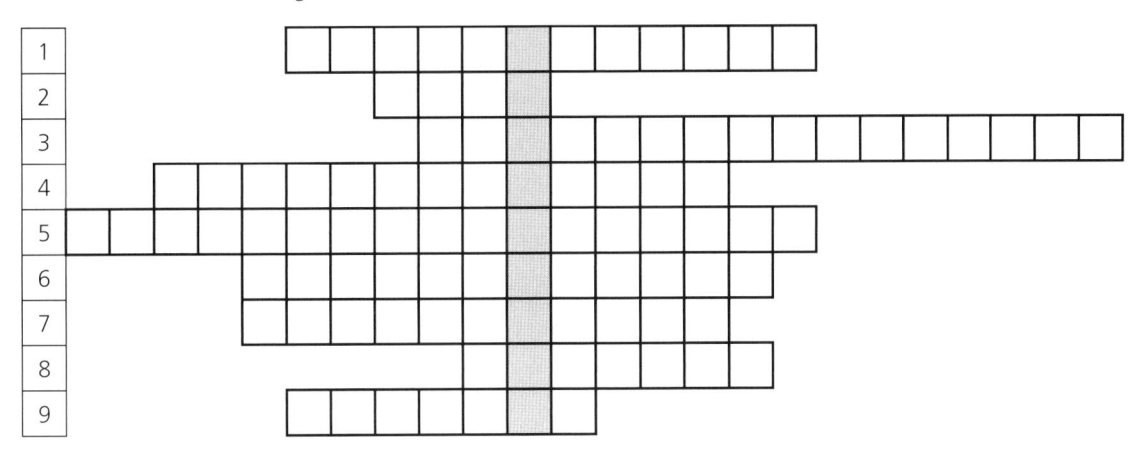

1. Welcher Wirtschaftszweig ist hinsichtlich seiner Beschäftigtenzahl der wichtigste in der BRD?
2. Welche Großstadt befindet sich in der Nähe des größten Braunkohlereviers?
3. Welches Bundesland verfügt über die meisten Beschäftigten in der Automobilindustrie?
4. Welches ist die wichtigste Produktgruppe der Chemischen Industrie?
5. Welches ist der wichtigste Produktbereich des Maschinenbaus?
6. Welches Gebiet ist – gemessen an der Beschäftigtenzahl – das wichtigste Zentrum der deutschen Textilindustrie?
7. Welches Unternehmen der Automobilindustrie ist das größte in Deutschland?
8. Größter deutscher Hersteller von Handys
9. Welche Großstadtregion ist das Hightech-Zentrum Deutschlands?

Aufgabe 16
Prüfen und erläutern Sie, welche Arten von Beteiligungsrechten der Betriebsrat bei folgenden Maßnahmen hat.

a. Einstellung eines neuen Mitarbeiters
b. Planung eines neuen Verwaltungsgebäudes
c. Planung eines Zusammenschlusses mit einer anderen Spedition

Aufgabe 17
Die Gewerkschaft ver.di hat für das Speditionsgewerbe in NRW für 2008 eine Lohn- und Gehaltsforderung von 7 % aufgestellt, die die Arbeitgeber abgelehnt haben.

a. Schildern Sie den möglichen Ablauf der Tarifauseinandersetzung zwischen der Gewerkschaft und den Arbeitgebern bis zum Abschluss eines neuen Lohn- und Gehaltstarifes.
b. Erläutern Sie die Geltung des Tarifvertrages für die Beschäftigten.
c. Beschreiben Sie die Bedeutung des Begriffes „Friedenspflicht".
d. Unterscheiden Sie die Tarifverträge und die vom Betriebsrat zu schließenden Betriebsvereinbarungen.

Aufgabe 18
Warum sind einmal getroffene Tarifregelungen bzw. Betriebsvereinbarungen Mindestbedingungen und dürfen somit nicht unterschritten werden?

Aufgabe 19
Warum hat der Gesetzgeber festgelegt, dass bestimmte Inhalte eines Arbeitsvertrages schriftlich niedergelegt werden müssen?

Lernsituation 6 | zu SLG S. 125–138, 213–215, WSP S. 25-30, 37-44, KSK S. 53-55, (DV) 190-201

Aufgabe 20

Die Spedition ALLSPED kauft am 23.05.20(0) für die Abteilung Verwaltung ein Regalsystem für die Ablage. Buchen Sie die Rechnung im Grund- und Hauptbuch.

Rechnung Nr. 2436 Büro-Komplett	
Listenpreis	9.300,00 €
./. 10 % Rabatt	930,00 €
Zwischensumme	8.370,00 €
+ Transportkosten	230,00 €
+ Montagekosten	200,00 €
Nettowert	8.800,00 €
+ 19 % USt.	1.672,00 €
Rechnungsbetrag	10.472,00 €

Anschaffungskosten des Regalsystrems in €	
01	
02	

Jahr 20(0)	Grundbuch					
Datum	Beleg	Buchungstext	Konten		Betrag	
			Soll	Haben	Soll	Haben

Hauptbuch

Soll		Geschäftsausstattung			Haben
Datum	Text	€	Datum	Text	€

Soll		Vorsteuer			Haben
Datum	Text	€	Datum	Text	€

Soll		Verbindlichkeiten			Haben
Datum	Text	€	Datum	Text	€

Aufgabe 21

Der Spedition ALLSPED liegen für die Anschaffung eines Transportsystems für das Umschlagslager folgende Angebote vor:

Transportsystem	A		B		C	
Listenpreis (netto)		135.170,41		142.191,65		106.093,44
./. Rabatt	12,5 %		8,0 %		6,0 %	
Nettowert						
+ USt	19 %		19 %		19 %	
Rechungsbetrag (brutto)						

Lernsituation 6 | zu SLG S. 125–138, 213–215, WSP S. 25-30, 37-44, KSK S. 53-55, (DV) 190-201   **173**

Einbaukosten + Fracht	A		B		C	
Nettowert		1.725,89		1.183,68		1.072,17
+ USt	19 %		19 %		19 %	
Rechungsbetrag (brutto)						

1. Entscheiden Sie sich für die günstigste Anlage
2. Buchen Sie die Eingangsrechnungen (die ER entsprechen dem Angebot) im Grund- und Hauptbuch.
3. Nehmen Sie die Transportanlage in das Bestandsverzeichnis auf.

Anschaffungskosten		A	B	C
01	Listenpreis			
02				
03				
04				
05				
06				

Bestandsverzeichnis							
Nr.	Bezeichnung des Gegenstandes	Anschaffungs- wert €	Nutzungs- dauer Jahre	Anschaffungs- datum Monat	Abschreibungs- basis €	Wertminderung 20(0) €	Inventurwert zum 31.12.20(0) €
1.	Transportsystem						
2							

Jahr 20(0)	Grundbuch						
Datum	Beleg	Buchungstext	Konten		Betrag		
			Soll	Haben	Soll		Haben

Hauptbuch

Soll		Transportanlagen			Haben
Datum	Text	€	Datum	Text	€

Lernsituation 6 | zu SLG S. 125–138, 213–215, WSP S. 25-30, 37-44, KSK S. 53-55, (DV) 190-201

Soll			Vorsteuer		Haben
Datum	Text	€	Datum	Text	€

Soll			Verbindlichkeiten		Haben
Datum	Text	€	Datum	Text	€

Aufgabe 22

Die Spedition ALLSPED GmbH erwarb am 01.04.20(0) ein unbebautes Grundstück für den Bau eines Hochregallagers:

Datum	Geschäftsfall	€
01.04.	Aufnahme einer Hypothek zur Finanzierung des Grundstückes	400.000,00
06.04.	ER des Maklers über 3 % Maklerprovision	
	Netto	12.000,00
	+ USt. 19 %	2.280,00
	Rechnungsbetrag	14.280,00
10.04.	Zahlung der Grunderwerbssteuer (3,5 %) an das Finanzamt durch Banküberweisung	14.000,00
10.04.	ER des Notars über Beurkundungsgebühren	
	Netto	2.000,00
	+ USt. 19 %	380,00
	Rechnungsbetrag	2.380,00
01.05.	Zinszahlung für Monat April: 4 % vom Kaufpreis	?
15.05.	Barzahlung der Gerichtskosten für die Umschreibung im Grundbuch	520,00
15.05.	Banküberweisung des Kaufpreises und Aktivierung	400.000,00

a. Buchen Sie die Geschäftsfälle im Grundbuch und im Hauptbuch.

b. Ermitteln Sie die Anschaffungskosten des unbebauten Grundstücks

Anschaffungskosten des Grundstücks in €		
01	Grundstückspreis	400.000,00
02		

Jahr 20(0)	Grundbuch					
Datum	Beleg	Buchungstext	Konten		Betrag	
			Soll	Haben	Soll	Haben

Jahr 20(0)	Grundbuch		Konten		Betrag	
Datum	Beleg	Buchungstext	Soll	Haben	Soll	Haben

Hauptbuch

Soll		Unbebaute Grundstücke				Haben
Datum	Text		€	Datum	Text	€

Soll		Vorsteuer				Haben
Datum	Text		€	Datum	Text	€

Soll		Verbindlichkeiten				Haben
Datum	Text		€	Datum	Text	€

Soll		Darlehen				Haben
Datum	Text		€	Datum	Text	€

Soll		Zinsaufwand				Haben
Datum	Text		€	Datum	Text	€

Lernsituation 6 | zu SLG S. 125–138, 213–215, WSP S. 25-30, 37-44, KSK S. 53-55, (DV) 190-201

Soll			Bank		Haben
Datum	Text	€	Datum	Text	€

Soll			Kasse		Haben
Datum	Text	€	Datum	Text	€

SELBSTTEST LERNSITUATION 6

➡ Diese **Prozesse** sollten Sie beherrschen:

- eine Make-or-Buy-Entscheidung treffen
- Tages- und Kilometersätze ermitteln
- einen 100-kg-Preis berechnen
- einen Arbeitsvertrag schriftlich ausfertigen
- den Betriebsrat in ein Einstellungsverfahren einbeziehen
- tarifliche Gehalts- und Arbeitsbedingungen ermitteln
- Beschaffung von Anlagegütern buchen
- Abschreibungen ermitteln und buchen
- Abschreibungsmethoden einsetzen

➡ Diese **Begriffe** sollten Sie kennen:

1. Abschreibung (Abnutzung/Entwertung)
2. Abschreibungen (AfA)
3. Abschreibungsmethoden
4. AfA-Tabelle
5. Anschaffungsnebenkosten
6. Anschaffungspreisminderungen
7. Anschaffungswert
8. Anschaffungszeitpunkt
9. Arbeitsvertrag
10. Aufgaben Betriebsrat
11. Autobahn-Maut
12. Beschaffung
13. Bestandsverzeichnis
14. Betriebsvereinbarung
15. Buchwert
16. Einzelkosten
17. Entgeltermittlung
18. Fahrzeugeinsatzkosten
19. Gebrauchsgüter
20. Gemeinkosten
21. Geringwertige Wirtschaftsgüter (GWG)
22. Herstellkosten
23. Kasko-Versicherung
24. Kfz-Haftpflichtversicherung
25. Kilometerabhängige Kosten
26. Kilometersatz
27. Make-or-Buy-Entscheidung
28. Mitbestimmung bei Einstellungen
29. Streik
30. Tagessatz
31. Tarifkonflikte
32. Tarifliche Arbeitsbedingungen
33. Tarifverhandlungen
34. Tarifvertrag
35. Tarifvertrag, Gewerkschaften
36. Verbrauchsgüter
37. Zeitabhängige Kosten

Lernsituation 7

- Versicherungsbedingungen vergleichen
- Über einen Rechtsformwechsel entscheiden
- Die Umsatzsteuer erfassen und buchen
- Powerpoint-Präsentationen optimieren

In Versicherungsfragen war man in der Gerd Berger Spedition nicht mehr mit der **W & O Versicherung** zufrieden. In mehreren Fällen, in denen man ein kulantes Verhalten erwartet hatte, erwies sich W & O wenig kundenfreundlich. Schadenersatzzahlungen ließen oft lange auf sich warten, sodass die betroffenen Versender bereits mit einem Wechsel des Spediteurs gedroht hatten. Schließlich gab es in der Versicherung für jeden Versicherungszweig unterschiedliche Ansprechpartner, mit der Folge, dass die Kommunikation sehr schwierig war.

Dies ist bereits ein Punkt des Angebotsvergleichs, zusammengefasst unter dem Stichwort „Kundenfreundlichkeit".

W & O Versicherungen

Ihr verlässlicher Partner

Herr Berger hatte über die Sammelgutkooperation von dem Versicherungsmakler **CLEWE** gehört, der sich durch Kulanz, kurze Bearbeitungszeiten, schnelle Auszahlung des Schadenersatzes und kundenbezogene Sachbearbeiter, letztlich also durch ein hohes Maß an **Kundenfreundlichkeit**, auszeichnen soll.

Ein Vergleichsangebot von CLEWE liegt bereits vor. Herr Klaßen hat den Auftrag erhalten, wesentliche Angebotsunterschiede in einem Angebotsvergleich einander gegenüberzustellen und die Entscheidung vorzubereiten, ob ein Versicherungswechsel durchgeführt werden soll. In einer Nutzwertanalyse (siehe unten) sollen die Bedingungen quantifiziert werden, um die Entscheidung zu erleichtern.

Vergleich zur Haftungs- und Güterversicherung

Vergleich wesentlicher Punkte der Versicherungsbedingungen

Teil 1: Haftungsversicherung des Spediteurs nach Ziffer 29 ADSp

Die Versicherungsbedingungen stimmen inhaltlich in hohem Maße überein, weil beide die DTV-Verkehrshaftungsversicherungs-Bedingungen zur Grundlage haben. Das heißt vor allem:

- **Gegenstand der Versicherung** ist jeder Verkehrsvertrag (Fracht-, Speditions- und Lagervertrag) des Versicherungsnehmers als Frachtführer im Straßengüterverkehr, als Spediteur oder Lagerhalter, wenn und soweit die damit zusammenhängende Art der Tätigkeit in der **Betriebsbeschreibung** dokumentiert ist. Hierzu zählen auch speditionsübliche logistische Leistungen, wenn diese mit der Beförderung oder Lagerung von Gütern in Zusammenhang stehen.
- Die **Güterschadenhaftpflichtversicherung** nach § 7a Güterkraftverkehrsgesetz ist eingeschlossen.
- Die **Obliegenheiten** vor und nach Eintritt eines Schadenfalls decken sich weitgehend.
- Beide Versicherer verzichten auf den **Regress** gegen den Versicherungsnehmer und seine Arbeitnehmer (Ausnahme vorsätzliches Herbeiführen des Schadens).

Angebotsinhalt	W & O	CLEWE
Prämie	3 Promille vom Jahresumsatz	2,5 Promille vom Jahresumsatz
Kundenfreundlichkeit	Siehe Beschreibung oben	
Vorsorgeversicherung	maximal 250.000,00 EUR; Ausnahme: „Beförderung und Lagerung von Kraftfahrzeugen, Tabakwaren, Spirituosen, Mobiltelefonen, Unterhaltungselektronik, Personalcomputer sowie Waren aus dem Bereich der Telekommunikation. Die Versicherungsleistung ist in diesen Fällen mit 50.000,00 EUR je Transportmittel bzw. Lagerort begrenzt."	maximal 250.000,00 EUR; Ausnahme: Tabakwaren, Spirituosen, Kraftfahrzeuge, Mobiltelefone, Computer-Hard- und Software, Unterhaltungselektronik aller Art, wenn deren Warenwert 5.000,00 EUR je Auftrag, Transportmittel oder Lagerort übersteigt.
Räumlicher Geltungsbereich	Speditionsverträge: weltweit Lagerverträge: innerhalb Deutschlands Frachtverträge: innerhalb der EU in ihrer jeweils geltenden Ausdehnung	Der Versicherungsschutz erstreckt sich auf Güterversendungen von/nach und innerhalb folgender Länder: Belgien, Deutschland, Finnland usw. (Auflistung der 27 EU-Staaten des Jahres 2007).

Angebotsinhalt	W & O	CLEWE
Versicherungsausschlüsse	Nicht versichert sind: Schäden aus Naturkatastrophen, Krieg, Beschlagnahme, Streik, Schäden an lebenden Tieren und Pflanzen, innerer Verderb, unübliche Vereinbarungen (z. B. Vertragsstrafen und Lieferfristgarantien), vertragliche Haftungserhöhungen, die über die gesetzliche Regelhaftung hinausgehen. Spezielle Güter: Ansprüche aus Schäden an Kraftfahrzeugen, Tabakwaren, Spirituosen, Mobiltelefonen, Unterhaltungselektronik, Personalcomputern sowie Waren aus dem Bereich der Telekommunikation. Die Versicherungsleistung ist in diesen Fällen mit 50.000,00 EUR je Transportmittel bzw. Lagerort begrenzt. Ferner: Schäden an Umzugsgut, Kunstgegenständen, Antiquitäten, Edelmetallen, Edelsteinen, echten Perlen, Geld, Dokumenten, Urkunden.	Nicht versichert sind: Schäden aus Naturkatastrophen, Krieg, Beschlagnahme, Streik, Schäden an lebenden Tieren und Pflanzen, innerer Verderb, unübliche Vereinbarungen (z. B. Vertragsstrafen und Lieferfristgarantien), vertragliche Haftungserhöhungen, die über die gesetzliche Regelhaftung hinausgehen. Spezielle Güter: Tabakwaren, Spirituosen, Kraftfahrzeuge, Mobiltelefone, Computer-Hard- und -Software, Unterhaltungselektronik aller Art, wenn deren Warenwert 5.000,00 EUR je Auftrag, Transportmittel oder Lagerort übersteigt. Ferner: Schäden an Umzugsgut, Kunstgegenständen, Antiquitäten, Edelmetallen, Edelsteinen, echten Perlen, Geld, Dokumenten, Urkunden.
Begrenzung der Versicherungsleistung (in EUR) a) pro Schadensfall	Güterschäden 1. Mio. reine Vermögensschäden 250.000,00 Inventurdifferenzen pro Jahr 500.000,00	Speditionsverträge Güterschäden 1,25 Mio. reine Verm.-Schäden 250.000,00 Inventurdiff. pro Jahr 50.000,00 Frachtverträge Güterschäden 1,25 Mio. reine Verm.-Schäden 250.000,00
b) pro Schadensereignis	5,0 Mio.	2,0 Mio.
c) pro Versicherungsjahr	5,0 Mio.	4,0 Mio.
d) zusätzliche Begrenzung bei qualifiziertem Verschulden	pro Schadensfall 200.000,00 pro Versicherungsjahr 300.000,00	100.000,00

Teil 2: Güterversicherung für die Auftraggeber nach Ziffer 21 ADSp

Auch bei der Güterversicherung sind viele inhaltliche Übereinstimmungen der Versicherungsbedingungen zu finden, weil wiederum eine gemeinsame Grundlage besteht: die DTV-Güterversicherungsbedingungen 2000. Wesentlich sind vor allem folgende Aussagen:

- **Gegenstand der Versicherung**: Die Versicherung bezieht sich auf Güter aller Art, die vom Versicherungsnehmer aufgrund eines mit einem Verkehrsvertrag verbundenen Versicherungsauftrages für fremde Rechnung zu versichern sind, insbesondere auf Handelsgüter (Warengruppe A, siehe unten). Eine Ausnahme bilden die Warengruppen B, C und D, die nur eingeschränkt oder gar nicht zu versichern sind.
- **Versicherte Transporte und Lagerungen:** Versichert sind in dem vereinbarten Umfang Transporte mit eigenen oder fremden Transportmitteln jeder Art sowie transportbedingte Zwischenlagerungen bis zur Dauer von höchstens 60 Tagen von und nach sowie an allen Plätzen der Erde.
- Die **Deckungsform** lautet „volle Deckung", die **Reichweite** „Haus-Haus".
- Es gelten die verschiedenen **Klauseln** aus den DTV-Güterversicherungsbedingungen 2000, z. B. Kriegsklausel, Streik- und Aufruhrklausel und auch die Klausel über den Einschluss von Güterfolge- und reinen Vermögensschäden.
- Die Versicherer verzichten auf den **Regress** gegen den Versicherungsnehmer (Spediteur) und seine Arbeitnehmer (Ausnahme Vorsatz).

Angebotsinhalt	W & O	CLEWE
Kundenfreundlichkeit	Siehe Beschreibung oben	
Versicherte Güter (Siehe Tabelle unten. Die Warengruppeneinteilung beider Versicherer stimmt überein.)	Warengruppe A Ohne besondere Anfrage versicherbar. Warengruppe B Bis 50.000,00 EUR Güterwert ohne besondere Anfrage. Warengruppe C Besondere Anfrage vor Risikobeginn. Warengruppe D Nicht versicherbar.	Warengruppe A Ohne besondere Anfrage versicherbar. Warengruppe B Bis 50.000,00 EUR Güterwert ohne besondere Anfrage. Warengruppe C Besondere Anfrage vor Risikobeginn. Warengruppe D Nicht versicherbar.
Haftungshöchstgrenzen	Warengruppe A: 750.000,00 EUR je Transportmittel bzw. feuertechnisch getrenntem Lager. Warengruppe B: 50.000,00 EUR je Transportmittel bzw. feuertechnisch getrenntem Lager. Je Schadensereignis für Güterfolge- und reine Vermögensschäden: 100.000,00 EUR	Warengruppe A: 750.000,00 EUR je Transportmittel bzw. feuertechnisch getrenntem Lager. Warengruppe B: 50.000,00 EUR je Transportmittel bzw. feuertechnisch getrenntem Lager. Für Güterfolge- und reine Vermögensschäden: je Schadensfall 100.000,00 EUR je Schadensereignis 200.000,00 EUR pro Versicherungsjahr 400.000,00 EUR
Prämien	Siehe Auszüge aus Prämientabellen unten.	
Spediteurprovision	10 % der eingenommenen Nettoprämie	keine
Prämienzahlung	Monatliche Einzelanmeldung jedes Versicherungsauftrags.	Meldung der einzelnen Versicherungsaufträge bis zum 10. des Folgemonats. Die Jahresmindestprämie beträgt 1.200,00 EUR

Warengruppeneinteilung von W & O sowie CLEWE

Warengruppe A	Warengruppe B	Warengruppe C	Warengruppe D
Allgemeine Handelsgüter	Besondere Handelsgüter	Besonders gefährdete Handelsgüter	Nicht versicherbare Handelsgüter
Beispiele: alle Handelsgüter, soweit nicht in Gruppe B bis D aufgeführt	**Beispiele:** Alkoholische Getränke, Computerbauteile, Foto- und Filmapparate, Unterhaltungselektronik	**Beispiele:** Unverzollter Alkohol, frisches Gemüse, Kunstgegenstände, Mobiltelefone, Schnittblumen, lebende Tiere	**Beispiele:** Antiquitäten, Dokumente, echte Perlen, Edelmetalle, Geld in Münzen und Scheinen, Juwelen, Urkunden, Wertpapiere

Prämientabelle W & O (Auszug)	Prämien in Promille	
	Warengruppe A	Warengruppe B
1. Deutschland	0,70	1,85
2. Andorra, Belgien, Dänemark, Finnland, Frankreich, Großbritannien (mit Nordirland, Kanalinseln und Gibraltar), Irland, Island, Italien mit San Marino, Liechtenstein, Luxemburg, Monaco, Niederlande, Norwegen, Österreich, Portugal, Schweden, Schweiz, Spanien, Vatikan	0,85	2,85
3. Polen, Tschechien, Ungarn, Slowakei, Rumänien, Bulgarien, Türkei, Slowenien, Griechenland, Malta, Balkan-Staaten	1,50	4,00
4. Lufttransporte	70 % der genannten Prämiensätze	
5. Mindestprämie je Transport	2,50 EUR	
Güter mit einem Versicherungswert über 100.000,00 EUR sind anfragepflichtig.		
Bei innerdeutschen Transporten zuzüglich der gesetzlichen Versicherungssteuer von zurzeit 19 %.		

Prämientabelle CLEWE

Prämientabelle CLEWE (Auszug)	Warengruppe A in ‰	Warengruppe B in ‰
	Land/Fluss/See	Land/Fluss/See
1. Deutschland	0,70	2,50
2. Geografisches Europa, ohne Staaten der ehemaligen UdSSR	1,00	3,50
3. Sonstige Staaten	Mit dem Versicherer vor Risikobeginn vereinbaren.	
4. Lufttransporte	zu 1.) 70 % der Prämie zu 2.) 50 % der Prämie	
5. Mindestprämie je Transport	2,50 EUR für innereuropäische, 5,00 EUR für außereuropäische Transporte	
Innerdeutsche Transporte zuzüglich der gesetzlichen Versicherungssteuer von zurzeit 19 %.		

Nutzwertanalyse

Die Nutzwertanalyse ist ein Verfahren, mit dem man die qualitativen Unterschiede von Angeboten bewerten kann.

Vorgehensweise:

1. Es werden die Angebotsinhalte ausgewählt, die für den Angebotsvergleich betrachtet werden sollen (Spalte „Angebotsinhalte").
2. Die Angebotsinhalte werden nach ihrer Bedeutung gewichtet. Im Beispiel ist die Prämie mit 20 % von 100 % gewichtet worden.
3. Die Angebotsinhalte der Lieferer werden nun mit Punkten von 1 bis 10 bewertet (10 Punkte = Höchstpunktzahl).
4. Bewertungspunkte multipliziert mit der Gewichtungsprozentzahl (z. B. 20 x 10) ergibt die gewichteten Punkte für jeden Angebotsinhalt (z. B. 200).
5. Das Angebot mit der höchsten Punktzahl („Summe") erfüllt die Erwartungen des Spediteurs am besten.

Beispiel einer Nutzwertanalyse (Ausschnitt)

Angebotsinhalte	Gewichtung	WOKI		NOSPE	
	%	Bewertung (1 – 10 Punkte)	Bewertung · Gewichtung	Bewertung (1 – 10 Punkte)	Bewertung · Gewichtung
Prämie	20	10	200	1	20
Kundenfreundlichkeit	10	6	60	10	100
Summe	100		615		645

Nutzwertanalyse Haftungsversicherung

Angebotsinhalte	Gewichtung	W & O Versicherung		Clewe	
	%	Bewertung (1 – 10 Punkte)	Bewertung · Gewichtung	Bewertung (1 – 10 Punkte)	Bewertung · Gewichtung
Prämie					
Kundenfreundlichkeit					
Vorsorgeversicherung					
Räumlicher Geltungsbereich					
Versicherungsausschlüsse					
Begrenzung der Versicherungsleistung					
Summe	100				

Nutzwertanalyse Güterversicherung

Angebotsinhalte	Gewichtung	W & O Versicherung		Clewe	
	%	Bewertung (1 – 10 Punkte)	Bewertung · Gewichtung	Bewertung (1 – 10 Punkte)	Bewertung · Gewichtung
Kundenfreundlichkeit					
Versicherte Güter					
Haftungshöchstgrenzen					
Prämien					
Spediteurprovision					
Prämienzahlung					
Summe	**100**				

Entscheidet sich die Gerd Berger Spedition für die Anschaffung eines eigenen Lkw, um Sammelgut abzuholen und zu verteilen, ist eine Ergänzung der Betriebsbeschreibung und innerhalb eines Monats eine Meldung an die Versicherung notwendig, damit die Vorsorgeversicherung wirksam wird. Herr Klaßen geht davon aus, dass die Art der transportierten Güter identisch ist mit den Gütern, die der Besorgertätigkeit der Spedition zugrunde liegen. Den Anteil des Regionalverkehrs im Selbsteintritt schätzt er auf 5 % vom Frachtumsatz. Die Tätigkeitserweiterung kann der Versicherung mit einem formlosen Schreiben gemeldet werden.

Auszug aus der letzten Betriebsbeschreibung der Gerd Berger Spedition

Tätigkeitsbeschreibung der **Spedition**

X	Geschäftsbesorgungsspediteur		100	% vom Speditionsumsatz
X	Fixkostenspedition	davon	98	
X	Sammelladung	und	60	
X	Ladungsverkehr	und	40	
	Luftfrachtspedition			
	Seehafenspedition			
	Gefahrgutspedition			

- Räumlicher Geltungsbereich

X	Deutschland	100	% vom Speditionsumsatz
	Europa (geografisch)		
	– Italien		
	– Visegrad-Staaten/Baltikum		
	– GUS		
	– Rumänien		
	– Bulgarien		
	Länder außerhalb Europas, wenn ja, folgende		
	–		

Visegrad-Staaten = Polen, Ungarn, Tschechien, Slowakei

- Schwerpunkte bei speziellen Warengattungen

X	Allgemeines Kaufmannsgut	75	% vom Speditionsumsatz
	Temperaturempfindliche Güter		
	Gefahrgut		
X	Elektronische Güter	10	
	Tabak, Zigaretten, Getreide		
	Tiere		
	Kraftfahrzeuge		
X	Textilien	15	
	[und weitere]		

Lernsituation 7 | zu SLG S. 54-73, WSP S. 94-101, KSK S. 47-52, (DV) 202-207

Tätigkeitsbeschreibung der **Frachtführer**

- Räumlicher Tätigkeitsbereich

  Deutschland

☐	Regionalverkehr bis 150 km	☐	% vom Frachtumsatz
X	Fernverkehr	100	

  Europa (geografisch)

☐	– Italien	☐
☐	– Visegrad-Staaten/Baltikum	☐
☐	– GUS	☐
☐	– Rumänien	☐
☐	– Bulgarien	☐

  Länder außerhalb Europas, wenn ja, folgende

☐	-	☐

- Angaben zu den transportierten Gütern

☐	Allgemeines Kaufmannsgut	85	% vom Frachtumsatz
☐	Temperaturempfindliche Güter		
☐	Gefahrgut		
☐	Elektronische Güter	5	
☐	Tabak, Zigaretten, Getreide		
☐	Tiere		
☐	Kraftfahrzeuge		
☐	Textilien	10	
☐	[und weitere]		

Dem Computerprogramm, das die Speditionsaufträge verwaltet, sind für die Berechnung der Prämien folgende Zahlen für den Monat November zu entnehmen (aufgelaufene Zahlen bis zum 29. November 20(0)), jeweils ohne Versicherungssteuer. Die nachfolgenden Aufträge (siehe Speditionsauftrag unten und die Auftragsdaten vom 30. November) müssen noch in der Prämienanmeldung ergänzt werden. Für die Prämienberechnung ist die **Prämientabelle** der W & O-Versicherung zu verwenden (siehe unten).

Prämienanmeldung Güterversicherung — W & O

Versicherungsnehmer		Gerd Berger Spedition, Merkurstraße 14, 40223 Düsseldorf			
Kundennummer	23_NW_4489	Policen-Nr.	BE 40-43-0124	Monat	November 20(0)

Nr.	Abgangs-datum	Transport-mittel	Waren-bezeichnung	Gewicht kg	Versichert Reise von	Versichert Reise nach	Versicherungs-summe	Transport Prämie ‰	Prämie
371			Zwischensumme						234,50
							Gesamtprämie		
							– 10 % Spediteurprovision		
							Nettoprämie		
							+ Versicherungssteuer 19 %		
							Gesamtbetrag		

Ort	Datum	Unterschrift

Lernsituation 7 | zu SLG S. 54-73, WSP S. 94-101, KSK S. 47-52, (DV) 202-207

Speditionsauftrag (gekürzt)

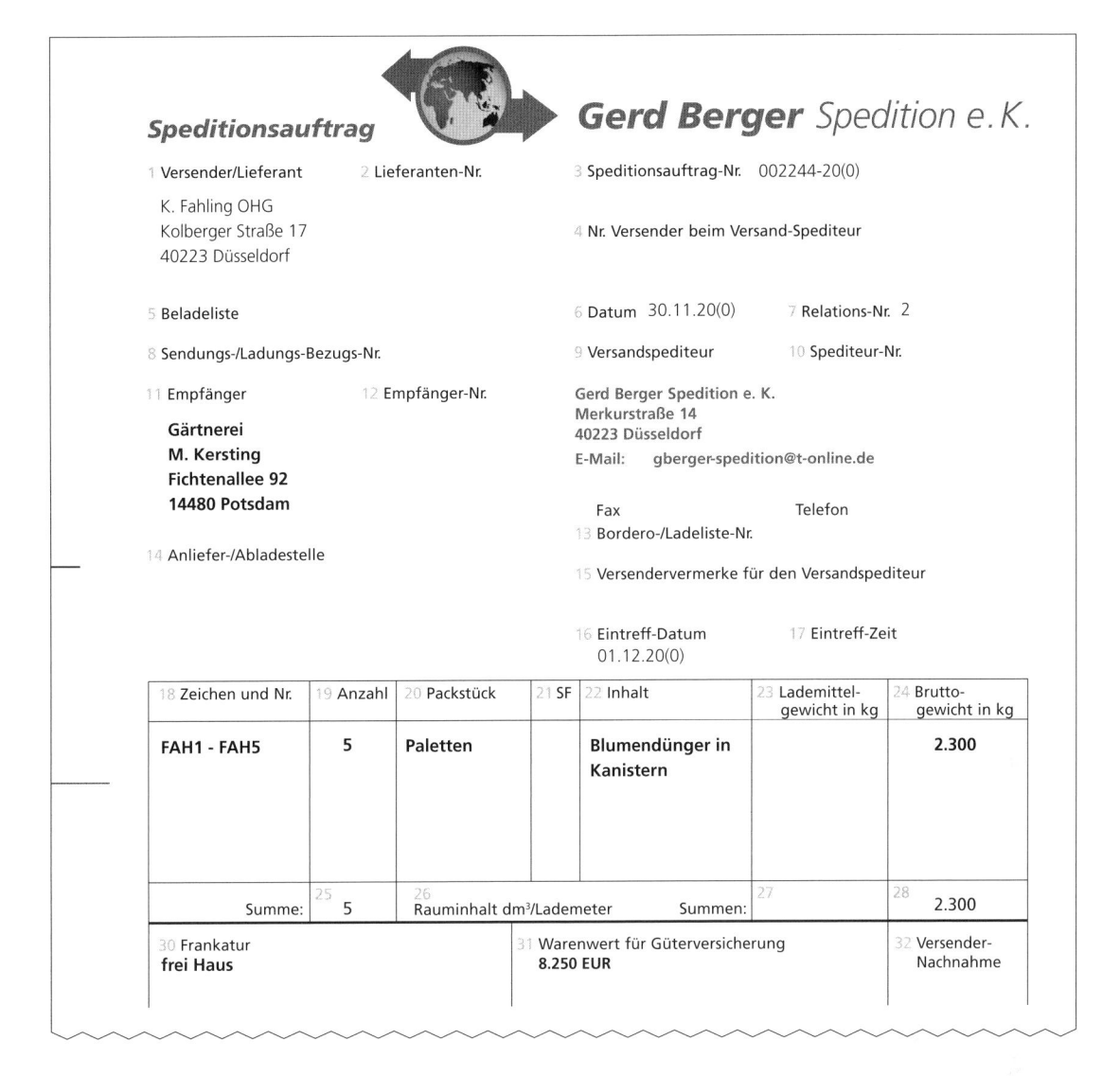

Speditionsauftrag — **Gerd Berger** Spedition e.K.

1 Versender/Lieferant 2 Lieferanten-Nr.	3 Speditionsauftrag-Nr. 002244-20(0)
K. Fahling OHG Kolberger Straße 17 40223 Düsseldorf	4 Nr. Versender beim Versand-Spediteur
5 Beladeliste	6 Datum 30.11.20(0) 7 Relations-Nr. 2
8 Sendungs-/Ladungs-Bezugs-Nr.	9 Versandspediteur 10 Spediteur-Nr.
11 Empfänger 12 Empfänger-Nr. Gärtnerei M. Kersting Fichtenallee 92 14480 Potsdam	Gerd Berger Spedition e. K. Merkurstraße 14 40223 Düsseldorf E-Mail: gberger-spedition@t-online.de Fax Telefon
14 Anliefer-/Abladestelle	13 Bordero-/Ladeliste-Nr.
	15 Versendervermerke für den Versandspediteur
	16 Eintreff-Datum 17 Eintreff-Zeit 01.12.20(0)

18 Zeichen und Nr.	19 Anzahl	20 Packstück	21 SF	22 Inhalt	23 Lademittel- gewicht in kg	24 Brutto- gewicht in kg
FAH1 - FAH5	5	Paletten		Blumendünger in Kanistern		2.300
Summe:	25 5	26 Rauminhalt dm³/Lademeter		Summen: 27		28 2.300
30 Frankatur frei Haus			31 Warenwert für Güterversicherung 8.250 EUR			32 Versender- Nachnahme

Daten der restlichen Aufträge vom 30. November 20(0)

Sped.-Auftr.-Nr.	Datum	Versender	Empfänger	Sendung	Warenwert EUR
002245-20(0)	30.11.20(0)	GIERMEX Bodenbeläge Ludwig-Beck-Straße 24 41466 Neuss	Wohndesign Alexanderstraße 223 10179 Berlin	1 Rolle Teppichboden, GIE1, 500 kg, unfrei	1.750,00
002246-20(0)	30.11.20(0)	Sunny GmbH Adolfstraße 112 50679 Köln	REWE-Markt Hauptstraße 49 91301 Forchheim	1 EUR-FP (900 Flaschen) Fruchtsaft, SU1, 700 kg, frei Haus	1.400,00
002247-20(0)	30.11.20(0)	Gerd Waltermann Teppichboden Paulusstraße 181 40237 Düsseldorf	ELSY GmbH Steinstraße 71 14974 Ludwigsfelde	2 EUR-FP Teppichboden, WA1 – WA2 1.300 kg, frei Haus	keine Versicherung
002248-20(0)	30.11.20(0)	Maschinenfabrik G. Werner Industriestraße 118 40822 Mettmann	W. Enders Brunnenbau Fliederweg 143 15517 Fürstenwalde	2 EUR-FP Maschinen- teile WE 1-2, 400 kg, frei Haus	16.300,00
002249-20(0)	30.11.20(0)	E + S GmbH, Etiketten, Daneköthen 184, 40627 Düsseldorf	Bürobedarf J. Sandmann Sonnenallee 212 12167 Berlin	1 Karton Computer- Etiketten, ES1-2, 80 kg, frei Haus	850,00
002250-20(0)	30.11.20(0)	Papierfabrik Wendering AG Aachener Straße 4 40223 Düsseldorf	Druckerei Enders Hoflacher Straße 16, 81249 München	23 Rollen Papier, WEN1- 23, 22.500 kg, frei Haus	20.500,00

Lernsituation 7 | zu SLG S. 54-73, WSP S. 94-101, KSK S. 47-52, (DV) 202-207

Risikowarengruppen siehe Informationsband, Stichwort „versicherte Güter" und die Warengruppeneinteilung oben auf Seite 179

Prämientabelle W & O Versicherung (Auszug)

1. Land-, See- und Lufttransporte von und nach Deutschland
Warengruppe A
Allgemeine Speditionsgüter, die nicht in der Warengruppe B sowie nicht in der „Auflistung der Waren mit erhöhtem Risikograd (Warenkatalog)" gesondert aufgeführt sind.

Warengruppe B
- Elektrische Haushaltsgeräte
- Nahrungsmittel
- Flüssigkeiten in Flaschen
- Kosmetikartikel
- Tabakwaren
- Spirituosen
- Arzneien
- Neumöbel
- Daten-, Ton- und Musikträger
- Foto- und Filmapparate
- Unterhaltungselektronik (z. B. Fernseh-, Video-, Rundfunkgeräte)
- weiße Ware (z. B. Waschmaschinen, Kühlschränke etc.)
- Maschinen mit hohem Elektroanteil
- Computer (Hardware und Software) und Peripheriegeräte
- temperaturgeführte Güter
- medizinisch-technische Geräte

	Prämien in Promille	
	Warengruppe A	Warengruppe B
1.1 Deutschland	0,70	1,85
1.2 Andorra, Belgien, Dänemark, Finnland, Frankreich, Großbritannien (mit Nordirland, Kanalinseln und Gibraltar), Irland, Island, Italien mit San Marino, Liechtenstein, Luxemburg, Monaco, Niederlande, Norwegen, Österreich, Portugal, Schweden, Schweiz, Spanien, Vatikan	0,85	2,85
1.3 Polen, Tschechien, Ungarn, Slowakei, Rumänien, Bulgarien, Türkei, Slowenien, Griechenland, Malta, Balkan-Staaten	1,50	4,00
5. Spediteurrabatt	10 %	
7. Mindestprämie je Transport	2,50 EUR	

Güter mit einem Versicherungswert über 100.000,00 EUR sind anfragepflichtig.

Bei innerdeutschen Transporten zuzüglich der gesetzlichen Versicherungssteuer von zurzeit 19 %.

Problem: Umsatzsteuer

Für den Versender Fahling OHG ist beispielhaft eine Rechnung zu erstellen. Mit allen Kunden ist der Tarif für den Spediteursammelgutverkehr vereinbart worden. Entfernung Düsseldorf – Potsdam 534 km.

Tarif Sammelgutverkehr siehe Seite 58

Rechnung für K. Fahling OHG			
Pos.-Nr.	Text	EUR	EUR

Lernsituation 7 | zu SLG S. 54-73, WSP S. 94-101, KSK S. 47-52, (DV) 202-207

Im Zuge der Expansion seiner Spedition erscheint Berger trotz der bewährten Entlastung durch seinen Assistenten die Aufnahme eines Partners erforderlich, um die stark gewachsene Arbeitsbelastung der Unternehmensleitung zu bewältigen. Darüber hinaus haben einige Gespräche mit der Hausbank der Spedition, der Commerzbank Düsseldorf, ergeben, dass nach den durchgeführten Investitionen in die Lagererweiterung, Lagereinrichtung und EDV-Ausstattung im Zuge des Anschlusses an die Sammelgutkooperation und nach Finanzierung des eigenen LKW der Kreditrahmen der Spedition ausgeschöpft ist. Die Bank hat es zur Voraussetzung der Bewilligung der Kredite für die genannten Investitionen gemacht, dass Berger den Eigenkapitalanteil am Gesamtkapital der Spedition kurzfristig aufstockt. Eine Eigenkapitalquote von ca. 40 % sei wünschenswert. Auch für zukünftige Investitionsvorhaben muss in jedem Fall zusätzliches Eigenkapital aufgebracht werden. Allerdings steht Berger derzeit kein ausreichendes Privatvermögen zur Verfügung.

Olaf Decker
Fontanestraße 42
40667 Meerbusch

geb. am 04. Juli 1966
Telefon (02 10 4) 22 78 55

Vor einiger Zeit lernte Berger auf einer Weiterbildungsveranstaltung Olaf Decker kennen, einen erfahrenen Fachmann für Sammelgutspedition und bislang Prokurist bei einer Dortmunder Spedition. Decker verfügt neben seiner Fachkompetenz über Privatvermögen in Höhe von ca. 125.000,00 €, dass er in Wertpapieren und Bankguthaben angelegt hat. Er ist an einer beruflichen Herausforderung in Form einer selbstständigen Tätigkeit in der bisherigen Spedition Gerd Berger interessiert und auch bereit, einen Teil seines Privatvermögens in die gemeinsame Spedition zu investieren.

Bergers Assistent, Markus Hünting, weist auf den erforderlichen Rechtsformwechsel hin und erhält daraufhin den Auftrag, eine Empfehlung hinsichtlich der zu wählenden Rechtsform für die zu gründende Speditionsgesellschaft zwischen Gerd Berger und Olaf Decker und eine Empfehlung für das von Decker einzubringende Eigenkapital auszuarbeiten. Die Empfehlung soll als Powerpoint-Präsentation gestaltet und der Geschäftsführung vorgeführt werden. Daher soll die Präsentation auch Berechnungsbeispiele aus Excel für unterschiedliche Fallgestaltungen (Haftung, Gewinn- und Verlustverteilung) und Grafiken zu den Unternehmensorganen unterschiedlicher Rechtsformen enthalten.

Folgende Tabelle soll bei der Entscheidungsfindung helfen:

MUSTER	Rechtsform A	Rechtsform B	Rechtsform C
Gründungsvorschriften			
Firma			
Kapitalaufbringung (durch wen, in welcher Höhe?)			
Geschäftsführung (Innenverhältnis)			
Vertretung (Außenverhältnis)			
Haftung			
Gewinnverteilung			
Verlustverteilung			
...			

Lernsituation 7 | zu SLG S. 54-73, WSP S. 94-101, KSK S. 47-52, (DV) 202-207

Zum Ende des Monats ist in der Abteilung Rechnungswesen immer viel zu tun. Alle Mitarbeiter sind bei der Lohn- und Gehaltsabrechnung eingespannt. Und so ist man froh, dass die Arbeit geschafft ist und die Mitarbeiter über ihre Arbeitsentgelte verfügen können. Allerdings bleibt nur eine kurze Zeit zum Durchatmen, denn schon steht die nächste Arbeit an, die an jedem Monatsanfang fällig ist: die Umsatzsteuer-Voranmeldung. Frau Keller hat den 4. Dezember für die Bearbeitung der Umsatzsteuervoranmeldung in ihrem Zeitplan eingetragen, weil sie weiß, dass sie bis zum 10. Dezember die Umsatzsteuer des Monats November an das Finanzamt melden und zahlen muss. Deshalb ermittelt sie mithilfe der Buchführung die Umsatzsteuerschuld für diesen Monat (Umsatzsteuerzahllast). Hierfür steht ihr ein vom Finanzamt herausgegebenes Formblatt, die Umsatzsteuer-Voranmeldung, zur Verfügung. Es ist nachfolgend als stark vereinfachtes Formular dargestellt.

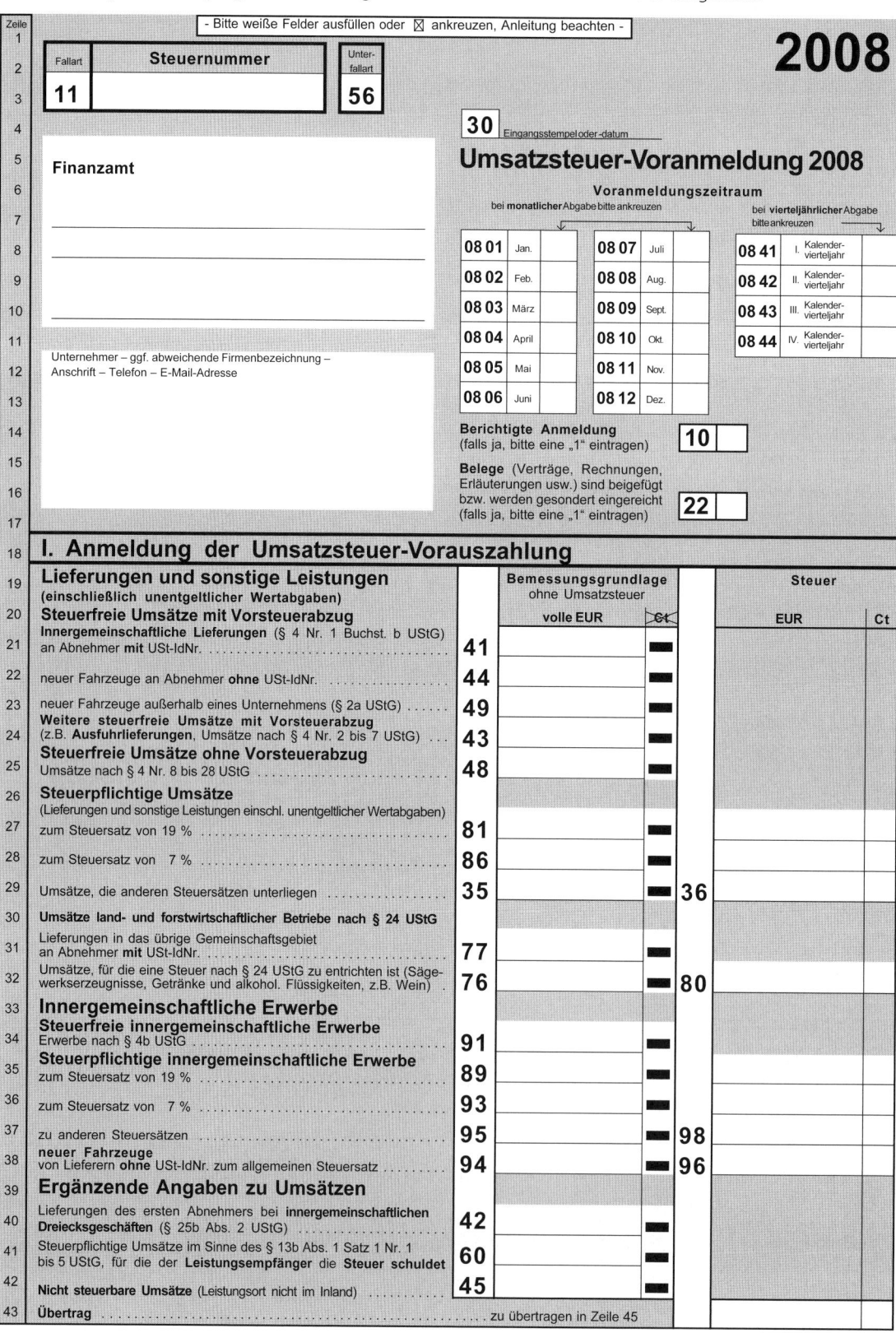

Umsatzsteuer-Voranmeldung 2008

- Bitte weiße Felder ausfüllen oder ☒ ankreuzen, Anleitung beachten -

Fallart: 11
Unterfallart: 56

Finanzamt

Voranmeldungszeitraum

bei **monatlicher** Abgabe bitte ankreuzen:
- 08 01 Jan.
- 08 02 Feb.
- 08 03 März
- 08 04 April
- 08 05 Mai
- 08 06 Juni
- 08 07 Juli
- 08 08 Aug.
- 08 09 Sept.
- 08 10 Okt.
- 08 11 Nov.
- 08 12 Dez.

bei **vierteljährlicher** Abgabe bitte ankreuzen:
- 08 41 I. Kalendervierteljahr
- 08 42 II. Kalendervierteljahr
- 08 43 III. Kalendervierteljahr
- 08 44 IV. Kalendervierteljahr

Berichtigte Anmeldung (falls ja, bitte eine „1" eintragen) 10

Belege (Verträge, Rechnungen, Erläuterungen usw.) sind beigefügt bzw. werden gesondert eingereicht (falls ja, bitte eine „1" eintragen) 22

I. Anmeldung der Umsatzsteuer-Vorauszahlung

Lieferungen und sonstige Leistungen (einschließlich unentgeltlicher Wertabgaben)

Zeile	Position	Bemessungsgrundlage (volle EUR)	Steuer (EUR / Ct)
	Steuerfreie Umsätze mit Vorsteuerabzug		
21	Innergemeinschaftliche Lieferungen (§ 4 Nr. 1 Buchst. b UStG) an Abnehmer mit USt-IdNr.	41	
22	neuer Fahrzeuge an Abnehmer ohne USt-IdNr.	44	
23	neuer Fahrzeuge außerhalb eines Unternehmens (§ 2a UStG)	49	
24	**Weitere steuerfreie Umsätze mit Vorsteuerabzug** (z.B. Ausfuhrlieferungen, Umsätze nach § 4 Nr. 2 bis 7 UStG)	43	
	Steuerfreie Umsätze ohne Vorsteuerabzug		
25	Umsätze nach § 4 Nr. 8 bis 28 UStG	48	
26	**Steuerpflichtige Umsätze** (Lieferungen und sonstige Leistungen einschl. unentgeltlicher Wertabgaben)		
27	zum Steuersatz von 19 %	81	
28	zum Steuersatz von 7 %	86	
29	Umsätze, die anderen Steuersätzen unterliegen	35	36
30	**Umsätze land- und forstwirtschaftlicher Betriebe nach § 24 UStG**		
31	Lieferungen in das übrige Gemeinschaftsgebiet an Abnehmer mit USt-IdNr.	77	
32	Umsätze, für die eine Steuer nach § 24 UStG zu entrichten ist (Sägewerkserzeugnisse, Getränke und alkohol. Flüssigkeiten, z.B. Wein)	76	80
33	**Innergemeinschaftliche Erwerbe**		
34	**Steuerfreie innergemeinschaftliche Erwerbe** Erwerbe nach § 4b UStG	91	
35	**Steuerpflichtige innergemeinschaftliche Erwerbe** zum Steuersatz von 19 %	89	
36	zum Steuersatz von 7 %	93	
37	zu anderen Steuersätzen	95	98
38	**neuer Fahrzeuge** von Lieferern ohne USt-IdNr. zum allgemeinen Steuersatz	94	96
39	**Ergänzende Angaben zu Umsätzen**		
40	Lieferungen des ersten Abnehmers bei innergemeinschaftlichen Dreiecksgeschäften (§ 25b Abs. 2 UStG)	42	
41	Steuerpflichtige Umsätze im Sinne des § 13b Abs. 1 Satz 1 Nr. 1 bis 5 UStG, für die der Leistungsempfänger die Steuer schuldet	60	
42	Nicht steuerbare Umsätze (Leistungsort nicht im Inland)	45	
43	Übertrag ... zu übertragen in Zeile 45		

Für die Abwicklung der Arbeiten zur Umsatzsteuervoranmeldung hat sich Frau Keller einen Ablaufplan erstellt:

Nr.	Arbeitsschritte	erledigt
01	Berechnung der Werte für die Umsatzsteuervoranmeldung	
	Aufruf der Konten	
	▪ 1457 Vorsteuer	
	▪ 1669 Mehrwertsteuer	
	▪ 8000 Speditionserlöse	
	Summierung der Monatswerte aus den Konten	
02	Formular mit diesen Werten ausfüllen	
03	Berechnung der Umsatzsteuer-Zahllast	
04	Erstellen des Überweisungsauftrages für die USt-Zahllast.	
05	Buchung des gesamten Vorgangs im Grund- und Hauptbuch	
	Umbuchung der Vorsteuer	
	Buchung der Zahllast (Kontoauszug)	

Umsatzsteuer-Voranmeldung 20(0) für den Monat:		
Berechnung der Umsatzsteuer-Vorauszahlung	Bemessungsgrundlage in EUR	Steuer in EUR
1. Steuerpflichtige Umsätze: (Umsatzerlöse ohne Umsatzsteuer)		
2. davon Umsatzsteuer (aus 1.)		
3. minus abzugsfähige Vorsteuer		
4. = Umsatzsteuer-Vorauszahlung (Umsatzsteuer-Zahllast)		

Finanzbuchhaltung

Hauptbuch

Bestandsrechnung

Soll		1457 Vorsteuer			Haben
Datum	Text/Gegenkonto	€	Datum	Text/Gegenkonto	€
12.11.	ER 3471/Verbindlichkeiten	236,00			
14.11.	ER 3472/Verbindlichkeiten	3.090,00			
19.11.	ER 3473/Verbindlichkeiten	904,00			
25.11.	ER 3474/Verbindlichkeiten	912,00			
30.11.	ER 3475/Verbindlichkeiten	1.468,00			
01.12.	ER 3476/Verbindlichkeiten	645,00			
05.12.	ER 3477/Verbindlichkeiten	2.180,00			

Lernsituation 7 | zu SLG S. 54-73, WSP S. 94-101, KSK S. 47-52, (DV) 202-207

Soll			1669 Mehrwertsteuer		Haben
Datum	Text/Gegenkonto	€	Datum	Text/Gegenkonto	€
			09.11.	AR 8654/Forderungen	399,00
			12.11.	AR 8655/Forderungen	2.052,00
			13.11.	AR 8656/Forderungen	1.292,00
			16.11.	AR 8657/Forderungen	2.356,00
			20.11.	AR 8658/Forderungen	1.900,00
			23.11.	AR 8659/Forderungen	304,00
			25.11.	AR 8660/Forderungen	1.463,00
			31.11.	AR 8661/Forderungen	931,00
			01.12.	AR 8662/Forderungen	1.197,00

Soll			2880 Commerzbank		Haben
Datum	Text/Gegenkonto	€	Datum	Text/Gegenkonto	€
	Saldovortrag	86.456,00			

Erfolgsrechung

Soll			8000 Speditionserträge		Haben
Datum	Text/Gegenkonto	€	Datum	Text/Gegenkonto	€
			09.11..	AR 8654/Forderungen	2.100,00
			12.11.	AR 8655/Forderungen	10.800,00
			13.11.	AR 8656/Forderungen	6.800,00
			16.11.	AR 8657/Forderungen	12.400,00
			20.11.	AR 8658/Forderungen	10.000,00
			23.11.	AR 8659/Forderungen	1.600,00
			25.11.	AR 8660/Forderungen	7.700,00
			31.11.	AR 8661/Forderungen	4.900,00
			01.12.	AR 8662/Forderungen	6.300,00

Jahr 20(0)	Grundbuch					
Datum	Beleg	Buchungstext	Konten		Betrag	
			Soll	Haben	Soll	Haben

Lernsituation 7 | zu SLG S. 54-73, WSP S. 94-101, KSK S. 47-52, (DV) 202-207

Überweisung

Kreditinstitut des Kontoninhabers
COMMERZBANK

Niederlassung Düsseldorf
Nordstraße 108, 40223 Düsseldorf
BLZ 300 400 60

Den Vordruck bitte nicht beschädigen, knicken, bestempeln oder beschmutzen. Bitte in Druckschrift und GROSSBUCHSTABEN schreiben!

Begünstigter: Name, Vorname/Firma (max. 27 Stellen, bei maschineller Beschriftung max. 35 Stellen)

Konto-Nr. des Begünstigten — Bankleitzahl

Kreditinstitut des Begünstigten

Betrag: Euro, Cent

Kunden-Referenznummer - Verwendungszweck ggf. Name und Anschrift des Überweisenden - (nur für Begünstigte)

noch Verwendungszweck (insgesamt max. 2 Zeilen à 27 Stellen, bei maschineller Beschriftung max. à 35 Stellen)

Kontoinhaber: Name, Vorname/Firma, Ort (max. 27 Stellen, keine Straßen- oder Postfachangaben)

Konto-Nr. des Kontoninhabers

Betrag bitte linksbündig ohne Entwertungszeichen eintragen!

Dispositionsvermerk: ⊠ **Bitte NICHT VERGESSEN: Datum, Unterschrift**

Datum   Unterschrift

Aufgabe 1

Unterscheiden Sie

- Haftungsversicherung des Spediteurs
- Güterversicherung
- Vorsorgeversicherung
- Güterschaden-Haftpflichtversicherung nach § 7a GüKG

Aufgabe 2

Unterscheiden Sie

a. Versicherungsnehmer

b. Versicherter

c. Versicherer

Aufgabe 3

In der Haftungsversicherung existieren drei Begrenzungen der Versicherungsleistungen, nämlich

a. pro Schadensfall,

b. pro Schadensereignis und

c. als Jahresmaximum.

Machen Sie die Unterschiede dieser drei Begrenzungen deutlich und nennen Sie die jeweils geltenden üblichen EUR-Beträge.

Aufgabe 4

Ermitteln Sie die Prämien für die Güterversicherung folgender Sendungen:

Versender	Empfänger	Sendung	Warenwert EUR	Vers.-Prämie/ EUR
E. Lahrmann GmbH, Gellertstr. 181 13127 Berlin	Raum & Design Christophstr. 88 40225 Düsseldorf	Farben	12.400,00	
Druckerei Ernst Debus Friedrichstr. 61 12205 Berlin	Walter EDV-Training Koppelskamp 34 40489 Düsseldorf	Schulungsmaterial	600,00	
MILOSTAR AG Tillmannsweg 19 14109 Berlin	L. Bäumer GmbH Hoher Weg 6 40878 Ratingen	Wäschetrockner	52.300,00	
Achterhaus-Druck Bergstr. 26 10115 Berlin	Reise-Verlagsges. Fritz-Erler-Str. 57 40595 Düsseldorf	Kataloge	110.000,00	
Ernst Bauer KG Rotdornstr. 24 40472 Düsseldorf	Savoy Hotel Prague Keplerova 6 118 00 Prague 1 Tschechien	Sicherungsanlagen	32.000,00	

Verwende die Präm[ien]tabelle auf Seite 102.

Aufgabe 5

1. Prüfen Sie für die folgenden Handlungen der Gesellschafter der Spedition Noje und Mohr OHG, ob
   - die Geschäfte wirksam abgeschlossen wurden (Außenverhältnis) und
   - ob der Umfang der Geschäftsführungsbefugnis eingehalten oder überschritten wurde (Innenverhältnis)? Überlegen Sie auch, welche Konsequenz die Überschreitung der Geschäftsführungsbefugnis hat!

   a. Mohr kauft Büromaterial sowie ein Kopiergerät für die OHG im Gesamtwert von 8.000,00 €.

   b. Er stellt einen Scheck in dieser Höhe aus und bezahlt damit den Kaufpreis.

   c. Das Bankkonto der OHG wird durch diese Verfügung überzogen.

   d. Noje erwirbt für die OHG ein Grundstück bei einer Versteigerung, ohne dass Mohr davon weiß.

   e. Zur Finanzierung nimmt er im Namen der OHG einen Kredit bei einer Bank auf.

   f. Zur Sicherung des Kredits wird eine Grundschuld bestellt.

2. Mohr hat mit Einverständnis von Noje bei einem Autohändler einen Firmenwagen im Namen der OHG für € 50.000 gekauft. Der Händler verlangt die Zahlung des vollen Kaufpreises direkt von Noje, ohne sich vorher an die OHG oder an Mohr zu wenden.

   Prüfen Sie, ob Noje mit einer der folgenden Einwendungen die Zahlung ganz oder teilweise verweigern kann:

a. Noje haftet nicht, weil Mohr den Vertrag abgeschlossen habe.

b. Der Händler müsse zuerst versuchen, das Geld bei der OHG einzutreiben.

c. Der Pkw-Händler habe kein Recht, Zahlung aus dem Privatvermögen Nojes zu verlangen oder gar ihm das Privatvermögen pfänden zu lassen.

d. Noje habe eine Vereinbarung mit Mohr, dass er für alle Schulden nur mit 35 % hafte. Er zahle deshalb nur 35 % der Schuld.

3. Am Anfang des Geschäftsjahres hat Noje einen Eigenkapitalanteil von 250.000,00 €, Mohr 340.000,00 €. Der Jahresgewinn des Geschäftsjahres beträgt 180.000,00 €. Noje hat am Jahresende Privatentnahmen in Höhe von 70.000,00 € vorgenommen, Mohr entnahm gleichzeitig 85.000,00 €.

Ermitteln Sie die Eigenkapitalanteile am Ende des Geschäftsjahres mit Hilfe unten stehender Tabelle.

Gesellschafter	Eigenkapital vorher	4 % Zinsen	Restgewinn	Gesamt-gewinn	Privatent-nahmen	Eigenkapital nachher
SUMME						

Aufgabe 6

Erläutern Sie, warum das HGB für die Gewinnverteilung bei der Kommanditgesellschaft (KG) eine Verteilung in einem „angemessenen Verhältnis" vorschreibt und damit keine genaue Vorschrift erteilt.

Aufgabe 7

Herbert Winter und Bernd Sommer schließen am 27. Mai 20(0) einen Gesellschaftsvertrag über die Gründung einer GmbH. Gegenstand der Unternehmung ist der Handel mit Computerhardware und Speditionssoftware. Am 5. Juni 20(0) wird die Eintragung beim zuständigen Gericht angemeldet. Am 10. Juni 20(0) nehmen sie die Geschäfte auf und schließen die ersten Kaufverträge mit mehreren Lieferanten und einem Kunden ab. Am 2. Juli 20(0) wird die Gesellschaft in das Handelsregister eingetragen, die Eintragung wird am 5. Juli 20(0) veröffentlicht.

a. Wie viel Euro muss das Stammkapital der Gesellschaft und die Stammeinlage jedes Gesellschafters mindestens betragen?

b. Welche Formvorschriften sind bei Abschluss des Gesellschaftsvertrages zu beachten?

c. An welchem Tag ist die GmbH als juristische Person entstanden?

d. Inwieweit haften die Gesellschaft bzw. die Gesellschafter für die Verbindlichkeiten aus den am 10.6.20(0) abgeschlossenen Kaufverträgen?

Aufgabe 8

Die TRANSsped GmbH ist eine mittelständische Spedition, deren Gesellschafter Familienmitglieder der Gründerfamilie Weyer sind. Der Geschäftsführer, Karl Weyer hat Expansionspläne, die erheblichen Finanzierungsbedarf sowohl kurz- als auch mittelfristig verursachen werden. Karl Weyer denkt darüber nach, ob es sinnvoll ist, das Unternehmen in der Rechtsform der AG weiterzuführen und die Aktien an der Börse notieren zu lassen. Prüfen Sie, welche Vor- und Nachteile eine börsennotierte Aktiengesellschaft gegenüber einer GmbH hat und geben Sie eine Empfehlung ab.

Aufgabe 9

Ermitteln Sie in einer Nebenrechnung die Werte für die Umsatzsteuer-Voranmeldung des Monats Juli 20(0). Buchen Sie am 08.08.20(0) die Umbuchung der Vorsteuer und die Banküberweisung der ermittelten Zahllast. Beachten Sie, dass die Konten Vorsteuer und Mehrwertsteuer auch Buchungen für den Monat August aufweisen. (Umsatzsteuer 19 %).

Soll		Vorsteuer			Haben
Datum	Text/Gegenkonto	€	Datum	Text/Gegenkonto	€
12.07.	Verbindlichkeiten	536,00			
14.07.	Verbindlichkeiten	4.290,00			
19.07.	Verbindlichkeiten	1.104,00			
25.07.	Verbindlichkeiten	982,00			
30.07.	Verbindlichkeiten	1.668,00			
01.08.	Verbindlichkeiten	645,00			
05.08.	Verbindlichkeiten	2.180,00			

Lernsituation 7 | zu SLG S. 54-73, WSP S. 94-101, KSK S. 47-52, (DV) 202-207

Soll			Mehrwertsteuer		Haben
Datum	Text/Gegenkonto	€	Datum	Text/Gegenkonto	€
			09.07.	Forderungen	437,00
			12.07.	Forderungen	2.375,00
			13.07.	Forderungen	1.501,00
			16.07.	Forderungen	2.717,00
			20.07.	Forderungen	2.204,00
			23.07.	Forderungen	361,00
			25.07.	Forderungen	1.691,00
			31.07.	Forderungen	1.083,00
			01.08.	Forderungen	1.368,00
			04.08.	Forderungen	1.919,00
			07.08.	Forderungen	1.653,00

Soll			Speditionserlöse		Haben
Datum	Text/Gegenkonto	€	Datum	Text/Gegenkonto	€
			09.07.	Forderungen	2.300,00
			12.07.	Forderungen	12.500,00
			13.07.	Forderungen	7.900,00
			16.07.	Forderungen	14.300,00
			20.07.	Forderungen	11.600,00
			23.07.	Forderungen	1.900,00
			25.07.	Forderungen	8.900,00
			31.07.	Forderungen	5.700,00
			01.08.	Forderungen	7.200,00
			04.08.	Forderungen	10.100,00
			07.08.	Forderungen	8.700,00

Aufgabe 10
Ermitteln Sie die Zahllast (Umsatzsteuersatz 19 %): Summe Konto Vorsteuer (Sollseite): 4.446,00 € Summe Konto Umsatzsteuer (Habenseite): 7.245,00 €

Aufgabe 11
a. Der Preis, mit dem ein Taschenrechner ausgezeichnet ist, enthält 45,95 € (= 19 %) Umsatzsteuer. Ermitteln Sie
    aa. den Nettopreis,
    ab. den Bruttopreis.
b. Der Preis eines Fachbuches enthält 1,12 € Umsatzsteuer (7 %). Ermitteln Sie
    ba. den Nettopreis,
    bb. den Bruttopreis.

Aufgabe 12
Ein Kunde überweist aufgrund einer Rechnung nach Abzug von 2 % Skonto 1.632,68 €.
a. Wie hoch ist auf der Rechnung der Nettobetrag (USt-Satz 19 %)?
b. Ermitteln Sie den Umsatzsteueranteil des Skontoabzugs.

Aufgabe 13

Bearbeiten Sie die vorliegenden Belege 1 bis 5 und führen Sie das Grund- und Hauptbuch für den Monat Juni 20(0) der TRANSsped GmbH, 40547 Düsseldorf, Habsburger Straße 55.

1. Kontieren Sie die Belege vor, indem Sie die Kontierungsstempel ausfüllen.
2. Übernehmen Sie die Vorkontierung in das Grundbuch.
3. Ergänzen Sie das Grundbuch um die weiteren Geschäftsfälle (siehe weiter unten). Die Belege für diese Geschäftsfälle liegen vor, sind aber nicht abgebildet worden.
4. Übertragen Sie das Grundbuch in das Hauptbuch und schließen Sie das Hauptbuch ab.

Folgende Aufwandskonten werden benötigt (neben den Vermögens- und Kapitalkonten):

- Raumkosten
- Kraftstoffverbrauch
- Büromaterial
- Telekommunikation
- Werbung
- Personalaufwand

Eröffnungsbestände			
Geschäftsausstattung	212.000,00	Kasse	750,00
Fahrzeuge	84.000,00	Eigenkapital	290.000,00
Forderungen	80.880,00	Verbindlichkeiten	76.500,00
Bank	20.380,00	Umsatzsteuer	31.500,00

Quittung

Nr. 1324

Gesamtbetrag: 119,00

Gesamtbetrag in Worten: Einhundertundneunzehn

von: Transsped-GmbH

für: Fensterreinigng

Ort: Düsseldorf   Datum: 3. Juni 20(0)

Buchungsvermerk / Firmenstempel: Gebäudeservice GmbH, Nordstraße 108, 40223 Düsseldorf / Römer

Beleg 1

Kontierung			
Konten		€	
Soll	Haben	Soll	Haben
Gebucht am		von	

Bürocenter Adler GmbH

TRANSsped GmbH
Habsburger Straße 55
40547 Düsseldorf

Feuerbachstr. 210
40223 Düsseldorf,
11.06.20(0)
Telefon: 0211 533876
Fax: 0211 533843

Besteller	Versandart	Lieferbedingungen	Zahlungsbedingung			
BERGER	LKW	frei Haus	netto Kasse			
Menge	Einheit	Bescheibung		Preis/Einh.	USt.	Betrag
2	Pakete	Tonerkartuschen 427639 41		40,00	19,0 %	80,00
30	Pakete	Kopierpapier 4N/638 57		4,00	19,0 %	120,00
Netto						200,00
USt.						38,00
Rechnungsbetrag						238,00

Beleg 2

Kontierung			
Konten		€	
Soll	Haben	Soll	Haben
Gebucht am		von	

Lernsituation 7 | zu SLG S. 54-73, WSP S. 94-101, KSK S. 47-52, (DV) 202-207

Düsseldorfer Stadtanzeiger
Saarbrücker Straße 52
40476 Düsseldorf

TRANSsped GmbH
Habsburger Straße 55
40547 Düsseldorf

Rechnung Nr. 20024778   **Datum** 13.06.20(0)

Text	€	€
Anzeige vom 10.06.20(0), zweispaltig, 80 mm		
Nettobetrag		500,00
+ 19 % USt.		95,00
Bruttobetrag		595,00

Zahlbar sofort und ohne Abzug – Düsseldorfer Volksbank – BLZ 301 600 83 – Kontonummer 634 531 469

Beleg 3

Kontierung			
Konten		€	
Soll	Haben	Soll	Haben
Gebucht am		von	

```
        Sandra Sandmann
     Schreibwaren - Bürobedarf -
            Spielwaren
          Steinstraße 16
          40212 Düsseldorf
20 Kugelschreiber, farblich
sortiert                      10,00
5 Marker                       4,50
1 Tesa-Set                     9,30
Bruttobetrag                  23,80

Enthaltene Umsatzsteuer 3,80 19 %
   Datum: 21.06.20(0)  Zeit: 10:32
```

Beleg 4

Kontierung			
Konten		€	
Soll	Haben	Soll	Haben
Gebucht am		von	

Deutsche Telekom

Ihre Rechnung

TRANSsped GmbH
Habsburger Straße 55
40547 Düsseldorf

Rechnungsdatum	15.06.20(0)	
Rechnungsmonat	Mai 20(0)	
Kundennummer	181060165	
Buchungskonto	21100056742	

	Menge bzw. Einheit	Nettoeinzel-betrag / €	Nettogesamt-betrag / €	USt. in %
Monatliche Beiträge Anschluss mit Nebenstellen	2	101,00	202,00	19
Beträge für Verbindungen Vom 01.05. bis 31.05.20(0)	16.944	0,053	898,00	19

	€
Summe Entgelte	1.100,00
Umsatzsteuer	209,00
Rechnungsbetrag	1.309,00

Beleg 5 Lastschrift

Kontierung			
Konten		€	
Soll	Haben	Soll	Haben
Gebucht am		von	

Weitere Geschäftsfälle		€
22.06.20(0)	ER 799 von Daniels Transporte, Moers	
	Nettopreis	26.500,00
	19 % Umsatzsteuer	5.035,00
	Rechnungspreis (brutto)	31.535,00
24.06.20(0)	Büromaterial wird eingekauft, Bruttobetrag laut Kassenbon (einschließlich 19 % Umsatzsteuer)	476,00
24.06..20(0)	Überweisung der Umsatzsteuer-Zahllast des Vormonats vom Bankkonto zum Finanzamt (wegen einer Differenz mit dem Finanzamt 14 Tage zu spät)	12.510,00

Weitere Geschäftsfälle		€
25.06.20(0)	Kunden begleichen die Ausgangsrechnungen Nr. 0162 bis 0168/20(0) durch Überweisung auf unser Bankkonto.	13.920,00
27.06.20(0)	Überweisung von Bankkonto zum Ausgleich einer Rechnung des Frachtführers Daniels Transporte, Moers	16.240,00
30.06.20(0)	AR 8623 an den Kunden Sandscheper für Monat Juni	
	Nettopreis	16.000,00
	19 % Umsatzsteuer	3.040,00
	Rechnungspreis (brutto)	19.040,00
30.06.20(0)	AR 8689-8702 im Monat Juni an verschiedene Kunden	
	Nettopreis	86.500,00
	19 % Umsatzsteuer	16.435,00
	Rechnungspreis (brutto)	102.935,00
30.06.20(0)	Bezahlung der Miete durch Banküberweisung	1.200,00
30.06.20(0)	ER 352 über Kraftstoffe	
	Nettopreis	2.300,00
	19 % Umsatzsteuer	437,00
	Rechnungspreis (brutto)	2.737,00
30.06.20(0)	Banküberweisung der Monatsgehälter der Mitarbeiter	19.000,00

Finanzbuchhaltung

Jahr 20(0)	Grundbuch					
Datum	Beleg	Buchungstext	Konten		Betrag	
			Soll	Haben	Soll	Haben

Lernsituation 7 | zu SLG S. 54-73, WSP S. 94-101, KSK S. 47-52, (DV) 202-207

Jahr 20(0)	Grundbuch					
Datum	Beleg	Buchungstext	Konten		Betrag	
			Soll	Haben	Soll	Haben
Betragskontrolle						

Hauptbuch

Bestandsrechnung

Soll		Geschäftsausstattung			Haben
Datum	Text	€	Datum	Text	€

Soll		Fahrzeuge			Haben
Datum	Text	€	Datum	Text	€

Lernsituation 7 | zu SLG S. 54-73, WSP S. 94-101, KSK S. 47-52, (DV) 202-207

Soll			Forderungen		Haben
Datum	Text	€	Datum	Text	€

Soll			Vorsteuer		Haben
Datum	Text	€	Datum	Text	€

Soll			Bank		Haben
Datum	Text	€	Datum	Text	€

Soll			Kasse		Haben
Datum	Text	€	Datum	Text	€

Soll			Eigenkapital		Haben
Datum	Text	€	Datum	Text	€

Lernsituation 7 | zu SLG S. 54-73, WSP S. 94-101, KSK S. 47-52, (DV) 202-207

Soll			Eigenkapital			Haben

Soll			Darlehen			Haben
Datum	Text	€	Datum	Text		€

Soll			Verbindlichkeiten			Haben
Datum	Text	€	Datum	Text		€

Soll			Umsatzsteuer			Haben
Datum	Text	€	Datum	Text		€

Erfolgsrechnung

Soll			Speditionsaufwendungen			Haben
Datum	Text	€	Datum	Text		€

Soll			Raumaufwand (Miete)			Haben
Datum	Text	€	Datum	Text		€

Soll			Kraftstoffverbrauch			Haben
Datum	Text	€	Datum	Text		€

Soll		Kraftstoffverbrauch			Haben

Soll		Büromaterial			Haben
Datum	Text	€	Datum	Text	€

Soll		Personalaufwand			Haben
Datum	Text	€	Datum	Text	€

Soll		Sonstiger Raumaufwand			Haben
Datum	Text	€	Datum	Text	€

Soll		Telekommunikation			Haben
Datum	Text	€	Datum	Text	€

Soll		Werbung			Haben
Datum	Text	€	Datum	Text	€

Soll		Speditionserlöse			Haben
Datum	Text	€	Datum	Text	€

Soll		Unternehmensergebnis (GuV)			Haben
Datum	Text	€	Datum	Text	€

Soll		Schlussbestandskonto			Haben
Datum	Text	€	Datum	Text	€

Aufgabe 14

Richten Sie das Hauptbuch mit folgenden Konten ein und übernehmen Sie die jeweils in Klammern angegebenen Eröffnungsbeträge (EB).

Konten:

Forderungen (EB: 3.800,00 €); Vorsteuer; Bank (EB: 15.000,00 €); Kasse (EB: 5.000,00 €); Verbindlichkeiten (EB: 2.530,00 €); Umsatzsteuer; Speditionserlöse; Speditionsaufwand; Unternehmensergebnis

- Buchen Sie die unten stehenden Geschäftsfälle im Grund- und Hauptbuch.
- Ermitteln Sie die Zahllast des Monats März und nehmen Sie die Buchungen vor.
- Schließen Sie die Konten Speditionsaufwand und Speditionserlöse ab und bestimmen Sie das Rohergebnis.
- Vergleichen Sie das Rohergebnis und die USt-Zahllast. Erläutern Sie, warum die Umsatzsteuer auch als Mehrwertsteuer bezeichnet wird.

Geschäftsfälle		€
02.03.20(0)	ER 386 von Daniels Transporte, Moers	
	Nettobetrag	4.200,00
	+ 19 % USt.	798,00
	Rechnungsbetrag	4.998,00
04.03.20(0)	Banküberweisung an Alltrans KG, Duisburg	
	für ER 379 vom 15.02.20(0)	2.530,00
12.03.20(0)	ER 387 von Alltrans KG, Duisburg	
	Nettobetrag	3.200,00
	+ 19 % USt.	608,00
	Rechnungsbetrag	3.808,00

Geschäftsfälle		€
25.03.20(0)	ER 388 von Wanders Transport, Oberhausen	
	Nettobetrag	3.400,00
	+ 19 % USt.	646,00
	Rechnungsbetrag	4.046,00
29.03.20(0)	Die ER 388 von Wanders Transport enthielt einen Fehler. Daher wurde die Rechnung zurückgeschickt. Die neue Rechnung lautet:	
	ER 396 von Wanders Transport, Oberhausen	
	Nettobetrag	3.300,00
	+ 19 % USt.	627,00
	Rechnungsbetrag	3.927,00
29.03.20(0)	Banküberweisung an Daniels Transporte, Moers	
	für ER 386 vom 02.03.20(0)	4.998,00
01.03. bis 31.03.20(0)	ER 389-395 von verschiedenen Frachtführern (Sammelbuchung)	
	Nettobetrag	13.000,00
	+ 19 % USt.	2.470,00
	Rechnungsbetrag	15.470,00
	AR 506-625 an verschiedene Versender (Sammelbuchung)	
	Nettobetrag	38.200,00
	+ 19 % USt.	7.258,00
	Rechnungsbetrag	45.458,00
	Zahlungseingänge durch Banküberweisung von verschiedenen Versendern für AR 401-525 (lt. Kontoauszügen)	18.250,00
	Zahlungsausgänge durch Banküberweisung an verschiedene Frachtführer für ER 351-389 (lt. Kontoauszügen)	14.789,00

Jahr 20(0)	Grundbuch						
Datum	Beleg	Buchungstext	Konten		Betrag	
			Soll	Haben	Soll	Haben

Fortsetzung nächste Seite

Lernsituation 7 | zu SLG S. 54-73, WSP S. 94-101, KSK S. 47-52, (DV) 202-207

Jahr 20(0)	Grundbuch		Konten		Betrag	
Datum	Beleg	Buchungstext	Soll	Haben	Soll	Haben

Hauptbuch

Bestandsrechnung

Soll		Forderungen			Haben
Datum	Text	€	Datum	Text	€

Soll		Vorsteuer			Haben
Datum	Text	€	Datum	Text	€

Soll		Bank			Haben
Datum	Text	€	Datum	Text	€

Soll		Kasse			Haben
Datum	Text	€	Datum	Text	€

Soll		Verbindlichkeiten			Haben
Datum	Text	€	Datum	Text	€

Soll		Umsatzsteuer			Haben
Datum	Text	€	Datum	Text	€

Erfolgsrechnung

Soll		Speditionsaufwendungen			Haben
Datum	Text	€	Datum	Text	€

Soll			Speditionserlöse			Haben
Datum	Text	€	Datum	Text		€

Soll			Unternehmensergebnis (GuV)			Haben
Datum	Text	€	Datum	Text		€

Umsatzsteuer-Zahllast	
Rohergebnis	

Aufgabe 15

Erstellen Sie aus der Unternehmenspräsentation der Gerd Berger Spedition eine Präsentationsvorlage, die für die Erarbeitung weiterer Präsentationen genutzt werden kann. Dabei sollen im **Folienmaster**

- das Logo,
- die Firmenangaben,
- das aktuelle Datum,
- die Fußzeile und die Seitennummer

automatisch erscheinen.

SELBSTTEST LERNSITUATION 7

→ Diese **Prozesse** sollten Sie beherrschen:

- Versicherungsangebote vergleichen
- der Versicherung eine Erweiterung der betrieblichen Tätigkeit melden
- die monatliche Prämienabrechnung für die Güterversicherung ausfüllen
- eine Rechnung mit Ausweis der Versicherungsprämie erstellen
- Den Rechtsformwechsel prüfen
- Eine Umsatzsteuererklärung ausfüllen
- Die Umsatzsteuerzahllast in der Fibu ermitteln
- Die Umsatzsteuerzahllast überweisen
- Tabellen und Grafiken in Präsentationen einfügen
- Präsentationsvorlagen über erstellen

→ Diese **Begriffe** sollten Sie kennen:

1. Agio
2. Aktienarten
3. Aktiengesellschaft
4. Aufsichtrat
5. Außenverhältnis
6. Außergewöhnliche Rechtsgeschäfte
7. BGB-Gesellschaft
8. Betriebsbeschreibung
9. Börse
10. DTV-Verkehrshaftungsversicherung
11. Einkommensteuer
12. Einkommensteuervorauszahlung
13. Englische Limited
14. Firma
15. Geschäftsführung
16. Gesellschaft mit beschränkter Haftung
17. Gesellschafterversammlung
18. Gewinnverteilung
19. Gewöhnliche Rechtsgeschäfte
20. Grundkapital
21. Gründungsvorschriften
22. Güterversicherung
23. Haftung
24. Haftungsversicherung
25. Hauptversammlung
26. Innenverhältnis
27. Kapitaleinlage
28. Kapitalertragssteuer
29. Kapitalgesellschaft
30. Kommanditgesellschaft
31. Kommanditist
32. Komplementär
33. Kurswert
34. Körperschaftsteuer
35. Mehrwertsteuer
36. Nennwert
37. Obliegenheiten (Haftungsversicherung)
38. Offene Handelsgesellschaft
39. Organe
40. Passivierung der Zahllast
41. Personengesellschaft
42. Privatentnahme
43. Qualifiziertes Verschulden
44. Rechtsformen
45. Regress
46. Umsatzsteuervoranmeldung
47. Unterversicherung
48. Verlustverteilung
49. Vermögensschäden
50. Versicherer
51. Versicherter
52. Versicherungsnehmer
53. Versicherungsprämie
54. Versicherungssteuer
55. Versicherungssumme
56. Versicherungswert
57. Vertretung
58. Volle Deckung
59. Vorsorgeversicherung
60. Vorsteuer
61. Vorsteuerumbuchung
62. Warengruppen
63. Zahllast

Lernsituation 7 | zu SLG S. 54-73, WSP S. 94-101, KSK S. 47-52, (DV) 202-207

Lernsituation 8

- Schadensfälle bearbeiten
- Eine Gehaltsabrechnung erstellen
- Den Jahresabschluss unter Einbeziehung der direkten Abschreibung durchführen
- Steuern mit Excel berechnen

Mit den Umsätzen nahm in der Spedition INTERSPED auch die Zahl der Schadensfälle zu. Aus diesem Grunde sollte die Sachkompetenz im Schadensrecht in einer eigenen Abteilung gebündelt werden. Die Leitung der Schadensabteilung übernahm Frau Theben.

Fall 1

Am 21. Jan. 20(0) treffen mehrere Faxe bei INTERSPED ein und Frau Theben muss einige Telefongespräche führen. Bereits am frühen Morgen hat der Entladebericht des Empfangsspediteurs auf ihrem Schreibtisch gelegen.

Fall 1

Empfangsspediteur	Entladebericht			Versandspediteur
Spedition Homberg GmbH Erdener Str. 45 14193 Berlin	Datum: 21.01.20(0) Relation: 004		Lkw-Ankunft: 06:15 Entladebeginn: 06:30 Entladeende: 07:00	INTERSPED GmbH Merkurstraße 14 40223 Düsseldorf
Pos	Versender	Nr. und Zeichen	Anzahl/ Packstücke	Inhalt	Bruttoge- wicht/kg	Empfänger
001	F. Reiter KG Kieler Str. 2 40221 Düsseldorf	REI1 – 3	2 EUR-FP	Kfz-Elektrik	1.500	Maurer & Sohn, Kfz-Werkstatt, Sellerstraße 17, 13353 Berlin
002	GIERMEX GmbH Ligusterweg 38 41470 Neuss	GI1 – 5	5 Rollen	Teppichboden	2.500	Fa. M. Walther, Dieselstr. 88 14482 Potsdam
003	DEUBNER GmbH Dreherstr. 82 40625 Düsseldorf	DEU1 – 5	5 EUR-FP	Farben	4.000	Friedhelm Siebert, Gebäudesanierung Eisweg 79, 12623 Berlin
004		usw.				
~~Sendung vollständig und in einwandfreiem Zustand erhalten~~ Datum, Unterschrift des Empfangsspediteurs			*Eine Palette von Position 003 fehlt.* *21.01.20(0) Brauner*			

Eine Durchschrift des Borderos hat Frau Theben in ihren eigenen Unterlagen.

Auszug aus dem Bordero

INTERSPED GmbH	Bordero Nr. 01235			Frachtführer		Empfangsspediteur		
Merkurstraße 14 40223 Düsseldorf	Datum: 20.01.20(0) Relation: 004 Blatt 1			MÖLLER-TRANS GmbH Merowinger Str. 8 40223 Düsseldorf		Spedition Homberg GmbH Erdener Str. 45 14193 Berlin		
Pos	Versender	Nr. und Zeichen	Anzahl/ Packstück	Inhalt	Bruttoge- wicht/kg	Empfänger	Frankatur	Hinweise
001	F. Reiter KG Kieler Str. 2 40221 Düsseldorf	REI1 – 3	2 EUR-FP	Kfz-Elektrik	1.500	Maurer & Sohn Kfz-Werkstatt Sellerstraße 17 13353 Berlin	frei Haus	
002	GIERMEX GmbH Ligusterweg 38 41470 Neuss	GI1 – 5	5 Rollen	Teppich- boden	2.500	Fa. M. Walther Dieselstr. 88 14482 Potsdam	frei Haus	
003	DEUBNER GmbH Dreherstr. 82 40625 Düsseldorf	DEU1 – 5	5 EUR-FP	Farben	4.000	Friedhelm Siebert Gebäudesanierung Eisweg 79 12623 Berlin	frei Haus	fix am 21.01.
004		usw.						

Wegen der Eilbedürftigkeit der Sendung hat Frau Theben den Empfangsspediteur angewiesen, dem Empfänger die vier Paletten auf jeden Fall zuzustellen.

Weisungen im Schadensfall

Gegen Mittag treffen dann noch ein Fax des Empfängers und ein Fax des Versenders ein. Beide hatten in der Zwischenzeit miteinander Kontakt aufgenommen.

Lernsituation 8 | zu SLG S. 17, 20, 29–36, 50–54, 70–71, 97–101, WSP S. 62–79, KSK S. 55–73, (DV) 192–195

Durchschrift Speditionsauftrag (Empfangsquittung, gekürzt)

Speditionsauftrag — **INTERSPED GmbH**

1 Versender/Liferant	2 Lieferanten-Nr.	3 Speditionsauftrag-Nr. 08231
DEUBNER GmbH Dreherstr. 82 40625 Düsseldorf		4 Nr. Versender beim Versand-Spediteur

5 Beladeliste	6 Datum 20.01.20(0)	7 Relations-Nr. 004
8 Sendungs-/Ladungs-Bezugs-Nr.	9 Versandspediteur	10 Spediteur-Nr.

11 Empfänger	12 Empfänger-Nr.	
Friedhelm Siebert Gebäudesanierung Eisweg 79 12623 Berlin		INTERSPED GMBH MERKURSTRASSE 14 40223 DÜSSELDORF

Telefon: Fax:

13 Bordero-/Ladeliste-Nr. 01235

14 Anliefer-/Abladestelle

15 Versendervermerke für den Versandspediteur

16 Eintreff-Datum 21.01.20(0) fix	17 Eintreff-Zeit

18 Zeichen und Nr.	19 Anzahl	20 Packstück	21 SF	22 Inhalt	23 Lademittel- gewicht in kg	24 Brutto- gewicht in kg
DEU – 5	5	EUR-FP		Farben		4.000
Summe:	25	26 Rauminhalt dm³/Lademeter		Summen:	27	28

30 Frankatur frei Haus	31 Warenwert für Güterversicherung 24.000,00 EUR	32 Versender- Nachnahme
Sendung vollständig und in einwandfreiem Zustand erhalten Datum, Unterschrift des Empfängers	*1 Palette fehlt. 21.01.20(0)* **Siebert**	*Schaden bestätigt 21.01.20(0)* **Gerdemann**

34 Es gelten die Allgemeinen Deutschen Spediteurbedingungen (ADSp) in ihrer jeweils neuesten Fassung.

MÖLLER-TRANS faxt uns folgenden Lieferschein mit unserer Übernahmebestätigung zu:

DEUBNER GmbH – Farben und Lacke – Dreherstr. 82, 40625 Düsseldorf

Friedhelm Siebert
– Gebäudesanierung –
Eisweg 79
12623 Berlin

Kunden-Nr. 55433
Auftrag-Nr. 12448
Frankatur: frei Haus

Lieferschein 20.01.20(0)

Artikel-Nr.	Verpackung	Bezeichnung	Gewicht in kg
43518	5 Paletten	Farben	4.000

Sendung erhalten

INTERSPED GmbH
Merkurstraße 14
40223 Düsseldorf

Von Möller-Trans übernommen
Theiß 20.01.20(0)

Suche nach dem Schadensort

Auszug aus einem Gespräch von Frau Theben mit Herrn Theiß, unserem Mitarbeiter im Lager:

Frau Theben: „Herr Theiß, gestern Morgen soll Ihnen der Fahrer von MÖLLER-TRANS fünf Paletten der Deubner GmbH übergeben haben. Wir vermissen eine Palette dieser Sendung."

Herr Theiß: „Gestern Morgen war so viel los. Aber es kann schon sein, dass von Deubner etwas dabei war. Ob vier oder fünf Paletten – das kann ich Ihnen nicht mehr sagen."

Frau Theben: „Halten Sie denn die Anzahl der übernommenen Packstücke nicht genau fest?"

Herr Theiß: „Natürlich – nur war ja gestern alles durcheinander. Ich habe dem Fahrer gesagt, er solle die Paletten auf die Rampe stellen, ich würde sie nachher weiterverteilen. Am Ende wusste man gar nicht mehr, welche Paletten zusammengehörten.

Ach ja, bei der Beladung des Fernverkehr-Lkw für Berlin fehlte eine Palette. Das habe ich zusammen mit dem Fahrer auf dem Frachtbrief vermerkt."

Frau Theben: „Danke, Herr Theiß, ich weiß Bescheid."

Frachtbrief (für den Lkw-Fernverkehrstransport)

1 Absender (Name, Anschrift) INTERSPED GmbH Merkurstraße 14 40223 Düsseldorf	**FRACHTBRIEF** **für den gewerblichen** **Güterkraftverkehr**	
2 Empfänger (Name, Anschrift) Spedition HOMBERG GmbH Erdener Straße 45 14193 Berlin	3 Frachtführer (Name, Anschrift) MÖLLER-TRANS GmbH Merowingerstraße 8 40223 Düsseldorf	
4 Meldeadresse	5 Nachfolgende Frachtführer (Name, Anschrift)	
6 Übernahme des Gutes Versandort Düsseldorf Beladestelle Merkurstraße 14 8 Ablieferung des Gutes Ort Berlin Entladestelle Erdener Straße 45 9 Beigefügte Dokumente	7 Vorbehalte und Bemerkungen der Frachtführer	

10 Anzahl der Packstücke	11 Zeichen und Nummern	12 Art der Verpackung	13 Bezeichnung des Gutes	14 Bruttogewicht in kg	15 Volumen in m³
28		Paletten	Sammelgut	18.000	
	27 Paletten übernommen 20.01.20(0) Gräber		*Bestätigung Theiß*		

16 Gefahrgut-Klassifikation			Nettomasse kg/l	
UN-Nr.		Offizielle Benennung		
Nummer Gefahrzettelmuster		Verpackungsgruppe		

17 Weisungen des Absenders (Zoll- und sonstige amtliche Behandlung des Gutes)

18 Nachnahme:		20 Besondere Vereinbarungen
19 Frankatur	frei Haus	

21 Ausgefertigt in Düsseldorf am 20. Jan. 20(0)	Gut empfangen am

INTERSPED GmbH Merkurstraße 14 40223 Düsseldorf *Baumeister*	MÖLLER-TRANS GmbH Merowingerstraße 8 40223 Düsseldorf *Gräber*	
22 Unterschrift und Stempel des Absenders	23 Unterschrift und Stempel des Frachtführers	24 Unterschrift und Stempel des Empfängers

	25 Amtl. Kennzeichen	26 Nutzlast in kg	
KFZ			
Anhänger			

Lernsituation 8 | zu SLG S. 17, 20, 29–36, 50–54, 70–71, 97–101, WSP S. 62–79, KSK S. 55–73, (DV) 192–195

Eine Bitte an MÖLLER-TRANS, in ihrem Lager nach der verschwundenen Palette zu suchen, führt zu keinem Ergebnis. Auch Suchmeldungen an Geschäftspartner des Frachtführers bleiben erfolglos. Damit ist von einem Verlust der Sendung auszugehen.

Damit die Firma Siebert weiterarbeiten kann, wird der Sammelladung nach Berlin am 22. Januar 20(0) eine Palette mit Farben hinzugefügt.

Schadensbearbeitung durch INTERSPED

Ihren Versicherungsunterlagen kann Frau Theben entnehmen, dass die Sendung der DEUBNER GmbH mit einer Versicherungssumme von 24.000,00 EUR güterversichert war (Versicherungsprämie 19,99 EUR einschließlich Versicherungssteuer). Als Entgelt war mit der Firma DEUBNER ein Festpreis in Höhe von netto 375,00 EUR zuzüglich Versicherungsprämie vereinbart worden.

Schadensrechnung

DEUBNER GmbH – Farben und Lacke – Dreherstr. 82, 40625 Düsseldorf

INTERSPED GmbH
Merkurstraße 14
40223 Düsseldorf

Speditionsauftrag vom 20. Jan. 20(0) Nr. 08231
Kunden-Nr. 55433
Rechnung Nr. 12448
Transportdatum: 20.01.20(0)

Schadensrechnung Nr. 12448-B   26.01.20(0)

Artikel-Nr.	Verpackung	Bezeichnung	Gewicht in kg	EUR
43518	1 Palette	Farben	800	4.800,00
	3 x 5 Malerstunden zu je 32,50 €		= 15 x 32,50 EUR	487,50
			Summe	5.287,50

Empfänger: Friedhelm Siebert – Gebäudesanierung –, Eisweg 79, 12623 Berlin
Die Sendung ist von unserem Kunden reklamiert worden, weil eine Palette fehlte. Aufgrund des fehlenden Materials konnten drei Maler, die speziell für die Erledigung eines Terminauftrags beauftragt worden waren, nicht beschäftigt werden. Die trotzdem anfallenden Lohnkosten wurden uns von der Firma Siebert in Rechnung gestellt. Wir müssen Ihnen die Kosten leider weiterbelasten.
Eine Kopie unserer Originalrechnung über die gelieferten Farben an Firma Siebert fügen wir zu Ihrer Information bei.

Erklärung
Wir erklären hiermit wahrheitsgetreu, dass kein anderer Versicherer für den entstandenen Schaden Ersatz geleistet hat.

26. Jan. 20(0) Bentheim
Datum   Unterschrift

Wert	Porto/Verpackung	Nettobetrag	Umsatzsteuer (19 %)	Bruttobetrag
5.287,50		5.287,50		5.287,50

Bankverbindung: Commerzbank Düsseldorf, BLZ 300 400 00, Konto-Nr. 2365 451 004

Siehe Versicherungsbedingungen in Lernsituation 7.

Warenrechnung

DEUBNER GmbH – Farben und Lacke – Dreherstr.82, 40625 Düsseldorf

Friedhelm Siebert
– Gebäudesanierung –
Eisweg 79
12623 Berlin

Kunden-Nr. 55433
Rechnung Nr. 12448
Frankatur: frei Haus

Rechnung   20.01.20(0)

Artikel-Nr.	Verpackung	Bezeichnung	Gewicht in kg	EUR
43518	5 Paletten	Farbe	4.000	24.000,00

Warenwert	Porto/Verpackung	Nettobetrag	Umsatzsteuer (19 %)	Bruttobetrag
24.000,00		24.000,00	4.560,00	28.560,00

Bankverbindung: Commerzbank Düsseldorf, BLZ 300 400 00, Konto-Nr. 2365 451 004

Am 5. Februar 20(0) geht von der Versicherungsgesellschaft ein Betrag von 5.287,50 EUR als Schadenersatz auf das Konto der Spedition INTERSPED ein. Die Versicherung bittet darum, den Schaden mit dem Versicherten zu regulieren.

Hinweise zum Fall 1

- Schadensmeldung: Policen-Nummer BE 40-43-1124, Schadensnummer des Kunden 015/20(0)
- Wert der Sendung: Anzugeben ist der Warenwert laut Speditionsauftrag; Warengruppe siehe Seite 179.
- Der Versender hat keine eigene Transportversicherung abgeschlossen (siehe Erklärung auf der Schadensrechnung). Ein Schadenssachverständiger wurde nicht hinzugezogen.

Fall 2

Am 12. Februar 20(0) erhält Frau Theben einen Anruf von Herrn Schneider, dem Fahrer unseres Fernverkehr-Lkw, aus dem hervorgeht, dass er auf der Fahrt nach Hamburg einen schweren Unfall hatte. Aufgrund des sehr schlechten Wetters hatte er den Abstand zum vorausfahrenden Fahrzeug unterschätzt. Eine Notbremsung führte zum Verlust der Kontrolle über das Fahrzeug, sodass der Lkw umkippte. Beschädigungen an den Fahrzeugplanen und einsetzender Regen haben die Ladung (24 t Reisekataloge) vollständig ruiniert. Zum Glück gab es keinen Personenschaden und auch andere Fahrzeuge waren nicht betroffen.

Frau Theben informierte sofort den Versender, die Rieder-Druck GmbH. Dort löste die Nachricht große Sorge aus. Zum einen gab es einen Liefertermin, den man aber durch einen beschleunigten Nachdruck vermutlich einhalten kann. Größere Sorge bereitete die Tatsache, dass sich die Rieder-Druck GmbH auf eine Güterversicherung verzichtet hatte, weil man die gesetzliche Haftung für ausreichend ansah. Der Versender bittet daher Frau Theben, den zu erwartenden Schadenersatz vorab telefonisch mitzuteilen.

- Wert eines SZR am Tag der Sendungsübernahme: 1,0411 EUR
- Mit dem Versender ist ein fester Beförderungspreis (800,00 EUR) vereinbart worden.

Frau Theben sucht zunächst den Speditionsauftrag zu dem Schadensfall heraus (Abbildung gekürzt).

Speditionsauftrag — **INTERSPED GmbH**

1 Versender/Lieferant	2 Lieferanten-Nr.	3 Speditionsauftrag-Nr. 8545/20(0)
Rieder-Druck GmbH Hochstr. 49 49593 Düsseldorf	1145	4 Nr. Versender beim Versand-Spediteur 71443

5 Beladeliste	6 Datum	7 Relations-Nr.
Hochstraße 49, 40593 Düsseldorf	10.02.20(0)	1
8 Sendungs-/Ladungs-Bezugs-Nr.	9 Versandspediteur	10 Spediteur-Nr.

11 Empfänger	12 Empfänger-Nr.	
CLUB-Reisen Leiserweg 15 21079 Hamburg		INTERSPED GMBH MERKURSTRASSE 14 40223 DÜSSELDORF
		Telefon Fax
		13 Bordero-/Ladeliste-Nr.
14 Anliefer-/Abladestelle		15 Versendervermerke für den Versandspediteur
Leiserweg 15 21079 Hamburg		Termin unbedingt einhalten
		16 Eintreff-Datum 17 Eintreff-Zeit
		12.02.20(0) ca. 16:00 Uhr

18 Zeichen und Nr.	19 Anzahl	20 Packstück	21 SF	22 Inhalt	23 Lademittel-gewicht in kg	24 Brutto-gewicht in kg
CL1-30	30	EUR-FP		Kataloge		24.000
25 Summe:		26 Rauminhalt dm³/Lademeter		Summen:	27	28

30 Frankatur	31 Warenwert für Güterversicherung	32 Versender-Nachnahme
frei Haus	– keine Versicherung –	

Einen Tag später trifft die Schadensrechnung des Versenders ein.

Rieder-Druck GmbH – Hochstr. 49 – 40593 Düsseldorf

INTERSPED GmbH
Merkurstraße 14
40223 Düsseldorf

Schadensrechnung Nr. SR Nr. 2/20(0)   12.02.20(0)

	EUR
Transportdatum: 12.02.20(0)	
24.000 kg Kataloge	
Empfänger: CLUB-Reisen, Leiserweg 15, 21079 Hamburg	
Auftrags-Nr. 1145, Speditionsauftrag-Nr. 8545/20(0)	
Aufgrund des Schadensfalls berechnen wir Ihnen	
96.000 Kataloge zum Stückpreis von 3,00 EUR	288.000,00
Einrichtungskosten für den Nachdruck	2.500,00
Summe	290.500,00

Eine Kopie unserer Originalrechnung an CLUB-Reisen, Hamburg, fügen wir zu Ihrer Information bei.

Auszug aus der Warenrechnung

Anzahl	Bezeichnung	Einzelpreis	Gesamtpreis
96.000	Reisekataloge	3,00	288.000,00
	Umsatzsteuer 19 %		54.720,00
	Brutto		342.720,00

Frau Theben wird den Schaden der Versicherung melden, sobald sie dem Versender die gewünschte Auskunft gegeben hat und alle Unterlagen vorliegen.

Fälle 3 – 6

Auch in den folgenden Fällen wünschen die Anspruchsteller sofort Auskunft von INTERSPED:

Fall 3

HGB §§ 460, 462, 428

Beim Zwischenspediteur HOMBERG in Berlin wird eine Sammelgutsendung auf dem Lager beschädigt. Der betroffene Versender fragt an, an wen er seine Schadenersatzansprüche richten solle, an HOMBERG oder an INTERSPED. Für den Versender wurde eine Güterversicherung abgeschlossen. Es liegt Fixkostenspedition vor.

Fall 4

HGB §§ 461(2), 462; ADSp Ziffer 23.3

Die Weisung des Versenders (Großhandelsunternehmen), Herkunftszeichen auf einer Sendung zu entfernen, gibt INTERSPED korrekt an ihren Zwischenspediteur in München weiter. Der Zwischenspediteur versäumt es jedoch, die Sendung zu neutralisieren. Der Versender macht glaubhaft, dass der Empfänger durch diesen Fehler direkten Kontakt zum Hersteller aufnehmen konnte und dem Versender dadurch Aufträge entgangen sind. Der Versender will wissen, ob solche Schäden überhaupt ersetzt werden und wer ersatzpflichtig ist. Eine Güterversicherung besteht nicht.

Fall 5

HGB §§ 459, 431(3); ADSp Ziffer 23.3

Für die Beförderung eines dringend benötigten Ersatzteils (Fixkostenspedition) hatte INTERSPED eine Terminzusage gegeben. Der Lkw-Fahrer des mit dem Transport beauftragten Frachtführers verursacht leider einen Unfall. Zwar blieben die Ersatzteile unbeschädigt, der Termin wurde aber deutlich überschritten. Die Produktionsstillstandskosten will der Versender ersetzt haben. Die genaue Höhe des Schadens ist ihm zurzeit noch nicht bekannt. Er möchte aber wissen, ob er in jedem Fall und von wem die volle Höhe ersetzt bekommt. Eine Güterversicherung besteht nicht. Mit dem Frachtführer war ein Beförderungspreis von netto 600,00 EUR vereinbart worden.

Fall 6

HGB §§ 461(2), 454

Die KUHN GmbH – bei INTERSPED ohne Güterversicherung – hatte mit ihrem Kunden einen Kaufvertrag unter der Frankatur „ab Werk" abgeschlossen. Der Käufer hatte aber darum gebeten, dass die KUHN GmbH einen Spediteur mit dem Güterversand beauftragt.

INTERSPED erhielt den Auftrag, diesen Versand (18 t Maschinenteile von Düsseldorf nach Ulm) zu besorgen. Über Preise wurde nicht gesprochen, da ohnehin der Empfänger den Transport zu bezahlen hat.

Lernsituation 8 | zu SLG S. 17, 20, 29–36, 50–54, 70–71, 97–101, WSP S. 62–79, KSK S. 55–73, (DV) 192–195

INTERSPED beauftragte EUROTRANS mit der Beförderung. Auf dem Weg nach Ulm verunglückt der Lkw durch eine Unachtsamkeit des Fahrers. Die Güter werden total beschädigt. Für den Auftrag wurde keine Güterversicherung abgeschlossen.

Nun ist der Empfänger am Telefon und kündigt an, INTERSPED für den Schaden haftbar zu machen.

Frau Theben: „Es tut mir leid, aber in diesem Fall können Sie uns als Spediteur für den Schaden nicht verantwortlich machen, weil ..."

Zur Information: Beglaubigter Auszug aus dem Handelsregister

Amtsgericht Düsseldorf						HR B 3174	
Nr. der Eintragung	a) Firma b) Sitz c) Gegenstand des Unternehmens	Grund- oder Stammkapital EUR	Vorstand Persönlich haftende Gesellschafter Geschäftsführer Abwickler	Prokura	Rechtsverhältnisse	a) Tag der Eintragung und Unterschrift b) Bemerkungen	
1	a) INTERSPED GmbH b) Düsseldorf c) Die Übernahme speditioneller Tätigkeiten aller Art	150.000,00	Gerd Berger, Kaufmann, Düsseldorf; Olaf Decker, Kaufmann, Meerbusch	Peter Baumeister, Düsseldorf	Gesellschaft mit beschränkter Haftung. Gesellschaftsvertrag vom 15. November 20(0). Ist nur ein Geschäftsführer vorhanden, so vertritt dieser die Gesellschaft allein. Sind mehrere Geschäftsführer vorhanden, so wird die Gesellschaft jeweils von zwei Geschäftsführern gemeinsam oder von einem Geschäftsführer in Gemeinschaft mit einem Prokuristen vertreten.	a) 2. Januar 20(+1). b) Bl. 4-22 f SdBd	

Hausmitteilung

Mit Beginn des neuen Geschäftsjahres wird unser Unternehmen in eine GmbH umgewandelt.
Die neue Firma lautet:

INTERSPED GmbH

Als weiterer Geschäftsführer tritt zum selben Zeitpunkt in unser Unternehmen ein:

Herr Olaf Decker
geb. am 4. Juli 1966

Adresse:
Fontanestraße 42
40667 Meerbusch

Düsseldorf, 20. Dezember 20(0)

Gerd Berger

Gehaltsabrechnung für ...	€	€
Tarifgehalt		
+ vermögenswirksame Leistungen		
+ steuer- u. sozialversicherungspflichtige Zulagen		
= **sozialversicherungspflichtiges Gehalt**		
./. Steuerfreibeträge		
= **steuerpflichtiges Gehalt**		
Gesamt-Brutto (Bruttoarbeitsentgelt)		
./. Lohnsteuer		
./. Solidaritätszuschlag		
./. Kirchensteuer		
./. Krankenversicherung		
./. Rentenversicherung		
./. Arbeitslosenversicherung		
./. Pflegeversicherung		
= **Nettogehalt**		
./. Sparbeitrag zur Vermögensbildung		
= **Auszahlung**		

Der neue Mitarbeiter Markus Hünting hat sich in den vergangenen Tagen bereits gut in ihrer Abteilung eingelebt. Frau Keller hat aufgrund erheblicher Arbeitsbelastung bislang notwendige Personalverwaltungsarbeiten im Zusammenhang mit der Einstellung von Herrn Hünting noch nicht erledigen können. Da allerdings in den nächsten Tagen die erste Gehaltszahlung fällig wird, muss nun dringend ein Personalstammblatt für Herrn Hünting angelegt werden und anschließend die Gehaltsabrechnung sowie deren Buchung erfolgen. Neben den bereits bekannten Daten (siehe Lernsituation 6) hat Frau Keller unten stehende Daten der Lohnsteuerkarte von Herrn Hünting entnommen bzw. direkt von Herrn Hünting erfragt:

Lernsituation 8 | zu SLG S. 17, 20, 29–36, 50–54, 70–71, 97–101, WSP S. 62–79, KSK S. 55–73, (DV) 192–195

Personaldaten Herr Hünting
- Krankenkasse AOK Rheinland, Beitragssatz 13,4 %;
- Sozialversicherungsnummer 53070274H432;
- Bankverbindung Sparda-Bank Essen e. G, BLZ 360 605 91, Konto-Nr. 495 387;
- Anspruch auf vermögenswirksame Leistungen in Höhe von 26,00 €; Auf den Sparvertrag werden monatlich zusätzlich 52,00 € überwiesen.
- Arbeitszeit, Urlaubsanspruch, Gehaltshöhe richten sich nach den geltenden tarifvertraglichen Regelungen und dem Arbeitsvertrag (Siehe Lernsituation 6 Seite 168).
- Auch Herr Bauer, der neu eingestellte Fahrer muss für den Monat Dezember 20(0) (21 Arbeitstage) seine Lohnabrechnung erhalten. Herr Bauer wird nach dem geltenden Lohntarif bezahlt. Dabei wird berücksichtigt, dass er schon 10 Jahre als Berufskraftfahrer tätig ist. Er erhält neben seinem Lohn auch tägliche Spesen von 6 € und 26 Euro Arbeitgeberzulage zu den vermögenswirksamen Leistungen. Vom Nettolohn werden 78,00 Euro an die Sparkasse Düsseldorf für einen vermögenswirksamen Sparvertrag überwiesen. Im Monat Dezember hat er insgesamt 22 Überstunden geleistet.
- Herr Bauer ist verheiratet, hat Lohnsteuerklasse IV/1,0 und ist evangelisch. Er gehört der AOK Rheinland an.

Lohnsteuerkarte 20(0)

Alle Eintragungen in der Lohnsteuerkarte genau prüfen!
Lesen Sie die Informationsschrift „Lohnsteuer '20(0)"

Ordnungsmerkmale des Arbeitgebers

Gemeinde: Duisburg
AGS: 05112000
Finanzamt und Nr.: Duisburg-Süd 5109
Geburtsdatum: 07.02.74

Markus Hünting
Rheingasse 17
47228 Duisburg

1. Allgemeine Besteuerungsmerkmale
Steuerklasse: drei
Kinder unter 18 Jahren; Zahl der Kinderfreibeträge: 0,0
Kirchensteuerabzug: rk
(Datum) 17.11.20(-1)

(Gemeindebehörde) Duisburg

Ausfertigung für den Arbeitgeber	
Bausparkasse Schwäbisch Hall AG Crailsheimer Str. 52 D-74523 Schwäbisch Hall	**Schwäbisch Hall** Auf diese Steine können Sie bauen
Überweisung vermögenswirksamer Leistungen (vl)	
Name u. Anschrift des Arbeitgebers	Arbeitnehmer/in
INTERSPED GmbH Merkurstraße 14 40223 Düsseldorf	Markus Hünting Rheingasse 17 47228 Duisburg
Antrag	Ich beantrage, die vermögenswirksamen Leistungen (einschließlich Arbeitgeberanteil aufgrund Tarifvertrag, Betriebsvereinbarung oder Arbeitsvertrag) an die Bausparkasse Schwäbisch Hall zu überweisen:

Als Neuanlage	Monatlich ab	Vierteljährlich ab	Jährlich, erstmals im Monat	
	Januar 20(0) € 78,00	€	€	€
	Die Anlage bei der Bausparkasse Schwäbisch Hall erfolgt als Bausparbeitrag nach dem Wohnungsbau-Prämiengesetz.			
Empfänger	Bausparkasse Schwäbisch-Hall AG, Crailsheimer Str. 52, 74523 Schwäbisch Hall			
Bankverbindung	Bankverbindung Konto-Nr. 160 602 WGZ-Bank Düsseldorf (BLZ 300 600 10)			
Verwendungszweck	Bausparvertrag Nr. 37 901 547 L 01 Vertragsinhaber/in: Markus Hünting			
Unterschrift	Datum 20. Dezember 20(0)		Unterschrift *Markus Hünting*	
Anlage-Bestätigung für den Arbeitgeber	Wir bestätigen nach dem Vermögensbildungsgesetz, dass wir die uns zu überweisenden vermögenswirksamen Leistungen als Bausparbeitrag gutschreiben werden. Der Sparzulagensatz beträgt 9. v. H. (§ 13 Abs. 2 Nr. 2 Vermögensbildungsgesetz) Bausparkasse Schwäbisch Hall AG *Müller Winter*			

Lernsituation 8 | zu SLG S. 17, 20, 29–36, 50–54, 70–71, 97–101, WSP S. 62–79, KSK S. 55–73, (DV) 192–195

Für die automatische Lohn- und Gehaltsabrechnung mit Excel ist es möglich, die Werte aus der Steuertabelle automatisch auszulesen. Dazu wird die Funktion „Sverweis" verwendet. Eine Lohnsteuertabelle lässt sich z. B. in folgender Form darstellen:

Die Tabelle ist im Internet auf der Seite www.spedibuch.de herunterzuladen

Lohn/Gehalt		Steuerklassen					
von	bis	I	II	III	IV	V	VI
1.929,00	1.931,99	237,16	207,75	29,50	237,16	525,50	555,33
1.932,00	1.934,99	238,00	208,58	30,00	238,00	526,66	556,66
1.935,00	1.937,99	238,75	209,33	30,33	238,75	527,83	557,83
1.938,00	1.940,99	239,58	210,08	30,83	239,58	529,00	559,00
1.941,00	1.943,99	240,41	210,91	31,16	240,41	530,16	560,16
1.944,00	1.946,99	241,16	211,66	31,66	241,16	531,33	561,33
1.947,00	1.949,99	241,91	212,41	32,00	241,91	532,50	562,50
1.950,00	1.952,99	242,75	213,25	32,50	242,75	533,66	563,66
1.953,00	1.955,99	243,58	214,00	32,83	243,58	534,83	564,83
1.956,00	1.958,99	244,33	214,75	33,33	244,33	536,00	566,00
1.959,00	1.961,99	245,16	215,58	33,66	245,16	537,16	567,16
1.962,00	1.964,99	245,91	216,33	34,16	245,91	538,33	568,33
1.965,00	1.967,99	246,75	217,16	34,50	246,75	539,50	569,66
1.968,00	1.970,99	247,50	217,91	34,83	247,50	540,66	570,83
1.971,00	1.973,99	248,33	218,66	35,33	248,33	541,83	572,00
1.974,00	1.976,99	249,16	219,41	35,66	249,16	543,00	573,16
1.977,00	1.979,99	249,91	220,25	36,16	249,91	544,16	574,50
1.980,00	1.982,99	250,75	221,00	36,50	250,75	545,33	575,66
1.983,00	1.985,99	251,58	221,83	37,00	251,58	546,50	576,83
1.986,00	1.988,99	252,33	222,58	37,50	252,33	547,66	578,00
1.989,00	1.991,99	253,16	223,33	37,83	253,16	548,83	579,16
1.992,00	1.994,99	253,91	224,16	38,33	253,91	550,00	580,33
1.995,00	1.997,99	254,75	224,91	38,66	254,75	551,16	581,66
1.998,00	2.000,99	255,58	225,75	39,16	255,58	552,33	582,83
2.001,00	2.003,99	256,33	226,50	39,50	256,33	553,50	584,00
2.004,00	2.006,99	257,16	227,33	40,00	257,16	554,83	585,33
2.007,00	2.009,99	258,00	228,08	40,33	258,00	556,00	586,50
2.010,00	2.012,99	258,75	228,83	40,83	258,75	557,16	587,50
2.013,00	2.015,99	259,58	229,66	41,16	259,58	558,33	588,83
2.016,00	2.018,99	260,33	230,41	41,66	260,33	559,50	590,00
2.019,00	2.021,99	261,16	231,25	42,00	261,16	560,66	591,16
2.022,00	2.024,99	262,00	232,00	42,50	262,00	561,66	592,50
2.025,00	2.027,99	262,83	232,83	42,83	262,83	563,00	593,66
2.028,00	2.030,99	263,58	233,58	43,33	263,58	564,16	595,00
2.031,00	2.033,99	264,41	234,41	43,83	264,41	565,33	596,00
2.034,00	2.036,99	265,25	235,16	44,16	265,25	566,50	597,33
2.037,00	2.039,99	266,00	236,00	44,66	266,00	567,83	598,50
2.040,00	2.042,99	266,83	236,75	45,16	266,83	569,00	599,83
2.043,00	2.045,99	267,66	237,58	45,66	267,66	570,16	601,00

Mit Hilfe der Tabelle lassen sich dann die Steuerbeträge z. B. für folgende Mitarbeiter ermitteln:

Name	Vorname	Steuerklasse	Kinderfreibeträge	Bruttogehalt	Lohnsteuer
Freye	Walter	1	0,0	1.940,20	
Hansen	Wolfgang	3	2,0	2.010,60	
Karbowski	Ingrid	4	0,5	2.040,00	
Keller	Tanja	5	0,0	1.950,10	
Klasen	Manfred	3	1,0	1.949,05	
Kolbe	Franz	2	0,5	2.036,50	

In der Abteilung Rechnungswesen/Controlling sind fast unbemerkt für die anderen Abteilungen die Jahresabschlussarbeiten angelaufen. Die Inventurarbeiten waren umfangreich und in den letzten Tagen des Jahres sind die Mitarbeiter der Abteilung Rechnungswesen/Controlling damit beschäftigt gewesen, den Bestand des Umlaufvermögens und der Schulden für jeden einzelnen Posten aufzunehmen und zu bewerten.

Lernsituation 8 | zu SLG S. 17, 20, 29–36, 50–54, 70–71, 97–101, WSP S. 62–79, KSK S. 55–73, (DV) 192–195

Auch die Gegenstände des Anlagevermögens müssen aufgenommen und in ihrem Wert bestimmt werden. Da die Spedition Berger die Anlagegüter bei der Anschaffung in das Bestandsverzeichnis aufgenommen hat, sind diese Arbeiten schnell getan. Dieses Bestandsverzeichnis wird dem Inventar zur näheren Erläuterung der Vermögensposten zugefügt.

							Bestandsverzeichnis					
Nr.	Bezeichnung des Gegenstandes*	Anschaffungswert	Nutzungsdauer	Anschaffungsdatum	Abschreibungsbasis	Wertminderung 20(0)**	Inventurwert zum 31.12.20(0)
		€	Jahre	Datum	€	€	€
1	Gabelstapler	12.987,00	8	04.10.20(0)	12.987,00	406,00	
2	Hubwagen	3.900,00	8	04.10.20(0)	3.900,00		
					16.887,00		
3	PKW Daimler	25.000,00	6	01.07.20(0)	25.000,00		
4	PKW Golf	18.300,00	6	15.11.20(0)	18.300,00		
5	LKW D-N 270	72.614,00	9	19.10.20(0)	72.614,00		
6	Anhänger D-N 271	26.357,00	11	21.10.20(0)	26.357,00		
7	Nahverkehrs-LKW		9	27.11.20(0)			
8	Büromöbel	12.500,00	13	01.07.20(0)	12.500,00		
9	Büromöbel	10.780,00	13	28.11.20(0)	10.780,00		
10	Telefonanlage	2.050,00	8	01.07.20(0)	2.050,00		
11	Fax	750,00	6	01.07.20(0)	750,00		
12	Computer	7.950,00	3	01.07.20(0)	7.950,00		
13	Kopiergerät 1	1.125,00	6	01.07.20(0)	1.125,00		
14	Kopiergerät 2	4.375,00	6	08.09.20(0)	4.375,00		
					39.530,00		

* Einige Anlagegüter sind aus Gründen der Vereinfachung zusammengefasst
** Beträge auf voll EUR runden

Die Werte für das Anlagevermögen müssen nun noch in das Inventar übernommen werden. Wenn diese Arbeiten erledigt sind, kann das Inventar endgültig erstellt werden.

		Inventar der Gerd Berger Spedition e. K. zum 31.12.20(0)		
A	Vermögen		€	€
	I	Anlagevermögen		
		1. Transportgeräte laut Bestandsverzeichnis		
		2. Fahrzeuge laut Bestandsverzeichnis		
		3. Geschäftsausstattung laut Bestandsverzeichnis		
	II	Umlaufvermögen		
		1. Forderungen laut Forderungsliste		68.692,00
		2. Bankguthaben Commerzbank		43.993,00
		3. Kasse		1.560,00
	Summe des Vermögens			
B	Schulden			
	I	Langfristige Schulden		
		Darlehen		144.686,00
	II	Kurzfristige Schulden		
		Verbindlichkeiten		55.007,00
		Umsatzsteuer		3.596,00
	Summe der Schulden			203.289,00
C	Ermittlung des Eigenkapitals			
		Summe des Vermögens		
	./.	Summe der Schulden		203.289,00
	=	Eigenkapital		

Düsseldorf, 31.12.20(0) *Gerd Berger*

Wenn das Inventar erstellt und durch Herrn Berger unterschrieben ist, kann auch die Bilanz aufgestellt werden. Damit sind alle Auflagen des Handelsgesetzbuches HGB für den Jahresabschluss erfüllt.

Aktiva	Bilanz der Spedition G. Berger zum 31. Dezember 20(0)		Passiva

Nachdem das Inventar und die Bilanz erstellt sind, müsen noch weitere Jahresabschlussarbeiten erledigt werden. Zunächst muss geklärt werden, ob die Ist-Werte aus der Inventur auch mit den Zahlen der Buchführung (Soll-Werte) übereinstimmen. Wenn das nicht der Fall ist, muss nach den Ursachen geforscht werden. Gegebenenfalls sind Korrekturen in der Finanzbuchhaltung durchzuführen. So müssen z. B. die Posten des Anlagevermögens korrigiert werden, da sich das Anlagevermögen durch die Nutzung in seinem Wert vermindert hat. Die Wertminderungen der einzelnen Anlagegegenstände sind aus dem Bestandsverzeichnis zu entnehmen.

Frau Keller gibt Anweisung, zunächst einen „Probeabschluss" mithilfe der Summenliste durchzuführen und die Abstimmung mit dem Inventar vorzunehmen, bevor die Konten des Hauptbuches abgeschlossen werden. Erst dann soll die Bilanz aufgestellt werden.

Summenliste		Summen		Salden	
Nr.	Konto	Soll	Haben	Soll	Haben
1	Transportgeräte	16.887,00			
2	Fahrzeuge				
3	Geschäftsausstattung	39.530,00			
4	Forderungen	677.172,00	608.480,00		
5	Vorsteuer	77.485,00	77.485,00		
6	Bankguthaben	1.356.590,00	1.312.597,00		
7	Kasse	12.065,00	10.505,00		
8	Eigenkapital		55.523,00		
9	Darlehen	25.000,00	169.686,00		
10	Verbindlichkeiten	469.005,00	524.012,00		
11	Umsatzsteuer	89.070,00	92.666,00		
12	Speditionsaufwand	464.697,00			
13	Gehälter	47.940,00			
14	Miete	17.850,00			
15	Energie/Raumaufwand	2.140,00			
16	Versicherungen	684,00			
17	Büroaufwand	2.262,00			
18	Werbung	3.800,00			
19	Kommunikation	5.230,00			
20	Abschreibungen				
21	Übrige Aufwendungen	2.424,00			
22	Speditionserlöse		631.821,00		
	Summe				

Lernsituation 8 | zu SLG S. 17, 20, 29–36, 50–54, 70–71, 97–101, WSP S. 62–79, KSK S. 55–73, (DV) 192–195

Wenn der Probeabschluss keine Probleme und Abweichungen aufweist, kann Frau Keller den eigentlichen Abschluss durchführen. Dazu wird sie - wie bei den laufenden Buchungen der Geschäftsfälle während des Geschäftsjahres - zunächst im Grundbuch buchen und dann den Abschluss der Konten im Hauptbuch durchführen.

Arbeitsplan für den Kontenabschluss:

	Vorgang	Buchung		erledigt
		Soll	Haben	
01	Umbuchungen			
	Vorsteuer	Mehrwertsteuer	Vorsteuer	✓
	Abschreibungen	Abschreibungen	Transportgeräte	
			Fahrzeuge	
			BGA	
02	Abschlussbuchungen			
	Abschluss der Aufwandskonten	GuV	diverse Aufwandskonten	
	Abschluss der Ertragskonten	diverse Ertragskonten	GuV	
03	Abschluss des Unternehmensergebniskontos (GuV)	1. Gewinn: GuV	Eigenkapital	
		2. Verlust: Eigenkapital	GuV	
04	Abschluss der Bestandskonten			
	Abschluss der Vermögenskonten	SBK	diverse Vermögenskonten	
	Abschluss der Kapitalkonten	diverse Kapitalkonten	SBK	

Finanzbuchhaltung

Hauptbuch

Soll		Transportgeräte			Haben
Datum	Text/Gegenkonto	€	Datum	Text/Gegenkonto	€
	Summe	16.887,00			

Soll		Fahrzeuge			Haben
Datum	Text/Gegenkonto	€	Datum	Text/Gegenkonto	€
	Summe				

Soll		Geschäftsausstattung			Haben
Datum	Text/Gegenkonto	€	Datum	Text/Gegenkonto	€
	Summe	39.530,00			

Soll		Forderungen			Haben
Datum	Text/Gegenkonto	€	Datum	Text/Gegenkonto	€
	Summe	677.172,00		Summe	608.480,00

Lernsituation 8 | zu SLG S. 17, 20, 29–36, 50–54, 70–71, 97–101, WSP S. 62–79, KSK S. 55–73, (DV) 192–195

Soll		Vorsteuer			Haben
Datum	Text/Gegenkonto	€	Datum	Text/Gegenkonto	€
	Summe	77.485,00		USt.	77.485,00

Soll		Bank			Haben
Datum	Text/Gegenkonto	€	Datum	Text/Gegenkonto	€
	Summe	1.356.590,00		Summe	1.312.597,00

Soll		Kasse			Haben
Datum	Text/Gegenkonto	€	Datum	Text/Gegenkonto	€
	Summe	12.065,00		Summe	10.505,00

Soll		Eigenkapital			Haben
Datum	Text/Gegenkonto	€	Datum	Text/Gegenkonto	€
				Summe	55.523,00

Soll		Darlehen			Haben
Datum	Text/Gegenkonto	€	Datum	Text/Gegenkonto	€
	Summe	25.000,00		Summe	169.686,00

Soll		Verbindlichkeiten			Haben
Datum	Text/Gegenkonto	€	Datum	Text/Gegenkonto	€
	Summe	469.005,00		Summe	524.012,00

Soll		Umsatzsteuer			Haben
Datum	Text/Gegenkonto	€	Datum	Text/Gegenkonto	€
	Summe	89.070,00		Summe	92.666,00

Soll		Speditionsaufwand			Haben
Datum	Text/Gegenkonto	€	Datum	Text/Gegenkonto	€
	Summe	464.697,00			

Soll		Gehälter			Haben
Datum	Text/Gegenkonto	€	Datum	Text/Gegenkonto	€
	Summe	47.940,00			

Soll		Miete			Haben
Datum	Text/Gegenkonto	€	Datum	Text/Gegenkonto	€
	Summe	17.850,00			

Soll		Energie/Raumaufwand			Haben
Datum	Text/Gegenkonto	€	Datum	Text/Gegenkonto	€
	Summe	2.140,00			

Soll		Versicherungen			Haben
Datum	Text/Gegenkonto	€	Datum	Text/Gegenkonto	€
	Summe	684,00			

Soll		Büroaufwand			Haben
Datum	Text/Gegenkonto	€	Datum	Text/Gegenkonto	€
	Summe	2.262,00			

Soll		Werbung			Haben
Datum	Text/Gegenkonto	€	Datum	Text/Gegenkonto	€
	Summe	3.800,00			

Soll		Kommunikation			Haben
Datum	Text/Gegenkonto	€	Datum	Text/Gegenkonto	€
	Summe	5.230,00			

Soll		Abschreibungen			Haben
Datum	Text/Gegenkonto	€	Datum	Text/Gegenkonto	€
	Summe				

Soll		Übrige Aufwendungen			Haben
Datum	Text/Gegenkonto	€	Datum	Text/Gegenkonto	€
	Summe	2.424,00			

Soll		Speditionserlöse			Haben
Datum	Text/Gegenkonto	€	Datum	Text/Gegenkonto	€
				Summe	631.821,00

Soll		Unternehmensergebnis (GuV)			Haben
Datum	Text/Gegenkonto	€	Datum	Text/Gegenkonto	€

Soll		Schlussbilanzkonto			Haben
Datum	Text/Gegenkonto	€	Datum	Text/Gegenkonto	€

Lernsituation 8 | zu SLG S. 17, 20, 29–36, 50–54, 70–71, 97–101, WSP S. 62–79, KSK S. 55–73, (DV) 192–195

Schadensmeldung	**Güterversicherung**
Versicherungsnehmer	Schaden-Nr. des Kunden: Policen-Nr.: Risikojahr:

(1) Versender:	Name: Straße: PLZ Ort:
(2) Auftraggeber:	Name: Straße: PLZ Ort:
(3) Empfänger:	Name: Straße: PLZ Ort:
(4) Schadenverursacher:	Name: Straße: PLZ Ort:

Rohgewicht der beschädigten/verloren gegangenen Waren in kg:

Erhaltenes Speditionsentgelt in EUR	Sendungsgewicht in kg:
Warengruppe ☐ A ☐ B ☐ C	**Sendungswert in EUR:**
Versicherungssumme in EUR	Anmeldemonat der Prämie:	**Berechnete Prämie in EUR:**
Auftrags-Nr.:	Kennzeichen Lkw:
Auftragsdatum:	Abholungsdatum:	Zustellungsdatum:	Schadendatum:

Erfolgte Umladung?	Ja ☐ nein ☐	Verladung durch wen?	Entladung durch wen?
Reine Quittung?	Ja ☐ nein ☐	☐ Auftraggeber ☐ Fahrer	☐ Empfänger ☐ Fahrer
Sachverständiger?	Ja ☐ nein ☐	**Schadenhöhe lt. Rechnung in EUR:**	Erfolgte Suchmeldung?	Ja ☐ nein ☐
Sachverständigerkosten in EUR:		**Schadenhöhe geschätzt in EUR:**	Polizei eingeschaltet?	Ja ☐ nein ☐

Schadenschilderung:

Schadenbereich:	Transport	s ☐ f ☐	Umschlag	s ☐ f ☐	Abholung	s ☐ f ☐
s = selbstverschuldet/f = fremdverschuldet			Lager	s ☐ f ☐	Zustellung	s ☐ f ☐

Havarie-Zertifikat = Bericht des Havarie-Kommissars über Ursache und Höhe des Schadens

		Anlagen:			
		Frachtbrief	☐	Bordero	☐
		Speditionsauftrag	☐	Schadenprotokoll	☐
		Versicherungserklärung	☐	Ablieferquittung	☐
		Übernahmequittung	☐	Schadenrechnung	☐
Ort:	**Datum:**	Warenrechnung	☐	Wertnachweis	☐
		Havarie-Zertifikat	☐	Kostenbeleg	☐
Unterschrift:		Polizeibericht	☐	Sonstige	☐

Aufgabe 1

Betrachten Sie noch einmal den oben beschriebenen Fall 1 (DEUBNER):

a. Kennzeichnen Sie die Beteiligten, die Rechtsbeziehungen und die Vertragsgrundlagen, einschließlich des Versicherungsvertrags (Versicherter, Versicherer, Versicherungsnehmer), und ordnen Sie in der nachfolgenden Übersicht die unten stehenden Belege den Stellen zu, an denen sie entstanden sind.

Stichwort „Schadensabwicklung" im Informationsband

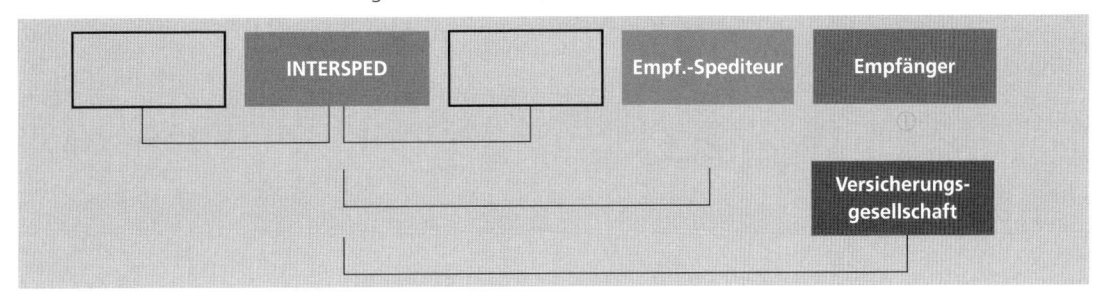

	INTERSPED		Empf.-Spediteur	Empfänger
				Versicherungsgesellschaft

Belege

1. Ablieferungsquittung
2. Bordero
3. Entladebericht
4. Schadensprotokoll
5. Schadensrechnung
6. Warenrechnung
7. Schadensmeldung an die Speditionsversicherung

b. Wie hoch wäre der Schadenersatz gewesen, wenn sich die Firma DEUBNER auf eine Güterversicherung verzichtet hätte?

c. Nehmen Sie an, INTERSPED und DEUBNER hätten sich darauf geeinigt, ausschließlich nach den HGB-Bestimmungen zu arbeiten und die ADSp als Allgemeine Geschäftsbedingungen des Speditionsvertrages nicht zuzulassen. Wie hoch wäre in diesem Fall der Schadenersatz ausgefallen?

Aufgabe 2

Betrachten Sie noch einmal den Fall 2 (Rieder-Druck). Sobald Frau Theben dem Versender die gewünschte Auskunft gegeben hat und alle Unterlagen vorliegen, wird sie der Versicherung den Schaden melden.

a. Warum meldet Frau Theben den Schadensfall der Versicherung, obwohl für den Versender keine Güterversicherung besteht?

b. Nehmen Sie an, der Versender habe seine Sendung ausreichend güterversichert. In welcher Höhe hätte die Versicherung Schadenersatz geleistet?

Aufgabe 3

Nehmen Sie an, die Empfangsquittung von Seite 207 hätte folgendes Aussehen gehabt:

Durchschrift Speditionsauftrag (gekürzt)

Zeichen und Nr.	Anzahl	Packstück	SF	Inhalt	Brutto-Gewicht kg
DEU 1 - 5	5	Paletten		Farben	4.000
	25	26		27	28
Summe:		Rauminhalt cdm/Lademeter		Summen:	
31 Frankatur		32 Warenwert für Güterversicherung		33 Versender-Nachnahme	
frei Haus		24.000,00 EUR			

Sendung vollständig und in einwandfreiem Zustand erhalten

Sendung mangelhaft
21. Januar 20(0)   Siebert

Datum, Unterschrift des Empfängers
34 Es gelten die Allgemeinen Deutschen Spediteurbedingungen (ADSp) in ihrer jeweils neuesten Fassung.

a. Prüfen Sie anhand des § 438 HGB, ob der Vermerk des Empfängers als Schadensanzeige ausreicht.

b. Was hätte der Empfänger unternehmen müssen, wenn er beim Entladen der Paletten (am Tag nach der Anlieferung, am 22. Januar 20(0)) festgestellt hätte, dass in einem Karton nur vier statt sechs Dosen Farbe enthalten sind?

Aufgabe 4

Die Spedition INTERSPED holt Sendungen von verschiedenen Urversendern im Nahverkehr auf, stellt sie zu einer Sammelladung zusammen und lässt sie mit fremden Fahrzeugen zum Empfangsspediteur SÜDSPED nach München transportieren. SÜDSPED verteilt die Sendungen mit seinen Nahverkehrsfahrzeugen im Raum München. Eine Güterversicherung besteht nicht. 1 SZR = 1,2050 EUR

Bei der Sammelladung kommt es zu folgenden Schäden:

1. Beim Umschlag im Lager Düsseldorf wird ein Packstück (110 kg) beschädigt.
2. Während des Fernverkehrstransports geht ein Paket verloren (110 kg).

a. Ermitteln Sie für die zwei Fälle den jeweiligen Haftungshöchstbetrag nach HGB und ADSp.
b. Von wem können die Versender jeweils Schadenersatz verlangen?
c. Wer hat den jeweiligen Schaden letztlich zu tragen?

Aufgabe 5

Stellen Sie fest, ob ein Spediteur im Selbsteintritt sich in den nachfolgenden Fällen auf ein „unabwendbares Ereignis" berufen kann oder ob er für den Schaden jeweils nach HGB und ADSp haften muss.

a. Anhaltende Regenfälle haben Feuchtigkeit in den Lkw-Laderaum eindringen lassen und einen Nässeschaden verursacht.
b. Ein nächtliches Hochwasser am Rhein führt zu einer Überschwemmung des Lkw-Parkplatzes. Der Lkw steht bis zum Fahrerhaus unter Wasser. Die Lkw-Ladung wird stark beschädigt.
c. Ein schwerer Herbststurm hat einen Lkw umgeworfen und Güterschäden herbeigeführt.
d. Ungewöhnlich starker Nebel im November mit einer Sichtweite unter 10 m hat zu einem Auffahrunfall geführt, der auch einen Güterschaden zur Folge hatte.

Aufgabe 6

Gütertransportversicherung: Siehe Informationsband, Stichwort: „Transportversicherung"

Ein Versender hat eine eigene Gütertransportversicherung abgeschlossen. Welche Aussage ist in diesem Falle richtig?

1. Der Spediteur wird auf die Haftungsversicherung verzichten, weil die Güter bereits durch die Gütertransportversicherung abgesichert sind.
2. Der Versender wird auf den Abschluss einer Güterversicherung durch den Spediteur verzichten, weil die Gütertransportversicherung im Schadensfall Ersatz leistet.
3. Der Versender wird die Güterversicherung durch den Spediteur zusätzlich zur eigenen Gütertransportversicherung abschließen, weil er dann auch Güterfolge- und reine Vermögensschäden abgedeckt hätte.

Aufgabe 7

Ein wichtiger Versender von INTERSPED, der hochwertige elektronische Geräte herstellt, verlangt, dass INTERSPED seine Haftung zukünftig auf 40 SZR (Maximalwert innerhalb des Haftungskorridors) ausweitet. Wie soll sich INTERSPED Ihrer Meinung nach verhalten?

Bedenken Sie, dass INTERSPED sowohl im Selbsteintritt fährt als auch fremde Frachtführer einsetzt.

Aufgabe 8

Ordnen Sie die Texte den Verschuldensarten zu, und bestimmen Sie die haftungsrechtlichen Konsequenzen.

Verschuldensarten
1. Fahrlässigkeit
2. grobe Fahrlässigkeit
3. Vorsatz

Haftungskonsequenzen
a. eingeschränkte Haftung nach HGB
b. unbegrenzte Haftung nach BGB

1-3		a – b
	... wer die im Verkehr erforderliche Sorgfalt in ungewöhnlich hohem Maße verletzt.	
	... wer die im Verkehr erforderliche Sorgfalt außer Acht lässt.	
	... wer bewusst und gewollt schädigt oder einen voraussehbaren Schaden billigend in Kauf nimmt.	
	... wer leichtfertig und in dem Bewusstsein handelt, dass ein Schaden mit Wahrscheinlichkeit eintreten wird.	

Aufgabe 9

Unterscheiden Sie die Haftungs- und die Güterversicherung nach folgenden Merkmalen:

a. Wer ist der Versicherte?
b. Welche Aufgabe hat die Versicherung?
c. Wer bezahlt die Versicherungsprämie?

Lernsituation 8 | zu SLG S. 17, 20, 29–36, 50–54, 70–71, 97–101, WSP S. 62–79, KSK S. 55–73, (DV) 192–195

Aufgabe 10
Die Spedition Spreewald-Logistik lässt sich bei der Zustellung von Sammelgutsendungen beim Empfänger die Ablieferung auf einem mobilen Datenerfassungsgerät per Unterschrift bestätigen. Die GENTEC GmbH unterschreibt den Empfang einer Sendung, reklamiert aber am folgenden Tag einen Schaden an der Sendung. Der Schaden sei nach Aussage des Empfängers deutlich sichtbar in Form einer äußeren Beschädigung des Pakets erkennbar. Die Spedition Spreewald-Logistik erkennt die Schadenmeldung aber nicht an und verweist auf die ohne jeden Vorbehalt erteilte Empfangsquittung.

a. Prüfen Sie, ob die ADSp oder das HGB zu diesem Sachverhalt eine Aussage treffen.
b. Klären Sie den Sachverhalt.

Stichwort: „Schadensanzeige" HGB § 438 ADSp Ziffer 28

Aufgabe 11
Ergänzen Sie die unten stehenden Übersichten

a. zur Haftung nach HGB und ADSp,
b. zur Haftung des Frachtführers bei einer abweichenden Vereinbarung.

Aufgabe 12
Erstellen Sie die Gehaltsabrechnung für den Sachbearbeiter Bruno Margold. Margold ist katholisch, ledig und hat keine Kinder. Seine Krankenkasse, die DAK, erhebt einen Beitrag von 13,8 %. Er ist gelernter Speditionskaufmann und seit 8 Jahren als Sachbearbeiter tätig. Das Unternehmen bezahlt eine übertarifliche Zulage von 360,00 €/Monat. Auf seinen vermögenswirksamen Bausparvertrag zahlt er 150,00 € ein, die Arbeitgeberzulage beträgt 26,00 €.

Aufgabe 13
Katrin Schunke ist verheiratet, hat ein dreijähriges Kind und ist katholisch. Sie arbeitet als Personalsachbearbeiterin bei Berger. Ihr Mann ist Hausmann und kümmert sich um die gemeinsame Tochter. Auf ihrer Lohnsteuerkarte ist ein monatlicher Steuerfreibetrag von 50,00 € eingetragen. Sie erhält ein Bruttogehalt von monatlich 2.330,00 € und 40,00 € VL von ihrem Arbeitgeber. Frau Schunke hat ihren Arbeitgeber gebeten, die 40,00 € VL auf ihr Bausparkonto bei der Bausparkasse Schwäbisch Hall zu überweisen und darüber hinaus 34,00 € VL aus ihrem Gehalt auf ihr Aktienfonds-Investmentkonto bei der Union Investment Kapitalanlagegesellschaft zu überweisen. Frau Lange ist bei der Kaufmännischen Krankenkasse (KKH) mit einem Beitragssatz von 13,2 % versichert.

a. Stellen Sie fest, welche Steuerklasse für Frau Schunke empfehlenswert ist.
b. Erstellen Sie die Gehaltsabrechnung für Frau Schunke unter Berücksichtigung Ihrer Lösung zu a).
c. Nehmen Sie die erforderlichen Buchungen vor.

Aufgabe 14
Daniel Franz ist Speditionskaufmann und fährt täglich mit dem PKW zu seinem Arbeitsplatz. Hin- und Rückfahrt ergeben ca. 72 km pro Tag an ca. 225 Arbeitstagen im Jahr. Er ist nicht verheiratet und hat keine Kinder.

Daniel hatte im abgelaufenen Kalenderjahr folgende größere Aufwendungen:

	€
Benzinkosten	1.560,00
Fachliteratur zur beruflichen Fortbildung im ausgeübten Beruf	70,00
Teppichboden Schlafzimmer	510,00
Gewerkschaftsbeiträge	180,00
Beiträge zur privaten Lebensversicherung (Abschluss 2003)	1.200,00
Ausgaben für beruflich genutzte Kleidung	445,00
Arbeitnehmeranteil zur Sozialversicherung	7.308,65
Kirchensteuer	568,74
Kfz-Haftpflichtversicherung	283,50
Videorecorder	240,00
Lohnsteuer	6.319,59
Kursgebühr für die Fortbildung zum Verkehrsfachwirt	800,00
Beiträge für den Sportverein	35,00
Hundesteuer	33,25
Ausgaben für eine Geburtstagsfeier mit Arbeitskollegen	350,00
Ausgaben zur Unterstützung eines bedürftigen Familienangehörigen	500,00
Beiträge zur Hausratversicherung	75,00
Zuzahlung bei ärztlicher Leistung	250,00

a. Ermitteln Sie die Summe der Werbungskosten. (Die Entfernungskilometerpauschale für Fahrkosten zwischen Wohnung und Arbeitsstelle beträgt unabhängig vom gewählten Verkehrsmittel 0,30 €)
b. Geben Sie an, welche Aufwendungen als Sonderausgaben grundsätzlich abzugsfähig sind.
c. Geben Sie an, welche Aufwendungen als außergewöhnlichen Belastungen grundsätzlich abzugsfähig sind.

Ab dem Jahr 2007 können nur noch die Entfernungen über 20 km berücksichtigt werden.

Lernsituation 8 | zu SLG S. 17, 20, 29–36, 50–54, 70–71, 97–101, WSP S. 62–79, KSK S. 55–73, (DV) 192–195

Haftung nach HGB und ADSp im Überblick

organisierender Spediteur	HGB		ADSp	
	Sonderfälle der Spediteurhaftung	Frachtführerhaftung	Gelten für alle Verkehrsverträge	
		Haftung für	1.	
			2.	
			3.	
1. § 461 (1)	1. § 458	1. § 425	4.	
	2. § 459	2. § 425	Haftung für	Ziff. 2.1
Maximum:	3. § 460	3. § 425	1.	Ziff. 23.1.1
Haftungsprinzip:		4. § 422	*Maximum:*	
2. § 461 (2)	Der Spediteur haftet als	5. § 433	2.	Ziff. 23.1.2
Maximum:	„hinsichtlich"		*Maximum:*	
Haftungsprinzip: mit -haftung		*Maxima:*	*Maximum zu 1. + 2.:*	
		1. + 2.: *)	pro Schadensfall	
		3.:	pro Schadensereignis	
		4.:		
		5.:	3.	Ziff. 23.3
		Haftungsprinzip:	*Maxima:*	
			bzw.	

*) Korridorlösung: 2–40 SZR/kg

Lernsituation 8 | zu SLG S. 17, 20, 29–36, 50–54, 70–71, 97–101, WSP S. 62–79, KSK S. 55–73, (DV) 192–195

Haftung des Frachtführers

Ergänzender Text im Transportauftrag eines Spediteurs (der Text ist durch Fettschrift optisch hervorgehoben):

Änderung
Wir arbeiten auf Grundlage des HGB. Abweichend zum § 431 HGB Absatz 1 und 2 gilt eine Haftungsvereinbarung gemäß § 449 HGB in Höhe von 40 SZR je kg Rohgewicht. Wir setzen voraus, dass alle Haftungsversicherungen vollständig eingedeckt sind. Soweit Sie einer Haftungsausdehnung auf 40 SZR je kg nicht zustimmen, erbitten wir Ihren schriftlichen Widerspruch.

HGB-Text	Inhalt der HGB-Paragrafen	Rechtsebenen des Frachtvertrages
§ 425 Haftung für Güter- und Verspätungsschäden (1) Der Frachtführer haftet für den Schaden, der durch Verlust oder Beschädigung des Gutes in der Zeit von der Übernahme zur Beförderung bis zur Ablieferung oder durch Überschreitung der Lieferfrist entsteht.	**Haftung für** 1. 2. 3.	I. Haftungshöhe: II.
§ 431 Haftungshöchstbetrag (1) Die … zu leistende Entschädigung wegen Verlust oder Beschädigung der gesamten Sendung ist auf einen Betrag von 8,33 Rechnungseinheiten für jedes Kilogramm des Rohgewichts der Sendung begrenzt. (3) Die Haftung des Frachtführers wegen Überschreitung der Lieferfrist ist auf den dreifachen Betrag der Fracht begrenzt.	**Haftungshöhe** zu 1. zu 2. zu 3.	Haftungshöhe: III.
§ 449 (2) (vereinfachte, veränderte Fassung) ▪ Von den §§ 425, 431 u. A. kann nur in individuellen Vereinbarungen abgewichen werden. ▪ In vorformulierten Vertragsbedingungen kann die Haftungshöhe nach § 431 (1) und (2) [nicht (3)] auf einen Betrag zwischen **2 und 40 SZR pro Bruttokilogramm** begrenzt werden. ▪ Diese Vereinbarung muss drucktechnisch besonders hervorgehoben werden [fett, kursiv].	**Abweichende Vereinbarungen** zu	Haftungshöhe:

Lernsituation 8 | zu SLG S. 17, 20, 29–36, 50–54, 70–71, 97–101, WSP S. 62–79, KSK S. 55–73, (DV) 192–195

Aufgabe 15

Daniel Franz möchte am Jahresende eine Einkommensteuererklärung erstellen, da er eine Steuerrückzahlung erwartet.

Tragen Sie die Beträge aus der Lohnsteuerbescheinigung[1] und aus der Aufgabe 15 in das vereinfachte Formular zur Einkommensteuererklärung ein.

Lohnsteuerbescheinigung 2007		Personal-Nr. 1009
	Name, Vorname:	Franz, Daniel
1.	Dauer des Dienstverhältnisses	01.01.-31.12.
3.	Bruttoarbeitslohn	43.125,00 €
4.	Einbehaltene Lohnsteuer von 3.	8.718,75 €
5.	Einbehaltener Solidaritätszuschlag zu 3.	479,50 €
6.	Einbehaltene Kirchensteuer	784,63 €
23.	Arbeitnehmeranteil zur gesetzlichen Rentenversicherung	4.291,00 €
25.	Arbeitnehmeranteil am Gesamtsozialversicherungsbeitrag (ohne 23)	4.646,88 €

	€	€
Jahres-Bruttoarbeitslohn		
• Werbungskosten		
a. Fahrtkosten		
b. sonstige		
= Einkünfte aus nichtselbstständiger Arbeit		
• Sonderausgaben (mindestens der Pauschbetrag von 36,00 €)		
• Vorsorgeaufwendungen		
a. Altersvorsorgeaufwendungen		
b. Sonstige Vorsorgeaufwendungen		
= zu versteuerndes Einkommen		
davon Einkommensteuer laut Einkommensteuertabelle		
davon Solidaritätszuschlag		
zu zahlende Beträge (Summe)		
einbehaltene Lohnsteuer		
einbehaltener Solidaritätszuschlag		
einbehaltene Beträge (Summe)		
Erstattung Lohnsteuer/Solidaritätszuschlag		
Kirchensteuer nach Jahres-Einkommensteuer		
- einbehaltene Kirchensteuer		
= Erstattung Kirchensteuer		
Berechnung der Erstattung		
Lohnsteuer/Solidaritätszuschlag		
Kirchensteuer		
Erstattung insgesamt		

Aufgabe 16

Erstellen Sie einen Abschreibungsplan (möglichst mit einem Tabellenkalkulationsprogramm) entsprechend dem unten stehenden Muster für folgende Anlagegüter (die Beträge sind auf volle € zu runden; der Schreibtisch und der Schreibtischsessel werden am Ende der Nutzungsdauer weiter genutzt; das Telefaxgerät wird ausgemustert):

---

[1] Es wird eine Vorsorgepauschale berechnet, die abziehbar ist. Siehe dazu Karl Heinz Schimpf, Martina Terfurth, Wirtschafts- und Sozialprozesse- Spedition und Logistik. Informationshandbuch, Seite 70.

	Anschaffungspreis	Anschaffungstag	Nutzungsdauer
Schreibtisch	1.550,00 €	10.04.20(0)	13 Jahre
Schreibtischsessel	860,00 €	17.06.20(0)	8 Jahre
Telefaxgerät	725,00 €	24.10.20(0)	6 Jahre

Abschreibungsplan			
Gegenstand	**Schreibtisch**	**Schreibtischsessel**	**Telefaxgerät**
Anschaffungswert			
Anschaffungstag			
Nutzungsdauer			
Abschreibungssatz			
Anschaffungswert			
./. AfA-Betrag 20(0)			
Buchwert Ende des 1. Jahres			
./. AfA-Betrag 20(+1)			
Buchwert Ende des 2. Jahres			

Aufgabe 17

Erstellen Sie einen Abschreibungsplan für die lineare AfA nach unten stehenden Angaben.
Der PKW wird nach Ablauf der betriebsgewöhnlichen Nutzung weiter eingesetzt.

Anlagegegenstand:	PKW
Anschaffungspreis:	25.000,00 €

Lernsituation 8 | zu SLG S. 17, 20, 29–36, 50–54, 70–71, 97–101, WSP S. 62–79, KSK S. 55–73, (DV) 192–195

Anschaffungstag:	18.04.20(0)
Nutzungsdauer:	6 Jahre

	Lineare Abschreibung
Gegenstand	**PKW**
Anschaffungswert	
Anschaffungstag	
Nutzungsdauer	
Abschreibungssatz	
Anschaffungswert	
./. AfA-Betrag 20(0)	
Buchwert Ende des 1. Jahres	
./. AfA-Betrag 20(+1)	
Buchwert Ende des 2. Jahres	

Aufgabe 18

Buchen Sie folgende Abschreibungen am 31.12.20(0) im Grundbuch:

1. auf 022 Fuhrpark: 177.850,00 €
2. auf 024 BGA: 43.480,00 €

Jahr 20(0)		Grundbuch				
Datum	Beleg	Buchungstext	Konten		Betrag	
			Soll	Haben	Soll	Haben

Aufgabe 19

Die Finanzbuchhaltung der Spedition Deelmann, Osnabrück, weist die unten stehenden Konten auf (Auszug). Die Spedition besitzt keine eigenen LKWs. Im Bestandsverzeichnis werden Anlagegüter (PKW, Umschlaggeräte, BGA) zum 31.12.20(0) mit einem Anschaffungswert von 126.301,00 € geführt. Davon werden Anlagegüter im Wert von 63.425,00 € über einen Zeitraum von 10 Jahren linear und der Rest in 5 Jahren linear abgeschrieben.

Ermitteln Sie die Auswirkungen der Abschreibungen auf den Erfolg des Unternehmens, indem Sie das Unternehmensergebnis der Spedition unter Berücksichtigung der Abschreibungen erstellen. Buchen Sie dazu den Vorgang im Grund- und Hauptbuch.

Lernsitation 8 | zu SLG S. 17, 20, 29–36, 50–54, 70–71, 97–101, WSP S. 62–79, KSK S. 55–73, (DV) 192–195

Jahr 20(0)		Grundbuch				
Datum	Beleg	Buchungstext	Konten		Betrag	
			Soll	Haben	Soll	Haben

Hauptbuch

Soll		02 Anlagen, Maschinen, BGA			Haben
Datum	Text/Gegenkonto	€	Datum	Text/Gegenkonto	€
02.01.	9700 EBK	124.051,00			
05.03.	ER 564/1600 Verbindl.	750,00			
15.05.	ER 8765/1600 Verbindl.	1.500,00			

Soll		247 Abschreibungen			Haben
Datum	Text/Gegenkonto	€	Datum	Text/Gegenkonto	€

Soll		9000 Unternehmensergebnis (GuV)			Haben
Datum	Text/Gegenkonto	€	Datum	Text/Gegenkonto	€
31.12.	Speditionsaufwand	740.000,00	31.12.	Speditionserlöse	1.200.000,00
31.12.	Personalaufwand	205.000,00			
31.12.	Abschreibungen				
31.12.	Werbung	6.000,00			
31.12.	Steuern	7.500,00			
31.12.	Zinsaufwendungen	6.000,00			
31.12.	Übrige Aufwendungen	121.000,00			

Aufgabe 20

Welche Aussagen sind richtig?

a. Weil Abschreibungen den Gewinn verringern, vermindern sie auch die Steuern auf den Gewinn (z. B. Einkommensteuer).

b. In der Regel sind Unternehmen an hohen Abschreibungen interessiert.

c. Abschreibungen müssen an das Finanzamt gezahlt werden.

d. Abschreibungen vermindern den Wert des Anlagevermögens.

e. Abschreibungen gehen als betrieblicher Aufwand in die Kalkulation des Unternehmens ein. Auf diese Weise werden die Wertminderungen des Anlagevermögens über die Verkaufspreise für Speditionsleistungen (Speditionserträge) wieder erwirtschaftet und stehen für Neuanschaffungen zur Verfügung.

Aufgabe 21

Auf welchen Konten sind die unten aufgeführten Anschaffungen zu buchen?

Anschaffungen

a. Anhänger für den Geschäfts-PKW, netto 2.300,00 €

b. Telefon-Adressen-Verzeichnis, netto 31,00 €

c. Ablagekorb, netto 3,25 €

d. Telefaxgerät, netto 390,00 €

e. Basisstation für Navigation, netto 850,00 €

Konten

0220 Fuhrpark
0240 Büro- und Geschäftsausstattung
0250 GWG
0251 GWG 20(0)

Aufgabe 22

a. Prüfen Sie, ob folgende Anschaffungen als geringwertige Wirtschaftsgüter anzusehen sind:
- Listeneinkaufspreis 1.230,00 €; 15 % Rabatt; 19 % USt.; 2 % Skonto
- Listeneinkaufspreis 1.120,00 €; 10 % Rabatt; 19 % USt.; 3 % Skonto

b. Errechnen Sie
- bei einem Umsatzsteuersatz von 19 %
- bis zu welchem Bruttowert ein Anlagegegenstand als geringwertiges Wirtschaftsgut einzustufen ist.

Aufgabe 23

Eine Spedition hat zum 31.12.20(0) folgende Bilanzpositionen:

Bilanzpositionen	€	Bilanzpositionen	€
Bank (Vermögen)	105.000,00	Betriebs- und Geschäftsausstattung	600.000,00
Darlehen	885.000,00	Kasse	3.000,00
Eigenkapital	1.305.000,00	Verbindlichkeiten	528.000,00
Forderungen	372.000,00	Vorräte	6.000,00
Fuhrpark	1.719.000,00	Umsatzsteuerzahllast	87.000,00

a. Erstellen Sie eine formgerechte Bilanz.

b. Wie hoch ist jeweils das Anlage-, Umlauf- und das Gesamtvermögen dieser Unternehmung?

c. Bestimmen Sie die Höhe des kurzfristigen bzw. des langfristigen Fremdkapitals.

d. Erstellen Sie eine aufbereitete Bilanz und werten Sie die Bilanzzahlen aus.

Aufgabe 24

Untersuchen Sie folgende Aussagen über die Bilanz im Hinblick darauf, ob sie richtig oder falsch sind.

	richtig	falsch
Die Bilanz wird jeweils zu Beginn des Geschäftsjahres aufgestellt.		
Die Bilanz ist eine Gegenüberstellung von Vermögen und Schulden.		
Der Geschäftswagen eines Unternehmens gehört zum Anlagevermögen.		
Derjenige, der die Bilanz erstellt hat, muss sie auch unterschreiben.		
Die Bilanz ist das verkürzte Inventar eines Unternehmens in T-Konten-Format.		
Anlagevermögen + Umlaufvermögen = Eigenkapital + Fremdkapital		

Aufgabe 25

Wie lauten die fehlenden Begriffe?

Anlagevermögen	+			=	Gesamtvermögen
Eigenkapital	+	Fremdkapital		=	
Gesamtkapital	./.	Eigenkapital		=	
Gesamtkapital	./.	Eigenkapital ./. langfristiges Fremdkapital		=	
Gesamtvermögen	./.	Fremdkapital		=	
Anlagevermögen + Umlaufvermögen	=	Eigenkapital + kurzfristiges Fremdkapital		+	
Gesamtvermögen	./.	Eigenkapital		=	

Aufgabe 26

Entscheiden Sie bei den unten aufgeführten Belegen:
- Verlangt der Staat die Aufbewahrung?
- Wie lang ist gegebenenfalls die Aufbewahrungsfrist für diesen Beleg?

Belege

Hier zutreffenden Lösung ankreuzen bzw. Dauer eintragen	Aufbewahrung		Frist
Aussagen	ja	nein	
01	Gewinn- und Verlustrechnung			
02	Urlaubskarte des Chefs an die Belegschaft			
03	Einzahlungsquittung von der Bank			
04	Steuerbescheid vom Finanzamt			
05	Grundbuch des abgelaufenen Geschäftsjahres			
06	Inventarlisten von 20(-2)			
07	Kontoauszüge der Hausbank			
08	Lastschriftquittungen eines Lieferanten			
09	Postquittung über gekaufte Briefmarken für den Schriftverkehr mit Kunden			
10	Hauptbuch aus dem Geschäftsjahr 20(-4)			
11	Darlehensvertrag mit der Hausbank			
12	Quittungen der Hausbank über die Einreichung von Schecks, die von Kunden entgegengenommen wurden			
13	Auskunftsschreiben eines Geschäftsfreundes über einen möglichen Lieferer			

Aufgabe 27

Erstellen Sie aufgrund der nachfolgenden Zahlen eine aufbereitete Bilanz und ermitteln Sie die Prozentsätze der einzelnen Bilanzpositionen. Erläutern Sie den Vermögensaufbau, die Finanzierungssituation, die Anlagendeckung und berechnen Sie die Liquidität des Unternehmens.

Anlagevermögen 80.000,00 €, langfristiges Fremdkapital 15.000,00 €, Forderungen 216.600,00, flüssige Mittel 108.400,00, Eigenkapital 100.000,00 €, kurzfristiges Fremdkapital 290.000,00 €.

Aktiva	Aufbereitete Bilanz zum 31. Dezember 20(0)			Passiva
	€	%		€	%
Anlagevermögen			Eigenkapital		
Umlaufvermögen			Fremdkapital		
davon Forderungen			davon langfristiges Fremdkapital		
davon flüssige Mittel			davon kurzfristiges Fremdkapital		
Bilanzsumme		100	Bilanzsumme		100

Aufgabe 28

Entscheiden Sie, welche Wertveränderungen durch die folgenden Geschäftsfälle in der Bilanz ausgelöst werden.

01 Aktivtausch
02 Passivtausch
03 Aktiv-Passiv-Mehrung (Bilanzsummenmehrung)
04 Aktiv-Passiv-Minderung (Bilanzsummenminderung)

Aussagen		Hier zutreffende Lösung ankreuzen			
		01	02	03	04
a)	Ein Speditionsunternehmen zahlt 10.000,00 € bar auf sein Bankkonto ein.				
b)	Die Eingangsrechnung Nr. 345 (Frachtführer EUROTRANS) über 5.500,00 € muss durch Banküberweisung beglichen werden.				
c)	Ein Kunde überweist den Gegenwert der AR 238 in Höhe von 450,00 € auf das Bankkonto.				
d)	Überweisung der Darlehenstilgung über 5.000,00 € vom Bankkonto.				

Aufgabe 29

Vergleichen Sie die folgenden Bilanzen. Gehen Sie in folgenden Schritten vor:

1. Übertragen Sie die Werte der beiden Bilanzen in eine Veränderungsbilanz und ermitteln Sie die jeweilige Veränderung der einzelnen Positionen in € gegenüber dem Vorjahr.
2. Berechnen Sie die Auswirkungen der Veränderungen in den Bilanzzahlen auf den Vermögensaufbau und die Finanzierung. Verwenden Sie dazu das Formular „Aufbereitete Bilanz".
3. Beurteilen Sie, ob sich der Vermögensaufbau und der Eigenfinanzierungsgrad des Unternehmens im Zeitablauf verbessert oder verschlechtert haben.

Soll		Bilanz zum 31. Dezember 20(-1)			Haben
Datum	Text/Gegenkonto	€	Datum	Text/Gegenkonto	€
	Fuhrpark	421.650,00		Eigenkapital	174.350,00
	BGA	207.555,00		Darlehen	295.000,00
	Vorräte	84.950,00		Verbindlichkeiten	322.098,00
	Forderungen	104.795,00		Bankschulden	39.750,00
	Bankguthaben	9.450,00			
	Kasse	2.798,00			
		831.198,00			831.198,00

Soll		Bilanz zum 31. Dezember 20(0)			Haben
Datum	Text/Gegenkonto	€	Datum	Text/Gegenkonto	€
	Fuhrpark	417.860,00		Eigenkapital	214.294,00
	BGA	219.555,00		Darlehen	265.000,00
	Vorräte	34.578,00		Verbindlichkeiten	357.795,00
	Forderungen	203.221,00		Bankschulden	49.750,00
	Bankguthaben	8.936,00			
	Kasse	2.689,00			
		886.839,00			886.839,00

Aktiva			Veränderungsbilanz				Passiva
	Wert 20(-1)	Wert 20(0)	Veränderung		Wert 20(-1)	Wert 20(0)	Veränderung
	€	€	€		€	€	€
Summe				Summe			

Aufgabe 30

In einem großen Speditionsunternehmen erhalten die Verkäufer eine Jahresprovision, die vom Jahresumsatz mit den neu gewonnenen Kunden abhängig ist. Ermitteln Sie die Provisionssätze und die Provision mit der Sverweis-Funktion in Excel.

Provisionsberechnung

Name	Umsatz	Provisionssatz	Provision
Blohme	255.000,00 €		
Schulz	350.000,00 €		
Müller	307.000,00 €		
Graf	150.000,00 €		
Hohmann	430.000,00 €		
Reich	560.000,00 €		
Klos	290.000,00 €		
Bieber	470.000,00 €		
Singer	140.000,00 €		
Wagner	48.000,00 €		
Erikson	310.000,00 €		
Vogel	29.000,00 €		

Provisionstabelle	
Umsatz ab	Provisionssatz
0,00 €	0,0 %
50.000,00 €	0,3 %
100.000,00 €	0,5 %
150.000,00 €	0,7 %
200.000,00 €	0,9 %
250.000,00 €	1,1 %
300.000,00 €	1,3 %
350.000,00 €	1,5 %
400.000,00 €	1,7 %
450.000,00 €	1,9 %
500.000,00 €	2,1 %
550.000,00 €	2,3 %

Lernsituation 8 | zu SLG S. 17, 20, 29–36, 50–54, 70–71, 97–101, WSP S. 62–79, KSK S. 55–73, (DV) 192–195

SELBSTTEST LERNSITUATION 8

→ Diese **Prozesse** sollten Sie beherrschen:

- der Versicherung einen Schaden melden
- Versender über die Höhe des zu erwartenden Schadenersatzes informieren
- Gehaltsabrechnung durchführen
- Einkommensteuer berechnen
- Inventur durchführen
- Inventar erstellen
- Bilanz erstellen und auswerten
- Jahrsabschlussbuchungen durchführen
- Steuerberechnung mit Excel (sverweis-Funktion) vornehmen

→ Diese **Begriffe** sollten Sie kennen:

1. Abschlussbuchungen
2. Aufbereitete Bilanz
3. Außergewöhnliche Belastungen
4. Betriebshaftpflichtversicherung
5. Bilanzauswertung
6. DTV-Güterversicherungsbedingungen
7. Einkommensteuererklärung
8. FIFO und LIFO- Bewertung
9. Fahrlässigkeit
10. Fahrzeugversicherung
11. Gehaltsabrechnung
12. Grobe Fahrlässigkeit
13. Inventur/Inventar
14. Inventurverfahren:
15. Jahresabschluss
16. Jahresabschlussbuchungen
17. Kfz-Haftpflichtversicherung
18. Kontenklassen
19. Kontenplan
20. Kontenrahmen
21. Kontonummern
22. Lohnsteuer
23. Obhutshaftung
24. Permanente Inventur
25. Prämienanmeldung
26. Reine Vermögensschäden
27. Sanierung
28. Schadensabwicklung
29. Schadensmeldung
30. Schlussbilanz
31. Sonderausgaben
32. Sozialversicherungsbeiträge
33. Stichtagsinventur
34. Umsatzsteuer (Versicherungsprämie)
35. Unabwendbares Ereignis
36. Universal-Versicherung
37. Verlegte Inventur
38. Verschuldenshaftung
39. Versicherungsarten
40. Versicherungsausschlüsse (Haftungsversicherung)
41. Versicherungsklauseln
42. Versicherungswert
43. Veränderungsbilanz
44. Vorbereitende Abschlussbuchungen
45. Vorsatz
46. Vorsorgepauschale
47. Werbungskosten
48. Wertersatz
49. Wertfortschreibung
50. Wertrückrechnung

Lernsituation 9

- Grenzüberschreitende Transporte planen
- Mitarbeiter beurteilen
- Eine DV-gestützte Finanzbuchführung mit Hilfe von Kontenrahmen und Kontenplan einrichten
- EDV-gestützte Tourenplanung durchführen

Frau Schäfer von der Firma KAULMANN KG im Gespräch mit Herrn Berger:

Frau Schäfer: „Wir haben vor, arbeitsintensive Teile unserer Produktion nach Litauen zu verlagern. Es erscheint uns angesichts der niedrigen Löhne lohnend, einige Elektromotoren-Typen dort zusammensetzen zu lassen. Das attraktive Angebot eines litauischen Partnerunternehmens in Kaunas liegt uns vor."

Herr Berger: „Es freut mich, dass Sie an uns gedacht haben. Wir werden Sie selbstverständlich bei Ihren Planungsüberlegungen unterstützen."

Frau Schäfer: „Wir sehen die Hauptprobleme in den Beförderungszeiten und in den Transportkosten. Wir müssen ein Taktverfahren entwickeln, das einen reibungslosen Transport der Einzelteile nach Litauen und den Rücktransport der fertigen Motoren nach Solingen sicherstellt. Außerdem dürfen die Transportkosten die Einsparungen bei den Löhnen natürlich nicht aufzehren."

Herr Berger: „Welchen Umfang werden die Transporte voraussichtlich haben?"

Frau Schäfer: „In der Anfangsphase gehen wir von einem Lkw pro Woche mit rund 25 t Ladung aus. Dieselbe Menge müsste pro Woche auch wieder zurücktransportiert werden. Wir benötigen daher von Ihnen eine realitätsnahe Tourenplanung, die ausreichende Pufferzeiten enthält, weil wir die Aus- und Einlagerung in unseren heimischen Produktionsprozess einbinden wollen."

Herr Berger: „Ich bin überzeugt, wir werden Ihnen einen akzeptablen Tourenplan erarbeiten können."

Frau Schäfer: „In Bezug auf die Kosten erwarten wir von Ihnen einen Festpreis pro Tour. Ob Sie einen osteuropäischen oder einen deutschen Frachtführer einschalten, oder ob Sie den Transport selbst durchführen wollen, ist für uns nicht relevant. Entscheidend ist aber die Terminsicherung, weil unser gesamter Produktionsprozess von der reibungslosen Versorgung mit diesen Elektromotoren abhängt. Daher möchten wir auch erfahren, welche Schadenersatzleistungen wir zu erwarten haben, wenn Terminüberschreitungen stattfinden oder beschädigte Motoren eintreffen, die unser Produktionsband stilllegen. Unsere Vorratshaltung an Halbfertigprodukten wollen wir auf einen kleinen Notvorrat reduzieren."

Herr Berger: „Wir arbeiten im grenzüberschreitenden Verkehr nach CMR. Eventuell werden wir die Transporte selbst durchführen. Ich schlage Ihnen vor, dass wir anhand angenommener Schadensfälle die Haftungssituation deutlich machen. Falls erforderlich, machen wir Ihnen auch Versicherungsvorschläge."

Frau Schäfer: „Je konkreter, desto besser. Nun zu unserem zweiten Anliegen. Wir haben einen Großkunden in Schweden gewinnen können, der uns pro Woche Produkte im Gewicht von rund 20 t abnimmt. Auch da sind wir an Beförderungszeiten und -preisen interessiert, selbstverständlich als Fixpreis. Für Rückladung müssen Sie da allerdings selbst sorgen."

Herr Berger: „Das bekommen wir hin. Ich benötige aber noch weitere Daten, um die Projekte zu kalkulieren und durchzuplanen."

Frau Schäfer: „Die genauen Daten für beide Projekte faxe ich Ihnen heute Nachmittag zu."

Herr Berger: „Sehr schön. Lassen Sie uns eine Woche Zeit, dann liegt unser detailliertes Angebot auf Ihrem Schreibtisch. Ihre Ansprechpartnerin für dieses Projekt ist Frau Keller."

Am Nachmittag trifft ein Fax der Kaulmann KG mit näheren Daten ein:

Daten Litauen	
Empfänger:	Davainis & Nekrosius, Gruodzio 17, 3000 Kaunas, Litauen
Güter:	Teile von Elektromotoren
Gewicht:	ca. 25 t
Güterwert:	Hintransport: ca. 75.000,00 EUR, Rücktransport ca. 150.000,00 EUR
Frequenz:	wöchentlich eine Hin- und Rücktour
besondere Vereinbarungen:	Die Liefertermine sind unbedingt einzuhalten.
besondere Risiken:	Die Güter werden kontinuierlich in der laufenden Produktion in Solingen benötigt. Ein Bandstillstand würde zu Ausfallkosten in Höhe von rund 250.000,00 EUR pro Woche führen.

Lernsituation 9 | zu SLG S. 77, 84, 139–162 WSP S. 49–60, KSK S. 74–84, (DV) 216–224, 225–230

Daten Schweden	
Empfänger:	Svenska Motor AB, Asögatan 152, 11632 Stockholm, Schweden
Güter:	Elektromotoren
Gewicht:	20 t
Güterwert:	ca. 125.000,00 EUR
Frequenz:	wöchentlich
besondere Vereinbarungen:	keine
besondere Risiken:	keine

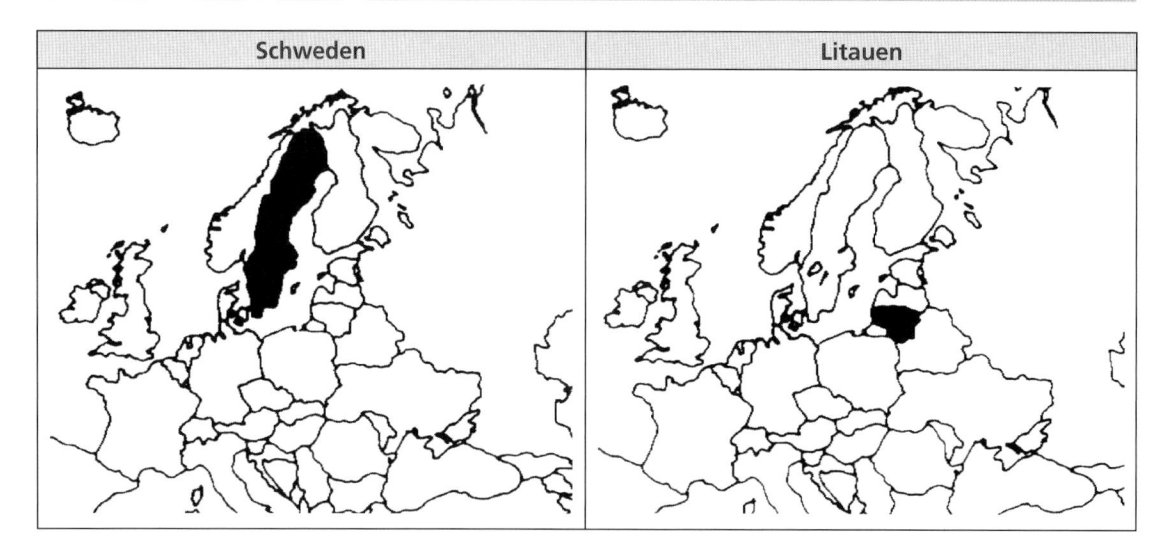

Schweden	Litauen

Tipp: Routenplaner einsetzen, z. B. Map & Guide

Länderprofil Schweden		Länderprofil Litauen	
Bezeichnung	Königreich Schweden	Bezeichnung	Lietuvas Respublika
Einwohner	8,8 Millionen	Einwohner	3,7 Millionen
Landesvorwahl	0046	Landesvorwahl	00370
Zeit	MEZ (UTC+1)	Zeit	OEZ (UTC+2)
Sprache	Schwedisch, Englisch, Deutsch	Sprache	Litauisch, Russisch, Deutsch, Englisch
Währung	1 Krona (SEK) = 100 Öre	Währung	1 Litas = 100 centas
Seehäfen	Falkenberg, Gävle, Göteborg, Helsingborg, Halmstad, Kalmar, Karlshamn, Karlstad, Kristinehamn, Malmö, Norrköping, Stockholm, Sundvall, Trelleborg, Uddevalla, Västeras	Seehäfen	Klaipėda (Memel)
Flughäfen	Göteborg, Halmstadt, Lulea, Kalmar, Malmö, Norrköping, Stockholm, Västeras, Helsingborg, Ostersund und weitere	Flughäfen	Vilnius, Kaunas, Palanga
Einfuhr aus der Bundesrepublik	Mitglied der EU. Sämtliche Zollformalitäten mit ihren verwaltungsaufwendigen Dokumenten sind im Verkehr der EU mit Schweden abgeschafft worden.	Einfuhr aus der Bundesrepublik	Mitglied der EU. Generelles Einfuhrverbot für Waffen jeder Art, Sprengstoff und spezielle chemische Mittel für ihre Anwendung. Außerdem ist die Einfuhr von Narkotika und anderen Betäubungs- oder Aufputschmitteln sowie Ausrüstungen für ihre Anwendungen verboten.
Kontrahierung/ Fakturierung	Kaufverträge und Rechnungen können in jeder beliebigen Währung abgeschlossen werden.	Kontrahierung/ Fakturierung	Kaufverträge und Rechnungen können in jeder beliebigen Währung abgeschlossen werden, meist in USD oder EUR.
Verpackung	Heu und Stroh sind als Packmittel zulässig. Es empfiehlt sich jedoch eine Rückfrage beim schwedischen Importeur, ob ein Gesundheitszeugnis erforderlich ist. Das Gleiche gilt für gebrauchte Säcke.	Geschäftssprache:	Litauisch, zunehmend Englisch und Deutsch, sonst Russisch
Sparkassen-Ratgeber-Service, Die Importbestimmungen anderer Länder			

Lernsituation 9 | zu SLG S. 77, 84, 139–162 WSP S. 49–60, KSK S. 74–84, (DV) 216–224, 225–230

Transport nach Litauen

Uosto Vartei Transport JSC

Veiverin 120
3018 Kaunas
Lietuva

INTERSPED GmbH
Merkurstraße 14
40223 Duesseldorf
Germany

Tel: 00370-7-28837
Fax: 00370-7-28833

Fax

20(0)-06-04

Dear Mrs Keller,

Offer

Thank you for your enquiry of 28 May 20(0). I can offer you

- 16.50-m-trailer
- transport from Solingen (Germany) to Kaunas (Lithuania), approx. 25 tons per week
- length of transportation: 3 – 4 days, depending on border clearance
- price: 1.950,00 EUR
- return from Kaunas to Solingen, approx. 25 tons per week, length of transportation: 3 – 4 days, depending on border clearance, price: 1.950,00 EUR

I would be very pleased to receive your order.

Yours sincerely

Vartei

Uosto Vartei Transport JSC

Fremder Frachtführer oder Selbsteintritt?

VILNIUS	
YEAR BUILT	1989
YEAR RECONSTRUCTION	1994
YARD	Rostock
LENGTH	190,9 m
BREADTH	28 m
SPEED	19 knots
GUEST CAPACITY	200

Ferry has 1250 loading meters (90 trailers) and 40 places for passenger's cars. The passenger capacity in cabins: 100 persons plus 20 Pullman seats. There is a restaurant, 70 places bar and a duty-free shop.

Schedule

1 Stunde Zeitverschiebung Deutschland – Litauen
D = UTC+1
Lt = UTC+2
Sommerzeit:
in beiden Ländern
+1 Std.

Klaipėda – Kiel				Kiel – Klaipėda				
Departs from Klaipėda		Arrives to Kiel		Ferry	Departs from Kiel		Arrives to Klaipėda		Ferry
Monday	24:00	Wednesday	8:00	KAUNAS	Monday	13:00	Tuesday	14:00	PALANGA
Wednesday	24:00	Friday	8:00	VILNIUS	Tuesday	16:00	Wednesday	18:00	VILNIUS
Thursday	24:00	Saturday	8:00	KAUNAS	Wednesday	16:00	Thursday	18:00	KAUNAS
Saturday	24:00	Monday	6:00	PALANGA	Friday	16:00	Saturday	18:00	VILNIUS
Sunday	24:00	Tuesday	8:00	VILNIUS	Saturday	16:00	Sunday	18:00	KAUNAS

Quelle: http://www.lisco.lt/?en=1164293321

Akzeptierte Ladung: Rollende Ladung wie z. B. Lkw, Trailer sowie Container und Stückgut

Lernsituation 9 | zu SLG S. 77, 84, 139–162 WSP S. 49–60, KSK S. 74–84, (DV) 216–224, 225–230

Schiffsliste Mukran/Sassnitz – Klaipèda (FS „Petersburg")

ab Mukran/Sassnitz	jeweils Ortszeit	ab Klaipèda
Januar, April, Mai, August, November, Dezember	an **geraden** Tagen Check-in: 12:00 Uhr, Abfahrt: 15:00 Uhr Ankunft: ca. 09:00 Uhr des Folgetags	jeweils umgekehrt (gerade/ungerade)
Februar, März, Juni, Juli, September, Oktober	an **ungeraden** Tagen Zeiten wie oben	

Preise der Fähren

Kiel – Klaipèda	Mukran/Sassnitz – Klaipèda:
550,00 EUR	Hinfahrt Lkw bis 17 m: 740,00 EUR
Klaipèda – Kiel	Leerfahrt: 425,00 EUR
550,00 EUR	Hin- und Rückfahrt: 1.100,00 EUR

Für die Landverbindung ist zu beachten: An den Grenzübergängen zu Polen und Litauen ist mit insgesamt bis zu 24 Stunden Wartezeit zu rechnen, weil dort Abfertigungs-Engpässe bestehen.

Transport nach Schweden

Ein schwedischer Frachtführer, den wir angerufen haben (STS-Carrier, Birger Jarlsgatan 44, S-11145 Stockholm), nennt uns als Komplett-Preis für einen 16,50-m-Sattelzug, 20 t, Solingen – Stockholm über Lübeck (Travemünde) – Trelleborg 1.700,00 EUR. Beförderungszeit: ca. 30 Stunden.

Schiffsliste der HL-Reederei Lübeck

Lübeck – Trelleborg (S)	Abfahrt Lübeck (Travemünde)	Ankunft Trelleborg
täglich	22:00 Uhr	06:00 Uhr
	02:30 Uhr	10:30 Uhr

Trelleborg (S) – Lübeck	Abfahrt Trelleborg	Ankunft Lübeck (Travemünde)
täglich	10:00 Uhr	18:00 Uhr
	14:30 Uhr	22:30 Uhr

Nach Auskunft der Reederei beträgt der Preis für eine Überfahrt (16,50-m-Trailer) 400,00 EUR.

Um den optimale Weg nach Kaunas zu mit einem Tourenplanungsprogramm (z. B. Map & Guide) zu ermitteln, muss durch die Eingabe von Zwischenorten (z. B. Suwalki und Kalvarija) erzwungen werden, dass nicht das (russische) Kaliningrader Gebiet durchfahren wird. Der Weg wird auch durch die Einstellung der Fahrzeugdaten beeinflusst. Sollen vorwiegend schnelle Hauptverkehrsstraßen benutzt werden, so kann die KFZ-Einstellung auf „schnellster Weg" eingestellt werden.

Das Programm schlägt in der Wegeliste auch die Ruhepausen nach 4 ½ Sunden vor. Die Tagesruhezeiten werden nicht automatisch geplant, ebenso wenig die Wartezeiten an den Grenzen. Diese Zeiten können nachträglich in die Wegeliste eingefügt werden.

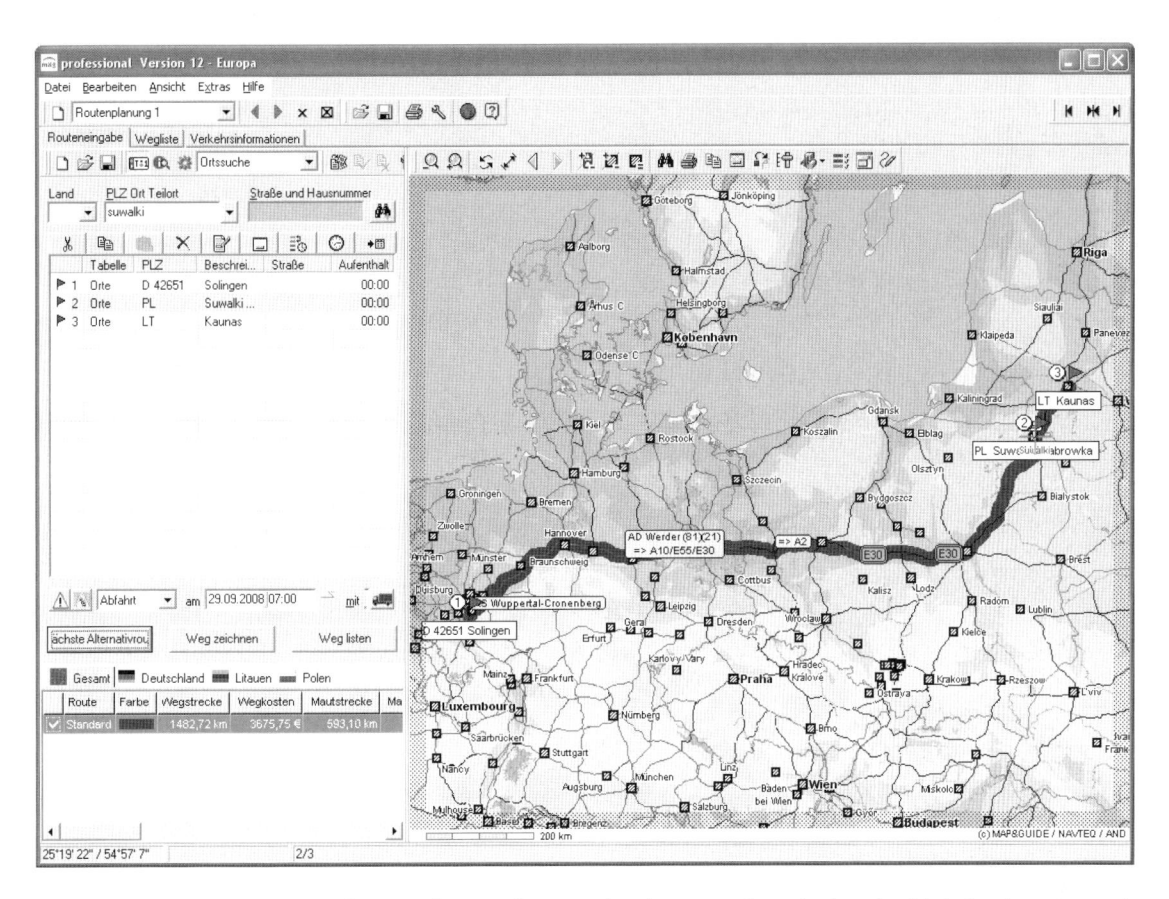

Lernsituation 9 | zu SLG S. 77, 84, 139–162 WSP S. 49–60, KSK S. 74–84, (DV) 216–224, 225–230

Sollte INTERSPED ein eigenes Fahrzeug/eigene Fahrzeuge für den grenzüberschreitenden Verkehr einsetzen wollen, sind folgende Fahrzeug- und Kalkulationsdaten zugrunde zu legen.

Daten für die Fahrzeugkostenrechnung

A	Technische Daten	Bemerkungen	Zugmaschine	Anhänger/Auflieger	Zug	
1	Erstzulassung	Jahr	20(0)	20(0)		
2	Kaufdatum	Jahr	20(0)	20(0)		
3	Aufbau			Auflieger		
4	Motorleistung/Schadstoffklasse EURO II	PS	440 PS			
5	Anzahl der Reifen	Stück	6	6	12	
	Gesamtgewicht in Tonnen	Tonnen	18*)	22*)	40	*) Die Nutzlast wird rechnerisch auf Zugmaschine und Auflieger verteilt.
	Nutzlast in Tonnen	Tonnen			26*)	
	Anzahl der Achsen	Stück	2	3	5	
B	**Kalkulationsdaten**					
	Jahreslaufleistung	km	130.000	130.000		
	Jahreseinsatzzeit	Tage	240	240		
	Tageseinsatzzeit	Stunden	12	12		
	Nutzungsdauer	Jahre	9	11		
	Reifenlaufleistung	km	200.000	240.000		
	Kraftstoffverbrauch	Liter/100 km	29			Schmierstoffe: 3% der Kraftstoffkosten
	Kraftstoffpreis	EUR/Liter	1,20			
C	**Kapitalwerte**					
	Fahrzeugkaufpreis ohne Reifen	EUR	79.248,00	24.575,00	103.823,00	
	Kaufpreis Bereifung	EUR	1.752,00	1.425,00	3.177,00	
	Umlaufvermögen	EUR				
	betriebsnotwendiges Vermögen	EUR				

Weitere Kalkulationszahlen:

	Bemerkungen	Zug-maschine	Anhänger/Auflieger	Zug
Reparatur/Wartung	EUR/Jahr	7.500,00	2.500,00	10.000,00
Fahrerlohn (brutto pro Jahr)	EUR /Jahr	23.400,00		
Weihnachtsgeld	EUR/Jahr	600,00		
Urlaubsgeld	EUR/Jahr	375,00		
Sozialaufwendungen	in %	26		
Personalfaktor		1,2		
Spesen	EUR/Tag	23,00		
Zinssatz betriebsnotwendiges Vermögen	%			7,5
Kfz-Haftpflichtversicherung in EUR/Jahr	100 %/unbegrenzt	5.667,00	229,00	5.896,00
Kfz-Kaskoversicherung (500,00 EUR Selbstbeteiligung, Vollkasko für 2 Jahre) in EUR pro Jahr		4.546,00	1.142,00	5.688,00
Autobahnmaut (anteilig für die deutsche Strecke)	EUR/Jahr	9.000,00		
Verwaltungskosten	%			26
Kalkulatorischer Unternehmerlohn				keiner
Kalkulatorische Wagnisse				keine

Kfz-Steuer siehe Informationshandbuch

Um die Haftungsrisiken für den Versender, aber auch für INTERSPED, abschätzen zu können, hat Frau Keller einige fiktive Standard-Störfälle des Frachtvertrags zusammengestellt. Mithilfe dieser angenommenen Situationen sollen den Beteiligten die Risiken transparent gemacht werden. Frau Keller legt ihren Berechnungen einen SZR-Kurs von 1,2233 EUR zugrunde. Außerdem hat sie bei ihrer Versicherung um ein Angebot für den Litauen- und Schwedenverkehr gebeten.

Situation 1
Der Fahrer des Lkw verursacht auf der Fahrt von Kaunas nach Solingen einen Unfall mit Totalschaden an den Gütern im Wert von 150.000,00 EUR. Außerdem kommt es zu einem Produktionsstillstand beim Auftraggeber in Solingen. Dieser Schaden beträgt 225.000,00 EUR.

Situation 2
Wegen mangelhafter Verstauung der Ladung im Sattelanhänger verrutscht die Ladung während des Seetransports aufgrund starken Seegangs. Teile der Ladung kippen um und werden beschädigt. Vereinbarungsgemäß wurde das Fahrzeug vom Lkw-Fahrer beladen. Angenommener Schaden: 2 Paletten mit 2.000 kg Gewicht im Wert von 12.000,00 EUR; kein Güterfolgeschaden.

Situation 3
Der litauische Frachtführer überschreitet die vereinbarte Lieferzeit um drei Tage, weil er technische Probleme mit seinem Fahrzeug hat. Der Produktionsausfall in Solingen führt zu Kosten in Höhe von 50.000,00 EUR.

Von der W & O-Versicherung hat Frau Keller folgendes Angebot erhalten:

Siehe auch die Versicherungsbedingungen von W & O in der Lernsituation 7, S. 179 und 184 sowie im Informationsband.

Versicherungsobjekt	I.	II.
	25 t Elektroteile (Litauen)	20 t Elektromotoren (Schweden)
Güterwert	75.000,00 EUR	125.000,00 EUR
Vermögensschäden	250.000,00 EUR	keine
Transport	Solingen – Kaunas (Litauen) per Lkw und zurück; Seefähre eingeschlossen	Solingen – Stockholm, Seefähre eingeschlossen
Güterwert Rückladung	150.000,00 EUR	–

Angebot

Sehr geehrte Frau Keller,

vielen Dank für Ihr Interesse an unserem Leistungsangebot für Ihren grenzüberschreitenden Güterkraftverkehr.

Gemäß unseren Bedingungen für die Güterversicherung bieten wir Ihnen an:

Versicherungsobjekt I (Litauen)

Leistungen:	Güterversicherung von der Übernahme der Sendung in Solingen bis zur Ablieferung auf dem Betriebsgelände in Kaunas (Litauen), Haus – Haus und umgekehrt Kaunas – Solingen, Transport per Lkw bzw. Lkw – Seeschiff – Lkw.
Prämie:	5 Promille von der Versicherungssumme
Begrenzung der Versicherungsleistung in Abänderung von Ziffer 8, Warengruppe B	Güterschäden 750.000,00 EUR Güterfolge- und reine Vermögensschäden 250.000,00 EUR

Versicherungsobjekt II (Schweden)

Leistungen:	Güterversicherung von der Übernahme der Sendung in Solingen bis zur Ablieferung auf dem Betriebsgelände in Stockholm (Haus – Haus).
Prämie:	3 Promille von der Versicherungssumme
Begrenzung der Versicherungsleistung in Abänderung von Ziffer 8, Warengruppe B	Güterschäden 750.000,00 EUR Güterfolge- und reine Vermögensschäden 250.000,00 EUR

Mit freundlichen Grüßen

Hartland

– Hartland –

Im Falle einer Entscheidung für den Selbsteintritt im Litauen- und Schwedenverkehr sind der Versicherung die neuen Risiken zu melden und die Betriebsbeschreibung ist anzupassen (Umsatzanteile Litauenverkehr 6 %, Schwedenverkehr 3 %).

Auszug aus der bisherigen Betriebsbeschreibung

7. Tätigkeitsbeschreibung der Frachtführer

Räumlicher Tätigkeitsbereich

Deutschland

X	Regionalverkehr bis 150 km	5	% vom Frachtumsatz
X	Fernverkehr	95	
	Europa (geografisch)		
	– davon Italien		
	– davon Visegrad-Staaten/Baltikum		
	– davon GUS		
	– davon Rumänien, Bulgarien		
	Länder außerhalb Europas, wenn ja, folgende		
	–		
	–		

Die INTERSPED GmbH hat sich in dem relativ kurzen Zeitraum von der Gründung bis heute rasch entwickelt und vergrößert. Das dynamische Wachstum ist ein möglicher Grund dafür, dass die Mitarbeiter der Spedition darüber Klage führen, dass die Geschäftsführer Herr Berger und Herr Decker, in allen geschäftlichen Angelegenheiten

Lernsituation 9 | zu SLG S. 77, 84, 139–162 WSP S. 49–60, KSK S. 74–84, (DV) 216–224, 225–230

Bescheid wissen und alle Entscheidungen selbst treffen wollen. Jeder geschäftliche Vorgang geht zunächst durch ihre Hände. „Ich bestimme, wo es langgeht" ist ein typischer Ausdruck, der Herrn Berger, Gründer und lange Zeit alleiniger Geschäftsführer, in Diskussionen mit den Mitarbeitern ab und zu über die Lippen geht und die Situation deutlich beschreibt.

Die Geschäftsführer lassen sich auch über die Erledigung jeder einzelnen Aufgabe informieren und machen weitere Entscheidungen und Anweisungen von der Berichterstattung abhängig.

Herr Sedinger, verantwortlich für das Controlling, hat dieses Führungsverhalten auch schon zu spüren bekommen. In einem Memo analysiert er die derzeitige Situation mit einigen grundsätzlichen Feststellungen:

Memo

Von: Abt. Controlling
Datum: 04.06.20(0)

Betreff: Analyse der Organisation

Das Arbeitsklima auf Abteilungsebene ist schlecht, weil

- der Einzelne kaum einen Entscheidungsspielraum hat und Zuständigkeiten nicht geregelt sind,
- nur ein geringes Vertrauensverhältnis zwischen den Abteilungsleitern und der Geschäftsführung besteht.

Reibungsverluste bei der Zusammenarbeit führen dazu, dass

- Aufträge häufig nicht termingerecht erledigt werden,
- eine relativ große Fluktuation von Mitarbeitern zu beobachten ist,
- die Außendienstmitarbeiter keinen Spielraum bei der Angebotsabgabe haben, da z. B. Herr Berger in jedem Falle eine Rücksprache erwartet.

Herr Sedinger bringt darüber hinaus seine Überzeugung zum Ausdruck, dass die innere Unternehmenssituation hinsichtlich HIERARCHIE, MOTIVATION, PRODUKTBESCHREIBUNG, CORPORATE IMAGE und VOLLMACHTEN dringend verbessert werden muss, wenn der weiter stark expandierenden INTERSPED GmbH in puncto Zuverlässigkeit, Schnelligkeit und Flexibilität und damit der Wettbewerbsfähigkeit des Unternehmens kein größerer Schaden zugefügt werden soll.

Einige Probleme im Unternehmen führt Herr Sedinger auch auf die fehlende Fort- und Weiterbildung der Mitarbeiter zurück. Bisher gibt es im Unternehmen keine Bemühungen, Mitarbeiter intern oder extern weiterzuqualifizieren. An diesem Problem müsste systematisch und kontinuierlich gearbeitet werden.

Die Geschäftsleitung fordert Herrn Sedinger auf, Grundsätze zum Führungsstil und zur Weiterbildung im Unternehmen zu entwerfen und auf einer Sitzung der Geschäftsleitung zu präsentieren.

Frau Mahlmann hat ein Angebot eines großen Konkurrenzunternehmens angenommen und fristgerecht bei der Intersped GmbH gekündigt. Sie verlangt ein qualifiziertes Zeugnis. Auf der Grundlage der Stellenbeschreibung und der letzten Personalbeurteilung wird Frau Schunke von Frau Keller beauftragt, ein solches Zeugnis zu entwerfen. Es soll ein gutes Zeugnis ausgestellt werden, da man bisher mit Frau Mahlmann sehr zufrieden war.

Stellenbeschreibung Disponent Fernverkehr	
1. Stellenbezeichnung	Disponent Fernverkehr Relation 3
2. Verlangte Vorbildung/ Berufserfahrung	Hauptschul- oder Realschulabschluss Abschluss Speditionskaufmann/-frau Mehrjährige Tätigkeit in der Spedition/Disposition
3. Übergeordnete Stellen (Vorgesetzte)	Gruppenleiter Relation 3 Speditionsleiter Intersped
4. Untergeordnete Stellen	keine
5. Stelleninhaber wird vertreten durch	Gruppenleiter Relation 3
6. Stelleninhaber vertritt	Gruppenleiter Relation 3
7. Ziel der Stelle	Störungsfreie und wirtschaftliche Abwicklung von Ladungsverkehren im Bereich der Relation 3 (München)
8. Aufgabenbereiche	Der Stelleninhaber - betreut Kunden die Ladungsgut versenden - nimmt Aufträge entgegen - erfasst die Aufträge im Computersystem - erstellt notwendige Versandpapiere

	▪ erteilt Aufträge an mit dem Unternehmen vertraglich gebundene Subunternehmer ▪ sucht und beauftragt weitere LKW-Unternehmer für Wagenladungsverkehre ▪ rechnet mit dem Kunden ab
9. Entscheidungskompetenz	Der Stelleninhaber trifft Entscheidungen im Rahmen der unter 8 aufgeführten Aufgaben. Er ist in diesem Zusammenhang weisungsbefugt gegenüber der Abteilung „Lager"
10. Informationsrechte und pflichten	Die Gruppenleitung „Relation 3" hat dem Stelleninhaber alle für seinen Aufgabenbereich erforderlichen Informationen zu übermitteln. Der Stelleninhaber informiert den Leiter „INTERSPED FV" aus eigener Initiative regelmäßig über die eingeleiteten, geplanten und abgeschlossenen Aktivitäten. Alle kundenbedeutsamen Informationen sind der Abteilung „Verkauf" zuzuleiten.

Abt. REL 3
Beurteiler: Klassen
Beurteilte: Frau Mahlmann

Beurteilungsbogen

Beurteilungsstufen Beurteilungsmerkmale	Punkte	Genügt den Anforderungen nicht immer	Genügt den Anforderungen fast immer	Genügt den Anforderungen in vollem Umfang	Übertrifft die Anforderungen	Übertrifft die Anforderungen in besonderem Umfang
		1	2	3	4	5
Anwendung der Kenntnisse (Sorgfalt, Genauigkeit, Zuverlässigkeit)	4				x	
Arbeitseinsatz (Intensität, Wirksamkeit, Selbstständigkeit, Kostenbewusstsein)	5					x
Arbeitsverhalten bei unterschiedlichen Arbeitssituationen (Überblick, Beweglichkeit, Setzen von Prioritäten)	3			x		
Zusammenarbeit (Informationsaustausch, Überzeugungsfähigkeit, Zusammenarbeit)	4				x	
Erreichbare Punktzahl	20					
Erreichte Punktzahl	16					

Seit einiger Zeit ist in der Abteilung Rechnungswesen/Controlling die Einsicht gereift, dass die Finanzbuchführung nicht weiter manuell durchgeführt werden kann. Mit der Einführung der bundesweiten Sammelladung bei INTERSPED ist der Arbeitsanfall in der Abteilung drastisch gestiegen. So müssen insbesondere eine Vielzahl von neuen Kunden erfasst und deren Daten verarbeitet sowie die Zahlungseingänge überwacht werden. Bei all der zusätzlichen Arbeit erwartet die Geschäftsführung aber weiterhin pünktlich die aufbereiteten Monats- und Quartalszahlen, damit sie in der Lage ist, das Unternehmen durch sachgerechtes und zeitnahes Controlling erfolgreich zu steuern.

Kontenrahmen für das Speditions- und Lagereigewerbe von 1989

Die Überlegungen, den Abhol- und Zustellservice zum Teil mit eigenen Fahrzeugen durchzuführen, hat den Ausschlag gegeben: Gleich zum Jahresbeginn sind die Computer für die Abteilung Rechnungswesen/Controlling bestellt und die geeignete Software ausgewählt worden. Die Lieferung der Hardware und die Installation der Software erfolgte Anfang März. Aus Gründen der Sicherheit hat die Geschäftsleitung allerdings beschlossen, die konventionelle Buchführung und die EDV-Buchführung parallel zu fahren.

In der Abteilung Rechnungswesen/Controlling hat Frau Keller Anfang März mit ihren Mitarbeitern damit begonnen, die Finanzbuchführung (FiBu) auf dem Computer einzurichten. Zunächst hat sie die Firmenstammdaten der INTERSPED und die Konstanten eingegeben und muss nun die Konten einrichten. Sie kann bei dieser Arbeit auf den Kontenrahmen für das Speditions- und Lagereigewerbe von 1989 zurückgreifen, der Bestandteil der Software ist. Allerdings stellt sie schnell fest, dass sie den Kontenrahmen den Bedürfnissen der INTERSPED anpassen und einen eigenen Kontenplan für INTERSPED erstellen muss.

Konten anlegen mit dem Kontenassistent

In einem ersten Schritt will sie die Bankkonten und die Debitoren- und Kreditorenkonten anpassen. Frau Keller hat sich die folgenden Listen bereitgelegt:

Bankverbindungen INTERSPED	
Commerzbank	**Düsseldorf**
Konto-Nr.:	486 505 100
BLZ:	300 400 00
Deutsche Bank	**Düsseldorf**
Konto-Nr.:	303 544 113
BLZ:	300 700 10
Sparkasse	**Düsseldorf**
Konto-Nr.:	101 736 949
BLZ:	300 501 10
Barclays Bank	**Düsseldorf**
Konto-Nr.:	634 413 913
BLZ:	302 104 00

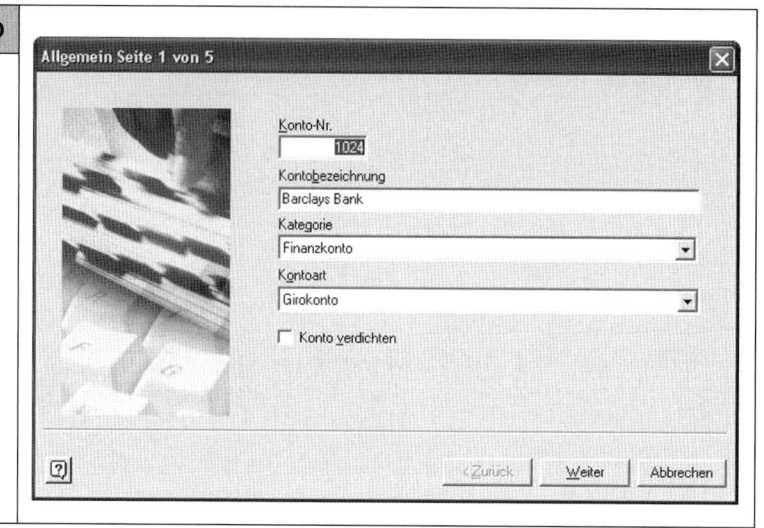

Debitoren INTERSPED			
140001	Wendering AG Aachener Straße 4 40223 Düsseldorf	Konto-Nr. BLZ Telefon Fax	215 557 301 502 00 0211 43566798 0211 43566722
140002	DEGENER & Lutz Holzheimer Weg 33 41464 Neuss	Konto-Nr. BLZ Telefon Fax	42 418 033 305 600 990 02131 4435521 02131 47743211
140003	SEIDLITZ GmbH Engerstraße 45 47800 Krefeld	Konto-Nr. BLZ Telefon Fax	8 845 732 320 500 00 02151 65443 02151 65432
140004	Kaulmann Bismarckstraße 18 42659 Solingen	Konto-Nr. BLZ Telefon Fax	41 678 804 342 800 32 0212 912567 0212 43563
140005	Fahling OHG Kolgerstraße 17 40223 Düsseldorf	Konto-Nr. BLZ Telefon Fax	128 353 088 300 501 00 0211 4 534 98 0211 4 534 63
140006	GIERMEX Ludwigstraße 24 41469 Neuss	Konto-Nr. BLZ Telefon Fax	221 765 301 300 101 11 02131 14362 02131 5467
140007	G. Werner Industriestraße 118 40822 Mettmann	Konto-Nr. BLZ Telefon Fax	788 354 163 300 800 00 02104 14537 02104 14538
140008	WOLTERS GmbH Eichendorffstraße 18 40474 Düsseldorf	Konto-Nr. BLZ Telefon Fax	226 974 318 301 502 00 0211 346717 0211 346718
140099	Übrige Kunden		

Kreditoren INTERSPED		
160001	EUROTRANS GmbH Völklinger Straße 21 40221 Düsseldorf	Konto-Nr. 724 527 455 BLZ 301 600 83 Telefon 0211 533876 Fax 0211 428443
160002	MÖLLER-TRANS GmbH Merowingerstraße 8 40223 Düsseldorf	Konto-Nr. 423 387 229 BLZ 300 101 11 Telefon 0211 87655 Fax 0211 32198

Nach der umfangreichen Einrichtung der Konten geht es in einem nächsten Schritt darum, die Anfangsbestände auf die Bestandskonten und die Debitoren- und Kreditorenkonten zu übertragen, bevor dann mit der Buchung der noch nicht gebuchten Belege des Monats Juni begonnen werden kann.

Die Buchung wird als Stapelbuchung angelegt, damit nach der Eingabe noch eventuell auftretende Fehler korrigiert werden können. Die Gegenbuchung für diese Saldenvorträge ist jeweils das Eröffnungsbilanzkonto (98000). Für die Eröffnungsbuchungen hat Frau Keller die Saldenbilanz zum 28.06.20(0) zurechtgelegt.

Die Hauptbuchkonten der Finanzbuchhaltung der INTERSPED GMBH weisen zum 28.06.20(0) folgende Werte aus:

Saldenbilanz zum 28.06.20(0)		Salden	
Nr.	Konto	Soll (€)	Haben (€)
02000	Transportanlagen	51.195,00	0
02200	Fuhrpark	130.828,00	0
02400	Geschäftsausstattung	35.346,00	0
04110	Darlehen	0	202.680,00
05000	Eigenkapital	0	89.551,00
10000	Kasse	4.460,00	0
10201	Commerzbank Düsseldorf	52.628,00	0
10202	Deutsche Bank Düsseldorf	0	46.050,00
10203	Sparkasse Düsseldorf	4.792,00	0
10204	Barclays Bank Düsseldorf	4.313,00	0
14000	Forderungen	73.192,00	0
14570	Vorsteuer	0	0
16000	Verbindlichkeiten	0	59.507,00
16690	Mehrwertsteuer	0	12.666,00
24700	Bilanzielle Abschreibungen	14.204,00	0
40100	Löhne	64.980,00	0
40400	Spesen	1.865,00	0
40500	Gesetzliche soziale Angaben	15.413,00	0
41000	Gehälter	90.160,00	0
41100	Gesetzliche soziale Abgaben	21.314,00	0
42010	Treibstoffverbrauch	7.539,00	0
42020	Schmierstoffe	318,00	0
42100	Reifenverbrauch	1.280,00	0
42300	Reparaturen	4.080,00	0
42400	Kfz-Versicherungen	2.704,00	0
42500	Kfz-Steuern	724,00	0
43010	Mieten Büroräume	6.179,00	0
43020	Mieten Lager	13.658,00	0
43710	Sonstige Raumkosten Büro	1.040,00	0
43720	Sonstige Raumkosten Lager	3.638,00	0
44000	Büromaterial	1.007,00	0
44100	Werbung	3.750,00	0
44300	Mieten/Leasing	1.927,00	0
44600	Kommunikation	2.693,00	0
45200	Haftungs- u. Güterschadenhaftungsversicherung	4.228,00	0
45800	Versicherungen, Gebühren, Beiträge	2.025,00	0
46100	Reisekosten	1.840,00	0
70000	Speditionsaufwand	297.909,00	0
80000	Speditionserlöse	0	510.775,00
		921.229,00	921.229,00

Die Listen der offenen Posten der Debitoren und Kreditoren weisen folgende Werte aus:

Debitoren INTERSPED		Bestand 28.06.20(0) (€)
140001	Wendering AG	11.984,00
140002	DEGENER & Lutz	11.288,00
140003	SEIDLITZ GmbH	13.318,00
140004	Kaulmann	12.854,00
140005	Fahling OHG	4.212,00
140006	GIERMEX	5.314,00
140007	G. Werner	4.838,00
140008	WOLTERS GmbH	1.892,00
140099	Übrige Kunden	7.492,00
	Forderungen gegenüber Kunden	73.192,00

Kreditoren INTERSPED		Bestand 28.06.20(0) (€)
160001	EUROTRANS GmbH	17.216,00
160002	MÖLLER-TRANS GmbH	29.003,00
160003	Werner Fahrland	13.288,00
	Verbindlichkeiten gegenüber Frachtführern	59.507,00

Frau Keller beachtet, dass die Konten Forderungen (14000) und Verbindlichkeiten (16000) nicht gebucht werden dürfen, wenn die Saldenvorträge der entsprechenden Debitoren- und Kreditorenkonten ebenfalls erfasst werden. Nach der Eingabe der Saldenvorträge werden die Buchungen auf Richtigkeit überprüft. Erst wenn Frau Keller sicher ist, dass alle Anfangsbestände richtig eingegeben sind, überträgt sie den Buchungsstapel mit dem entsprechenden Programmbefehl endgültig in das Journal der Finanzbuchhaltung.

Buchen nach Belegen mit dem Buchführungsprogramm

Die Abteilung Rechnungswesen/Controlling will in der ersten Juliwoche den Quartalsabschluss zum ersten Mal mit dem neuen FiBu-Programm durchführen. Daher hat Frau Keller es besonders eilig, die noch ausstehenden Belege zu buchen, damit sie endlich mit dem Abschluss des 2. Quartals beginnen kann.

Für die Buchung der Geschäftsfälle wird ein neuer Buchungsstapel angelegt. Die Buchung im Stapel erfolgt genau so, wie schon bei der Buchung der Saldenvorträge. Im Unterschied zu den Eröffnungsbuchungen ist bei den Geschäftsfällen auf die Mehrwertsteuerautomatik zu achten.

Dateien für das Finanzbuchhaltungsprogramm Lexware finden Sie auf der CD

Nach der Eingabe der Buchungen in den Buchungsstapel überprüft Frau Keller die Buchungen, bevor sie in das Journal übertragen werden. Dazu lässt sie sich den Buchungsstapel ausdrucken und vergleicht jede Buchung nochmals mit dem Beleg (und der sich darauf befindenden Vorkontierung).

Lernsituation 9 | zu SLG S. 77, 84, 139–162 WSP S. 49–60, KSK S. 74–84, (DV) 216–224, 225–230

Nachfolgend finden Sie die noch nicht gebuchten Belege des Monats Juni 20(0):

MÖLLER-TRANS GmbH
Güternah- und Güterfernverkehr
Merowingerstraße 8
40223 Düsseldorf

MÖLLER-TRANS GmbH, Merowingerstraße 8, 40223 Düsseldorf

INTERSPED GmbH
Merkurstraße 14

40223 Düsseldorf

Telefon: 0211 87655
Fax: 0211 32198
ID-Nr. DE 421 658 945
Datum: 30.06.20(0)

Rechnung Nr. 443375/20(0)

Position	Text	EUR	EUR
01	Sammelrechnung: Abholen Sammelgut und verteilen im Monat Juni 20(0) lt. beigefügten Belegen		
	Rechnungsbetrag netto		62.800,00
	Umsatzsteuer 19 %		11.932,00
	Rechnungsbetrag brutto		74.732,00

Bankverbindung: Kreissparkasse Düsseldorf, Kto-Nr. 775 348 21, BLZ 30150200

EUROTRANS GMBH
Völklinger Straße 21
40221 Düsseldorf

EUROTRANS * Völklinger Straße 21 * 40221 Düsseldorff

INTERSPED GmbH
Merkurstraße 14

40223 Düsseldorf

Telefon: 0211 533876
Fax: 0211 428443
ID-Nr. DE 328 549 231
Datum: 30.06.20(0)

Rechnung Nr. 32155/20(0)

Position	Text	EUR	EUR
01	Sammelrechnung: Abholen Sammelgut und verteilen im Monat Juni 20(0) lt. beigefügten Belegen		
	Rechnungsbetrag netto		51.600,00
	Umsatzsteuer 19 %		9.804,00
	Rechnungsbetrag brutto		61.404,00

Bankverbindung: Düsseldorfer Volksbank, Kto.-Nr. 724 527 455, BLZ 301 600 83

Lernsituation 9 | zu SLG S. 77, 84, 139–162 WSP S. 49–60, KSK S. 74–84, (DV) 216–224, 225–230

Werner Fahrland
Transportunternehmer
Plockstraße 46
40221 Düsseldorf

Werner Fahrland, Plockstraße 46 , 40221 Düsseldorf

INTERSPED GmbH
Merkurstraße 14

40223 Düsseldorf

Telefon: 0211 238645
Fax: 0211 592371
ID-Nr. DE 879 832 481
Datum: 30.06.20(0)

Rechnung Nr. 12255/20(0)

Position	Text	EUR	EUR
01	Sammelrechnung: Abholen Sammelgut und verteilen im Monat Juni 20(0) lt. beigefügten Belegen		
	Rechnungsbetrag netto		37.000,00
	Umsatzsteuer 19 %		7.049,00
	Rechnungsbetrag brutto		44.149,00

Bankverbindung: Kreissparkasse Düsseldorfer, Kto.-Nr. 967 449, BLZ 301 502 00

INTERSPED GmbH

Intersped GmbH, Merkurstraße 14, 40223 Düsseldorf

Degener & Lutz
Holzheimer Weg 33

40233 Düsseldorf

Internationale Spedition
Merkurstraße 14
40223 Düsseldorf
Telefon: 0221 56742-0
Telefax: 0221 56733
ID-Nr. DE 458 977 344

Rechnung Nr. 3-142

Kundennummer 140002	Speditionsauftrags-Nr. diverse Aufträge	vom 01.06. –29.06.20(0)	Datum 30.06.20(0)

Pos.-Nr.	Text	€	€
	Monatsabrechnung Juni lt. beigefügter Belege		
	Nettobetrag		65.100,00
	+ 19 % USt.		12.369,00
	Bruttobetrag		77.109,00

Bankverbindung: Commerzbank Düsseldorf, Konto 4865 051 000, BLZ 300 400 00

Weitere Rechnungen von INTERSPED

Kaulmann
Bismarckstraße 18

42659 Solingen

Rechnung Nr. 3-33

Kundennummer 140004	Speditionsauftrags-Nr. diverse Aufträge	vom 01.06. –29.06.20(0)	Datum 30.06.20(0)

Pos.-Nr.	Text	€	€
	Monatsabrechnung Juni lt. beigefügter Belege		
	Nettobetrag		48.100,00
	+ 19 % USt.		9.139,00
	Bruttobetrag		57.239,00

Bankverbindung: Commerzbank Düsseldorf, Konto 4865 051 000, BLZ 300 400 00

Wendering AG
Aachener Strasse 4

40233 Düsseldorf

Rechnung Nr. 3-72

Kundennummer 140001	Speditionsauftrags-Nr. diverse Aufträge	vom 01.06. –29.06.20(0)	Datum 30.06.20(0)

Pos.-Nr.	Text	€	€
	Monatsabrechnung Juni lt. beigefügter Belege		
	Nettobetrag		72.700,00
	+ 19 % USt.		13.813,00
	Bruttobetrag		86.513,00

Bankverbindung: Commerzbank Düsseldorf, Konto 4865 051 000, BLZ 300 400 00

Seidlitz GmbH
Engerstraße 45

47800 Krefeld

Rechnung Nr. 3-52

Kundennummer 140003	Speditionsauftrags-Nr. diverse Aufträge	vom 01.06. –29.06.20(0)	Datum 30.06.20(0)

Pos.-Nr.	Text	€	€
	Monatsabrechnung Juni lt. beigefügter Belege		
	Nettobetrag		25.600,00
	+ 19 % USt.		4.864,00
	Bruttobetrag		30.464,00

Bankverbindung: Commerzbank Düsseldorf, Konto 4865 051 000, BLZ 300 400 00

Wolters GmbH
Eichendorfstraße 18

40474 Düsseldorf

Rechnung Nr. 3-106

Kundennummer 140008	Speditionsauftrags-Nr. diverse Aufträge	vom 01.06. –29.06.20(0)	Datum 30.06.20(0)

Pos.-Nr.	Text	€	€
	Monatsabrechnung Juni lt. beigefügter Belege		
	Nettobetrag		43.600,00
	+ 19 % USt.		8.284,00
	Bruttobetrag		51.884,00

Bankverbindung: Commerzbank Düsseldorf, Konto 4865 051 000, BLZ 300 400 00

Lernsituation 9 | zu SLG S. 77, 84, 139–162 WSP S. 49–60, KSK S. 74–84, (DV) 216–224, 225–230

Ihre Rechnung

Deutsche Telekom

Rechnungsdatum	30.06.20(0)
Rechnungsmonat	Juni 20(0)
Kundennummer	181060165
Buchungskonto	21100056742

INTERSPED GMBH
Merkurstr. 14
40223 Düsseldorf

	Menge bzw. Einheit	Nettoeinzel-betrag / €	Nettogesamt-betrag / €	USt. in %
Monatliche Beiträge Anschluss mit Nebenstellen	2	101,00	202,00	19
Beträge für Verbindungen Vom 01.09. bis 30.09.20(0)	16.944	0,053	898,00	19
Summe Entgelte			1.100,00	
Umsatzsteuer			209,00	
Rechnungsbetrag			1.309,00	

Kontoauszug — COMMERZBANK

Nordstraße 108, 40223 Düsseldorf | BLZ 300 400 00

INTERSPED GMBH
Merkurstraße 14
40223 Düsseldorf

Kontonummer	Auszug-Nr.	Seite	Monat	Alter Kontostand (€)	
4865 051 000	3	1	JUNI 20(0)	52.628,00	H

Wert	Buchungstext	Umsätze (€)	
02.06.	Dauerauftrag Miete Büro	1.075,00	S
02.06.	Dauerauftrag Miete Umschlaglager	2.800,00	S
02.06.	Lastschrift Stadtwerke für Energie Juni Büro 200,00 / Lager 300,00 + USt 95,00	595,00	S
10.06.	Überweisung der USt-Zahllast Mai	12.666,00	S
22.06.	Bereitstellung Darlehen 486505/230	24.336,00	H
27.06.	Lastschrift Kfz-Versicherung Juni	132,00	S
30.06.	Zahlungsausgang ER Niemeyer	35.224,00	S
30.06.	Zahlungseingang Wendering	11.984,00	H
30.06.	Zahlungseingang Seidlitz	12.229,00	H
30.06.	Zahlungseingang Degener & Lutz	11.288,00	H
30.06.	Zahlungseingang Giermex	3.562,00	H
30.06.	Zahlungseingang Kaulmann	12.854,00	H
30.06.	Zahlungseingang Wolters	1.892,00	H
30.06.	Zahlungseingang Fahling OHG	3.229,00	H
30.06.	Zahlungseingang Werner	3.946,00	H
30.06.	Zahlungsausgang Eurotrans	17.216,00	S
30.06.	Zahlungsausgang Möller Trans	29.003,00	S
30.06.	Zahlungsausgang Fahrland	13.288,00	S
30.06.	Lastschrift Telekom für Monat Juni Rechnungsdatum: 20(0)-06-30	1.309,00	S

Auszugsdatum	Neuer Kontostand (€)	
03.09.20(0)	24.640,00	H

Kontoauszug	**COMMERZBANK**	Nordstraße 108 40223 Düsseldorf	BLZ 300 400 00
INTERSPED GMBH Merkurstraße 14 40223 Düsseldorf			

Kontonummer	Auszug-Nr.	Seite	Monat	Alter Kontostand (€)	
Darlehen 635 234 098	1	1	JUNI 20(0)	202.680,00	S
Wert	Buchungstext			Umsätze (€)	
22.06.	Darlehen 486505/230			24.336,00	S
Auszugsdatum				Neuer Kontostand (€)	
03.09.20(0)				227.016,00	S

Bürocenter Adler GmbH

INTERSPED GmbH
Merkurstr. 14
40223 Düsseldorf

Feuerbachstr. 210
40223 Düsseldorf,   20(0)-09-15
Telefon: 0211 533876
Fax: 0211 533843

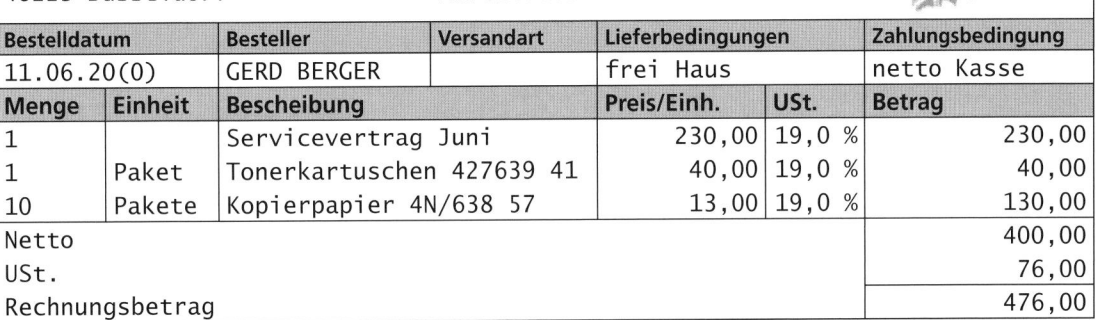

Bestelldatum	Besteller	Versandart	Lieferbedingungen	Zahlungsbedingung
11.06.20(0)	GERD BERGER		frei Haus	netto Kasse
Menge	Einheit	Bescheibung	Preis/Einh.	USt.	Betrag
1		Servicevertrag Juni	230,00	19,0 %	230,00
1	Paket	Tonerkartuschen 427639 41	40,00	19,0 %	40,00
10	Pakete	Kopierpapier 4N/638 57	13,00	19,0 %	130,00
Netto					400,00
USt.					76,00
Rechnungsbetrag					476,00

Autohaus Niemeyer
Mercedes-Benz

Gerd Berger Spedition e. K.
Merkurstraße. 14

40223 Düsseldorf
Rechnung   Nr.   1703/20(0)

Saarbrücker Straße 106
40476 Düsseldorf
Telefon: 0211 953-687
FAX: 0211 953-673
Datum: 27.06.20(0)

Position	Text		€	€
01	Nahverkehrsfahrzeug Fahrgestell mit Pritsche, Typ: 1220 4X2, Emissionsklasse S2 Aufbau: Plane mit Spriegel Gesamtgewicht: 7.500 kg Nutzlast: 3.000 kg Motorleistung: 150 PS		28.340,00	28.340,00
02	Bereifung: 1. Achse 2 x 285/70 R 19,5 2. Achse 4 x 285/70 R 19,5 Ausstattung: Serienausstattung (siehe Anlage)		210,00	1.260,00
	Nettobetrag			29.600,00
	19 % USt.			5.624,00
	Summe Bruttobetrag			35.224,00

Aufgabe 1
Im Angebot der Versicherungsgesellschaft fehlt der Hinweis auf die Versicherungssteuer. Wie lässt sich dieser Sachverhalt erklären?

Aufgabe 2
Kennzeichnen Sie die unten stehenden Schäden als

1. Güterschäden	2. Güterfolgeschäden	3. reine Vermögensschäden

a. Während des Transports geht ein Teil der Güter verloren (vermutlich durch Diebstahl).
b. Aus Versehen wird ein zu niedriger Nachnahmebetrag eingezogen. Der Restbetrag ist nicht mehr zu bekommen.
c. Durch einen Unfall wird die gesamte Ladung eines Lkw mit Baumaterialien zerstört. Darüber hinaus können Handwerker, die auf diese Güter gewartet haben, nicht tätig werden. Der Bauunternehmer verlangt für die zu zahlenden Löhne Schadenersatz.
d. Durch einen Fehler des Spediteurs verzögert sich ein Gütertransport. Als Folge verfällt eine Importlizenz des Auftraggebers, der darum auf das Geschäft verzichten muss.
e. Ein Auftraggeber macht entgangenen Gewinn geltend, weil eine dem Spediteur übergebene Sendung verloren gegangen ist.
f. Ein Spediteur war mit der Neutralisierung einer Sendung beauftragt worden. Weil dies unvollständig geschah, konnte der Käufer der Ware direkten Kontakt mit dem Hersteller aufnehmen und den Großhändler (als Auftraggeber des Spediteurs) umgehen. Der Großhändler macht den Spediteur wegen des ihm entstandenen Schadens haftbar.

Aufgabe 3
Bei einem Transport von Düsseldorf nach Belgien muss der Empfänger den Verlust einer Sendung mit zwei Teppichrollen feststellen. Der Auftraggeber schickt daraufhin folgende Schadensrechnung an die INTERSPED GmbH:

HIERMES Textilbeläge

Alte Landstraße 66
40489 Düsseldorf

INTERSPED GmbH
Merkurstraße 14
40223 Düsseldorf

Schadensrechnung   Nr. SR 162   26.05.20(0)

	EUR
Transportdatum: 23. Mai 20(0) 2.560 kg Teppiche Empfänger: S. A. M. VERSCHUERTEN, Grootestraat 88, B-Leopoldsburg Auftrags-Nr. 1278/5, Speditionsauftrag-Nr. 7288/20(0) Unser Kunde hat den Verlust von zwei Teppichrollen reklamiert. Der Schaden ist während des Transports entstanden. Er wurde auf dem Frachtbrief dokumentiert. Aufgrund des Schadensfalls berechnen wir Ihnen Art.-Nr. 488788 Nehrabad, Gewicht 38 kg Art.-Nr. 488779 Kadjar, Gewicht 32 kg Eine Kopie unserer Originalrechnung an S. A. M. VERSCHUERTEN fügen wir zu Ihrer Information bei.	 392,00 405,00
	797,00

Eine Prüfung des Vorgangs erbrachte folgendes Ergebnis:

- Die Sendung wurde lt. CMR-Frachtbrief komplett vom Auftraggeber übernommen.
- Die Sendung war während des Transports ausschließlich in Gewahrsam von INTERSPED.
- Der Fahrer konnte die Sendung nicht vollständig ausliefern.
- Suchmeldungen bei verschiedenen Empfangsspediteuren, die für eine Fehlverladung infrage kämen, blieben erfolglos.
- Der Kunde hat keine Güterversicherung abgeschlossen.

Der Schaden wurde der Versicherung von INTERSPED gemeldet. Gleichzeitig wurde der Versender benachrichtigt, dass der Schaden der Versicherung weitergeleitet worden ist und bearbeitet wird.

Nach Prüfung aller Unterlagen teilt die Versicherung vier Wochen später mit, dass sie Schadenersatz nach CMR leistet. Der Wert eines Sonderziehungsrechts (SZR), das für die Schadensberechnung herangezogen wird, betrug zum Zeitpunkt der Sendungsübernahme 1,2243 EUR. Der Betrag wird in den nächsten Tagen auf ein Konto von INTERSPED überwiesen.

Herr Klaßen, der für Versicherungsfragen zuständig ist, will der Firma HIERMES sofort mitteilen, dass der Schaden im Umfang der CMR-Haftung ersetzt wird.

Teilen Sie daher der Firma HIERMES die Höhe des Schadenersatzes mit und kündigen Sie eine entsprechende Gutschrift für den Kunden an. Machen Sie dem Kunden bei der Gelegenheit die Vorzüge der Güterversicherung deutlich.

Aufgabe 4

Das Unternehmen DEGENER & Lutz will auf einer Messe in Mailand neue Ausrüstungsteile für Fahrzeuge ausstellen. Die Messe ist von großer Bedeutung für das Italiengeschäft des Unternehmens. Außerdem ist es wichtig für das Image des Unternehmens, auf der Mailänder Automobilausstellung vertreten zu sein. Aus diesen Gründen ist der Gütertransport nach Italien mit hohen Risiken verbunden, die DEGENER & LUTZ abgesichert sehen möchten.

Güter:	3.000 kg Kfz-Teile als Messegut
Risiken:	■ Güterwert: 50.000,00 EUR ■ Schaden, der entsteht, wenn die Güter nicht auf dem Messestand ausgestellt werden könnten (250.000,00 EUR):

Stellen Sie fest, bis zu welcher Höhe die Risiken über die CMR-Haftung abgedeckt sind,

a. wegen Beschädigung

b. wegen Totalverlust

c. wegen Lieferfristüberschreitung

1 SZR = 1,2112 EUR

Aufgabe 5

Ergänzen Sie die nachfolgende Übersicht zur CMR-Haftung (Artikel 17 Abs. 1 und 2, Artikel 21, Artikel 23 Abs. 1–3, Artikel 25 Abs. 1).

CMR-Haftung			
Schadensarten	Haftungsprinzip	Haftungshöchstgrenzen	Ausschlüsse
		zu 1)	– _____ – _____ – unabwendbare Umstände (Ereignisse)
		zu 2)	
		zu 3)	
		zu 4)	

Aufgabe 6

Der Besitzer eines italienischen Restaurants in Düsseldorf, Velio Pifferi, hat der Spedition INTERSPED den Auftrag erteilt, eine Sendung mit Einrichtungsgegenständen zur Dekoration seines Lokals (Bilder, Tonkrüge u. Ä.) von Italien nach Düsseldorf zu befördern.

Sendungsdaten und Vertragsvereinbarungen: 35 kg Sammelgut von Brescia nach Düsseldorf, vereinbarte Fracht 87,00 EUR. Aus Kostengründen verzichtet der Versender auf den Abschluss einer Güterversicherung. Die ADSp sind AGB des Verkehrsvertrags.

Leider ist die Sendung zwischen der Übergabe an den von uns beauftragten Lkw-Frachtführer EUROTRANS in Brescia und dem Eintreffen in Düsseldorf verloren gegangen.

Unser Auftraggeber ist über den Verlust sehr empört und beklagt den Verlust wertvoller Kunstgegenstände (5.000,00 EUR). Außerdem könne er nun sein Lokal nicht stilecht zum vorgesehen Termin wiedereröffnen, was mindestens einen Schaden durch Umsatzverluste in Höhe von 2.500,00 EUR zur Folge hätte.

Lernsituation 9 | zu SLG S. 77, 84, 139–162 WSP S. 49–60, KSK S. 74–84, (DV) 216–224, 225–230

a. Begründen Sie, wer in diesem Fall schadenersatzpflichtig ist.

b. Erläutern Sie dem Auftraggeber, mit welchem Schadenersatz er zu rechnen hat.

c. Ermitteln Sie die Kosten, die für den Kunden entstanden wären, damit der komplette Schaden abgedeckt gewesen wäre.

1 SZR zum Zeitpunkt der Übernahme der Sendung 1,22178 EUR.

Aufgabe 7

a. Die CMR-Haftung wird als „Gefährdungs- oder Obhutshaftung" bezeichnet, die durch den möglichen Verweis auf ein „unabwendbare Ereignis" eingeschränkt wird. Erläutern Sie diese Aussage.

b. Beurteilen Sie folgenden Fall.

> Ein Spediteur hatte den Auftrag, die Beförderung von 2.743 Kartons mit elektronischen Geräten (Wert 131.490,00 USD) von Bremen nach Moskau zu besorgen. Die Sendung wurde auf drei Lkw verladen und im Selbsteintritt transportiert. Zwei Lkw erreichten ihr Ziel unbehelligt. Der dritte Lkw wurde auf dem Streckenabschnitt von Minsk nach Moskau von Polizisten angehalten, der Fahrer zum Aussteigen gezwungen, mit einer Pistole bedroht, mit einem Polizeiauto weggeschafft und für längere Zeit festgehalten. Der Lkw mit seiner Ladung ist bis heute verschwunden.
>
> Im Nachhinein wurde festgestellt, dass es sich bei den Polizisten um verkleidete Kriminelle handelte und dass auch das Polizeifahrzeug lediglich eine Attrappe war.
>
> Die Versicherung des Spediteurs lehnt einen Schadenersatz ab mit der Begründung, es handle sich um ein unabwendbares Ereignis.

Aufgabe 8

CMR Artikel 12; siehe auch HGB § 418 Abs. 4

Nehmen Sie an, der schwedische Empfänger der Elektromotoren der Kaulmann KG habe die Sendung bereits im Voraus bezahlt. Die Kaulmann KG erteilt INTERSPED zwar noch den Beförderungsauftrag, die Sendung läuft aber ab Werk zulasten des Empfängers. Die Svenska Motor AB möchte daher sicherstellen, dass die Kaulmann KG nicht mehr über die Sendung nachträglich verfügen kann.

a. Machen Sie deutlich, wer welches Frachtbrief-Exemplar bekommt.

b. Erläutern Sie die beiden Verfahren nach CMR, die dem Empfänger die Sicherheit geben, dass der Absender nicht mehr über die rollende Ware verfügen kann.

Aufgabe 9

Geben Sie für die nachfolgenden Lkw-Transporte an, welche Berechtigungen (Erlaubnis, Genehmigung) für die Beförderung erforderlich sind. Nennen Sie auch Alternativlösungen, sofern sie gegeben und sinnvoll sind. Das zulässige Gesamtgewicht des Lkw beträgt in jedem Fall mehr als 3,5 t.

Fall 1: INTERSPED befördert Güter von Düsseldorf nach Kopenhagen.
Fall 2: Ein portugiesischer Frachtführer befördert Güter von Hamburg nach Stuttgart.
Fall 3: Güterbeförderung eines deutschen Frachtführers von Berlin nach Bukarest.
Fall 4: Ein bulgarischer Frachtführer befördert Güter von Sofia nach Düsseldorf.
Fall 5: Gütertransport von Rom nach Düsseldorf durch einen italienischen Frachtführer
      a) über Österreich,
      b) über die Schweiz.
Fall 6: Beförderung von Düsseldorf nach Griechenland durch einen deutschen Frachtführer.
Fall 7: Gütertransport von Norwegen nach Hamburg durch einen deutschen Frachtführer.
Fall 8: Lkw-Transport von Düsseldorf nach Madrid und von Madrid nach Barcelona (deutscher Frachtführer).
Fall 9: Gütertransport von Berlin nach Minsk (Weißrussland) durch einen deutschen Frachtführer.

Aufgabe 10

Unterscheiden Sie nach ihrem Anwendungsbereich, der Gültigkeitsdauer und der ausgebenden Stelle:

a. CEMT-Genehmigung,

b. Bilaterale Genehmigung,

c. Drittstaatengenehmigung.

Aufgabe 11

Ergänzen Sie die Übersicht zur Haftung nach HGB, CMR und ADSp (siehe nächste Seite).

Aufgabe 12

Ergänzen Sie die nebenstehende Übersicht in den schraffierten Feldern.

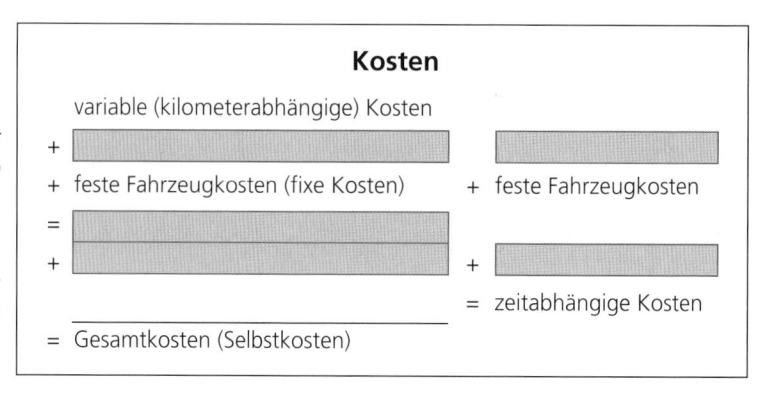

Kosten

variable (kilometerabhängige) Kosten
+ ☐
+ feste Fahrzeugkosten (fixe Kosten)   + feste Fahrzeugkosten
= ☐
+ ☐   + ☐
                       = zeitabhängige Kosten
= Gesamtkosten (Selbstkosten)

Haftung nach HGB, CMR und ADSp im Überblick

HGB		CMR	ADSp
organisierender Spediteur	Sonderfälle der Spediteurhaftung	Frachtführerhaftung	Gelten für alle Verkehrsverträge
	Haftung für		1.
1.	1.	1.	2.
§ 461 (1)	§ 458	§ 425	Artikel 17	3.
Maximum:	2.	2.	4.
Haftungsprinzip:	§ 459	§ 425	Artikel 17	Haftung für	Ziff. 2.1
2.	3.	3.	1.
§ 461 (2)	§ 460	§ 425	Artikel 17	Maximum:	Ziff. 23.1.1
Maximum:	Der Spediteur haftet als	4.	2.
Haftungsprinzip:	"hinsichtlich"	§ 422	Artikel 21	Maximum:	Ziff. 23.1.2
		5.	Maximum zu 1. + 2.:
		§ 433	pro Schadensfall
			pro Schadensereignis
		Maxima:	3.
		1. + 2.: *)	Maxima:	Ziff. 23.3
		3.:	
		4.:	
		5.:	
		Haftungsprinzip:	bzw.
		*) Korridorlösung: 2–40 SZR/kg	

Lernsituation 9 | zu SLG S. 77, 84, 139–162 WSP S. 49–60, KSK S. 74–84, (DV) 216–224, 225–230

Lernsituation 9 | zu SLG S. 77, 84, 139–162 WSP S. 49–60, KSK S. 74–84, (DV) 216–224, 225–230

Aufgabe 13

Fahrzeugkostenrechnung

A	Technische Angaben	
1	Erstzulassung	
2	Kaufdatum	
3	Aufbau	
4	Motorleistung PS	140
5	Anzahl der Reifen	6
6	Gesamtgewicht in t	7,5
7	Nutzlast in t	3,0
8	Anzahl der Achsen	2
B	Kalkulationsdaten	
9	Jahreslaufleistung/km	50.000
10	Jahreseinsatzzeit (Tage)	240
11	Tageseinsatzzeit (Stunden)	8
12	Nutzungsdauer/Jahre	9
13	Reifenlaufleistung	100.000
14	Kraftstoffverbrauch (Liter/100 km)	20,0
15	Kraftstoffpreis (EUR/Liter)	0,95
C	Kapitalwerte	
16	Fahrzeugkaufpreis ohne Reifen	29.000,00 EUR
17	Kaufpreis Bereifung	1.500,00 EUR
18	Umlaufvermögen	
19	betriebsnotwendiges Vermögen	

Weitere Kalkulationsdaten	
Fahrerlohn	27.000,00 EUR
Weihnachtsgeld	700,00 EUR
Urlaubsgeld	400,00 EUR
Sozialaufwand	26 %
Personalfaktor	1,1
Spesen	5,00 EUR
Zinsen	6,50%
Kfz-Steuer	347,70 EUR
Haftpflichtversicherung	3.900,00 EUR
Kfz-Kasko pro Jahr	1.150,00 EUR
Kaskolaufzeit	2 Jahre
Autobahn-Maut	– EUR
kalk. Unternehmerlohn	– EUR
kalk. Wagnisse	– EUR
Zuschlag Verwaltungskosten	20,00 %
sonstige Betriebskosten	0
Reparatur	2.500,00 EUR
Schmierstoffe/Öle	3,00 %
Güterschadenversicherung	– EUR

Ermitteln Sie aufgrund der oben stehenden Angaben jeweils die Beträge, die in der Fahrzeugkostenrechnung eines Jahres anzusetzen sind: Fehlende Angaben richten sich nach der Musterkalkulation im Informationsband.

a. das betriebsnotwendige Vermögen,
b. die Kraftstoffkosten,
c. die Abschreibung für die Abnutzung des Fahrzeugs bei einer Aufteilung von 65 % Abnutzung und 35 % Entwertung,
d. die Reifenkosten,
e. die Verzinsung,
f. die Kfz-Kaskoversicherung.

Erläutern Sie, wie man

g. den Tagessatz,
h. den Kilometersatz ermittelt.

Aufgabe 14

In der Spedition INTERSPED wird überlegt, ob man zukünftig am Kombinierten Verkehr Straße/Schiene teilnehmen soll. Insbesondere die Diskussion um die Belastung der Umwelt durch Lkw-Transporte lässt es dem Unternehmen ratsam erscheinen, verstärkt auf Schienentransporte zu setzen. Außerdem verspricht man sich einen Image-Gewinn, wenn man auf die Teilnahme am Bahnverkehr verweisen kann. Die zunehmende Größe des Unternehmens und das damit verbundene gestiegene Interesse der Öffentlichkeit an den Verhaltensweisen von INTERSPED machen es notwendig, sich öffentlich als umweltbewusstes und verantwortlich handelndes Unternehmen darzustellen.

Trotzdem sollen aber Umweltgesichtspunkte nur ein Entscheidungskriterium sein; insbesondere die Kosten dürfen nicht außer Acht gelassen werden. Frau Theben erhält den Auftrag, folgende Gesichtspunkte zu klären sowie einen Vorteilsvergleich darzustellen:

Teilnahmebedingungen,
▌ technische Abwicklung,
▌ Kostenvergleich Kombinierter Verkehr – reiner Lkw-Verkehr,

Lernsituation 9 | zu SLG S. 77, 84, 139–162 WSP S. 49–60, KSK S. 74–84, (DV) 216–224, 225–230

■ Vergleich der Beförderungszeiten.

Das Ergebnis ihrer Untersuchung soll auf einer Sitzung der führenden Mitarbeiter vorgestellt werden:

Vorschläge zum Aufbau der Sitzungsvorlage
I. **Teilnahmebedingungen** (z.B. Definition, Organisation, Kombisendung)
II. **Technische Gesichtspunkte** (z.B. Fahrzeugausstattung, Ablauf)
III. **Betriebswirtschaftliche Betrachtung**: Vergleich der Kosten, der Beförderungszeiten und der Haftung bei Selbsteintritt, Einsatz eines fremden Frachtführers und im Kombinierten Verkehr)
   1. Welche Kosten entstehen im Vergleich zu einem normalen Straßentransport?
      a) beim Transport mit eigenen Fahrzeugen (nur Straßenverkehr)
      b) beim Einsatz eines fremden Frachtführers (nur Straßenverkehr)
      c) beim Kombinierten Verkehr
   2. Mit welchen Beförderungszeiten ist zu rechnen?
   3. Wie haften die Beteiligten?
IV. **Umweltgesichtspunkte/Image des Unternehmens**
V. **Vergleich der Vor- und Nachteile**
VI. **Empfehlung**

Zusätzliche Informationen über die Spedition INTERSPED

■ Fahrzeuge mit den technischen Erfordernissen des Kombinierten Verkehrs stehen zur Verfügung oder können auf einfache Weise umgerüstet werden.

■ Für die Relation Düsseldorf – Mailand ist in beiden Richtungen annähernd gleiches Ladungsaufkommen vorhanden (paariger Verkehr). Ein Empfangsspediteur in Mailand existiert, der ohne Umstellungsschwierigkeiten am Kombinierten Verkehr teilnehmen kann und will.

■ Zu prüfen ist lediglich der Kombinierte Verkehr mittels Wechselbehälter, und zwar eine Kombisendung in Form von zwei Wechselbehältern mit einer Außenlänge von je 7,45 m und einem Gesamtgewicht von je 16,5 t.

■ Die Relation Düsseldorf – Mailand wurde bisher wöchentlich im Regelfall mit eigenen Fahrzeugen bedient. Im Einzelfall (fehlende Kapazitäten) wurde auch ein fremder Frachtführer eingeschaltet. Der Frachtführer berechnete für den Transport 960,00 EUR (ohne Umsatzsteuer).

■ Die Möglichkeit der Rabattausnutzung wird außer Acht gelassen.

Internet-Adressen:
http://kombiverkehr.de
http://www.uirr.com/deutsch/Uirr/uirr.htm

INTERSPED-Zahlen für die Kalkulation eines Lkw-Transportes Düsseldorf – Mailand

Kilometersatz: 0,32 EUR
Tagessatz: 383,61 EUR
Stundensatz (bei 12 Einsatzstunden pro Tag): 31,97 EUR

Für die Lkw-Fahrt Düsseldorf – Mailand (1.000 km) sind 1,5 Tagessätze in der Kalkulation zu berücksichtigen.

Für den Kostenvergleich mit dem Kombinierten Verkehr sind noch folgende Sachverhalte zu beachten:

■ Vorlauf (Düsseldorf – Köln): 1 Stunde, 40 km
■ Nachlauf (Terminal Mailand bis Empfangsspediteur): 1 Stunde, 50 km
■ (Die Nachlauf-Kosten werden INTERSPED vom Empfangsspediteur berechnet, aus Gründen der Vereinfachung werden die Stunden- und km-Sätze von INTERSPED zugrunde gelegt.)
■ Die Kfz-Steuerersparnis: Kfz-Steuer pro Jahr 664,88 EUR (Schadstoffklasse S2, 40 t, ca. 50 Fahrten pro Jahr) Der Nachlass beträgt 50 % der Steuer. Zu berücksichtigen ist die Ersparnis pro Fahrt.

Kombifahrplan Köln (Ausschnitt)						KÖLN
	von Köln				Profile	
Öffnungszeiten Bahnhof: Mo–Fr 05:00 – 21:30 Uhr Sa 05:30 – 12:00 Uhr Empfangsbahnhof	Abfahrtstage (1 = Montag)	Annahmeschluss	Laufzeit (B = nächster Tag)	Abladebeginn	Wechselbehälter ≤ 2,50 m Breite	Wechselbehälter ≤ 2,60 m Breite
I-Busto Arsizio (Mailand)	2 – 4	11:15	B	07:30	C 50	C 380
I-Busto Arsizio (Mailand)	1 – 5	12:45	B	09:30	C 50	C 364
I-Busto Arsizio (Mailand)	1 – 5	16:30	B	10:30	C 50	C 364
I-Busto Arsizio (Mailand)	1 – 4	18:45	B	15:00	C 50	C 364
I-Busto Arsizio (Mailand)	5	18:45	D	05:00	C 50	C 364
I-Busto Arsizio (Mailand)	1 – 4	22:30	B	18:00	C 50	C 364
I-Busto Arsizio (Mailand)	5	22:30	D	05:00	C 50	C 364
I-Busto Arsizio (Mailand)	6	11:45	C	15:30	C 50	C 380

Hinweise, wie der Fahrplan zu lesen ist, befinden sich im Informationsband

Lernsituation 9 | zu SLG S. 77, 84, 139–162 WSP S. 49–60, KSK S. 74–84, (DV) 216–224, 225–230

Beförderungszeiten im bisherigen Lkw-Verkehr:
Sonntag: 22:00 Uhr Abfahrt Düsseldorf
Dienstag: 07:00 Uhr Ankunft Mailand

Im Kombinierten Verkehr wäre für den Vorlauf Düsseldorf – Köln (Umschlagbahnhof) eine Stunde Fahrzeit zu berücksichtigen, ebenso eine Stunde für den Nachlauf (Busto Arsizio – Empfangsspediteur Mailand). Der Bahnhof Busto Arsizio hat dieselben Öffnungszeiten wie der Kölner Bahnhof.

Preisliste der Kombiverkehr KG (Auszug, ohne Umsatzsteuer)

Köln – Busto Arsizio (Mailand) Preise in EURO					
	Gesamtgewicht der Ladeeinheit				
Außenlänge der Ladeeinheit	bis 8 t	bis 16,5 t	bis 22 t	bis 34 t	über 34 t
bis 6,15 m/20' (20-Fuß-Container)	252	355	433	591	670
bis 7,82 m	292	394	433	591	670
bis 9,15 m/30'	331	433	591	591	670
bis 10,90 m	552	591	788	788	788
bis 12,19 m/40'	394	591	630	630	788
bis 13,75 m/45'	552	591	788	788	788

Preisermittlung: Der Brutto-Preis ergibt sich aus der Außenlänge und dem Gewicht pro Ladeeinheit.

Abschläge: Die Kombiverkehr KG gewährt Mengenrabatte, Firmenboni zum Jahresende und Rabatte für Kommanditisten der KG (Spediteure und Frachtführer können sich an der KG beteiligen).

Nebengebühren: Für Vorgänge, die vom üblichen Betriebsgeschehen abweichen, werden Nebengebühren erhoben:

- Abbestellgebühren für die Zwischenlagerung von Ladeeinheiten an den Terminals.
- Stornogebühr, wenn eine Buchung nicht bis zum Anmeldeschluss am Auflieferungstag rückgängig gemacht wird.

Kalkulationsschema bei Selbsteintritt

					EUR
km-abhängige (variable) Kosten:		km x		EUR/km =	
+ zeitabhängige (fixe) Kosten	___	Einsatztage x	___	EUR Tagessatz =	
= **Selbstkosten**				=	

Kalkulation fremder Frachtführerleistungen

a) Lkw-Frachtführer

	EUR
vereinbarter Preis	

b) Kombiverkehr KG/Eisenbahn

		EUR	EUR
Vorlauf:	Stundensatz		
	+ km-Satz		
	= Vorlaufkosten		
Hauptlauf	lt. Preisliste		
Nachlauf	Stundensatz		
	+ Kilometersatz		
	= Nachlaufkosten		
	Summe (Vorlauf, Hauptlauf, Nachlauf)		
Sonstiges:	– Kfz-Steuer-Ersparnis		
	Selbstkosten		

Aufgabe 15

Stellen Sie die Vertragsbeziehungen der Beteiligten aus dem Einstiegsfall von Aufgabe 14 dar, wenn Sie davon ausgehen, dass der Kombinierte Verkehr Köln – Mailand aufgenommen wird. Verwenden Sie die Übersicht auf Seite 263.

Aufgabe 16

a. Stellen Sie fest, ob es sich bei einem Transport von Düsseldorf über Köln nach Mailand im Kombinierten Verkehr um multimodalen Verkehr handelt.

b. Prüfen Sie, ob auf diese Beförderung die HGB-Haftungsregelung des bekannten/unbekannten Schadensortes angewendet werden kann.

HGB §§ 452, 452a)
Stichworte:
Internationaler Kombinierter Verkehr,
Multimodaler Verkehr

Aufgabe 17

Eine Spedition hat vier Motorfahrzeuge und acht Sattelauflieger. Sie betreibt mit diesen Fahrzeugen einen regelmäßigen Verkehr von Duisburg in den Raum Mailand. Rückladung aus der Region Mailand für Duisburg ist vorhanden.

Durch eine Kombination von reinem Straßen- und Kombiniertem Verkehr gelingt es der Spedition, in einem Rundlauf mit vier Motorfahrzeugen acht Sattelauflieger nach Italien und zurückzutransportieren. Ein italienischer Empfangsspediteur wird nicht in Anspruch genommen.

Stellen Sie den Rundlauf der Fahrzeuge grafisch dar.

Aufgabe 18

Ergänzen Sie die unten stehenden Übersicht zur Haftung nach CMR, AGB der UIRR und Kombiverkehr KG (siehe Seite 264).

Aufgabe 19

Begründen Sie, ob es sich in den nachfolgenden Fällen um multimodale Transporte handelt. Die auftragnehmende Spedition hat mit ihren Versendern jeweils einen festen Preis für die Besorgung der Transporte vereinbart.

siehe Artikel 2 CMR

Fall 1

Lkw-Transport von Flensburg nach Hamburg, Weitertransport per „Rollende Landstraße" nach München, Anschlussbeförderung von München nach Freising per Lkw.

Fall 2

Lkw-Transport von Freiburg nach Calais (F), Übersetzen über den Ärmelkanal nach Großbritannien mit einer Seefähre, Weiterfahrt von Dover nach London per Lkw.

Aufgabe 20

Die Spedition Gobal-Logistics, Duisburg, ist Gebietsspediteur für die Automobilwerke AG in Wolfsburg. Es ist Aufgabe der Spedition, bei verschiedenen Zulieferern Fahrzeugteile und Fahrzeugkomponenten abzuholen, zu Komplettladungen zusammenzustellen und sie zu einem Automobilwerk in Barcelona, Spanien, zu befördern. Die Automobilwerke AG schreibt vor, die Teile in Wechselbrücken (7,82 m Länge, 16,5 t Gesamtgewicht) im Kombinierten Verkehr Straße – Schiene zu befördern. Vertragspartner für den Bahntransport ist die Kombiverkehr KG, die den Umschlag in den Terminals und die eigentliche Schienenbeförderung als Spediteur besorgt.

Die beladenen Wechselbrücken werden mit eigenen Fahrzeugen per Lkw zum Umschlagterminal Köln befördert und dort auf Bahnwaggons umgeschlagen für einen Transport im Ganzzug nach Barcelona. Am Empfangsterminal werden die Wechselbrücken durch einen spanischen Spediteur per Lkw abgeholt und entweder

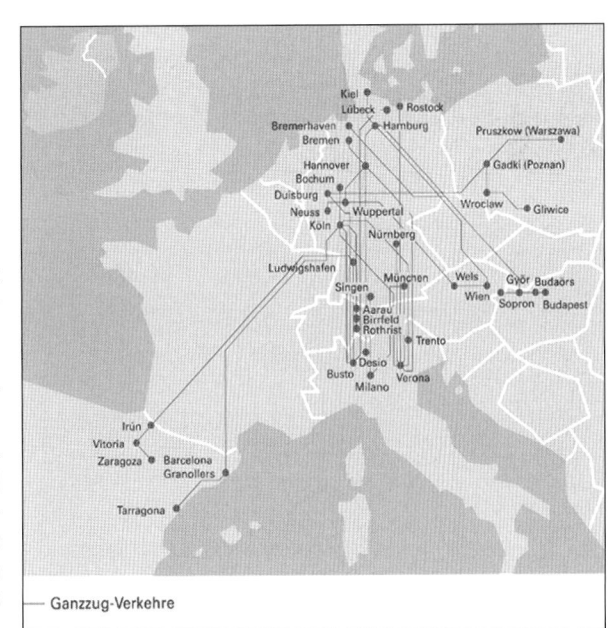

- zum Lager des spanischen Spediteurs in Barcelona oder
- direkt zum Automobilwerk transportiert.

a. In welchem Vertragsverhältnis stehen Global-Logistics und die Kombiverkehr KG?

b. Welche Rechtsposition nimmt die Kombiverkehr KG ein, wenn sie ihre Leistungen nach der unten stehen Preisliste abrechnet?

c. Ermitteln Sie den Preis, den die Kombiverkehr KG für einen Wechselbehälter Köln – Barcelona berechnet.

d. Welchen spätesten Anlieferungstermin am Terminal Köln nennt der Disponent von Global-Logistics seinem Lkw-Fahrer für Dienstag, den 12. November 20(0), welchen frühesten Abholtermin am Umschlagterminal in Barcelona kann er dem Empfangsspediteur avisieren?

e. Welche Eckhöhe darf der Wechselbehälter im Höchstfall haben?

f. Welche Haftungshöchstgrenzen gelten bei **Güterschäden** für die Beförderung der Wechselbehälter von der Abholung beim Versender bis zur Zustellung beim Automobilwerk in Barcelona in folgenden Fällen:

- Ein Schaden tritt während des Lkw-Transports im Vorlauf auf.
- Ein Schaden entsteht während der Bahnbeförderung.

Verwenden Sie den unten abgedruckten Auszug aus den Allgemeinen Geschäftsbedingungen der Kombiverkehr KG für internationale kombinierte Verkehre.

g. Die Automobilwerke AG verlangt die Beförderung mit der Bahn vor allem, um sich als umweltbewusstes Unternehmen in der Öffentlichkeit darzustellen. Erläutern Sie drei Gründe, die die Auffassung der Automobilwerke AG unterstützen.

Preisliste der Kombiverkehr KG

Köln Eifeltor – Barcelona

Preise in EURO je Richtung Außenlänge der Ladeeinheit	Gesamtgewicht der Ladeeinheit				
	bis 8 t	bis 16,5 t	bis 22 t	bis 34 t	über 34 t
bis 6,15 m/20'	252	355	433	591	670
bis 7,82 m	292	394	433	591	670
bis 9,15 m/30'	331	433	591	591	670
bis 10,90 m	552	591	788	788	788
bis 12,19 m/40'	394	591	630	630	788
bis 13,75 m/45'	552	591	788	788	788

Kombifahrplan Köln (Ausschnitt) — KÖLN

	von Köln				Profile
	Abfahrtstage	Annahmeschluss	Lauftage	Abladebeginn	Wechselbehälter # 2,50 m Breite Profilnummer
1	2	3	4	5	6
E-Constanti (Tarragona)	6	11:45	C	08:00	C 45
E-Granollers (Barcelona)	1–5	18:00	C	08:00	C 45
E-Granollers (Barcelona)	6	11:45	C	08:00	C 45
E-Jundiz (Vitoria)	1,3,5	18:00	C	09:00	C 45

Auszug:

Allgemeine Bedingungen der Internationalen Vereinigung der Gesellschaften für den Kombinierten Verkehr Schiene-Straße (UIRR)

...

8.3 Wenn festgestellt ist, dass Verlust oder Beschädigung zwischen Annahme und Auslieferung der Ladeeinheit durch die beteiligten Eisenbahnunternehmen eingetreten sind, finden auf die Haftung der UIRR-Gesellschaft und auf deren Einschränkungen die Bestimmungen der „Einheitlichen Rechtsvorschriften für den Vertrag über die internationale Eisenbahnbeförderung von Gütern (CIM)" Anwendung, welche den „Anhang B zum Übereinkommen über den internationalen Eisenbahnverkehr (COTIF)" bilden, und zwar in der bei In-Kraft-Treten des UIRR-Vertrages geltenden Fassung.

8.4 Außerhalb der Beförderung auf der Schiene gemäß Art. 8.3 ist die Entschädigungspflicht der UIRR-Gesellschaft für Verlust oder Beschädigung der Ladeeinheit und ihres Gutes auf 8,33 Sonderziehungsrechte (SZR), wie sie durch den Internationalen Währungsfonds definiert sind, je fehlendem oder beschädigtem Kilogramm Bruttogewicht begrenzt. Außerdem ist die Höhe der Entschädigung auf 300.000 SZR je Ladeeinheit einschließlich des darin befindlichen Gutes ... begrenzt.

Vertragsgrundlagen im Kombinierten Verkehr Schiene-Straße

Annahmen: Fixkostenspedition
Internationaler Kombinierter Verkehr

| Versender | INTERSPED
Haupt-/Erst-
spediteur | KOMBIVERKEHR
KG | Railion | Empfangs-
spediteur | Empfänger |

Vertrag?

Vertrag?

Vertragsgrundlage? +

Vertragsgrundlage?

Vertragsgrundlage für die gesamte Beförderungsstrecke?

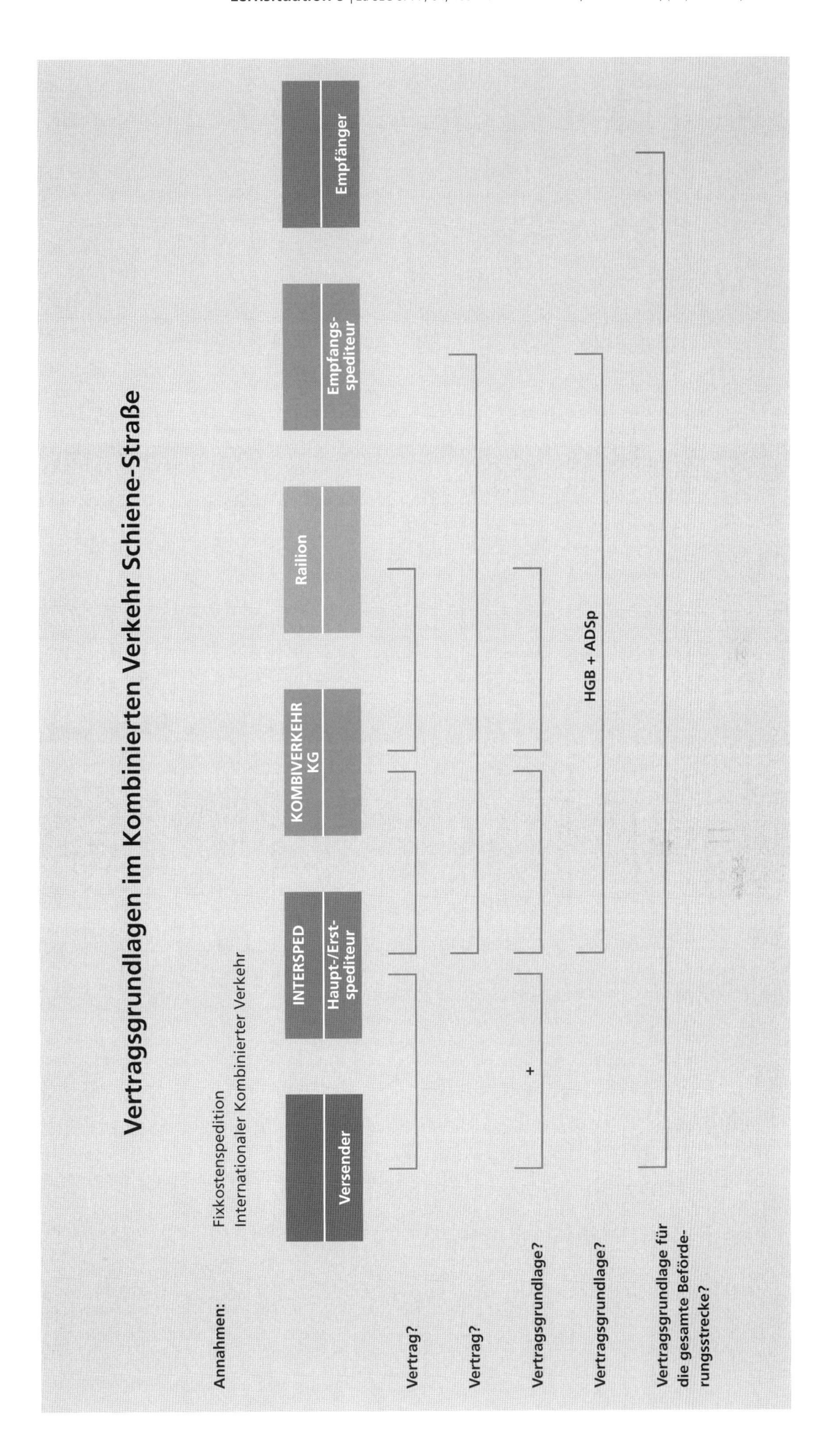

HGB + ADSp

Haftungsregelungen (ohne Lagerung)

nach CMR		nach den AGB der UIRR		nach den AGB der Kombiverkehr KG im nationalen Verkehr (zum Vergleich)	
Schadensarten	Haftungshöchstgrenzen	Schadensarten		Schadensarten	Haftungshöchstgrenzen
1. Verlust		1.		1.	
2.		2.		2.	
3.		3.		3.	
4.		4.			
		5.		Maxima für Güterschäden	
				pro Schadensfall	
				pro Schadensereignis	
		Haftungshöchstgrenzen			
		für Güterschäden während der Eisenbahnbeförderung			
		1.			
		2.			
		für Güterschäden außerhalb der Eisenbahnbeförderung			
		1.			
		2.			
		für Vermögensschäden			
		3.			
		4.			
		5.			
		Maxima zu 1. und 2.			
		pro Ladeeinheit			
		pro Schadensereignis			

Aufgabe 21

Im Büro der INTERSPED GmbH hängt die unten abgebildete Europakarte. Am 1. Januar 2007 sind erneut zwei Staaten in die EU aufgenommen worden. Herr Berger hat den Überblick verloren und interessiert sich für die Staaten der EU sowie deren Hauptstädte. Vervollständigen Sie die unten stehende Tabelle mithilfe der Europakarte.

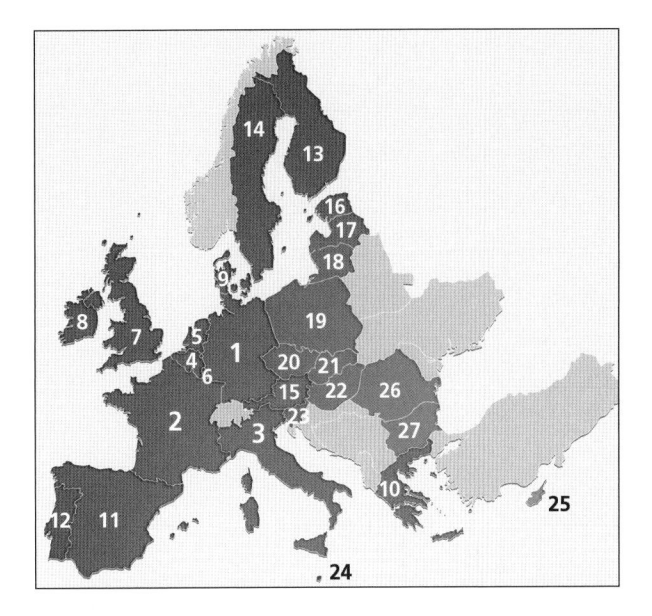

Nr.	Beitrittsjahr	Staat	Hauptstadt
1	1957		
2			
3			
4			
5			
6			
7	1973		
8			
9			
10	1981		
11	1986		
12			
13	1995		
14			
15			
16	2004		
17			
18			
19			
20			
21			
22			
23			
24			
25			
26	2007		
27			

Aufgabe 22

Ergänzen Sie folgende Tabelle über ausgewählte Fährverbindungen

Länder		Häfen	
Deutschland	Großbritannien	Hamburg	
	Großbritannien	Rotterdam	Hull
Niederlande	Großbritannien		Harwich
	Großbritannien	Zeebrügge	Felixstowe
Deutschland	Großbritannien	Hamburg	
Italien	Türkei	Brindisi	
Italien		Ancona	Igoumenitsa
Deutschland	Dänemark		Rödby
Deutschland	Russland	Kiel	

Lernsituation 9 | zu SLG S. 77, 84, 139–162 WSP S. 49–60, KSK S. 74–84, (DV) 216–224, 225–230

Aufgabe 23
Auf welchen Meeren bzw. Seen verkehren folgende Fähren?

Fährroute	Meere/Seen
1. Warnemünde – Gedser	
2. Hoek van Holland – Harwich	
3. Iljetchowsk (bei Odessa) – Warna	
4. Saßnitz – Trelleborg	
5. Bari – Patras	

Aufgabe 24
Ordnen Sie die folgenden Alpenpässe/-tunnel jeweils den kürzesten Verkehrsverbindungen zu.

Brenner, Montblanc, San Bernadino, Sankt Gotthard, Tauern

Bregenz		Como
Genf		Aosta
Innsbruck		Bozen
Salzburg		Villach
Zürich		Lugano

Aufgabe 25
Ordnen Sie geeignete Grenzübergänge den unten stehenden Relationen zu.

von	über	nach
Hamburg		Warschau
Barcelona		Paris
Salzburg		Zagreb
Mailand		Bern
Warschau		Minsk

Aufgabe 26
Prüfen Sie anhand von Atlas und Karten und dem Europastraßennetz die kürzeste Verbindung zwischen
1. ARA – Häfen und Minsk
2. Oslo – Rom
3. Liverpool – Athen
4. Lissabon – Berlin

Tragen Sie Ihre Ergebnisse in die Liste ein:

Relation	Städte über 0,5 Mio. Einwohner	Grenzübergänge	Europastraße /BAB
1.			
2.			
3.			
4.			

Aufgabe 27

Die folgenden Aufgaben beziehen sich auf das Tourenplanungsprogramm Map & Guide.

Öffnen Sie die Karte „Europa" und die „Wegsuche Europa". Schließen Sie alle anderen Karten und Wegsuchen.

Suchen Sie die folgenden Orte und stellen Sie fest, in welchem Staat sie liegen und welche Großstadt in der Nähe liegt:

- Straubing
- Karlovy Vary
- Milford Haven
- Barbadillo
- Tiraspol
- Catalca
- Nis
- Partitico
- Christiansund
- Kilkenny

Aufgabe 28
Stellen Sie fest, wie viele km die optimale Entfernung zwischen folgenden Orten beträgt und in welchen Staaten die Städte liegen:

- Dortmund – Lissabon
- Lyon – Prag
- Stockholm – Frankfurt – Innsbruck – Ancona
- Amsterdam – Kiew
- Bilbao – Bern

Aufgabe 29
Öffnen Sie die Karte „Deutschland-City" und die entsprechende Wegsuche. Stellen Sie die Entfernung zwischen folgenden Adressen fest:

- Dortmund, Westfaliastraße – Rostock, Werftstraße
- Gelsenkirchen, Horster Straße – Leipzig, Brandenburger Straße

Aufgabe 30
a. Ermitteln Sie die Entfernung einer Rundreise für folgende (unsortierte) Orte:

20457 Hamburg / Klostertor, Stockmeyerstr. 18

22869 Schenefeld, Landstr.

21244 Buchholz, Lindenstr.

22359 Hamburg / Volksdorf, Volksdofer Damm 9

22455 Hamburg / Niendorf, Paul-Sorge-Str. 118

21031 Hamburg / Lohbrügge, Leuschnerstr.

20457 Hamburg / Klostertor, Stockmeyerstr. 12

b. Bestimmen Sie die Entfernung für die optimale Rundreise durch diese Orte.

Aufgabe 31
Bestimmen Sie für die Rundreise aus der Aufgabe 30:

a. Die Transportzeit, wenn die Option „LKW langsam" gewählt wird.

b. Die Transportzeit, wenn das Geschwindigkeitsprofil für Autobahnen auf 75/65/60 km/h geändert wird.

c. Das Entgelt, wenn ein km-Satz von 0,73 € und ein Tagessatz von 285,00 € (8 Std./Tag) berechnet wird.

Aufgabe 32
Bestimmen Sie für den Weg der Aufgabe 30:

a. die Wegezeit

b. den Transportpreis

Gehen Sie von folgenden Daten aus:

- LKW langsam,
- km-Satz 0,82 €,
- Tagessatz 294,00 € (12 Std./Tag),
- Pausenzeiten: 45 Minuten nach 4 Stunden und 30 Minuten Fahrzeit.

Aufgabe 33
Das Managerial Grid hat in einer Führungssituation die Werte 9.9 und 5.6 ergeben. Beschreiben Sie den so ermittelten Führungsstil.

Aufgabe 34
Worin sehen Sie die Besonderheiten der Führungstechnik „Management by Delegation"?

Aufgabe 35
Erläutern Sie den Zusammenhang zwischen Markenzeichen (z. B. Wortbildmarke der Bayer AG) und Corporate Identity.

Aufgabe 36

Herr Thewes und Herr Stiller, zwei Industriemanager, unterhalten sich über Vor- und Nachteile verschiedener Führungsstile. Herr Thewes betont, dass er die besten Erfolge damit habe, dass er seinen Mitarbeitern präzise Dienstanweisungen erteile und den Vollzug entsprechend überwache.

Dagegen vertritt Herr Stiller energisch die Ansicht, dass es vorteilhafter sei, Mitarbeitern mehr generelle Vorgaben zu erteilen, die Spielraum für Interpretation und Ausgestaltung lassen. Lediglich bei erheblichen Abweichungen von angestrebten Zielen schalte er sich korrigierend ein.

- **a.** Welche Führungsstile praktizieren die beiden Industriemanager?
- **b.** Vergleichen Sie die Führungsstile bezüglich Zielsetzung, Durchsetzung und Kontrolle.
- **c.** Welchen Führungsstil bevorzugt die Geschäftsleitung Ihres Ausbildungsbetriebes?

Aufgabe 37

Welche Führungstechnik wird mit den folgenden Führungsanweisungen praktiziert?

- **a.** Der Werkstattleiter erstellt bis zum 01.10.20(0) einen Vorschlag zur Reduzierung der Fehlzeiten der Mitarbeiter der Abteilung.
- **b.** Im Beschaffungsbereich dürfen Sachbearbeiter Waren mit einem Einzelpreis von bis zu 10.000,00 € eigenverantwortlich einkaufen. Bei der Beschaffung von höherwertigen Waren muss die Zustimmung des Abteilungsleiters vorliegen.
- **c.** Verkaufssachbearbeiter dürfen bis zu 5 % von den gültigen Verkaufspreislisten abweichen. Weitergehende Nachlässe bedürfen der Genehmigung des Verkaufsleiters.
- **d.** Ein Unternehmen unterhält Betriebsstätten an verschiedenen Orten. Die jeweiligen Leiter führen die Betriebsstätten in Eigenverantwortung. Der Unternehmensleitung ist monatlich zu berichten.

Aufgabe 38

Eine Fortbildungsmaßnahme kann entweder intern oder extern durchgeführt werden. Bei externer Durchführung entstehen pro Teilnehmer folgende Kosten: Tagungsgebühr 400,00 €, Fahrtkosten 150,00 €, Spesen 50,00 €/Tag, Übernachtungskosten 60,00 €/Tag. Vorgesehen ist, 5 Mitarbeiter für die Teilnahme an 5 Arbeitstagen freizustellen. Bei interner Durchführung würden anfallen: Dozentenhonorar 4 Tage je 800,00 €, für Spesen und Übernachtung täglich 150,00 €.

- **a.** Stellen Sie eine Kostenvergleichsrechnung auf.
- **b.** Entscheiden Sie sich für Fremd- oder Eigenfortbildung.
- **c.** Wägen Sie Vor- und Nachteile interner/externer Fortbildung ab.

Aufgabe 39

Der im Informationstext beispielhaft dargestellte Personalbeurteilungsbogen weist für alle Beurteilungskriterien die gleiche Gewichtung aus.

- **a.** Ist eine einheitliche Gewichtung von Vorteil?
- **b.** Welche Probleme können durch unterschiedliche Gewichtung entstehen?

Aufgabe 40

Siehe Auszug aus dem Betriebsverfassungsgesetz im Anhang des Informationsbandes. Welche Mitwirkungsrechte stehen dem Betriebsrat im Hinblick auf die Personalentwicklung zu?

Aufgabe 41

Nennen und erläutern Sie die Hauptaufgaben der Personalentwicklung.

Aufgabe 42

Zu welchen der folgenden Kontenklassen zählen die unten stehenden Konten einer Speditionsunternehmung?				
Kontenklassen				
0	Anlage- und Kapitalkonten	4	Kostenartenkonten	
1	Finanz- und Privatkonten	7	Auftragsgebundene Kosten	
2	Abgrenzungskonten	8	Erlöskonten	
3	Vorräte	9	Abschlusskonten	

Konten	Tragen Sie die Ziffern der jeweils zutreffenden Kontenklasse in die Kästchen ein.	
Vorsteuer		
Treibstoffe		
Gewinn und Verlust		
Abschreibungen		
Forderungen aus Lieferungen und Leistungen		
Eigenkapital		
Gehälter		

Aufgabe 43

In welchen Kontenklassen gemäß Einheitskontenrahmen des BSL werden die nachstehenden Aufwendungen und Erträge einer Spedition erfasst?		
Aufwendungen und Erträge	Tragen Sie die jeweils zutreffende Kontenklasse in das Kästchen ein.	
Beiträge zur Güterschaden-Haftpflichtversicherung		
Kfz-Steuern		
Ausgangsrechnung für Massengutlagerung		
Aushilfslöhne für Lagerarbeiter (auftragsgebunden)		
Ausgangsrechnung im Luftfrachtverkehr		
Eingangsrechnung eines Subunternehmers		

SELBSTTEST LERNSITUATION 9

→ Diese **Prozesse** sollten Sie beherrschen:
- grenzüberschreitende Transporte disponieren (Tourenpläne/Rundläufe)
- Tourenplanungsprogramme einsetzen
- das Haftungsrisiko bei grenzüberschreitenden Transporten einschätzen
- Make-or-Buy-Entscheidungen treffen
- die Teilnahme am Kombinierten Verkehr Straße – Schiene prüfen
- Führungsstil festlegen
- Weiterbildung im Unternehmen organisieren
- Eine DV-gestützte Finanzbuchhaltung einrichten
- Mandanten anlegen: Firmenstammdaten eingeben
- Kontenplan erstellen bzw. ergänzen
- Journalbuchungen durchführen
- Einen Quartalsabschluss vornehmen

→ Diese **Begriffe** sollten Sie kennen:

1. Ablieferungshindernisse (CMR)
2. Beförderungshindernisse (CMR)
3. Gefährdungshaftung (CMR)
4. Güterschadenhaftpflichtversicherung (CMR)
5. Haftung (CMR)
6. Interesse an der Lieferung (CMR)
7. unabwendbares Ereignis (CMR)
8. Bekannter Schadensort
9. Beurteilungsbogen
10. CMR
11. Corporate Identity
12. DV-gestützte Finanzbuchhaltung
13. DV-gestützte Finanzbuchhaltung
14. FBL
15. Firmenstammdaten
16. Fixkostenspediteur
17. Frachtbrief (CMR)
18. Führungsstile
19. Gebrochener Verkehr
20. Journal
21. Kombifahrplan
22. Kombinierter Verkehr
23. Kombisendung
24. Kontenplan
25. Lieferfrist (CMR)
26. MTO
27. Management by Delegation
28. Management by Exception
29. Management by Objectives
30. Mandanten
31. Multimodaler Transport
32. Netzwerkprinzip
33. Personalentwicklung
34. Profile (Lkw)
35. Qualifiziertes Zeugnis
36. Quartalsabschluss
37. Reklamation (CMR)
38. Saldenbilanz
39. Sonntagsfahrverbot
40. Stapelbuchungen
41. Summenbilanz
42. Unbekannter Schadensort
43. Unimodaler Verkehr
44. Verfügung (CMR)
45. Verjährung (CMR)
46. Weisungen (CMR)
47. Weiterbildungsmaßnahmen
48. Werterhöhung (CMR)
49. Zeugnis

Lernsituation 10

- Gefährliche Güter transportieren
- Mitarbeiter abmahnen und kündigen
- Eine Abgrenzungsrechnung durchführen
- Die Hardwareausstattung des Unternehmens erneuern

Zunehmend hatten Versender in den vergangenen Monaten angefragt, ob INTERSPED auch in der Lage sei, gefährliche Güter zu transportieren. Oft waren es nur geringe Bestandteile einer Sendung, die unter die Gefahrgutvorschriften fielen. INTERSPED musste solche Sendungen aber ablehnen, weil das Unternehmen nicht über das nötige Know-how und die erforderliche Sachausstattung verfügte. Daher wurde Herr Klaßen gebeten, sich zum Gefahrgutbeauftragten schulen zu lassen, damit er zukünftig die Organisation von Gefahrgutsendungen übernehmen könne.

In der letzten Woche hat Herr Klaßen den erforderlichen Schulungsnachweis als Gefahrgutbeauftragter erhalten. Damit war das Unternehmen in der Lage, sich auch auf diesem immer bedeutsamer werdenden Gebiet zu betätigen.

Internetadresse Bundesverkehrsministerium: www.bmvbw.de Stichwort: Gefahrgut

Heute liegen Herrn Klaßen folgende Gefahrgutsendungen vor:

Sendung 1

Absender	DEGENER & Lutz, Holzheimer Weg 33, 41464 Neuss
Empfänger	GARTEC AG, Am Bärensprung 188, 13503 Berlin
Bezeichnung des Gutes	960 kg Farbe in 12-Liter-Eimern, 80 Eimer (Feinstblech) auf einer Euro-Palette, zusammen mit 26 Euro-Paletten Fahrzeugkomponenten (18 t)
Gefahrgutbezeichnung	FARBZUBEHÖRSTOFFE UN-Nummer 1263, Nummer des Gefahrzettel-Musters 3, Verpackungsgruppe II
Abholdatum	04.05.20(0)
Organisatorischer Ablauf	Die Güter werden mit eigenem Fernverkehrsfahrzeug abgeholt und nach Berlin transportiert. Wegen des Gefahrgutes wurde mit dem Absender vereinbart, dass unser Fahrer den Lkw belädt. Entladen wird durch den Empfänger.

Liegt eine begrenzte Menge von Gefahrgut vor?

Sendung 2

Versender	NRC-Chemie, Bürgerstr. 20, 40219 Düsseldorf
Empfänger	Fischer & Thomes GmbH, Chemische Reinigung, Ritter Str. 128, 12167 Berlin
Bezeichnung des Gutes	20 Kanister Reinigungsmittel zu je 16 Kilogramm
Gefahrgutbezeichnung	CHLORWASSERSTOFFSÄURE UN-Nummer 1789; Nummer des Gefahrzettel-Musters 8, Verpackungsgruppe II
Abholdatum	04.05.20(0)
Organisatorischer Ablauf	Vorlauf: MÖLLER-TRANS Umschlag Düsseldorf: eigenes Lager von INTERSPED Hauptlauf bis Berlin: MÖLLER-TRANS, Umschlag Berlin: Spedition HOMBERG, Berlin Nachlauf: Spedition HOMBERG

Herr Klaßen hat vor allem folgende Aufgaben:

- Er muss die **Kennzeichnung** und **Bezettelung** der Gefahrgüter, wie sie vom Versender vorgenommen worden sind, überprüfen.
- Er muss dafür sorgen, dass das Gefahrgut in den Beförderungspapieren richtig beschrieben wird (**Dokumentation**).
- Alle beteiligten **Fahrzeuge** müssen für die Beförderung von Gefahrgut **ausgerüstet** sein. Herr Klaßen hat daher sicherzustellen, dass die beteiligten Frachtführer nur geeignete Fahrzeuge einsetzen. Die eigenen Fahrzeuge von INTERSPED sind noch nicht für Gefahrguttransporte geeignet. Sie sollen aber für diesen Einsatz entsprechend ausgerüstet werden.
- Das **Fahrpersonal** muss die nötige **Qualifikation** für den Gefahrguttransport haben. Unser Fahrer, Herr Schneider, besitzt einen Gefahrgutschein für alle Gefahrgutklassen, ausgenommen Klasse 1 und 7.
- Die Gefahrgutbestimmungen beim eigentlichen Transport (vom Verpacken, Verladen bis zum Entladen und Auspacken) sind zu beachten (**Durchführung der Beförderung**).

Fünf Gesichtspunkte:
- Kennzeichnung und Bezettelung
- Dokumentation
- Ausrüstung des Fahrzeugs
- Qualifikation des Fahrpersonals
- Durchführung der Beförderung

Lernsituation 10 | zu SLG S. 163–189 WSP S. 26–28, 45–48, 83–90, KSK S. 85–95, (DV) 237–242

Detaillierte Informationen über den Umgang mit den beiden Gefahrgutsendungen kann Herr Klaßen dem unten abgebildeten Auszug aus dem Verzeichnis der gefährlichen Güter des ADR entnehmen.

Tabelle A Verzeichnis der gefährlichen Güter (Auszug)[1]

UN-Nummer	Benennung und Beschreibung	Klasse	Klassi-fizie-rung	Ver-packungs-gruppe	Gefahr-zettel	Sonder-vorschrif-ten	Begrenzte Mengen	Verpackung			ortsbewegliche Tanks	
								Anwei-sungen	Sondervor-schriften	Zusammen-packung	Anweisungen	Sondervor-schriften
	3.1.2	2.2	2.2	2.1.1.3	5.2.2	3.3	3.4.6	4.1.4	4.1.4	4.1.10	4.2.4.2	4.2.4.3
(1)	(2)	(3a)	(3b)	(4)	(5)	(6)	(7)	(8)	(9a)	(9b)	(10)	(11)
...	...	...	...	...	...	...	...	...	...	...	...	...
1263	FARBE oder FARBZUBEHÖRSTOFFE (einschließlich Farbver-dünnung und Lösungs-mittel) (Dampfdruck bei 50 °C größer als 110 kPa, aber höchstens 175 kPa)	3	F1	II	3		LQ6	P001 IBC02 LP01 R001		MP19	T4	Tp1 TP8
...	...	...	...	...	...	...	...	...	...	...	...	...
1789	CHLORWASSERSTOFF-SÄURE	8	C1	II	8	520	LQ22	P001 IBC02		MP15	T8	TP2 TP12
1789	CHLORWASSERSTOFF-SÄURE	8	C1	III	8	520	LQ19	P001 IBC03 LP01 R001		MP15	T4	TP1 TP12

Dampfdruck = Druck des (verdunstenden) Gases über einer Flüssigkeit. Je höher die Temperatur, desto größer ist der Dampfdruck.

kPa = Kilopascal (Maßeinheit für den Druck)

Fortsetzung der Tabelle

ADR-Tank		Fahrzeug für die Beförderung in Tanks	Beförderungs-kategorie	Sondervorschriften für die Beförderung				Nummer zur Kennzeichnung der Gefahr	UN-Nummer	Benennung und Beschreibung
Tankcodie-rung	Sondervor-schriften			Versand-stücke	lose Schüttung	Be- und Entladung, Handhabung	Betrieb			
4.3	4.3.5.6.8.4	9.1.1.2	1.1.3.6	7.2.4	7.3.3	7.5.11	8.5	5.3.2.3	3.1.2	
(12)	(13)	(14)	(15)	(16)	(17)	(18)	(19)	(20)	(1)	(2)
...	...	...	...	...	...	...	...	...	...	...
L1,5BN		FL	2				S2 S20	33	1263	FARBE oder FARBZUBEHÖRSTOFFE
...	...	...	...	...	...	...	...	...	...	...
L4BN		AT	2					80	1789	CHLORWASSER-STOFFSÄURE
L4BN		AT	3					80	1789	CHLORWASSER-STOFFSÄURE

Damit Herr Klaßen jederzeit einen Überblick darüber hat, welche Aufgaben er bei den drei Sendungen jeweils nach den Gefahrgutbestimmungen zu übernehmen hat, hat er sich folgende Übersicht zu den beiden Transporten erstellt:

---

[1] Im Verzeichnis der gefährlichen Güter befinden sich sieben weitere Eintragungen zur UN-Nummer 1263. Die Stoffe unterscheiden sich leicht in ihren chemisch-physikalischen Eigenschaften. Es ist Aufgabe des Absenders, die Güter richtig zuzuordnen.

Muster für die 1. Sendung

Sendung 1 Neuss – Berlin	
Aktivität	**Pflichten im Einzelnen**
1. Kennzeichnung und Bezettelung	
2. Dokumentation	
3. Qualifikation des Fahrers sicherstellen	
4. Ausrüstung des Fahrzeugs	
5. Durchführung der Beförderung	

Von den Auftraggebern erhalten wir die auf den nächsten Seiten abgebildeten Unfallmerkblätter.

SCHRIFTLICHE WEISUNG (UNFALLMERKBLATT) FÜR DEN STRASSENTRANSPORT

LADUNG
ENTZÜNDBARE FLÜSSIGE STOFFE MIT EINEM FLAMMPUNKT VON HÖCHSTENS 61 °C
Klasse 3

Gilt für UN-Nr. 1133, 1210, 1263, 1866

25.06.2007

Flüssigkeit

ART DER GEFAHR
Entzündbar.
Erhitzen führt zu Drucksteigerung - erhöhte Berst- und Explosionsgefahr.
Bei einem Brand können giftige Gase entstehen.
Kann mit Luft explosionsfähige Gemische bilden, besonders in leeren, ungereinigten Behältern.
Mögliche Gefahr für Gewässer und Kläranlagen.
Reizung der Augen, Haut und Atemwege durch die Flüssigkeit oder Dämpfe möglich.

PERSÖNLICHE SCHUTZAUSRÜSTUNG
Augenspülflasche mit reinem Wasser.
Dichtschließende Schutzbrille.
Handschuhe.

VOM FAHRZEUGFÜHRER ZU TREFFENDE ALLGEMEINE MASSNAHMEN
Motor abstellen.
Keine offenen Flammen, Rauchverbot.
Warnzeichen auf der Straße aufstellen und andere Verkehrsteilnehmer und Passanten warnen.
Öffentlichkeit über die Gefahren informieren und darauf hinweisen, sich auf der dem Wind zugewandten Seite aufzuhalten.
Polizei und/oder Feuerwehr schnellstmöglich verständigen - 110 und/oder 112 ANRUFEN.

VOM FAHRZEUGFÜHRER ZU TREFFENDE ZUSÄTZLICHE UND/ODER BESONDERE MASSNAHMEN
Selbstschutz beachten.
Auslaufende Flüssigkeit mit Erde, Sand oder anderen geeigneten Mitteln eindämmen; Fachmann hinzuziehen.
Eindringen der Flüssigkeit in Kanalisation, Gruben und Keller verhindern. Dämpfe können Explosionsgefahr verursachen.
Falls Ladegut in Gewässer oder Kanalisation gelangt oder auf Erdboden oder Pflanzen gekommen ist, Feuerwehr oder Polizei darauf hinweisen.
Alle Personen warnen - Explosionsgefahr.
Wenn möglich, Undichtheiten beseitigen.

Ausrüstung
- Einen Besen.
- Eine Schaufel.
- Kanalisationsabdeckungen, die gegen den beförderten Stoff beständig sind.
- Einen geeigneten Auffangbehälter (für kleine Mengen).

FEUER
Nur Entstehungsbrände löschen (Ladung noch nicht vom Feuer erfasst).
Verletzte schnellstens aus der Gefahrenzone bringen.
Keine Ladungsbrände löschen.

ERSTE HILFE
Unter Beachtung des Selbstschutzes Verletzte retten und Erste-Hilfe leisten.
Bei Verbrennungen betroffene Haut sofort und solange wie möglich mit kaltem Wasser kühlen.
Brennende Kleidungsstücke mit viel Wasser löschen und Kleidungsreste nur entfernen, wenn nicht mit Haut verklebt. Betroffene Stellen mit Feuchtem bedecken, Verletzte sofort ins Krankenhaus bringen und dabei Auflage ständig feucht halten.
Durchtränkte Kleidungsstücke unverzüglich entfernen.
Falls Produkt in Augen gelangt ist, unverzüglich mit viel Wasser mehrere Minuten spülen; Arzt aufsuchen.
Ärztliche Hilfe erforderlich bei Symptomen, die offensichtlich auf Verschlucken oder Einwirkung auf Haut oder Augen zurückzuführen sind.

Zusätzliche Hinweise

Telefonische Rückfrage :

DEGENER & LUTZ
Holzheimer Weg 33
41464 Neuss
☎ Herr Ridder, 02131 4435524

(D)

SCHRIFTLICHE WEISUNG (UNFALLMERKBLATT) FÜR DEN STRASSENTRANSPORT

LADUNG

UN 1789 CHLORWASSERSTOFFSÄURE
Klasse 8

25.06.2007

Flüssigkeit

ART DER GEFAHR
Ätzend - Flüssigkeit verursacht Hautverätzungen und schwere Augenschäden.
Bei feuchter Luft Bildung von Nebel mit starker Reizwirkung auf Augen, Haut und Atemwege.
Einige Stoffe können mit Säuren und Alkalien (Laugen) heftig reagieren - Explosionsgefahr.
Kontakt mit Flüssigkeit oder festen Stoffen verursacht Hautverätzungen und schwere Augenschäden.
Mögliche Gefahr für Gewässer und Kläranlagen.

PERSÖNLICHE SCHUTZAUSRÜSTUNG
Augenspülflasche mit reinem Wasser.
Handschuhe, Schutzanzug und Stiefel aus Gummi.
Dichtschließende Schutzbrille.

VOM FAHRZEUGFÜHRER ZU TREFFENDE ALLGEMEINE MASSNAHMEN
Motor abstellen.
Keine offenen Flammen, Rauchverbot.
Warnzeichen auf der Straße aufstellen und andere Verkehrsteilnehmer und Passanten warnen.
Öffentlichkeit über die Gefahren informieren und darauf hinweisen, sich auf der dem Wind zugewandten Seite aufzuhalten.
Polizei und/oder Feuerwehr schnellstmöglich verständigen - 110 und/oder 112 ANRUFEN.

VOM FAHRZEUGFÜHRER ZU TREFFENDE ZUSÄTZLICHE UND/ODER BESONDERE MASSNAHMEN
Selbstschutz beachten.
Falls Ladegut in Gewässer oder Kanalisation gelangt oder auf Erdboden oder Pflanzen gekommen ist, Feuerwehr oder Polizei darauf hinweisen.
Verschüttete Substanz zudecken - Fachmann hinzuziehen.
Wenn möglich, Undichtheiten beseitigen.

> **Ausrüstung**
> - Einen Besen.
> - Eine Schaufel.
> - Kanalisationsabdeckungen, die gegen den beförderten Stoff beständig sind.
> - Einen geeigneten Auffangbehälter (für kleine Mengen)

FEUER
Nur Entstehungsbrände löschen (Ladung noch nicht vom Feuer erfasst).
Keine Ladungsbrände löschen.

ERSTE HILFE
Unter Beachtung des Selbstschutzes Verletzte retten und Erste-Hilfe leisten.
Ärztliche Hilfe erforderlich bei Symptomen, die offensichtlich auf Einatmen oder Einwirkung auf Haut oder Augen zurückzuführen sind.
Falls Produkt in Augen gelangt ist, unverzüglich mit viel Wasser mehrere Minuten spülen; Arzt aufsuchen.
Mit Produkt verunreinigte Kleidung unverzüglich entfernen und betroffene Haut mit viel Wasser waschen.
Auch wenn sich keine Symptome bemerkbar machen, Arzt hinzuziehen und dieses Merkblatt zeigen.

Zusätzliche Hinweise

Telefonische Rückfrage :

NRC-Chemie
Bürgerstraße 20
40219 Düsseldorf
☏ Herr Damm, 0211 774 544

(D)

Lernsituation 10

Der Angestellte Michael Büttner, 30 Jahre alt, seit einem Jahr bei der INTERSPED GmbH beschäftigt, erhält am 03. Juli 20(0) von seinem Arbeitgeber folgenden Brief.

INTERSPED GmbH

Interspeed GmbH, Merkurstraße 14, 40223 Düsseldorf

Herrn
Michael Büttner
Herzogstrasse 35
41468 Neuss

Internationale Spedition
Merkurstraße 14
40223 Düsseldorf
Telefon: 0221 56742-0
Telefax: 0221 56733
ID-Nr.: DE 458 977 344

Ihr Zeichen, Ihre Nachricht vom	Unser Zeichen, unsere Nachricht vom	Telefon, Name	Datum
		0211 567420	3. Juli 20(0)

Kündigung

Sehr geehrter Herr Büttner,

in den letzten vier Wochen sind Sie dreimal montags verspätet zum Dienst erschienen, und zwar am 29. Mai, am 5. Juni und am 12. Juni 20(0), jeweils ca. 15 Minuten.

Außerdem haben Sie am 01. Juni 20(0) Ihre Abteilungsleiterin, Frau Hedwig Sommer, eine „blöde Kuh" genannt.

Ihr Verhalten ist für uns nicht tragbar. Daher kündigen wir das bestehende Arbeitsverhältnis fristgerecht zum 31. Juli 20(0).

Mit freundlichen Grüßen

INTERSPED GMBH

Berger   Keller

Bankverbindung: Commerzbank Düsseldorf, Konto 4865 051 000, BLZ 300 400 00

Herr Büttner legt nun mit Unterstützung des Betriebsrates Widerspruch gegen diese Kündigung ein. Er begründet ihn damit, dass die Verspätungen bisher nicht abgemahnt worden seien; außerdem arbeite er abends auch schon mal länger. Für die verbale Entgleisung gegenüber der Abteilungsleiterin habe er sich entschuldigt. Diese Entschuldigung habe sie auch angenommen. Der Geschäftsführer will sich aber absichern und möchte, dass Herr Büttner eine Abmahnung hinsichtlich der Verspätungen erhält.

Der Lagermeister Franz Kolbe spricht mit Gerd Berger über Probleme mit dem Lagerarbeiter Ronaldo Barcetta. Herr Barcetta hat seine Familie in Brasilien. Vor einem halben Jahr wurde er abgemahnt, weil er längere Auslandstelefongespräche vom Telefonapparat des Lagermeisters auf Kosten der Fa. Intersped geführt hat. Aus dem Sommerurlaub kam er zwei Wochen verspätet zurück, ohne dass ein wichtiger Grund vorgelegen hätte. Auch dieses Verhalten wurde bereits schriftlich abgemahnt.

Nun ist die Situation eingetreten, dass Herr Barcetta seit zehn Tagen unentschuldigt von der Arbeit fernbleibt. Die Fehlzeiten haben begonnen, als Herr Barcetta in eine Wechselschicht eingeteilt wurde, die auch Nachtarbeit beinhaltet. „Wir können das nicht länger dulden", sagt Herr Kolbe. Die Kollegen haben für Herrn Barcetta mitgearbeitet und Überstunden geleistet. Um den Engpass zu überbrücken, hat Intersped über ein Personalservice-Unternehmen einen Lagerarbeiter kurzfristig eingestellt. „Das kostet unser Geld, die Mitarbeiter im Lager haben auch kein Verständnis für das Verhalten von Herrn Barcetta."

Gerd Berger ist auch der Ansicht, dass man sich von Herr Barcetta nicht auf der Nase herumtanzen lassen kann. Er bittet Frau Keller abzuklären,

- ob die rechtlichen Voraussetzungen für eine verhaltensbedingte Kündigung gegeben sind,
- eine ordentliche Kündigung zum nächst möglichen Termin zu formulieren und
- die Beteiligungsrechte des Betriebsrates zu beachten und den Betriebsrat zu informieren.

Lernsituation 10 | zu SLG S. 163–189 WSP S. 26–28, 45–48, 83–90, KSK S. 85–95, (DV) 237–242

Die Spedition INTERSPED GmbH blickt auf eine Periode erfolgreicher Tätigkeit zurück. Seit der Gründung der Spedition Berger e. K. und der Umwandlung in die Spedition INTERSPED hat sich das Unternehmen im Markt behaupten können. Und dank der Unternehmensstrategie der konsequenten Kundenorientierung operiert das Unternehmen nun erfolgreich mit seinen Produkten auf den nationalen und internationalen Märkten. Teil der positiven Entwicklung ist die planmäßige Ausdehnung auf neue Geschäftsfelder. Auch in den kommenden Jahren sind die Unternehmensziele auf Expansion ausgerichtet. So will sich die Spedition u. a. in der Kontraktlogistik und im See- und Luftfrachtgeschäft engagieren.

Die Bilanz und das Unternehmensergebnis des vergangenen Geschäftsjahres ist sehr zufriedenstellend ausgefallen und stellte eine deutliche Verbesserung gegenüber dem vorangegangenen Geschäftsjahr dar. Der Aufwärtstrend bei der INTERSPED GmbH hält aber auch im 1. Quartal des neuen Geschäftsjahres an: Immerhin erwirtschaftete die INTERSPED GmbH einen Unternehmensgewinn von ca. 88.000,00 €.

In einer Mitarbeiterbesprechung geht Herr Berger in seinen Ausführungen auf die positive Geschäftsentwicklung in der INTERSPED GmbH ein.

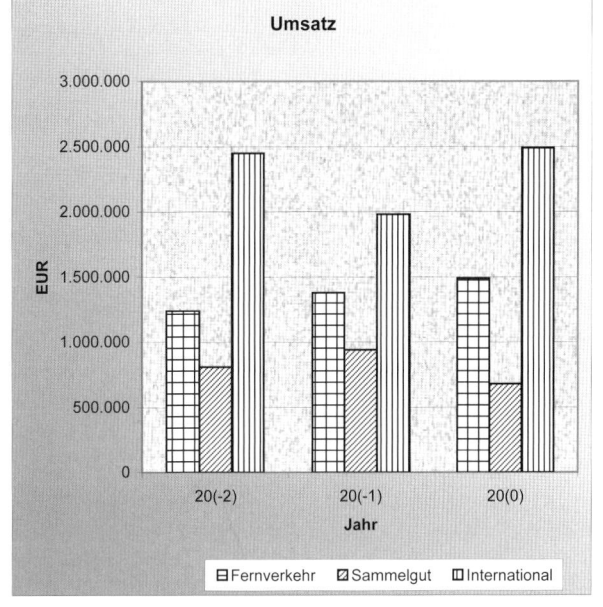

Vor allem die Ausweitung auf die neuen Geschäftsfelder hat sich seiner Ansicht nach in dem außergewöhnlich hohen Unternehmensergebnis im ersten Quartal des laufenden Geschäftsjahres niedergeschlagen. Er erläutert seinen Mitarbeitern das Ergebnis mit den Zahlen der Finanzbuchhaltung und äußert aber auch seine Zweifel an der Aussagefähigkeit der Zahlen. Besonders die außerordentlichen Aufwendungen und Erträge, aber auch die Höhe der bilanziellen Abschreibungen und der Zinsaufwendungen verfälschen seiner Ansicht nach das Ergebnis: Eigentlich habe nur das Betriebsergebnis Aussagekraft über die Leistungsfähigkeit der Spedition. Er beauftragt daher die Abteilung Rechnungswesen/Controlling auf der Grundlage der Zahlen der Finanzbuchhaltung eine Kosten- und Leistungsrechnung aufzubauen.

Frau Keller geht gleich an die Arbeit und trennt in der Abgrenzungsrechnung die durch die speditionelle Tätigkeit verursachten betrieblichen Aufwendungen und Erträge von den übrigen, neutralen Aufwendungen und Erträgen, um das Betriebsergebnis zu ermitteln. Außerdem braucht Herr Berger die aktuellen betrieblichen Aufwendungen und Erträge, um die Kalkulation auf den neuesten Stand zu bringen. *Abgrenzungsrechnung*

Daraufhin hat die Abteilungsleiterin der Abteilung Rechnungswesen/Controlling, Frau Keller, veranlasst, mit einem Tabellenkalkulationsprogramm eine Abgrenzungs- und Ergebnistabelle nach unten stehendem Muster zu erstellen und die Daten aus der Finanzbuchhaltung in diese Tabelle zu übertragen. Frau Keller nutzt die Datenexportfunktion der neuen EDV-Finanzbuchhaltung und überträgt die Werte der Kontenklassen 2, 4, 7 und 8 in eine vorbereitete Excel-Tabelle.

	A	B	C	D	E	F	G	H	I
1		Abgrenzungsrechnung Spedition INTERSPED GmbH							
2		Geschäftsbuchführung			Abgrenzungsbereich			Leistungsrechnung	
3		Unternehmensergebnis		Unternehmensbezogene Abgrenzung		Kostenrechnerische Korrekturen		Betriebsergebnis	
4									
5		Aufwand	Ertrag	Aufwand	Ertrag	Aufwendungen lt. GB	Verrechnete Kosten	Kosten	Leistungen

Die Excel-Tabelle soll so eingerichtet sein, dass die Aufwendungen und Erträge der Geschäftsbuchführung automatisch abgegrenzt und die Kosten und Leistungen der Leistungsrechnung zugeführt werden. Auch die kalkulatorischen Kosten müssen in die Leistungsrechnung einbezogen werden, damit die Kalkulation der Preise für die Speditionsleistungen auch alle anfallenden Kosten berücksichtigt.

Angaben zu den kalkulatorischen Kosten:	48200 Kalkulatorische Zinsen	75.632,00
	48300 Kalkulatorische Abschreibungen	27.880,00
	48500 Kalkulatorische Wagnisse	4.860,00

Soll		Unternehmensergebnis (GuV) INTERSPED GmbH 20(0)			Haben
Datum	Text/Vorgang	€	Datum	Text/Vorgang	€
	2000 Außerord. Aufwendungen	1.682,00		2500 Außerord. Erträge	1.283,00
	2100 Periodenf. Aufwendungen	2.390,00		2600 Periodenfr. Erträge	3.464,00
	2200 Zinsaufwendungen	24.175,00		8000 Speditionserlöse	1.532.050,00
	2470 Bilanzielle Abschreibungen	22.584,00			
	2490 Wagnisse	6.500,00			
	4010 Löhne	129.960,00			
	4040 Spesen	3.729,00			
	4050 ges. soziale Abgaben	30.826,00			
	4100 Gehälter	180.320,00			
	4110 ges. soziale Abgaben	42.627,00			
	4201 Treibstoffverbrauch	15.079,00			
	4202 Schmierstoffverbrauch	635,00			
	4210 Reifenverbrauch	2.561,00			
	4230 Reparaturen	8.160,00			
	4240 KFZ-Versicherungen	5.670,00			
	4250 KFZ-Steuern	1.449,00			
	4301 Mieten Büroräume	6.450,00			
	4302 Mieten Lager	16.800,00			
	4371 Sonst. Raumkosten Büro	2.931,00			
	4372 Sonst. Raumkosten Lager	7.276,00			
	4400 Büromaterialverbrauch	2.739,00			
	4430 Mieten/Leasing EDV	3.854,00			
	4460 Kommunikationskosten	7.286,00			
	4520 Güterschadenshaftpflichtvers.	456,00			
	4530 Versicher., Beiträge, Gebühren	4.050,00			
	4610 Reisekosten	3.680,00			
	4640 Werbekosten	7.500,00			
	7000 Speditionskosten	907.041,00			
	0500 Eigenkapital	88.387,00			
		1.536.797,00			1.536.797,00

Lernsituation 10 | zu SLG S. 163–189 WSP S. 26–28, 45–48, 83–90, KSK S. 85–95, (DV) 237–242

Mit dem Aufbau und der Erweiterung der Abteilung „Grenzüberschreitender Verkehr" wird im Unternehmen INTERSPED GMBH deutlich, dass die bisher vorhandene EDV-Ausstattung völlig unzureichend ist. Computer werden nur vereinzelt von den Mitarbeitern verwendet. Es gibt kein Netzwerk bei der INTERSPED GMBH. Gerd Berger hat daher beschlossen, hier eine gründliche Veränderung vorzunehmen. Er hat mit einem örtlich ansässigen Computerhändler einen ersten Kontakt aufgenommen.

BCS
Birger Computer Systeme
Hardware – Software - Systeme

BCS, Harkortstraße 28, 40210 Düsseldorf

INTERSPED GmbH
Merkurstraße 14
40223 Düsseldorf

Computersysteme für den Mittelstand

Sehr geehrter Herr Berger,

wir danken Ihnen für Ihre Anfrage. Unser Haus ist spezialisiert auf die Computerausstattung kleiner und mittlerer Unternehmen. Wir haben mit diesem Angebot, dem Verkauf von Hard- und Software, der Beratung und der Vernetzung ganzer Unternehmen eine langjährige Erfahrung.

Computersysteme werden von uns (nach Ihren Wünschen) mit ausgesuchten Komponenten großer Hersteller zusammengebaut. Zusätzlich zum Preis der von Ihnen gewählten Komponenten (siehe beiliegende Preisliste) berechnen wir für die Konfiguration eines Computers EUR 70,00. In diesem Preis ist die Installation des Betriebssystems (Windows XP bz. Vista), nicht aber der Kaufpreis des Betriebssystems enthalten. Für die Installation der Software berechnen wir EUR 30,00 je Programmpaket. Das Einrichten eines Servers berechnen wir mit EUR 650,00.

Unser Unternehmen ist in der Lage, die Vernetzung Ihrer Systeme (auf der Grundlage des Windows-Server-Systems 2003 oder 2008) vorzunehmen. Dazu gehört selbstverständlich auch die Verlegung der Kabel in Ihrem Hause. Sollten Sie Interesse an dieser Dienstleistung haben, erstellen wir gerne ein gesondertes Angebot.

Mit freundlichen Grüßen
Jens Birger
BCS, Düsseldorf

Preisliste					€
Nr.	Typ	Beschreibung			
0100	BASIS01	WORKSTATION	DESKTOP	Basispreis	428,00
0111	Gehäuse	Small Form	32 x 9 x 34 cm Netzteil 275 W		
0112		Desktop	39 x 12 x 36 cm Netzteil 280 W	zuzüglich	15,00
0121	Prozessor	Intel® Core™ 2 Duo	E7200 (2.53GHz, 1066MHz FSB, 3MB L2 cache)		
0122		Intel® Core™ 2 Duo	E8400 (3.00GHz, 1333MHz FSB, 6MB L2 cache)	zuzüglich	75,00
0123		AMD Athlon™ 64 X2	5200 (2,7GHz, 1000 Mhz FSB, 1MB L2 cache)	abzüglich	-30,00
0124		AMD Athlon™ 64 X2	6400 (3,1GHz, 1000 Mhz FSB, 2MB L2 cache)		
0131	RAM	DDR II	Arbeitsspeicher 2,0 GB und 800 MHz		
0132		DDR II	Arbeitsspeicher 4,0 GB und 800 MHz	zuzüglich	62,00
0141	Grafikkarte	Intel® Graphics	Media Accelerator 3100 (onboard)		
0142		ATI Radeon	HD 2400 XT 256MB DUAL DVI mit VGA	zuzüglich	110,00

Preisliste

Nr.	Typ	Beschreibung			€
0151	Netzwerk	Intel® 82566DM	Gigabit5-LAN 10/100/1000 (onboard)		
0161	Festplatte	SATA	160 GB (7.200 U/Min.)		
0162		SATA	250 GB (7.200 U/Min.)	zuzüglich	30,00
0171	DVD/CD	lesen/schreiben	16x DVD+/-RW-Laufwerk		
0200	**BASIS02**	**WORKSTATION**	**TOWER**		**885,00**
0211	Gehäuse	Minitower	41 x 19 x 44 cm Netzteil 305 W		
0212		Tower	21 x 57 x 57 cm Netzteil 980 W	zuzüglich	62,00
0221	Prozessor	Intel® Xeon Quad-Core	E5405 (2,00 GHz, 1.333 MHz FSB, 2x6 MB L2 cache)		
0222			E5420 (2,50 GHz, 1.333 MHz FSB, 2x6 MB L2 cache)	zuzüglich	104,00
0223			X5460 (3.16 GHz, 1.333 MHz FSB, 2x6 MB L2 cache)	zuzüglich	816,00
0231	RAM	DDR2 Quad Channel	Arbeitsspeicher 2,0 GB und 667 MHz, FBD-Speicher		
0232			Arbeitsspeicher 4,0 GB und 667 MHz, FBD-Speicher	zuzüglich	218,00
0241	Grafikkarte	nVidia Quadro	NVS 290, 256MB PCIe x16, DUAL DVI mit VGA		
0242			FX 570, 256MB PCIe x16, DUAL DVI mit VGA	zuzüglich	185,00
0251	Netzwerk	Intel® 82566DM	Gigabit5-LAN 10/100/1000 (onboard)		
0261	Festplatte	SATA	160 GB (7.200 U/Min.)		
0262		SATA2	750 GB (7.200 U/Min.)	zuzüglich	120,00
0263		SATA2	750 GB (7.200 U/Min.) (als 2. Festplatte)	zuzüglich	210,00
0271	DVD/CD	lesen/schreiben	16x DVD+/-RW-Laufwerk		
0300	**ADVANCE**	**SERVER**	**RACK**		
0311	Gehäuse	19" Rack 2HE	8,6 x 44 x 74 cm Netzteil 2 x 750 W	BASISPREIS	3.240,00
0312		19" Rack 4HE	17,2 x 44 x 74 cm Netzteil 2 x 750 W	zuzüglich	214,00
0321	Prozessor	Intel® Xeon Dual-Core	7110M (2,60 GHz, 800 MHz FSB, 4MB L3-Cache)		
0322			7130M (3,20 GHz, 800 MHz FSB, 8MB L3-Cache)	zuzüglich	470,00
0331	RAM	DDR2	Arbeitsspeicher 2,0 GB und 400 MHz single rank		
0332			Arbeitsspeicher 4,0 GB und 400 MHz dual rank	zuzüglich	87,00
0333			Arbeitsspeicher 4,0 GB und 400 MHz dual rank	zuzüglich	1.050,00
0341	Grafikkarte	nVidia Quadro	NVS 290, 256MB PCIe x16, DUAL DVI mit VGA		
0342			FX 570, 256MB PCIe x16, DUAL DVI mit VGA	zuzüglich	185,00
0351	Netzwerk	Intel® 82566DM	Gigabit5-LAN 10/100/1000 (onboard)		
0352		Intel® PRO/1000MT	Gigabit5-LAN 10/100/1000	zuzüglich	106,00
0361	Festplatte	SCSI Ultra320	146GB (15,000rpm)		
0362			146GB (15,000rpm) zusätzliche Festplatte (max. 5)		260,00
0371	DVD/CD				
0381	SCSI	Adapter	U320 RAID Controller (128MB cache)	zuzüglich	450,00
0400	**SERVER**	**ZUBEHÖR**			
0411	Rack	19" Netzwerkschrank	24HE, 800x800mm, grau		630,00
0421	USV	YQ1250 1250VA	410 W / 650 VA 7 Min.		262,00
0422		KSM-42	950 W / 1400 VA 48 Min.		1.210,00
0431	Backup	Bandlaufwerk	TB 7030, LTO-3, Kapazität 800GB, Transfer 160MB/s		1.450,00
0432		Bandlaufwerk 19"	TB StorageLoader LTO-3 Kapazität 3,2TB, Transfer160MB/s		2.780,00
0433		NAS Festplattenstapel	Buffalo 19" Pro II SCSI NAS-Server - 4 TB Gigabit Ethernet		1.630,00

Herr Berger benötigt einen Vorschlag über die Ausstattung der Abteilung „Grenzüberschreitender Verkehr" als Entscheidungsgrundlage für die Geschäftsleitung. Die Auswahl der Komponenten soll zunächst für das Basissystem (Computersysteme, Server und Clientausstattung) erfolgen und mit den Vor- und Nachteilen der einzelnen Systeme begründet werden.

Lernsituation 10 | zu SLG S. 163–189 WSP S. 26–28, 45–48, 83–90, KSK S. 85–95, (DV) 237–242

1 Absender (Name, Anschrift)	**FRACHTBRIEF** **für den gewerblichen Güterkraftverkehr**
2 Empfänger (Name, Anschrift)	3 Frachtführer (Name, Anschrift)
4 Meldeadresse	5 Nachfolgende Frachtführer (Name, Anschrift)
6 Übernahme des Gutes Versandort Beladestelle 8 Ablieferung des Gutes Ort Entladestelle 9 Beigefügte Dokumente	7 Vorbehalte und Bemerkungen der Frachtführer

10 Anzahl der Packstücke	11 Zeichen und Nummern	12 Art der Verpackung	13 Bezeichnung des Gutes	14 Bruttogewicht in kg	15 Volumen in m³

16 Gefahrgut-Klassifikation		Nettomasse kg/l	
UN-Nr.	Offizielle Benennung		
Nummer Gefahrzettelmuster		Verpackungsgruppe	

17 Weisungen des Absenders (Zoll- und sonstige amtliche Behandlung des Gutes)

18 Nachnahme:		20 Besondere Vereinbarungen
19 Frankatur		

21 Ausgefertigt in	am	Gut empfangen am
22 Unterschrift und Stempel des Absenders	23 Unterschrift und Stempel des Frachtführers	24 Unterschrift und Stempel des Empfängers

	25 Amtl. Kennzeichen	26 Nutzlast in kg	
KFZ			
Anhänger			

Aufgabe 1
Ergänzen Sie die Abkürzungen für folgende Gefahrgutvorschriften in der Übersicht:

	Verordnung über die innerstaatliche und grenzüberschreitende Beförderung gefährlicher Güter auf der Straße und mit Eisenbahnen
	Europäisches Übereinkommen über die internationale Beförderung gefährlicher Güter auf der Straße
	Verordnung über die Beförderung gefährlicher Güter mit Seeschiffen
	International Maritime Dangerous Goods-Code

Aufgabe 2
Welches der nachfolgenden Papiere ist ein Begleitpapier im Sinne der Gefahrgutvorschriften (GGVSE/ADR)?
1. Erlaubnis
2. Zulassungsbescheinigung Teil II
3. Frachtbrief
4. Führerschein

Aufgabe 3
a. Unser Lkw mit Gefahrgut (Sendung 1 aus dem Einstiegsfall) wird in einer Straßenkontrolle von der Polizei angehalten. Die Polizei beanstandet, dass die Ladung unzureichend gesichert sei. Wer trägt die Verantwortung?

b. Vergleichen Sie hinsichtlich der Be- und Entladeverantwortung Fracht- und Speditionsrecht mit dem Gefahrgutrecht.

Aufgabe 4
Zur Dokumentation von Gefahrguttransporten gehört das Unfallmerkblatt. Machen Sie die drei Aufgaben des Gefahrgutbegleitpapiers
- Unterrichtung des Fahrers,
- Dokumentationsmaterial für die Überwachungsbehörde,
- Hinweise für Polizei und Feuerwehr

anhand des Unfallmerkblatts deutlich.

Aufgabe 5
900 kg Klebstoffe, UN-Nummer 1133, Nr. Gefahrzettelmuster 3, Verpackungsgruppe III, sollen im Rahmen einer Sammelladung befördert werden.

a. Prüfen Sie, ob es sich um eine „begrenzte Menge" von Gefahrgut handelt.

b. Welche Gefahrgutmaßnahmen sind in diesem Falle zu ergreifen?

Aufgabe 6
Folgende Sendungen mit Gefahrgut sollen befördert werden. Prüfen Sie, ob es sich um begrenzte Mengen von Gefahrgut handelt.

a. 10 kg Gefahrgut, Nr. Gefahrzettelmuster 3, Verpackungsgruppe I

b. 5 kg Gefahrgut, Nr. Gefahrzettelmuster 8, Verpackungsgruppe I + 10 kg Gefahrgut, Nr. Gefahrzettelmuster 3, Verpackungsgruppe II

Aufgabe 7
Erläutern Sie die Handhabung und die Funktion der Tabelle der begrenzten Mengen anhand nachfolgender Sendungsdaten, der Ergebnistabelle und der Tabelle der begrenzten Mengen.

Sendungsdaten
Ein Nahverkehrsfahrer holt 240 kg Gefahrgut (Nr. Gefahrzettelmuster 3, Verpackungsgruppe II) bei einem Versender ab. Von einem zweiten Versender erhält er weiteres Gefahrgut, nämlich 255 kg Farbe ebenfalls Nr. Gefahrzettelmuster 3, Verpackungsgruppe III.

Ergebnistabelle

	Gefahrgut 1	Gefahrgut 2	Summe 1	Summe 2
Menge				
Multiplikationsfaktor				
Punktzahl				

Aufgabe 8
Die Tankwagen einer Güterkraftverkehrsunternehmung sind u. a. mit den folgenden Kennzeichnungen (Bild 1 und 2) ausgestattet.

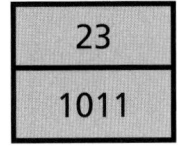

Bild 1: 23 / 1011   Bild 2: (Gefahrzettel mit Symbol ätzender Stoffe, Klasse 8)

a. Wie heißen die Kennzeichen in Bild 1 und Bild 2?
b. Worüber geben die Ziffern in Bild 1 allgemein gesehen Auskunft?
c. Welche Aufgabe hat Bild 2?

Aufgabe 9
Mit welchen Angaben und in welcher Reihenfolge sind Gefahrgüter im Beförderungspapier zu beschreiben?

Aufgabe 10
Ergänzen Sie die unten stehenden Felder Nr. 14 eines Frachtbriefs für folgendes Gefahrgut mit den richtigen Angaben, vor allem mit der korrekten offiziellen Benennung:

UN-Nummer 1263, Nr. Gefahrzettelmuster 3, Verpackungsgruppe II

UN-Nummer	Benennung und Beschreibung
	3.1.2
(1)	(2)
...	...
1263	FARBE oder FARBZUBEHÖRSTOFFE (einschließlich Farbverdünnung und Lösungsmittel) (Dampfdruck bei 50 °C größer als 110 kPa, aber höchstens 175 kPa)

14 Gefahrgut-Klassifikation			30 Nettomasse kg/l	
UN-Nr.		Offizielle Benennung		
Nummer Gefahrzettelmuster		Verpackungsgruppe		

Aufgabe 11
Ergänzen Sie die nachfolgende Übersicht zur Ausrüstung von Gefahrgutfahrzeugen:

1. Feuerlöschmittel	
	▪
2. Allgemeine Sicherheitsausrüstung	
	▪
	▪
	▪
Sp. 19	▪ Atemschutz (falls nach Spalte 19 erforderlich)
3. Ausrüstungsgegenstände, die in den schriftlichen Weisungen genannt sind	

Aufgabe 12
Prüfen Sie, ob folgende Formulierung aus einer vertraglich festgelegten Kündigung zulässig ist. Auszug: ... „Der Angestellte Ernst Heumer kann mit einer Frist von 14 Tagen zum Monatsende gekündigt werden, er selbst hat eine Kündigungsfrist von 4 Wochen zum Monatsende einzuhalten."

Aufgabe 13
Begründen Sie, ob in folgenden Fällen eine fristlose Kündigung möglich ist.

a. Die Angestellte Frieda Henrichs erhält Ihr Gehalt für den Monat Juli erst am 10. August. Daraufhin kündigt sie fristlos.
b. Erich Hitpaß, Angestellter bei der INTERSPED GmbH, fährt am 1. Juli nach Ibizza in Urlaub, obwohl der Arbeitgeber ihm aus betrieblichen Gründen erst ab dem 15. Juli den Urlaub gewährt hat. Während des Urlaubs lässt der Arbeitgeber ihm die fristlose Kündigung per Einschreiben mit Rückschein zugehen.
c. Markus Schneiders, Fahrer bei der INTERSPED GmbH, verspürt an einem Montag starke Kopfschmerzen und will zu seinem Hausarzt. Da sein Chef zu diesem Zeitpunkt nicht im Betrieb weilt, teilt er seinem Kollegen

mit, dass er zum Arzt geht. Inzwischen kehrt der Chef zurück und vermisst Markus. Als der Kollege ihm den Grund mitteilt, ist der Chef so erbost, dass er ausruft: „Wenn der Markus gleich zurückkommt, werde ich ihn wegen Arbeitsverweigerung fristlos entlassen".

Aufgabe 14

Die Arbeitnehmerin Elke Weinberg kündigt das Arbeitsverhältnis ohne Einhalten der gesetzlichen Kündigungsfrist.

a. Kann der Arbeitgeber Frau Weinberg zum Erscheinen am Arbeitsplatz zwingen?

b. Wenn Frau Weinberg nicht mehr am Arbeitsplatz erscheint, kann der Arbeitgeber eine Entschädigung verlangen? Wenn ja, welche?

c. Durch welchen Zusatz im Arbeitsvertrag kann der Arbeitgeber diese Problematik vermeiden?

d. Warum akzeptiert der Arbeitgeber unter Umständen doch die plötzliche Kündigung der Arbeitnehmerin?

Aufgabe 15

Nehmen Sie - möglichst unter Hinweis auf die entsprechende Rechtsquelle - ausführlich Stellung zu folgenden Situationen:

a. Bernd B., 45 Jahre alt und seit 25 Jahren im Unternehmen als Arbeiter beschäftigt, möchte am 1. Mai 20(0) eine Stelle bei einem anderen Unternehmen antreten. Wann muss er spätestens kündigen?

b. Mira L., 35 Jahre alt, seit 10 Jahren im Unternehmen als Angestellte beschäftigt, erhält aus betrieblichen Gründen die Kündigung des Arbeitsverhältnisses am 31. Oktober 20(0) zum 31. Dezember 20(0). Hat der Arbeitgeber die Frist eingehalten?

c. Rita M., Angestellte, 23 Jahre alt, hat am 20. Juni 20(0) ihre Ausbildung bei der ALLSPED GmbH beendet und ist anschließend als Sachbearbeiterin für die Personalabteilung übernommen worden. Sie erhält nun am 20. November 20(+2) die ordentliche Kündigung zum 31. Dezember 20(+2). Als Begründung wird aufgeführt, dass ihr Arbeitsplatz aus Gründen der Rationalisierung wegfalle. Hat der Arbeitgeber die vorgeschriebene Frist eingehalten?

d. Die 55-jährige Maria L. ist seit 35 Jahren bei der TRANSWORLD GmbH als Stenotypistin beschäftigt. Sie erhält am 28. November 20(0) die Kündigung zum 31. März 20(+1). Als Begründung führt das Unternehmen an, dass nun Spracherkennungsprogramme eingesetzt würden und somit der Arbeitsplatz als Stenotypistin überflüssig sei.

e. Die 24-jährige Bettina S. hat einen so genannten „325-€-Job" und ist seit dem 1. August 20(0) im Unternehmen beschäftigt. Sie erhält am 15. Dezember 20(0) die Kündigung zum 15. Januar 20(+1). Am 23. Dezember 20(0) teilt sie dem Arbeitgeber mit, sie sei schwanger.

Aufgabe 16

Die Unternehmensleitung der TRANSSPED GmbH, Köln beobachtet seit einiger Zeit, dass die Umsatzerwartungen im internationalen Verkehr sich nicht zufrieden stellend erfüllen. Der Umsatz ging in den letzten Monaten erheblich zurück. Da derzeit keine Besserung zu erwarten und auch kein Ausgleich aus anderen Marktsegmenten vorhanden ist, ist die Unternehmensleitung nun zu dem Entschluss gekommen, dass ein Abbau der Personalkosten und damit ein Personalabbau unumgänglich ist. Außerdem planen sie, in Kürze ein neues Computer-Programm einzuführen, das die Bearbeitungszeiten in der Disposition der TRANSSPED GmbH verkürzen wird, wodurch ebenfalls Personal freigesetzt werden kann.

Die Unternehmensleitung beschließt am 02. März 20(0), zunächst einem Mitarbeiter der Abteilung „Disposition Internationale Verkehre" zu kündigen. Es kommen lediglich zwei Mitarbeiter infrage. Aus der Personalabteilung liegen der Unternehmensleitung folgende Daten dieser Mitarbeiter vor:

Auszug aus der Personaldatenbank der TRANSSPED GmbH:

Personalnummer:	045	201
Name:	Alfred Maier	Herbert Schuster
Geburtsdatum:	12.06.1952	04.07.1977
Bruttogehalt:	1.875,00 €	1.421,00 €
Familienstand:	verheiratet	Ledig
Zahl der unterhaltsberechtigten Kinder:	3	0
Eintrittsdatum:	1. September 20(-21)	1. Oktober 20(-1)
Besondere Qualifikationen: - PC-Erfahrung:	gering	umfangreich

Nach sorgfältiger Prüfung der Personaldaten beabsichtigt die Unternehmensleitung, dem Mitarbeiter Alfred Maier zu kündigen. Das Betriebsratsmitglied Karin Schmitz hat allerdings bereits in einem kurzen Vorgespräch angedeutet, dass der Betriebsrat mit der Kündigung von Alfred Maier nicht einverstanden ist. Um das Betriebsklima nicht unnötig zu belasten, will die Unternehmensleitung dennoch dem Betriebsrat ihre Gründe ausführlich darlegen und seine Zustimmung zu der geplanten Kündigung einholen.

a. Welche Kündigungsfristen sind zu beachten, falls die TRANSSPED GmbH Alfred Maier bzw. Herbert Schuster kündigt?
b. Kann die Unternehmensleitung der TRANSSPED GmbH auf die Anhörung und Zustimmung des Betriebsrats verzichten?
c. Ein Gespräch zwischen Unternehmensleitung und Betriebsrat der TRANSSPED GmbH soll in Form eines Rollenspiels durchgeführt werden:
- ca. Sammeln Sie Argumente aus der Sicht der Unternehmensleitung der TRANSSPED GmbH, die für die Kündigung des Mitarbeiters Maier sprechen.
- cb. Sammeln Sie Argumente aus der Sicht des Betriebsrates der TRANSSPED GmbH, die gegen die Kündigung des Mitarbeiters Maier sprechen.

Aufgabe 17

Eine Bank bietet per Internet einen „Förderrechner" an, mit dem geprüft werden kann, welche Vorteile die Riester-Rente bietet. Die Auszubildende Verena Heise hat die notwendigen Daten angegeben und folgendes Ergebnis erhalten:

Die Aufgaben zur Privaten Vorsorge (Aufgaben 17 und 18) können auch außerhalb dieser Lernsituation als Modul im Unterricht eingesetzt werden.

Ihre Daten	
Durchschnittliches Monats-Bruttogehalt	600 €
Anzahl der Gehälter	12
Jahres-Bruttogehalt	7.200,00 €
Familienstand	Alleinstehend
Anzahl der Kinder	0

Beträge in Euro	Ab 2008
Eigenjahresbeitrag	134,00
Staatl. Grundzulage p. a.	154,00
Staatl. Kinderzulage p. a.	0,00
Altersvorsorgebeitrag p. a.	288,00
Steuerersparnis	0,00
Gesamtförderung (Zulagen und Steuerersparnis)	154,00
Förderquote	53 %

a. Erläutern Sie die Zahlen und beurteilen Sie, ob es sich für Verena lohnt Vorsorge nach dem Riester-Modell zu betreiben.
b. Was würde sich ändern, wenn Verena ein Kind hätte (geboren am 26.04.2008)?

Aufgabe 18

Alexandra Weyer arbeitet als Disponentin in einer Spedition. Ihr Mann ist Hausmann und kümmert sich um den gemeinsamen Sohn. Beide gemeinsam haben ein zu versteuerndes Jahreseinkommen von ca. 34.000,00 €. Sie hat zur Vorlage bei Ihrem Arbeitgeber folgendes Dokument erhalten.

Ausfertigung für den Arbeitgeber				
Bausparkasse Schwäbisch Hall AG Crailsheimer Str. 52 D-74523 Schwäbisch Hall		**Schwäbisch Hall** Auf diese Steine können Sie bauen		
Überweisung vermögenswirksamer Leistungen (vl)				
Name u. Anschrift des Arbeitgebers		Arbeitnehmer/in		
Transsped GmbH Duisburger Straße 20 40223 Düsseldorf		Alexandra Weyer Aachener Str. 251 47228 Duisburg		
Antrag	Ich beantrage, die vermögenswirksamen Leistungen (einschließlich Arbeitgeberanteil aufgrund Tarifvertrag, Betriebsvereinbarung oder Arbeitsvertrag) an die Bausparkasse Schwäbisch Hall zu überweisen:			
Als Neuanlage	Monatlich ab Juli 20(0) € 40,00	Vierteljährlich ab €	Jährlich, erstmals im Monat €	Einmalig, im Monat €
	Die Anlage bei der Bausparkasse Schwäbisch Hall erfolgt als Bausparbeitrag nach dem Wohnungsbau-Prämiengesetz.			
Empfänger	Bausparkasse Schwäbisch-Hall AG, Crailsheimer Str. 52, 74523 Schwäbisch Hall			
Bankverbindung	Bankverbindung Konto-Nr. 160 602 WGZ-Bank Düsseldorf (BLZ 300 600 10)			
Verwendungszweck	Bausparvertrag Nr. 37 901 547 L 01 Vertragsinhaber/in: Alexandra Weyer			
Unterschrift	Datum 20. Juni 20(0)		Unterschrift *Markus Hünting*	
Anlage-Bestätigung für den Arbeitgeber	Wir bestätigen nach dem Vermögensbildungsgesetz, dass wir die uns zu überweisenden vermögenswirksamen Leistungen als Bausparbeitrag gutschreiben werden. Der Sparzulagensatz beträgt 10. v. H. (§ 13 Abs. 2 Nr. 2 Vermögensbildungsgesetz) Bausparkasse Schwäbisch Hall AG *Müller Winter*			

a. Erläutern Sie, inwiefern es sich hier um „vermögenswirksame Leistungen" handelt.
b. Geben Sie an, ob Alexandra Weyer für ihre vermögenswirksamen Leistungen Anspruch auf Arbeitnehmersparzulage hat und ermitteln Sie ggf. die Höhe der ihr zustehenden Sparzulage pro Jahr.
c. Wann erfolgt die Auszahlung der Arbeitnehmersparzulage?
d. Ihre Bank hat Alexandra Weyer empfohlen, 34 € pro Monat auf ein Aktienfonds-Investmentkonto bei der Union Investment Kapitalanlagegesellschaft zu überweisen. Welche Vorteile ergeben sich daraus für Frau Weyer?
e. Erläutern Sie, ob Frau Weyer zusätzlich Anspruch auf Wohnungsbauprämie hat bzw. was sie dafür tun muss.

Aufgabe 19

Erstellen Sie mit dem Tabellenkalkulationsprogramm Excel eine Abgrenzungs- und Ergebnistabelle. Führen Sie die Abgrenzungsrechnung durch. Ermitteln Sie das neutrale Ergebnis und das Betriebsergebnis.

Spedition Waltherscheid, Solingen: Aufwendungen und Erträge 20(0)			
20 außerord. Aufwendungen	52.200,00	424 KFZ-Versicherungen	22.680,00
21 periodenfremde Aufwendungen	46.890,00	425 KFZ-Steuern	5.798,00
22 Zinsaufwendungen	25.300,00	4301 Mieten Büroräume	40.800,00
247 Abschreibungen	116.488,00	4302 Mieten Lager	144.000,00
249 Wagnisse	26.374,00	4371 Sonst. Raumkosten Büro	9.350,00
25 außerordentliche Erträge	36.540,00	4372 Sonst. Raumkosten Lager	31.520,00
26 periodenfremde Erträge	54.630,00	440 Büromaterial	6.000,00
401 Löhne	329.960,00	443 Mieten/Leasing EDV	27.500,00
404 Spesen	9.460,00	446 Kommunikationskosten	30.000,00
405 ges. soz. Abgaben	78.272,00	452 Güterschadenhaftpflicht	1.200,00
410 Gehälter	505.796,00	453 Vers., Gebühren, Beiträge	16.200,00
411 ges. soz. Abgaben	124.822,00	461 Reisekosten	14.400,00
4201 Treibstoffverbrauch	50.338,00	464 Werbekosten	7.000,00
4202 Schmierstoffverbrauch	1.510,00	700 Speditionskosten	2.665.283,00
421 Reifenverbrauch	7.724,00	800 Speditionserlöse	4.523.170,00
422 Reparaturen	24.700,00		

Folgende Kalkulatorische Kosten werden angesetzt:	
Kalkulatorische Zinsen	29.400,00
Kalkulatorische Abschreibungen	78.867,00
Kalkulatorische Wagnisse	30.000,00
Kalkulatorischer Unternehmerlohn	96.000,00

Aufgabe 20

Die Finanzbuchhaltung der Spedition Josef Sommerfeld & Co zeigt unten stehende Aufwendungen und Erträge für das abgelaufene Geschäftsjahr 20(0):

Spedition Sommerfeld & Co, Mannheim: Aufwendungen und Erträge 20(0)			
20 außerord. Aufwendungen	12.000,00	420 Fuhrparkkosten	140.000,00
21 periodenfremde Aufwendungen.	73.500,00	430 Raumkosten	10.000,00
22 Zinsaufwendungen	90.000,00	440 Verwaltungskosten	55.000,00
247 Abschreibungen	200.000,00	450 Versicherungen, Gebühren, Beiträge	13.000,00
25 außerordentliche Erträge	20.000,00	460 sonstige Unternehmenskosten	12.000,00
26 periodenfremde Erträge	4.000,00	700 Speditionskosten	298.000,00
401 Löhne + Nebenkosten	145.000,00	800 Speditionserlöse	1.319.000,00
410 Gehälter + Nebenkosten	110.000,00		

Erstellen Sie unter Berücksichtigung der unten stehenden Angaben die Abgrenzungsrechnung (Excel) und berechnen Sie die Ergebnisse.

Folgende Angaben sind bei der Abgrenzungsrechnung zu berücksichtigen:

- Das betriebsnotwendige Kapital beträgt 1.600.000,00 €; der kalkulatorische Zinssatz beträgt 10 %.
- Der kalkulatorische Unternehmerlohn beträgt 220.000,00 €.
- Die Betriebsgebäude sind Bestandteil des Privatvermögens von Josef Sommerfeld und werden dem Unternehmen unentgeltlich zur Verfügung gestellt. Die betrieblich genutzten Räume haben eine Fläche von 890 m². Die ortsüblich vergleichbare Miete beträgt 5,55 €/m² im Monat.
- Der Anschaffungswert des Anlagevermögens (ohne Grundstücke) beträgt: 1.000.000,00 €

- Bilanzieller AfA-Satz: 20 %
- Wiederbeschaffungswert des Anlagevermögens (ohne Grundstücke) beträgt: 1.300.000,00 €
- Kalkulatorischer AfA-Satz: 12 %

Aufgabe 21

Berechnen Sie die kalkulatorische Abschreibung für einen LKW:

Anschaffungswert: 130.000,00 €

Wiederbeschaffungswert: 150.000,00 €

Buchwert zu Beginn des 3. Nutzungsjahres: ?

Der LKW wird aus steuerlichen Gründen mit 30 % degressiv (bis 2007) abgeschrieben. Kalkulatorisch wird ein Abschreibungssatz von 15 % angesetzt.

Aufgabe 22

Erläutern Sie, mit welcher Abschreibungsmethode kalkulatorisch abgeschrieben wird. Begründen Sie Ihre Ansicht.

Aufgabe 23

Die Spedition ALLSPED GmbH verfügt über betriebsnotwendige Vermögenswerte in Höhe von 2.400.000,00 €. Zur Finanzierung des Vermögens hat das Unternehmen ein Darlehen aufgenommen und zahlt dafür bei einem Zinssatz von 5,2 % insgesamt 78.000,00 € Zinsen. Der kalkulatorische Zinssatz beträgt 2,5 %.

a. Ermitteln Sie die kalkulatorischen Zinsen für das Jahr 20(0).

b. Erläutern Sie, welche Ursache die unterschiedlichen Höhen der Zinssätze haben.

Aufgabe 24

Untersuchen Sie folgende Aussagen, ob sie richtig oder falsch sind.			
Hier zutreffenden Lösung ankreuzen		richtig	falsch
Aussagen			
01	Kalkulatorische Zinsen enthalten auch Zinsen für das Eigenkapital.		
02	Der Zinssatz für die Berechnung der kalkulatorischen Zinsen orientiert sich am aktuellen Kapitalmarktzins.		
03	Kalkulatorische Zinsen werden vom betriebsnotwendigen Kapital berechnet.		
04	Der Zinssatz für die Berechnung der kalkulatorischen Zinsen orientiert sich am langfristigen Marktzins für Kapitalanlagen.		

Aufgabe 25

In einem Speditionsunternehmen werden die Währungsverluste bei Kundenforderungen in den letzten Geschäftsjahren mit durchschnittlich 1,3 % ermittelt. Der Forderungsbestand im laufenden Geschäftsjahr betrug 1.600.000,00 €. Die tatsächlich ermittelten Forderungsverluste machten aber nur 19.200,00 € aus.

Geben Sie an, in welcher Höhe

a. die Wagnisse in der Finanzbuchhaltung als Aufwand erfasst werden.

b. Die kalkulatorischen Wagnisse in der Kosten- und Leistungsrechnung erfasst werden.

Aufgabe 26

Bestimmen Sie, welche der folgenden Aussagen richtig oder falsch sind:			
Tragen Sie die jeweils zutreffende Kontenklasse in das Kästchen ein.		richtig	falsch
01	Ziel der kalkulatorischen Abschreibung ist die Nutzung höchstmöglicher Steuervorteile.		
02	Nur betriebsnotwendige Güter werden kalkulatorisch abgeschrieben.		
03	Kalkulatorisch wird entsprechend der betrieblichen Nutzungsdauer abgeschrieben, unabhängig davon, wie lange das Anlagegut steuerlich abgeschrieben werden darf.		
04	Um eine gleichmäßige Kostenbelastung für die Preiskalkulation zu sichern, wird kalkulatorisch in der Regel linear abgeschrieben.		
05	Die kalkulatorische Abschreibung beeinflusst die Höhe der Körperschaftsteuer.		
06	Kalkulatorische Abschreibungen werden in der Kontenklasse 2 erfasst.		

Aufgabe 27

In der Kosten- und Leistungsrechnung müssen die Abschreibungen für die Kalkulation in der richtigen Höhe angesetzt werden. Folgende Angaben liegen vor: Die bilanziellen Abschreibungen für die Fahrzeuge betragen bei 8-jähriger Nutzungsdauer 1.200 000,00 EUR per anno. Die kalkulatorischen Abschreibungen belaufen sich auf 1.800 000,00 EUR per anno.

	Welche Auswirkungen hat dies auf die Kosten- und Leistungsrechnung bzw. Buchführung?	richtig/falsch
01	In der Gewinn- und Verlustrechnung werden Aufwendungen in Höhe von 1.800.000,00 EUR angesetzt.	
02	Die bilanziellen Abschreibungen sind in der Kosten- und Leistungsrechnung grundsätzlich in gleicher Höhe anzusetzen.	
03	Es werden in der Kosten- und Leistungsrechnung 1 800 000,00 EUR berücksichtigt, da kalkulatorisch auch schneller als bilanziell abgeschrieben werden darf.	
04	Die steuerlichen Abschreibungssätze sind lediglich Richtsätze, da davon abgewichen werden darf.	
05	Die kalkulatorischen Abschreibungen sinken automatisch, wenn der Staat die AfA-Sätze für die bilanziellen Abschreibungen senkt.	

Aufgabe 28

Aufwendungen und Erträge aus der Geschäftsbuchführung müssen für die Kosten- und Leistungsrechnung teilweise mit anderen Werten angesetzt werden. Welche der unten stehenden Aufwendungen sind in diesem Zusammenhang

1. keine Kosten ?
2. Grundkosten ?
3. Anderskosten ?
4. Zusatzkosten ?

Tragen Sie die Ziffer bei der jeweils zutreffenden Antwort in das Kästchen ein:

Aufwendungen / Kosten			
Personalkosten		Auftragsgebundene Speditionskosten	
Tatsächlich gezahlte Bankzinsen		Kalkulatorischer Unternehmerlohn	
Kalkulatorische Miete		Kfz-Versicherungsprämie	
		Kalkulatorische Abschreibungen	

SELBSTTEST LERNSITUATION 10

→ Diese **Prozesse** sollten Sie beherrschen:
- Gefahrguttransport organisieren
- Beförderungspapier für einen Gefahrguttransport ausfüllen
- Kündigung fristgerecht formulieren
- Betriebsrat bei Kündigungen einbeziehen
- Einen Überblick über die Möglichkeiten der privaten Vorsorge gewinnen
- Grundlagenentscheidungen über Hardware-Beschaffung treffen
- Eine Abgrenzungstabelle erstellen (Excel)
- Die Abgrenzungsrechnung durchführen und das Ergebnis bewerten

→ Diese **Begriffe** sollten Sie kennen:

1. Abfahrtskontrolle
2. Absender (Gefahrgut)
3. ADR
4. ADR-Bescheinigung
5. Anderskosten
6. Aufwand - Kosten
7. Bankprodukte zur Geldanlage
8. Bauspardarlehen
9. Bausparen
10. Bausparguthaben
11. Bausparvertrag
12. Be- und Entladen (Gefahrgut)
13. Beförderer
14. Beförderungskategorie
15. Begleitpapiere (Gefahrgut)
16. Begrenzte Mengen
17. Betriebsergebnis
18. Bezettelung (Gefahrgut)
19. Entnahmeplan
20. Ertrag - Leistungen
21. Fahrer-Anweisung (Gefahrgut)
22. Fahrzeugausrüstung
23. Fondssparen
24. Gefahrgutbeauftragter
25. Gefahrgutklassen
26. Gefährliche Güter
27. Gefahrstoffverordnung
28. Gefahrzettel
29. GGVSE Großzettel
30. Grundkosten
31. Grundzulage
32. IBC
33. Investmentfondsanteile
34. Kalkulatorische Abschreibungen
35. Kalkulatorische Kosten
36. Kalkulatorische Zinsen
37. Kalkulatorischer Unternehmerlohn
38. Kennzeichnung (Gefahrgut)
39. Kinderzulage
40. Kleinmenge
41. Kostenrechnerische Korrekturen
42. Kündigung, fristgerecht
43. Kündigungsfristen
44. Kündigungsschutz
45. Mitbestimmung bei personellen angelegenheiten
46. Neutrales Ergebnis
47. Orangefarbene Tafel
48. Placards
49. Riester-Rente
50. Schriftliche Weisungen
51. Soziale Auswahl
52. Sparbrief
53. Sparplan mit Bonuszinsen
54. Tabelle der begrenzten Mengen
55. Unfallmerkblatt
56. UN-Nummer
57. Unternehmensbezogene Abgrenzung
58. Unternehmensergebnis
59. Verlader
60. Vermögenswirksame Leistungen
61. Verpackungsgruppe
62. Vorsorgeaufwendungen
63. Wohnungsbauprämie
64. Zusammenladeverbote
65. Zusammenpackverbote
66. Zusatzkosten

Lernsituation 10 | zu SLG S. 163–189 WSP S. 26–28, 45–48, 83–90, KSK S. 85–95, (DV) 237–242

Lernsituation 11

- An der Ausarbeitung eines Lager-Logistikvertrages mitwirken
- Die Beschaffung benötigter Materialien durchführen
- Die kurzfristige Erfolgsrechnung (KER) erstellen und auswerten
- Über die Peripheriegeräte und Vernetzung des Computersystems entscheiden

Die Raab GmbH ist eine Herstellerin von Fruchtsäften, die vorzugsweise große Handelsketten beliefert. Bisher wurde der Vertrieb über ein eigenes Lager am Produktionsstandort in Koblenz und vorzugsweise im Werkverkehr organisiert.

Die Unternehmensleitung plant nun, das Lager aufzugeben und sich ganz auf das Kerngeschäft, die Produktion hochwertiger, aber auch preisgünstiger Fruchtsäfte zu konzentrieren. Im Rahmen einer Ausschreibung des Projekts hat INTERSPED den Auftrag erhalten, ein Konzept für das Outsourcing der Getränkelogistik zu entwickeln und in Kooperation mit dem Hersteller einen Lager-Logistikvertrag auszuarbeiten.

Ziel des Vertrags ist es, dass INTERSPED die komplette Lagerung der Fertigprodukte im eigenen Lager übernimmt und für die Verteilung der Produkte an die Empfänger sorgt. Dabei geht es um rund 10.000 Paletten pro Jahr. Außerdem ist Displaymaterial zu lagern, auf Anforderung zusammenzubauen und in den Handelsbetrieben aufzustellen. Zurzeit wird an einer detaillierten Leistungsbeschreibung als Anlage zum Lagervertrag gearbeitet. Dazu werden Formulierungsvorschläge zu den einzelnen Punkten entwickelt, ausgetauscht und diskutiert. Frau Keller und Herr Baumeister sind bei INTERSPED das Projekt-Team „Raab", das – wegen der Bedeutung des Auftrags – immer in enger Abstimmung mit der Geschäftsleitung arbeitet. Heute sind folgende Punkte der Leistungsbeschreibung näher zu betrachten:

Display (engl.) = zur Schau stellen

1 Wareneingang

- Erfassung der Ankunftszeit, Lkw-Nummer, Spediteur etc. auf Warenannahmebestätigung durch INTERSPED
- Prüfung der Bestellung über Wareneingangs-Avis, ggf. Information an die Sachbearbeitung und Klärung mit Raab
- Belegprüfung (Lieferschein)
- Entladung des Lkw
- Warenvereinnahmung
  - Gestellung der Ware auf Wareneingangsfläche zur Wareneingangskontrolle
  - Wareneingangskontrolle auf Vollzähligkeit, Versehrtheit der Ware, Palettenqualität und Mindesthaltbarkeitsdatum (MHD)
  - Erfassung der Sendung im Lagerverwaltungssystem von INTERSPED aufgrund der Lieferscheine
  - Zuordnung von Lagerplätzen durch das Lagerverwaltungssystem
  - Ausdruck der Stellplatzlabel mit eindeutiger Paletten-ID im Lagerbüro (= kaufmännische Tätigkeit)
  - Einlagerung auf den vorgesehenen Lagerplätzen mithilfe der Stellplatzlabel
- Rückmeldung an Raab über den Wareneingang per DFÜ
  Mit der Rückmeldung ist die Ware für ausgehende Aufträge verfügbar.

Über diesen Punkt der Leistungsbeschreibung ist Einigung erzielt worden, sodass die Abläufe im Rahmen einer Transaktionskostenabrechnung kalkulatorisch erfasst werden können. Dazu sind die Abläufe aus der Leistungsbeschreibung in einzelne Teilschritte (Transaktionen) zu zerlegen, mit dem voraussichtlichen Zeitaufwand zu belegen und mit den Faktoreinsatzkosten zu bewerten. Zum Schluss werden den ermittelten direkten Kosten noch allgemeine Verwaltungskosten und der Gewinn zugerechnet. Ziel ist es, den Preis für die Arbeiten beim Wareneingang festzustellen.

Auch: Prozesskostenrechnung

Die nachfolgenden Basisdaten sind der Kalkulation zugrunde zu legen.

Das Formular befindet sich auf der nächsten Seite.

Basisdaten	
Anzahl Paletten pro Lkw	36
Kaufmännische Mitarbeiter (pro Stunde inkl. Lohnnebenkosten)	22,00 EUR
Gewerblicher Mitarbeiter (pro Stunde inkl. Lohnnebenkosten)	16,00 EUR
Arbeitstage pro Jahr	250
Wege und Verteilzeiten	19 %
Zeiten der Abwesenheit	18 %
Stapler je Stunde	5,00 EUR
Allgemeine Verwaltungskosten	10 %
Gewinn	5 %

Lernsituation 11 | zu SLG S. 311–337 WSP S. 113–116, 143–144, KSK S. 96–98, (DV) 237–242

Musterberechnung im Informationshandbuch

Wareneingangsprozesse					
Tätigkeit/Transaktion	Minuten	Faktor	Minuten/WE	Euro/WE	Euro/Palette
Tätigkeit/Transaktion	Minuten	Faktor	Minuten/WE	Euro/WE	Euro/Palette

2 Lagerung

- Die Güter werden getrennt gelagert nach
  - Fruchtsäften und
  - Verkaufsfördermaterial für den Displaybau.
- Über die Art der Lagerung (Boden- oder Regallagerung) entscheidet INTERSPED.
- Das Lager wird als Festplatzsystem geführt. Wegen der Verteilung der Produkte im Lager wird eine ABC-Analyse durchgeführt.
- Die Klassifizierung ist in den Stammdatensatz aufzunehmen.

Raab hat der Spedition INTERSPED die Sendungsstruktur mitgeteilt (siehe Tabelle unten). Anhand der Tabelle und des Lageplans zum Lager (siehe unten) ist nun zu entscheiden:

- Einteilung der Produkte nach A-, B- und C-Gütern aufgrund der Umschlagshäufigkeit.
- Aufteilung der Lagerfläche für die A-, B-, C-Produkte und das Displaymaterial.
- Für welche Produkte ist die Boden-, für welche die Regallagerung vorzuziehen?
- Bei Bodenlagerung: Boden-Blocklagerung oder Boden-Zeilenlagerung?
- Welche Meldebestände sind dem System für die jeweiligen Artikel zu hinterlegen?

Die durchschnittlichen Auslagerungen pro Tag sind der Tabelle zu entnehmen. Die Lieferzeit (Herstellung der Ware und Transport vom Werk in Koblenz bis zum Lager in Düsseldorf) beträgt jeweils fünf Tage. Der Mindestbestand an Paletten ist abhängig vom Wareneingang:

- über 1.000 Paletten: 200 Paletten
- 500 bis 1.000 Paletten: 100 Paletten
- bis 500 Paletten: 50 Paletten

Das Ergebnis ist zu ganzen Zahlen zu runden.

Produkte	Wareneingang Paletten (Vollpaletten)		Warenausgang Paletten (kommissioniert)			ABC-Position
	Anzahl	Gewicht kg	durchschnittliche Auslagerung pro Tag	Ausgang pro Jahr	durchschnittlicher Lagerbestand	
Orangensaft	1.500	518.400	5,8	1.450	390	
Apfelsaft	1.600	552.960	6,2	1.550	350	
Kirschsaft	1.200	414.720	4,9	1.225	340	
Traubensaft	900	311.040	3,4	850	660	
Johannisbeersaft	1.000	345.600	3,8	950	450	
Apfel-Grapefruit	300	103.680	0,9	225	72	
Apfelschorle	600	207.360	2,3	575	160	
Apfel-Kirschsaft	500	172.800	1,8	450	240	
Orange-Mango	300	103.680	0,9	225	110	
Tropic	400	138.240	1,4	350	105	
ACE-Orange-Karotte	300	103.680	0,9	225	110	
ACE-Ananas-Karotte	100	34.560	0,4	100	72	
Multivitamin	400	138.240	1,4	350	82	
Multivital	500	172.800	1,9	475	130	
Fit	300	103.680	0,8	200	66	
Displaymaterial	100	34.560	0,4	100	88	
Summe	10.000	3.456.000				

EP = Europaletten

Lageplan des Lagers für die Raab-Produkte

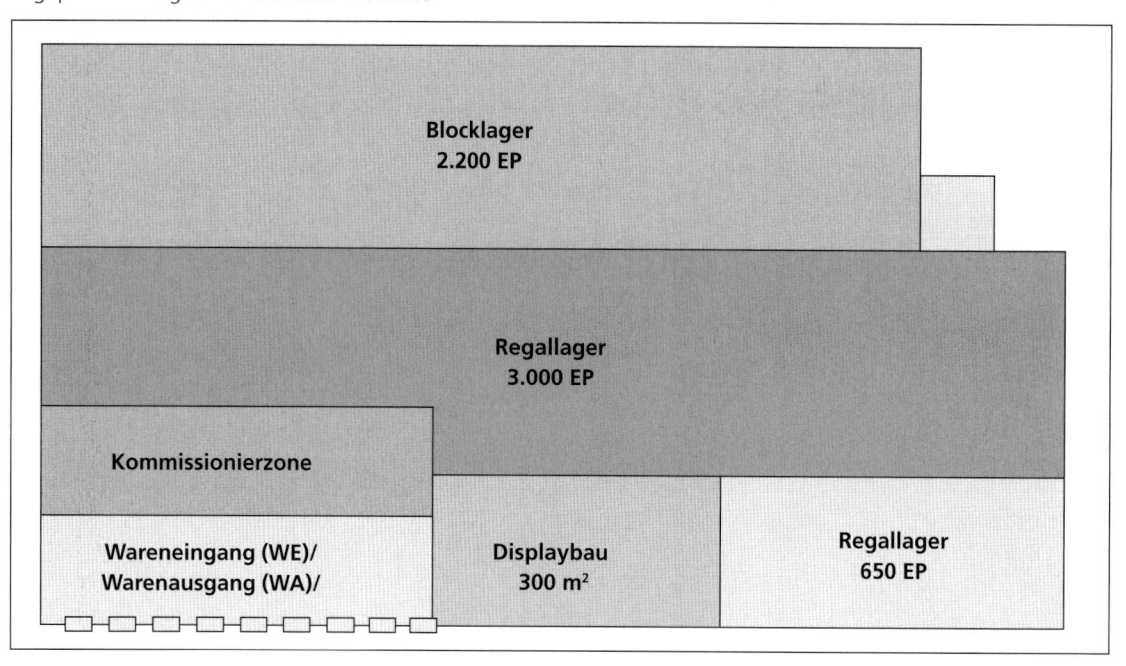

Blocklager
2.200 EP

Regallager
3.000 EP

Kommissionierzone

Wareneingang (WE)/
Warenausgang (WA)/

Displaybau
300 m²

Regallager
650 EP

Weitere Daten zum Lager:
- Gesamtfläche 6.200 m²
- Regale: Höhe 6,50 m
- 3 oder 4 Böden

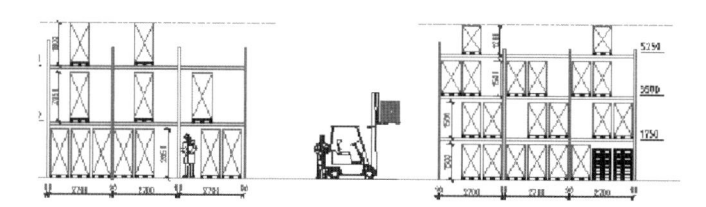

3 Warenausgang (1 Palette)
- Buchung, Dokumente erstellen
- Endverpackung: Paletten in Stretchfolie, Versandetikett
- Beladen des Lkw für Sammelgutkooperation C-Line
  - Überprüfen des Transportmittels auf Sauberkeit, Dichtheit und Kapazität,
  - Verladen nach Entladefolge
- nach der Beladung: Entgegennahme der Lieferpapiere und Warenübernahme durch den Fahrer quittieren lassen
- Rückmeldung abgearbeiteter Aufträge an Raab

Auch in der Abwicklung des Warenausgangs ist – beispielhaft an der Behandlung einer Palette – Einigung erzielt worden, sodass auch hier der Transaktionspreis ermittelt werden kann. Es gelten die Basisdaten aus der Kalkulation des Wareneingangs (siehe oben). Das Formular befindet sich unten.

Allerdings soll bis zur nächsten gemeinsamen Sitzung eine Ergänzung als Text formuliert werden, der beinhaltet, dass die Auslagerung nach dem FIFO-Verfahren durchgeführt werden muss und dass im Warenausgang nur einwandfreie und artikelreine oder Sandwich-Paletten verwendet werden dürfen.

Warenausgangsprozesse					
Tätigkeit/Transaktion	Minuten	Faktor	Minuten/WE	Euro/WE	Euro/Palette

4 Cross-Docking-Terminal, Displaybau, Mindesthaltbarkeitsdauer

Nach Aussage von Raab wünscht eine Warenhauskette, dass das Lager der INTERSPED GmbH als Cross-Docking-Terminal für mehrere Getränkelieferanten eingesetzt wird. Die Sendungen sollen direkt und innerhalb genau definierter Zeitfenster zu den Filialen geliefert werden. Der Text für diesen Ausschnitt aus der Leistungsbeschreibung muss noch formuliert werden.

Raab erwartet außerdem, dass regelmäßig in den Einzelhandelsfilialen der Handelsketten Displaymaterial zu den Getränken aufgestellt wird. Das Material ist auf dem Lager der INTERSPED GmbH zusammenzustellen und vorzubereiten. Die Fahrer der zustellenden Fahrzeuge müssen das Displaymaterial in den Filialen aufbauen. Auch dieser Sachverhalt – einschließlich eines Vorschlags, wie dieser Mehrwertdienst bezahlt werden soll – ist noch in den Leistungskatalog aufzunehmen.

Ferner muss noch als Text das Problem formuliert werden, wie eine ausreichende Mindesthaltbarkeitsdauer der Getränke sichergestellt werden kann. Wichtig ist, dass bestimmte Restlaufzeiten nicht unterschritten werden, weil der Handel sonst die Annahme der Ware verweigert.

5 Investitionsentscheidung

Mit der Übernahme der Lageraufgaben für die Raab GmbH sind Investitionen notwendig. Es müssen unter anderem vier Flurförderzeuge angeschafft werden. Es ist noch zu entscheiden, welcher Typ (oder welche Typen) von Flurförderzeugen am besten für die Bewegung von Paletten mit Getränken in einer Lagerhalle geeignet sind.

Nach dem Projektplan hat Frau Keller die Aufgabe, die notwendigen Flurförderzeuge für das Lagerlogistikprojekt mit der Raab GmbH zu beschaffen. Der nachfolgend abgebildete Auszug aus dem Plan macht ihre Aufgabe noch einmal deutlich.

Lernsituation 11 | zu SLG S. 311–337 WSP S. 113–116, 143–144, KSK S. 96–98, (DV) 237–242

Projektplan Lagerlogistik Raab GmbH				
Nr.	Vorgang	Verantwortlich	Start-Datum	End-Datum
1	Entscheidung von Raab für / gegen Intersped	Raab	10.06.	10.06.
2	Projektteam bilden	Berger	11.06	11.06.
	...			
4	Lagergebäude			
5	Beschaffung zusätzlicher Flurförderzeuge			
	5.1 Vorbereitung der Ausschreibung	Keller	19.06.	30.06.
	5.2 Vergabe der Aufträge	Keller	01.07.	01.07.
	5.3 Lieferzeit und Anlieferung	Keller	02.07.	13.08.
6	Personaleinstellung	Baumeister		
	...			

Frau Keller hat sich für heute vorgenommen, die notwendigen Arbeiten für Punkt 5.1 des Projektplanes in Angriff zu nehmen. Um den Überblick nicht zu verlieren, will Frau Keller zunächst eine systematische Liste der einzelnen notwendigen Abwicklungsschritte bzw. der zu klärenden Sachverhalte erstellen. Damit hat sie bereits am Ende des letzten Arbeitstags begonnen.

> **Ergänzung zu Projektplan Lagerlogistik Raab GmbH**
> – Vorbereitung der Ausschreibung
>   Abwicklungsschritte / zu klärende Sachverhalte
>   1. Welchen Typ/welche Typen von Flurförderzeugen benötigen wir?
>   2. ...

Frau Keller will darüber hinaus die Zeitplanung des Beschaffungsvorganges noch einmal kontrollieren. Anschließend muss Frau Keller die bereits möglichen Arbeitsschritte erledigen.

Beispiele für Internetseiten von Stapler-Anbietern

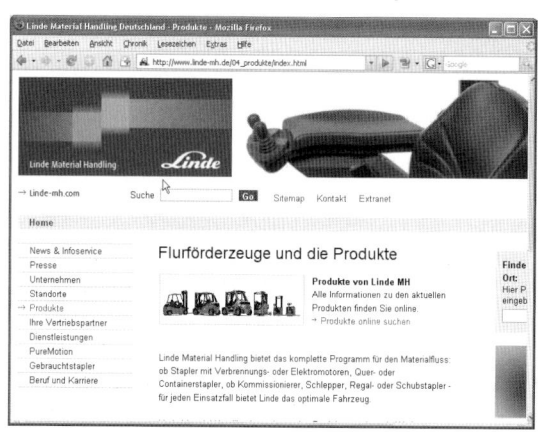

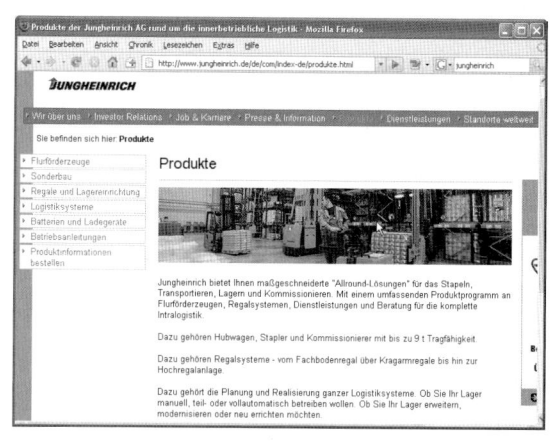

Allerdings muss Frau Keller auch noch für ihre Abteilung Verwaltung einen neuen Kopierer anschaffen, da der alte zunehmend reparaturanfällig geworden ist. Das O. K. für diese Anschaffung hatte sie sich bereits vor einiger Zeit eingeholt.

Das neue Gerät sollte eine Leistungsfähigkeit von ca. 4.000 Kopien pro Monat aufweisen. In allen Abteilungen werden bisher Rank Xerox Kopierer eingesetzt und dafür Tonerkartuschen zentral eingekauft. Mit dem bisherigen Büroartikellieferanten Sommer GmbH war Frau Keller allerdings unzufrieden, weil der Reparaturdienst in der Vergangenheit häufig nicht kurzfristig zur Verfügung stand. Aus diesem Grund hat Frau Keller einige Anfragen an andere mögliche Lieferanten verschickt.

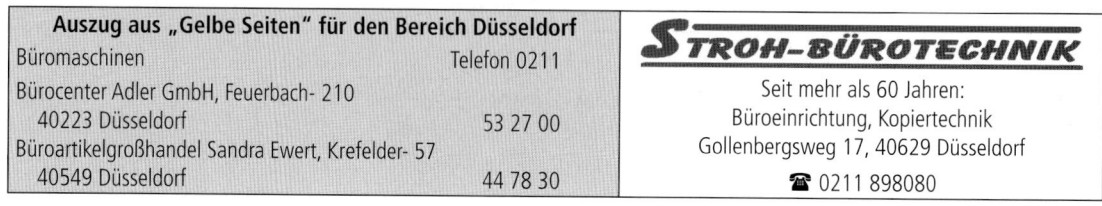

Auszug aus „Gelbe Seiten" für den Bereich Düsseldorf	
Büromaschinen	Telefon 0211
Bürocenter Adler GmbH, Feuerbach- 210	
40223 Düsseldorf	53 27 00
Büroartikelgroßhandel Sandra Ewert, Krefelder- 57	
40549 Düsseldorf	44 78 30

STROH-BÜROTECHNIK

Seit mehr als 60 Jahren:
Büroeinrichtung, Kopiertechnik
Gollenbergsweg 17, 40629 Düsseldorf
☎ 0211 898080

Als Antwort auf die Anfragen, sind folgende Angebote eingegangen.

Bürocenter Adler GmbH

INTERSPED GmbH
Frau Keller
Merkurstr. 14
40223 Düsseldorf

Feuerbachstr. 210
40223 Düsseldorf
Telefon: 0211 533876
Fax: 0211 533843

Düsseldorf, 15.07.20(0)

Angebot über Kopiergerät

Sehr geehrte Frau Keller,

vielen Dank für Ihre Anfrage. Wir bieten Ihnen an:

    Bestell-Nr. 335/47 Kopiergerät Rank Xerox RX 5614-3
    empfohlenes Kopiervolumen pro Monat: 4 000 Stück
    Nettopreis: € 1.125,00/Stück einschließlich Verpackung, zuzüglich 19 % Umsatzsteuer

Bei Abnahme von mindestens 2 Stück gewähren wir einen Mengenrabatt von 5 %. Der Preis gilt frei Haus. Lieferung ist innerhalb von 20 Tagen möglich. Zahlen Sie bitte innerhalb von 4 Wochen ab Rechnungsdatum netto Kasse.

Wir bieten Ihnen unseren eigenen Rund-um-die-Uhr-Reparaturservice an. Innerhalb von 2 Jahren nach der Lieferung reparieren wir das Gerät im Rahmen der gesetzlichen Gewährleistungsansprüche kostenlos. Darüber hinaus können Sie wählen zwischen der Berechnung aufwandsabhängiger Kosten oder einem Wartungs- und Reparaturvertrag von 30,00 € pro Monat.

Wir haben uns erlaubt, Ihnen zu Ihrer Information unseren aktuellen Katalog zu übersenden, in dem Sie neben vielen weiteren günstigen Angeboten auch das benötigte Zubehör zu Ihrem Kopiergerät finden können.

Wir freuen uns auf Ihren Auftrag.

Bürocenter Adler
Peters

i. V. Peters

Auszug aus dem Katalog der Bürocenter Adler GmbH

Best.-Nr.	Artikel	Menge	Preis in €	je
427639 41	Rank Xerox Tonerkartuschen schwarz, für ca. 4.000 Kopien	2 Stück	39,50	Paket
4N/638 57	Kopierpapier holzfrei weiß, 80 g/qm, DIN A4	5 x 500 Blatt = 1 Paket	14,25	Paket
		ab 3 Pakete	13,50	Paket
		ab 5 Pakete	13,00	Paket
		ab 10 Pakete	12,50	Paket
Alle Preise verstehen sich als Nettopreise.				

**Büroartikelgroßhandel
Sandra Ewert**

INTERSPED GmbH
Frau Keller
Merkurstr. 14
40223 Düsseldorf

Krefelder Str. 57, 40549 Düsseldorf

Düsseldorf, 09.07.20(0)

Angebot über Kopiergerät RX 5614-3

Sehr geehrte Frau Keller,

wir danken Ihnen für Ihre Anfrage. Ein Ihren Vorstellungen entsprechendes Kopiergerät können wir Ihnen zu einem besonders günstigen Preis anbieten:

    Bestell-Nr. 42/81603 Kopiergerät Rank Xerox RX 5614-3
    empfohlenes Kopiervolumen pro Monat: 4 000 Stück
    Preis : € 1.235,00/Stück einschließlich Verpackung,
    zuzüglich 19 % Mehrwertsteuer

Bei Abnahme von mindestens 3 Stück gewähren wir einen Mengenrabatt von 7 %. Bei unserer Lieferung ab Lager Düsseldorf stellen wir Ihnen pro Kopiergerät € 10,00 Transportkosten in Rechnung. Lieferung ist sofort möglich. Ihre Zahlung erbitten wir innerhalb von 10 Tagen abzüglich 3 % Skonto oder innerhalb von 30 Tagen ohne Abzug.

Unser hauseigener Reparaturservice steht Ihnen in den ersten 24 Monaten nach der Lieferung in der Regel kostenlos zur Verfügung. Ab dem 25. Monat stellen wir Ihnen die aufwandsabhängigen Kosten in Rechnung.

Sandra Ewert

STROH-BÜROTECHNIK

INTERSPED GmbH
Frau Keller
Merkurstr. 14
40223 Düsseldorf

**Gollenbergsweg 17
40629 Düsseldorf**

Düsseldorf, 20(0)-07-05

Angebot über Kopiergerät

Sehr geehrte Frau Keller, vielen Dank für Ihre Anfrage. Wir können Ihnen ein Kopiergerät zu einem extrem günstigen Preis anbieten:

Bestell-Nr. 77483/7 Kopiergerät Rank Xerox XC 830 empfohlenes Kopiervolumen pro Monat: 500 Stück zum Preis von € 825,00 /Stück einschließlich Verpackung zuzüglich 19 % Umsatzsteuer

Bei Abnahme von mindestens 3 Stück gewähren wir einen Mengenrabatt von 6 %. Der Preis gilt frei Haus. Lieferung ist sofort möglich. Ihre Zahlung erbitten wir bei Empfang der Ware netto Kasse.

Reparaturen nehmen wir im Rahmen Ihrer gesetzlichen Gewährleistungsansprüche mit Hilfe des Herstellers vor. Darüber hinaus vermitteln wir Wartung und Reparatur mit dem Hersteller-Kundendienst.

Wir freuen uns auf Ihren Auftrag.

M. Stroh

Stroh Bürotechnik

Lernsituation 11 | zu SLG S. 311–337 WSP S. 113–116, 143–144, KSK S. 96–98, (DV) 237–242

In der Abteilung Rechnungswesen/Controlling ist man zufrieden mit der Einführung der EDV-Finanzbuchführung. Besonders hat sich das parallele Vorgehen von manueller und EDV-gestützter Buchführung bewährt. So blieben Unsicherheiten und Fehler in der Handhabung der EDV-FiBu ohne Folgen.

Nun aber sind die Mitarbeiter der Abteilung sicher, dass in den folgenden Monaten auf die manuelle Buchführung verzichtet werden kann. Außerdem hat die Umstellung der Finanzbuchhaltung auf das neue EDV-System erhebliche Vorteile hinsichtlich der Vereinfachung der Buchungsarbeiten, der Quartalsabschlüsse sowie des Jahresabschlusses und der Möglichkeiten zur Auswertung der Ergebnisse gebracht.

Auch über die allgemeine Geschäftsentwicklung ist Herr Berger erfreut. So hat sich das Unternehmensergebnis des 1. Quartals 20(0) im 2. Quartal im Aufwärtstrend verstetigt. Herr Berger möchte aber gerne die Ursachen für den Erfolg kennen und Möglichkeiten der Beeinflussung der Kosten erkennen. Daher beauftragt er die Abteilung Rechnungswesen/Controlling, einen Vergleich der Zahlen aus den ersten beiden Quartalen der Spedition INTERSPED GmbH vorzunehmen. Über die betriebswirtschaftliche Auswertung (BWA) erwartet er einen Bericht in einer „kurzfristigen Ergebnisrechnung (KER)".

BWA = Betriebswirtschaftliche Auswertung

Die Abteilungsleiterin Frau Keller hat zu diesem Zweck die kurzfristige Ergebnisrechnung der Spedition INTERSPED GmbH von der EDV-Anlage ausdrucken lassen und kann nun die Zahlen der beiden Quartale vergleichen.

INTERSPED GMBH, Düsseldorf (vormals Gerd Berger Spedition)			
Kurzfristige Ergebnisrechnung (Quartalsabrechnung) 20(0)			
Quartal	1. Quartal 20(0)	2. Quartal 20(0)	Summe
Umsatz (Brutto)	1.823.140,00	1.998.525,00	3.821.665,00
– USt.	291.090,00	319.092,00	610.182,00
= Speditionserlöse	1.532.050,00	1.679.433,00	3.211.483,00
– Speditionskosten	907.041,00	946.225,00	1.853.266,00
= Rohergebnis	625.009,00	733.208,00	1.358.217,00
– Betriebskosten	592.410,00	693.096,00	1.285.506,00
davon für			
Personalkosten	387.462,00	450.710,00	838.172,00
Fahrzeugkosten	33.554,00	60.590,00	94.144,00
Miete	23.250,00	27.125,00	50.375,00
Raumkosten/Energie	10.207,00	12.567,00	22.774,00
Büromaterialverbrauch	2.739,00	3.384,00	6.123,00
Mieten/Leasing	3.854,00	4.125,00	7.979,00
Kommunikation	7.286,00	6.596,00	13.882,00
Versicherungen, Gebühren	4.506,00	4.782,00	9.288,00
Sonstige Unternehmenskosten	11.180,00	14.385,00	25.565,00
Kalkulatorische Zinsen	75.632,00	75.632,00	151.264,00
Kalkulatorische Abschreibungen	27.880,00	27.880,00	55.760,00
Kalkulatorische Wagnisse	4.860,00	5.320,00	10.180,00
Betriebsergebnis	32.599,00	40.112,00	72.711,00

Nachdem Frau Keller die Werte der kurzfristigen Ergebnisrechnung nach den Wünschen von Herrn Berger aufbereitet hat (siehe unten stehende Tabellen), bereitet sie sich auf die Präsentation der betriebswirtschaftlichen Auswertung (BWA) mit Herrn Berger und den Leitern der anderen Abteilungen vor. Dazu hat sie sich folgende Gliederung erstellt:

Präsentation der Ergebnisse:

Gliederung

1. Darstellung der Entwicklung der
   - Umsätze
   - Speditionskosten
   - Rohergebnis
   - Betriebskosten
2. Analyse der Ergebnisse
3. Grafiken

Auswertungstabellen

Entwicklung der Aufwendungen und Erträge

INTERSPED GmbH Düsseldorf					
Betriebswirtschaftliche Auswertung: Entwicklung der Aufwendungen und Erträge					
		1. Quartal	2. Quartal	Veränderung	
Ausdruck vom 06.07.20(0)				in €	in %
Umsätze (brutto)		1.823.140,00	1.998.525,00		
./.	Umsatzsteuer	291.090,00	319.092,00		
=	Speditionserlöse	1.532.050,00	1.679.433,00		
./.	Speditionskosten	907.041,00	946.225,00		
=	Rohergebnis	625.009,00	733.208,00		
./.	Betriebskosten	592.410,00	693.096,00		
davon für:					
	Personalkosten	387.462,00	450.710,00		
	Fahrzeugkosten	33.554,00	60.590,00		
	Miete	23.250,00	27.125,00		
	Raumkosten/Energie	10.207,00	12.567,00		
	Büromaterialverbrauch	2.739,00	3.384,00		
	Mieten/Leasing	3.854,00	4.125,00		
	Kommunikation	7.286,00	6.596,00		
	Versicherungen, Gebühren	4.506,00	4.782,00		
	Sonstige Unternehmenskosten	11.180,00	14.385,00		
	Kalkulatorische Zinsen	75.632,00	75.632,00		
	Kalkulatorische Abschreibungen	27.880,00	27.880,00		
	Kalkulatorische Wagnisse	4.860,00	5.320,00		
Betriebsergebnis		32.599,00	40.112,00		

Anteil der Aufwendungen am Umsatz

INTERSPED GmbH Düsseldorf							
Betriebswirtschaftliche Auswertung: Anteil der Aufwendungen am Umsatz								
Ausdruck vom 06.07.20(0)	1. Quartal	Anteil am Umsatz in %	2. Quartal	Anteil am Umsatz in %			
Speditionserlöse	1.532.050,00	100,00	1.679.433,00	100,00			
./. Speditionskosten	907.041,00		946.225,00				
= Rohergebnis	625.009,00		733.208,00				
./. Betriebskosten	592.410,00		693.096,00				
davon für:		% BA	% Umsatz		% BA	% Umsatz	
Personalkosten	387.462,00			450.710,00			
Fahrzeugkosten	33.554,00			60.590,00			
Miete	23.250,00			27.125,00			
Raumkosten/Energie	10.207,00			12.567,00			
Büromaterialverbrauch	2.739,00			3.384,00			
Mieten/Leasing	3.854,00			4.125,00			
Kommunikation	7.286,00			6.596,00			
Versicherungen, Gebühren	4.506,00			4.782,00			
Sonstige Unternehmenskosten	11.180,00			14.385,00			
Kalkulatorische Zinsen	75.632,00			75.632,00			
Kalkulatorische Abschreibungen	27.880,00			27.880,00			
Kalkulatorische Wagnisse	4.860,00			5.320,00			
Betriebsergebnis	32.599,00			40.112,00			

Nachdem sich die Geschäftsleitung grundsätzlich mit der Hardwareausstattung des Unternehmens befasst hat, muss jetzt auch über alle anderen Komponenten entschieden werden. Die Frage nach Monitoren, Druckern, Scanner etc. ist zu beantworten. Es muss ebenfalls eine Entscheidung über die Netzwerkstruktur der

Computeranlage getroffen und entsprechende Hardware beschafft werden. Dazu liegt eine zweite Preisliste der Firma BCS vor.

BCS
Birger Computer Systeme
Hardware – Software - Systeme

PREISLISTE II - PERIPHERIE

Nr.	Komponente	Spezifikation					Preis
	Eingabegeräte	Typ					
1001	Tastatur	Business German	PS2				16,50 €
1002		Business German	USB				18,50 €
1003		Business German	USB		cordless		32,00 €
1004	Maus	MX518	Optical Mouse	USB+PS/2			13,40 €
1005		MX400	Optical Mouse	USB	cordless		21,00 €
1006		LX8	Laser Mouse	USB	cordless		27,20 €
	Monitore	Größe/Reaktionszeit	Auflösung/Kontrast	Helligkeit/Blickwinkel	Anschlüsse		
1101	V173dm	17", 5ms	1280x1024, 2000 :1	300cd/m², 160°	VGA	TCO 03	132,20 €
1102	N-743B	17", 4ms	1280x1024, 7000 :1	300cd/m², 170°	VGA-DVI	TCO 03	174,30 €
1103	BLN-21094	19", 5ms	1440x900, 8000 :1	300cd/m², 170°	VGA-DVI	TCO 03	185,00 €
1104	SAM-940N	19", 5ms	1440x900, 2000 :1	300cd/m², 160°	VGA-DVI-USB	TCO 03	249,50 €
1105	L227WT	22", 3ms	1650x1080, 5000:1	300cd/m², 160°	VGA-DVI	TCO 03	808,34 €
1106	SyncM 245T	24", 6ms	1920x1200, 1500:1	420cd/m², 170°	DVI-D, HDMI	TCO 03	680,00 €
	Drucker	Typ	Durchschläge/Auflösung	Geschwindigkeit			
1201	MICROLINE 4410	Nadeldrucker	10 D	800 cps		A4	3.410,00 €
1202	DLQ3000+	Nadeldrucker	6 D	440 cps		A4	1.345,00 €
1203	CA S750	Tintenstrahldrucker	2.400 dpi	20 Seiten		A4	274,90 €
1204	BR-HL1030	Laserdrucker	600 dpi	16 Seiten		A4	315,50 €
1205	KYO-FS2000D	Laserdrucker	1.200 dpi	30 Seiten	Duplex, Netz	A4	730,00 €
1206	KYO-FS-9530DN	Laserdrucker	1.800 x 600 dpi	51 Seiten	Duplex, Netz	A4	3.130,00 €
	C5850n	Laserdrucker	1.200 x 600 dpi	26 Seiten	Farbe	A3	650,00 €
	Scanner	Schnittstelle		Auflösung			
1301	Scanjet G3010	USB	Flachbett	4800 dpi x 9600 dpi			98,40 €
1302	Ep GT-2500	USB+Ethernet	Flachbett/Einzug	1.200 dpi	27 S/Min		452,00 €
1303	DR-2010C	USB+SCSI	Einzug/Dokumente	600 dpi	60 S/min		824,00 €
	Netzwerkkarten	Typ	Geschwindigkeit	Kabel			
1401	Telesyn Adapter	PCI	10/100 Mbit/s	Twisted Pair			26,50 €
1402	3C EtherLink 100TX	PCI	10/100 Mbit/s	Twisted Pair			74,00 €
1403	3C EtherLink 1000TX	PCI	1.000 Mbit/s	Twisted Pair			185,00 €
	Hub/Switch	Anschlüsse	Geschwindigkeit	Kabel			
1501	Telesyn Hub 12xTP	12	10 Mbit/s	Twisted Pair			346,50 €
1502	3C SuperStack II	24	100 Mbit/s	Twisted Pair			932,00 €
1503	GS516T Switch	16	1.000 Mbit/s	Glasfaser			835,50 €
1604	GSM7248R	48	1.000 Mbit/s	Twist. Pair+ Glasfaser			985,00 €
	Router/ISDN/DSL						
1601	SCSI/AVX	ISDN-Card	intern				92,50 €
1602	DLSAVX	DSL-Modem	intern				149,60 €
1603	SMC 7008BR	Router	7 Port LAN				249,60 €

Aufgabe 1

Nehmen Sie an, INTERSPED hätte sich im Getränkelager von Raab nicht für das Festplatz-, sondern für das Freiplatzsystem entschieden. Ordnen Sie die nachfolgenden Aussagen jeweils dem Festplatz- bzw. dem Freiplatzsystem zu.

Aussagen	Festplatzsystem	Freiplatzsystem
kürzere Transportwege/kürzere Suchzeiten		
bessere Ausnutzung der vorhandenen Lager-/Regalfläche		
Kapazitätsprobleme bei ungewöhnlich großen Wareneingängen		
höheres Risiko bei Großschäden im Lager		

Aufgabe 2

Folgende Werte der Beschaffungsgüter wurden im Jahr 20(-1) erfasst.

Gut Nr.	Wert/EUR	Gut Nr.	Wert/EUR	Gut Nr.	Wert/EUR
1001	125.680,00	1008	4.125,00	1015	4.820,00
1002	15.246,00	1009	9.2145,00	1016	148.652,00
1003	112.568,00	1010	6.856,00	1017	45.897,00
1004	5.912,00	1011	6.512,00	1018	6.000,00
1005	157.960,00	1012	27.412,00	1019	112.111,00
1006	4.236,00	1013	6.231,00	1020	87.236,00
1007	17.865,00	1014	5.672,00		

Analysieren Sie die Güter mithilfe der ABC-Analyse. Gehen Sie dabei folgendermaßen vor:

a. Sortieren Sie die Werte anhand ihres Wertbeitrags und ermitteln Sie die einzelnen Wertanteile.
b. Teilen Sie die Güter in A-, B- und C-Güter ein.
c. Stellen Sie das Ergebnis grafisch dar (X-Achse: sortierte Güter, Y-Achse: summierter Wertbeitrag).

Aufgabe 3

Für den Artikel Nr. 0053 sind im vergangenen Jahr folgende Lagerbestandswerte erfasst worden.

Lagerbestände im Jahr 20(-1)					
Datum	Bestand (in Stk.)	Datum	Bestand (in Stk.)	Datum	Bestand (in Stk.)
1. Jan.	230	6. Mai	32	9. Sep.	75
15. Jan.	182	20. Mai	231	23. Sep.	19
29. Jan.	134	3. Jun.	176	7. Okt.	230
12. Feb.	75	17. Jun.	125	21. Okt.	160
26. Feb.	28	1. Jul.	73	4. Nov.	117
11. März	235	15. Jul.	34	18. Nov.	72
25. März	183	29. Jul.	220	2. Dez.	8
8. Apr.	128	12. Aug.	176	16. Dez.	240
22. Apr.	74	26. Aug.	118	30. Dez.	156

Vorgegeben ist ein Meldebestand von 75 Stück. Die Gesamtumschlagsmenge betrug 1.450 Stück.

a. Stellen Sie den Lagerbestandsverlauf grafisch dar und markieren Sie den Meldebestand sowie die einzelnen Nachbestellzeitpunkte.
b. Berechnen Sie den durchschnittlichen Lagerbestand mit der einfachen und der erweiterten Formel und tragen Sie beide Werte in die Grafik ein. Begründen Sie den Unterschied und fassen Sie zusammen, worauf in der Praxis zu achten ist.
c. Berechnen Sie die Lagerumschlagshäufigkeit und die durchschnittliche Lagerdauer.
d. Ermitteln Sie die Lagerreichweite für den 1. Januar, den 29. Januar und den 12. Februar.

Aufgabe 4

Das Lager aus Aufgabe 3 ist Eigentum der Spedition. Folgende Kosten wurden für das Jahr 20(-1) erfasst.

Kosten	EUR
Abschreibungen auf Gebäude	10.000,00
Zinsen	8.000,00
Kosten für Betriebsstoffe	16.500,00
Kosten für Reinigung	2.500,00
Kosten für Lagerpersonal + Nebenkosten	58.000,00
Anzahl der Lagerbewegungen	8.055

Folgende Auslastungszahlen werden für 20(0) festgestellt:

Auslastung	%
1. Quartal	90
2. Quartal	95
3. Quartal	85
4. Quartal	70

Zahl der Palettenstellplätze 1.000

a. Ermitteln Sie die Kosten (Sachkosten) pro Lagerplatz.
b. Ermitteln Sie den Lagerkostensatz für den Fall, dass nur die aktuellen Auslastungszahlen der Quartale bekannt sind. Errechnen Sie dazu den Lagerkostensatz
   – für das erste Quartal,
   – für die ersten beiden Quartale usw.
   Begründen Sie die Unterschiede.
c. Ermitteln Sie die Kosten pro Lagerbewegung.

Aufgabe 5

Die Spedition LOGSPED betreibt für die Süßwaren AG die Lagerhaltung für die gesamte Produktion (Schokoladenprodukte unterschiedlichster Art). Die Produkte werden nach den Anweisungen der Süßwaren AG an den Handel ausgeliefert. Der Hersteller informiert nun die Spedition darüber, dass zukünftig nicht mehr artikelreine, sondern auch Mischpaletten angeliefert werden. Der Spediteur bittet darum, wenigstens Sandwich-Paletten zu verwenden. Begründen Sie den Wunsch des Spediteurs.

Aufgabe 6

Ein großes Handelsunternehmen hat für die Versorgung seiner Filialen das unten schematisch dargestellte Versorgungskonzept entwickelt.

a. Machen Sie die nachfolgenden zentralen Aussagen anhand der Grafik deutlich und erläutern Sie das Konzept mit eigenen Worten.
b. Stellen Sie fest, welche Vorteile durch diese Regelungen für das Handelsunternehmen entstehen.
c. Welche Besonderheit zeichnet die als Cross-Docking-Terminal geführten Läger aus?

Aussagen zum Konzept

1. Lieferanten mit einem ausreichenden täglichen Sendungsaufkommen in Form von kompletten Lkw-Ladungen können die filialnahen Cross-Docking-Terminals der verschiedenen Zielgebiete direkt anfahren.
2. Umgekehrt können großflächige Filialen von den lieferantennahen Knotenpunkten direkt beliefert werden, ohne Zwischenstation in einem filialnahen Knotenpunkt.
3. Bei Lieferanten mit kleineren Abholmengen und Filialen mit geringem Tagesbedarf sind die Transporte zweifach gebrochen. In Lieferantennähe werden die Einkaufsmengen verschiedener Lieferanten in Knotenpunkten für bestimmte Hauptrelationen verdichtet und zum filialnahen Verteilzentrum der verschiedenen Zielgebiete befördert. Dort werden die Waren auf die Filialen verteilt.

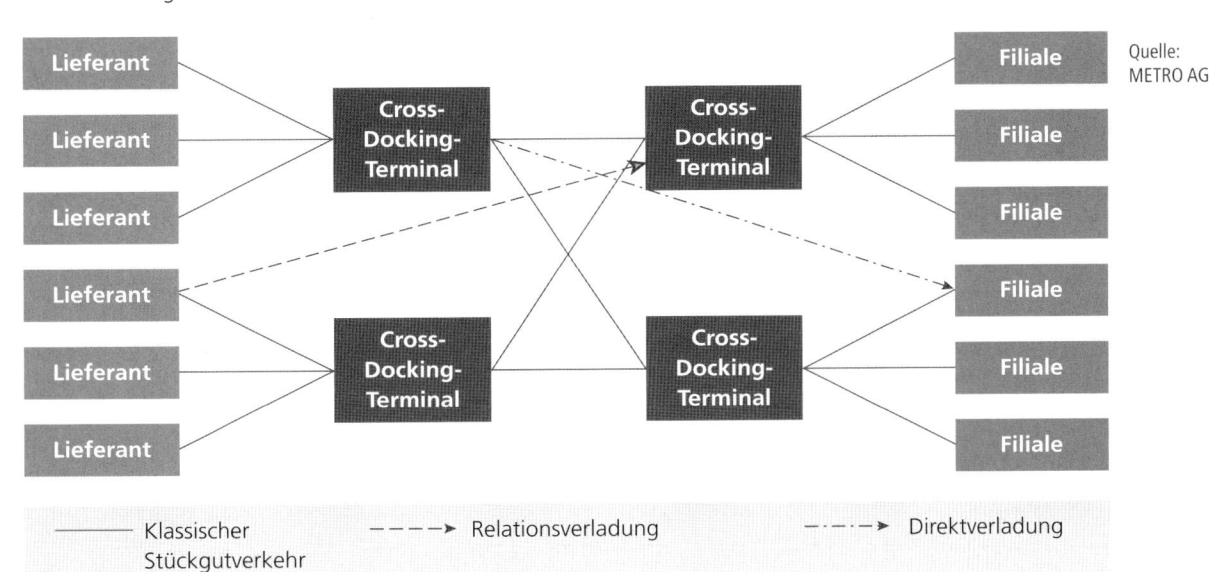

Quelle: METRO AG

Aufgabe 7

Die Metallwerke AG hat aufgrund günstiger Weltmarktpreise einen größeren Posten Zinn eingekauft. Für die Finanzierung des Geschäfts muss das Unternehmen einen Bankkredit aufnehmen. Die Bank verlangt als Sicherheit ein Warenwertpapier über die eingelagerten Güter. INTERSPED hat den Auftrag erhalten, die Güter einzulagern, weil die Lagerkapazitäten der Metallwerke AG nicht ausreichen. Über die Einlagerung ist ein Namenslagerschein auszustellen (siehe unten).

Namenslagerschein
gemäß § 475 c HGB

Lagerschein-Nr. _____ Lagerbuch-Nr. _____

Am _____ lagerten wir für _____

in _____ oder dessen auf der Rückseite legitimierten Rechtsnachfolger ein:

Anzahl	Nummer	Zeichen	Art	Benennung der Ware	Angegebenes	Ermitteltes
der Packstücke					Bruttogewicht in kg	

in Buchstaben: _____ kg

Gefahrgut-Klassifikation   Nettomasse kg/l _____

UN-Nr. _____ Offizielle Benennung _____

Nummer Gefahrzettelmuster _____ Verpackungsgruppe _____

Lagerung: Die Ware ist zurzeit eingelagert,
☐ a) getrennt von anderen Partien
☐ b) als Teil einer größeren Partie

in unserem Lager _____ Straße

Wir sind zur Umlagerung des Gutes berechtigt. Bei Umlagerung in andere als oben genannte Läger wird der Einlagerer benachrichtigt.
Wir sind im Allgemeinen nicht verpflichtet, Arbeiten zur Erhaltung der Ware vorzunehmen.

Versicherung: Die Ware ist für die Dauer der Lagerung
☐ durch uns versichert
☐ nicht durch uns versichert

Art	Wert des Gutes/ EUR	Prämie monatlich/ EUR
Elementarrisiken (Feuer, Wasser, Einbruchdiebstahl)		

Lagerkosten: Auf der Ware ruhen zurzeit folgende Kosten:
Lagergeld in Höhe von EUR _____ je _____ seit _____
Frachtvorlage EUR _____ Sonstiges: _____

Die Auslieferung der Ware oder eines Teils derselben erfolgt nur gegen Vergütung der darauf ruhenden Kosten.

Auslieferung: Wir verpflichten uns, die Ware nur gegen Rückgabe dieses Lagerscheins nach Maßgabe der aus dem Schein ersichtlichen Bedingungen an den Einlagerer oder dessen legitimierten Rechtsnachfolger auszuliefern. Bei Teilauslieferungen ist der Lagerschein zwecks Abschreibung vorzulegen. Wir sind berechtigt, aber nicht verpflichtet, eine besondere Prüfung der Legitimation vorzunehmen.

Rechtsgrundlage: Wir arbeiten ausschließlich auf Grundlage der Allgemeinen Deutschen Spediteurbedingungen (ADSp) – neueste Fassung.

_____ , den _____

Stempel und Unterschrift des Lagerhalters

Rückseite des Formulars

Datum	Abschreibungen						
	Anzahl	Nummer	Zeichen	Art	Benennung der Ware	Gewicht kg	Unterschrift des Lagerhalters
	der Packstücke						

Abtretungserklärung

Alle Rechte und Pflichten aus diesem Lagerschein übertragen wir hierdurch auf:

_____

_____

_____ , den _____   _____
                                                  Unterschrift

Daten über das eingelagerte Gut:

- 120.000 kg Zinn, Wert 360.000,00 EUR
- Lagerschein-Nr. 12/20(0), Lagerbuch-Nr. 1288/20(0), Datum der Einlagerung: 17. April 20(0)
- Einlagerer: Metallwerke AG, Steinstraße 177, 40655 Düsseldorf
- Lagerort: Wehrstraße 14, 40599 Düsseldorf; die Güter werden nicht mit anderen Produkten vermischt
- Lagerkosten: Lagergeld 2,70 EUR pro 100 kg und pro Monat
- Die Ware ist gegen Elementarrisiken zu versichern. Die Prämie beträgt nach Rückfrage bei der Versicherung 0,4 ‰ pro Monat zuzüglich Versicherungssteuer.

Füllen Sie den Lagerschein nach den Wünschen des Einlagerers aus und erstellen Sie die Rechnung für den 1. Lagermonat (vom 17. April bis 16. Mai 20(0)).

INTERSPED GmbH

Internationale Spedition
Merkurstraße 14
40223 Düsseldorf
Telefon: 0221 56742-0
Telefax: 0221 56733
ID-Nr.:   DE 458 977 344
Email: intersped@t-online.de

Empfänger:
_____
_____
_____
_____

Datum: _____

Rechnung Nr.

Position	Text	EUR	EUR

Spediteurrechnungen sind sofort und ohne Abzug fällig.
Bankverbindung: Commerzbank Düsseldorf, Konto 4865 051 000, BLZ 300 400 00

Aufgabe 8

Am 17. Mai 20(0) benötigt der Einlagerer (Metallwerke AG, siehe Aufgabe 7) für die laufende Produktion 5.000 kg des eingelagerten Metalls. Mit einem Werks-Lkw werden die Güter bei INTERSPED abgeholt. Der Fahrer legt den oben ausgefüllten Namenslagerschein zwecks Abschreibung vor.

Vermerken Sie anstelle des Lagerhalters die Warenentnahme auf dem Lagerschein (Seite 305).

Aufgabe 9

Am 18. Mai 20(0) übergibt die Metallwerke AG den Namenslagerschein der Stadtsparkasse Düsseldorf, Uferstraße 12, 40682 Düsseldorf, als Sicherheit für den oben genannten Kredit (siehe Aufgabe 7). Die Bank verlangt die Abtretung der Ansprüche aus dem Lagerschein.

a. Füllen Sie die Abtretungserklärung auf dem Lagerschein aus (siehe Einstiegsfall oben).

b. Welche Ansprüche (in Kilogramm Lagergut) an den Lagerhalter hat die Bank mit der Abtretungserklärung erworben? Beachten Sie die Teilauslieferung vom 17. Mai 20(0) (Aufgabe 8).

Aufgabe 10

Prüfen Sie die Rechtslage nach HGB und nach ADSp für folgende Fälle:

a. Der Lagerhalter stellt bei seinen regelmäßigen Prüfungen fest, dass sich beim Lagergut Schäden andeuten.

b. Der Einlagerer möchte das eingelagerte Gut besichtigen. Ist er dazu berechtigt?

c. Ein interessierter Käufer möchte das Gut besichtigen.

d. Der Einlagerer möchte einige Proben am Gut entnehmen, um die Qualität der Ware zu prüfen.

e. Der Lagerhalter lagert die Güter vorübergehend bei einem befreundeten Spediteur ein, damit er Umbauarbeiten in seinem Lager vornehmen kann.

f. Der Lagerhalter möchte den Lagervertrag wegen Umbauarbeiten kündigen.

Aufgabe 11

Stellen Sie fest, ob ein Lagerhalter in den nachfolgend beschriebenen Fällen für den jeweils entstandenen Schaden haften muss.

Fälle:

1. Durch einen Kurzschluss in der Stromversorgung des Lagergebäudes kommt es zu einem Brand, der Teile der eingelagerten Güter vernichtet (35 Tonnen, Wert 415.000,00 EUR).

2. Bei der monatlichen Bestandsermittlung in einem Lager wird ein Minderbestand festgestellt. Die Ursache ist nicht mehr ausfindig zu machen (250 kg, Wert 2.500,00 EUR).

3. Durch einen Einbruchdiebstahl werden wertvolle DVD-Player entwendet. Das Gebäude war mit einer Diebstahlsicherung ausgestattet. Trotzdem wurden die Güter entwendet. Den Lagerhalter trifft keine Schuld.

4. Beim Umschlag von Sendungen aus dem Umschlaglager in den Fernverkehr-Lkw entstehen Schäden an einer Sendung. Der Schaden ist vom Lagerpersonal zu vertreten (800 kg, Wert 2.100,00 EUR).

Aufgabe 12

Die Spedition INTERSPED unterhält für einen Industriekunden ein Dauerlager für Holzfurniere im Umfang von 500 Palettenstellplätzen.

Daten

Umschlagshäufigkeit auf die Auslagerungsmenge beziehen.

Eröffnungsbestand 01.01.	400 Stück	Anzahl Palettenplätze	500
Schlussbestand 31.12.	450 Stück	Anzahl Lagereingänge	24 (2 x pro Monat)
Vierteljahresbestände		Anzahl Lagerabgänge	290 (täglich, Ø ca. 15 Pal.)
- 31.03.	375 Stück	Anzahl der Aufträge (Ausgänge)	290
- 30.06.	425 Stück	davon einwandfrei erledigt	285
- 30.09.	500 Stück	Palettenausgänge	4.350 (290 x 15 Paletten)
Ø-Gewicht pro Palette	600 Stück	Lagerkosten (ohne Personal)	10.000,00 EUR (500 Stellplätze)
Ø-Wert pro Palette	1.000,00 EUR	Personalkosten (brutto)	13.600,00 EUR (für Ein- und Ausgänge)

Berechnen Sie:

a. Ø-Lagerbestand (möglichst genau)
b. Lagerumschlag (Umschlagshäufigkeit)
c. Ø Lagerdauer
d. Lagerreichweite am 30.06.

e. Lieferbereitschaftsgrad
f. Lagerkostensatz (pro Palette)
g. Kosten pro Lagerbewegung
h. Auslastungsgrad

Aufgabe 13

Halbjährlich werden in der Spedition INTERSPED die Konditionen für die Kunden im Dauerlager überprüft. Zurzeit werden pro 100 kg Lagergut und pro Monat 2,70 EUR netto (ohne USt.) in Rechnung gestellt. Die letzte Preiserhöhung liegt zwei Jahre zurück. Berechnungsgrundlage ist der durchschnittliche Lagerbestand des Monats. Der Preis umfasst

Lernsituation 11 | zu SLG S. 311–337 WSP S. 113–116, 143–144, KSK S. 96–98, (DV) 237–242

- die Einlagerung,
- die Lagerung für einen Monat
- und die Auslagerung.

Grundlage für die Kalkulation sind die Personalkosten, und zwar die Kosten der Lagerarbeiter und der kaufmännischen Angestellten, soweit sie mit der Lagerverwaltung befasst sind. Auf die Personalkosten werden die übrigen Kosten des Lagers (Gemeinkosten, z. B. Bürobedarf, Energiekosten, Beiträge u. Ä.) als Prozentzuschlag aufgeschlagen.

Um die Kosten pro Stunde errechnen zu können, sind zunächst die effektiven Leistungsstunden der Lagerarbeiter und des kaufmännischen Personals nach folgenden Daten zu ermitteln:

Daten	Lagerarbeiter	Angestellter
Arbeitswochen im Jahr	52	52
Arbeitstage pro Woche	5	5
Arbeitszeit pro Tag (Std.)	8	8
ø-Urlaub im Jahr	22	25
ø-Krankentage im Jahr	10	5
gesetzliche Feiertage im Jahr	11	11
unproduktive und Leerlaufzeit: 20 % von 8 Std. = 1,6 Std. pro Tag		
Bruttogehalt	1.750,00 EUR	2.250,00 EUR
Auszahlungen pro Jahr	12,5	13
Sozialabgaben (vom Bruttogehalt)	21,6 %	21,6 %
Zuschlag für übrige Lagerkosten (von der Zwischensumme)	50 %	50 %
Leistungsstunden	gesucht	gesucht

Der Preis wird am Beispiel einer durchschnittlichen Sendung von 50.000,00 kg berechnet, die eingelagert wird, einen Monat im Lager verweilt und anschließend ausgelagert wird.

Daten für eine 50.000-kg-Sendung

1. Umschlagkosten
   - Einlagerung: 10.000 kg pro Stunde (voll palettiert)
   - Auslagerung: 2.500 kg pro Stunde (teilpalettiert)
2. Lagerungskosten
   - Lagerungskosten pro Monat (Kosten für den Lagerraum + übrige Lagerungskosten) (Gemeinkosten) 3.000,00 EUR
   - ø-Lagerbestand: 1.000.000 kg
3. Lagerverwaltungskosten (kaufm. Tätigkeiten)
   - Einlagerung: 2 Std. für 50.000 kg
   - Auslagerung: 4 Std. für 50.000 kg
   - Lagerung: 2 Std. x 20 Tage bezogen auf den ø-Lagerbestand
4. Gewinnzuschlag
   - 20 % der Selbstkosten

Der 100-kg-Preis soll alle durch die Lagerhaltung entstehenden Kosten abdecken und zusätzlich einen Gewinnzuschlag von 20 % auf den Selbstkostenpreis erbringen.

Überprüfen Sie den Preis für 100 kg Lagergut. Falls der bisherige Preis nicht mehr ausreicht: Machen Sie einen Vorschlag für eine Preisanpassung und informieren Sie die Kunden.

Mögliche Arbeitsschritte:

1. effektive Leistungsstunden eines Lagerarbeiters und eines kaufmännischen Angestellten berechnen (Errechnete Zahlen zu ganzen Stunden runden),
2. Kosten pro Leistungsstunde eines Lagerarbeiters und eines kaufmännischen Angestellten ermitteln,
3. den 100-kg-Preis kalkulieren,
4. über eine Anpassung des gegenwärtigen 100-kg-Preises entscheiden,
5. Schreiben an die Einlagerer entwerfen.
6. Formulierungshilfen: Preisstabilität, Kostensteigerungen, sorgfältige Kalkulation, neue Preisvereinbarung, gewohnter Service

Lernsituation 11

1. Mögliche Leistungsstunden für einen Lagerarbeiter pro Jahr

	____ Arbeitswochen	x	____ Tage =	____ Tage x	____ Std. =		____ Std.
./.	Urlaub		ø ____ Tage x	____ Std. =		____ Std.
./.	Krankheit		ø ____ Tage x	____ Std. =		____ Std.
./.	gesetzliche Feiertage		____ Tage x	____ Std. =		____ Std.
			____ Tage x	____ Std. =		____ Std.
./.	unproduktive Zeit und Leerlaufzeit (____%)		____ Tage x	____ Std. =		____ Std.
	effektive Leistungsstunden		____ Tage	____ Std. =		____ Std.

1. Mögliche Leistungsstunden für einen kaufmännischen Angestellten pro Jahr

	____ Arbeitswochen	x	____ Tage =	____ Tage x	____ Std. =		____ Std.
./.	Urlaub		ø ____ Tage x	____ Std. =		____ Std.
./.	Krankheit		ø ____ Tage x	____ Std. =		____ Std.
./.	gesetzliche Feiertage		____ Tage x	____ Std. =		____ Std.
			____ Tage x	____ Std. =		____ Std.
./.	unproduktive Zeit und Leerlaufzeit (____%)		____ Tage x	____ Std. =		____ Std.
	effektive Leistungsstunden		____ Tage	____ Std. =		____ Std.

2. Berechnung der Personalkosten eines Lagerarbeiters

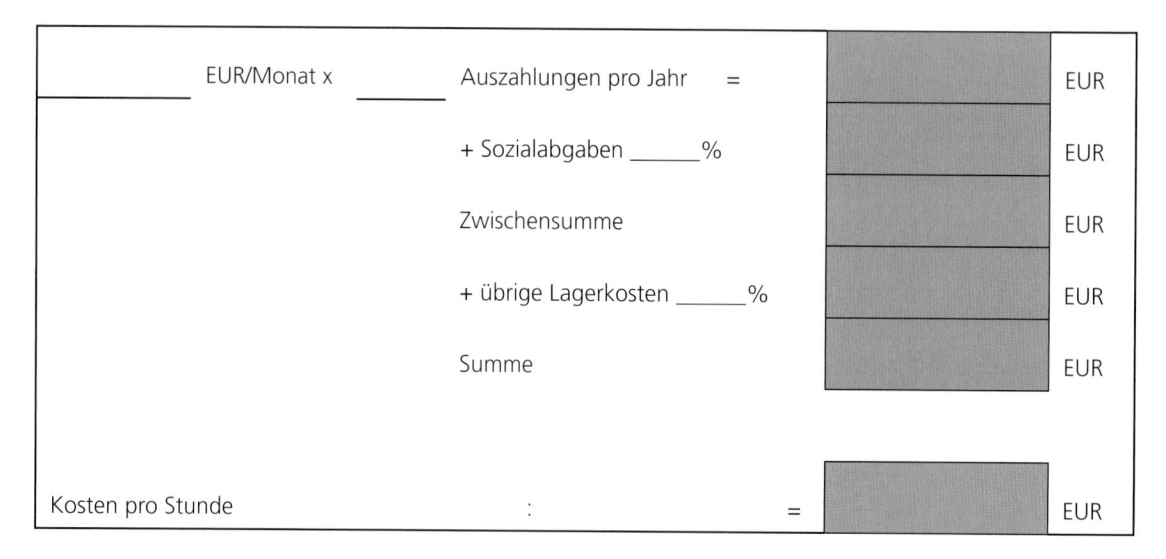

____ EUR/Monat x	____ Auszahlungen pro Jahr =		____ EUR
	+ Sozialabgaben ____ %		____ EUR
	Zwischensumme		____ EUR
	+ übrige Lagerkosten ____ %		____ EUR
	Summe		____ EUR
Kosten pro Stunde	:	=	____ EUR

2. Berechnung der Personalkosten eines kaufmännischen Angestellten

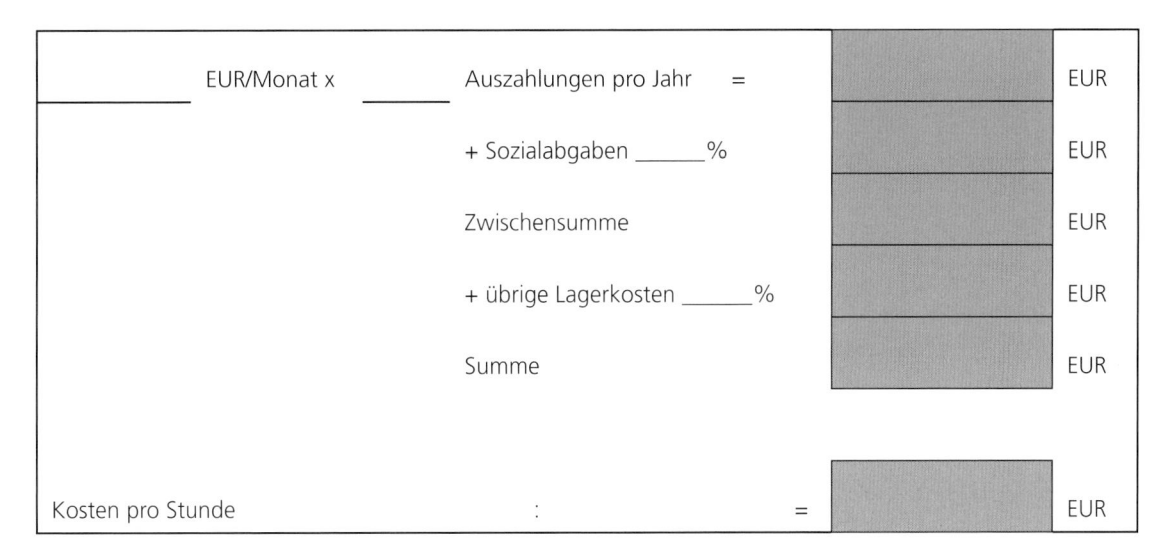

_____ EUR/Monat x	_____ Auszahlungen pro Jahr =		EUR
	+ Sozialabgaben _____ %		EUR
	Zwischensumme		EUR
	+ übrige Lagerkosten _____ %		EUR
	Summe		EUR
Kosten pro Stunde	:	=	EUR

3. Kalkulationsschema für die Kalkulation des 100-kg-Preises

1. Umschlagkosten						EUR
Einlagerung	$\dfrac{50.000}{10.000}$	Std. x	_____ EUR	$\dfrac{\_\_\_\_\_}{50.000}$ x 100 =		
Auslagerung	50.000 _____	___ Std. x	_____ EUR	$\dfrac{\_\_\_\_\_}{50.000}$ x 100 =		
2. Lagerungskosten						
	Lagerkosten in EUR		x 100 =			
	ø-Lagerbestand in kg 1.000.000					
3. Lagerverwaltungskosten						
Einlagerung	_____ Std. x	_____ EUR	=	$\dfrac{\_\_\_\_\_}{50.000}$ x 100 =		
Auslagerung	_____ Std. x	_____ EUR	=	$\dfrac{\_\_\_\_\_}{50.000}$ x 100 =		
Lagerung	_____ Std. x	_____ EUR x 20 Tage	=	_____ EUR		
				$\dfrac{\_\_\_\_\_}{1.000.000}$ x 100 =		
Selbstkostenpreis						
+ 20 % Gewinnzuschlag						
Nettopreis für 100 kg Lagergut						

Aufgabe 14
Ergänzen Sie die nachfolgende Übersicht zu verschiedenen Haftungsregelungen.

Siehe auch die Übersicht Seite 129.

Lernsituation 11
zu SLG S. 311–337 WSP S. 113–116, 143–144, KSK S. 96–98, (DV) 237–242

Haftung nach HGB, CMR und ADSp (einschließlich Lagerhaltung) im Überblick

HGB		CMR	ADSp	
organisierender Spediteur	Sonderfälle der Spediteurhaftung	Frachtführerhaftung	Gelten für alle Verkehrsverträge 1. Speditionsverträge 2. Frachtverträge 3. Sonstige Verträge	4. verfügte Lagerung
		Haftung für	Haftung für	
1. § 461 (1)	1. § 458	1. Artikel 17	1. Ziff. 2.1	
Maximum:	2. § 459	2. Artikel 17		
Haftungsprinzip:	3. § 460	3. Artikel 17	1. Ziff. 23.1.1	1. Ziff. 24.1
2. § 461 (2)	Der Spediteur haftet als	4. Artikel 21	Maximum:	Maximum:
Maximum:	„hinsichtlich"	5. § 422	2. Ziff. 23.1.2	Sonderfall Lagerinventurdifferenzen
Haftungsprinzip:		§ 433	Maximum:	Maximum:
			Maximum zu 1. + 2.: pro Schadensfall	Maxima pro Schadensfall: pro Schadensereignis
		Maxima:	pro Schadensereignis	
		1. + 2.: (*)	3. Ziff. 23.3	2. Ziff. 24.3
		3.:	Maxima:	Maximum:
		4.:		
		5.:		
		Haftungsprinzip:	Haftungsprinzip:	bzw.
		*) Korridorlösung: 2–40 SZR/kg		

Aufgabe 15

INTERSPED plant in den nächsten Monaten, das Lagergeschäft stark auszuweiten. Die Arbeit in der Lagerverwaltung wird daher deutlich zunehmen. Um die Arbeit bei der Angebots- und Rechnungserstellung zu vereinfachen, soll mit EXCEL ein Lagerkalkulationsmodell erstellt werden. Das Modell soll so funktionieren, dass nur die Daten des jeweiligen Auftrages eingegeben und die Lagerkosten danach automatisch kalkuliert werden.

Ein solches Kalkulationsblatt könnte wie folgt aussehen:

	A	B	C	D	E	F	G	H	I	J	K	L	M	N
1	Lagerkostenkalkulation													
2						EUR				kg				
3		DATEN	Std.-Satz	Arbeiter		- €	Lagermenge							
4				Angest.		- €	Einlagerung				(Umschlag kg/Std.)			
5			Lagerungskosten			- €					(Umschlag kg/Std.)			
6						%	Ø Lagerbestand				(Gesamtlagermenge in kg)			
7			Gewinnzuschlag											
8														
9														
10		BERECHNUNG												
11														
12	1. Umschlagskosten													
13														
14		Einlagerung		Menge	=		Std. x		=		x	100	=	
15				Umschlag/Std.										
16														
17		Auslagerung		Menge	=		Std. x		=		x	100	=	
18				Umschlag/Std.										
19														

Für den Entwurf kommt es entscheidend darauf an, dass der Eingabe- und der Rechenteil strikt voneinander getrennt werden. In den Rechenteil dürfen keine Auftragsdaten mehr eingegeben werden. Auch die Kalkulationsgrundlagen (Stundensätze, Gewinnzuschlag, Umschlagsleistung) müssen im Dateneingabeteil untergebracht werden, da hier im Zeitablauf Veränderungen erwartet werden.

Aufgabe 16

Erstellen Sie ein Tabellenkalkulationsblatt, mit dem die Leistungsstunden und die Stundensätze im Lagerbereich kalkuliert werden können.

	A	B	C	D	E	F	G	H	I	J	K
1											
2	Personalkosten										
3	Leistungsstunden für einen Lagerarbeiter pro Jahr										
4		Arbeitswochen	x		Tage =		Tage x		Std. =		Std.
5		./. Urlaub			ø		Tage x		Std. =		Std.
6		./. Krankheit			ø		Tage x		Std. =		Std.
7		./. gesetzliche Feiertage					Tage x		Std. =		Std.
8							Tage x		Std. =		Std.
9		./. unprod. und Leerlaufzeit					Tage x		Std. =		Std.
10		effektive Leistungsstunden					Tage		Std. =		Std.

Aufgabe 17

Erstellen Sie einen Ablaufplan über die bedarfsgerechte Beschaffung eines Kaffeeautomaten für den Pausenraum Ihres Ausbildungsbetriebs.

Aufgabe 18

Ein Unternehmen hat monatliche Gehaltsaufwendungen für 4 Beschäftigte in Höhe von 13.475,00 €. Es werden zwei neue Kollegen zu den geltenden tariflichen Bedingungen eingestellt. Berechnen Sie die neuen Gehaltsaufwendungen für das Unternehmen.

Aufgabe 19

Ein Arbeitnehmer benötigt jeden Tag für die 15 km zu seinem Arbeitsplatz 20 Minuten. Wegen einer Umleitung beträgt die Strecke jetzt 18 km. Berechnen Sie die neue Fahrzeit unter sonst gleichen Bedingungen.

Aufgabe 20

Der Bestand an Fotokopierpapier reicht bei einem Tagesbedarf von 72 Blatt noch 90 Tage. Wie lange wird der Vorrat reichen, wenn der Tagesbedarf um die Hälfte steigt.

Aufgabe 21

Mit 5 Mitarbeitern dauerte die Durchführung einer Werbeaktion im vergangenen Geschäftsjahr 6 Tage. Mit wie vielen Tagen wird man in diesem Jahr für das gleiche Vorhaben rechnen müssen, wenn nur 3 Mitarbeiter zur Verfügung stehen?

Aufgabe 22

Für die Einrichtung einer Filiale sollen 6 Angestellte bei einer Arbeitszeit von täglich 8 Stunden 12 Tage lang eingesetzt werden. Auf wie viele Tage kann man die vorgesehene Einrichtungszeit verkürzen, wenn man die tägliche Arbeitszeit um 1 Stunde verlängert und zusätzlich 2 Mitarbeiter einsetzt.

Aufgabe 23

Der Dieselvorrat einer Spedition reicht 25 Tage, wenn 18 LKWs täglich jeweils 800 km fahren. Wie lange würde der Dieselvorrat ausreichen, wenn nur 12 LKWs täglich durchschnittlich 900 km führen?

Aufgabe 24

Wie viel € Umsatzsteuer sind in einer auf einem Kassenbon ausgedruckten Summe von 330,60 € enthalten?

Aufgabe 25

Ein Warenpreis enthält 44,80 € (= 19 %) Umsatzsteuer. Ermitteln Sie a) den Nettoverkaufspreis b) den Bruttoverkaufspreis

Aufgabe 26

Das Gehalt eines Angestellten beträgt nach einer Gehaltserhöhung von 4 % 1.482,00 €. Wie hoch ist die Gehaltserhöhung und wie hoch war sein altes Gehalt?

Aufgabe 27

Eine Rechnung wird nach Abzug von 2 % Skonto durch eine Überweisung über 1.901,20 € beglichen. a) Wie hoch war der Skontobetrag? b) Über welchen Betrag lautete die Rechnung?

Aufgabe 28

Der Gesamtumsatz eines Unternehmens zeigte in den zurückliegenden Jahren folgende Entwicklung: -20(0) eine Steigerung des Umsatzes um 15 % gegenüber 20(-1); -20(+1) eine Minderung des Umsatzes um 10 % gegenüber 20(0); -der Umsatz im Jahre 20(+1) belief sich auf 1.138.500,00 €. Wie hoch war der Umsatz im Jahre 20(-1)?

Aufgabe 29

Eine Spedition bestellt aufgrund eines entsprechenden Angebotes 10 Bürostühle zum Listenpreis von € 375,00/Stück frei Haus. Der Lieferer gewährt 10 % Rabatt und 3 % Skonto. Für die Lieferung fallen Bezugskosten in Höhe von € 25,00/Stück an.

a. Ermitteln Sie den Bezugspreis für die beschafften Waren.
b. Wie viel Prozent beträgt die gesamte Preisermäßigung?
c. Was verbirgt sich hinter dem Begriff „Bezugskosten"?

Aufgabe 30

Unter welchen Voraussetzungen wird ein Verkäufer vom Käufer die Zahlung des Kaufpreises

a. vor der Lieferung
b. bei der Lieferung
c. nach der Lieferung verlangen?

Aufgabe 31

Nehmen Sie kritisch Stellung zu folgender Aussage: Beim Angebotsvergleich ist in jedem Fall der preisgünstigste Anbieter auszuwählen.

Aufgabe 32

Stellen Sie fest, ob es sich bei den nebenstehenden Vereinbarungen in einem Kaufvertrag um eine

1. Lieferungsbedingung
2. Zahlungsbedingung
3. Qualitätsbezeichnung
4. einen sonstigen Vertragsinhalt handelt.

a. Handelsklasse B	
b. Lieferung am 20. Juni	
c. 30 Tage Ziel	
d. frei Haus	
e. Gerichtsstand ist Duisburg	

Aufgabe 33

Eine Bocholter Spedition kauft Bürostühle bei einem Lieferanten aus Wesel. Die Lieferung soll am 16. Januar 20(0) erfolgen, als Zahlungstermin ist der 26. Januar 20(0) vereinbart.

a. Ordnen Sie in unten stehendem Schaubild die folgenden Begriffe den Buchstaben A – H zu.

A. Käufer
B. Verkäufer
C. Ware annehmen
D. Kaufpreis zahlen
E. rechtzeitige Lieferung
F. mangelfreie Lieferung
G. Geldschuld
H. Warenschuld

Kaufvertrag

A_____   B_____

Lieferant, Wesel   Spedition, Bocholt

Kaufvertragspflichten

- C_____   - E_____
- D_____   ↓   - F_____

Schuldner   ←   G_____   →   Gläubiger
Gläubiger   ←   H_____   →   Schuldner

b. Geben Sie den Erfüllungsort für die
  ba. Warenschulden
  bb. Geldschulden an.

Aufgabe 34

Stellen Sie anhand der GuV-Konten der Jahre 20(-1) und 20(0) und anhand der Plandaten für 20(0) die Ergebnisrechnungen in Staffelform auf und berechnen Sie die prozentualen Veränderungen der einzelnen Posten.

Verwenden Sie die unten stehende Tabelle: Ergebnisrechnung Beschreiben Sie die Veränderungen und erläutern Sie mögliche Ursachen.

Die Ergebnisrechnung der Spedition Josef Gruber, Rosenheim, weist folgende Werte aus:

Soll		Gewinn-und Verlust (Vorjahr)			Haben
	Speditionsaufwand	990.000,00		Speditionserträge	1.600.000,00
	Personalaufwand	260.000,00			
	Fuhrparkaufwand	85.000,00			
	Raumaufwand	50.000,00			
	Verwaltungsaufwand	43.000,00			
	Versicherungen, Gebühren	22.000,00			
	Zinsen	26.000,00			
	Übrige Aufwendungen	54.000,00			
	Gewinn	70.000,00			
		1.600.000,00			1.600.000,00

Soll		Gewinn- und Verlust (Berichtsjahr)			Haben
	Speditionsaufwand	1.040.000,00		Speditionserträge	1.679.200,00
	Personalaufwand	270.000,00			
	Fuhrparkaufwand	91.000,00			
	Raumaufwand	56.000,00			
	Verwaltungsaufwand	47.000,00			
	Versicherungen, Gebühren	22.900,00			
	Zinsen	28.000,00			
	Übrige Aufwendungen	58.000,00			
	Gewinn	66.300,00			
		1.679.200,00			1.679.200,00

Lernsituation 11 | zu SLG S. 311–337 WSP S. 113–116, 143–144, KSK S. 96–98, (DV) 237–242

Planungsdaten für Berichtsjahr		
	Speditionserlöse	1.696.000,00
./.	Speditionskosten	1.044.450,00
=	Rohergebnis	651.550,00
./.	Betriebskosten	
	Personalkosten	272.000,00
	Fuhrparkkosten	89.000,00
	Raumkosten	55.000,00
	Verwaltungskosten	43.000,00
	Versicherungen, Gebühren	23.000,00
	Zinsen	27.000,00
	Übrige Kosten	59.500,00
	Gewinn	83.050,00

Ergebnisrechnung (auf volle € gerundet)						
		Vorjahr	Berichtsjahr	Veränderungen	Veränderungen	
		Ist	geplant (Soll)	erreicht (Ist)	geplant (%)	erreicht (%)
		(1)	(2)	(3)	(4) = (1) - (2)	(5) = (1) - (3)
	Speditionserlöse		1.696.000,00			
./.	Speditionskosten		1.044.450,00			
=	Rohergebnis		651.550,00			
./.	Betriebskosten					
	Personalkosten		272.000,00			
	Fuhrparkkosten		89.000,00			
	Raumkosten		55.000,00			
	Verwaltungskosten		43.000,00			
	Versicherungen, Gebühren		23.000,00			
	Zinsen		27.000,00			
	Übrige Kosten		59.500,00			
	Ergebnis		83.050,00			

Aufgabe 35

Ermitteln Sie über das Internet oder durch Recherchen in Computerläden den Preis des angeschafften Computersystems. Vergleichen Sie Geräte mit ähnlicher Leistungsfähigkeit.

Aufgabe 36

Vergleichen Sie die unterschiedlichen Druckermodelle. Beschreiben Sie die Vor- und Nachteile der einzelnen Systeme (Laser-, Tintenstrahl- und Nadeldrucker) und deren Einsatzmöglichkeiten für verschiedene

Aufgaben im Betrieb. Ermitteln Sie die Anschaffungspreise für leistungsfähige Drucker, die im Netzwerk für ganze Abteilungen verwendet werden. Vergleichen Sie auch die laufenden Kosten für die unterschiedlichen Drucker.

Aufgabe 37

Im Unternehmen soll ein betriebliches Netzwerk, das Computer, Drucker und Internetverbindung für alle Arbeitsplätze verfügbar macht, aufgebaut werden. Dabei kann eine Ring- oder Sterntopologie des Netzes gewählt werden.

a. Erläutern Sie die Begriffe.

b. Beschreiben Sie die Vor- und Nachteile der unterschiedlichen Netzwerkgestaltung.

Aufgabe 38

Siehe dazu das Kalkulationsschema im Infoband AWL (Kapitel Angebotsvergleich)

Die Spedition Berger benötigt 20.000 Speditionsauftragsformulare. Dazu hat Frau Keller verschiedene Angebote eingeholt.

- Die Firma Tieffenbacher in Frankfurt/Main verlangt 83,70 € je 1.000 Exemplare. Ab

	A	B	C	D
1	**Dateneingabe**			
2	Menge	20.000		
3	Preis/Menge	1.000		
4		Angebot 1	Angebot 2	
5		Tieffenbacher	Fischer	
6	Listeneinkaufspreis	83,70	92,50	86,40
7	Rabattsatz	5%	7%	5%
8	Rabattmindestmenge	10.000	15.000	10.000
9	Bezugskosten	214	0	143,7
10	Skontosatz	2%	3%	0
11	**Angebotsvergleich**			
12	Listeneinkaufspreis			
13	- Rabatt			
14	= Zieleinkaufspreis			
15	- Skonto			
16	= Bareinkaufspreis			
17	+ Bezugskosten			
18	= Bezugspreis			

10.000 Stück gewährt diese Druckerei einen Mengenrabatt in Höhe von 5 %. Es wird „unfrei" geliefert. 214,00 € Frachtkosten werden berechnet. Das Zahlungsziel beträgt 4 Wochen. Wird innerhalb von 10 Tagen bezahlt, können 2 % Skonto abgezogen werden.
- Die Firma Fischer in Köln liefert diese Formulare „frei Haus" zu 92,50 €/1.000 Stück. Ab 15.000 Exemplaren wird ein Rabatt von 7 % gewährt. Das Zahlungsziel beträgt 6 Wochen. Wird innerhalb der Skontofrist von 10 Tagen gezahlt, werden 3 % Skonto gewährt.
- Die Firma Hüsing in Bremen verlangt 86,40 €/1.000 Stück. Der Mengenrabatt ab 25.000 Stück beträgt 8 %. Frankatur „unfrei", Verpackungs- und Transportkosten 143,70 €, Zahlungsfrist 3 Wochen.

SELBSTTEST LERNSITUATION 11

Diese **Prozesse** sollten Sie beherrschen:

- bestimmte Passagen eines Lager-Logistikvertrags ausformulieren
- eine Transaktionskostenabrechnung durchführen
- eine ABC-Analyse durchführen
- Meldebestände ermitteln
- Entscheidungen über die Beschaffung von Computer-Peripherie-Geräten treffen
- Beschaffungsmaßnahmen planen und durchführen, insbesondere
  - Detailplanungen erstellen und
  - Anfragen bzw. Ausschreibungen erstellen
  - Angebotsvergleich mit Excel durchführen
- Grundlagen kaufmännischen Rechnens (Dreisatz, Prozentrechnung) anwenden
- Eine kurzfristige Erfolgsrechnung (KER) erstellen
- Soll-Ist-Vergleiche durchführen (Controlling)
- Die statische und dynamische Analyse der Betriebszahlen präsentieren

Diese **Begriffe** sollten Sie kennen:

1. ABC-Analyse
2. Anfrage
3. Angebotsvergleich
4. Angebotsvergleich
5. Ausschreibung
6. Bareinkaufspreis
7. Bedarfsplanung
8. Beförderungskosten
9. Beschaffenheit
10. Bestellung
11. Bestellung
12. Betriebswirtschaftliche Auswertung (BWA)
13. Bezahlung
14. Bezugskosten
15. Bezugspreis
16. Bezugsquellen
17. Bodenlagerung
18. Bonus
19. Bringschulden
20. Controlling
21. Cost-Plus-Rechnung
22. Cross Docking
23. Dauerlager
24. Dreisatz (direkt, indirekt)
25. Durchschnittliche Lagerdauer
26. Durchschnittlicher Lagerbestand
27. Einlagerer
28. Erfüllungsort
29. FIFO
30. Festplatzsystem
31. Flurförderzeuge
32. Freiplatzsystem
33. Frühwarnsystem
34. Förderhilfsmittel
35. Geldschulden
36. Gerichtsstand
37. Grundwert
38. Grundwert (vermehrt, vermindert)
39. Haftung (Lager)
40. Holschulden
41. Höchstbestand
42. Inventur
43. Kommissionierung
44. Kostenarten
45. Kurzfristige Ergebnisrechnung (KER)
46. LIFO
47. Lagerfunktionen
48. Lagerhalter
49. Lagerkalkulation, traditionell
50. Lagerlogistik
51. Lagerplatzkosten
52. Lagerreichweite
53. Lagerschein
54. Lagerversicherung
55. Lagervertrag
56. Lieferbereitschaft
57. Lieferzeit
58. Listeneinkaufspreis
59. Meldebestand
60. Mindestbestand
61. Open Book-Rechnung
62. Optimaler Lagerbestand
63. Outsourcing
64. Preisnachlässe
65. Prozentrechnen
66. Qualität
67. Rabatt
68. Rechnungsprüfung
69. Rechnungsprüfung
70. Regallagerung
71. Schickschuld
72. Skonto
73. Soll-Ist-Vergleich
74. Transaktionskostenabrechnung
75. Umschlaghäufigkeit
76. Umschlaglager
77. Value-added-services
78. Verfügte Lagerung
79. Verpackungskosten
80. Versendungskauf
81. Verteillager
82. Wareneingangskontrolle
83. Warenschulden
84. Wertfluss
85. Zahlungsbedingungen
86. Zeitnahe Unternehmenssteuerung
87. Zieleinkaufspreis
88. Zusammengesetzter Dreisatz

Lernsituation 12

- Güter mit einem Flugzeug versenden
- Probleme beim Abschluss von Kaufverträgen rechtlich beurteilen
- Die Kosten den Abteilungen zuordnen (BAB I)
- BAB mit Excel erstellen

Vor allem von der Ernst Kaulmann KG sowie von DEGENER & LUTZ erhielt die INTERSPED GmbH regelmäßig Luftfrachtsendungen. Bisher wurden die Aufträge an die befreundete Spedition Heitmann vergeben. Das Unternehmen ist als IATA-Agent tätig und hat seinen Sitz am Düsseldorfer Flughafen, Flughafenstraße 68, 40474 Düsseldorf.

Da das Luftfrachtaufkommen stetig wächst, im Lkw-Bereich aber eher eine Stagnation festzustellen ist, möchte man die Luftfrachtaufträge bei der INTERSPED GmbH zukünftig selbst erledigen. Dazu wäre es langfristig erforderlich, am Flughafen ein Büro zu errichten und sich um den Status eines IATA-Agenten zu bemühen. Das ist aber – so hatte man des Öfteren gehört – wegen des aufwendigen Bewerbungsverfahrens mit Schwierigkeiten verbunden.

In diesem Zusammenhang ergibt sich für die INTERSPED GmbH eine weitere interessante Perspektive: Weil die Firma Heitmann ein Nachfolgeproblem hat, bietet der Betriebsinhaber sein Unternehmen der INTERSPED GmbH zum Kauf an.

Der Assistent der Geschäftsleitung erhält daher zunächst den Auftrag zu prüfen,

- welche Vorteile sich aus einer IATA-Agentur ergeben,
- ob die INTERSPED GmbH die Bedingungen für eine IATA-Agentur überhaupt erfüllen kann und
- ob man nicht besser die Luftfrachtspedition HEITMANN einfach übernimmt und damit sofort über eine IATA-Agentur verfügt.

Da die Firma HEITMANN ihr Angebot zeitlich begrenzt hat, muss die Entscheidung kurzfristig fallen.

Unabhängig von dieser für die Zukunft des Unternehmens bedeutsamen Frage sollen eingehende Luftfrachtaufträge ab sofort von eigenen Mitarbeitern erledigt werden. Herr Elfers wird sich mit dieser Aufgabe befassen.

Sendung 1

Der erste Auftrag, der in eigener Regie abgefertigt werden soll, hat laut Speditionsauftrag vom Dienstag, den 06. Juli 20(0), folgende Daten:

Versender	ERNST KAULMANN KG, Bismarckstraße 18, 42659 Solingen
Empfänger	COMPLEJO METALLURGICO, Avenida Libertad 34 , Mexico City, Mexico
Termin	spätestens am 11. Juli 20(0)
Versand	per Luftfracht von Düsseldorf nach Mexiko City Güter werden in Mexiko vom Empfänger am Flughafen abgeholt.
Warenbeschreibung	Elektromotoren (electro motors)
Nettogewicht	480 kg
Bruttogewicht/Dimensionen	490 kg/ 10 Karton zu je 30 x 40 x 50 cm und 49 kg
Wert der Sendung	9.000,00 EUR
Dokumente	AWB, 1 Original, 2 Kopien
Rechnung	an Versender
Nachrichten	Versanddaten mit Ankunftszeit der Sendung (Fax) am Empfangsflughafen: – local time Mexico City – local time Düsseldorf (Mexico City: UTC –5, Düsseldorf: UTC +2)

Der Versender wünscht noch eine Vorkalkulation (als Fixpreis) per Fax, weil dem Empfänger die Versandkosten in Rechnung gestellt werden.

In der Vorkalkulation sind zu berücksichtigen:

- Vorlaufkosten Solingen – Düsseldorf (Abrechnung nach Sammelguttarif, 47 km)
- Luftfracht Düsseldorf – Mexiko City
- Nebenkosten am Abgangsflughafen
- Eventuell ist eine Lieferwertangabe im Luftfrachtbrief erforderlich, um eine ausreichende Haftung des Luftfrachtführers sicherzustellen (1 SZR = 1,2346 EUR).

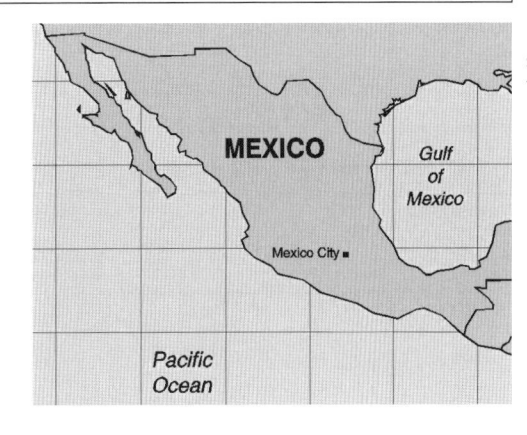

Sammelguttarif Seite 58
Nebengebühren siehe Informationsband

Lernsituation 12 | zu SLG S. 216–248, WSP S. 105–112, KSK S. 99–104, (DV) 196–201

Die Sendung ist von KAULMANN beim Zollamt in Solingen für die Ausfuhr angemeldet worden. Die Zollpapiere werden dem Lkw-Fahrer von MÖLLER-TRANS mitgegeben, der die Sendung in Solingen abholt. Dafür ist noch ein Abholauftrag auszustellen.

Die Sendung wird wie Sammelgut behandelt, das über das Lager der INTERSPED GmbH umgeschlagen und auch von MÖLLER-TRANS nach Düsseldorf befördert wird.

Anhand des IATA Air Cargo Guide sind geeignete Flugdaten zu ermitteln, so dass der Transport nach den Wünschen des Kunden abzuwickeln ist. Die Rechnung für den Versender ist zu erstellen.

Zum Schluss sollen alle Tätigkeiten bis zur abflugbereiten Übergabe an den Luftfrachtführer („ready for carriage") in einem Ablaufplan festgehalten werden, der dann für ähnliche Besorgungsaufträge verwandt werden kann.

Sendung 2

kein Gefahrgut

Ein zweiter Auftrag vom 6. Juli 20(0) weist folgende Daten auf:

Versender	WAKIA-Chemie GmbH, Industriestraße 88, 41460 Neuss
Empfänger	JBC INCORPORATED; 2-7-4 Hamamuta-Cho, Minuta-Ku Tokyo 106, Japan
Termin	schnellstens
Versand	per Luftfracht von Düsseldorf nach Tokyo Güter werden in Tokyo vom Empfänger am Flughafen abgeholt.
Warenbeschreibung	Aromate (aroma chemicals)
Nettogewicht	10 x 30 kg (= 30 Liter)
Bruttogewicht/Dimensionen	330 kg/10 Kanister zu je 30 x 25 x 40 cm
Wert der Sendung	18.000,00 EUR
Dokumente	AWB, 1 Original, 3 Kopien
Rechnung	an Versender
Nachrichten	Versanddaten mit Ankunftszeit der Sendung (Fax)

Hinweise

- **Vorlaufkosten**: Mit dem Kunden ist der Tarif für den Spediteursammel-gutverkehr vereinbart worden; siehe Seite 26. Die Entfernung Neuss – Düsseldorf beträgt 20 km
- Für beide Aufträge gilt: Den Kunden wird als **Luftfracht** der offizielle IATA-Tarif berechnet. Diese Raten erscheinen auch im AWB.
- Den Versendern werden außerdem in Rechnung gestellt (und im AWB ausgewiesen): AWB-Fee: 20,00 EUR
- Fuel Surcharge: 0,45 EUR pro kg (vom tatsächlichen Gewicht)
- Security Fee: 0,15 EUR pro kg (vom tatsächlichen Gewicht)
- Preisanfragen bei verschiedenen Luftfrachtführern erbrachten das unten stehende Ergebnis, das jeweils um Fuel Surcharge (0,45 EUR/kg) und Security Fee (0,15 EUR/kg) ergänzt werden muss.

Preisvergleich in EUR (Abflug DUS)

LH = Lufthansa
SAS = Scandinavian Airlines
BA = British Airways

MEX	LH EUR	SAS EUR	BA EUR
M	60,00	50,00	45,00
N	4,50	4,70	4,80
+45	4,10	4,15	4,00
+100	3,55	3,45	3,75
+300	3,00	3,05	3,20
+500	2,70	2,75	2,85

JP	LH EUR	SAS EUR	BA EUR
M	65,00	50,00	55,00
N	12,30	12,25	12,80
+45	9,35	9,60	9,05
+100	6,20	6,25	6,45
+300	3,50	3,90	3,75
+500	3,30	3,40	3,35

Zum Vergleich: IATA-Tarife (TACT)

Auszug aus dem Luftfrachttarif		
Düsseldorf	DE	DUS
	KGS	EUR
Mexico City	M	76,69
MEX	N	5,20
	100	4,11
	300	3,56
	500	3,40

Auszug aus dem Luftfrachttarif		
Düsseldorf	DE	DUS
	KGS	EUR
Tokyo	M	76,69
TYO	N	15,18
	45	10,96
	100	7,62
	200	5,54
	300	4,48
1024	100	6,25
7109	100	3,90
9998	45	4,64

Flugplan: Auszug aus dem Air Cargo Guide

DÜSSELDORF GERMANY (DUS)　　　0200

- RHEIN-RUHR (DUS) 6 mls/9 kms N of city centre
- MAIN STATION (QDU)

Validy From	To	Days of Service	Dep		Arr		Flight No.	Acft	Class	Stops
Mexico City				**MEX**						
–	–	1234567	**1315**	DUS	**1800**	MEX	MX 3498	744	BC	0
–	–	1234567	**1315**	DUS	**1800**	MEX	LH 498	747	BC	0
–	9.Jun	3	**1425**	DUS	**2155**	MEX	LH 8240	M1F	AC	1
11.Jun		35	**1425**	DUS	**2155**	MEX	LH 8240	M1F	AC	1
–	–	1	**2050**	DUS	***0425**	MEX	LH 8240	M1F	AC	1
–	–		**Transfer Connection**							
–	–	1234567	**1925**	DUS	2155	MAD	IB 3503	320	P	0
–	–		*1230	MAD	***1645**	MEX	IB 6403	747	BC	0

DÜSSELDORF GERMANY (DUS)　　　0200

- RHEIN-RUHR (DUS) 6 mls/9 kms N of city centre
- MAIN STATION (QDU)

Validy From	To	Days of Service	Dep		Arr		Flight No.	Acft	Class	Stops
Tokyo				**TYO**			HND-Haneda NRT-Narita			
–	–	3	**1110**	DUS	***1125**	NRT	LH 8022	74F	AC	1
–	–	3	**1110**	DUS	***1125**	NRT	YL 6422	74F	AC	1
–	–	7	**1130**	DUS	***1145**	NRT	LH 8022	74F	AC	1
–	–	1234567	**1350**	DUS	***0750**	NRT	LH 710	747	BC	0
–	–	5	**1620**	DUS	***1635**	NRT	LH 8022	74F	AC	1
–	–	57	**1710**	DUS	***1110**	NRT	LH 714	747	BC	0
–	–	5	**1710**	DUS	***1110**	NRT	NH 6002	744	BC	0
–	–		**Transfer Connection**							
–	–	1	**1200**	DUS	*0830	SEL	KE 506	74F	AC	1
–	–		***1740**	SEL	***1940**	NRT	KE 223	74F	AC	0

Nebengebühren für Exportsendungen: Siehe Informationshandbuch

(Marginalien): = Kilogramm; ription of modities: = FISH, D, FISH D = NEWS-RS = HOUSE-D GOODS, ONAL CTS, NOT RESALE

M1F = McDonnell Douglas MD-11 (freighter)
MAD = Madrid
IB = IBERIA (Lineas Aereas de España)
320 = Airbus A 320
P = Passagiertransport mit geringer Frachtkapazität
Siehe Informationsband

YL: Yamal Airlines
NH: All Nippon Airways
KE: Korean Air
SEL: Seoul
747: Boeing 747 passenger

Lernsituation 12 | zu SLG S. 216–248, WSP S. 105–112, KSK S. 99–104, (DV) 196–201

Für das Raab-Lagerlogistikprojekt hat Frau Keller u. a. einen Gabelstapler bestellt. Die unten abgebildete Rechnung befindet sich heute im Posteingang von Frau Keller.

Timmermann GmbH
Fördertechnik

Timmermann GmbH, Feldheider Str. 76-78, 40699 Erkrath

INTERSPED GmbH
Merkurstraße 14
40223 Düsseldorf

Datum: 14.07.20(0)

Auftragsbestätigung und Rechnung-Nr. 98754499	Kunden-Nr.: 47812	Lieferschein-Nr.: 7803234

Artikelbezeichnung	Menge	Einzelpreis EUR	Gesamtpreis EUR
Steinbock-Gabelstapler RH 35			14.252,00
Rechnungsbetrag netto			14.252,00
Umsatzsteuer 19 %			2.707,88
Rechnungsbetrag brutto			16.959,88

Unsere Bankverbindung: Commerzbank Düsseldorf (BLZ 300 400 00) Konto-Nr. 3 410 008
Es gelten unsere umseitigen Geschäftsbedingungen.

Weitere Unterlagen zu diesem Beschaffungsvorgang findet Frau Keller in ihren Akten. Eine Rückfrage im Lager ergibt, dass der Gabelstapler gerade geliefert worden ist.

INTERSPED GmbH

Intersped GmbH, Merkurstraße 14, 40223 Düsseldorf

Timmermanns-GmbH
Fördertechnik
Feldheider Straße 76 - 78
40699 Erkrath

Internationale Spedition
Merkurstraße 14
40223 Düsseldorf
Telefon: 0221 56742-0
Telefax: 0221 56733

Ihr Zeichen, Ihre Nachricht vom	Unser Zeichen, unsere Nachricht vom	Telefon, Name	Datum
	kel 244	0211 56742-244 Frau Keller	20. Juni 20(0)

Anfrage über Gabelstapler

Sehr geehrte Damen und Herren,

meine Spedition benötigt in Kürze für eine Lagererweiterung einen Gabelstapler. Erwartet werden eine Tragfähigkeit von 3500 kg sowie eine Hubhöhe von 3500 mm.

Ich bitte um ein entsprechendes Angebot. Da wir bislang noch nicht in Geschäftsverbindung stehen und mir daher noch nicht Ihr gesamtes Leistungsprogramm bekannt ist, bitte ich um Übersendung eines Kataloges.
Mit freundlichen Grüßen

INTERSPED GMBH

Tanja Keller

Bankverbindung: Commerzbank Düsseldorf, Konto 4865 051 000, BLZ 300 400 00

Timmermann GmbH
Fördertechnik

Timmermann GmbH, Feldheider Str. 76-78, 40699 Erkrath

INTERSPED GmbH
Merkurstraße 14
40223 Düsseldorf

Ihr Zeichen, Ihre Nachricht vom	Unser Zeichen, unsere Nachricht vom	Telefon, Name	Datum
kel 20(0)-06-20	KR-W	02104 9391-225 Herr Kranz	24. Juni 20(0)

Angebot Nr. E5025-601 über Gabelstapler

Sehr geehrte Frau Keller,

wir bedanken uns für Ihre Anfrage und senden Ihnen unseren Katalog. Wir bieten Ihnen den im Katalog auf der Seite 95 abgebildeten Steinbock-Gabelstapler RH 35 (Bestell-Nr. 448 998) zum Nettoeinkaufspreis von

€ 13.252,00 an.

Er weist die von Ihnen gewünschten Leistungsmerkmale (Tragfähigkeit 3500 kg und Hubhöhe 3500 mm) auf. Die weiteren Produktmerkmale entnehmen Sie bitte unserem Katalog. Diesen Gabelstapler können wir Ihnen sofort liefern. Darüber hinaus gelten unsere umseitig abgedruckten allgemeinen Geschäftsbedingungen.

Ihrer Bestellung sehen wir mit Interesse entgegen.

Mit freundlichen Grüßen

F. Kranz

(Kranz)

Unsere Bankverbindung: Commerzbank Düsseldorf (BLZ 300 400 00) Konto-Nr. 3 410 008
Es gelten unsere umseitigen Geschäftsbedingungen.

Allgemeine Geschäftsbedingungen der Timmermanns-GmbH (Auszug)

1. Für alle Angebote, Verkäufe und sonstigen Leistungen gelten mangels abweichender schriftlicher Vereinbarungen die nachstehenden Bedingungen zwischen den Vertragsparteien als vereinbart. ....
3. Die Preise verstehen sich frei Haus. In den Preisen ist die Mehrwertsteuer nicht enthalten. ...
7. Zahlungen sind grundsätzlich netto innerhalb 30 Tagen ab Rechnungsdatum fällig. Bei Zahlungen innerhalb 8 Tagen ab Rechnungsdatum gewähren wir 2 % Skonto. ...
10. Diese Lieferungs- und Zahlungsbedingungen gelten auch bei allen künftigen Geschäften als zugrunde gelegt, auch wenn diese nicht ausdrücklich erwähnt wurden.

Lernsituation 12 | zu SLG S. 216–248, WSP S. 105–112, KSK S. 99–104, (DV) 196–201

INTERSPED GmbH

Intersped GmbH, Merkurstraße 14, 40223 Düsseldorf

Timmermanns-GmbH
Fördertechnik
Feldheider Straße 76 - 78
40699 Erkrath

Internationale Spedition
Merkurstraße 14
40223 Düsseldorf
Telefon: 0221 56742-0
Telefax: 0221 56733

Ihr Zeichen, Ihre Nachricht vom	Unser Zeichen, unsere Nachricht vom	Telefon, Name	Datum
kr-w/20(0)-06-24	kel	0211 56742-244 Frau Keller	10. Juli 20(0)

Bestellung

Sehr geehrte Damen und Herren,

ich bitte um sofortige Lieferung des Steinbock-Gabelstapler RH 35 mit der Bestell-Nr. 448 998 zu den Bedingungen Ihres Angebots vom 24. Juni 20(0).

Mit freundlichen Grüßen

INTERSPED GMBH

Tanja Keller

Bankverbindung: Commerzbank Düsseldorf, Konto 4865 051 000, BLZ 300 400 00

Die Einrichtung der Abteilung „Export-/Import-Spedition" im 2. Geschäftsjahr der INTERSPED GmbH hat zu einer Konsolidierung der Umsätze und zu einem zufrieden stellenden Unternehmensergebnis (siehe unten stehende Tabelle) geführt.

Herr Sedinger, der neue Controller der INTERSPED GmbH, hat die wichtigsten Daten des abgelaufenen Jahres 20(0) in einer Ergebnistabelle für die betriebswirtschaftliche Auswertung zusammengefasst.

Ergebnistabelle für die betriebswirtschaftliche Auswertung des Jahres 20(0) Stand: 31.12.20(0)			
Nettoumsatz (ohne USt.)			5.442.825,00
	Abteilung Sammel- und Ladungsverkehre	4.354.260,00	
	Abteilung Export-/Import-Spedition	1.088.565,00	
Speditionskosten			1.814.275,00
	Abteilung Sammel- und Ladungsverkehre	1.451.420,00	
	Abteilung Export-/Import-Spedition	362.855,00	
Rohergebnis			3.628.550,00
Gesamtkosten			3.465.266,00
davon für:			
40000	Löhne und Lohnnebenkosten	874.481,00	
41000	Gehälter und Gehaltsnebenkosten	1.148.651,00	
42000	Fuhrparkkosten	460.826,00	
43000	Raumkosten	105.228,00	
44000	Verwaltungskosten	83.457,00	
45000	Steuern und Versicherungen	112.485,00	
46000	Unternehmenskosten	134.256,00	
48000	Kalkulatorische Kosten	545.882,00	
Betriebsergebnis			163.284,00

Herr Berger erwartet von ihm genaue Auskunft darüber, mit welchem Ergebnis die Abt. I: „Sammel- und Ladungsverkehre" und die Abt. II: „Export-/Import-Spedition" das Geschäftsjahr abgeschlossen haben und wie sich die Kosten auf die Abteilungen verteilen. Herr Sedinger hat die einzelnen Kosten wegen der Übersichtlichkeit zu Gruppen (siehe Kontenrahmen) zusammengefasst und will nun mithilfe des Betriebsabrechnungsbogens (BAB) die Betriebskosten auf die beiden Geschäftsbereiche (Abteilungen) verteilen.

Die Verteilung soll entsprechend der Verursachung der Kosten durch die Abteilungen erfolgen. Die Umsätze (Speditionserlöse) und die Speditionskosten machen ihm wegen der direkten Zuordnungsmöglichkeiten (ER und

AR der Aufträge) zu den Abteilungen keine Probleme. Aber für die Betriebskosten suchte er nach einem verursachungsgerechten Verteilungsschlüssel. Folgende Kostenaufschlüsselung will er verwenden:

Kostenaufschlüsselung

Kostenart		zu verteilende Kosten in €	Verteilungsgrundlage	Verteilungsschlüssel	
				Abt. I	Abt. II
40000	Löhne und Lohnnebenkosten	874.481,00	Lohnliste	777.033,00	97.448,00
41000	Gehälter und Gehaltsnebenkosten	1.148.651,00	Gehaltsliste	924.558,00	224.093,00
42000	Fuhrparkkosten	460.826,00	gefahrene km	370.105	30.613
43000	Raumkosten	105.228,00	Fläche in m²	4.100 m²	1.200 m²
44000	Verwaltungskosten	83.457,00	Umsatz	4.354.260,00	1.088.565,00
45000	Steuern und Versicherungen	112.485,00	Umsatz	4.354.260,00	1.088.565,00
46000	Unternehmenskosten	134.256,00	Umsatz	4.354.260,00	1.088.565,00
48000	Kalkulatorische Kosten	545.882,00	Schlüssel	15 Teile	5 Teile
40000	Löhne und Lohnnebenkosten	874.481,00	Lohnliste	777.033,00	97.448,00

Sedinger will die Berechnung des BAB mit Excel durchführen. Dabei wird das Formular mit Formeln versehen, die die Kostenverteilung nach den Schlüsseln, die Umlage für Geschäftsführung und Allgemeine Verwaltung automatisch berechnen. Sobald die neuen Zahlen aus der Buchhaltung vorliegen, ändert Sedinger nur die Beträge in Spalte B und hat den neuen BAB.

	A	B	C	D	E	F
21	Betriebsabrechnungsbogen der Spedition INTERSPED GmbH					
22					Hauptkostenstellen	
23	Kostenarten	Betrag	Verteilungsschlüssel		Abt. I	Abt. II
24	8000 Speditionserlöse	5.471.472,00	direkt			
25	7000 Speditionskosten	1.823.824,00	direkt			
26	Rohergebnis	3.647.648,00	direkt			
27	Gemeinkosten:					
28	4000 Löhne	874.481,00	gem. Lohn- und Gehaltsliste			
29	4100 Gehälter	1.148.651,00	gem. Lohn- und Gehaltsliste			
30	4200 Fuhrparkkosten	460.826,00	370.105	30.613	425.621,03	35.204,97
31	4300 Raumkosten	105.228,00	4100	1200	81.402,79	23.825,21

Anschließend sollen die Ergebnisse auch grafisch dargestellt werden. Für diese Aufgabe eignen sich sowohl Balken- als auch Kreisdiagramme.

Da es sich um den Vergleich mehrerer Abteilungen handelt, könnte z. B. ein Balkendiagramm über die Kostenstruktur entstehen, bei dem die Kostenarten der beiden Abteilungen (nach Prozenten) miteinander verglichen werden.

Es sind ebenfalls weitere Diagrammarten (z. B. Kreisdiagramme) möglich, die erstellt und auf ihre Aussagekraft hin geprüft werden sollten.

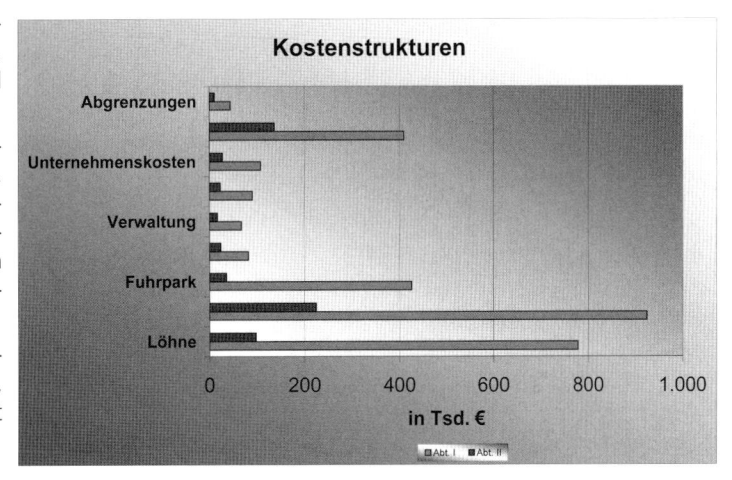

Lernsituation 12 | zu SLG S. 216–248, WSP S. 105–112, KSK S. 99–104, (DV) 196–201

Shipper's Name and Address	Shipper's Account Number	Not Negotiable **Air Waybill** Issued by
		Copies 1, 2 and 3 of this Air Waybill are originals and have the same validity.
Consignee's Name and Address	Consignee's Account Number	It is agreed that the goods described herein are accepted in apparent good order and condition (except as noted) for carriage SUBJECT TO THE CONDITIONS OF CONTRACT ON THE REVERSE HEREOF. ALL GOODS MAY BE CARRIED BY ANY OTHER MEANS INCLUDING ROAD OR ANY OTHER CARRIER UNLESS SPECIFIC CONTRARY INSTRUCTIONS ARE GIVEN HEREON BY THE SHIPPER, AND SHIPPER AGREES THAT THE SHIPMENT MAY BE CARRIED VIA INTERMEDIATE STOPPING PLACES WHICH THE CARRIER DEEMS APPROPRIATE. THE SHIPPER'S ATTENTION IS DRAWN TO THE NOTICE CONCERNING CARRIER'S LIMITATION OF LIABILITY. Shipper may increase such limitation of liability by declaring a higher value for carriage and paying a supplemental charge if required.
Issuing Carrier's Agent Name and City		Accounting Information
Agent's IATA Code	Account No.	
Airport of Departure (Addr. of First Carrier) and Requested Routing		Reference Number / Optional Shipping Information

To	By First Carrier	Routing and Destination	to	by	to	by	Currency	CHGS Code	WT/VAL PPD COLL	Other PPD COLL	Declared Value for Carriage	Declared Value for Customs

Airport of Destination	Requested Flight / Date	Amount of Insurance	INSURANCE – If carrier offers insurance, and such insurance is requested in accordance with the conditions thereof, indicate amount to be insured in figures in box marked "Amount of Insurance".

Handling Information

SCI

(For USA only): These commodities, technology or software were exported from the United States in accordance with the Export Administration Regulations. Diversion contrary to USA law prohibited.

No. of Pieces RCP	Gross Weight	kg lb	Rate Class / Commodity Item No.	Chargeable Weight	Rate / Charge	Total	Nature and Quantity of Goods (incl. Dimensions or Volume)

Prepaid / Weight Charge / Collect	Other Charges
Valuation Charge	
Tax	
Total Other Charges Due Agent	Shipper certifies that the particulars on the face hereof are correct and that insofar as any part of the consignment contains dangerous goods, such part is properly described by name and is in proper condition for carriage by air according to the applicable Dangerous Goods Regulations.
Total Other Charges Due Carrier	
	Signature of Shipper or his Agent
Total Prepaid / Total Collect	
Currency Conversion Rates / CC Charges in Dest. Currency	Executed on (date) at (place) Signature of Issuing Carrier or its Agent
For Carrier's Use only at Destination / Charges at Destination / Total Collect Charges	

ORIGINAL 3 (FOR SHIPPER)

Shipper's Name and Address			Shipper's Account Number				Not Negotiable **Air Waybill** Issued by
							Copies 1, 2 and 3 of this Air Waybill are originals and have the same validity.
Consignee's Name and Address			Consignee's Account Number				It is agreed that the goods described herein are accepted in apparent good order and condition (except as noted) for carriage SUBJECT TO THE CONDITIONS OF CONTRACT ON THE REVERSE HEREOF. ALL GOODS MAY BE CARRIED BY ANY OTHER MEANS INCLUDING ROAD OR ANY OTHER CARRIER UNLESS SPECIFIC CONTRARY INSTRUCTIONS ARE GIVEN HEREON BY THE SHIPPER, AND SHIPPER AGREES THAT THE SHIPMENT MAY BE CARRIED VIA INTERMEDIATE STOPPING PLACES WHICH THE CARRIER DEEMS APPROPRIATE. THE SHIPPER'S ATTENTION IS DRAWN TO THE NOTICE CONCERNING CARRIER'S LIMITATION OF LIABILITY. Shipper may increase such limitation of liability by declaring a higher value for carriage and paying a supplemental charge if required.
Issuing Carrier's Agent Name and City							Accounting Information
Agent's IATA Code			Account No.				
Airport of Departure (Addr. of First Carrier) and Requested Routing							Reference Number / Optional Shipping Information
To	By First Carrier	Routing and Destination	to	by	to	by	Currency / CHGS Code / WT/VAL PPD COLL / Other PPD COLL / Declared Value for Carriage / Declared Value for Customs
Airport of Destination			Requested Flight / Date				Amount of Insurance / INSURANCE – If carrier offers insurance, and such insurance is requested in accordance with the conditions thereof, indicate amount to be insured in figures in box marked "Amount of Insurance".
Handling Information							
							SCI
(For USA only): These commodities, technology or software were exported from the United States in accordance with the Export Administration Regulations. Diversion contrary to USA law prohibited.							

No. of Pieces RCP	Gross Weight	kg lb	Rate Class / Commodity Item No.	Chargeable Weight	Rate / Charge	Total	Nature and Quantity of Goods (incl. Dimensions or Volume)

Prepaid / Weight Charge / Collect	Other Charges
Valuation Charge	
Tax	
Total Other Charges Due Agent	Shipper certifies that the particulars on the face hereof are correct and that **insofar as any part of the consignment contains dangerous goods, such part is properly described by name and is in proper condition for carriage by air according to the applicable Dangerous Goods Regulations.**
Total Other Charges Due Carrier	
	Signature of Shipper or his Agent
Total Prepaid / Total Collect	
Currency Conversion Rates / CC Charges in Dest. Currency	
	Executed on (date) at (place) Signature of Issuing Carrier or its Agent
For Carrier's Use only at Destination / Charges at Destination / Total Collect Charges	

ORIGINAL 3 (FOR SHIPPER)

Lernsituation 12 | zu SLG S. 216–248, WSP S. 105–112, KSK S. 99–104, (DV) 196–201

```
┌─────────────────────────────────────────────────────────────────┐
│  Abholauftrag     ┌─────────────┐                               │
│                   │             │              INTERSPED        │
│                   │             │                   GmbH        │
│                   │             │              Düsseldorf       │
│                   └─────────────┘                               │
│  Datum:          ┌────────────────────────────────────────┐     │
│  Versender:      │                                        │     │
│                  │                                        │     │
│                  │                                        │     │
│  Sendung:        │                                        │     │
│  Empfänger:      │                                        │     │
│  Bemerkungen:    │                                        │     │
│                                                                 │
│  Düsseldorf,                              Unterschrift          │
└─────────────────────────────────────────────────────────────────┘
```

Aufgabe 1
Stellen Sie fest, an welchen Positionen INTERSPED durch die Rechnung an KAULMANN verdient.

Aufgabe 2
Betrachten Sie noch einmal den untenstehenden Flugplan DUS – Mexico City.
 a. Wodurch unterscheiden sich die Zeilen 1 und 2?
 b. Was bedeutet das Sternchen (*) in Zeile 5?
 c. Erläutern Sie die Zeilen 6 bis 8 (Transfer Connection).

MX = Mexicana
IB = Iberia

Mexico City				MEX						
1	–	–	1234567	**1315**	DUS	**1800**	MX 3498	744	LPJ	0
2	–	–	1234567	**1315**	DUS	**1800**	LH 498	747	LPJ	0
3	–	9.Jun	3	**1425**	DUS	**2155**	LH 8240	M1F	PPF	1
4	11.Jun		35	**1425**	DUS	**2155**	LH 8240	M1F	PPF	1
5	–	–	1	**2050**	DUS	***0425**	LH 8240	M1F	PPF	1
6	–	–	**Transfer Connection**							
7	–	–	1234567	**1925**	DUS	2155 MAD	IB 3503	320	P	0
8	–	–		*1230	MAD	***1645**	IB 6403	747	LPJ	0

Aufgabe 3
Stellen Sie fest, zu welchem Konferenzgebiet Mexico und Japan gehören.

Aufgabe 4
a. Begründen Sie, warum sich die nachfolgend genannten Güter für einen Lufttransport eignen.
 1. Blumen aus Israel für den europäischen Markt
 2. Zuchtpferde aus Deutschland für Saudi-Arabien
 3. dringend benötigte Ersatzteile aus den USA für eine Bohrinsel in der Nordsee (Gewicht 1,5 t)
 4. 12 kg Computerchips im Wert von 80.000,00 EUR aus Japan für einen amerikanischen Computerhersteller (wöchentlicher Versand)

b. Kennzeichnen Sie die Eigenschaften der Güter unter 1 bis 4 in allgemeiner Form.

Aufgabe 5
Ordnen Sie die nachfolgenden Aufgaben der ICAO oder der IATA zu.
1. Förderung der internationalen Zivilluftfahrt
2. Festlegung einheitlicher Tarife und Dokumente
3. Ausbau der internationalen Luftverkehrseinrichtungen (Flughäfen, Flugsicherung)
4. Förderung der Sicherheit im internationalen Luftverkehr
5. Erarbeitung einheitlicher Beförderungsbedingungen
6. Entwicklung von Zulassungsrichtlinien für IATA-Agenten

Aufgabe 6
Eine Luftfrachtsendung (Frachtführer: Lufthansa) von Hamburg nach Ankara wiegt 16 kg und hat einen Wert von 4.200,00 EUR. 1 SZR = 1,2219 EUR

a. Wie viel EUR ersetzt der Luftfrachtführer bei einem Totalschaden?
b. Wie viel EUR muss der Absender selbst tragen?
c. Der Absender möchte die gesetzlich festgelegte Haftungsbeschränkung des Carriers aufheben.
   ca. Welche Eintragung muss dann auf dem Frachtbrief vorgenommen werden?
   cb. Welcher Wertzuschlag ist dann zu entrichten?

Aufgabe 7

Eine Luftverkehrsgesellschaft nennt in einem Prospekt nebenstehende Vorzüge des Luftverkehrs.

Schnelligkeit   Netzdichte
Sicherheit   hohe Kapazität
Zuverlässigkeit   hohe Frequenz

a. Erläutern Sie diese Vorzüge des Luftverkehrs näher.
b. Die Luftverkehrsgesellschaft nennt als weiteren Vorzug:

günstige Kosten im Vergleich zu alternativen Verkehrsträgern

Begründen Sie diesen Vorteil des Luftfrachtverkehrs anhand der nachfolgend abgebildeten Vergleichsrechnung.

Frachtkostenvergleich Luft-/Oberflächenversand	Kosten in EUR	
Stuttgart – New York	Luftfracht	Oberflächenversand
Wert ab Werk	5.857,50	5.857,50
Versandkosten	0,00	0,00
– Verpackung	40,00	104,75
– Transport zum Abgangs(flug)hafen, Abfertigung	17,68	37,80
– Fracht	305,00	132,00
– Transport vom Bestimmungs(flug)hafen, Abfertigung	36,50	104,10
– Einfuhrabgaben	709,58	720,00
Versicherung	9,30	57,28
Einstandspreis	6.975,55	7.013,43
Kalkulatorische Zinsen für gebundenes Kapital während der Transportzeit	4,90	22,35
Gesamtkosten	6.980,45	7.035,78
Kostenvorteil	55,33	
Zeitvorteil	14 Tage	

Aufgabe 8

Übertragen Sie die IATA-Richtungscodes in die Karte auf der nachfolgenden Seite.

IATA-Richtungscodes siehe Informationshandbuch

Aufgabe 9

Geben Sie zu folgenden Flugverbindungen die entsprechenden Richtungscodes an (in Klammern: 3-Letter-Codes der Flughäfen):

a. San Francisco (SFO) – Düsseldorf (DUS)
b. Lissabon (LIS) – Anchorage (ANC) – Tokio (NRT)
c. Frankfurt/Main (FRA) – Athen (ATH) – Dehli (DEL) – Tokio (NRT)
d. Kuala Lumpur (KUL) – New Orleans (MSY)
e. Los Angeles (LAX) – Atlanta (ATL) – Rio de Janeiro (GIG)

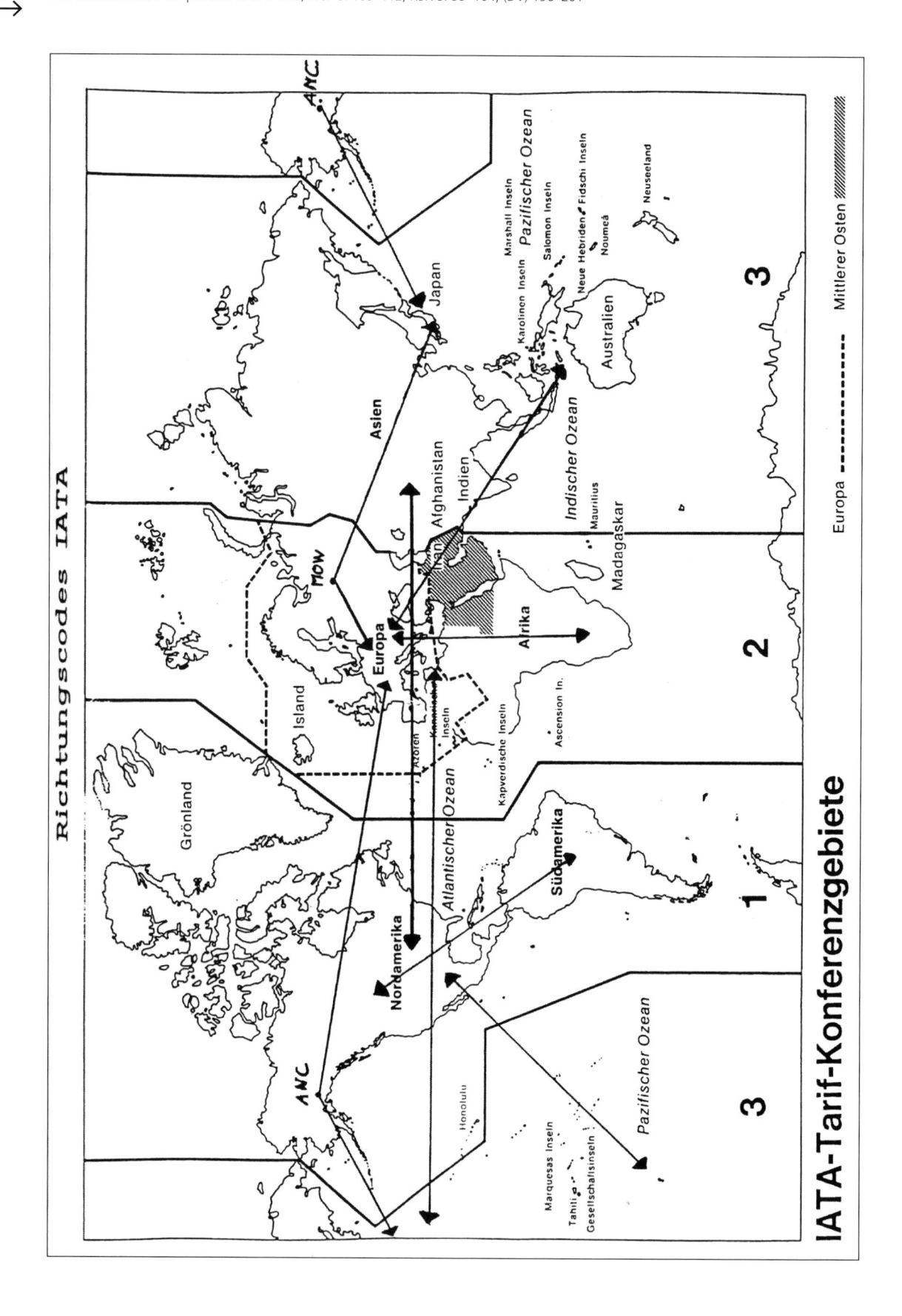

Lernsituation 12 | zu SLG S. 216–248, WSP S. 105–112, KSK S. 99–104, (DV) 196–201

Richtungscodes IATA

IATA-Tarif-Konferenzgebiete

Europa – – – – –   Mittlerer Osten ▨

Aufgabe 10

Eine Luftfrachtsendung ist von Frankfurt/Main nach Sydney (Australien) zu befördern.

Sendungsdaten:
- 2 Karton optische Geräte mit jeweils folgenden Maßen: 83 cm x 55 cm x 45 cm
- das Gesamtgewicht der Sendung beträgt 60 kg

a. Berechnen Sie die Luftfracht unter Anwendung des nebenstehenden Tarifs und unter Berücksichtigung folgender Nebengebühren: Fuel Surcharge 0,45 EUR pro kg, Security Fee 0,15 EUR pro kg, AWB-Gebühr 20,00 EUR.

b. Erläutern Sie die im nebenstehenden Tarif dargestellten übrigen Frachtraten und begründen Sie jeweils, warum diese hier nicht angewendet werden.

c. Die Abflugzeit für den Flug LH 778 ab Frankfurt (GMT +1) nach Sydney (GMT +10) ist am 12. März um 22:10 Uhr, die Maschine macht einen vierstündigen Zwischenstopp in Bangkok. Die reine Flugzeit beträgt 18 Stunden und 50 Minuten.

Nennen Sie den Tag und die Uhrzeit (Ortszeit), an dem die Sendung des Kunden in Sydney planmäßig eintrifft.

FRANKFURT			DE	FRA
EURO		EUR		KGS
SYDNEY			AU	
		M		84,40
		N		15,85
		45		11,37
		100		7,32
		300		6,10
		500		5.67
	9709	100		5,92
		/C		4,49
	5	/B	2.000	9.719,53
	8	/B	1000	4.864,72
9709	CHEMICALS, CHEMICAL PRODUCTS. DRUGS, COSMETICS. PHARMACEUTICALS, ESSENTIAL OILS, RESINS			

Aufgabe 11

Die OPTIMAX GmbH möchte an einer internationalen Messe in Singapur teilnehmen. Zum Versand kommen hochwertige Messgeräte im Wert von 21.500,00 EUR, verpackt in drei Kisten mit folgenden Abmessungen und Einzelgewichten:

1. Kiste 120 x 110 x 80 cm; 80 kg
2. Kiste 110 x 100 x 100 cm; 120 kg
3. Kiste 80 x 80 x 90 cm; 110 kg

Berechnen Sie die Luftfracht und berücksichtigen Sie dabei folgende Nebengebühren:
- Security Fee 0,15 EUR pro kg tatsächliches Gewicht
- Fuel Surcharge 0,65 EUR pro kg tatsächliches Gewicht

Singapore SG	KGS	EUR
	M	38,35
	N	2,16
	100	1,54
	300	1,45
	500	1,38

Aufgabe 12

270 kg medizinisches Gerät sind von Frankfurt/Main nach Nairobi in Kenia zu versenden. Berechnen Sie die Luftfracht und berücksichtigen Sie folgende Nebengebühren:

- Fuel surcharge 0,55 EUR per kg/act. weight
- Security Fee 0,65 EUR per kg/act. weight
- AWB-Fee 20,00 EUR

Frankfurt	EUR	DE	FRA
EURO			KGS
Nairobi	**KE**	M	76,70
		N	14,10
		45	10,70
		100	4,50
		300	3,80
		500	3,30

Aufgabe 13

Sie erhalten den Auftrag, vier Kisten Kosmetika von Düsseldorf nach Detroit, USA, zu versenden. Maße: 120 x 80 x 210 je Kiste, Bruttogewicht der Gesamtsendung 905 kg.

a. Berechnen Sie die Luftfracht aufgrund der nebenstehenden Ratenvereinbarung und der nachfolgenden Angaben über

		Raten in EUR	
Detroit	**USA**	MIN	65,00
		− 100	2,50
		+ 100	2,25
		+ 500	2,20
		+ 1000	2,10

Nebengebühren:
- Fuel surcharge 0,95 EUR per kg/act. weight
- Security Fee 0,15 EUR per kg/act. weight
- AWB-Fee 20,00 EUR

b. Stellen Sie fest, wer die jeweiligen Beträge erhält (Carrier oder Luftfrachtagent).

Aufgabe 14

Sie haben die Aufgabe für mehrere Sendungen die Frachtentgelte nach TACT zu ermitteln.

Sendungen

1. Frankfurt – Dubai	87,6 kg	L = 100 cm, B = 80 cm, H = 60 cm
2. Frankfurt – Seoul	159,3 kg	L = 120 cm, B = 123 cm, H = 80 cm
3. Frankfurt – Sydney	420 kg	L = 171 cm, B = 142 cm, H = 110 cm

Tarife

TACT								
Frankfurt	DE	FRA	Frankfurt	DE	FRA	Frankfurt	DE	FRA
	KGS	EUR		KGS	EUR		KGS	EUR
Dubai	M	76,69	Seoul	M	76,69	Sydney	M	84,36
	N	4,56		N	14,01		N	15,74
	100	3,46		45	9,74		45	11,37
	500	2,91		100	6,68		100	7,32
				200	4,87		300	6,17
				300	4,33		500	5,57
							800	5,07

a. Stellen Sie fest, welche Schritte notwendig sind, um diese Aufgabe zu lösen.

b. Ermitteln Sie jeweils die günstigsten Tarife.

Ausgabe 15

Eine Sendung Zeitungen (279,7kg), Maße 100 cm x 100 cm x 90 cm, soll von Frankfurt/Main nach Madrid transportiert werden.

a. Passen Sie das in Aufgabe 14 a ermittelte Schema an diese Aufgabe an (prüfen Sie auch, ob eine Spezialrate anzuwenden ist).

b. Ergänzen Sie den nachfolgenden Ausschnitt aus dem AWB.

No. of Pieces RCP	Gross Weight	Kg Lb	Rate Class / Commodity Item No.	Chargeable Weight	Rate / Charge	Total	Nature and Quantity of Goods (incl. Dimensions or Volume)

TACT		
Frankfurt	DE	FRA
	KGS	EUR
Madrid	M	38,00
	N	3,22
	100	3,07
	500	2,91
7104	100	1,89
7107	45	1,44
9710	45	2,07
9735	45	2,12

General List of Descriptions (Auszüge)

7104	MAGAZINES, PERIODICALS – PUBLISHED ONCE WEEKLY OR AT LONGER INTERVALS – BOOKS EXCLUDING PHOTOGRAPHS
7107	NEWSPAPERS
9710	PRINTED MATTER, PAPER – INCLUDING PHOTOGRAPHIC, SENSITIZED PAPER
9735	FOODSTUFFS, SPICES, BEVERAGES, TOBACCO, SKINS, LEATHER, FLOWERS, PLANTS, OILS, WOOD MANUFACTURES, TEXTILES, CHEMICAS, DRUGS, PHARMACEUTICALS, PAINTS

Aufgabe 16

Drei ULD Container (AVM 1217, AVM 1728, AVM 2230), Elektrobauteile, Bruttogewicht insgesamt 3.534 kg, Leergewicht pro ULD 126 kg. Relation: Düsseldorf – Detroit

Ergänzen Sie den Ausschnitt aus dem Luftfrachtbrief.

Ratenauszug

Bulk unitization charges Düsseldorf		DE	DUS
		CARRIER	LH Cargo
Detroit		Pivot weight	800,00 kg
	Charge of pivot weight per unit	B	6.815,00 EUR
	Over pivot rate	C	4,73 EUR

Ausschnitt aus dem Luftfrachtbrief

No. of Pieces RCP	Gross Weight	Kg Lb	Rate Class / Commodity Item No.	Chargeable Weight	Rate / Charge	Total	Nature and Quantity of Goods (incl. Dimensions or Volume)

Aufgabe 17

Sie sind Mitarbeiter/-in der Spedition Intersped GmbH. Mit der Luftfrachtgesellschaft CARGO INTERNATIONAL ltd. besteht auf der Relation Frankfurt – London Heathrow eine Kontraktrate über 80 t pro Monat. Der Kilogrammpreis beträgt 1,41 EUR. Mit den Versendern wird nach TACT abgerechnet.

TACT		
Frankfurt	DE	FRA
EURO	KGS	EUR
London LHR	M	38,00
	N	3,22
	100	3,07
	500	2,91

Gewichtsverteilung

KGS	Sendungen / Gewicht in t
M	180 Sendungen/Gesamtgewicht 0,450
N	32,000
100	21,000
500	27,000

a. Berechnen Sie die Gesamtmenge der im letzen Monat versendeten Güter auf dieser Relation.
b. Ermitteln Sie die Auslastungsquote in Prozent.
c. Berechnen Sie das Rohergebnis für diese Relation.

Auszug aus dem Luftfrachttarif (TACT = The Air Cargo Tariff)		
Frankfurt	DE	FRA
EURO	KGS	EUR
Perth	M	84,36
	N	14,65
	45	10,27
	100	6,77
	300	5,95
	500	5,40
	800	4,91

Aufgabe 18

Ein Stammkunde versendet regelmäßig Sendungen nach Perth, Australien. Sie werden beauftragt, das Verfahren zur Ermittlung der Frachtraten zu vereinfachen, in dem Sie eine Tabelle erstellen, aus der hervorgeht, ab welchem Gewicht sich das Auflasten der Sendung lohnt. Hinweis: Die erste Schwelle (X1) besteht im Erreichen des Minimumgewichts.

Aufgabe 19

Ermitteln Sie mithilfe der Zeitzonenkarte die Ortszeit in unten stehenden Städten. Ausgangszeit ist MEZ 9:00 Uhr

a. Kapstadt
b. Peking
c. Dar es Salaam
d. Athen
e. Rio de Janeiro
f. Washington

Aufgabe 20

Nennen Sie die außereuropäischen Länder, die zu IATA-Europa gehören.

Aufgabe 21
Nennen Sie das IATA-Tarif-Konferenzgebiet.

Grönland		Hawaii		Australien	
Malediven		Vereinigte Arabische Emirate		Israel	
Island		Südafrikanische Republik		Teneriffa	

Aufgabe 22
Auf dem 175° östlicher Länge ist es am 10.10.20(0) 15:00 Uhr. Berechnen Sie die Ortszeit zum gleichen Zeitpunkt auf dem 170° westlicher Länge (Stunde/Minute/Datum).

Aufgabe 23
Ordnen Sie die folgenden Länder, die ein Flugzeug auf kürzestem Weg überfliegt, den unten stehenden Flugrouten zu (jeweils nur ein Land).

Länder:

Algerien, China, Dänemark, Indonesien, Serbien, Kanada, Mauretanien, Norwegen, Polen, Venezuela

Route von	über	nach
a. Rom		Moskau
b. Frankfurt/Main		Dakar
c. London		Helsinki
d. Lissabon		Nairobi
e. Düsseldorf		Moskau
f. Paris		New York
g. Chicago		São Paulo
h. Tokio		Delhi
i. Singapur		Sydney
j. Stockholm		Reykjavik

Aufgabe 24
Im Auftrag Ihres Vorgesetzten sollen Sie eine Telefonkonferenz mit zwei internationalen Partnern in Chicago und São Paulo arrangieren. Bei beiden Geschäftspartnern beginnt um 09:00 Uhr Ortszeit der Arbeitstag. Um wie viel Uhr (Orts-zeit Düsseldorf, MEZ Winterzeit) kann das Gespräch frühestens beginnen?

www.weltzeit.de/zeitzonenkarte.php

Aufgabe 25
Die Maschine der Lufthansa AG startet am Dienstag den 23.08.20(0) um 19:00 Uhr in Frankfurt/Main Sie erreicht am Mittwoch um 12:35 Uhr Seoul (jeweils Ortszeit). Ermitteln Sie die Flugzeit des Nonstop-Flugs.

Aufgabe 26
a. Ergänzen Sie die Tabelle der Frachtflughäfen mit den Staaten, den Konferenzgebieten und den Zeitabweichungen.

*2005

Die wichtigsten internationalen Frachtflughäfen						
Nr.	Fracht in 1.000 t*	Flughafen	Staat	3-Letter-Code	IATA-Traffic Conference: TC...	Zeitzone: MEZ +/–
1	3.598	Memphis		MEM		
2	3.433	Hongkong		HKG		
3	2.554	Anchorage		ANC		
4	2.291	Tokio/Narita		NRT		
5	2.150	Seoul		ICN		
6	2.010	Paris/Charles de Gaulle		CDG		
7	1.962	Frankfurt/Rhein-Main		FRA		
8	1.938	Los Angeles		LAX		
9	1.857	Shanghai		PVG		
10	1.855	Singapur/Changi		SIN		
11	1.815	Louisville		SDF		
12	1.755	Miami		MIA		

13	1.705	Taipei		TPE			
14	1.661	New York/John F. Kennedy		JFK			
15	1.546	Chicago/O'Hare		ORD			
16	1.496	Amsterdam/Shipol		AMS			
17	1.389	London/Heathrow		LHR			
18	1.315	Dubai		DXB			
19	1.140	Bangkok		BKK			
20	985	Indianapolis		IND			

b. Tragen Sie die oben genannten 20 Frachtflughäfen in die nachfolgende Karte ein.

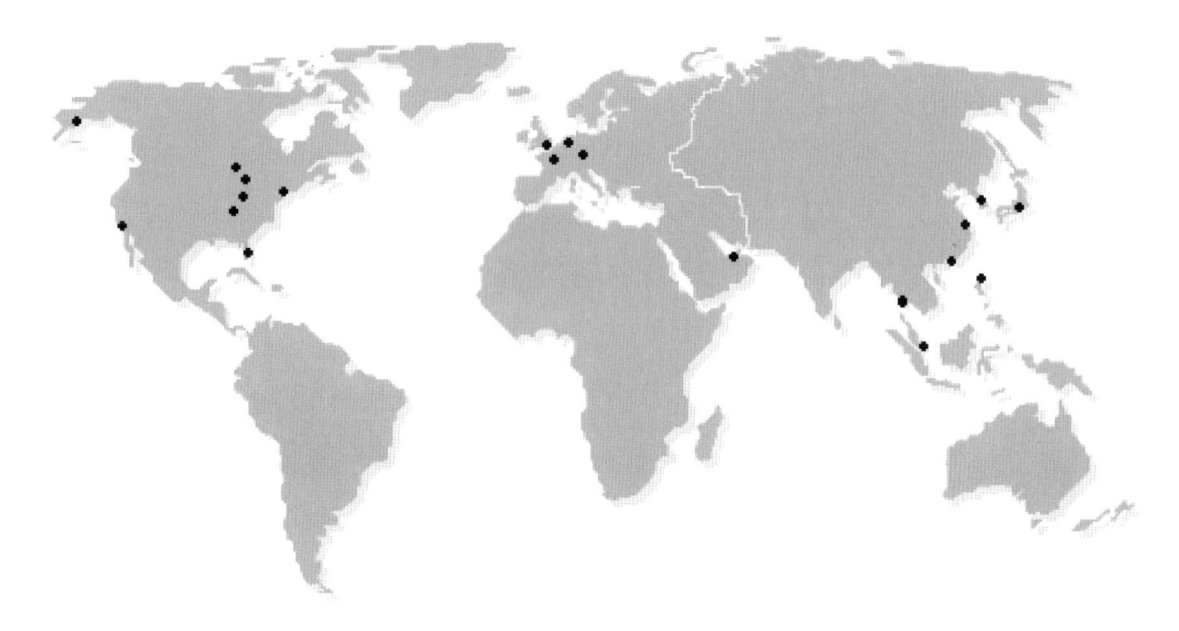

Quelle: HSH Nordbank AG, Hamburg

Aufgabe 27

Dem Plan für einen Flug von Frankfurt nach San Francisco (SFO) können Sie folgende Daten entnehmen:

Flugplan (Auszug)

Frankfurt	FRA					0100
1						
2		0955	FRA	1220	SFO	0

San Francisco (SFO) = UTC −8

Berechnen Sie:

a. Die Flugdauer (kein Zwischenstopp)

b. Die Ankunftszeit am Flughafen San Francisco nach deutscher Zeit

Aufgabe 28

Berechnen Sie für einen Flug von Frankfurt nach Tokio (Flughafen Narita, NRT):

a. Die Flugdauer

b. Die Ankunftszeit am Flughafen Tokio nach deutscher Zeit

Flugplan (Auszug)

Frankfurt	FRA				0100
1					
2		1330	DUS	0835_{+1}	NRT	0
		local time		local time	

Tokio (NRT) = UTC +9

Aufgabe 29

Prüfen Sie, ob und auf welche Weise ein rechtswirksamer Kaufvertrag zwischen der Spedition Berger und ihrem Büroausstattungs-Lieferanten (Lernsituation 12) zustande gekommen ist:

a. im Fall des Kopiergerätes

b. im Fall des Zubehörs zum Kopiergerät.

Aufgabe 30

Frau Keller kauft in der Mittagspause einen Schokoriegel im nahe gelegenen Supermarkt. Sie nimmt den Schokoriegel aus dem Regal und begibt sich zur Kasse. Sie legt den Schokoriegel auf das Band und die Kassiererin scannt den Preis. Frau Keller legt den Preis von 0,40 € abgezählt hin. Die Kassiererin nimmt das Geld, gibt Frau Keller den Kassenbon und legt den Schokoriegel in die Warenablage der Kasse. Frau Keller nimmt sich den Schokoriegel, reist die Verpackung auf, beißt herein und verlässt den Supermarkt.

Prüfen und erläutern Sie

a. ob hier ein rechtswirksamer Vertrag geschlossen wurde,

b. welche Vertragsart vorliegt,

c. wo in diesem Fall das Verpflichtungsgeschäft und

d. wo das Erfüllungsgeschäft zu finden sind.

Aufgabe 31

Prüfen Sie, ob in folgenden Fällen rechtswirksame Willenserklärungen abgegeben werden:

a. Der kleine Peter ist zwar erst vier Jahre alt, aber wenn er 10 Cent von seiner Tante bekommt, läuft er ins nahe Lebensmittelgeschäft, legt das Geldstück auf die Theke und erhält dafür Bonbons.

b. Ein Zehnjähriger erwirbt für 23,00 € eine Lokomotive für seine elektrische Eisenbahn.

c. Susanne ist 17 Jahre alt und Auszubildende in einer Kfz-Werkstatt. Heute hat sie einem Kunden ein Autoradio für 299,00 € verkauft.

d. Eine 16-jährige Auszubildende mit 260,00 € Monatseinkommen kauft sich einen italienischen Designer-Pullover für 140,00 €.

e. Nach 5 Monaten hatte der Azubi Frank (17 Jahre) so viel von seinem Taschengeld gespart, dass er sich die lang gewünschte Stereoanlage für 475,00 € kaufen konnte.

f. Regelmäßig kommt die kleine Mira (6 Jahre) ins Lebensmittelgeschäft, händigt einen Einkaufszettel aus und übergibt ein Portemonnaie, das ihr von ihrer Mutter mitgegeben wurde. Daraufhin wird ihr die auf der Einkaufsliste genannte Ware ausgehändigt.

g. Die 17-jährige Heike hat mit Zustimmung ihrer Eltern einen Arbeitsvertrag in einem Fitnessstudio abgeschlossen. Nach 4 Wochen kündigt sie fristgerecht schriftlich diesen Vertrag.

h. Der Vorstand einer Aktiengesellschaft will ein Grundstück kaufen.

i. Der geistig behinderte 25-jährige Manfred will ein Fahrrad kaufen.

Aufgabe 32

Der Zweirad-Händler Groß war sich sicher, dass der junge Mann, der das Rennrad für 650,00 € gekauft hatte, nach seinem Aussehen mindestens 20 Jahre alt war. Nun steht der Vater mit dem völlig demolierten Fahrrad im Geschäft („Mein Sohn hatte mit dem Fahrrad auf dem Weg nach Hause einen Unfall.") und verlangt die Herausgabe der 650,00 €, weil sein Sohn erst 17 Jahre alt sei.

Wie beurteilen Sie die Chancen des Händlers, die 650,00 € zu behalten?

Aufgabe 33

Im Verkaufsraum eines Sanitär- und Installationsbetriebes hatte eine Kundin eine gläserne Seifenschale aus dem Regal genommen und an der Kasse zum Bezahlen abgegeben mit der Bitte, sie als Geschenk einzupacken. Die Verkäuferin registriert den Kaufpreis. Beim Einpacken geschieht ihr leider ein Missgeschick: Die Seifenschale fällt zu Boden und zerbricht.

Kundin: „Schade, die schöne Schale. Im Regal steht aber noch ein ähnliches Exemplar. Das hole ich mir eben."

Verkäuferin: „Ja, gerne. Ich muss Ihnen die zweite Seifenschale allerdings zusätzlich berechnen, denn die erste Schale hatte ich bereits registriert."

Beurteilen Sie die Situation. Ist die Kundin verpflichtet, die zerbrochene Seifenschale zu bezahlen? Bedenken Sie, wer Eigentümer der Seifenschale war, als sie zerbrach.

Aufgabe 34
Übernehmen Sie die Abbildung in Ihr Arbeitsheft und füllen Sie sie sinnvoll aus.

Pflichten aus dem Kaufvertrag	
Verkäufer	**Käufer**
▪ _____	_____
▪ _____	_____

- _____ = Rechtliche Herrschaft über eine Sache (oder ein Recht)
- _____ = tatsächliche Herrschaft über eine Sache (oder ein Recht)

Aufgabe 35
Entscheiden Sie, ob folgende Personen

1. eine GmbH
2. ein dreijähriges Mädchen
3. ein ungeborenes Kind
4. ein Kegelclub
5. ein neunundneunzigjähriger Mann

a. rechtsfähig sind
b. nicht, beschränkt oder voll geschäftsfähig sind.

Aufgabe 36
Geben Sie an, wie die Eigentumsübertragung erfolgt, beim Kauf

a. des Kopiergeräts durch die Intersped GmbH
b. des Gabelstaplers durch die Intersped GmbH
c. von Waren, die in dem Lagerhaus einer anderen Spedition eingelagert sind
d. eines Grundstücks.

Aufgabe 37
In welcher Form können folgende Willenserklärungen abgegeben werden?

a. Kauf eines Videorecorders
b. Kauf eines Grundstücks zur Errichtung einer Lagerhalle
c. Anmeldung eines Transportunternehmens zur Eintragung ins Handelsregister
d. Ein Speditionskaufmann schließt einen Kreditvertrag mit der örtlichen Sparkasse zur Finanzierung einer Kinderzimmereinrichtung.

Aufgabe 38
Geben Sie an um welche Vertragsart nach BGB es sich in folgenden Fällen handelt.

a. Die Intersped GmbH stellt eine Aushilfe ein.
b. Die Intersped GmbH nimmt einen Kredit zur Finanzierung der Einrichtung Ihres Flughafenbüros auf.
c. Frau Keller leiht sich bei ihrer Nachbarin Eier, da Sie für Ihre Kollegen bei der Intersped GmbH einen Kuchen zu ihrem Geburtstag backen will.
d. Die Intersped GmbH nutzt ein benachbartes Grundstück zum Abstellen von Fahrzeugen gegen ein monatliches Entgelt.
e. Das Stammkapital der Intersped GmbH wird aufgestockt.

Aufgabe 39
Geben bei den nachfolgenden Rechtsgeschäften an, ob es sich um

1. ein einseitiges Rechtsgeschäft mit empfangsbedürftiger Willenserklärung
2. ein einseitiges Rechtsgeschäft mit nicht empfangsbedürftiger Willenserklärung
3. ein mehrseitiges Rechtsgeschäft, das einseitig verpflichtend ist
4. ein mehrseitiges Rechtsgeschäft, das mehrseitig verpflichtend ist

handelt.

a. Die Intersped GmbH kauft ein neues Kopiergerät.
b. Gerd Berger überrascht seine Frau mit einer Urlaubsreise zu Ihrem Geburtstag.
c. Olaf Decker setzt in seinem Testament seinen Sohn als Alleinerben ein.
d. Die Intersped GmbH kündigt einem Fahrer, weil dieser mehrfach betrunken zum Dienst erschienen ist.
e. Die Intersped GmbH erteilt einem Ihrer Mitarbeiter Kontovollmacht bei der Commerzbank.

Aufgabe 40

Prüfen Sie, ob folgende Rechtsgeschäfte anfechtbar oder nichtig sind.

a. Ein Händler verkauft der Intersped GmbH für die Kantine normale Erzeugnisse als besonders gesundes „Bio-Gemüse" zu einem überhöhten Preis.

b. Eine 18-jährige Auszubildende zur Kauffrau für Spedition und Logistikdienstleistung wird von einem Autohändler überredet, einen Ratenkaufvertrag für einen Gebrauchtwagen zu unterschreiben. Der effektive Jahreszins soll 38,5 % betragen.

c. Die Büroräume der Transsped GmbH werden renoviert. Die Handwerkerkosten betragen 25.000,00 Euro. Um Steuern zu sparen, einigen sich die Transsped GmbH und der Handwerker auf eine „offizielle Rechnung" von lediglich 20.000,00 Euro. Die Transsped GmbH will schließlich nur noch 20.000,00 Euro zahlen.

d. Die Transsped GmbH kauft ein Grundstück zur Erweiterung ihres Betriebsgeländes. Um Notargebühren zu sparen, schließt die Transsped GmbH mit dem Verkäufer einen schriftlichen Kaufvertrag ab, worin sie vereinbaren, dass der Verkäufer das Grundbuch ändern lässt, wenn der Kaufpreis gezahlt ist.

e. Gerd Berger bittet eine Mitarbeiterin als Geschenke für gute Kunden, 6 Dutzend Flaschen Weißenstätter Rießling nachzubestellen. Die Mitarbeiterin bestellt 600 Flaschen.

Aufgabe 41

Die Auszubildende Jasmin Weber entdeckt beim Abheften diverser Unterlagen einen Beleg mit folgendem Textauszug:

…Wir behalten uns das Eigentum an der gelieferten Sache bis zur vollständigen Zahlung sämtlicher Forderungen aus dem Kaufvertrag vor. Wir sind berechtigt, die Kaufsache zurückzunehmen, wenn der Käufer sich vertragswidrig verhält. …

Erläutern Sie die Bedeutung dieser Vertragsklausel.

Aufgabe 42

Führen Sie die Kostenstellenrechnung mithilfe des nachfolgend abgebildeten Betriebsabrechnungsbogens für die Spedition Walter Sundermann durch. Runden Sie die Beträge zu vollen €-Werten (kaufmännische Rundung).

Betriebsabrechnungsbogen der Spedition Walter Sundermann							
Kostenarten	€	Verteilungs-grundlage	Verteilungsschlüssel			Abteilung I	Abteilung II	Abteilung III
Personalkosten	1.096.800,00	Gehaltsliste	direkt			479.850,00	342.750,00	274.200,00
Fuhrparkkosten	684.800,00	gefahrene km	144.000	126.000	90.000			
Raumkosten	313.600,00	Fläche in m²	7.200	5.400	4.300			
Verwaltungskosten	224.000,00	Umsatz in Mio. ö	1,755	1,118	0,727			
Steuern	25.600,00	Umsatz in Mio. €	1,755	1,118	0,727			
Unternehmenskosten	489.200,00	Umsatz in Mio. €	1,755	1,118	0,727			
Zinsen	108.700,00	Schlüssel	3	2	1			
Abschreibungen	102.400,00	Wert Anlagevermögen	7	5	4			
Summe	3.045.100,00							

Aufgabe 43

Der City-Express-Dienst hat sich auf die Hauszustellung von Waren innerhalb des Stadtgebietes von Berlin spezialisiert. Diese Dienstleistung wird mit zwei Fahrzeugen (7,5 t und 3,5 t) durchgeführt.

- Bilden Sie für jedes Fahrzeug eine Kostenstelle und erstellen Sie den Betriebsabrechnungsbogen nach den unten stehenden Angaben.
- Berechnen Sie das Betriebsergebnis pro Fahrzeug.

Kostenarten	€	Verteilungsgrundlage	Verteilungsschlüssel		Fahrzeug I: 7,5 t	Fahrzeug II: 3,5 t
Personalkosten	155.234,00	Gehaltsliste	direkt		83.140,00	72.094,00
Fuhrparkkosten	166.849,00	gefahrene km	82.300	76.400		
Raumkosten	11.340,00	Schlüssel	1	1		
Leasing von Einrichtung	3.456,00	Inventarliste				
Werbung	8.110,00	Umsatz in €	333.420	208.380		
Verwaltungskosten	15.843,00	Umsatz in €				
Steuern, Vers., Beiträge	12.590,00	Einzelbelege	direkt		7.456,00	5.134,00
Zinsen	15.630,00	Kapital	5	3		
Abschreibungen	11.215,00	Inventarliste	8	5		
Kalkulatorische Kosten	56.249,00	Umsatz in €				
Summe	456.516,00					

Aufgabe 44

Welchen Arbeitsschritt müssen Sie folgen lassen, wenn die Betriebskosten aus der Buchführung in den Betriebsabrechnungsbogen übernommen worden sind?

Aussage		Richtige Lösung ankreuzen
01	Verteilung aller Einzel- und Gemeinkosten sowie aller Aufwendungen auf die Kostenstellen	
02	Verteilung der Aufwendungen auf die Kostenstellen	
03	Verteilung der Gemeinkosten auf die Kostenstellen	
04	Verteilung der Aufwendungen und der Erträge auf die Kostenstellen	

Aufgabe 45

In der Spedition Daniels, Hamminkeln wurde das unten stehende Betriebsergebnis ermittelt. Erstellen Sie (in Excel) ein BAB und erledigen Sie die folgenden Teilaufgaben:

- Verteilen Sie die Gemeinkostenarten auf die Kostenstellen
- Ermitteln Sie die jeweiligen Abteilungskosten für die Abteilungen Inland, Export, Lagerei
- Ermitteln Sie die jeweiligen Abteilungsergebnisse in € und % des Abteilungsumsatzes

Betriebsergebnis		
	Kosten	Leistungen
Personalkosten	168.000,00	
Fuhrparkkosten	600.000,00	
Verwaltungskosten	100.000,00	
Steuern, Versicherungen	40.000,00	
Unternehmenskosten	120.000,00	
Kalkulatorischer Unternehmerlohn	66.000,00	
Kalkulatorische Miete	48.000,00	
Kalkulatorische Zinsen	80.000,00	
Kalkulatorische Abschreibungen	600.000,00	
Kalkulatorische Wagnisse	30.000,00	
Speditionskosten Abt. Inland	1.250.000,00	
Speditionskosten Abt. Export	411.000,00	
Speditionskosten Abt. Lagerei	750.000,00	
Speditionserlöse Abt. Inland		2.800.000,00
Speditionserlöse Abt. Export		800.000,00
Speditionserlöse Abt. Lagerei		1.200.000,00

Verteilungsgrundlage				
Kostenarten	Verteilungsgrundlage	Inland	Export	Lager
Personalkosten	Gehaltsliste	103.000,00	164.000,00	101.000,00
Fuhrparkkosten	Im Verhältnis der eingesetzten Fahrzeuge			
Verwaltungskosten	Nach Materialverbrauch usw. im Verhältnis			
Steuern, Versicherungen	Im Verhältnis			
Unternehmenskosten	Nach Abteilungserlösen			
Kalkulatorischer Unternehmerlohn	Nach zeitlicher Inanspruchnahme			
Kalkulatorische Miete	Nach qm			
Kalkulatorische Zinsen	Im Verhältnis des jeweiligen betriebsnotwendigen Kapitals			
Kalkulatorische Abschreibungen	lt. Anlagenkartei im Verhältnis			
Kalkulatorische Wagnisse	Nach Risikoanfall im Verhältnis			

Aufgabe 46

Güterbeförderung in Deutschland

Menge/Leistung	Einheit	2004	2005	2006	2007
Beförderungsmenge					
Eisenbahnverkehr	1.000 t	321.968	317.294	346.118	361.116
Binnenschifffahrt	1.000 t	235.861	236.765	243.495	248.974
Seeverkehr	1.000 t	268.205	280.972	299.215	310.948
Luftverkehr	1.000 t	2.814	3.036	3.179	3.349
Rohöl-Rohrleitungen	1.000 t	93.798	95.488	94.219	90.896
Straßengüterverkehr	1.000 t	3.066.000	3.077.900	3.250.900	3.429.600
Beförderungsleistung					
Eisenbahnverkehr	Mill. tkm	91.921	95.421	107.008	114.615
Binnenschifffahrt	Mill. tkm	63.667	64.095	63.975	64.717
Rohöl-Rohrleitungen	Mill. tkm	14.236	16.741	15.844	15.824
Straßengüterverkehr	Mill. tkm	392.600	404.500	461.900	466.200

Stellen Sie die wesentlichen Aussagen der nebenstehenden Statistik als Geschäftsgrafik dar.

SELBSTTEST LERNSITUATION 12

➡ Diese **Prozesse** sollten Sie beherrschen:

- Abwicklung einer Luftfrachtbeförderung
- Luftfrachtberechnungen durchführen
- Probleme beim Abschluss von Verträgen (z.B. Kaufvertrag) rechtlich beurteilen
- Rechnungen prüfen
- Einen einstufigen Betriebsabrechnungsbogen (BAB) erstellen (Excel)
- Verteilungsschlüssel entwickeln
- Die Kostenverteilung vornehmen
- Die Abteilungsergebnisse ermitteln und beurteilen
- Statistiken und Auswertungen als Geschäftsgrafik darstellen

➡ Diese **Begriffe** sollten Sie kennen:

1. Abwicklung Luftfrachtbeförderung
2. Air Cargo Guide
3. Allgemeine Frachtraten
4. Anfechtbarkeit
5. Angebot (befristet, unbefristet)
6. Angebot (verbindlich, eingeschränkt verbindlich)
7. Annahme
8. Annahmefristen
9. Anpreisung
10. Antrag
11. Anwendungspriorität Vertragsgrundlagen
12. BGB
13. Beschränkt geschäftsfähig
14. Besitz
15. Besitzkonstitut
16. Betreuer
17. Container und Palettenraten
18. Eigentum
19. Eigentumsvorbehalt
20. Eigentumsübertragung
21. Einseitig verpflichtender Vertrag
22. Einseitiges Rechtsgeschäft
23. Einstufiger Betriebsabrechnungsbogen (BAB)
24. Einzelkosten
25. Empfangsbedürftige Willenserklärung
26. Erfüllungsgeschäft
27. Flugplan
28. Flugzeuge
29. Formvorschriften
30. Freizeichnungsklauseln
31. Fuel surcharge
32. Gemeinkosten
33. Geschäftsfähigkeit
34. Geschäftsunfähig
35. IATA
36. IATA-Agent
37. IATA-Beförderungsbedingungen
38. IATA-Konferenzgebiete
39. ICAO
40. Juristische Personen
41. Kaufvertrag
42. Kostenarten
43. Kostenstellen
44. Kostenstellen Einzelkosten
45. Kostenstellen Gemeinkosten
46. Kostenverteilung
47. Lademittel (Luftfracht)
48. Luftfrachtberechnung
49. Luftfrachtbrief
50. Luftfrachtrate
51. Luftfrachtvertrag
52. Luftverkehrslinien
53. Mehrseitiges Rechtsgeschäft
54. Mindestfrachtraten
55. Montrealer Übereinkommen
56. Natürliche Personen
57. Nebengebühren (Luftverkehr)
58. Nichtigkeit
59. Öffentliches Recht
60. Organe
61. Over Pivot Rate
62. Pivot Weight
63. Privatrecht
64. Ready for Carriage
65. Rechtsfähigkeit
66. Rechtsgeschäfte
67. Rechtsnormen
68. Rechtsobjekte
69. Richtungscodes
70. Router-Label (Luftverkehr)
71. Security Fee
72. Spezialraten
73. TACT
74. Taschengeldparagraph
75. UTC
76. Unechter Selbsteintritt
77. Unternehmer
78. Verbraucher
79. Verpflichtungsgeschäft
80. Verteilungsschlüssel
81. Vertragsarten
82. Vertragsgrundlagen (Luftfrachtvertrag)
83. Verursachungsprinzip
84. Voll geschäftsfähig
85. Warenklassenraten
86. Willenserklärungen
87. Zeitzonen

Lernsituation 13

- Am Luft-Sammelgutverkehr teilnehmen
- Arbeiten im Zusammenhang mit Kaufvertragsstörungen erledigen
- Die Abteilungsergebnisse mit einem mehrstufigen BAB ermitteln
- Berechnungen im BAB mit Excel automatisieren

Die Entscheidung ist gefallen: Die Luftfrachtspedition Heitmann ist von der INTERSPED GmbH gekauft worden. Die Firma des übernommenen Unternehmens lautet nun INTERSPED LUFTFRACHT GmbH. Der Firmensitz bleibt erhalten: Flughafenstraße 68, 40474 Düsseldorf. Auch das Personal und die Räumlichkeiten von Heitmann werden übernommen, sodass die personellen, sachlichen und auch finanziellen Voraussetzungen erhalten bleiben, um als IATA-Agent weiterhin tätig zu sein. Alle Luftfrachtaktivitäten der INTERSPED GmbH werden ab sofort in dem rechtlich selbstständigen Unternehmen gebündelt. Herr Neuberger wird das Unternehmen wie bisher leiten, unterstützt von seinen beiden Mitarbeiterinnen Frau Webers und Frau Castner.

Dies bedeutet auch, dass der eingespielte Luft-Sammelgutverkehr nun zum Leistungsangebot von INTERSPED gehört. Christian Rauter, seit einem Jahr Auszubildender bei der INTERSPED GmbH, soll für einige Monate das Luftfrachtgeschäft kennenlernen. Er wird damit beauftragt, eine Luftfracht-Sammelladung von Düsseldorf nach Chicago abzuwickeln. Folgende Daten liegen heute, am Mittwoch, den 14. Juli 20(0), von fünf Versendern vor:

	Sendung 1	Sendung 2	Sendung 3	Sendung 4	Sendung 5
Produktbeschreibung	Electrodes	Tools	Textiles	Injection Instruments	Spare Parts
Gewicht in kg	5,0	45,0	80,0	30,0	850,0
Maße in cm	30 x 30 x 20	60 x 40 x 40	200 x 90 x 95	70 x 40 x 45	120 x 80 x 150
Güterwert in EUR	800,00	1.600,00	3.150,00	1.400,00	7.725,00
Versender	Bauer Elektrotechnik GmbH, Normannenstr. 11, 41462 Neuss	HCR-Apparatebau, Fröbelstr. 32, 40625 Düsseldorf	Zander Technische Textilien, Paulistr. 132, 40597 Düsseldorf	JEVIC-Medizintechnik, Münsterstr. 14, 40476 Düsseldorf	ÖKO-THERM GmbH, Ebertstraße 9, 40595 Düsseldorf
Empfänger	VYSIS, Inc. 3100 Woodcreek Downers Grove, IL 60515-5400	Metra 547 W. Jackson Blvd Chicago, IL 60661-5717	Loeber Motors, Inc. 1111 N. Clark St. Chicago, IL 60610	Northwestern Healthcare 980 N. Michigan Ave., Ste. 1500 Chicago, IL 60601	Chicago Rivet & Machine Co. 901 Frontenac Rd. Naperville, IL 60563

Die Sendungen stehen abholbereit zur Verfügung. Den Versendern sind aber zunächst die Dokumente (hier die AWBs) zwecks Kontrolle per Fax zu übermitteln, damit nicht etwa die gesamte Sammelladung liegen bleibt, weil die Unterlagen einer Sendung nicht korrekt sind. Ferner ist der Vorlauf noch einzuplanen (siehe unten).

Die bei einer Ausfuhr notwendige zolltechnische Ausfuhrabfertigung wird später betrachtet.

Einen Teil seiner Arbeit zur Erstellung der Dokumente hat Christian bereits erledigt. Vier House-Air-Waybills für die Sendungen 1 bis 4 sind erstellt. Für die Sendung Nr. 5 ist das House-AWB noch auszufüllen.

Zusatzinformationen zum House-AWB

- Die House-AWB-Nummer (Kopfzeile rechts) setzt sich zusammen aus:
  - dem 3-Letter-Code für INTERSPED LUFTFRACHT: ISL
  - der vierstelligen Ziffer 4000 (abgeleitet aus der Postleitregion 40 für Düsseldorf)
  - der laufenden Nummer des AWB für 20(0), im 4. House-AWB war das die Nr. 0484
- In der Kopfzeile oben links wird die Master-AWB-Nummer eingetragen (siehe unten).
- Luftfrachtführer ist die Lufthansa (IATA-Code: LH).
- Zielflughafen ist Chicago (Code: CHI).
- Der vorgesehene Flugtermin muss noch anhand des Flugplans festgelegt werden. Daraus ergibt sich auch die Flugnummer.
- Alle Frachten werden vorausbezahlt (prepaid, PP).
- Frachtraten werden im House-AWB nicht genannt, stattdessen der Vermerk: „AS AGREED".
- Den Versendern erscheint die Haftung der beteiligten Frachtführer ausreichend.
- Die AWBs werden am Tag vor dem Abflug unterschrieben.

Wenn alle House-AWBs erstellt sind, werden die Sendungen auf dem Master-AWB als Sammelladung erfasst.

Zusatzinformationen für den Master-AWB:

- Die AWB-Nr. lautet 020 DUS 2440 4355 (020 für Lufthansa Cargo, DUS für Flughafen Düsseldorf).

Lernsituation 13 | zu SLG S. 230–233, WSP S. 117–128, 145–148, KSK S. 99–104, (DV) 196–201

- Luftfrachtführer: Lufthansa Cargo, Airport Düsseldorf, 40474 Düsseldorf, Fax: 0211 42345400
- Adresse des Empfangsspediteurs: CASI – Chicago Air Shipping INC, 10000 W. O'Hare, Chicago, IL 60666
- Unser IATA-Agentur-Code lautet: 23-4 7445/3012.
- Die Sammelladung besteht aus fünf Packstücken.
- Als Frachtrate ist der IATA-Tarif (TACT) zuzüglich vereinbarter Nebengebühren anzugeben.
- In der Spalte „Name and Quantity of Goods" ist einzutragen: „CONSOLIDATED CARGO AS PER ATTACHED MANIFEST".

Anschließend ist das Cargo-Manifest zu erstellen, das die Einzelsendungen auflistet und als Anlage zum Master-AWB dient.

Zusatzinformationen Cargo Manifest

- Die Manifest-Nr. lautet: DUS/CHI 024
- DEP = Departure, DEST = Destination, PCS = Packs

Versanddaten

Die möglichen Versanddaten sind dem nachfolgenden Ausschnitt aus dem Flugplan zu entnehmen. Bei der Zeitplanung ist zu beachten, dass

- der Versender einen halben Tag braucht, um die Versanddokumente zu prüfen und uns sein O.k. zu übermitteln;
- der Vorlauf über den Sammelgutverkehr von der INTERSPED GmbH abgewickelt wird. Wenn der Abholauftrag bis 12:00 Uhr bei INTRSPED eintrifft, wird die Sendung noch am selben Tag abgeholt und am nächsten Morgen bis zum Flughafen Düsseldorf zugestellt.

Air Cargo Guide (Auszug)

DÜSSELDORF GERMANY (DUS)									0200
■ RHEIN-RUHR (DUS) 6 mls/9 kms N of city centre ■ MAIN STATION (QDU)									
Validity		Days of				Flight			
From	To	Service	Dep		Arr		No.	Acft	Class	Stops
Chicago				CHI					ORD-O'Hare Intf
–	–	1346	**0835**	DUS	**1029**	ORD	LH 6502	777	BC	0
–	–	3	**1015**	DUS	**1215**	ORD	UA 3501	747	BC	0

Raten

Nachfolgend ist die Ratenvereinbarung der INTERSPED LUFTFRACHT GmbH mit der Lufthansa für die Relation Düsseldorf – Chicago abgebildet. Die „offiziellen" IATA-Tarife befinden sich daneben.

Darunter befindet sich ein Ausschnitt aus dem Haustarif für Sammelgut-Luftfrachtsendungen, der den Kunden vor einigen Monaten zugeschickt worden war. Auf der Basis dieser Preisliste werden alle Luftfrachtsendungen dieser Relation abgewickelt. Der Vorlauf ist in den Preisen nicht enthalten.

Hinweis: In der Luft-Sammelladung wird wie in der Lkw-Sammelladung abgerechnet: Jede Einzelsendung mit dem Versender, die Gesamtsendung mit dem Frachtführer.

Ratenvereinbarung Lufthansa

Düsseldorf		DE	DUS
		KGS	EUR
Chicago	USA	M	50,00
		– 100	1,40
		+ 100	1,20
		+ 500	1,10
		+ 1000	1,00

Auszug aus dem Luftfrachttarif der IATA (TACT = The Air Cargo Tariff)

Düsseldorf		DE	DUS
		KGS	EUR
Chicago	USA	M	76,69
		N	2,69
		100	2,53
		300	2,42
		500	2,31

Die Ratenvereinbarung erhöht sich um folgende Zuschläge:

- Fuel Surcharge 0,95 EUR/kg (actual weight)
- Security Fee 0,15 EUR/kg (actual weight)

Sammelgut-Preisliste DUS – CHI		
Düsseldorf	DE	DUS
	KGS	EUR
Chicago	USA M	40,00
	– 45	2,40
	+ 45	1,80
	+ 100	1,60
	+ 500	1,40
	+ 1000	1,20

Die Raten erhöhen sich um folgende Nebengebühr und Zuschläge:

- AWB-Fee 15,00 EUR
- Fuel Surcharge 0,95 EUR/kg (actual weight)
- Security Fee 0,15 EUR/kg (actual weight)

Sind die Dokumente erstellt und mit den Versendern abgeglichen sowie die Versanddaten ermittelt und mit dem Luftfrachtführer vereinbart, erhalten die Versender die genauen Flugdaten (Abflug, Ankunft). Dann können die Güter plangemäß an den Luftfrachtführer übergeben werden, der sie in das Flugzeug einlädt.

Die Berechnung der Spediteurleistungen an die Versender soll beispielhaft an der **Rechnung** für die Sendung Nr. 5 dargestellt werden. Der Vorlauf wird nach dem Tarif für den Spediteursammelgutverkehr abgerechnet (Entfernung 40 km).

Luftfrachtberechnung nach Gewicht oder nach Volumenkilogramm

Schließlich ist das **Rohergebnis** dieser Luftfracht-Sammelladung zu ermitteln. Die Berechnung soll sich nur auf die Luftfracht beziehen, nicht auf den Vorlauf, da diese Leistung nicht von der INTERSPED LUFTFRACHT erbracht wird.

Für die Berechnung der Fracht, die die Versender zu zahlen haben, ist es sinnvoll, sich eine übersichtliche Tabelle anzulegen, z. B. nach folgendem Muster:

Rohergebnis Luftfracht-Sammelladung Köln – Chicago (nur Luftfracht, ohne Nebengebühren)

Sendung Nr.	Gewicht kg	Maße cm	Volumen-kilogramm	Berechnungsgrundlage: Gewicht/Volumenkilogramm	EUR pro kg	Gesamtbetrag EUR
1	5,0	30 x 30 x 20	3,0	5,0	MIN	40,00
2	45,0					

Ein Schaden wird gemeldet

Leider lief der erste von der INTERSPED GmbH alleine abgewickelte Luftfrachtspeditionsauftrag nicht ohne Probleme. Die ERNST KAULMANN KG informiert uns heute telefonisch darüber, dass dem Empfänger statt 10 Kartons nur 9 Kartons ausgeliefert worden sind. Der Empfänger hat den Schaden sofort bei der Lufthansa in Mexico City reklamiert. Der Versender schickt uns vorab eine Kopie des Luftfrachtbriefs mit dem Vermerk des Empfängers.

Siehe Lernsituation 12

Ausschnitt aus dem AWB

Issuing Carrier's Agent Name and City				Accounting Information						
Agent's IATA Code			Account No.	*Received: 9 Cases*						
Airport of Departure (Address of first Carrier) and requested Routing Issuing Carrier's Agent Name and City **Düsseldorf**				*Lost: 1 Case* *Mexico City, 09.07.20(0)* *J. Conzales*						
to **MEX**	By first Carrier/ Routing and Destination **Lufthansa Cargo**	to	by	to	by	Currency **EUR**	CHGS Code	WT/VAL PPD **PP** / Coll.	Other PPD **PP** / Coll.	Declared Value for Carriage **NVD**	Declared Value for Customs **NCV**

Die ERNST KAULMANN KG beziffert den Schaden auf 900,00 EUR. Sie möchte sichergehen, dass der Schaden auch ersetzt wird. Sie bittet daher um einen telefonischen Rückruf oder um ein Fax, in dem kurz dargestellt wird, welcher Haftungs- oder Versicherungsschutz besteht und wie das weitere Vorgehen bei der Schadensbearbeitung aussehen wird. Die Schadens- und die Originalrechnung wird der Versender in wenigen Tagen bei uns einreichen.

Mexiko hat das Montrealer Übereinkommen ratifiziert.

Eine Prüfung der Sachlage im Hause INTERSPED führt zu dem Ergebnis, dass der Luftfrachtführer die ordnungsgemäße Übernahme von 10 Kartons (je 49 kg) im Absender-Original des AWB bestätigt hat.

Herr Neuberger wird den Kunden über den Sachverhalt informieren. Wert eines SZR: 1,21191 EUR.

Lernsituation 13 | zu SLG S. 230–233, WSP S. 117–128, 145–148, KSK S. 99–104, (DV) 196–201

Rechnung und Auszug aus den AGB siehe unten

Die Abteilung Verwaltung beschäftigt sich mit einem Schadensfall. Ein vom Autohaus Niemeyer, Saarbrücker Str. 106, 40476 Düsseldorf, gelieferter LKW weist an der Fahrertür einen Lackschaden auf, der von Herrn Baumeister bereits vor der ersten Fahrt festgestellt wird. Der Schaden fällt auf den ersten Blick kaum auf. Bei näherem Betrachten stellt Baumeister allerdings fest, dass die schadhafte Stelle bereits einen Rostansatz zeigt. Baumeister berichtet Decker über den Mangel, der sehr erbost über die Unzuverlässigkeit des Autohauses Niemeyer ist. Decker fordert Baumeister auf, sich über die der INTERSPED zustehenden Rechte zu informieren und dem Autohaus einen gepfefferten Brief zu schreiben, in dem er das Maximale für die INTERSPED fordern solle.

Baumeister, der seinen schnell aufbrausenden Chef bereits kennt, nimmt sich vor, den Tonfall des Briefes gemäßigt zu wählen. Schließlich hatte das Autohaus Niemeyer in der Vergangenheit gute Preise zu bieten und die INTERSPED könnte möglicherweise auch in Zukunft an weiteren Geschäfte mit Niemeyer interessiert sein, wenn der Lieferant bei dem jetzt aufgetretenen Problem angemessen reagiert.

Autohaus Niemeyer

Mercedes-Benz

Gerd Berger Spedition e. K.
Merkurstraße. 14

40223 Düsseldorf

Saarbrücker Straße 106
40476 Düsseldorf
Telefon: 0211 953-687
FAX: 0211 953-673
Datum: 04.07.20(0)

Rechnung Nr. 1999/20(0)

Position	Text		€	€
01	Nahverkehrsfahrzeug Fahrgestell mit Pritsche,			
	Typ:	ATEGO 815 6X2, Emissionsklasse S2		
	Aufbau:	Plane mit Spriegel		
	Gesamtgewicht:	7.500 kg		
	Nutzlast:	3.000 kg		
	Motorleistung:	150 PS	32.000,00	
	Abzüglich	5 % Rabatt	1.600,00	30.400,00
02	Bereifung:	1. Achse 2 x 285/70 R 19,5	220,00	1.320,00
		2. Achse 4 x 285/70 R 19,5		
	Ausstattung:	Serienausstattung (siehe Anlage)		
03	50 Liter Dieselkraftstoff		1,10	55,00
	Nettobetrag			31.775,00
	19 % USt.			6.037,25
	Summe Bruttobetrag			37.812,25

Auszug aus den Allgemeinen Geschäftsbedingungen (AGB) des Autohauses Niemeyer
VII. Gewährleistung

1. Der Verkäufer leistet Gewähr für die Fehlerfreiheit während eines Zeitraumes von zwei Jahren seit Auslieferung des Kaufgegenstandes.
2. Der Käufer hat Anspruch auf Beseitigung von Fehlern und durch sie an anderen Teilen des Kaufgegenstandes verursachten Schäden (Nachbesserung). Für die Abwicklung gilt Folgendes: Der Käufer hat Fehler unverzüglich nach deren Feststellung bei dem Verkäufer schriftlich anzuzeigen oder von ihm aufnehmen zu lassen.
3. Schlägt die geltend gemachte Nachbesserung fehl, insbesondere wenn der Fehler nicht beseitigt werden kann oder für den Käufer weitere Nachbesserungsversuche unzumutbar sind, kann der Käufer vom Kaufvertrages zurücktreten oder vom Verkäufer Minderung (Herabsetzung der Vergütung) verlangen. Ein Anspruch auf Ersatzlieferung besteht nicht.

Die Abteilung Verwaltung beschäftigt noch ein weiteres Reklamationsproblem. Folgendes Schreiben befindet sich im Posteingang der INTERSPED am 16. August 20(0):

Zahlungsverzug

Bürocenter Adler GmbH

INTERSPED GmbH
Merkurstr. 14
40223 Düsseldorf

Feuerbachstr. 210
40223 Düsseldorf
Telefon: 0211 533876
Fax: 0211 533843

Düsseldorf, 15.08.20(0)

Mahnung

Sehr geehrte Damen und Herren,

nachdrücklich weisen wir auf die offene Rechnung Nr. 4577/0 vom 3. Juni 20(0) hin. Sollte der Betrag von € 1.639,82 zuzüglich 15 % Verzugszinsen € 28,70 und Mahnkosten € 25,00, also insgesamt

€ 1.693,52

bis zum 30. August 20(0) nicht überwiesen worden sein, werden wir unseren Rechtsanwalt einschalten.

Mit freundlichen Grüßen

Bürocenter Adler

Peters

i. V. Peters

RHEINISCHE POST FREITAG, 15. AUGUST 20(0)

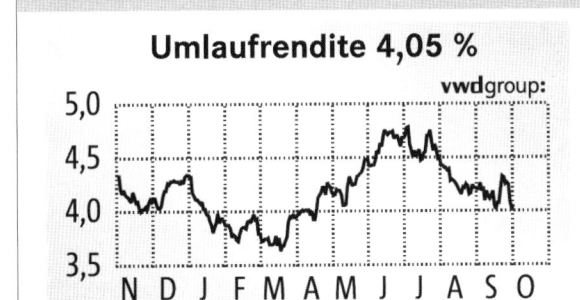

ZINSSÄTZE

Umlaufrendite 4,05 %

Basiszinssatz (n. § 247 BGB) (ab 01.07.08)	3,19 %
Hauptrefinanzierungssatz (ab 09.07.08)	4,25 %
Spitzenrefinanzierung (ab 09.07.08)	5,25 %
Bundesanleihe 10 Jahre	3,97 %
Geldmarktsatz Euribor (3 Monate)	5,29 %
Hypothekenzinsen (eff.) 5 Jahre	4,75-5,96 %
Hypothekenzinsen (eff.) 10 Jahre	4,91-6,06 %
Festgeld (ab 5.000 Euro, 3 Mon.)	1,60-4,60 %
Festgeld (ab 5.000 Euro, 1 Jahr)	3,40-5,35 %
Tagesgeld	4,19 %
Finanzierungsschätze 1 Jahr / 2 J.	3,24 / 3,01 %

Quelle: EZB / FMH Finanzberatung

Lernsituation 13 | zu SLG S. 230–233, WSP S. 117–128, 145–148, KSK S. 99–104, (DV) 196–201

Versehentlich bei den bezahlten Eingangsrechnungen abgeheftet, findet sich folgender Beleg:

Bürocenter Adler GmbH

INTERSPED GmbH
Merkurstr. 14
40223 Düsseldorf

Feuerbachstr. 210
40223 Düsseldorf,
Telefon: 0211 533876
Fax: 0211 533843

20(0)-06-03

Bestelldatum	Besteller	Versandart	Lieferbedingungen		Zahlungsbedingung
11.06.20(0)	GERD BERGER		frei Haus		netto Kasse
Menge	Einheit	Bescheibung	Preis/Einh.	USt.	Betrag
1		Kopiergerät	1.125,00	19,0 %	1.125,00
4	Paket	Tonerkartuschen 427639 41	40,50	19,0 %	162,00
20	Pakete	Kopierpapier 80 g/qm	4,55	19,0 %	91,00
Netto					1.378,00
USt.					261,82
Rechnungsbetrag					1.639,82

Unsere Bankverbindung: Commerzbank Düsseldorf (BLZ 300 400 00) Konto-Nr. 3 420 300 200
Die Zahlung erbitten wir bis zum 03. Juli 20(0) netto Kasse.

differenzierte Kostenkontrolle

Herr Berger ist zwar zufrieden mit den Ergebnissen aus dem Betriebsabrechnungsbogen, er möchte aber ein differenziertes Bild von den Kosten des Unternehmens gewinnen. Der Controller, Herr Sedinger, hat sich daraufhin an die Arbeit gemacht und einen mehrstufigen Betriebsabrechnungsbogen entwickelt (siehe nächste Seite). Den Geschäftsbereich "Sammel- und Ladungsverkehre" hat er in acht Kostenstellen aufgeteilt und zusätzlich die Kostenstellen "Geschäftsführung" und "Allgemeine Verwaltung" gebildet. Auf diese Weise können nun in Zukunft die Entwicklung der Umsätze, der Kosten und der Ergebnisse im gesamten Unternehmen und in den einzelnen Abteilungen wirksam verfolgt werden.

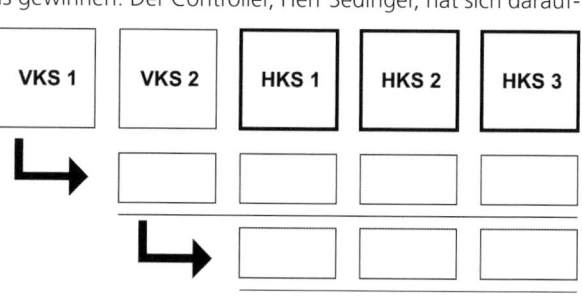

| VKS 1 | VKS 2 | HKS 1 | HKS 2 | HKS 3 |

Kostenstellen

Vorkostenstellen
- Geschäftsführung
- Allgemeine Verwaltung

Hauptkostenstellen

Sammel- und Ladungsverkehre
- Sammelgut
- Fernverkehr
- Nahverkehr
- Lager

Export/Import

Zunächst konnte Herr Sedinger aus den Aufzeichnungen in den einzelnen Abteilungen die Umsatzerlöse und die Speditionskosten (Einzelkosten) direkt feststellen und in den BAB in den entsprechenden Kostenstellen eintragen. Diese Zahlen ermöglichen ihm, das Rohergebnis je Kostenstelle zu errechnen.

Bei den Gemeinkosten sind die Löhne, die Gehälter und die Fuhrparkkosten ohne weiteres aus den Lohn- und Gehaltslisten und den Fahrzeugabrechnungen zu entnehmen und den Kostenstellen direkt (Kostenstellen-Einzelkosten) zuzuordnen. Bei der Erarbeiten der Verteilungsschlüssel für die Kostenstellen-Gemeinkosten musste Herr Sedinger aber die einzelnen Kostenstellen genau analysieren, um verursachungsgerechte Schlüssel zu finden. Nun aber ist die Arbeit getan und er kann die eigentliche Berechnung und Verteilung der Kostenanteile vornehmen.

Excel-Formeln verwenden

Allerdings will Herr Sedlinger die Excel-Tabelle für den BAB so aufbauen, dass die Verteilung der Werte auf die Kostenstellen automatisch vorgenommen wird. Bei zukünftigen BABs braucht er dann nur noch die Beträge (und evtl. die Verteilungsschlüssel) zu ändern und der BAB rechnet sich von alleine.

Lernsituation 13 | zu SLG S. 230–233, WSP S. 117–128, 145–148, KSK S. 99–104, (DV) 196–201

Betriebsabrechnungsbogen der Spedition INTERSPED GmbH

Kostenarten	Betrag	Verteilungsschlüssel							Vorkostenstellen		Hauptkostenstellen			
									Geschäfts-führung	Allgemeine Verwaltung	Sammelgut	Fernverkehr	Nahverkehr	Lager	Export/Import Spedition
8000 Umsatzerlöse	5.471.472,00	direkt									1.302.109,00	1.698.387,00	1.139.281,00	761.493,00	570.202,00
7000 Speditionskosten	1.823.824,00	direkt									434.036,00	566.129,00	379.760,00	253.831,00	190.068,00
Rohergebnis	3.647.648,00	direkt									868.073,00	1.132.258,00	759.521,00	507.662,00	380.134,00
Gemeinkosten:															
4000 Löhne	874.481,00	gem. Lohn- und Gehaltsliste							0	0	0	436.881,00	175.256,00	164.896,00	97.448,00
4100 Gehälter	1.148.651,00	gem. Lohn- und Gehaltsliste							244.655,00	124.744,00	289.956,00	155.453,00	209.750,00	86..583,00	124.093,00
4200 Fuhrparkosten	460.826,00	gem. Fahrzeugabrechnungen							85.569,00	0	0	218.985,00	131.392,00	0	24.880,00
4301 Raumkosten Büro	41.978,00	3	2	6	2	2	1	2							
4302 Raumkosten Lager	63.250,00	0	0	4	2	2	3	1							
4400 Verwaltungskosten	14.580,00	1	3	4	4	1	1	1							
4460 Kommunikation	68.877,00	4	4	15	3	6	1	2							
4500 Versicherung, Gebühren	112.485,00	0	0	7	3	1	1	2							
4600 Unternehmenskosten	134.256,00	1	3	4	1	1	1	1							
4820 Kalk. Zinsen	131.551,00	13	3	22	25	35	46	3							
4830 Kalk. Abschreibungen	290.480,00	13	3	22	25	35	46	3							
4850 Kalk. Wagnisse	123.851,00	0	0	4	2	2	1	1							
SUMME	3.465.266,00														
Umlage Geschäftsführung		0	2	20	7	5	1	3							
SUMME															
Umlage Allg. Verwaltung		0	0	25	12	12	10	5							
Summe Gemeinkosten	3.465.266,00														
Betriebsergebnis (Abteilungen)	182.382,00														

INTERSPED LUFTFRACHT GmbH

INTERSPED LUFTFRACHT GmbH, Flughafenstraße 68,
40474 Düsseldorf

CARGO MANIFEST

Telefon: 0211 4234530
Telefax: 0211 4234540

Date:
Manifest-No:

FROM: TO:
MASTER-AWB: FLIGHT:

H-AWB	DEP	DEST	PCS	WEIGHT	NATURE OF GOODS	FREIGHT
		SHIPPER		(KG)	CONSIGNEE	(CC/PP)

Total   Shipper =

Shipper's Name and Address		Shipper's Account Number	Not Negotiable **Air Waybill** Issued by
			Copies 1, 2 and 3 of this Air Waybill are originals and have the same validity.
Consignee's Name and Address		Consignee's Account Number	It is agreed that the goods described herein are accepted in apparent good order and condition (except as noted) for carriage SUBJECT TO THE CONDITIONS OF CONTRACT ON THE REVERSE HEREOF. ALL GOODS MAY BE CARRIED BY ANY OTHER MEANS INCLUDING ROAD OR ANY OTHER CARRIER UNLESS SPECIFIC CONTRARY INSTRUCTIONS ARE GIVEN HEREON BY THE SHIPPER, AND SHIPPER AGREES THAT THE SHIPMENT MAY BE CARRIED VIA INTERMEDIATE STOPPING PLACES WHICH THE CARRIER DEEMS APPROPRIATE. THE SHIPPER'S ATTENTION IS DRAWN TO THE NOTICE CONCERNING CARRIER'S LIMITATION OF LIABILITY. Shipper may increase such limitation of liability by declaring a higher value for carriage and paying a supplemental charge if required.
Issuing Carrier's Agent Name and City			Accounting Information
Agent's IATA Code		Account No.	
Airport of Departure (Addr. of First Carrier) and Requested Routing			Reference Number / Optional Shipping Information
To	By First Carrier / Routing and Destination / to / by / to / by	Currency / CHGS Code / WT/VAL PPD COLL / Other PPD COLL	Declared Value for Carriage / Declared Value for Customs
Airport of Destination	Requested Flight / Date	Amount of Insurance	INSURANCE – If carrier offers insurance, and such insurance is requested in accordance with the conditions thereof, indicate amount to be insured in figures in box marked "Amount of Insurance".
Handling Information			SCI
(For USA only): These commodities, technology or software were exported from the United States in accordance with the Export Administration Regulations. Diversion contrary to USA law prohibited.			

No. of Pieces RCP	Gross Weight	kg lb	Rate Class / Commodity Item No.	Chargeable Weight	Rate / Charge	Total	Nature and Quantity of Goods (incl. Dimensions or Volume)

Prepaid / Weight Charge / Collect	Other Charges
Valuation Charge	
Tax	
Total Other Charges Due Agent	Shipper certifies that the particulars on the face hereof are correct and that **insofar as any part of the consignment contains dangerous goods, such part is properly described by name and is in proper condition for carriage by air according to the applicable Dangerous Goods Regulations.**
Total Other Charges Due Carrier	
	Signature of Shipper or his Agent
Total Prepaid / Total Collect	
Currency Conversion Rates / CC Charges in Dest. Currency	Executed on (date) at (place) Signature of Issuing Carrier or its Agent
For Carrier's Use only at Destination / Charges at Destination / Total Collect Charges	

ORIGINAL 3 (FOR SHIPPER)

Air Waybill

Not Negotiable

Air Waybill
Issued by

Copies 1, 2 and 3 of this Air Waybill are originals and have the same validity.

Shipper's Name and Address	Shipper's Account Number

Consignee's Name and Address	Consignee's Account Number

It is agreed that the goods described herein are accepted in apparent good order and condition (except as noted) for carriage SUBJECT TO THE CONDITIONS OF CONTRACT ON THE REVERSE HEREOF. ALL GOODS MAY BE CARRIED BY ANY OTHER MEANS INCLUDING ROAD OR ANY OTHER CARRIER UNLESS SPECIFIC CONTRARY INSTRUCTIONS ARE GIVEN HEREON BY THE SHIPPER, AND SHIPPER AGREES THAT THE SHIPMENT MAY BE CARRIED VIA INTERMEDIATE STOPPING PLACES WHICH THE CARRIER DEEMS APPROPRIATE. THE SHIPPER'S ATTENTION IS DRAWN TO THE NOTICE CONCERNING CARRIER'S LIMITATION OF LIABILITY. Shipper may increase such limitation of liability by declaring a higher value for carriage and paying a supplemental charge if required.

Issuing Carrier's Agent Name and City	Accounting Information

Agent's IATA Code	Account No.	

Airport of Departure (Addr. of First Carrier) and Requested Routing	Reference Number	Optional Shipping Information

To	By First Carrier	Routing and Destination	to	by	to	by	Currency	CHGS Code	WT/VAL PPD COLL	Other PPD COLL	Declared Value for Carriage	Declared Value for Customs

Airport of Destination	Requested Flight / Date	Amount of Insurance	INSURANCE – If carrier offers insurance, and such insurance is requested in accordance with the conditions thereof, indicate amount to be insured in figures in box marked "Amount of Insurance".

Handling Information

SCI

(For USA only): These commodities, technology or software were exported from the United States in accordance with the Export Administration Regulations. Diversion contrary to USA law prohibited.

No. of Pieces RCP	Gross Weight	kg lb	Rate Class / Commodity Item No.	Chargeable Weight	Rate / Charge	Total	Nature and Quantity of Goods (incl. Dimensions or Volume)

Prepaid	Weight Charge	Collect	Other Charges

Valuation Charge

Tax

Total Other Charges Due Agent

Shipper certifies that the particulars on the face hereof are correct and that **insofar as any part of the consignment contains dangerous goods, such part is properly described by name and is in proper condition for carriage by air according to the applicable Dangerous Goods Regulations.**

Total Other Charges Due Carrier

Signature of Shipper or his Agent

Total Prepaid	Total Collect

Currency Conversion Rates	CC Charges in Dest. Currency

Executed on (date)   at (place)   Signature of Issuing Carrier or its Agent

For Carrier's Use only at Destination	Charges at Destination	Total Collect Charges

ORIGINAL 3 (FOR SHIPPER)

Lernsituation 13 | zu SLG S. 230–233, WSP S. 117–128, 145–148, KSK S. 99–104, (DV) 196–201

Aufgabe 1
Der Versender erhält das House-AWB zugefaxt. Welche für ihn wichtigen Informationen kann er der Mitteilung entnehmen?

Aufgabe 2
Unterscheiden Sie House- und Master-AWB.

Aufgabe 3
Betrachten Sie noch einmal die Berechnung des Rohergebnisses der Sammelladung (siehe Arbeitsauftrag oben). Welchen besonderen Beitrag leisten die Sendungen 1, 3 und 5 zum Rohergebnis?

Aufgabe 4
Beschreiben Sie die Informationen, die Sie dem nebenstehenden Auszug aus dem Air Cargo Guide entnehmen können.

Hinweise:
DE = Condor Flugdienst
767 = Boeing 767

FRANKFURT Germany (FRA)								+0200
• FRANKFURT (FRA) 7mls/12kms SW of FRANKFURT								
• HAHN (HHN) 75mls/120kms from City Centre								
Acapulco ACA								
–	1 Jun	·2·····1145FRA	1945	DE	2176	767	LPJ	1
15 JUN	only	·2·····1145FRA	1945	DE	2176	767	LPJ	1
29 JUN	only	·2·····1145FRA	1945	DE	2176	767	LPJ	1
13 JUL	only	·2·····1145FRA	1945	DE	2176	767	LPJ	1
27 JUL	only	·2·····1145FRA	1945	DE	2176	767	LPJ	1

Aufgabe 5
Beschreiben Sie die Informationen, die Sie dem nebenstehenden Auszug aus dem TACT entnehmen können.

Abgangsflughafen ist Frankfurt. Die Preise sind in EUR angegeben.

SINGAPORE	**SG**		
		M	76,69
		N	4,33
		100	3,07
		300	2,91
		500	2,75
	9710	45	3,20
	9720	100	3,97

item no	description
9709	CHEMICALS, CHEMICAL PRODUCTS, DRUGS, COSMETICS, PHARMACEUTICALS, ESSENTIAL OILS, RESINS
9710	PRINTED MATTER, PAPER, INCLUDING PHOTOGRAPHIC SENSITIZED PAPER
9720	FISH (INEDIBLE), CORAL, WEED, FISH FOOD

Aufgabe 6

Prepaid	Weight Charge	Collect
	Valuation Charge	
	Tax	
	Total other Charges Due Agent	
	Total other Charges Due Carrier	
Total prepaid		Total collect

Die Kosten eines Lufttransports sind wie folgt aufzuteilen und entsprechend im Luftfrachtbrief zu vermerken:

Absender:
- AWB-Fee 20,00 EUR
- Fuel Surcharge 18,00 EUR
- Security Fee 6,00 EUR

Empfänger:
- Fracht 370,00 EUR
- Gebühr für Lieferwertangabe 21,25 EUR

Lernsituation 13 | zu SLG S. 230–233, WSP S. 117–128, 145–148, KSK S. 99–104, (DV) 196–201

Aufgabe 7
Flug LH 755 ab Frankfurt (UTC +1), Abflug 16:45 Uhr nach Kapstadt/Cape Town (CPT, UTC +2); Flugzeit 12:00 Stunden. Berechnen Sie die Ankunftszeit in Kapstadt (Ortszeit).

Aufgabe 8
Ergänzen Sie die leeren Felder bzw. die Fragezeichen (??).

Abflug und Ankunft jew[eils] local time

Datum	von	Zone	nach	Zone	Abflug	Dauer	Ankunft
01.06.20(0)	Frankfurt	UTC ??	New York	UTC −5	08:30		10:40
01.08.20(0)	Hamburg	UTC ??	Tokyo	UTC +9	13:40	11:00	
01.11.20(0)	London	UTC	Kairo	UTC +2		05:15	22:55
02.11.20(0)	Singapur	UTC +8	Zürich	UTC +1	23:55		06:10+1
03.11.20(0)	Seattle	UTC −8	Moskau	UTC +3		10:15	17:45

Aufgabe 9
a. Berechnen Sie die Erlöse (Gesamtbetrag), die die Spedition INTERSPED für die nachfolgenden Sendungen nach Sydney von den Versendern erhält.

b. Mit der Luftverkehrsgesellschaft hat INTERSPED für ihre Sammelgutsendungen eine Gewichtsrate von 4,70 EUR pro kg vereinbart. Ermitteln Sie das Rohergebnis, das die Spedition allein aus den Frachterlösen erzielt.

c. Erläutern Sie drei weitere Abrechnungspositionen mit den Kunden.

Frankfurt	DE	FRA
EURO	KGS	EUR
Sydney	AU	
	M	85,00
	N	11,50
	45	9,30
	100	5,80
	300	4,95
	500	4,40

Sendung Nr.	Gewicht kg	Maße cm	Volumenkilogramm	Berechnungsgrundlage: Gewicht/Volumenkilogramm	EUR pro kg	Gesamtbetrag EUR (Erlöse)
1	320,0	150 x 110 x 100				
2	5,0	40 x 40 x 20				
3	45,0	80 x 60 x 50				
4	1.100,0	150 x 110 x 110				
5	120,0	100 x 100 x 80				
6	80,0	100 x 60 x 60				

Aufgabe 10
Andrea kauft einen Wollpullover, Größe 40, in einer Boutique. Vor dem Kauf fragt sie die Verkäuferin, ob der Pullover maschinenwaschbar sei. Die Verkäuferin verweist auf das Etikett und bestätigt die Maschinenwaschbarkeit. Drei Wochen später wäscht Andrea den Pullover in der Waschmaschine im Wollwaschprogramm in der empfohlenen Waschtemperatur. Danach ist der Pullover stark eingelaufen und nur noch für Kleinkinder zu gebrauchen. Andrea geht weitere vier Wochen später zu der Boutique und verlangt die Erstattung des Kaufpreises. Die Verkäuferin ist der Meinung, dass Andrea früher hätte reklamieren müssen und ist aus Kulanzgründen bereit, ihr einen Gutschein über die Hälfte des Kaufpreises auszustellen, für den sie andere Ware kaufen könne. Prüfen Sie die Rechtslage.

Aufgabe 11
Stellen Sie fest, welche Mängelart in den folgenden Fällen vorliegt und von welchen Käuferrechten Sie Gebrauch machen würden? Begründen Sie Ihre Entscheidungen.

a. Ein Büroschrank weist beim Auspacken leichte Kratzer auf.

b. In einem Lehrbuch fehlen die Seiten 17 bis 32.

c. Es wird nicht Papiersorte 13001, sondern 17001 geliefert.

d. Ein Lieferwagen hat bereits nach einigen hundert Kilometern Fahrleistung einen Motorschaden, der von der Werkstatt behoben wird. Wenige Wochen später tritt der gleiche Fehler noch einmal auf. Das Fahrzeug wird ein zweites Mal repariert. Beim dritten Mal ist der Käufer mit seiner Geduld am Ende.

e. Für die Kantine werden Äpfel der Güteklasse B statt Güteklasse A geliefert. f) Ein Autohändler verkauft einen gebrauchten PKW mit der Angabe „unfallfrei". Acht Monate später stellt sich heraus, dass das Fahrzeug in einen Unfall verwickelt war und vom Autohändler repariert wurde. g) Statt der bestellten 10.000 Blatt Kopierpapier werden 100.000 Blatt Kopierpapier geliefert.

Aufgabe 12

Prüfen Sie, ob der Käufer sein Recht aus mangelhafter Lieferung noch wahrnehmen kann.

a. Die Kantine der TRANSSPED GmbH hat am 16. September 20(0) eine Sendung Milch bekommen. Auf den Packungen steht das Verfallsdatum 15. September 20(0). Am 20. September 20(0) reklamiert der Kantinenleiter die Milchlieferung.

b. Eine Spedition stellt bei der unverzüglichen Prüfung eines neuen Faxgerätes fest, dass ein falscher Typ geliefert wurde. Am nächsten Tag reklamiert der Büroleiter das Gerät und verlangt eine Ersatzlieferung.

Aufgabe 13

Der selbstständige Spediteur Bernhard Winkler kauft am 15. Januar 20(0) eine Stereoanlage im Wert von 1.750,00 € für seine Ehefrau beim MEDIA-CENTER gegen Rechnung. Die Rechnung geht ihm am 17. Januar 20(0) zu und ist sofort und ohne Abzug zahlbar. Am 20. Februar 20(0) erhält Winkler eine Mahnung vom MEDIA-CENTER Da Winkler derzeit mit den Arbeiten in seiner Spedition aufgrund von Umbauarbeiten sehr stark beschäftigt ist, vergisst er erneut die Zahlung.

a. Befindet sich Winkler am 20. März 20(0) im Zahlungsverzug?

b. Wie hoch ist am 20. März 20(0) die Gesamtforderung des MEDIA-CENTERS, falls Verwaltungskosten in Höhe von 35,00 € angefallen sind, das MEDIA-CENTER in den vergangenen Monaten keine Kontoüberziehungen des laufenden Bankkontos vornahm und die maximalen Rechte ausgeschöpft werden sollen? (Basiszinssatz 4,26 %)

Aufgabe 14

Welches Recht aus dem Annahmeverzug würden Sie in den folgenden Fällen in Anspruch nehmen?

a. Ein Kunde hat bei einem Elektroinstallationsbetrieb eine besondere Ausführung eines Lichtschalters bestellt und verweigert nun die Annahme.

b. Eine Kundin hat in einem Schallplattengeschäft eine CD gekauft und 2,50 € angezahlt. Sie erscheint aber innerhalb der nächsten zwei Wochen nicht mehr, um die CD abzuholen.

c. Ein Küchenhersteller hat für eine Villa eine besonders exklusive Einbauküche geplant und mit hohem Kostenaufwand fertig gestellt. Der Käufer verweigert die Annahme der Küche, da er inzwischen eine ähnliche Küche bei einem Küchenhersteller am Ort günstiger bekommen hat.

d. Der Abteilungsleiter einer Handwerkskammer hat bei einem Getränkecenter anlässlich der Feier seines Geburtstages für Freitag, 18 Uhr, Getränke bestellt. Um 19 Uhr erscheint der Lieferwagen des Getränkecenters. Der Abteilungsleiter lehnt die Annahme ab, da er inzwischen bei einer Gaststätte um die Ecke Getränke bestellt und erhalten hat.

Aufgabe 15

Welche der möglichen Rechte des Käufers bei Lieferungsverzug würden Sie geltend machen unter der Annahme, dass die Voraussetzungen für den Lieferungsverzug in den folgenden Fällen vorliegen?

a. Aufgrund der Verbilligung des Rohstoffes ist der Preis der Ware inzwischen um ca. 10 % gesunken.

b. In der Zeit, in der man die Ware für einen eigenen Kunden beschaffen muss, ist sie nur zu einem Aufschlag von 50,00 € bei einem anderen Lieferanten zu erhalten.

c. Die bestellte Ware ist eine Sonderanfertigung, die nur bei diesem einen Lieferanten zu erhalten ist.

Aufgabe 16

Prüfen Sie, ob folgende Regelungen in den Allgemeinen Geschäftsbedingungen eines Unternehmens für Geschäfte mit Verbrauchern enthalten sein dürfen:

a. „Wir gewähren eine Garantie von drei Monaten."

b. „Bei einer Nachbesserung hat der Kunde die Kosten für den Transport zu tragen."

c. „Der Käufer erklärt sich mit Preiserhöhungen, die innerhalb von drei Wochen nach Vertragsabschluss erfolgen, einverstanden."

d. „Die Lieferung der Ware/Ausführung der Dienstleistung kann innerhalb eines Jahres nach Vertragsabschluss erfolgen."

e. „Mängel an den von uns gelieferten Waren oder Dienstleistungen werden innerhalb der ersten sechs Monate kostenlos beseitigt. Andere Ansprüche können vom Käufer/Auftraggeber nicht geltend gemacht werden".

Lernsituation 13 | zu SLG S. 230–233, WSP S. 117–128, 145–148, KSK S. 99–104, (DV) 196–201

Aufgabe 17
Auf der Vorderseite einer Bestellungsannahme steht handschriftlich: „Zahlbar innerhalb von zehn Tagen abzüglich 3 % Skonto, innerhalb von 30 Tagen netto Kasse. Auf der Rückseite ist bei den AGB u. a. vermerkt: „Alle Preise sind Nettopreise und sofort ohne Abzug zahlbar." Der Käufer hat die AGB anerkannt. Was gilt?

Aufgabe 18
Rita Teichmann kauft beim Rheinischen Media Center einen Videorecorder. Der Einzelhändler will seine Allgemeinen Geschäftsbedingungen dem Kaufvertrag zugrunde legen. Erläutern Sie die Bedingungen, die das Rheinische Media Center als Verwender von AGB zu beachten hat, damit die AGB für Rita Teichmann als Endverbraucher bindend sind.

Aufgabe 19
Prüfen Sie in den unten stehenden Fällen jeweils, wann die Verjährungsfrist endet.

a. Ein Versender ist am 19. April 20(0) vom Amtsgericht Düsseldorf rechtskräftig zur Zahlung von 2.255,00 € verurteilt worden.

b. Eine Steuerberaterrechnung ist fällig am 15. Mai 20(+1).

c. Die Commerzbank hat einen Zinsanspruch wegen eines Darlehens, fällig am 30. Juni 20(+1).

d. Der Versender Winter KG hat eine am 27. November 20(+1) fällige Rechnung in Höhe von 870,00 € noch nicht bezahlt. Am 10. Januar 20(+2) leistet der Kunde eine Teilzahlung in Höhe von 100,00 € und verspricht, den Restbetrag in einem Monat zu zahlen.

e. Am 15. Februar 20(+2) ist die Restforderung gegenüber der Winter KG (siehe Teilaufgabe d)) noch nicht beglichen. Die INTERSPED GmbH lässt der Winter KG durch das zuständige Amtsgericht einen Mahnbescheid zustellen. Das gerichtliche Mahnverfahren ist am 25.04.20(+2) beendet, ohne dass die Zahlung bisher erfolgte.

Aufgabe 20
Ermitteln Sie jeweils die Zinstage nach den Zinsmethoden „30/360", „aktuell/360" und „aktuell/aktuell

a. vom 31.12.20(0) bis 30.01.20(1)

b. vom 01.02.20(0) bis 28.02.20(0)

c. vom 01.01.20(0) bis 31.01.20(0)

d. vom 01.02.20(0) bis 01.03.20(0) (kein Schaltjahr)

e. vom 01.01.20(0) bis 30.01.20(0)

f. vom 28.02.20(0) bis 01.03.20(0) (kein Schaltjahr)

g. vom 28.02.20(0) bis 01.03.20(0) (Schaltjahr)

h. vom 01.10.20(0) bis 29.01.20(1)

i. vom 30.03.20(0) bis 01.04.20(0)

Aufgabe 21
Verzinsen Sie ein Darlehen von 10.500,00 € zu einem Zinssatz von 7,5 % und einer Laufzeit von 7 Monaten (Zinsmethode 30/360).

Aufgabe 22
Berechnen Sie die Zinsen für ein Kapital in Höhe von 5.500,00 € zu einem Zinssatz von 6,5 % und einer Zinszeit von 85 Tagen (Zinsmethode 30/360).

Aufgabe 23
Ein Kredit in Höhe von 30.000,00 € wird zu 8 % für die Zeit vom 11.03.20(0) bis 23.07.20(0) [kein Schaltjahr] gewährt. Welchen Betrag muss der Schuldner am 23.07.20(0) zurückzahlen, wenn mit der

a. Zinsmethode 30/360 gerechnet wird?

b. Zinsmethode aktuell/360 gerechnet wird?

c. Zinsmethode aktuell/aktuell gerechnet wird?

Aufgabe 24
Die Hausbank gewährt einen Kredit zu 8 % für die Zeit vom 25.02.20(0) bis 31.10.20(0), dafür wurden 1.083,44 € Zinsen gezahlt. Bestimmen Sie die Kredithöhe (Zinsmethode 30/360).

Aufgabe 25
Zu welchem Zinssatz wurde ein Kapital von 34.500,00 € verzinst, das nach 135 Tagen mit 35.146,88 € zurückgezahlt wird (Zinsmethode 30/360)?

Aufgabe 26
Am 31.12.20(0) schreibt die Hausbank für ein Kapital von 4.500,00 €, das mit 5 % verzinst wurde, 125,00 € gut. Wann wurde das Kapital eingezahlt (Zinsmethode 30/360)?

Aufgabe 27

Ein Unternehmer zahlt ein Darlehen, das am 21.10.20(0) ausgeliehen wurde, zum 31.03.20(+1) zurück. Der Unternehmer zahlt 195,85 € Zinsen, bei einem Zinssatz von 8,5 % (Zinsmethode 30/360).

a. Bestimmen Sie die Darlehenshöhe.

b. Wie hoch ist der Rückzahlungsbetrag am 31.03.20(+1)?

Aufgabe 28

In der Spedition Bartsch KG, Wuppertal, wurden die Kostenstellen Verwaltung, Werkstatt, Nationale Kraftwagenspedition (I), Internationale Kraftwagen Spedition (II) und Lager (III) eingerichtet.

- Nehmen Sie die Kostenverteilung auf die Kostenstellen nach folgender Aufstellung vor (runden zu vollen €).
- Verteilen Sie die Kosten der Verwaltung im Verhältnis 1 : 4 : 2 : 1 auf die nachfolgenden Kostenstellen und die Gemeinkosten der besonderen Vorkostenstelle Werkstatt auf die Abt. I und Abt. II im Verhältnis 5 : 3.
- Ermitteln Sie die Abteilungsergebnisse.

Informationen zum Betriebsabrechnungsbogen						
Kosten + Leistungsarten	Betrag in €	Verteilungsschlüssel				
		Verwaltung	Werkstatt	Abt. I Nationale Spedition	Abt. II Intern. Spedition	Abt. III Lagerei
4000 Löhne und Lohnnebenkosten	432.750,00	1	3	12	4	4
4100 Gehälter und Gehaltsnebenk.	510.296,00	1	2	10	5	2
4200 Fuhrparkkosten	1.126.035,00	-	-	7	3	-
4400 Verwaltungskosten	210.780,00	1	1	6	4	2
4500 Steuern, Versich., Gebühren	120.844,00	-	1	10	8	1
4600 Unternehmenskosten	188.425,00	1	1	9	9	5
4800 Kalkulator. Unternehmerlohn	90.250,00	1	1	3	3	2
4810 Kalkulatorische Miete	144.290,00	1	2	4	3	2
4820 Kalkulatorische Zinsen	360.452,00	3	2	5	10	4
4830 Kalkulatorische Abschreibungen	1.320.780,00	1	1	3	5	1
4850 Kalkulatorische Wagnisse	75.345,00	-	-	3	6	1
7400 Nationale Kraftwagenspedition	802.280,00					
7450 Internation. Kraftwagenspedition	618.350,00					
7600 Lagerei	119.130,00					
8400 Nationale Kraftwagenspedition	3.411.345,00					
8450 Internation. Kraftwagenspedition	2.263.965,00					
8600 Lagerei	618.795,00					

Aufgabe 29

In der Spedition Transsped GmbH, Dortmund sind folgende Kostenstellen eingerichtet:

- Allgemeine Verwaltung (Vorkostenstelle)
- Werkstatt (Vorkostenstelle)
- Luftfrachtspedition
- Kraftwagenspedition
- Lagerei

Für dem Monat Juli sind nebenstehenden Daten ermittelt worden.

Monat Juli 20(0)	
40000 Löhne und Lohnnebenkosten	289.500,00
41000 Gehälter und Gehaltsnebenkosten	125.560,00
42000 Fuhrparkkosten	789.459,00
43000 Raumkosten	345.230,00
44000 Verwaltungskosten	422.569,00
45000 Steuern, Versicherungen, Gebühren	98.458,00
46000 Unternehmenskosten	133.456,00
72000 Luftfrachtspedition	440.560,00
74000 Kraftwagenspedition	1.179.680,00
76000 Lagerei	695.459,00
82000 Luftfrachtspedition	1.256.456,00
84000 Kraftwagenspedition	2.985.120,00
86000 Lagerei	1.212.300,00

Weitere Angaben

- Das betriebsnotwendige Kapital beträgt 23.989.740,00 €. Der durchschnittliche Zinssatz beträgt 11 %.
- Das Konto „22000 Zinsen und ähnliche Aufwendungen" weist für den Monat Juli 131.780,00 € aus.
- Anschaffungswert des Anlagevermögens: 30.993.500,00 €
- Bilanzielle Abschreibungen: 6.511.315,00 €
- Wiederbeschaffungswert des Anlagevermögens: 35.978.458,00 €
- Kalkulatorischer Abschreibungssatz: 15 % linear

- Auf dem Konto „24900 Wagnisse" stehen für den Monat Juli 17.560,00 € zu Buche. Die langjährigen Aufzeichnung ergeben einen durchschnittlichen Wert für die Wagnisse in Höhe von 143.927,00 € pro Jahr. Die Kostenverteilung soll nach den Angaben in der Tabelle durchgeführt werden:

	Verteilungsschlüssel				
	Verwaltung	Werkstatt	Export-/Import-spedition	Kraftwagen-spedition	Lagerei
Löhne und Lohnnebenkosten	2	4	6	10	5
Gehälter und Gehaltsnebenkosten	3	1	5	5	1
Fuhrparkkosten	0	0	1	5	3
Verwaltungskosten	1	0	0	0	0
Steuern, Versicherungen, Gebühren	0	1	3	6	1
Unternehmenskosten	2	1	2	4	2
Zinsen	1	2	6	10	3
Abschreibungen	1	1	3	7	3
Wagnisse	1	0	4	5	2
Allgemeine Verwaltung		1	14	11	4
Werkstatt			1	12	5

a. Erstellen Sie den mehrstufigen Betriebsabrechnungsbogen.
b. Ermitteln Sie die Abteilungsergebnisse für den Monat Juli.
c. Berechnen Sie die Abteilungsergebnisse in Prozent zu den Abteilungserlösen.

Aufgabe 30

Ermitteln Sie anhand des unten abgebildeten BAB der Spedition ALLSPED GmbH und der nachstehenden Angaben für den Monat März

a. die kalkulatorischen Zinsen in €
b. die kalkulatorischen Abschreibungen des Anlagevermögens in €
c. das Ergebnis der Abteilung Luftfrachtspedition in €
d. das Ergebnis der Abteilung Luftfrachtspedition in Prozent des Abteilungserlöses (auf zwei Stellen nach dem Komma runden)

Angaben

- Betriebsnotwendiges Kapital 7.000.000,00 €
- Durchschnittlicher Zinssatz 9 % p. a.
- Anschaffungskosten des Anlagevermögens 8.400.000,00 €
- Wiederbeschaffungskosten des Anlagevermögens 9.600.000,00 €
- Abschreibungssatz 20 %

Gemeinkosten der ALLSPED GmbH

Auszug aus dem BAB für den Monat März 20(0)

Gemeinkosten		Betrag in EUR	Verteilungsschlüssel					Allgemeine Verwaltung	Werk-statt	Luftfracht Spedition	Kraftwagen Spedition	Möbel Spedition
40	Löhne	64.800	2	4	6	10	5	4.800	9.600	14.400	24.000	12.000
41	Gehälter	20.400	4	2	5	4	2	4.800	2.400	6.000	4.800	2.400
42	Fuhrparkkosten	144.000	0	0	2	6	4	0	0	24.000	72.000	48.000
43	Raumkosten	19.200	3	1	4	2	2	4.800	1.600	6.400	3.200	3.200
44	Verwaltungskosten	40.000	1	0	0	0	0	40.000	0	0	0	0
45	Steuern/Versicherungen	18.000	0	1	2	5	1	0	2.000	4.000	10.000	2.000
46	Unternehmenskosten	18.700	4	2	3	1	1	6.800	3.400	5.100	1.700	1.700
480	Kalk. Unternehmerlohn	12.000	2	2	2	2	2	2.400	2.400	2.400	2.400	2.400
481	Kalk. Miete	30.000	3	2	5	10	4	3.750	2.500	6.250	12.500	5.000
482	Kalk. Zinsen	a)	4	2	6	2	1					
483	Kalk. Abschreibungen	b)	6	2	3	5	4					
485	Kalk. Wagnisse	5.500	3	2	2	1	3	1.500	1.000	1.000	500	1.500
	Gemeinkosten je Hauptkostenstelle											
+	Einzelkosten									20.100	142.000	76.000
=	Abteilungskosten											
	Abteilungserlöse									305.000	576.000	240.000
	Abteilungsergebnis									c)		

Lernsituation 13 | zu SLG S. 230–233, WSP S. 117–128, 145–148, KSK S. 99–104, (DV) 196–201 **355**

SELBSTTEST LERNSITUATION 13

→ Diese **Prozesse** sollten Sie beherrschen:

- Luftfrachtsammelladung organisieren
- Haftungsbestimmungen anwenden
- Auf Probleme bei der Abwicklung von Kaufverträgen reagieren
- Zinsberechnung durchführen
- Einen mehrstufigen Betriebsabrechnungsbogen (BAB) erstellen (Excel)
- Haupt- und Vorkostenstellen einrichten
- Die Umlagen der Vorkostenstellen auf die Hauptkostenstellen vornehmen
- Die Kalkulationszuschläge für die Hauptkostenstellen (Kostenträger) ermitteln
- BAB-Berechnungen mit Excel automatisieren

→ Diese **Begriffe** sollten Sie kennen:

1. Annahmeverzug
2. Basiszinssatz
3. Beweislastumkehr
4. Cargo-Manifest
5. Garantie
6. Gerichtliches Klageverfahren
7. Gerichtliches Mahnverfahren
8. Haftung (Luftfrachtführer)
9. Haftung des Luftfrachtspediteurs
10. Haupt- und Vorkostenstellen
11. Haus-Haus-Verkehr (Luftfracht)
12. House-AWB
13. Jahreszinsformel
14. Kalkulationszuschläge
15. Kaufmännisches Mahnverfahren
16. Kaufvertragsstörungen
17. Kostenträger
18. Kostenträgerstückrechnung
19. Kostenträgerzeitrechnung
20. Luftfracht-Sammelladung
21. Luftfrachtversicherung
22. Mangelarten
23. Master-AWB
24. Mehrstufiger Betriebsabrechnungsbogen (BAB)
25. Monatszinsen
26. Multimodaler Lufttransport
27. Mängelrüge
28. Nicht-Rechtzeitig-Lieferung (Lieferungsverzug)
29. Nicht-Rechtzeitig-Zahlung (Zahlungsverzug)
30. Pfändung
31. Rechte des Käufers bei mangelhafter Lieferung
32. Reklamationsfristen
33. Rügefristen
34. Schlechtleistung (Mangelhafte Lieferung)
35. Sea-Air-Verkehre
36. Selbsthilfeverkauf
37. Tageszinsformel
38. Unternehmerrückgriff
39. Verbraucherprivileg
40. Verbraucherschutz
41. Verbrauchsgüterkauf
42. Verzugszinsen
43. Vollstreckbarer Titel
44. Wertangabe
45. Zinsmethoden
46. Zinsrechnung
47. Zinszeitraum
48. Zwangsvollstreckung

Lernsituation 14

- Einen Container mit einem Seeschiff versenden
- Ein- und ausgehende Zahlungen im Speditionsbetrieb abwickeln
- Über die Annahme eines Exportauftrages entscheiden
- Ein Konzept für den Datenschutz entwickeln

Zeitschiene	Ereignisse/Tätigkeiten
28.06.20(0)	Die Maschinenfabrik DEGENER & LUTZ hat mit ihrem Kunden, BROWN & CO. LTD., 584 South Maryland Avenue, Chicago, USA, einen Kaufvertrag über Kfz-Zubehör (Geschwindigkeitsmesser, Tank- und Öldruckanzeigen) abgeschlossen. Dem Vertrag sind unter anderem folgende Regelungen zu entnehmen:
	Gewicht der Sendung: 15.500 kg
	Volumen der Sendung: 22 m³
	Wert: 190.000,00 EUR
	Transport: per Lkw von Neuss nach Bremen Ende Juli 20(0) / per Seeschiff von Bremen nach Chicago / per Lkw vom Kai in Chicago zum Lager des Importeurs
	Rechnung: DEGENER & LUTZ zahlen die gesamten Kosten der Beförderung.
	Verpackung: Versand in einem Container
01.07.20(0)	Der Versandleiter der Maschinenfabrik, Herr Häuser, und Frau Theben von der Spedition INTERSPED sitzen heute, am 1. Juli 20(0) in einem Beratungsgespräch zusammen, weil INTERSPED die Besorgung des Transports übernehmen soll. In dem Gespräch werden Details des Transportablaufs geklärt und in einem Speditionsauftrag festgehalten.
	Frau Theben: „Ich gehe davon aus, dass wir Ihnen den Container besorgen und die Beförderung als FCL/FCL-Transport bis zum Haus des Empfängers organisieren, damit wir keine zusätzliche Schnittstelle in der Transportkette haben. Über den Seehafenspediteur im Bestimmungshafen würden wir auch den Nachlauf besorgen."
	Herr Häuser: „Ja, das entspricht sicherlich auch dem Wunsch unseres Vertragspartners in Chicago."
	Frau Theben: „Sind die Güter irgendwie besonders beschaffen, z. B. sperrig oder sehr schwer oder besonders empfindlich?"
	Herr Häuser: „Die Güter sind einzeln stoßsicher verpackt. Besonderheiten liegen nicht vor."
	Frau Theben: „Also bestellen wir für Sie bei der Reederei einen ganz normalen 20-Fuß-Container zusammen mit der Schiffsbuchung. Der Container steht Ihnen drei Stunden lang kostenlos zur Beladung zur Verfügung. Kommen Sie damit hin?"
	Herr Häuser: „Auf jeden Fall."
	Frau Theben: „Gut. Als Verschiffungshafen schlage ich Ihnen Bremen vor, weil wir dort Kontakt zu einem Seehafenspediteur haben, der Ihre Sendung vor Ort und in Chicago betreut."
	Herr Häuser: „Einverstanden."
	Frau Theben: „Wünschen Sie, dass wir die Sendung versichern?"
	Herr Häuser: „Nein, alle unsere Exportsendungen sind durch eine eigene Transportversicherung gegen Güterschäden abgedeckt. Die Versicherung reicht aus."
	Frau Theben: Welches Versandpapier wünschen Sie?"
	Herr Häuser: „Wir müssen ein Reederei-Bill of Lading in dreifacher Ausfertigung vorlegen, und zwar als reines An-Bord-Konnossement. Um die Ausfuhrabfertigung brauchen Sie sich nicht zu kümmern, das werden wir erledigen. Aber ich hätte gerne von Ihnen einen festen Angebotspreis, der alle Kosten des Auftrages enthält, damit ich besser kalkulieren kann."
	Frau Theben: „Gerne. Ich werde gleich unsere Vereinbarungen in einem Speditionsauftrag festhalten. Den Auftrag schicke ich Ihnen zusammen mit dem Haus-Haus-Preis zu. Außerdem werde ich noch die Schiffsroute und die genaue Abfahrtszeit des Schiffs heraussuchen – ich glaube, Sie bevorzugen eine Linienreederei mit hohem Qualitätsstandard."
	Herr Häuser: „Ja, die Preisvorteile der Outsider sind nicht so bedeutsam."

Lernsituation 14 | zu SLG S. 248–277, WSP S. 129–134, KSK S. 105–111, (DV) 248–251

	Frau Theben: „Sie finden dann alle Details zum Transport im Speditionsauftrag. Wenn Sie einverstanden sind, bitte ich Sie, den Auftrag zu unterschreiben und an mich zurückzusenden. Alles Weitere läuft dann automatisch ab." **Herr Häuser:** „O.k. Ich höre von Ihnen."	
	Nach dem Gespräch hat Frau Theben die Unterlagen der Reederei herausgeholt, um die Schiffsroute zu ermitteln, die Abfahrtszeit des Seeschiffs festzustellen und um die Seefrachten zu berechnen.	

Schiffsliste der Trans-World-Reederei (Monat Juli 20(0))				
Canada + Chicago	**Bremen**	**Montreal**	**Toronto**	**Chicago**
Fortune	03.07.	11.07.	13.07.	16.07.
Green Cape	10.07.	18.07.	20.07.	23.07.
Daimond Land	17.07.	25.07.	27.07.	30.07.
Providence Bay	24.07.	01.08.	03.08.	06.08.
Silverfjord	31.07.	08.08.	10.08.	13.08.
Ladeschluss im Seehafen: Im FCL/FCL-Verkehr 1 Tag vor Schiffsabfahrt				

02.07.20(0)	Nach telefonischen Anfragen oder aufgrund gültiger Preislisten ergeben sich folgende Preise für einzelne Leistungen, die mit dem Transport verbunden sind (1 EUR = 1,2374 USD):	
	1. Vorlaufkosten Neuss – Bremen per Lkw:	425,00 EUR
	2. Terminal-Handling-Charges (THC) im Bremer Hafen:	175,00 EUR
	3. Seefracht Autoteile Bremen – Chicago einschließlich Container-Gestellung:	850 USD
	4. 10 % CAF auf die Seefracht	
	5. BAF	190,00 USD
	6. Terminal-Handling-Charges im Hafen Chicago:	240,00 USD
	7. Nachlauf Hafen Chicago – Lager Importeur:	180,00 USD
	8. B/L-Gebühr:	18,75 EUR
	9. ISPS-Zuschlag:	15,00 EUR
	Auf die Positionen 1 bis 9 wird ein Zuschlag von 20 % für die Gemeinkosten aufgeschlagen. Der so ermittelte Zwischenwert wird noch um einen Gewinnzuschlag von 5 % erhöht. Noch an diesem Tag wird dem Versender der Speditionsauftrag mit dem Haus-Haus-Festpreis zugeschickt.	
07.07.20(0)	Der Speditionsauftrag trifft ein. Der Versender hat ihn unterschrieben. Somit können die nötigen Beförderungs- und Besorgungsaufträge erteilt werden.	

Formular siehe unten

Kalkulation		
1.	Vorlauf Neuss - Bremen	
2.	THC Bremen	
3.	Seefracht	
4.	CAF	
5.	THC Chicago	
6.	Nachlaufkosten Chicago	
7.	B/L-Gebühr	
8.	ISPS-Zuschlag	
=	Speditionskosten (direkte Kosten)	
6.	+ 20 % Gemeinkostenzuschlag	
=	Selbstkosten	
7.	+ 5 % Gewinn	
=	Speditionserlöse	

Nach der Berechnung von Frau Theben betragen die Kosten für die Organisation der Beförderung 1.728,79 €.

Auf diesen Betrag hat Sie einen Gemeinkostenzuschlag von 20 % (siehe BAB) aufgeschlagen.

Der so ermittelte Zwischenwert wird noch um einen Gewinnzuschlag von 5 % (BAB) erhöht.

Deckungsbeitragsrechnung:		mit Kalkulationspreis (Vollkosten)/€	mit Marktpreis (Teilkosten)/€
	Preis der Speditionsleistung	2.178,27	1.990,00
./.	direkte Kosten (variable Kosten)		
=	Deckungsbeitrag		
./.	fixe Kosten		
=	Gewinn/Verlust		

Kalender: Juli 20(0)					
Woche	26	27	28	29	30
Montag		7	14	21	28
Dienstag	1	8	15	22	29
Mittwoch	2	9	16	23	30
Donnerstag	3	10	17	24	31
Freitag	4	11	18	25	
Samstag	5	12	19	26	
Sonntag	6	13	20	27	

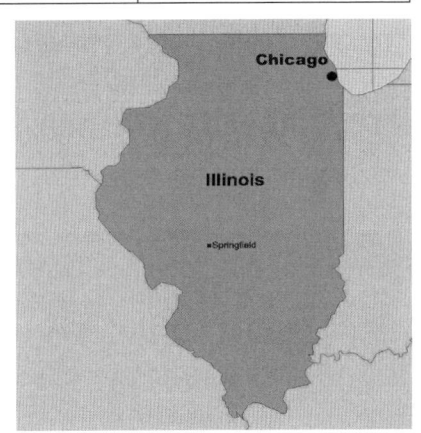

Weitere Partner bei der Organisation des Auftrags:

- Das Transportunternehmen WERNER FAHRLAND, Plockstraße 35, 40221 Düsseldorf, verfügt über Lastzüge, die Container transportieren können.
- Unser Partnerspediteur im Seehafen Bremen ist die INTERPORT Seehafenspedition, Hafenstraße 13, 28217 Bremen. INTERPORT hat auch eine Niederlassung in Chicago (INTERPORT FORWARDERS AGENT, P.O.B. 34556, Chicago, USA), sodass er die weitere Behandlung der Sendung im Bestimmungshafen übernehmen kann.
- TRANS-WORLD-REEDEREI, Gustav-Adolf-Straße 78, 28217 Bremen

07.07.20(0) (Fortsetzung)	Die Aufträge können erteilt werden: Vorlauf, Seehafenspediteur, Reederei (Container-Gestellung + Buchung der Reise). Der Leercontainer (Nr. EISU 135442-0) kann nach Auskunft der Reederei im Containerlager Duisburg, Erzstraße 44, 47119 Duisburg, abgeholt werden (Formulare siehe unten). Die Lade-Referenz-Nr. für den Leercontainer (zur Identifizierung bei der Abholung) lautet QC2245-77. Empfangsadresse ist die Anschrift von INTERPORT Bremen.
22.07.20(0)	Fahrland holt den Container in Duisburg ab und transportiert ihn zum Versender, wo der Container beladen wird.
	Die Sendung ist von DEGENER & LUTZ beim Zollamt in Düsseldorf für die Ausfuhr angemeldet worden. Die Zollpapiere werden dem Lkw-Fahrer mitgegeben, damit er sie beim Hafenzollamt in Bremen vorlegen kann.
	Der Container trifft auf der Container-Freight-Station in Bremen ein. Der Seehafenspediteur übernimmt die weitere Organisation. Er wird vor allem dafür sorgen, dass der Container am nächsten Tag, das ist der Ladetag, für die Beladung in das Schiff bereitsteht.
23.07.20(0)	Der Container wird in das Schiff geladen.
	Die Reederei stellt das B/L aus und übergibt es dem Seehafenspediteur.

Lernsituation 14 | zu SLG S. 248–277, WSP S. 129–134, KSK S. 105–111, (DV) 248–251

S.T.C. = said to contain (Inhalt wie angegeben; durch den Verfrachter nicht überprüft)

Datum	Vorgang
28.07.20(0)	Vom Seehafenspediteur erhalten wir folgendes Seekonnossement:

TRANS-WORLD-REEDEREI
Hamburg/Bremen

Bill of Lading
Nr. BR227-88-54

Shipper:
INTERSPED GmbH
MERKURSTRASSE 14
40223 DUESSELDORF
as Agent of
DEGENER & LUTZ
HOLZHEIMER WEG 33
41464 NEUSS

Voyage-No.: 3874
ECB-No.: HLCU3-12171882
Shipper's Reference: 1075/6599
Carrier:

Consignee:
BROWN & CO. LTD.
584 South Maryland Avenue
CHICAGO, USA

Trans-World-Reederei
Europe – North America Services

Ocean vessel: PROVIDENCE BAY
Port of loading: BREMEN
Notify address:

Port of discharge: CHICAGO

Container Nos, Marks and Nos.: EISU 135442-0

Number and kind of packages; Description of goods:
1 x 20′ STANDARD-CONTAINER, S.T.C.
MOTOR VEHICLE ACCESSORIES
(TACHOMETER, TANK INDICATOR, OIL PRESSURE
INDICATOR) AS PER TARIFF-NO. 83850000
TOTAL:

Gross weight (kg): 15.500 KGS
Measurement (cbm):

SHIPPED ON BOARD

TRANS-WORLD-REEDEREI
23.07.20(0)
Gerdes

FREIGHT PREPAID

Received by the Carrier in apparent good order and condition the goods or packages specified herein and to be discharged at the above mentioned port of discharge. The weight, measure, marks, numbers, quality, contents and value, being particular furnished by the Shipper, are not checked by the Carrier on loading. The Shipper, Consignee and the Holder of this Bill of Lading hereby expressly accept and agree to all printed, written or stamped provisions, exceptions and conditions of this Bill of Lading, including those on the back hereof.
In witness whereof the Carrier or his Agent has signed Bills of Lading all of this tenor and date, one of which being accomplished, the others to stand void. Shippers are requested to note particularly the exceptions and conditions of this Bill of Lading with reference to the validity of the insurance upon their goods.

Movement: FCL/FCL
Total No. of Containers received by the Carrier: - 1 -
No. of original Bs/L: 3/3

Freight payable at: BREMEN
Place and date of issue: BREMEN; 23.07.20(0)

Original
Kaiser
Trans-World-Reederei
Bremen |
| 08.08.20(0) | Die Rechnung (Nr. 4688) für den Versender wird erstellt und abgeschickt.

Hinweis: Die Ausfuhr (der Export) von Gütern in ein Drittland (= Land das nicht zur Europäischen Union gehört) ist umsatzsteuerfrei. Auch grenzüberschreitende Güterbeförderungen zwischen dem Inland und einem Drittland sind von der Umsatzsteuer befreit, weil sie mit der Ausfuhr in Zusammenhang stehen. |

Berger bittet seinen Assistenten, Herrn Hünting, zu einem Gespräch über die Abwicklung des Zahlungsverkehrs der Spedition. Berger schildert, dass ihm bei der Durchsicht der Eingangspost aufgefallen sei, dass viele Versender fällige Rechnungen per Scheck bezahlen. Die INTERSPED GmbH bezahle seines Wissens in der Regel fällige Eingangsrechnungen per Überweisungen, die der Commerzbank auf entsprechenden Formularen eingereicht werden.

Berger beauftragt daher seinen Assistenten, zu prüfen, ob in Zukunft möglicherweise ausgehende Zahlungen besser mittels Scheckzahlung erfolgen sollten, und zudem, ob man in Zukunft evtl. die Kunden dazu auffordern solle, Zahlungen an die INTERSPED GmbH per Überweisung abzuwickeln. Zu prüfen wäre auch, ob noch weitere Optimierungen der Zahlungsverkehrsabwicklungen möglich wären. Herr Hünting hat daraufhin bereits einige Kriterien aufgelistet, die für die Wahl einer geeigneten Zahlungsform wichtig sein könnten und diese tabellarisch zusammengestellt.

Lernsituation 14 | zu SLG S. 248–277, WSP S. 129–134, KSK S. 105–111, (DV) 248–251

	Überweisung	Scheck
Ausgehende Zahlungen		
Bearbeitungsaufwand (eigene Kosten)		
Gebühren des Kreditinstituts (fremde Kosten)		
Belastungszeitpunkt (Zinsvorteile/-nachteile)		
Sonstiges (z. B. Verlustrisiko)		
Eingehende Zahlungen		
Bearbeitungsaufwand (eigene Kosten)		
Gebühren des Kreditinstituts (fremde Kosten)		
Gutschriftszeitpunkt (Zinsvorteile/-nachteile)		
Sonstiges (z. B. Rückbelastungsrisiko)		

Außerdem hat die Hausbank der Spedition aufgrund einer telefonischen Anfrage folgende Informationen per Fax zur Verfügung gestellt:

Preisinformationen für das Geschäftsgirokonto der Gerd Berger Spedition e. K.	
Sichteinlagen Guthabenzinssatz	0,25 % p. a.
Kontokorrentkredit ■ Sollzinssatz ■ Überziehungsprovision	 8,5 % p. a. 4,0 % p. a.
Buchungsposten ■ schriftliche Auftragserteilung (z. B. Scheck, beleghafte Überweisung) ■ elektronische Auftragserteilung im E-Banking (per Datenträger oder Datenfernübertragung)	 je Posten 0,30 € je Posten 0,15 €
Kontoauszüge (Versendung)	- Porto -
Vordrucke z. B. Überweisungsformulare, Scheckvordrucke	kostenlos
Sonderleistungen ■ Überweisungsrückruf/Dauerauftragsrückruf (nur bis zur vorbehaltslosen Gutschrift zugunsten des Zahlungsempfängers möglich; d. h. sobald z. B. dem Zahlungsempfänger der Kontoauszug zugeschickt wird bzw. die Gutschrift am Kontoauszugsdrucker abrufbar ist, ist ein Rückruf nicht mehr möglich) ■ Vormerkung einer Schecksperre	 5,00 € 8,00 €

Wertstellungen	
Gutschriften	
Bareinzahlungen	Einzahlungstag
Scheck-/Lastschrifteinreichungen mit Schecks-/Lastschriften	
■ auf Commerzbank Düsseldorf	Buchungstag
■ auf andere Kreditinstitute	Buchungstag zzgl. 2 Geschäftstage
Überweisungsgutschriften	
■ Individueller Überweisungsverkehr/Daueraufträge	Buchungstag
■ Terminierte Zahlungen	Fälligkeitstag
Belastungen	
Barauszahlungen	Auszahlungstag
Schecks und Lastschriften	Buchungstag
Überweisungsaufträge	Buchungstag

Daueraufträge	Ausführungstermin

Bedingungen für den Scheckverkehr (Auszug)

1. Scheckvordrucke

   Die Bank gibt an den Kunden Scheckvordrucke zur Teilnahme am Scheckverkehr aus. Für den Scheckverkehr dürfen nur die vom bezogenen Institut zugelassenen Scheckvordrucke verwendet werden.

2. Sorgfaltspflichten

   Scheckvordrucke und Schecks sind mit besonderer Sorgfalt aufzubewahren. Das Abhandenkommen von Scheckvordrucken und Schecks ist der Bank ... unverzüglich mitzuteilen. Die Scheckvordrucke sind deutlich lesbar auszufüllen. Der Scheckbetrag ist in Ziffern und in Buchstaben so einzusetzen, dass nichts hinzugeschrieben werden kann. Hat sich der Kunde beim Ausstellen eines Schecks verschrieben oder ist der Scheck auf andere Weise unbrauchbar geworden, so ist er zu vernichten. ...

3. Haftung von Kunde und Bank

   Die Bank haftet für die Erfüllung ihrer Verpflichtungen aus dem Scheckvertrag. Hat der Kunde durch ein schuldhaftes Verhalten, insbesondere durch eine Verletzung seiner Sorgfaltspflichten, zur Entstehung eines Schadens beigetragen, bestimmt sich nach den Grundsätzen des Mitverschuldens, in welchem Umfang Bank und Kunde den Schaden zu tragen haben.

   Löst die Bank Schecks ein, die dem Kunden nach der Ausstellung abhanden gekommen sind, so kann sie das Konto des Kunden nur belasten, wenn sie bei der Einlösung nicht grob fahrlässig gehandelt hat.

   Handelt es sich bei dem Kunden um einen eingetragenen Kaufmann, ... so hat der Kunde darüber hinaus den Schaden zu tragen, der dadurch entsteht, dass ihm Scheckvordrucke ohne sein Verschulden aus dem von ihm beherrschbaren Verantwortungsbereich (z. B. Entwendung aus den Geschäftsräumen) abhanden kommen und die Bank einen auf den abhanden gekommenen Scheckvordrucken gefälschten Scheck einlöst. Diese Haftung greift nur ein, wenn der gefälschte Scheck dem äußeren Anschein nach den Eindruck der Echtheit erweckt und keine Schecksperre sowie keine sonstigen für die Bank erkennbaren Anhaltspunkte für Unregelmäßigkeiten vorliegen.

4. Verhalten der Bank bei mangelnder Kontodeckung

   Die Bank ist berechtigt, Schecks auch bei mangelndem Guthaben oder über einen zuvor für das Konto eingeräumten Kredit hinaus einzulösen. Die Buchung solcher Verfügungen auf dem Konto führt zu einer geduldeten Kontoüberziehung. Die Bank ist berechtigt, in diesem Fall den höheren Zinssatz für geduldete Kontoüberziehungen zu verlangen. Wenn die Bank einen Scheck nicht einlöst, unterrichtet sie gleichzeitig den Kunden.

5. Scheckwiderruf

   Der Scheck kann widerrufen werden, solange er von der Bank nicht eingelöst wird. ...

Bedingungen für den Überweisungsverkehr (Auszug)

I. Ausführung von Überweisungen

   Die Bank führt Überweisungen des Kunden aus, wenn die für die Ausführung der Überweisung erforderlichen Angaben vorliegen und ein zur Ausführung der Überweisung ausreichendes guthaben vorhanden oder ein ausreichender Kredit eingeräumt ist (Deckung). ...

II. Inlandsüberweisungen

   1 Erforderliche Angaben

   Der Kunde muss für die Ausführung der Überweisung folgende Angaben machen:
   - Name des Begünstigten,
   - Kontonummer des Begünstigen sowie Bankleitzahl und Name des Kreditinstituts des Begünstigten,
   - Währung,
   - Betrag,
   - Name und Kontonummer des Kunden,
   - Datum und Unterschrift oder die Legitimations- und Identifikationsmedien bei elektronisch erteilten Überweisungen (zum Beispiel PIN/TAN).

   Der Kunde hat auf Leserlichkeit, Vollständigkeit und Richtigkeit der Angaben zu achten. Unleserliche, unvollständige oder fehlerhafte Angaben können zu Verzögerungen und zu Fehlleitungen von Überweisungen führen; daraus können Schäden für den Kunden entstehen. Bei unleserlichen, unvollständigen oder fehlerhaften Angaben kann die Bank die Ausführung ablehnen ... Hält der Kunde bei der Ausführung der Überweisung besondere Eile für nötig, hat er dies der Bank gesondert mitzuteilen. Bei formularmäßig erteilten Überweisungen muss dies außerhalb des Formulars erfolgen.

   2 Ausführungsfrist

   2.1 Fristlänge

   (1) Überweisungen werden baldmöglichst bewirkt, längstens jedoch innerhalb der nachstehenden Fristen:
   - Überweisungen in Euro binnen drei Bankgeschäftstagen auf das Konto des Kreditinstituts des Begünstigten;
   - Überweisungen in Euro innerhalb einer Haupt- oder Zweigstelle eines Kreditinstituts binnen eines Bankgeschäftstags, andere institutsinterne Überweisungen in Euro längstens binnen zwei Bankgeschäftstagen auf das Konto des Begünstigen.

> ...
> - Bankgeschäftstage sind die Werktage, an denen alle an der Ausführung der Überweisung beteiligten Kreditinstitute gewöhnlich geöffnet haben, ausgenommen Sonnabende. ...
>
> 2.2 Beginn der Ausführungsfrist und Ende der Annahmefrist
>
> Die Ausführungsfrist beginnt mit Ablauf des Tages, an dem
> - die nach Nummer II. 1 zur Ausführung der Überweisung erforderlichen Angaben vorliegen und
> - ein zur Ausführung der Überweisung ausreichendes Guthaben vorhanden oder ein ausreichender Kredit eingeräumt ist (Deckung). ...
>
> 4 Haftung
>
> 4.1 Haftung für eigenes Verschulden der Bank
>
> (1) Die Bank haftet für eigenes Verschulden. Hat der Kunde durch ein schuldhaftes Verhalten zu der Entstehung eines Schadens beigetragen, bestimmt sich nach den Grundsätzen des Mitverschuldens, in welchem Umfang Bank und Kunde den Schaden zu tragen haben.
>
> (2) Für Folgeschäden aus der Verzögerung oder Nichtausführung von Überweisungen ist die Haftung der Bank auf höchstens 12.500 Euro je Überweisung begrenzt. Diese Haftungsbeschränkung gilt nicht für Vorsatz oder grobe Fahrlässigkeit sowie nicht für den Zinsschaden und für Gefahren, die die Bank besonders übernommen hat. ...
>
> 4.3 Verschuldensunabhängige Haftung
>
> (1) Bei Überweisungen mit einem Wert von höchstens 75.000,00 Euro, die auf Euro oder auf eine andere Währung eines EU- oder EWR-Mitgliedstaates lauten, erstattet die Bank verschuldensunabhängig:
> - Zinsen auf den Überweisungsbetrag in Höhe von fünf Prozentpunkten über dem Basiszinssatz im Jahr für die Dauer der Verspätung, wenn die Überweisung erst nach Ablauf der Ausführungsfrist bewirkt wird, es sei denn, dass der Kunde oder der Begünstigte die Verspätung zu vertreten hat, oder
> - einen Garantiebetrag von höchstens 12.500 Euro zuzüglich bereits für die Überweisung entrichteter Entgelte und Auslagen, wenn die Überweisung weder bis zum Ablauf der Ausführungsfrist noch innerhalb einer Nachfrist von 14 Bankgeschäftstagen vom Erstattungsverlangen des Kunden an bewirkt worden ist. ... Ansprüche des Kunden bestehen nicht, wenn die Überweisung nicht bewirkt worden ist, weil der Kunde der Bank eine fehlerhafte oder unvollständige Weisung erteilt hat, ... Haftungsansprüche nach Satz 1 sind ausgeschlossen, wenn die Ursache für den Fehler bei der Abwicklung der Überweisung höherer Gewalt ist. ...
>
> Ergänzend gelten die Allgemeinen Geschäftsbedingungen und das Preisverzeichnis der Bank.

Der Assistent der Geschäftsleitung macht Herrn Berger darauf aufmerksam, dass die Intersped GmbH bereits eine Größe erreicht hat, bei dem die Bestellung eines Datenschutzbeauftragten nach dem Datenschutz vorgeschrieben ist. Intersped verarbeitet sowohl die Daten der Arbeitnehmer als auch die Kundendaten auf elektronischem Wege.

Zur Frage, wie der Datenschutz im Unternehmen gesichert ist, gab es bereits Anfragen von Kunden und vom Betriebsrat. Der Betriebsrat kümmert sich insbesondere um den Schutz gegen Datenmißbrauch der Arbeitnehmerdaten.

Berger sieht ein, dass man sich um diese Probleme kümmern muss. Er fordert den Assistenten auf, ein Konzept für den betrieblichen Datenschutz zu entwerfen, das den gesetzlichen Vorschriften entspricht.

> **Bundesdatenschutzgesetz**
>
> § 4f Beauftragter für den Datenschutz
>
> (1) Öffentliche und nicht öffentliche Stellen, die personenbezogene Daten automatisiert verarbeiten, haben einen Beauftragten für den Datenschutz schriftlich zu bestellen. Nicht-öffentliche Stellen sind hierzu spätestens innerhalb eines Monats nach Aufnahme ihrer Tätigkeit verpflichtet. Das Gleiche gilt, wenn personenbezogene Daten auf andere Weise erhoben, verarbeitet oder genutzt werden und damit in der Regel mindestens 20 Personen beschäftigt sind. ...
>
> (2) Zum Beauftragten für den Datenschutz darf nur bestellt werden, wer die zur Erfüllung seiner Aufgaben erforderliche Fachkunde und Zuverlässigkeit besitzt. Das Maß der erforderlichen Fachkunde bestimmt sich insbesondere nach dem Umfang der Datenverarbeitung der verantwortlichen Stelle und dem Schutzbedarf der personenbezogenen Daten, die die verantwortliche Stelle erhebt oder verwendet.

Formulare zur Erledigung des Arbeitsauftrags

Speditionsauftrag International

INTERSPED GmbH
Internationale Spedition
Merkurstraße 14
40223 Düsseldorf
Tel.: 0221 56742-0
Fax: 0221 56733
E-Mail: intersped@t-online.de

Auftraggeber/Shipper

Empfänger/Consignee

Notify/zur Weiterleitung an/zur Verfügung von:

Kunden-Nr.	sontige Frachtzahler	Ort	Datum
INCOTERM	Warenwert	Referenz-Nr.	

Zeichen-Nr.	Anzahl	Verpackungsart	Inhalt	Gewicht
		Gesamt:		

Gefahrgut-Klassifikation   Nettomasse kg/l
UN-Nr.   Offizielle Benennung
Nummer Gefahrzettelmuster   Verpackungsgruppe

Besondere Vorschriften: **Papiere:**
Container-Rundlauf
Transportversicherung   ja   nein
Verschiffungshafen/Ankunft
Bestimmungshafen/Ankunft
Verladedatum

weitere Vorschriften:

Angebotspreis (fix):
(Haus-Haus)

Wir arbeiten ausschließlich aufgrund der Allgemeinen Deutschen Spediteurbedingungen (neueste Fassung). Diese beschränken in Ziffer 23 ADSp die gesetzliche Haftung des Spediteurs nach § 431 HGB Schäden an Gütern in speditionellem Gewahrsam auf 5,00 EUR/KG, bei multimodalen Transporten unter Einschluss einer Seebeförderung auf 2 SZR/kg; darüber hinaus je Schadensfall bzw. Schadensereignis auf 1 Mio. bzw. 2 Mio. EUR oder 2 SZR/kg, je nachdem, welcher Betrag höher ist.

Empfänger		Fax FROM
		INTERSPED
		Internationale Spedition
		Merkurstraße 14
		40223 Düsseldorf
	Telefon:	0221 56742-0
	Fax:	0221 56733
	E-Mail:	intersped@t-online.de
	Datum:	

Buchung Container-Transport (einschließlich Gestellung)

von _____ nach _____

Sehr geehrte(r) Herr/Frau,

wie telefonisch besprochen, erhalten Sie folgenden Auftrag:

Container-Typ	
Container-Nr.	
Inhalt:	
Schiff:	
Datum Abfahrt:	
Datum Ankunft:	
Preis:	

Besonderheiten:

- Bitte senden Sie uns eine Buchungsbestätigung per Fax.
- B/L-Instruktionen folgen nach Beladung per Fax.
- Bei eventuellen Problemen bitten wir um sofortigen Bescheid.

Unterschrift

Wir arbeiten ausschließlich aufgrund der Allgemeinen Deutschen Spediteurbedingungen (neueste Fassung).
Diese beschränken in Ziffer 23 ADSp die gesetzliche Haftung des Spediteurs nach § 431 HGB Schäden an Gütern in speditionellem Gewahrsam auf 5,00 EUR/KG, bei multimodalen Transporten unter Einschluss einer Seebeförderung auf 2 SZR/kg; darüber hinaus je Schadensfall bzw. Schadensereignis auf 1 Mio. bzw. 2 Mio. EUR oder 2 SZR/kg, je nachdem, welcher Betrag höher ist.

Empfänger		Fax FROM
		INTERSPED
		Internationale Spedition
		Merkurstraße 14
		40223 Düsseldorf
	Telefon:	0221 56742-0
	Fax:	0221 56733
	E-Mail:	intersped@t-online.de
	Datum:	

Speditionsauftrag

Sehr geehrte(r) Herr/Frau,

wie telefonisch besprochen, erhalten sie folgenden Auftrag:

Besonderheiten:

Unterschrift

Wir arbeiten ausschließlich aufgrund der Allgemeinen Deutschen Spediteurbedingungen (neueste Fassung).
Diese beschränken in Ziffer 23 ADSp die gesetzliche Haftung des Spediteurs nach § 431 HGB für Schäden an Gütern in speditionellem Gewahrsam auf 5,00 EUR/kg; bei multimodalen Transporten unter Einschluss einer Seebeförderung auf 2 SZR/kg; darüber hinaus je Schadensfall bzw. Schadensereignis auf 1 Mio. bzw. 2 Mio. EUR oder 2 SZR/kg, je nachdem, welcher Betrag höher ist.

Empfänger		Fax FROM
		INTERSPED
		Internationale Spedition
		Merkurstraße 14
		40223 Düsseldorf
	Telefon:	0221 56742-0
	Fax:	0221 56733
	E-Mail:	intersped@t-online.de
	Datum:	

Abholauftrag Containertransport von   nach

Sehr geehrte(r) Herr/Frau,

wie telefonisch besprochen, erhalten sie folgenden Auftrag:

Container-Typ:	
Container-Nr.:	
Übernahme Leercontainer:	
Datum:	
Zeit:	
Ladeadresse:	
Datum:	
Zeit:	
Empfangsadresse:	
Datum:	
Zeit:	
vereinbarter Preis:	
Besonderheiten:	
Unterschrift	

Wir arbeiten ausschließlich aufgrund der Allgemeinen Deutschen Spediteurbedingungen (neueste Fassung).
Diese beschränken in Ziffer 23 ADSp die gesetzliche Haftung des Spediteurs nach § 431 HGB für Schäden an Gütern in speditionellem Gewahrsam auf 5,00 EUR/kg; bei multimodalen Transporten unter Einschluss einer Seebeförderung auf 2 SZR/kg; darüber hinaus je Schadensfall bzw. Schadensereignis auf 1 Mio. bzw. 2 Mio. EUR oder 2 SZR/kg, je nachdem, welcher Betrag höher ist.

Empfänger		Fax FROM
		INTERSPED
		Internationale Spedition
		Merkurstraße 14
		40223 Düsseldorf
	Telefon:	0221 56742-0
	Fax:	0221 56733
	E-Mail:	intersped@t-online.de
	Datum:	

Rechnung Nr.

Positon	Text	EUR	EUR
	Rechnungsbetrag		
	Spediteurrechnungen sind sofort und ohne Abzug fällig.		
	Bankverbindung: Commerzbank Düsseldorf, Konto 4865 051 000, BLZ 300 400 00		

Zusammenfassung: Ablauf des Exportauftrags

Zeitschiene	Tätigkeiten/Ereignisse

| Zeitschiene | Tätigkeiten/Ereignisse |

Lernsituation 14 | zu SLG S. 248–277, WSP S. 129–134, KSK S. 105–111, (DV) 248–251

Aufgabe 1
Stellen Sie die Beteiligten und deren Vertragsbeziehungen aus dem Einstiegsfall in der nachfolgenden Übersicht dar:

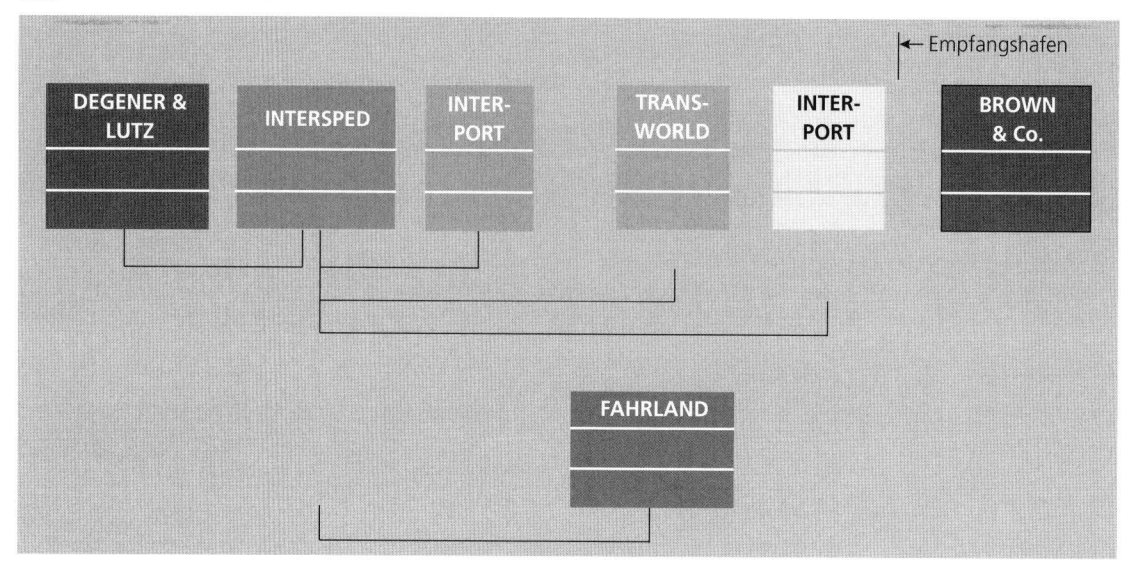

← Empfangshafen

| DEGENER & LUTZ | INTERSPED | INTER-PORT | TRANS-WORLD | INTER-PORT | BROWN & Co. |

FAHRLAND

Aufgabe 2
Beschreiben Sie die weiteren Abläufe des Exportgeschäfts nach dem Eintreffen des Seeschiffs in Chicago.

Aufgabe 3
Entwickeln Sie zu den Betriebsformen der Seeschifffahrt eine Übersicht. Machen Sie auch die Vorteile der jeweiligen Betriebsform sichtbar.

Betriebsformen der Seeschifffahrt	1.	Vorteile:
	2.	
	2 a)	
	2 b)	

Aufgabe 4
a. Betrachten Sie das Konnossement auf der folgenden Seite und beantworten Sie die unten stehenden Fragen:
   - **aa.** Handelt es sich um ein Order- oder um ein Namenskonnossement?
   - **ab.** Liegt ein Übernahme- oder ein Bordkonnossement vor?
   - **ac.** Kann man von einem reinen oder von einem unreinen Konnossement sprechen?
   - **ad.** Wer hat die Fracht bezahlt?
   - **ae.** Liegt eine Stückgutsendung für See-Sammelladung oder eine Sendung für komplette Container vor?
b. Was bedeutet S.T.C.?
c. Erläutern Sie die Felder des nachfolgenden Formulars, die mit den Kreiszahlen ① bis ⑦ versehen sind.

Hapag-Lloyd Aktiengesellschaft Hamburg/Bremen		Bill of Lading	
Shipper: KOTEX-TEXTILIEN Gutsdorfer Weg 33 50567 Koeln		Voyage-No. 6328	ECB-No. HLCZ1-897723
		Shipper's Reference 1075/09	
		Carrier: **Hapag-Lloyd**	
Consignee: TO ORDER			
Notify address LTS - CORPORATION 21 ROBINSON DRIVE USA - WEST CALDWELL; NJ 07006 ①		INTERSPED MERKURSTRASSE 14 40223 DUESSELDORF	
Ocean vessel SUNRISE BAY ②	Port of loading HAMBURG ③		
Port of discharge NEW YORK ④			
Container Nos, Marks and Nos. YUCU 135442-0 YUCU 133405-0 EMCU 903478-1 ⑤	Number and kind of packages; Description of goods 1 x 40′ GENERAL-CONTAINER, S.T.C. 1 x 40′ FLATRACK-CONTAINER, S.T.C. 1 x 40′ HARDTOP-CONTAINER, S.T.C. LAMINATION PLANT AND PARTS TOTAL: SHIPPED ON BOARD 01.03.20(0) FREIGHT PREPAID	Gross weight (kg) 24.592 KGS *Bergmann* Hapag-Lloyd AG	Measure- ment (cbm)
Received by the Carrier in apparent good order and condition the goods or packages specified herein and to be discharged at the above mentioned port of discharge. The weight, measure, marks, numbers, quality, contents and value, being particular furnished by the Shipper, are not checked by the Carrier on loading. The Shipper, Consignee and the Holder of this Bill of Lading hereby expressly accept and agree to all printed, written or stamped provisions, exceptions and conditions of this Bill of Lading, including those on the back hereof. In witness whereof the Carrier or his Agent has signed Bills of Lading all of this tenor and date, one of which being accomplished, the others to stand void. Shippers are requested to note particularly the exceptions and conditions of this Bill of Lading with reference to the validity of the insurance upon their goods.			
Movement: ⑥ FCL/FCL		Total No. of containers received by the carrier: - 3 -	
Freight payable at: ⑦ HAMBURG		Place and date of issue: HAMBURG, 01.03.20(0)	
Original		*Bergmann*	Hapag-Llyod AG Hamburg

Aufgabe 5

Die Maschinenfabrik TURBOTRON, Duisburg, erteilt der Spedition INTERSPED, Düsseldorf, den Auftrag, eine Schiffsturbine nach Helsinki, Finnland, zu transportieren. INTERSPED holt die in einem Container untergebrachte Turbine beim Hersteller ab und transportiert sie per Lkw nach Hamburg bis zum Container-Stellplatz. Im Hamburger Hafen übernimmt die Spedition INTERPORT nach Ankunft des Schiffs die Verladung der Sendung in das Seeschiff.

Die Reederei DEUTSCH-FINNISCHE LINIE (DFL) führt im Auftrag von INTERSPED den Transport durch. Empfänger ist die BALTIC-Werft in Helsinki, die den Container mit eigenem Fahrzeug im Empfangshafen abholt.

Für den Transport im Seeschiff wurde das unten stehende Konnossement (Auszug) erstellt. Das Papier ist von der INTERSPED GmbH nach Weisung des Auftraggebers zu versenden.

Lernsituation 14 | zu SLG S. 248–277, WSP S. 129–134, KSK S. 105–111, (DV) 248–251

Wir haben empfangen von

Absender:
INTERSPED GmbH
Merkurstr. 14
40223 Düsseldorf

Deutsch-Finnische Linie Hamburg
Konnossement
Original

Empfänger
BALTIC-Werft
Höyrylaiva 0
Helsinki
Finnland

Schiff: M/S Jütland
Ladhafen: Hamburg   Löschhafen: Helsinki

Marke/NR	ANZAHL/Verpackung	Bezeichnung der Ware	Gewicht (kg)
2248745B	1 Container	Schiffsturbine	15.000

Verladen in anscheinend guter äußerlicher Beschaffenheit mit oben genanntem Schiff. Die Güter sind im Bestimmungshafen dem genannten Empfänger oder dessen Vertreter gegen Zahlung der Fracht, Nachnahme usw. auszuliefern. Mit der Erfüllung eines der Original-Konnossemente sind die übrigen erledigt.

Mit der Entgegennahme dieses Konnossements erklärt sich der Ablader persönlich und zugleich für den Befrachter und Empfänger ausdrücklich mit allen seinen Bedingungen (siehe Rückseite) einverstanden.

Fracht zahlbar in   Hamburg

Anzahl der Originale: drei / 3

Original

Ort und Tag der Ausstellung
Hamburg, 20.09.20(0)

Geseke
(Unterschrift der Reederei)

Stellen Sie die Beteiligten mit ihren Fachbezeichnungen (deutsch/englisch) sowie die Vertragsbeziehungen grafisch dar. Ergänzen Sie anschließend den Weg, den das Konnossement im Rahmen des Transportablaufs nimmt, und beschreiben Sie den organisatorischen Ablauf des Transports.

Aufgabe 6

In der Spedition INTERSPED trifft heute, am 16.02.20(0) ein Auftrag des Versenders JEVIC-Medizintechnik, Münsterstraße 14, 40476 Düsseldorf, ein über den Transport von 8.900 kg medizinisches Gerät per Container von Düsseldorf über Hamburg nach Hongkong.

Weitere Daten:

- Containerrundlauf: FCL/FCL
- Für den Versender gelten die Preisvereinbarungen vom 02.01.20(0) (siehe unten).

a. Ermitteln Sie anhand der unten dargestellten Schiffsliste folgende Daten für die Abwicklung des Transports:
  aa. Beladedatum Container
  ab. Beladeort Container
  ac. Anlieferung Verschiffungshafen (wählen Sie das frühestmögliche Verschiffungsdatum)
  ad. Name des Seeschiffs
  ae. ETS
  af. ETA

b. Berechnen Sie anhand der Preisvereinbarungen den Nettobetrag, der dem Versender für die Besorgung des Transports in Rechnung gestellt wird.

Auszug aus der Schiffsliste Seehafen Hamburg (HANJIN SHIPPING)

Hongkong	Voyage no.	Closing	Hamburg	Hongkong
Xin Qing Dao	29	23.01.	26.01.	19.02.
CSCL Oceania	11	30.01.	02.02.	25.02.
CSCL Asia	17	06.02.	09.02.	04.03.
Xin Lian Yun	7	14.02.	17.02.	12.03.
CSCL Seattle	9	22.02.	25.02.	20.03.
CSCL Europe	13	28.02.	03.03.	26.03.

Preisvereinbarungen vom 02.01.20(0) mit der JEVIC-Medizintechnik	
Vorlauf Düsseldorf – Hamburg, 410 km	400,00 EUR netto
Maut für 390 Autobahnkilometer	0,12 EUR/km
Seefracht Hamburg – Hongkong	280,00 USD
CAF	6,4 %
BAF	180,00 USD/TEU
ISPS-Zuschlag ▪ LCL ▪ FCL	 3,00 EUR pro Sendung 15,00 EUR pro Container
THC Hamburg	153,00 EUR

1 EUR = 1,2334 USD

Aufgabe 7
Warum bezeichnet man das Konnossement als Wertpapier?
1. Weil auf ihm der Wert der beförderten Güter besonders ausgewiesen ist.
2. Weil der Verfrachter die Sendung nur gegen Rückgabe des Original-Konnossements ausliefert.
3. Weil das Eigentum an dem Konnossement dem Eigentum am Gut gleichkommt.

Aufgabe 8
Welche Aussagen treffen auf ein Namens-, welche auf ein Orderkonnossement zu?
1. Das Papier wird durch Zession übertragen.
2. Der Erwerber des Papiers kann sich auf den Inhalt des Konnossements berufen.
3. Das Papier bietet die größere Sicherheit.
4. Bei einer Weitergabe wird der Herausgabeanspruch übertragen.
5. Das Recht aus dem Papier folgt dem Recht am Papier.

Aufgabe 9
Dem Frachtbrief und dem Konnossement werden unten stehende Aufgaben (Funktionen) zugeschrieben. Machen Sie die Konnossement-Funktionen anhand der Abwicklung der Exportsendung von DEGENER & LUTZ deutlich.

Frachtbrief	Konnossement	
Übernahmebescheinigung	Übernahmebescheinigung	Wertpapier
Beweisurkunde	Beweisurkunde	Verfügungspapier
Begleitpapier	Begleitpapier (als Kopie)	Sicherungspapier
Sperrpapier		Handelspapier

Aufgabe 10
Welcher Container-Typ liegt jeweils vor?
a. eine 20' oder 40' lange Kiste ohne besondere Ausstattungsmerkmale
b. ein Container, der für flüssige Produkte eingesetzt wird
c. ein Container mit eigener Temperaturregelung
d. Er ist oben und an den Seiten offen.
e. Das Stahldach ist abnehmbar.
f. Eine abnehmbare Plane deckt den Container ab.
g. „Blinde Passagiere" sollten sich diese Containerart aussuchen.

Aufgabe 11
Die WAKA-CHEMIE ist ein Unternehmen, das eine breite Palette chemischer Grundstoffe und Fertigprodukte herstellt. Die Konsistenz der Güter ist sehr unterschiedlich. Sie reicht von flüssig, pastenförmig, granuliert und pulverisiert bis zu festen Kunststoffteilen und Metallen. Teilweise sind auch aggressive Chemikalien, leicht entzündliche und temperaturempfindliche Produkte für die Produktion zu beschaffen oder zu den Kunden zu befördern.
Wählen Sie geeignete Container-Typen für die Beförderung der nachfolgend beschriebenen Produkte aus.
Produkte
a. Methylalkohol (giftig, flüssig)
b. PVC in Pulverform

c. geschreddertes Kunststoffmaterial, das wiederverwertet werden soll
d. Kunststoffrohre für Gasleitungen
e. Spritzgussmaschine für die Produktion von Kunststoffteilen, Maße 4 x 6 m
f. geschäumtes Isoliermaterial
g. sperrige, großflächige Kunststoffteile für den Fahrzeugbau, Maße 2,50 x 2,50 m
h. schwere, kunststoffbeschichtete Metallplatten, die beim Be- und Entladen des Containers gekrant werden müssen
i. organische Verbindungen für die Lebensmittelindustrie, die aus Gründen der Haltbarkeit bei + 7° C gelagert werden müssen

Aufgabe 12

Für einen Seetransport sollen in einem Container 96 Fässer mit folgenden Maßen verstaut werden:

Durchmesser 0,36 m, Höhe 0,90 m, Nettogewicht 13.440 kg, Bruttogewicht 14.560 kg

Stellen Sie fest, ob für den Transport ein 20-Fuß-Container ausreicht oder ob ein 40-Fuß-Container erforderlich ist.

Aufgabe 13

Stellen Sie die vier Arten des Containerrundlaufs grafisch dar, indem Sie die Reichweite beim jeweiligen Verlademodus einzeichnen.

Vorschlag:

Versender	Vorlauf	Containerstation Versch.-Hafen	Seetransport	Containerstation Best.-Hafen	Nachlauf	Empfänger
Container			= _?_CL/_?_CL			Container

= _____

= _____

= _____

Aufgabe 14

Container-Transport nach Bandung, Indonesien

Die Spedition INTERSPED GmbH besorgt die Versendung eines Containers mit Chemikalien von Neuss nach Bandung, Indonesien.

Die Spedition übernimmt auch die Organisation des Container-Vor- und -Nachlaufs (Merchant's Haulage).

Im Verlauf der Transportorganisation treffen die unten stehende Buchungsbestätigung und das weiter unten abgebildete Konnossement (siehe Seite 376) ein.

Booking Confirmation

001	TO	INTERSPED GMBH	
002	ATTN	MRS THEBEN	AGENT:
003	RE	CONFIRMATION	SEA & AIR INTERNATIONAL
			JL THARIN 216
004	OUR REF.	IN44502	JAKARTA
005	YOUR REF.	02 10 466686	INDONESIA
006	DESTINATION	JAKARTA	TEL: 021 338 103 44
007	Vessel	Everstar / P & O	FAX: 021 338 103 45
008	Closing	04.04.20(0) – 24:00	
009	SLD	06.04.20(0)	
010	ETA	04.05.20(0)	
011	CONTAINER NO	PANU 133462-4	
012	KGS	18.400	
013	Free Time Jakarta Port	1 day	
014	Detention-Charges	USD 110,00/d	
015	FAC INTERSPED	2,5 %	
016	Container Movement	Merchants Haulage	

a. Übersetzen Sie die in den Zeilen 004 bis 016 genannten Fachbezeichnungen.
b. Übersetzen Sie die nachfolgenden, aus dem unten stehenden B/L entnommenen Begriffe.

Fachbezeichnung/Abkürzung	Übersetzung
SHIPPER	
CONSIGNEE	
NOTIFY ADDRESS	
PRE-CARRIED BY	
PLACE OF RECEIPT BY PRE-CARRIER	
PORT OF LOADING	
PORT OF DISCHARGE	
FORWARDING AGENTS	
PLACE OF DELIVERY	
MODE OF ON-CARRIAGE	
SPACE FOR CARRIER'S AGENTS ENDORSMENTS	
OCEAN VESSEL	
AGENTS AT PORT OF DISCHARGE/ DELIVERY	
SHIPPED ON BOARD	
FREIGHT PREPAID	
SAID TO CONTAIN	
CARGO DESCRIPTION	
MEASUREMENT	
FREIGHT PAYABLE AT	

Aufgabe 15
Stellen Sie zu den nachfolgenden Häfen die Länder fest.

Seehäfen	Länder
Antwerpen	
Jersey City	
Felixtown	
Keelung	
Kobe	
Hongkong	
Long Beach	
Los Angeles	
Seattle	
Jokohama	
Savannah	
Lagos	
Kapstadt	
Karachi	
Melbourne	
Auckland	
Vancouver	
Salvador	

B/L zu Aufgabe 14

		Bill of Lading
		Nr. P&O A3087344
SHIPPER WAKIA-CHEMIE GMBH INDUSTRIESTRASSE 88 41460 NEUSS	BOOKING NO IN44502	FWDR. REF. NO. 02 10 466686
CONSIGNEE: TO THE ORDER OF NATIONAL BANK, JAKARTA	Carrier: **P & O Rhenania Shipping** **Antwerpen**	
NOTIFY ADDRESS: INDOCHEM JL. HAJI AGUS SALIM NO.115 BANDUNG INDONESIA		
PRE-CARRIED BY TRUCK	PLACE OF RECEIPT BY PRE-CARRIER NEUSS	FORWARDING AGENTS INTERSPED GMBH MERKURSTRASSE 14 40223 DUESSELDORF Phone: 0049 211 56742 0
PORT OF LOADING ANTWERP PORT	PORT OF DISCHARGE JAKARTA PORT	
PLACE OF DELIVERY: INDOCHEM BANDUNG	MODE OF ON-CARRIAGE TRUCK BY OVERLAND TRANSPORTATION	SPACE FOR CARRIER'S AGENT'S ENDORSMENTS P & O RHENANIA SHIPPING JL. PEKALONGAN 27 JAKARTA INDONESIA
OCEAN VESSEL EVERSTAR	AGENTS AT PORT OF DISCHARGE/ DELIVERY SEA & AIR INTERNATIONAL JL THARIN 216 JAKARTA, INDONESIA	

CONTAINER NOS, MARKS AND NUMBERS.	NUMBER AND KIND OF PACKAGES, CARGO DESCRIPTION	CARGO GROSS WEIGHT (KG)	MEASUREMEN
PANU 133462-4	SAID TO CONTAIN: 1 x 20′ STANDARD-CONTAINER CHEMICALS SHIPPED ON BOARD FREIGHT PREPAID	18.400	KGS

P & O RHENANIA SHIPPING
06.04.20(0)
BUOL

Received by the Carrier in apparent good order and condition the goods or packages specified herein and to be discharged at the above mentioned port of discharge. The weight, measure, marks, numbers, quality, contents and value, being particular furnished by the Shipper, are not checked by the Carrier on loading. The Shipper, Consignee and the Holder of this Bill of Lading hereby expressly accept and agree to all printed, written or stamped provisions, exceptions and conditions of this Bill of Lading, including those on the back hereof.
In witness whereof the Carrier or his Agent has signed Bills of Lading all of this tenor and date, one of which being accomplished, the others to stand void. Shippers are requested to note particularly the exceptions and conditions of this Bill of Lading with reference to the validity of the insurance upon their goods.

MOVEMENT: FCL/FCL	TOTAL NO. OF CONTAINERS RECEIVED BY THE CARRIER: - 1 -	NO. OF ORIGINAL B/L: 3/THREE
FREIGHT PAYABLE AT: ANTWERPEN	PLACE AND DATE OF ISSUE: ANTWERPEN, 06.04.20(0)	
Original	BUOL	P & O RHENANIA SHIPPING **Antwerpen**

Aufgabe 16

Einige der folgenden Häfen

> Amsterdam, Antwerpen, Baltimore, Bordeaux, Chicago, Manaus, Manchester, Nantes, Tilbury

sind durch eine Wasserstraße mit dem offenen Meer verbunden.

Tragen Sie den jeweils zutreffenden Hafen ein.

Wasserstraße	Häfen
Amazonas	
Gironde	
Nordseekanal	
St.-Lorenz-Strom	
Themse	

Aufgabe 17

Die INTERSPED GmbH und die Timmermanns-GmbH haben sich bezüglich des strittigen Kaufpreises für den Gabelstapler wie folgt geeinigt: Die Lieferung erfolgt zu den Angebotsbedingungen vom 20(0)-06-24. 13. Die korrigierte Rechnung der Timmermanns-GmbH trägt das Rechnungsdatum 20(0)-07-20. Die Zahlung soll per Überweisung ausgeführt werden.

Siehe Lernsituation 12

a. An wen ist der Überweisungsauftrag zu richten?

b. In welcher Form kann der Auftrag erteilt werden?

c. Füllen Sie einen schriftlichen Überweisungsauftrag aus.

d. Wann sollte der Überweisungsauftrag erteilt werden, um die ordnungsgemäße Vertragserfüllung zu gewährleisten?

Beachten Sie hier auch die Informationen zum Erfüllungsort bei Geldschulden im Informationsteil AWL.

e. Wie erfolgt die Weiterleitung des Geldbetrages an die Timmermanns-GmbH?

f. Welche Änderungen ergeben sich, wenn der Lieferant ein Konto bei der Postbank Saarbrücken führt?

Aufgabe 18

Die TRANSSPED GmbH Bochum hat mit der Telekom AG die Bezahlung fälliger Telefonrechnungen mit Hilfe des Lastschriftverfahrens in Form des Einzugsermächtigungsverfahrens vereinbart. Das Bankkonto der Telekom AG wird bei der Postbank AG, Niederlassung Essen, geführt. Die TRANSSPED GmbH Bochum hat ihr Geschäftskonto bei der Volksbank Rhein-Ruhr eG, Bochum.

aa. Ordnen Sie folgende Begriffe und die Firmennamen der Beteiligten den Buchstaben A-D zu.
- Zahlstelle
- Zahlungsempfänger
- Zahlungspflichtiger
- Inkassostelle

ab. Ordnen Sie folgende Abwicklungsschritte den Nummern 1-6 zu.
- Weiterleitung Lastschriftdatensatz gegen Kontoverrechnung
- Lastschrifteinreichung
- Kontobelastung
- Einzugsermächtigung
- Prüfung (Kontodeckung)
- Kontogutschrift

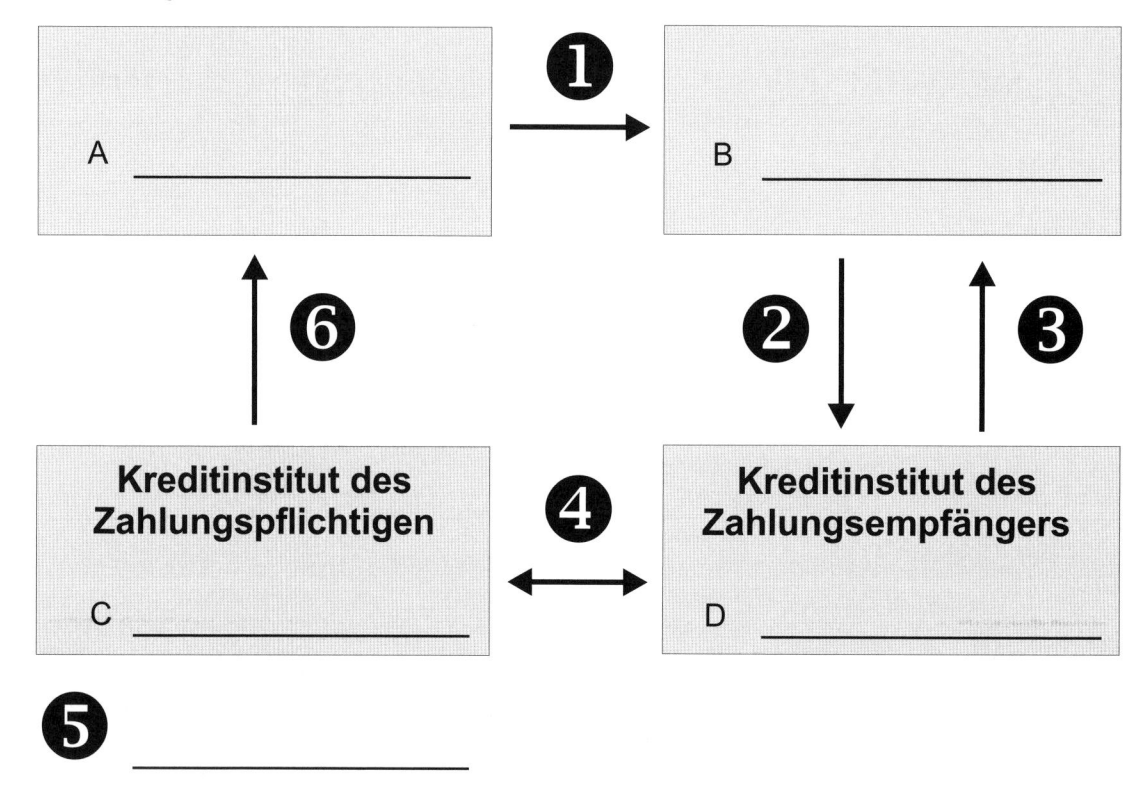

```
┌─────────────┐    ❶    ┌─────────────┐
│             │ ──────▶ │             │
│  A _____   │         │  B _____   │
└─────────────┘         └─────────────┘
       ▲                   ❷ │   ▲ ❸
       │ ❻                   ▼   │
┌─────────────┐         ┌─────────────┐
│Kreditinstitut│   ❹    │Kreditinstitut│
│     des      │ ◀────▶ │     des      │
│Zahlungspflichtigen│   │Zahlungsempfängers│
│  C _____   │         │  D _____   │
└─────────────┘         └─────────────┘

❺ _____
```

Die Transsped GmbH Bochum hat über die Fahrzeug-Leasing AG Dortmund Nahverkehrsfahrzeuge mittels Leasing finanziert. Die Zahlung der fälligen Leasingraten soll mit Hilfe des Lastschriftverfahrens in Form des Abbuchungsauftragsverfahrens erfolgen. Das Bankkonto der Fahrzeug-Leasing AG wird bei der Deutschen Bank AG, Niederlassung Dortmund, geführt.

ba. Ordnen Sie folgende Begriffe und die Firmennamen der Beteiligten den Buchstaben A-D zu.
- Zahlstelle
- Zahlungsempfänger
- Zahlungspflichtiger -Inkassostelle

bb. Ordnen Sie folgende Abwicklungsschritte den Nummern 1-6 zu.
- Weiterleitung Lastschriftdatensatz gegen Kontoverrechnung
- Lastschrifteinreichung
- Kontobelastung
- Abbuchungsauftrag
- Prüfung (Kontodeckung, Vorlage Abbuchungsauftrag)
- Kontogutschrift

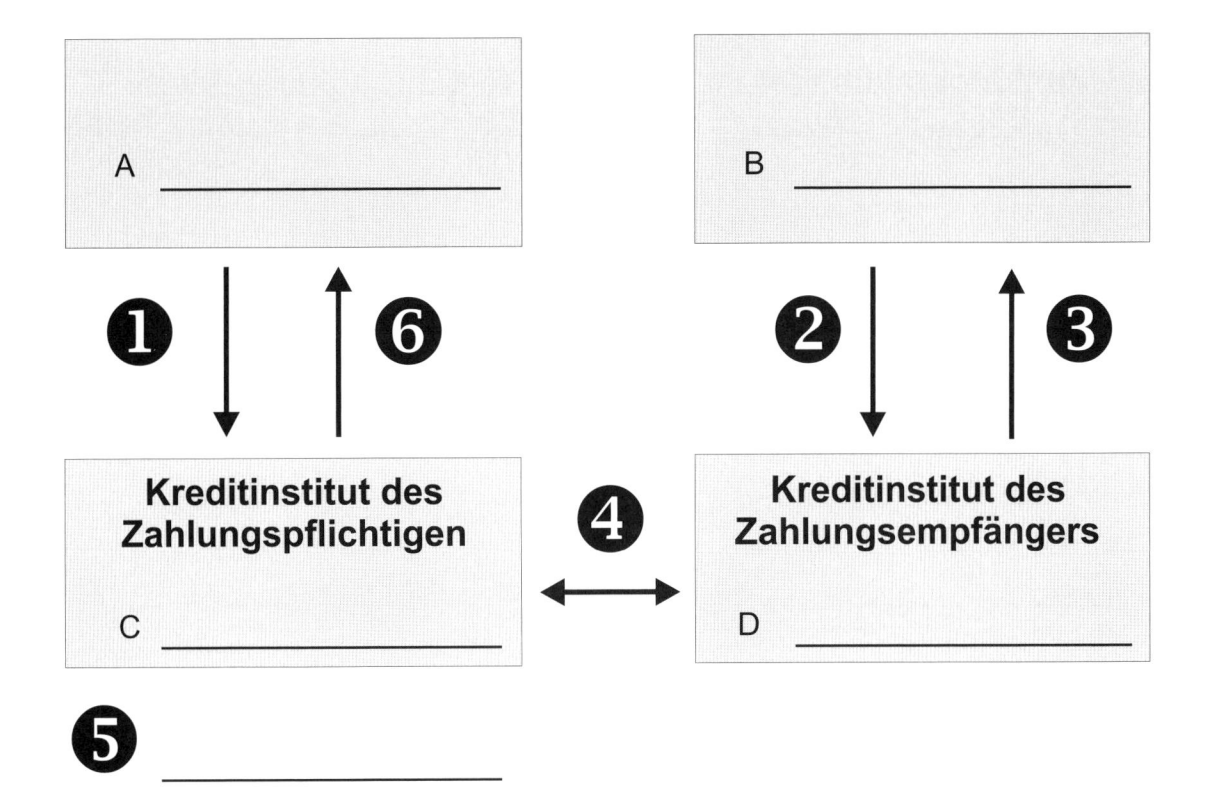

Lernsituation 14 | zu SLG S. 248–277, WSP S. 129–134, KSK S. 105–111, (DV) 248–251   **379**

```
┌─────────────────────┐                    ┌─────────────────────┐
│                     │                    │                     │
│  A _____  │                    │  B _____  │
│                     │                    │                     │
└─────────────────────┘                    └─────────────────────┘
        │     ▲                                    │     ▲
       ❶     ❻                                   ❷     ❸
        ▼     │                                    ▼     │
┌─────────────────────┐                    ┌─────────────────────┐
│   Kreditinstitut des│         ❹          │   Kreditinstitut des│
│   Zahlungspflichtigen│      ◄────►       │   Zahlungsempfängers│
│                     │                    │                     │
│  C _____  │                    │  D _____  │
└─────────────────────┘                    └─────────────────────┘

❺ _____
```

c. Welche Form des Lastschriftverfahrens ist aus Sicht der Transsped GmbH zu bevorzugen?

d. Welche Vorteile ergeben sich aus der Sicht der Transsped GmbH aus der Anwendung des Lastschriftverfahrens gegenüber einer Zahlung per Überweisung?

e. Welche Vorteile ergeben sich aus der Sicht der Telekom AG aus der Anwendung des Lastschriftverfahrens gegenüber einer Zahlung per Überweisung?

Aufgabe 19

Die Transsped GmbH Bochum hat von der Mineralölhandlung Gebrüder Mohr KG Kraftstoffe erhalten. Die fällige Lieferantenrechnung wird per Verrechnungsscheck, ausgestellt am 29. März 20(0) in Bochum, gezahlt. Die Transsped GmbH Bochum führt ihr Geschäftskonto bei der Volksbank Rhein-Ruhr eG, Bochum. Die Bankverbindung der Mineralölhandlung Gebrüder Mohr KG ist die Deutsche Bank AG, Gelsenkirchen. Bearbeiten Sie folgende Aufgaben zur u.a. grafischen Darstellung der Abwicklung der Zahlung per Scheck

a. Ordnen Sie die in der Fallschilderung genannten, an der Zahlung beteiligten Unternehmen, den Buchstaben A-D zu.

b. Ordnen Sie folgende Begriffe den Buchstaben A-D zu.
- Bezogenes Kreditinstitut
- Schecknehmer
- Aussteller
- Inkassobank

c. Ordnen Sie folgende Abwicklungsschritte den Nummern 1-7 zu.
- Ausstellung und Übergabe des Schecks
- Scheckvertrag
- Kontobelastung
- Weiterleitung des Schecks gegen Kontoverrechnung
- Einreichung des Schecks
- Prüfung (formelle Ordnungsmäßigkeit, Schecksperre, Kontodeckung)
- Kontogutschrift

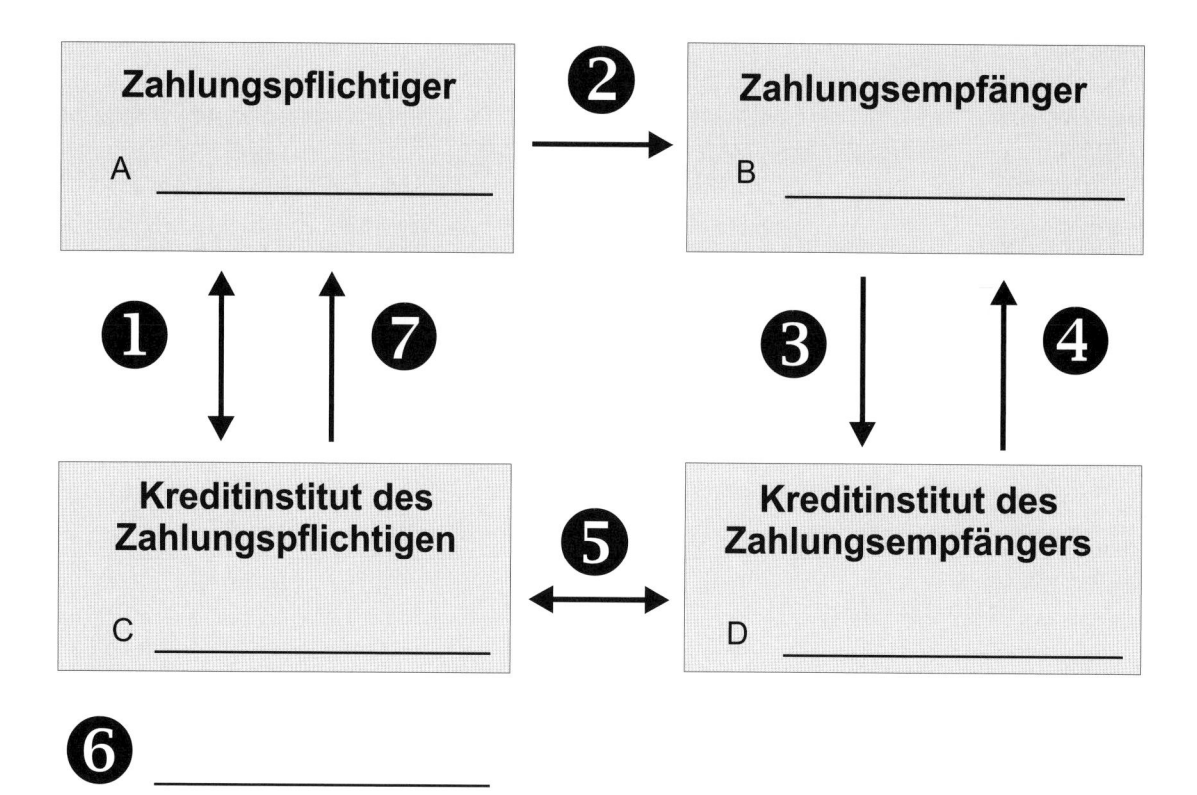

Lernsituation 14 | zu SLG S. 248–277, WSP S. 129–134, KSK S. 105–111, (DV) 248–251

```
        Zahlungspflichtiger          ❷          Zahlungsempfänger

        A _____             ────▶         B _____


              ❶   ❼                                ❸     ❹

        Kreditinstitut des           ❺          Kreditinstitut des
        Zahlungspflichtigen         ◀──▶         Zahlungsempfängers

        C _____                           D _____


        ❻ _____
```

d. Stellen Sie fest, wann die Vorlegungsfrist für o. a. Scheck abläuft und welche Konsequenzen sich daraus ergeben.

Aufgabe 20
Prüfen Sie die Richtigkeit folgender Aussagen:
a. Jeder Scheck ist ein Inhaberpapier, sofern er keine Orderklausel trägt.
b. Zwei parallele Schrägstriche reichen aus, um einen Scheck zum Verrechnungsscheck zu machen.
c. Schecks und Lastschriften sind bei Sicht zahlbar.
d. Für in den USA ausgestellte Schecks gilt eine Vorlegungsfrist von 70 Tagen.
e. Eine Schecksperre kann nur durch den Schecknehmer erfolgen.

Aufgabe 21
Der Kaufmann für Spedition und Logistikdienstleistung Dieter Poetschki ist Außendienstmitarbeiter einer mittelständischen Spedition. Auf seinen Geschäftsreisen hat er private Käufe bislang immer bar bezahlt. Ein Kollege hat ihm empfohlen, bei seiner Bank eine Maestro-Karte (bzw. Bankcard/Sparkassencard) zu bestellen. Erläutern Sie, inwiefern eine solche Karte für Poetschki ein sinnvolles Zahlungsmittel ist.

Aufgabe 22
Mit welchen der nachfolgenden Aussagen lässt sich die Provisionsberechnung durch die Kreditkartenorganisation begründen?
a. Die Organisation der Zahlungsabwicklung ist sehr aufwendig.
b. Die Kreditkartenorganisation gewährt dem Kreditkarteninhaber einen Kredit.
c. Die Kreditkartenorganisation gewährt dem Unternehmer einen Kredit.
d. Mit der Provision werden die Sonderleistungen, die mit der Kreditkarte verbunden sind (z. B. Versicherungen), finanziert.

Aufgabe 23
Entscheiden Sie, welche Aussagen zutreffen.
a. Jeder voll Geschäftsfähige, der eine Kreditkarte bekommen möchte, erhält diese auf Antrag.
b. Die „Mastercard" ist eine Unterform der „Maestro-Card".
c. Die Vertragsunternehmen rechnen in der Regel einmal im Monat mit der Kartenorganisation ab.
d. Die Kartenorganisation rechnen gewöhnlich einmal in der Woche mit den Karteninhabern ab.
e. Die Vertragsunternehmen können mit Umsatzsteigerungen rechnen.

Aufgabe 24

Entscheiden Sie, ob die folgenden Aussagen richtig oder falsch sind. Es trifft zu, ...

1. dass Kreditkarten für Karteninhaber und für Unternehmen mit zusätzlichen Kosten verbunden sind, die bei Barzahlung nicht entstanden wären;
2. dass ein Karteninhaber, dem die Karte gestohlen wurde, mit erheblichen Verlusten rechnen muss;
3. dass dem Karteninhaber durch den Zeitpunkt der Belastung der Rechnungsbeträge auf seinem Konto Zinsvorteile entstehen;
4. dass das Kreditkartensystem voll entwickelt ist und nicht weiter verbessert werden braucht; 5 dass Kreditkarten auch Versicherungsschutz für Reisen enthalten können.

Aufgabe 25

Gelegentlich wird behauptet, Kreditkarten würden die Karteninhaber dazu verführen, mehr zu kaufen als sie sich eigentlich finanziell erlauben könnten. Wie beurteilen Sie diesen Vorwurf?

Aufgabe 26

Welche der folgenden Zahlungsarten treffen auf unten stehende Geschäftsfälle zu?

Zahlungsarten:

1. Barzahlung
2. Halbbare Zahlung
3. Bargeldlose Zahlung

Geschäftsfälle:

a. Briefmarken werden aus der Portokasse bezahlt.
b. Ein Kunde begleicht seine Rechnung durch Überweisung.
c. Eine Aushilfe erhält für ihre Mitarbeit bei Lagerarbeiten einen Barscheck und löst diesen an der Kasse der bezogenen Bank ein.
d. Die Telefongesellschaft belastet die Telefongebühren im Einzugsermächtigungsverfahren.
e. Ein Versender erhält von der Versicherung für einen Schadensfall einen Verrechnungsscheck.
f. Ein Kunde bezahlt die Rechnung eines Versandhauses durch den beigelegten Zahlschein.
g. Ein Fahrer bezahlt eine Tankrechnung per Kreditkarte.

Aufgabe 27

Die Spedition ALLSPED GmbH hat im Monat Juni 20(0) folgende Durchschnittswerte für die einzelnen Erwerbsabteilungen ermittelt:

	Nationale Spedition	Internationale Spedition
Anzahl der Aufträge	830	290
Nettoerlös je Auftrag/€	1.370,00	1.644,00
Variable Kosten je Auftrag/€	658,00	1.220,00
Fixe Kosten im Juni		306.000,00

1. Ermitteln Sie den Deckungsbeitrag je Auftrag in den beiden Abteilungen.
2. Ermitteln Sie den Deckungsbeitrag der Abteilungen im Monat Juni.
3. Berechnen Sie das Betriebsergebnis des Monats Juni.

Aufgabe 28

Im Monat Juli sind in der Spedition Sedelmeier & Co, Lüneburg, folgende Durchschnittswerte ermittelt worden:

	Nahverkehr	Fernverkehr	Export
Anzahl der Aufträge	2.160	887	213
Nettopreis je Auftrag/€	45,50	924,00	1.189,00
Variable Kosten je Auftrag/€	41,00	531,00	985,00
Fixe Kosten je Abteilung/€	25.889,00	269.689,00	26.150,00

a. Berechnen Sie die kurzfristige Preisuntergrenze für die Aufträge in den Abteilungen Nahverkehr, Fernverkehr und Export.
b. Berechnen Sie die langfristige Preisuntergrenze für die Aufträge in den Abteilungen Nahverkehr, Fernverkehr und Export.
c. Ermitteln Sie das Ergebnis der einzelnen Abteilungen und das Betriebsergebnis.
d. Die Marktsituation verlangt eine Zurücknahme der Preise. Im Nahverkehr ist der Preisnachlass mit 10 %, im Fernverkehr mit 15 % und bei Exportaufträgen mit 13 % angesetzt worden. Stellen Sie fest, ob unter diesen Bedingungen der Erfolg des Unternehmens gesichert ist.

Verwenden Sie für alle Berechnungen das Tabellenkalkulationsprogramm MS Excel.

Aufgabe 29

Im Monat September sind in der Spedition Jantos GmbH, folgende Durchschnittswerte ermittelt worden:

	Fernverkehr	Export	Import
Anzahl der Aufträge	1.487	110	230
Nettopreis je Auftrag/€	960,00	1.890,00	1020,00
Variable Kosten je Auftrag/€	510,00	1.490,00	916,00
Fixe Kosten je Abteilung/€	581.560,00	37.150,00	36.550,00

- Berechnen Sie die kurzfristige Preisuntergrenze für die Aufträge in den einzelnen Abteilungen.
- Berechnen Sie die langfristige Preisuntergrenze für die Aufträge in den einzelnen Abteilungen.
- Ermitteln Sie das Ergebnis der einzelnen Abteilungen und das Betriebsergebnis.
- Um in Preisverhandlungen mit den Kunden exakte Angaben darüber zu haben, bis zu welchem Preis ein Auftrag noch angenommen werden kann, soll berechnet werden, wie hoch die Preisreduzierung in den einzelnen Abteilungen maximal ausfallen dürfen. Verwenden Sie für alle Berechnungen das Tabellenkalkulationsprogramm MS Excel.

Aufgabe 30

Die Spedition Grimmer ermittelt in der Kosten- und Leistungsrechnung folgenden Beträge

	Nahverkehr	Internationale Spedition
Anzahl der Aufträge	4.000	300
Nettopreis je Auftrag	62,00 €	1.400,00 €
Durchschnittliche variable Kosten je Auftrag	52,00 €	1.100,00 €
Fixe Kosten je Abteilung	48.000,00 €	55.800,00 €

Ermitteln Sie in €

1. die kurzfristige Preisuntergrenze für den Nahverkehr je Auftrag
2. die langfristige Preisuntergrenze für die Abteilung Internationale Spedition je Auftrag
3. das Betriebsergebnis (Periodenergebnis)

Aufgabe 31

Eine Spedition ermittelt folgende Durchschnittswerte für den nationalen Güterkraftverkehr im Monat November:

Anzahl der Aufträge	200
Nettopreis je Auftrag	1.200,00 €
Variable Kosten je Auftrag	400,00 €
Fixe Kosten der Abteilung	132.000,00 €

Ermitteln Sie

a. das Abteilungsergebnis für den Monat November.

b. die maximal mögliche Preisreduzierung je Auftrag, wenn die Selbstkosten als Preisuntergrenze gewahrt werden sollen

  ba. in €.

  bb. in Prozent (auf eine Stelle nach dem Komma runden).

Aufgabe 32

Die jährlichen fixen Kosten für ein Fahrzeug betragen 154.125,00 €, die variablen Kosten 1,02 € pro km. Das Fahrzeug wird an 240 Tagen im Jahr eingesetzt. Sie erhalten einen Auftrag für einen Tag mit 228 km. Der Kunde ist bereit, 600,00 € zu zahlen. Das Fahrzeug kann bei Ablehnung des Auftrags an diesem Tag nicht eingesetzt werden.

Ermitteln Sie in €

a. den Verlust bei Ablehnung des Auftrages.

b. den Deckungsbeitrag bei Annahme des Auftrags.

c. den Verlust bei Annahme des Auftrags.

Aufgabe 33

Ein LKW der Spedition ALLSPED wurde im letzten Jahr für 185 Transporte eingesetzt. Der Nettopreis (ohne Umsatzsteuer) je Auftrag betrug durchschnittlich 660,00 €. Die variablen Kosten betrugen insgesamt 31.820,00 €, die fixen Kosten insgesamt 79.056,00 €

Berechnen Sie		hier die Lösung eintragen
01	die variablen Kosten je Auftrag.	
02	den Deckungsbeitrag je Auftrag.	
03	den Jahresgewinn bei 185 Aufträgen	
	a) in €.	
	b) in % (auf eine Stelle nach dem Komma runden).	

Aufgabe 34

In der Kalkulation haben Sie fixe und variable Kosten zu trennen. Welche der Kosten werden Sie den fixen Kosten zuordnen?	
Kreuzen Sie die jeweils richtige Lösung an.	Hier ankreuzen
01	Schmierstoffkosten für die LKW	
02	Kilometerabhängige Straßenbenutzungsgebühren	
03	Dieselkraftstoffkosten für die LKW	
04	Verbrauchskosten für Gas, Wasser und Strom	
05	Grundgebühren für Gas, Wasser und Strom	

Aufgabe 35

Ein Privatkunde schreibt in einem Brief an unser Unternehmen:

> „... habe ich erfahren, dass Sie in Ihrem Datenbestand umfangreiche Daten über meine Person gesammelt haben. Bitte senden Sie mir einen Auszug der über mich gespeicherten Daten. Ich möchte diese Informationen überprüfen und verlange gegebenenfalls eine Korrektur unrichtiger Datenbestände."

Dieses Verlangen erfordert einen hohen Aufwand im Unternehmen. Das gilt insbesondere dann, wenn viele Kunden diese Forderung stellen. Klären Sie, welche Ansprüche ein Kunde in Bezug auf die über ihn gespeicherten Daten an unser Unternehmen stellen kann.

Aufgabe 36

Das Bundesverfassungsgericht hat das „Recht auf informationelle Selbstbestimmung" der Bürger festgestellt. Beschreiben Sie den Inhalt dieses Rechtes und erläutern Sie, welche Folgen sich daraus für die Speicherung von Daten über Personen ergeben.

Aufgabe 37

Erläutern Sie die „10 Gebote des Datenschutzes" nach dem Datenschutzgesetz.

SELBSTTEST LERNSITUATION 14

Diese **Prozesse** sollten Sie beherrschen:
- einen Containerversand per Seeschiff organisieren
- einen Festpreis für eine Seebeförderung kalkulieren
- Geeignete Zahlungsformen auswählen
- Zahlungsverkehrsabwicklungen optimieren
- Ein- und ausgehende Zahlungen abwickeln
- Eine Kalkulation auf Vollkostenbasis durchführen
- Den Deckungsbeitrag eines Auftrag ermitteln
- Über die Auftragsannahme auf der Basis der Teilkostenrechnung entscheiden

Diese **Begriffe** sollten Sie kennen:

1. Ablader
2. Übernahmekonnossement
3. Abbuchungsauftragsverfahren
4. Ausflaggen
5. BAF
6. Bargeldlose (Unbare) Zahlung
7. Barscheck
8. Barzahlung
9. Befrachter
10. Bill of Lading
11. Bordkonnossement
12. CAF
13. Carrier's Haulage
14. Closing
15. Container-Rundlauf
16. Container-Typen
17. Dauerauftrag
18. Debitkarte
19. Deckungsbeitrag
20. Deep-Sea-Verkehr
21. Durchkonnossement
22. EC-Cash
23. ELV
24. ETA
25. ETS
26. Einzugsermächtigungsverfahren
27. Electronic-Banking
28. FOB-Spediteur
29. Fixe Kosten
30. Geldkarte
31. Gewichtsraten
32. Girokonto
33. Gironetze
34. HBCI
35. Haag-Visby Regeln
36. Halbbare Zahlung
37. Home-Banking
38. ISPS-Zuschlag
39. Indossament
40. Inhaberscheck
41. Inkassobank
42. Inkassostelle
43. Konditionelle Buchung
44. Kreditkarten
45. Kurzfristige / langfristige) Preisuntergrenze
46. Lastschriftverfahren
47. Linienschifffahrt
48. Maestro
49. Maßraten
50. Merchant's Haulage
51. NVOC
52. Namenskonnossement
53. Orderkonnossement
54. Orderscheck
55. Outsider
56. PIN
57. Quittung
58. Reeder
59. SEPA
60. Sammelüberweisung
61. Scheck
62. Scheckarten
63. Scheckbestandteile
64. Schifffahrtskonferenzen
65. Schiffsagent
66. Schiffsmakler
67. Schiffsregister
68. Schiffstypen
69. Seefrachtbrief
70. Seehafenspediteur
71. Short-Sea-Verkehr
72. TAN
73. TEU
74. THC
75. Teilkostenrechnung
76. Trampschifffahrt
77. Überweisung
78. Überweisungsauftrag
79. Variable Kosten
80. Verfrachter
81. Verrechnungsscheck
82. Vollkostenrechnung
83. Vorlegungsfristen
84. Zahlschein
85. Zahlstelle
86. Zahlungsverkehr

Lernsituation 15

- Am See-Sammelgutverkehr teilnehmen
- Beurteilung der Konzentration auf den Seeverkehrsmärkten
- Den Betriebsabrechnungsbogen auf Profitcenter umstellen
- Datensicherungsmaßnahmen ergreifen

Heute, am 9. Aug. 20(0), ist in der Spedition INTERSPED ein Auftrag für eine Beförderung im Seeverkehr eingetroffen. Frau Theben wird sich um den Auftrag kümmern.

Besonderheit: Der Versender wünscht für den multimodalen Transport ein FBL (**FI**ATA Multimodal Transport **B**ill of **L**ading) als Liefernachweis.

Weitere Sendungsdaten

Versender	MAC-Anlagenbau, Richardstraße 44, 40231 Düsseldorf
Empfänger	Bombay Engineering, 10 Canning Road, Bombay 400 002, Indien
Termin	sofort
Versand	Lkw Düsseldorf – Bremen, Seeschiff Bremen – Bombay
Warenbeschreibung	Gear-Sets
Nettogewicht	1.600 kg
Bruttogewicht/Volumen	1.800 kg/5,1 m³
Verpackung	2 Kisten
Wert der Sendung	6.250,00 EUR
Sped.-Versicherung	Verzichtskunde
Dokumente	FIATA-FBL als multimodales Transportdokument (3 Originale)
Rechnung	an Versender
Nachrichten	Versendungsdaten (Abholung, voraussichtliche Ankunft)

Die Sendung ist von geringem Gewicht, sodass sie als See-Sammelladung befördert wird. Der Vorlauf wird im Rahmen unseres Lkw-Sammelgutverkehrs bis Bremen durchgeführt. Danach übernimmt unser Partnerspediteur im Seehafen Bremen, die INTERPORT Seehafenspedition, Hafenstraße 13, 28217 Bremen, die weitere Besorgung der Sendung. Die Spedition hat Sammelgutrelationen zu den bedeutendsten Seehäfen der Welt, unter anderem auch nach Bombay. In Bremen wird INTERPORT unsere Sendung der Relation Bombay zuordnen und in einen Container verstauen. Der Container wird einer Reederei übergeben, die das Fahrgebiet bedient. In Bombay übernimmt ein Empfangsspediteur den Container von den Reedereien, leert ihn und verteilt die Sendungen weiter an die Endempfänger.

Über den Sammelgutcontainer stellt der Verfrachter ein See-Konnossement aus, das an den Empfangsspediteur adressiert ist. Gegen Vorlage des Dokuments erhält der Empfangsspediteur im Bestimmungshafen den Container.

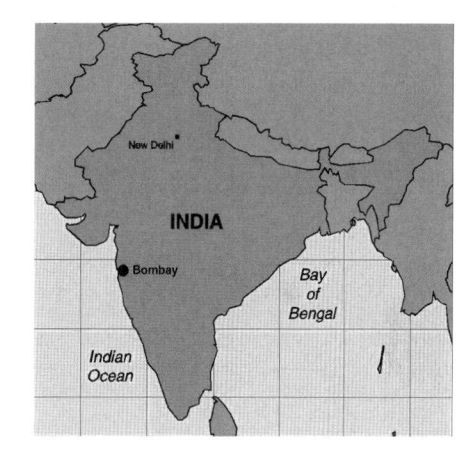

INTERSPED stellt auf Wunsch für die einzelnen Sammelgutsendungen, die das Unternehmen von seinen Versendern erhält, ein Spediteurversanddokument aus (FCR oder FBL). Da der Versender MAC-Anlagenbau ein FBL wünscht, wird INTERSPED das Papier „As Carrier" unterschreiben.

Zu erledigende Arbeiten

1. Die Sendung ist in einem internationalen Speditionsauftrag zu erfassen. Dabei ist die Referenznummer 1088/20 zu vergeben. Unter dieser Nummer wird der Auftrag bei INTERSPED geführt.
2. Die Schiffsliste ist mit Blick auf einen geeigneten Verschiffungstermin zu prüfen.
3. INTERPORT ist ein Besorgungsauftrag zu erteilen. Dabei ist ihm der gewünschte Verschiffungstermin zu nennen. Den Speditionsauftrag erhält der Seehafenspediteur zur Information als Kopie.
4. Sobald die Bestätigung von INTERPORT vorliegt, kann das FBL ausgestellt werden.

    Im Einzelnen sind folgende Gesichtspunkte bei der Erstellung des FBL zu beachten:

    - Marks and numbers: Bombay Engineering, Bombay, MAC-Anlagenbau, Germany, MAC 1 – 2
    - „Freight Prepaid"
    - Die Container-Nr. ist anzugeben („Loaded in container no. ...").
    - Die Warenbeschreibung ist mit dem Zusatz „S.T.C." zu versehen.
    - Der Verladetermin in das Seeschiff ist gesondert festzuhalten („Shipped on board ... at ... on ..."); Firmenstempel und Unterschrift.

Lernsituation 15 | zu SLG S. 248–278, 303–310, WSP S. 149–161, KSK S. 111-117, (DV) 243-248

5. INTERPORT möchte nach der Bestätigung eine Kopie des FBL als Fax haben, damit auch der Empfangsspediteur darüber informiert werden kann, dass ein solches Papier präsentiert wird.
6. Der Abholauftrag für das Nahverkehrsfahrzeug ist zu schreiben.
7. Das abgeholte Gut wird in den Sammelgut-Güterkreislauf überführt. Es ist am darauffolgenden Tag beim Empfangsspediteur in Bremen.
8. Sobald INTERPORT die Verladung des Gutes an Bord des Seeschiffs bestätigt, wird das FBL unterschrieben und die drei Originale werden dem Versender übersandt. Eine Kopie verbleibt in den Akten der INTERSPED GmbH.

Schiffsliste Monat August 20(0))				
Indien/Pakistan	Reise-Nr.	Bremen	Nhava Sheva	Bombay
Contship Pacific	1951	06.08.	31.08.	02.09.
CMB Melody	1399	20.08.	14.09.	16.09.
Contship New Zealand	1954	02.09.	27.09.	29.09.
Ladeschluss im Seehafen: 3 Tage vor Schiffsabfahrt				

Bestätigung von INTERPORT

SLD = Sailing Date
ETA = Estimated Time of Arrival

L35: Schiffsname/Reederei

```
L00    TO                  INTERSPED GMBH
L05    ATTN                MRS THEBEN              AGENT:
L10    RE                  CONFIRMATION            CORPORATE SHIPPING LTD
L15                                                44 NETAJI SUBANA ROAD
L20    OUR REF.            224.679.22              BOMBAY - 400 023
L25    YOUR REF.           1088/20                 INDIA
L30    DESTINATION         BOMBAY                  TEL: 91-32-220498
L35    MS.                 CBM MELODY/Mitsui Lines FAX: 91-32-2200302
L40    SLD                 20(0)-08-20
L45    ETA                 20(0)-09-16
L50    CONTAINER NO        TEXU 512886-3
L55    CBM                 5,1
L60
L65    WE KINDLY REQUEST YOU TO LET US HAVE A COPY OF YOUR FBL BY RETURN FAX
```

In Gesprächen mit verschiedenen Kunden im Rahmen des Seesammelgutverkehrs hört Frau Theben häufiger, dass Konkurrenten die Preise von Intersped unterbieten. Da die Preise sehr sorgfältig kalkuliert sind und die eingerechneten Gewinnmargen nicht übermäßig sind, vermutet Frau Theben, dass konkurrierende Spediteure die Seefracht billiger einkaufen.

Siehe dazu das Gespräch mit Herrn Hauser in Lernsituation 14 (Seite 357).

Frau Theben spricht über diese Thematik mit Frau Harmsen, einer Vertreterin der Seehafenspedition INTERPORT aus Bremen, die sich gerade zu einem Firmenbesuch in Düsseldorf befindet.

Theben: *Frau Harmsen, wir bekommen Probleme auf dem Markt durch die in den letzten Monaten stark gestiegenen Preise für die Seetransporte und die Nebengebühren der Reedereien.*

Harmsen: *Das haben sie richtig beobachtet. Es gibt auf den Transatlantikstrecken von Nordeuropa nach USA-Ostküste/Kanada tatsächlich Kapazitätsengpässe, die von den Reedereien zu einer Verbesserung ihrer Konditionen genutzt wurden.*

Theben: *Sind wir dieser Politik hilflos ausgeliefert? Konkurrenzunternehmen haben häufig deutlich günstigere Angebote erhalten.*

Harmsen: *Die Reedereien, mit denen wir zusammenarbeiten, gehören alle der Seeschifffahrtskonferenz „Far Eastern Freight Conference (FEFC)" an, die Marktanteil von 58% des gesamten Transportvolumens auf diesen Strecken transportiert.*

Theben: *Daraus ergibt sich natürlich eine große Marktmacht ...*

Harmsen: *Und das wird natürlich ausgenutzt. Die EU-Kommission hat zwar 2008 die Möglichkeiten der Konferenzen stark eingeschränkt, weil es sich um kartellartige Strukturen handelt. Aber dafür haben sich die Reedereien zu Konsortien zum gemeinsamen Betrieb von Liniendiensten, zusammengeschlossen. Unsere Reedereien gehören z. B. alle der "Grand Allianz" an. Der Markt ist eben oligopolistisch.*

Theben: *Sie sehen also für uns als Kunde keine Chance, die Transportkosten zu senken?*

Harmsen: *Es gibt in diesem Fahrgebiet allerdings noch einige „Non-conference Carrier" (Outsider), die auch mit anderen Konditionen arbeiten. Allerdings haben wir mit den Konferenzreedern eine hohe Sicherheit was die regelmäßige und zuverlässige Bedienung der Linien angeht.*

Theben: *Sie sollten die Möglichkeiten, Transporte mit Outsidern durchzuführen, im Interesse unseres Kunden untersuchen. Sie können uns ja in der nächsten Zeit entsprechende Angebote vorlegen.*

Lernsituation 15 | zu SLG S. 248–278, 303–310, WSP S. 149–161, KSK S. 111–117, (DV) 243-248

Frau Theben möchte nicht nur auf die Seehafenspedition warten. Vielleicht haben Mitbewerber doch Transportmöglichkeiten gefunden, die es ermöglichen, den Transport insgesamt kostengünstiger zu gestalten. Ein Teil des Preises ergibt sich aus den Vor- und Nachlaufkosten und den Terminal-Handling-Gebühren. Hier sind ja Alternativen denkbar. Ergeben sich vielleicht durch die Wahl eines anderen Hafens Einsparungen? Frau Theben nimmt sich vor, die möglichen Abfahrtshäfen für diese Sendungen zu ermitteln.

Alternative Transportmöglichkeiten erkunden.

Der Vorlauf zum Seehafen wird per LKW durchgeführt. Die Anbindung der Seehäfen in der Nord-Range ist mit dem dichten Autobahn- und Europastraßennetz sicher überall gegeben. Die Vorlaufstrecken sind aber unterschiedlich lang. Der LKW-Transport ist durch den scharfen Wettbewerb auch relativ preisgünstig geworden. Aber auch andere Verkehrsträger, wie Bahn und Binnenschiff, sind zu berücksichtigen. Hier müsste die Verkehrsinfrastruktur von Düsseldorf zu den in Frage kommenden Häfen geprüft werden.

Seehafen und Hinterlandanbindung

Die Seefracht und die Zuschläge werden durch die Wahl des Verfrachters bestimmt. Unser Seehafenspediteur hat ein Schiff bei Hapag-LLoyd gebucht. Die Strecke wird auch von anderen Reedern bzw. Allianzen angeboten. Sind hier bessere Preise möglich? Frau Theben will auch die Marktstruktur im Seefrachtenmarkt überprüfen, um sich hier Klarheit zu verschaffen. Dazu will sie die Marktanteile der Reedereien und Konsortien am Weltcontainermarkt feststellen.

Reedereien, Konferenzen und Allianzen

Eine weitere Möglichkeit sind die Speditionskosten im Seehafen. INTERSPED arbeitet mit einem relativ kleinen Spediteur, der Fa. Interport in Bremen, zusammen. Im Speditionsbereich – gerade bei Seespeditionen – haben sich in den letzten Jahren große Veränderungen vollzogen. Allerdings ist dadurch die Anbieterzahl zurückgegangen, der Anteil der Großspeditionen gewachsen. Das kann Auswirkungen auf den Preis für die Speditionsleistung aber auch auf die Seefracht haben.

Seehafenspeditionen

Frau Theben will sich die Ergebnisse ihrer Recherchen geordnet aufschreiben, um die Argumente bei künftigen Preisverhandlungen mit den Kunden präsent zu haben.

Bereits am 7. Juli 20(0) hatte Frau Theben einen Anruf von Herr Häuser (DEGENER & LUTZ) erhalten. Er teilte mit, dass es mit der Containersendung Kfz-Zubehörteile für Chicago ein Problem gegeben habe. Teile der Sendung seien stark beschädigt in Chicago angekommen. Die vorgelegten Fotos vom Innenraum des Containers zeigten ein großes Durcheinander. Kollisionsspuren außen am Container deuteten auf einen kräftigen Stoß hin. Der Empfänger hat den Schaden reklamiert. DEGENER & LUTZ hat die Transportversicherung eingeschaltet.

Siehe Lernsituation 14

Nun trifft folgendes Schreiben der Transportversicherung ein:

Siehe Ziffer 23 ADSp

CARGO VERSICHERUNG

Cargo-Versicherung, Klarastraße 44, 60433 Frankfurt/Main

Klarastraße 44
60433 Frankfurt/Main

INTERSPED GmbH
Merkurstraße 14
40223 Düsseldorf

12.08.20(0)

Daten
Versicherter   DEGENER & LUTZ, Holzheimer Weg 33, 41464 Neuss
Versicherungsart   Transportversicherung Haus-Haus
Transport   Neuss – Chicago über Bremen
Güter   15.500 kg Kfz-Zubehör, Wert 190.000,00 EUR
Schaden   Güterschaden über 55.250,00 EUR / 4.500 kg

Regress

Sehr geehrte Damen und Herren,

an der Sendung ist vom Empfänger ein Güterschaden festgestellt worden. Nach § 428 HGB nehmen wir Sie für den Schaden wie folgt in Regress:

4.500 kg x 8,33 SZR x 1,0521 EUR = **39.437,97 EUR**

Das Schadensprotokoll und das Gutachten des Schadenssachverständigen sind beigefügt. Eine ausführliche Begründung unseres Anspruchs geht Ihnen in den nächsten Tagen durch unsere Rechtsabteilung zu. Reichen Sie diese Vorabinformation bitte Ihrer Versicherung weiter.

Mit freundlichen Grüßen

CARGO-Versicherungsgesellschaft

Niermann

Lernsituation 15 | zu SLG S. 248–278, 303–310, WSP S. 149–161, KSK S. 111-117, (DV) 243-248

Liegt multimodaler Verkehr vor?

Frau Theben ist skeptisch, ob die Forderung der Transportversicherung berechtigt ist. Der Regress über § 428 HGB nimmt die INTERSPED GmbH als Frachtführer in Anspruch, nicht als Spediteur. Außerdem liegt eine See-Beförderung vor, sodass ihr eine Ersatzleistung mit 8,33 SZR/kg überhöht erscheint.

Hinweis: Die INTERSPED GmbH ist haftungsversichert.

Auf jeden Fall wird sich Frau Theben zunächst selbst einen Überblick über die Ansprüche verschaffen, die auf die INTERSPED GmbH zukommen, bevor sie die Unterlagen zur Versicherung weiterreicht.

Die INTERSPED GmbH hat sich in dem relativ kurzen Zeitraum von der Gründung bis heute rasch entwickelt und vergrößert. Das dynamische Wachstum ist ein möglicher Grund dafür, dass die Mitarbeiter der Spedition darüber Klage führen, dass die Geschäftsführer Herr Berger und Herr Decker, in allen geschäftlichen Angelegenheiten Bescheid wissen und alle Entscheidungen selbst treffen wollen. Jeder geschäftliche Vorgang geht zunächst durch ihre Hände. „Ich bestimme, wo es langgeht" ist ein typischer Ausdruck, der Herrn Berger, Gründer und lange Zeit alleiniger Geschäftsführer, in Diskussionen mit den Mitarbeitern ab und zu über die Lippen geht und die Situation deutlich beschreibt.

Siehe dazu Lernsituation 9 (Führungsstil und Motivation)

Die Geschäftsführer lassen sich auch über die Erledigung jeder einzelnen Aufgabe informieren und machen weitere Entscheidungen und Anweisungen von der Berichterstattung abhängig.

Herr Sedinger, verantwortlich für das Controlling, hat dieses Führungsverhalten auch schon zu spüren bekommen. In einem Memo analysiert er die derzeitige Situation mit einigen grundsätzlichen Feststellungen:

Memo Von: Abt. Controlling
         Datum: 04.06.20(0)

Betreff: Analyse der Organisation

Das Arbeitsklima auf Abteilungsebene ist schlecht, weil

- der Einzelne kaum einen Entscheidungsspielraum hat und Zuständigkeiten nicht geregelt sind,
- nur ein geringes Vertrauensverhältnis zwischen den Abteilungsleitern und der Geschäftsführung besteht.

Reibungsverluste bei der Zusammenarbeit führen dazu, dass

- Aufträge häufig nicht termingerecht erledigt werden,
- eine relativ große Fluktuation von Mitarbeitern zu beobachten ist,
- die Außendienstmitarbeiter keinen Spielraum bei der Angebotsabgabe haben, da z. B. Herr Berger in jedem Falle eine Rücksprache erwartet.

Das nachfolgende Organigramm zeigt die derzeitige Organisationsstruktur der INTERSPED GmbH:

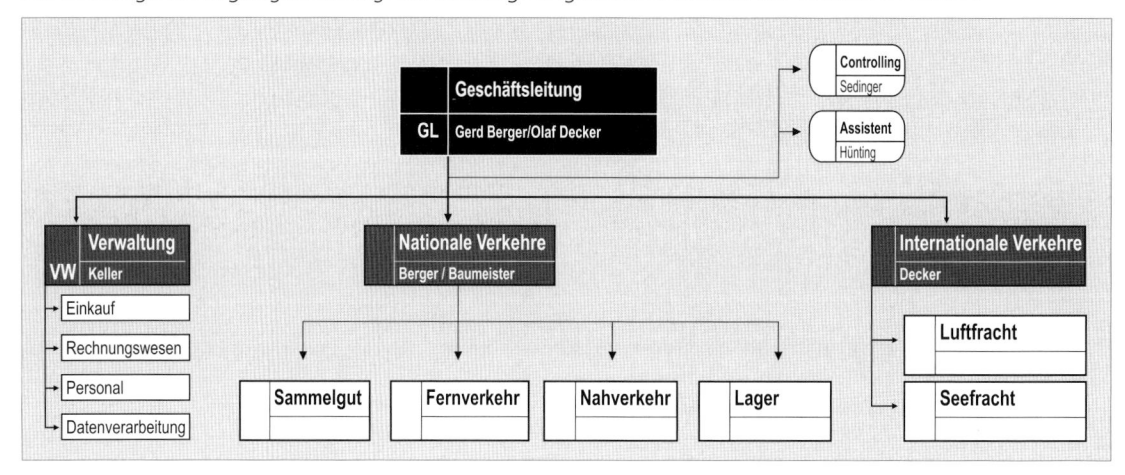

Definitionen Profit-Center: Siehe Informationshandbuch.

Herr Sedinger befürwortet in der Diskussion um eine generelle Neuordnung der Organisationsstruktur außerdem, die Leistungsabteilungen zu Profit-Centern auszugestalten. Dem Vorschlag des Controllers, die Zuständigkeiten im Unternehmen neu zu regeln und feste Verantwortungsbereiche zu schaffen, ist aus der Sicht des Rechnungswesens nur zuzustimmen.

Den Auftrag, Profit-Center zu bilden, hat man in der Abteilung Rechnungswesen unverzüglich in Angriff genommen und sich zunächst einmal über die Bedeutung eines Profit-Centers Klarheit verschafft. Folgende Fragen hat Herr Sedinger formuliert:

1. Was ist ein Profit-Center?
2. Warum werden Profit-Center gebildet?
3. Wie wird ein Profit-Center gebildet?

Die Beantwortung der Fragen soll dazu beitragen, zu einer genauen Beschreibung der Profitcenter und der Festlegung der Verantwortungsbereiche zu kommen.

Unabhängig vom Ergebnis der Beantwortung der Fragen, ist es die erklärte Absicht der Geschäftsleitung, dem Vorschlag des Controllings zu folgen und das Unternehmen nach Profit-Centern neu zu organisieren. Daher hat Frau Keller in Vorbereitung auf die Neuorganisation schon einmal die Zahlen des BAB des letzten Halbjahres zusammengestellt, um sie für die Bildung von Planzahlen für die Profit-Center heranzuziehen. Die Zahlen des letzten BAB schienen ihr besonders geeignet zu sein, weil dort schon in den Kostenstellen betriebliche Bereiche

Lernsituation 15 | zu SLG S. 248–278, 303–310, WSP S. 149–161, KSK S. 111–117, (DV) 243-248

festgelegt wurden, die eindeutig von einander abgegrenzt sind und eine organisatorische Einheit bilden, in denen die Kosten beeinflusst werden können. Die Zahlen des BAB hat Frau Keller noch um Umsatzzahlen und Speditionskosten ergänzt und folgende Tabelle erstellt:

Ist-Zahlen 1. Halbjahr 20(0) Intersped GmbH – nach Abteilungen							
	Gesamt	Sammelgut	Fernverkehr	Nahverkehr	Lager	Seefracht	Luftfracht
Umsatz (netto)	3.160.396,00	695.559,00	933.781,00	628.998,00	362.128,00	214.346,00	325.584,00
- Speditionskosten	1.168.461,00	231.853,00	311.260,00	209.666,00	87.376,00	134.765,00	193.541,00
= Rohergebnis	1.991.935,00	463.706,00	622.521,00	419.332,00	274.752,00	79.581,00	132.043,00
- Betriebskosten	1.847.245,00	437.751,00	579.688,00	387.790,00	253.187,00	86.927,00	101.902,00
= Ergebnis	144.690,00	25.955,00	42.833,00	31.542,00	21.565,00	- 7.346,00	30.141,00

Mit der Umstellung auf Profit-Center sollen auch die Vorteile der Deckungsbeitragsrechnung genutzt werden. Daher hat Frau Keller auch noch eine Tabelle erstellt, aus der ersichtlich wird, wie sich die Gemeinkosten in variable und fixe Kosten aufteilen:

Kosten	Sammelgut	Fernverkehr	Nahverkehr	Lager	Seefracht	Luftfracht	Summe
Betriebkosten							
davon:	437.751,00	579.688,00	387.790,00	253.187,00	86.927,00	101.902,00	1.847.245,00
Variable Kosten	185.768,00	246.350,00	198.461,00	68.244,00	16.433,00	38.461,00	753.717,00
Fixe Kosten	251.983,00	333.338,00	189.329,00	184.943,00	70.494,00	63.441,00	1.093.528,00

Nach Ansicht der Geschäftsleitung darf sich die Neuorganisation des Unternehmens nicht auf die geplanten Gewinne auswirken. Sie erwartet, dass das im ersten Halbjahr erreichte Betriebsergebnis mindestens erreicht, besser noch übertroffen wird. Geplant war eine Gewinnsteigerung von 5 %. Daher ist durch das Controlling sicherzustellen, dass die Verantwortlichen der Profit-Center auch genaue Planvorgaben für das zweite Halbjahr erhalten, damit der Gesamterfolg des Unternehmens nicht in Frage gestellt wird. Vor allem ist es wichtig für die Profit-Center zu wissen, ab welchem Umsatz Gewinne in den Centern erwirtschaftet werden.

Herr Sedinger, der Controller, hat eine Tabelle vorgegeben, in die die Ist-Werte des ersten Halbjahres eingetragen werden können. Auf der Grundlage dieser Werte können dann die Planwerte für das zweite Halbjahr entwickelt werden.

INTERSPED GmbH Ist-Zahlen 1. Halbjahr 20(0)								
			Profit-Center					
		Gesamt						
	Umsatz (netto)	3.160.396,00						
./.	Speditionskosten	1.168.461,00						
=	Rohergebnis							
./.	Variable Gemeinkosten							
=	Deckungsbeitrag							
./.	Fixe Gemeinkosten							
=	Ergebnis							

Mustertabelle für die Planungsrechnung:

INTERSPED GmbH Plan-Zahlen 2. Halbjahr 20(0)								
			Profit-Center					
		Gesamt						
	Umsatz (netto)	3.160.396,00						
./.	Speditionskosten	1.168.461,00						
=	Rohergebnis							
./.	Variable Gemeinkosten							

Lernsituation 15 | zu SLG S. 248–278, 303–310, WSP S. 149–161, KSK S. 111-117, (DV) 243-248

=	Deckungsbeitrag								
./.	Fixe Gemeinkosten								
=	Ergebnis								

Im Zusammenhang mit der Umorganisation des Unternehmens macht der Assistent der Geschäftsleitung darauf aufmerksam, dass innerhalb des Unternehmens die Umstellung auf die EDV-gestützte Sachbearbeitung abgeschlossen ist. Das Netzwerk der INTERSPED GmbH ist zudem für die Kunden und die Empfangsspediteure zum Datenaustausch über DFÜ geöffnet. Aus dieser Situation ergeben sich erhebliche Sicherheitsrisiken. Eine Zerstörung von Daten durch Viren oder unsachgemäße Behandlung durch die Mitarbeiter kann den Bestand des gesamten Unternehmens bedrohen. Es ist daher notwendig, im Zusammenhang mit der Umorganisation ein Konzept zur Datensicherheit zu entwickeln.

Die Geschäftsleitung verlangt vom Assistenten die Erarbeitung eines Datensicherungskonzeptes. In diesem Konzept sollen die bekannten Fehlerquellen bei der Datenbearbeitung und die Risiken (Datenbeeinträchtigung, Sicherheit der Infrastruktur, Sicherheit in offenen Netzen) genannt werden.

Zu den Fehlerquellen und Risiken sollen Verfahrensweisen vorgeschlagen werden, die die Datensicherheit im Unternehmen verbessern. Hier sind insbesondere technische, organisatorische und progammtechnische Sicherungsmaßnahmen anzusprechen.

Speditionsauftrag International

INTERSPED GmbH
Internationale Spedition
Merkurstraße 14
40223 Düsseldorf
Tel.: 0221 56742-0
Fax: 0221 56733
E-Mail: intersped@t-online.de

Auftraggeber/Shipper

Empfänger/Consignee

Notify/zur Weiterleitung an/zur Verfügung von:

Kunden-Nr.	sontige Frachtzahler	Ort	Datum
INCOTERM	Warenwert	Referenz-Nr.	

Zeichen-Nr.	Anzahl	Verpackungsart	Inhalt	Gewicht
Gesamt:				

Gefahrgut-Klassifikation   Nettomasse kg/l

UN-Nr. [ ]   Offizielle Benennung [ ]
Nummer Gefahrzettelmuster [ ]   Verpackungsgruppe [ ]

Besondere Vorschriften: **Papiere:**

- Container-Rundlauf
- Transportversicherung   ja   nein
- Verschiffungshafen/Ankunft
- Bestimmungshafen/Ankunft
- Verladedatum

weitere Vorschriften:

Wir arbeiten ausschließlich aufgrund der Allgemeinen Deutschen Spediteurbedingungen (neueste Fassung). Diese beschränken in Ziffer 23 ADSp die gesetzliche Haftung des Spediteurs nach § 431 HGB Schäden an Gütern in speditionellem Gewahrsam auf 5,00 EUR/KG, bei multimodalen Transporten unter Einschluss einer Seebeförderung auf 2 SZR/kg; darüber hinaus je Schadensfall bzw. Schadensereignis auf 1 Mio.EUR bzw. 2 Mio. EUR oder 2 SZR/kg, je nachdem, welcher Betrag höher ist.

Lernsituation 15 | zu SLG S. 248–278, 303–310, WSP S. 149–161, KSK S. 111-117, (DV) 243-248

Empfänger:

Fax FROM

INTERSPED *GmbH*
Internationale Spedition
Merkurstraße 14
40223 Düsseldorf

Telefon: 0221 56742-0
Fax: 0221 56733
E-Mail: intersped@t-online.de
Datum:

Speditionsauftrag

Sehr geehrte(r) Herr/Frau,

wie telefonisch besprochen, erhalten Sie folgenden Auftrag:

Besonderheiten:

Unterschrift

Wir arbeiten ausschließlich aufgrund der Allgemeinen Deutschen Spediteurbedingungen (neueste Fassung).
Diese beschränkten in Ziffer 23 ADSp die gesetzliche Haftung des Spediteurs nach § 431 HGB Schäden an Gütern in speditionellem Gewahrsam auf 5,00 EUR/KG, bei multimodalen Transporten unter Einschluss einer Seebeförderung auf 2 SZR/kg; darüber hinaus je Schadensfall bzw. Schadensereignis auf 1 Mio. bzw. 2 Mio. EUR oder 2 SZR/kg, je nachdem, welcher Betrag höher ist.

Consignor		FBL	DE
		NEGOTIABLE FIATA MULTIMODAL TRANSPORT BILL OF LADING	ICC
		issued subject to UNCTAD/ICC Rules for Multimodal Transport Documents (ICC Publication 481).	

Consigned to order of

Notify address

Place of receipt	
Ocean vessel	Port of loading
Port of discharge	Place of delivery

Marks and numbers	Number and kind of packages	Description of goods	Gross weight	Measurement

according to the declaration of the consignor

Declaration of Interest of the consignor in timely delivery (Clause 6.2.)	Declared value for ad valorem rate according to the declaration of the consignor (Clauses 7 and 8).

The goods and instructions are accepted and dealt with subject to the Standard Conditions printed overleaf.

Taken in charge in apparent good order and condition, unless otherwise noted herein, at the place of receipt for transport and delivery as mentioned above.

One of these Multimodal Transport Bills of Lading must be surrendered duly endorsed in exchange for the goods. In Witness whereof the original Multimodal Transport Bills of Lading all of this tenor and date have been signed in the number stated below, one of which being accomplished the other(s) to be void.

Freight amount	Freight payable at	Place and date of issue
Cargo Insurance through the undersigned ☐ not covered ☐ Covered according to attached Policy	Number of Original FBL's	Stamp and signature
For delivery of goods please apply to:		

Lernsituation 15 | zu SLG S. 248–278, 303–310, WSP S. 149–161, KSK S. 111-117, (DV) 243-248

Zeitschiene	Tätigkeiten/Ereignisse

Lernsituation 15 | zu SLG S. 248–278, 303–310, WSP S. 149–161, KSK S. 111–117, (DV) 243-248

Aufgabe 1
Stellen Sie den Weg des FBLs für Sendung 1 und den Weg des See-Konnossements in der unten abgebildeten Grafik dar. Nehmen Sie aus Gründen der Übersichtlichkeit an, dass die Sammelladung aus drei Teilsendungen besteht.

Aufgabe 2
Beschreiben Sie die Rechtsposition der INTERSPED GmbH, wenn das Unternehmen ein FBL ausgestellt hat.

Aufgabe 3
Nennen Sie die Merkmale des multimodalen Verkehrs.

Aufgabe 4
a. Prüfen Sie, ob auch das FCR im Eingangsfall hätte verwendet werden können.
b. Stellen Sie gegebenenfalls fest, welche Unterschiede sich im papiermäßigen Ablauf und in der Rechtsposition des Spediteurs ergäben.

Aufgabe 5
Die WENDERS AG, Düsseldorf, erteilt der INTERSPED GmbH den Auftrag, eine Sendung mit Getriebeteilen nach Bukarest zu befördern. Es handelt sich um eine Ab-Werk-Lieferung. Für die Lieferungs- und Zahlungssicherung benötigt der Versender einen international anerkannten Ablieferungsnachweis, weil nach der Präsentation des Papiers die Zahlung fällig wird.
Der Transport wird per Lkw durch die Fernverkehrsunternehmung INTERTRANS durchgeführt.
a. Wer beauftragt bei einer Ab-Werk-Lieferung gewöhnlich den Spediteur?
b. Wäre ein CMR-Frachtbrief Ihrer Ansicht nach geeignet, die Lieferung der Güter aus Sicht des Empfängers sicherzustellen? Begründen Sie Ihre Antwort.
c. Inwiefern ließe sich das FCR als Liefernachweis verwenden?
d. Stellen Sie den Ablauf grafisch dar, wenn im oben beschriebenen Fall ein FCR eingesetzt wird.

Aufgabe 6
Unterscheiden Sie FCR und FBL nach folgenden Gesichtspunkten:
- Charakter des Papiers
- Vertragsgrundlage
- Rechtsstellung des Spediteurs
- Versicherung des Spediteurs

Aufgabe 7
Wie ändert sich Ihre Lösung des Arbeitsauftrages zur Regressforderung der Transportversicherung, wenn Sie annehmen, dass der Schadensort ermittelt werden kann? Prüfen Sie die Haftungssituation für den Fall, dass der Schaden
a. während des Lkw-Vorlaufs von Düsseldorf nach Bremen,
b. während der Seebeförderung oder
c. während des Nachlaufs in den USA
entstanden sei.

Aufgabe 8
Erläutern Sie die Haftungsbestimmungen, denen ein Spediteur ausgesetzt ist, der ein FBL ausstellt. Verwenden Sie dazu den nachfolgenden Auszug aus den Standard Conditions.

> 8.3. ... the Freight Forwarder shall in no event be or become liable for any loss of or damage to the goods in an amount exceeding the equivalent of 666.67 SDR per package or unit or 2 SDR per kilogramme of gross weight of the goods lost or damaged, whichever is the higher, unless the nature and value of the goods shall have been declared by the Consignor and accepted by the Freight Forwarder ... and such value is stated in the FBL by him, then such declared value shall be the limit.
> 8.4. ...
> 8.5. Notwithstanding the above mentioned provisions, if the multimodal transport does not, according to the contract, include carriage of goods by sea or by inland waterways, the liability of the Freight Forwarder shall be limited to an amount not exceeding 8.33 SDR per kilogramme of gross weight of the goods lost or damaged.
> 8.6. a) When the loss of or damage to the goods occurred during one particular stage of the multimodal trans-port, in respect of which an applicable international convention or mandatory national law would have provided another limit of liability if a separate contract of carriage had been made for that particular stage of transport, then the limit of the Freight Forwarder's liability for such loss or damage shall be determined by reference to the provisions of such convention or mandatory national law...

Quelle: FBL, Standard Conditions

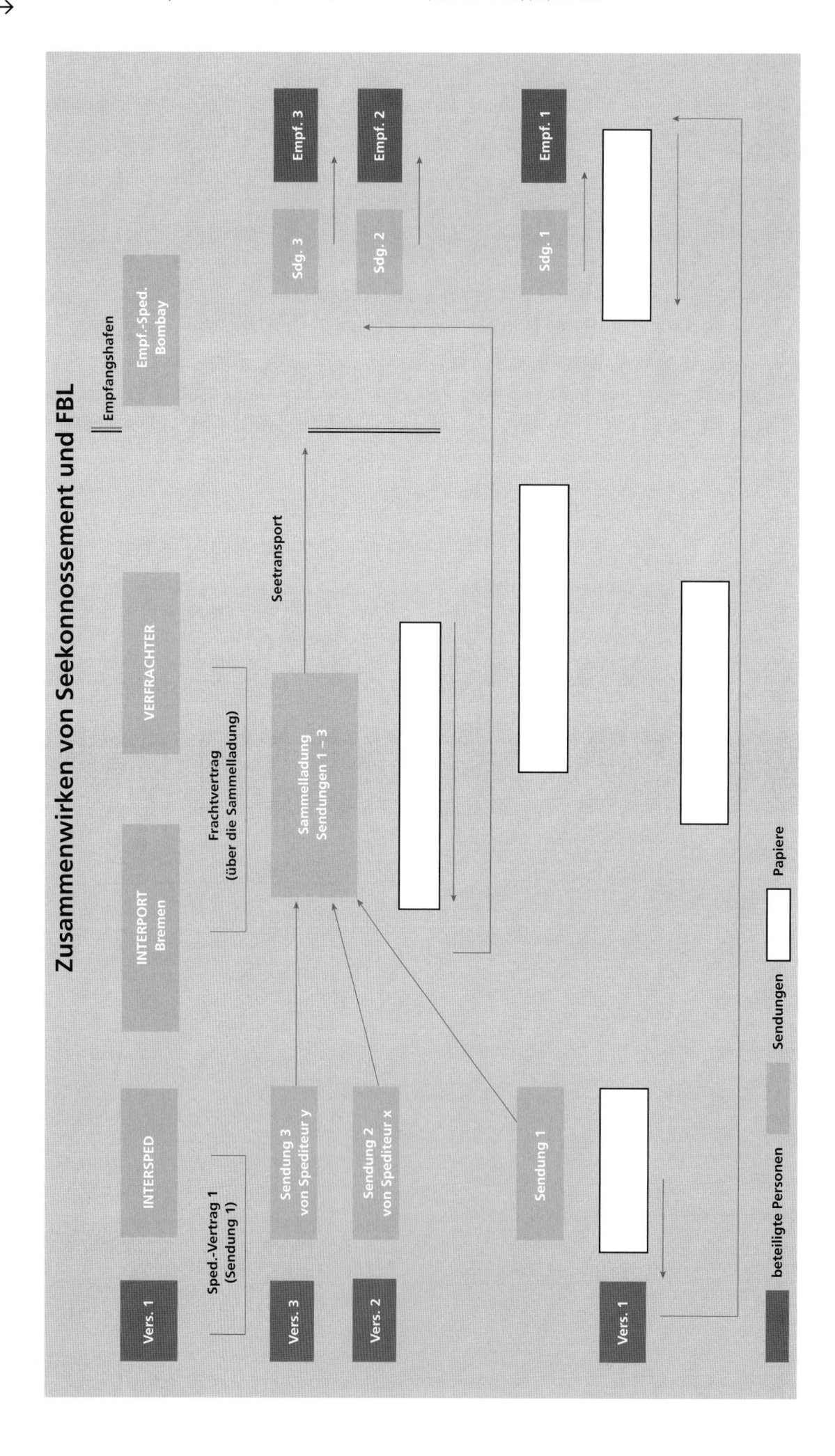

Lernsituation 15 | zu SLG S. 248–278, 303–310, WSP S. 149–161, KSK S. 111-117, (DV) 243-248

Zusammenwirken von Seekonnossement und FBL

beteiligte Personen:
- Vers. 1 (Versender 1)
- INTERSPED
- INTERPORT Bremen
- VERFRACHTER
- Empf.-Sped. Bombay (Empfangshafen)
- Vers. 2
- Vers. 3
- Sendung 3 von Spediteur y
- Sendung 2 von Spediteur x
- Sammelladung Sendungen 1–3
- Sendung 1
- Vers. 1
- Sdg. 1, Sdg. 2, Sdg. 3
- Empf. 1, Empf. 2, Empf. 3

Verträge/Vorgänge:
- Sped.-Vertrag 1 (Sendung 1)
- Frachtvertrag (über die Sammelladung)
- Seetransport

Legende:
- Papiere
- Sendungen
- beteiligte Personen

Aufgabe 9

In der Spedition INTERSPED trifft heute, am 18.05.20(0), ein Auftrag des Versenders JEVIC-Medizintechnik, Münsterstraße 14, 40476 Düsseldorf, ein über den Transport von 4.200 kg (9,485 m³) medizinischen Geräts als Sammelgut per Seeschiff von Düsseldorf über Hamburg in die Vereinigten Arabischen Emirate.

Weitere Daten:

- Seehafenspediteur ist INTERPORT, Hamburg.
- Der Versender wünscht die Ausstellung eines FBLs.
- Es gelten die Preisvereinbarungen vom 03.01.20(0) (siehe unten).
- Frachtkosten bezahlt der Exporteur.
- Der Frachtführer EUROTRANS erhält den Auftrag, die Sendung vom Versender abzuholen und zum Hamburger Hafen zu befördern.

a. Erstellen Sie die Rechnung für den Versender. Berücksichtigen Sie
   - die Preisvereinbarungen mit dem Auftraggeber,
   - die Eingangsrechnungen von EUROTRANS und INTERPORT (siehe Ausschnitte unten).

b. Ermitteln Sie das Rohergebnis (Deckungsbeitrag I) für diesen Auftrag.

Preisvereinbarungen vom 03.01.20(0) mit der JEVIC-Medizintechnik	
Vorlauf Düsseldorf – Hamburg, 410 km	300,00 EUR
Seefracht CAF BAF THC	60,00 USD M/G 9 % 4 USD M/G 25,00 EUR/1.000 kg
FBL-Spesen	15,00 EUR
ISPS-Zuschlag - Stückgut (LCL) - Container (FCL)	3,00 EUR pro Sendung 15,00 EUR pro Container
Maut für 390 Autobahnkilometer	nach BSL-Mauttabelle

Tabelle zur Weiterberechnung der Lkw-Maut für den Spediteursammelgutverkehr gemäß BSL

Mautgebühren* für Sendungen ab 3001 kg

Gewicht** in kg	Entfernung in km										
	1-100	101-200	201-300	301-400	401-500	501-600	601-700	701-800	801-900	901-1000	1001-1100
3001-4000	1,82 EUR	5,43 EUR	9,03 EUR	12,67 EUR	16,28 EUR	19,88 EUR	23,52 EUR	27,13 EUR	30,73 EUR	34,37 EUR	37,98 EUR
4001-5000	2,34 EUR	6,98 EUR	11,61 EUR	16,29 EUR	20,93 EUR	25,56 EUR	30,24 EUR	34,88 EUR	39,51 EUR	44,19EUR	48,83 EUR
5001-6000	2,86 EUR	8,53 EUR	14,19 EUR	19,91 EUR	25,58 EUR	31,24 EUR	36,96 EUR	42,63 EUR	48,29 EUR	54,01 EUR	59,68 EUR
6001-7000	3,38 EUR	10,08 EUR	16,77 EUR	23,53 EUR	30,23 EUR	36,92 EUR	43,68 EUR	50,38 EUR	57,07 EUR	63,83 EUR	70,53 EUR
7001-8000	3,90 EUR	11,63EUR	19,35 EUR	27,15 EUR	34,88 EUR	42,60 EUR	50,40 EUR	58,13 EUR	65,85 EUR	73,65 EUR	81,38 EUR
8001-9000	4,42 EUR	13,18 EUR	21,93 EUR	30,77 EUR	39,53 EUR	48,28 EUR	57,12 EUR	65,88 EUR	74,63 EUR	83,47 EUR	92,23 EUR
9001-10000	4,94 EUR	14,73 EUR	24,51 EUR	34,39 EUR	44,18 EUR	53,96 EUR	63,84 EUR	73,63 EUR	83,41 EUR	93,29 EUR	103,08 EUR
10001-11000	5,46 EUR	16,28 EUR	27,09 EUR	38,01 EUR	48,83 EUR	59,64 EUR	70,56 EUR	81,38 EUR	92,19 EUR	103,11 EUR	113,93 EUR
11001-12000	5,98 EUR	17,83 EUR	29,67 EUR	41,63 EUR	53,48 EUR	65,32 EUR	77,28 EUR	89,13 EUR	100,97 EUR	112,93 EUR	124,78 EUR
12001-24000	6,20 EUR	18,60 EUR	31,00 EUR	43,40 EUR	55,80 EUR	68,20 EUR	80,60 EUR	93,00 EUR	105,40 EUR	117,80 EUR	130,20 EUR

* Beträge in Euro ohne Umsatzsteuer (Mehrwertsteuer)   ** frachtpflichtiges Gewicht in kg

Auszug aus der Rechnung EUROTRANS

		EUR
Düsseldorf – Hamburg		
Lkw-Fracht für 4,4 Lademeter, 4.200,00 kg		209,00
Maut für 390 Autobahnkilometer lt. BSL-Mauttabelle		16,29
	Zwischensumme	225,29
	19 % Umsatzsteuer	42,81
	Bruttobetrag	268,10

Auszug aus der Rechnung INTERPORT Hamburg

		EUR
OCEAN FREIGHT LCL 9,485 CBM x 50.00 USD	474,25 USD	369,61
CAF 9 %	42,68 USD	33,26
BAF 4 USD x 9,485 CBM	37,94 USD	29,57
1 EUR = 1,283109 USD		
THC	4,2 x 20 EUR	84,00
ISPS SURCHARGE	EUR	3,00
		519,44

Aufgabe 10

Sie sind Mitarbeiter der INTERSPED GmbH und bearbeiten folgenden Auftrag zur Versendung von Stückgut:

Sendung: 1 seemäßig verpacktes Getriebe, 105.000 kg, 51,129 m³

6 Kisten mit Zubehörteilen für das Getriebe, 5.894,300 kg, 31,407 m³

Transport: von Antwerp Seaport nach Xingang, China

Mit der Reederei Rickmers-Line wurden für den Seetransport folgende Konditionen vereinbart:
- Getriebe (als Schwergut) 175,00 USD M/G
- Kisten mit Zubehör 65,00 USD M/G
- CAF 8 % von der Grundfracht
- BAF 36 USD M/G
- ISPS 0,60 EUR pro Tonne tatsächliches Gewicht
- FAC 2,5 % von Fracht und CAF

Kurs: 1 EUR = 1,253600 USD

Heute tritt die nachfolgend als Ausschnitt dargestellte Rechnung der Reederei ein. Diese Rechnung haben Sie daraufhin zu prüfen, ob sie den vereinbarten Konditionen entspricht und rechnerisch richtig ist.

Rechnung (Ausschnitt)

Text	Basis	Rate	Betrag/Währung	Betrag/EUR
GETRIEBE	105,00 m/w	175,00	18.375,00 USD	14.657,79
ZUBEHOER	31,407 m/w	65,00	2.041,46 USD	1.628,48
CURRENCY ADJUSTMENT FACTOR	8,00 %	20.416,46	1.633,32 USD	1.302,90
BUNKER ADJUSTMENT FACTOR	136,407 m/w	36,00	4.910,65 USD	3.917,24
ISPS SURCHARGE	110,094 TON	0,60	66,54 EUR	66,54
				21.572,95
FAC	– 2,5 %	22.049,78	– 551,24 USD	– 439,73
				21.133,22

Aufgabe 11

Eine Sendung mit folgenden Daten ist von Hamburg nach Shanghai zu verschiffen:
- 2 Kisten je 250 cm x 180 cm x 140 cm, je 2.500 kg brutto
- 2 Kisten je 180 cm x 90 cm x 30 cm, je 500 kg brutto

Für Seebeförderung stellt die Reederei folgende Beträge in Rechnung:

Seefracht Hamburg – Shanghai 53,00 USD M/G

CAF: 9 % von der Grundfracht

BAF: 16,00 USD M/G

ISPS: 0,70 EUR pro Tonne tatsächliches Gewicht

Berechnen Sie

a. das frachtpflichtige Gewicht in frt,

b. die Kosten für die Seebeförderung in EUR (1 EUR = 1,2532 USD).

Aufgabe 12

Die Spedition INTERSPED verschifft zwei Kolli Ersatzteile von Antwerpen nach Port Keelung/Malaysia.

Sendungsdaten:

	Bruttogewicht	Maße
1. Kollo	2.405 kg	240 x 120 x 90 cm
2. Kollo	1.450 kg	220 x 170 x 80 cm

Es liegen folgende Ratenangaben der Reederei vor:

Hamburg – Keelung:	145,00 USD W/M.
CAF:	8,5 % von der Grundfracht
BAF:	12,00 USD W/M
ISPS:	0,60 EUR pro Tonne tatsächliches Gewicht

Kurs: 1,2944 USD

Berechnen Sie:

a. das frachtpflichtige Gewicht in frt,

b. die Sperrigkeit der Sendung (x-mal messend),

c. die Kosten für den Seetransport.

Aufgabe 13

Die Reederei Hamburg Nord AG verschifft ab Hamburg vier seemäßig verpackte Kisten Turbinen nach Melbourne (Australien). Jede Kiste hat die Maße 8,00 m x 3,00 m x 2,50 m und ein Gewicht von 20 000 kg.

Die Reederei gibt folgende Preise an:

Frachtrate:	(siehe Preistabelle rechts)	
Heavy Lift Additional:	25 USD/t	
CAF	8 % von der Grundfracht	
BAF:	16,00 USD W/M	
ISPS	0,60 EUR pro Tonne tatsächliches Gewicht	
Kurs:	1 EUR = 1,2944 USD	

Auszug Preistabelle:

x-mal messend	USD/FRT
ab 2 x	122,00
ab 3 x	112,00
ab 4 x	107,00

Berechnen Sie:

a. die Sperrigkeit der Sendung (x-mal messend),

b. die gesamten Kosten für die Seebeförderung.

Aufgabe 14

Welche Voraussetzungen müssen vorliegen, damit das See-Haftungsrecht des HGB zwingend anzuwenden ist?

	Es muss eine Beförderung von oder nach einem deutschen Hafen vorliegen.
	Ein handelbares Konnossement muss ausgestellt worden sein.
	Die Vertragspartner müssen das HGB-Seerecht vertraglich vereinbart haben.

Aufgabe 15

Stellen Sie fest, um welche Haverei-Arten es sich jeweils handelt und wer den Schaden zu tragen hat.

Fall 1 An Bord eines Seeschiffs entsteht Feuer, das das Schiff und die Güter beschädigt.

Fall 2 Wie im Schadensfall 1: Um ein Ausbreiten des Feuers zu verhindern und um das gesamte Schiff vor der Vernichtung zu bewahren, werden auf Anordnung des Kapitäns alle Container in der Nähe des Brandherds über Bord geworfen.

Fall 3 Kurz vor der Ankunft im New Yorker Hafen wird das Schiff von einem Lotsen übernommen und in den Hafen gefahren. Der Lotse berechnet für seine Dienste ein Lotsengeld.

Aufgabe 16

Ein Dispacheur ermittelt für eine gemeinschaftliche Haverei (Havarie grosse) die folgenden Havariekosten:

- Schäden an verschiedenen Ladungsteilen   225.000,00 EUR
- Reparaturen an der Schiffsreling   27.500,00 EUR
- Kosten für ein Schleppschiff bis zum Nothafen   7.500,00 EUR
- Entladung, Sortierung, Reinigung der Ladung   150.000,00 EUR

Der Wert des Schiffs betrug zum Zeitpunkt der Havarie grosse 8,25 Mio. EUR, die Ladung hatte laut Handelsrechnungen einen Gesamtwert von 4,25 Mio. EUR. Die vereinbarte Seefracht wird mit 400.000,00 EUR angegeben.

a. Erläutern Sie den Begriff „Dispacheur".

b. Nennen Sie die Voraussetzungen, die für den Fall einer Havarie grosse gegeben sein müssen.

c. Ermitteln Sie für den o. a. Fall

  ca. das Beitragskapital in EUR,

  cb. die Beitragsquote in Prozent.

Aufgabe 17

a. Berechnen Sie aus folgenden Angaben die Quote in Prozent, mit der sich die Beteiligten bei einer großen Haverei am entstandenen Schaden beteiligen müssen:

Durch das Verrutschen von Ladung nach schwerer See kommt das Schiff in eine Schieflage. Um ein Kentern und damit den Untergang des Schiffs zu verhindern, lässt der Kapitän mehrere Container mit einem Güterwert in Höhe von 400.000,00 EUR über Bord werfen.

Wert des Schiffs: 15 Mio. EUR, Wert der Ladung: 3,5 Mio. EUR, Wert der Seefracht: 0,5 Mio. EUR

b. Welchen Beitrag muss ein Ladungsbeteiligter zu dieser großen Haverei leisten, wenn seine unbeschädigte Sendung einen Wert von 75.000,00 EUR hat?

Aufgabe 18

Großes Europa-Kreuzworträtsel der Verkehrsgeografie. Mithilfe des Atlas und des Informationshandbuches lassen sich alle Fragen beantworten.

Nr.	Fragen waagerecht	Nr.	Fragen senkrecht
1	Grenzstadt Italien/Slowenien	1	mit 1.374 m über NN niedrigster Alpenübergang
2	engl. Hafen auf der günstigsten Relation Düsseldorf – Cambridge	2	ehemals Byzanz
3	Verkehrsverbindung Frankreich/Großbritannien	3	europäische Währungseinheit
4	Stadt auf der Verkehrsachse Madrid-Marseille-Bologna	4	FIAT-Stammsitz
5	Millionenstadt an der Rhône	5	Grenzübergang auf der Verbindung Bregenz – Mailand
6	Gezeitenunterschied	6	Fluss an der Hafenstadt Brake
7	bedeutende Hafenstadt Spaniens am Atlantik	7	Englische Hafenstadt mit Fährverbindung nach Rotterdam
8	Hafenstadt im Mündungsgebiet der Loire	8	Eisenbahnverbindung in Russland (Abk.)
9	internationaler Verband des Güterverkehrs	9	Ort, der die Welt in eine östliche und eine westliche Hemisphäre teilt
10	Fährhafenstadt in Italien	10	Geländeform
11	Hafen in Marseille (Abk.)	11	Verkehrsachse mit der Fährverbindung Puttgarden/Rödby
12	Fährhafenstadt in Norddänemark	12	Schifffahrtslinie zwischen Bergen und Kirkenes
13	Kreuzungspunkt der Europastraße E 45/E 22/E 26	13	Verladetechnik im Land/See-Verkehr (Abk.)
14	Grenzübergang Frankreich/Spanien	14	Reformländer in Osteuropa (Abk.)
15	längster Alpentunnel	15	Grenzübergang nach Polen auf der Autobahnstrecke A 12
16	Landschaft um Clermont-Ferrand	16	Stadt mit etwa gleicher Entfernung zu Barcelona, Bilbao, Madrid
17	Verschlüsselungsnummer beim Homebanking	17	Wirtschaftsbündnis
18	zentrales Umschlagslager	18	Weltstandardzeit
19	Stadt, ca. 430 km/Stettin, 620 km/Prag, 980 km/Budapest	19	Verrechnungseinheit zur Bestimmung von Schadenshöhen
20	griechischer Fährhafen nach Bari	20	Westeuropäische Hafengruppe (Abk.)
21	Seeschiffkanal (Abk.)	21	Hafenstadt an der Schelde
22	Straßentunnel auf der Verkehrsachse Villach-Jesenice	22	Bezeichnung für EU vor 1981
23	Ort des Güterverteilzentrums Quandrante Europa	23	Verkehrsprojekt für den Alpentransit in der Schweiz (Abk.)
24	Staat der EFTA	24	Pass zwischen Bludenz und Landeck
25	Autobahnkreuz am Schnittpunkt von A7/A8	25	Klaipėda (deutsch)
26	Staat an Oder und Neiße	26	Meeresenge zwischen Marmara-Meer und Schwarzem Meer
27	Stadt auf der Verkehrsachse Orleans-Tours- ... Hendaye	27	internationale Beförderungsbedingungen
28	europäische Verkehrsministerkonferenz (Abk.)	28	ligurischer Hafen zur Fährverbindung nach Sardinien
29	Fluss am Pegelort Kaub	29	Meeresenge zwischen Helsingborg und Helsingör
30	Spediteurdokument	30	Zähleinheit für eine Standardbox (Abk.)
31	Straßentunnel auf der Verkehrsachse Turin – Genf		
32	Transportcenter in Deutschland (Abk.)		

Aufgabe 19

Mehrere kleine Augenoptiker in Nordhessen schließen sich zu einer Einkaufsgemeinschaft zusammen. Sie wollen über diesen Zusammenschluss bessere Einkaufskonditionen erzielen, um mit den vorhandenen Großunternehmen konkurrieren zu können.

a. Welche Ziele werden mit dem Kartell verfolgt?
b. Wird durch ein solches Kartell der Wettbewerb beeinträchtigt?
c. Wird durch den Kartellvertrag die rechtliche und/oder wirtschaftliche Selbstständigkeit der beteiligten
d. Unternehmen berührt?
e. Ist ein solches Kartell zulässig?
f. Welche Rolle spielt das Bundeskartellamt bei dieser Kartellform?

Aufgabe 20

Drei große Reedereien wollen sich durch Fusion zusammenschließen. Die zukünftige Marktmacht (Marktanteil) läge bei ca. 75 %.

a. Was versteht man unter einer Fusion?
b. Wie wird die Kartellbehörde auf diese Konzentration reagieren?
c. Begründen Sie die Reaktion der „Wettbewerbshüter".

Aufgabe 21

Lesen Sie den nachfolgenden Auszug aus einem Artikel in der DVZ.

> **Übernahmen und Zusammenschlüsse in der Spedition haben den Markt kräftig aufgemischt**
>
> ... Die Einkaufstour der Deutschen Post AG (DP) quer durch den europäischen Kontinent wirbelte die Beziehungen alteingesessener Speditionen mit ihren Partnern im Landverkehr durcheinander. Die Nachwirkungen sind noch immer zu spüren.
>
> Es vergeht kaum ein Tag, an dem nicht eine neue Pressemitteilung in der DVZ-Redaktion eintrifft, die ein geändertes Kooperationsverhältnis zum Inhalt hat. Meist beginnt der Text mit „als Folge der Übernahme unseres langjährigen Partners ... arbeiten wir jetzt mit folgenden neuen Agenten zusammen". Dass es in diesem Sommer besonders die Beziehungen zwischen den kontinentaleuropäischen Speditionen und ihrem Netzwerk in den nordischen Ländern traf, ist auf die bereits erwähnten Übernahmen der DP zurückzuführen.
>
> Der Konzentrationsprozess der vergangenen Jahre auf dem nordischen Markt hat seinerseits dafür gesorgt, daß neue Konstellationen und Netzwerke nicht mehr beliebig verfügbar sind.
>
> Auslöser dafür, dass sich das Partnerwechsel-Karussell zu drehen begann, war die Ankündigung der DP, mit ihrer international tätigen Logistiktochter Danzas die schwedische ASG-Gruppe übernehmen zu wollen. Nach Nedlloyd war dies bereits der zweite große Dienstleister im Transport- und Logistikbereich, den die DP schluckte, um nun auch eine Angebotslücke im Norden zu schließen
>
> Während die DP und die ASG-Aktionäre Einzelheiten der mit 3,32 Mrd. SEK (374 Mio. _) bezifferten Kaufofferte festlegten, formierte sich im Hintergrund bereits Widerstand gegen den Deal ...

a. Welche Absicht verfolgt die DP mit ihrer „Einkaufstour"?

b. Um welche Art von Zusammenschluss handelt es sich bei DP und ASG?

c. Worauf könnte sich der Widerstand gegen den „Deal" zwischen DP und ASG beziehen?

Aufgabe 22

Auch im Bereich der Automobilindustrie ist ein weltweiter Trend zur Konzentration offensichtlich. Stellen Sie die möglichen Vorteile und Nachteile von Konzentrationsprozessen für die Volkswirtschaft gegenüber.

Aufgabe 23

Nehmen Sie an, die Ziegeleien in der Region Niederrhein/Westfalen konkurrieren stark miteinander. Dies hat zur Folge, dass die Preise stark unter Druck stehen und die Hersteller kaum Gewinne erzielen können. In einem Vertrag vereinbaren die Ziegeleien der Region daher, das Verkaufsgebiet aufzuteilen, so dass jeder Hersteller zukünftig nur ein geografisch genau umrissenes Gebiet beliefern darf. Aufträge aus anderen Gebieten werden an den zuständigen Vertragspartner weitergeleitet.

a. Wie kann man diese Vereinbarung bezeichnen und beschreiben?

b. Wird durch diesen Vertrag die rechtliche Selbstständigkeit der Vertragspartner berührt?

c. Welche sonstigen Vereinbarungen wären denkbar, um den Marktmechanismus auszuschalten?

d. Wie werden die Kunden der Ziegeleien diesen Vertrag beurteilen?

Aufgabe 24

Der Zusammenschluss von Daimler Benz aus Deutschland und Chrysler aus den USA machte Schlagzeilen. Weltweit entstand damit einer der größten Automobilkonzerne. Erläutern Sie, ob es sich hierbei um einen vertikalen, horizontalen oder anorganischen Zusammenschluss handelt. Erklären Sie dabei die unterschiedlichen Formen und geben Sie jeweils ein weiteres Beispiel für die anderen beiden Zusammenschlussarten.

Aufgabe 25

Welche Arten der Unternehmenskooperation bzw. –konzentration werden in folgenden Aussagen angesprochen?

a. Voneinander unabhängige Unternehmungen betreiben gemeinsam Öffentlichkeitsarbeit (Public Relations).

b. Durch Verschmelzung soll eine marktbeherrschende Stellung erzielt werden.

c. Mehrere Unternehmen gründen eine gemeinsame Verkaufsgesellschaft.

d. Mehrere Unternehmen schließen sich zusammen durch Kapitalverflechtungen.

e. Unternehmungen übertragen ihre Kapitalanteile an eine Dachgesellschaft (Holding-Gesellschaft).

f. Importeure legen gleichartige Preise für den Import fest.

g. Ein Gabelstaplerhersteller erwirbt die Mehrheit am Kapital einiger Zulieferer und unterstellt sie einer einheitlichen Leitung.

h. Ein Büroartikelproduzent geht mit seinem Vermögen in einer anderen Unternehmung auf. Die Firma erlischt.

i. Zwei Nahverkehrsunternehmen schließen sich zur Durchführung eines Großauftrags zusammen, bleiben jedoch rechtlich selbstständig.

j. Vier Speditionen betreiben gemeinsam einen City-Logistik-Service.

k. Gabelstaplerhersteller vereinbaren die Anwendung einheitlicher AGB.

Lernsituation 15 | zu SLG S. 248–278, 303–310, WSP S. 149–161, KSK S. 111–117, (DV) 243-248

l. Linienreedereien im Seeschifffahrtsverkehr führen gemeinsame Konferenzen durch.

Aufgabe 26
Welche der folgenden wettbewerbspolitischen Vorschriften bzw. Maßnahmen ist in den unten stehenden Fällen anzuwenden?

1. Kartellverbot 2. Verbot abgestimmten Verhaltens 3. Fusionskontrolle 4. Missbrauchsaufsicht 5. Verbot der Preisbindung der 2. Hand	**a.** Mineralölkonzerne erhöhen den Benzinpreis durch formlose Absprache. **b.** Ein von einem Konzern abhängiger Lieferer wird zu überhöhten Nachlässen erpresst. **c.** Hersteller bestimmter Markenartikel legen verbindliche Preise für die nachfolgenden Handelsstufen fest. **d.** Ein Zusammenschluss muss beim Kartellamt angezeigt werden, wenn die Kapitalbeteiligung 25 % beträgt. **e.** Ein horizontaler Zusammenschluss von Unternehmen vereinbart vertraglich die Zuteilung eines bestimmten Absatzgebietes an die einzelnen Unternehmen.

Aufgabe 27
An der Frankfurter Wertpapierbörse liegen dem Makler folgende Aufträge für die Aktie der Hülst Internationale Spedition AG vor.

Nachfrage			Angebot		
Käufer	Höchstpreis in Euro	nachgefragte Menge in Stück	Verkäufer	Mindestpreis in Euro	angebotene Menge in Stück
A	8,50	500	E	7,90	750
B	8,30	500	F	8,10	1000
C	8,10	750	G	8,30	500
D	7,90	1000	H	8,50	250

a. Ermitteln Sie den Gleichgewichtspreis unter Berücksichtigung der unten stehenden Übersichten, derer sich der Makler zur Feststellung des Gleichgewichtspreises bedient und in die er in zwei Schritten die ihm vorliegenden Aufträge überträgt.

1. Schritt:

Preis	Nachfrage in Stück					Angebot in Stück				
€	A	B	C	D	gesamt	E	F	G	H	gesamt
7,90										
8,10										
8,30										
8,50										

2. Schritt:

Preis (Euro/Stück)	Nachfrage (N) (Stück)	Angebot (A) (Stück)	verkaufte Menge (Umsatz) (Stück)	Verhältnis zwischen N und A (=/>/<)
7,90				
8,10				
8,30				
8,50				

b. Stellen Sie die Marktsituation grafisch dar.
c. Beschreiben Sie die Marktsituation bei einem Preis von 8,50 Euro.
d. Beschreiben Sie die Marktsituation bei einem Preis von 7,90 Euro.
e. Ermitteln Sie für das Fallbeispiel den
   ea. Grenzanbieter und Grenznachfrager sowie die

eb. Produzentenrente und Konsumentenrente und zeichnen Sie sie in die Grafik ein.

f. Stellen Sie die Veränderungen der Marktsituation grafisch dar, falls

- **fa.** die Prognosen für die zukünftige Entwicklung der Hülst Internationale Spedition AG positiv ausfallen (nur Nachfrageseite betrachten),
- **fb.** die Depotgebühren der Kreditinstitute, d. h. die Gebühren, die für die Verwahrung und Verwaltung von Wertpapierbeständen anfallen, erheblich ansteigen (nur Nachfrageseite betrachten),
- **fc.** die Besteuerung der Einkünfte aus Kapitalvermögen gesenkt wird (nur Angebotsseite betrachten),
- **fd.** die Subventionen für die Hülst Internationale Spedition AG von der Bundesregierung gesenkt werden (nur Angebotsseite betrachten).

Aufgabe 28

Geben Sie an, ob die folgenden Situationen zu einem gestiegenen oder gesunkenen Gleichgewichtspreis führen.

a. Die Preise der Produktionsfaktoren fallen.

b. Der Preis eines Substitutivgutes steigt.

c. Die Anzahl der Nachfrager sinkt.

d. Die Einkommen steigen.

e. Der Unternehmerverband prognostiziert für das Speditionsgewerbe eine steigende Konjunktur.

Aufgabe 29

Geben Sie die zutreffenden Bezeichnungen für die Ziffern 1 - 7 an.

Aufgabe 30

a. Geben Sie drei Beispiele für Märkte an, auf denen ein Angebotsoligopol herrscht.

b. Einem Oligopolisten gelingt es durch Preissenkungen, zusätzliche Kunden zu gewinnen. Wie werden die übrigen Oligopolisten darauf reagieren?

c. Welche Verhaltensweisen sind typisch für Oligopolmärkte?

Aufgabe 31

Erörtern Sie, ob das folgende Organigramm auch für die INTERSPED GmbH anzuwenden ist. Begründen Sie Ihre Entscheidung.

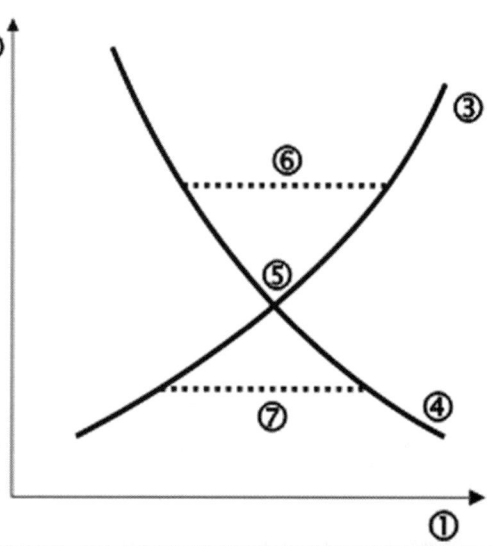

Geschäftsleitung							
Allgemeine Verwaltung	Controlling	Fuhrpark		Spedition		Lager		Air/Sea
		Nahverkehr	Fernverkehr	Nahverkehr	Fernverkehr	Dauer	Umschlag	

Aufgabe 32

Die Spedition ALLSPED GmbH hat im Monat März in den Profit-Centern folgende Daten (Durchschnittswerte) ausgewiesen:

	Sammelgut	Ladung	Lager
Umsatzerlöse (netto) je Auftrag	144,00 €	1.050,00 €	654,00 €
Variable Kosten je Auftrag	108,00 €	677,00 €	420,00 €
Anzahl der Aufträge	238	123	283
Fixe Kosten	62.500,00 €		

a. Ermitteln Sie den Deckungsbeitrag der Profit-Center.

b. Ermitteln Sie das Betriebsergebnis des Monats März.

c. Erläutern Sie die Auswirkungen der Schließung des Profit-Centers „Lager" auf das Betriebsergebnis und die Zielsetzung „Kundenorientierung".

Aufgabe 33

Die Spedition LOGTRANS hat im Monat Juli in den Produktbereichen (Profit-Centern) folgende Daten (Durchschnittswerte) ausgewiesen:

Lernsituation 15 | zu SLG S. 248–278, 303–310, WSP S. 149–161, KSK S. 111–117, (DV) 243-248

	Produktbereiche		
	Nahverkehr	Nationaler Fernverkehr	Internationaler Fernverkehr
Umsatzerlöse (netto) je Auftrag	55,50 €	812,00 €	1.122,00 €
Variable Kosten je Auftrag	60,50 €	464,00 €	624,00 €
Anzahl der Aufträge	1.186	410	310
Fixe Kosten	332.000,00 €		

a. Ermitteln Sie den Deckungsbeitrag der Profit-Center.

b. Ermitteln Sie das Betriebsergebnis des Monats Juli.

c. Die Kapazitätsgrenze der LOGTRANS ist noch nicht erreicht, so dass in allen Produktbereichen weitere Aufträge durchgeführt werden könnten. Ermitteln Sie, welche Produktbereiche besonders gefördert werden sollten. Legen Sie dazu eine Rangfolge fest. Begründen Sie Ihre Entscheidungen.

d. Das Angebot an Nahverkehrsleistungen soll aufgegeben werden. Durch den Wegfall des Produktbereichs würden die monatlichen Fixkosten um 12.000,00 € sinken. Berechnen Sie das veränderte Monatsergebnis.

Aufgabe 34

Berechnen Sie die Deckungsbeiträge, die in den drei Abteilungen einer Spedition erzielt wurden.

	Umsatzerlöse €	Speditionskosten €	Variable Gemeinkosten €
Abteilung I	749.800,00	392.900,00	128.400,00
Abteilung II	283.300,00	156.800,00	68.300,00
Abteilung III	698.600,00	368.700,00	219.200,00

a. Ermitteln Sie die Abteilung mit dem höchsten relativen Deckungsbeitrag.

b. Stellen Sie das Betriebsergebnis fest, wenn die fixen Kosten 308.600,00 € betragen.

Aufgabe 35

Die Spedition Walters, Bad Vilbel, besteht aus den Erwerbsabteilungen Sammelladung, Lager/Logistik und Luftfracht, in denen im Jahre 20(-1) folgende Beträge erwirtschaftet worden sind:

UmE = Umsatzerlöse

	Sammelgut		Lager/Logistik		Luftfracht	
	€	In % der UmE	€	In % der UmE	€	In % der UmE
Umsatzerlöse	2.468.000	100	1.356.480	100	256.970	100
./. Speditionskosten	1.611.280	-	922.832	-	173.410	-
= Rohergebnis	856.720	34,71	433.648	31,97	83.560	32,52
./. variable Gemeinkosten	263.880	10,69	153.230	11,30	42.450	16,52
= Deckungsbeitrag	592.840	24,02	280.418	20,67	41.110	16,00

Wegen des geringen Deckungsbeitrags wurde die Abteilung Luftfracht zum Ende des Jahres 20(-1) geschlossen. Am Ende des Jahres 20(0) sind folgende Zahlen festzustellen:

	€
Umsatzerlöse Abteilung Sammelgut	2.449.400
Umsatzerlöse Abteilung Lager/Logistik	1.881.326
Speditionskosten Abteilung Sammelgut	1.579.820
Speditionskosten Abteilung Lager/Logistik	1.230.854
Variable Gemeinkosten Sammelgut	267.932
Variable Gemeinkosten Lager/Logistik	190.310

a. Bringen Sie die Zahlen des Jahres 20(0) in eine geordnete Übersicht nach dem Muster des Jahres 20(-1).

b. Berechnen Sie für beide Jahre den Gesamtdeckungsbeitrag, und drücken Sie die Zahlen in Prozent der Umsatzerlöse aus.

c. Beurteilen Sie, ob die Auflösung der Abteilung als erforderliche Maßnahme anzusehen ist.

Aufgabe 36

Die Spedition LOGTRANS möchte für den Monat Januar 20(0) ermitteln, in welcher Höhe a) der Abteilungsrohertrag, b) der Deckungsbeitrag 1 und 2 der Abteilungen, c) das Betriebsergebnis der Abteilungen und des Unternehmens angefallen ist. Führen Sie die Berechnungen mit Hilfe des Excel-Programms durch

Spedition LOGTRANS Deckungsbeitragsrechnung für den Monat Januar 20(0)				
Umsatzerlöse/Kostenarten	Abteilung LKW-Sammelgut	Abteilung Lager/Logistik	Abteilung Sea/Air	Insgesamt
Speditionserlöse	1.275.000,00	375.000,00	300.000,00	
./. Speditionskosten	- 247.500,00	- 160.000,00	-180.000,00	
= Abteilungsrohertrag				
./. Variable Gemeinkosten	- 180.000,00	- 52.500,00	- 64.500,00	
= Deckungsbeitrag 1				
./. Abteilungsfixe Kosten	- 622.500,00	- 87.000,00	-52.500,00	
= Deckungsbeitrag 2				
./. Unternehmensfixe Kosten		183.000,00		
= Betriebsergebnis				

Aufgabe 37

Die Spedition DIEBOLD in Frankfurt hat für die Eingabe von Daten in ihr DV-System verschiedene Plausibilitätskontrollen integriert.

a. Nennen Sie fünf Beispiele für solche Plausibilitätskontrollen bei der Eingabe von Daten aus Speditionsaufträgen.

b. Die Versendernummern sind mit einer Prüfziffer nach dem Modulo-10-Verfahren versehen. Kontrollieren bzw. ergänzen Sie die Prüfziffern bei folgenden Versendernummern.

Versendernummer	Prüfziffer
712 432	8
882 948	4
297 341	

Aufgabe 38

Ein Unternehmen verwendet zur Datensicherung das „Generationenprinzip". Erläutern Sie

a. den Inhalt und die Vorteile dieses Datensicherungsprinzips.

b. den Unterschied zwischen Komplettsicherung, differentieller und inkrementeller Sicherung.

Aufgabe 39

Der Leiter der EDV-Abteilung fordert, dass ausgehende E-Mails zukünftig verschlüsselt (chiffriert) werden.

a. Erläutern Sie den Begriff „E-Mail".

b. Beschreiben Sie das Verfahren der Textverschlüsselung.

c. Nennen Sie Vor- und Nachteile einer durchgängigen Textverschlüsselung der ein- und ausgehenden E-Mails.

SELBSTTEST LERNSITUATION 15

→ Diese **Prozesse** sollten Sie beherrschen:
- Ablauf See-Sammelladung
- Ineinandergreifen von See-Konnossement und FBL
- Auswirkungen von Unternehmenszusammenschlüssen beurteilen
- Marktformen unterscheiden
- Eine Organisation auf Profitcenter umstellen (Organisationsplan)
- Eine Planungsrechnung mit Hilfe der mehrstufigen Deckungsbeitragsrechnung durchführen

→ Diese **Begriffe** sollten Sie kennen:

1. Abteilungskosten
2. Allianzen
3. Angebot
4. Angebotsüberhang
5. Anorganische Konzentration
6. BAF
7. Beitragsquote (Haverei)
8. CAF
9. Dispacheur, Dispache
10. ETA
11. Ergebnisverantwortung
12. FAK-Raten
13. FBL
14. FCR
15. Fusion
16. Gebietskartell
17. Gleichgewichtspreis
18. Gleichordnungskonzern
19. Grenzanbieter
20. Gruppenfreistellungen
21. Haag-Visby-Regeln (Haag-Visby-Rules)
22. Haftungshöhe für Güterschäden nach HGB-Seerecht
23. Havarie
24. Haverei (große, besondere, kleine)
25. Horizontale Konzentration
26. Innerbetriebliche Leistungserstellung
27. Interessensgemeinschaft
28. Interessensgemeinschaft
29. Kartell
30. Kartelle
31. Kartellverbot
32. Kommerzielles Verschulden
33. Konferenzen
34. Konsortien
35. Konsumentenrente
36. Kosten der Vorkostenstellen (Overhead)
37. Legalausnahme
38. Lumpsum-Raten
39. Make- or Buy-Entscheidungen
40. Maßraten
41. Mengenkartell
42. Missbrauchsaufsicht
43. Mittelstandskartelle
44. Monopol
45. Nachfrage
46. Nachfrageüberhang
47. Nautisches Verschulden
48. Netzwerklösung nach FBL-Bedingungen
49. Oligopol
50. Outsider
51. Preisbildung
52. Preiskartell
53. Produzentenrente
54. Profitcenter
55. Quotenkartell
56. SLD
57. Sortimentspolitik
58. Standard Conditions
59. Syndikat
60. Trust
61. Unterordnungskonzern
62. Vermutete Verschuldenshaftung
63. Vertikale Konzentration

14. Gewichtsraten

Lernsituation 15 | zu SLG S. 248–278, 303–310, WSP S. 149–161, KSK S. 111-117, (DV) 243-248

Lernsituation 16

- Eine See-Exportsendung abfertigen
- Außenwirtschaftliche Handelsbeziehungen untersuchen und Währungsrisiken absichern
- Den Deckungsbeitrag und den Break-even-Point von Profitcentern bestimmen
- Grafiken zum Deckungsbeitrag und Break-even-Point erstellen

Die Maschinenfabrik DEGENER & LUTZ hat die Beziehung mit ihrem Kunden, BROWN & CO. LTD., 584 South Maryland Avenue, Chicago, USA, gefestigt. Für die INTERSPED GmbH hat dies einen weiteren Besorgungsauftrag im internationalen Seeverkehr zur Folge. Der heutige Speditionsauftrag vom 1. Okt. 20(0) weist allerdings einige Besonderheiten auf:

Siehe Lernsituation 15.

1. Die Transportkosten sind gemäß INCOTERM CIF auf Exporteur und Importeur aufzuteilen.
2. Der Versender wünscht den Abschluss einer Transportversicherung durch INTERSPED.
3. Der Kaufvertrag zwischen DEGENER & LUTZ sowie BROWN & CO. LTD. ist mit einem Dokumentenakkreditiv verbunden.

Sendungsdaten

Versender:	DEGENER & LUTZ, Holzheimer Weg 33, 41464 Neuss
Empfänger:	BROWN & CO. LTD., 584 South Maryland Avenue, Chicago, USA
Güter:	430 CARTONS MOTOR VEHICLE ACCESSOIRES ▪ 110 CARTONS TACHOMETER, Art. 7440 ▪ 120 CARTONS TANK INDICATOR, Art. 7321 ▪ 200 CARTONS OIL PRESSURE INDICATOR, Art. 7843
Gewicht der Sendung:	16.980 kg
Volumen der Sendung:	25 m³
Wert:	CIF-Wert 231.000,00 EUR
Transport:	per Lkw von Neuss nach Bremen Ende Oktober 20(0) per Seeschiff von Bremen nach Chicago per Lkw vom Kai in Chicago zum Lager des Importeurs
Container-Rundlauf:	FCL/FCL
Lieferbedingung:	CIF Chicago gemäß INCOTERMS 2000. Die Transportkosten sind gemäß INCOTERM CIF auf Exporteur und Importeur aufzuteilen. Abweichend von CIF ist durch INTERSPED eine Transportversicherung als Haus-Haus-Versicherung nach DTV-Güterversicherungsbedingungen 2000, volle Deckung einschließlich DTV-Streik- und Aufruhrklausel, abzuschließen.
Zahlungsbedingung:	Der Kaufvertrag zwischen DEGENER & LUTZ sowie BROWN & CO. LTD. ist durch ein unwiderrufliches, bestätigtes Dokumentenakkreditiv der CHICAGO BANKING CORPORATION abgesichert. Zahlstelle ist die Hausbank der Maschinenfabrik, die COMMERZBANK in Neuss.
Liefernachweis:	reines An-Bord-Konnossement
Verpackung:	Versand in einem Container

Tätigkeiten bei der Besorgung des Auftrags:

29.09.20(0)	Vorbesprechung des Auftrags mit dem Versender
02.10.20(0)	Telefonische Anfragen bei folgenden Unternehmen: ▪ Transportunternehmer Fahrland ▪ Seehafenspediteur INTERPORT (INTERPORT Seehafenspedition, Hafenstraße 13, 28217 Bremen. Niederlassung in Chicago: INTERPORT FORWARDERS AGENT, P.O.B. 34556, Chicago, USA; sie wird die weitere Behandlung der Sendung im Bestimmungshafen übernehmen) ▪ Versicherungsgesellschaft SECURIA, Graacher Str. 15, 50969 Köln (Transportversicherung) ▪ Trans-World-Reederei, Gustav-Adolf-Straße 78, 28217 Bremen

Für die Kalkulation (als Fixpreis für den Versender) erbrachten Anfragen folgendes Ergebnis:

Lernsituation 16 | zu SLG S. 338–352, WSP S. 173–179, KSK S. 117–124, (DV) 196–201

1. Vorlaufkosten Neuss – Bremen per Lkw	425,00 EUR
2. Terminal-Handling-Charges (THC) im Bremer Hafen	175,00 EUR
3. Seefracht Autoteile Bremen – Chicago einschließlich Container-Gestellung:	940 USD
4. CAF auf die Seefracht	10 %
5. BAF pro Container	160,00 USD
6. Terminal-Handling-Charges im Hafen Chicago	250,00 USD
7. Nachlauf Hafen Chicago – Lager Importeur	180,00 USD
8. B/L-Gebühr	18,75 EUR
9. ISPS-Zuschlag Bremen pro Container	15,00 EUR
10. Transportversicherung (von 110 % des CIF-Wertes)	1.250,00 EUR

Für die Umrechnung der USD ist ein Devisenkurs von 1,2400 USD für 1 EUR zugrunde zu legen.

Auf die entstehenden Kosten (ohne B/L- und ISPS-Gebühr) wird ein Zuschlag von 20 % für die Gemeinkosten aufgeschlagen. Der so ermittelte Zwischenwert wird noch um einen Gewinnzuschlag von 5 % erhöht. Die B/L-Gebühr und den ISPS-Zuschlag berechnet INTERSPED in gleicher Höhe an den Auftraggeber weiter. Die Versicherungsprämie enthält eine Vermittlungsprovision, die die Versicherungsgesellschaft an INTERSPED zahlt. Die Prämie wird daher dem Versender in der genannten Höhe berechnet.

Zum Schluss wird der kalkulierte Endbetrag auf die nächsten vollen 50,00 EUR aufgerundet.

In die Kalkulation sollen aber nur die Beträge einfließen, die auch tatsächlich vom **Exporteur** zu tragen sind (siehe INCOTERM CIF). Kosten, die der **Importeur** übernehmen muss, werden vom Seehafenspediteur in Chicago in Rechnung gestellt.

Fragenkatalog als Formular Seite 421

Frau Theben macht sich mit dem INCOTERM CIF vertraut, um die Aufgaben- und Kostenteilung zwischen Exporteur und Importeur zu überschauen. Mit folgendem Fragenkatalog geht sie gewöhnlich an den Text eines INCOTERMS heran:

1. Wer hat die Güter seemäßig zu verpacken?
2. Wer hat den Frachtvertrag mit der Reederei abzuschließen und die Transportkosten für die Seefracht zu übernehmen?
3. Wer schließt die Transportversicherung mit welchem Leistungsumfang ab, wer trägt die Kosten?
4. Wer muss das Konnossement beschaffen und die Kosten für das Papier tragen?
5. Auf welche Benachrichtigung muss der Exporteur warten, welche Nachricht muss er erteilen?
6. Bis zu welchem Punkt trägt der Exporteur das Transportrisiko?
7. Wann hat der Exporteur seine Lieferverpflichtung erfüllt?
8. Wer hat die Ausfuhrverzollung zu besorgen und zu bezahlen?
9. Wer hat die Kosten der Entladung im Bestimmungshafen zu tragen?

03.10.20(0)	Der Speditionsauftrag einschließlich Kalkulation des Festpreises wird an DEGENER & LUTZ übersandt.
05.10.20(0)	Der unterschriebene Speditionsauftrag mit akzeptiertem Preis trifft ein.
06.10.20(0)	Telefonischer Auftrag an die Reederei; Container-Nr. und Referenz-Nr. für das Abholen des Containers werden mitgeteilt: ■ Container-Nr.: GRLU 343652-4 ■ Referenz-Nr.: ST4377-84 (Containerlager Duisburg, Erzstraße 44, 47119 Duisburg) ■ Seeschiff: Mette Maersk ■ Abfahrt: 24.10.20(0) (Ladeschluss 23.10.20(0)) ■ voraussichtliche Ankunft: 06.11.20(0)

Eine Kopie des Akkreditivs als Fax trifft ein (Original in Englisch):

Chicago Banking Corporation
447 Mainstreet, Chicago USA

Unwiderrufliches Dokumentenakkreditiv Nr. 1289/G/177
Wir eröffnen hiermit dieses unwiderrufliche Dokumentenakkreditiv

zugunsten von	DEGENER & LUTZ, Holzheimer Weg 33, 41464 Neuss
Bezogener	BROWN & CO. LTD., 584 South Maryland Avenue, Chicago, USA
Warenbeschreibung	430 CARTONS MOTOR VEHICLE ACCESSOIRES
	– 110 CARTONS TACHOMETER, Art. 7440
	– 120 CARTONS TANK INDICATOR, Art. 7321
	– 200 CARTONS OIL PRESSURE INDICATOR, Art. 7843
	16.980 kg
über einen Betrag von	231.000,00 EUR
gültig bis	20. November 20(0)
bestätigt durch	Commerzbank Düsseldorf, Nordstraße 108, 40223 Düsseldorf
Lieferbedingung	CIF Chicago
einzureichende Dokumente	• unterschriebene Handelsrechnung (dreifach)
	• Packliste (einfach)
	• Versicherungszertifikat als Inhaberpapier über 110 % des CIF-Wertes, Haus–Haus, volle Deckung nach DTV-Güterversicherungsbedingungen 2000, zusätzlich DTV-Streik- und Aufruhrklausel, zweifach, Prämienzahlung ist nachzuweisen
	• voller Satz (3/3) reine An-Bord-Konnossemente mit vorausbezahlter Fracht zugunsten von BROWN & CO. LTD., Chicago, USA, Order-B/L nicht zugelassen
Verladedatum	B/L datiert bis spätestens 30. Okt. 20(0)
Transportweg	Neuss, deutscher/niederländischer/belgischer Hafen nach Chicago, USA; Umladen nicht erlaubt, Teillieferungen nicht erlaubt
Vorlage der Dokumente bis	spätestens 21 Tage nach Verladung in das Seeschiff
bei (Zahlstelle)	Commerzbank Neuss, Am Obertor, 41460 Neuss

Wir verpflichten uns hiermit, dass Zahlung geleistet wird gegen Einreichung von Dokumenten in Übereinstimmung mit den Bedingungen dieses Akkreditivs.

CHICAGO BANKING CORPORATION *Mellow*
Chicago, 30.09.20(0)
Diesem Akkreditiv liegen die Einheitlichen Richtlinien und Gebräuche für Dokumenten-Akkreditive (ERA 600) zugrunde.

07.10.20(0)	Schriftliche Aufträge werden erteilt: ▪ Reederei TRANS-WORLD (Containergestellung und Buchung der Reise) ▪ Seehafenspedition INTERPORT (für Bremen und Chicago) ▪ Transportauftrag an Fahrland (Abholung und Transport des Containers) ▪ Der Versicherungsgesellschaft SECURIA, Graacher Str. 15, 50969 Köln, wird eine Kopie des Akkreditivs übersandt mit der Bitte, ein entsprechendes Versicherungszertifikat auszustellen (Formular siehe unten).
19.10.20(0)	Nach unserer Anforderung trifft folgendes Versicherungszertifikat in zweifacher Ausfertigung (zwei Originale, jeweils in Englisch) bei der INTERSPED GmbH ein:

Lernsituation 16 | zu SLG S. 338–352, WSP S. 173–179, KSK S. 117–124, (DV) 196–201

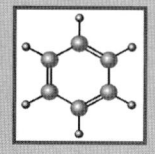

SECURIA
Versicherungsgesellschaft
Köln

Versicherungszertifikat

Versicherungssumme	Ausfertigungsort und -tag	Exemplare	General-Police-Nr.
254.100,00 €	Köln, 19.10.20(0)	zwei/zwei	ITR 0877654

Hiermit wird bescheinigt, dass aufgrund der oben genannten General-Police Versicherung übernommen worden ist
gegenüber **DEGENER & LUTZ, Holzheimer Weg 33, 41464 Neuss**
ab **19.10.20(0)**

für Rechnung, wen es angeht, auf nachstehend näher bezeichnete Güter

> 430 CARTONS MOTOR VEHICLE ACCESSOIRES
> - 110 CARTONS TACHOMETER, Art. 7440
> - 120 CARTONS TANK INDICATOR, Art. 7321
> - 200 CARTONS OIL PRESSURE INDICATOR, Art. 7843
> Gewicht: 16.980 kg
> Akkreditiv-Nr. 1289/G/177
> Container-Nr. GRLU 343652-4

für folgende Reise (Transportmittel, Reiseweg):

> Lkw und/oder Bahn von Neuss nach Bremen, Seeschiff von Bremen nach Chicago (USA) bis Entladen im Seehafen Chicago, per LKW bis zum Haus des Empfängers

gemäß DTV-Güterversicherungsbedingungen (DTV-Güter 2000). Schäden zahlbar an den Inhaber dieses Pa-piers. Mit Schadenzahlung gegen eine Ausfertigung werden die anderen ungültig.

Bedingungen:
1. DTV-Güterversicherungsbedingungen 2000
2. Bedingungen der oben genannten General-Police
3. Deckungsform: „volle Deckung"
4. Klauseln: DTV-Streik- und Aufruhrklausel

Im Schadensfall unverzüglich hinzuziehen:
Cargo Insurance-Company CIC
74, Commercial Area
P.O.Box 4487
Chicago/USA
                       Prämie bezahlt

SECURIA
Versicherungsgesellschaft
Graacher Str. 15
50969 Köln

Koldring

Prüfliste als Formular Seite 424

Das Papier ist nun anhand einer Prüfliste sorgfältig mit den Akkreditivbedingungen zu vergleichen.

Prüfliste Transportversicherungsdokument	
Prüfkriterien	**Anmerkungen**
1. äußere Aufmachung	Liegt das vorgeschriebene Transportversicherungsdokument vor? (Police oder Zertifikat?)
2. Aussteller und Unterschrift	Hat die Versicherungsgesellschaft / ein Agent das Dokument unterschrieben?
3. voller Satz	Liegt der volle Satz an Dokumenten vor?
4. Art des Wertpapiers	Liegt das im Akkreditiv verlangte Wertpapier vor? (Namens-, Order- oder Inhaberpapier)
5. Versicherungssumme	Entspricht die Versicherungssumme den Vorschriften des Akkreditivs?
6. Währung	Falls nicht anders vorgeschrieben, muss die Währung des Versicherungsdokuments der Währung im Akkreditiv entsprechen.
7. Risiken	Sind die Risiken gemäß Akkreditiv eingedeckt?

8. Warenbeschreibung	Entspricht die Warenbeschreibung im Versicherungsdokument der Beschreibung im Akkreditiv?
9. Reiseroute	Stimmt die Reiseroute im Versicherungsdokument mit den Akkreditivbedingungen und mit dem Transportdokument überein?
10. Prämienzahlung	Ist dem Versicherungsdokument die Zahlung der Prämie zu entnehmen?
11. Versicherungsbeginn	Der Versicherungsbeginn darf nicht später liegen als am Tag der Übernahme der Sendung zum Transport.

22.10.20(0)	Der Container wird im Depot abgeholt, zu Degener & Lutz transportiert und dort beladen. Die Sendung ist von DEGENER & LUTZ beim Zollamt in Düsseldorf für die Ausfuhr angemeldet worden. Die Zollpapiere werden dem Lkw-Fahrer mitgegeben, damit er sie beim Hafenzollamt in Bremen vorlegen kann. Der Container trifft auf der Container-Freight-Station in Bremen ein. Der Seehafenspediteur übernimmt die weitere Organisation. Er wird vor allem dafür sorgen, dass der Container am nächsten Tag, das ist der Ladetag, für die Beladung in das Schiff bereitsteht.
23.10.20(0)	Der Container wird auf das Seeschiff geladen; die Reederei erstellt das B/L und übergibt es dem Seehafenspediteur.
25.10.20(0)	Vom Seehafenspediteur erhalten wir folgendes Seekonnossement:

TRANS-WORLD-REEDEREI
Hamburg/Bremen

Bill of Lading
Nr. BR227-89-166

Shipper	Voyage-No.	ECB-No.
INTERSPED MERKURSTRASSE 14 40223 DUESSELDORF as Agent of DEGENER & LUTZ HOLZHEIMER WEG 33 41464 NEUSS	3974	HLCJ4-199943212
	Shipper's Reference 1075/6520	

Carrier:

Trans-World-Reederei
Europe – North America Services

Consignee:
BROWN & CO. LTD.
584 South Maryland Avenue
CHICAGO, USA

Ocean Vessel	Port of loading	Notify address
METTE MAERSK	BREMEN	

Port of Discharge
CHICAGO

Container Nos. Marks and Nos.	Number and kind of packages; Description of goods	Gross weight (kg)	Measurement (cbm)
GRLU 343652-4	1 x 20' STANDARD-CONTAINER, S.T.C. 430 CARTONS MOTOR VEHICLE ACCESSOIRES – 110 CARTONS TACHOMETER, Art. 7440 – 120 CARTONS TANK INDICATOR, Art. 7321 – 200 CARTONS OIL PRESSURE INDICATOR, Art. 7843	16.980	
	SHIPPED ON BOARD AKKREDITIV-NR. 1289/G/177 FREIGHT PREPAID	TRANS-WORLD-REEDEREI 23.10.20(0) *Kaiser*	

Received by the Carrier in apparent good order and condition the goods or packages specified herein and to be discharged at the above mentioned port of discharge. The weight, measure, marks, numbers, quality, contents and value, being particular furnished by the Shipper, are not checked by the Carrier on loading. The Shipper, Consignee and the Holder of this Bill of Lading hereby expressly accept and agree to all printed, written or stamped provisions, exceptions and conditions of this Bill of Lading, including those on the back hereof.
In witness whereof the Carrier or his Agents has signed Bills of Lading all of this tenor and date, one of which being accomplished, the others to stand void. Shippers are requested to note particularly the exceptions and conditions of this Bill of Lading with reference to the validity of the insurance upon their goods.

Movement: FCL/FCL	Total No. of containers received by the Carrier: - 1 -	No. of original Bs/L: 3/3
Freight payable at: BREMEN	Place and date of issue: BREMEN, 23.10.20(0)	
Original	*Kaiser*	**Trans-World-Reederei** Bremen

Lernsituation 16 | zu SLG S. 338–352, WSP S. 173–179, KSK S. 117–124, (DV) 196–201

Außerdem hat uns DEGERNER & LUTZ in der Zwischenzeit die Handelsrechnung in dreifacher Ausfertigung sowie die Packliste übersandt.

Handelsrechnung (in drei Ausfertigungen)

Exporter DEGENER & LUTZ HOLZHEIMER WEG 33 41464 NEUSS GERMANY		**Invoice** No: & Date 24.450.155 09.10.20(0)	Exporter's Ref. 450USA0077
		Buyers Order No. & Date 774-GE-21 26.09.20(0)	
		Other Reference(s) Order-No. 4.434.774.98	
Consignee BROWN & CO. LTD. 584 SOUTH MARYLAND AVENUE CHICAGO, USA		Buyer (if other than consignee) As CONSIGNEE	
		Country to Origin of Goods GERMANY	Country of Final Destination USA
Pre-Carriage by TRUCK	Place or Receipt by Pre-Carrier NEUSS	Terms of Delivery and Payment CIF CHICAGO	
Vessel/Flight No METTE MAERSK	Port of Loading BREMEN		
Port of Discharge CHICAGO	Final Destination USA		

Marks & Nos./ Container No.	No. & Kind of Pkgs.	Description of Goods	Quantity	Rate PCS	Amount EUR
GRLU 343652-4	430 CARTONS	MOTOR VEHICLE ACCESSOIRES			
	110 CARTONS 120 CARTONS 200 CARTONS	TACHOMETER, Art. 7440 TANK INDICATOR, Art. 7321 OIL PRESSURE INDICATOR, Art. 7843	8.800 12.000 12.924	7,30 7,65 5,80	64.240,00 91.800,00 74.960,00
TOTAL	430 CARTONS	TOTAL PCS	33.724		

Amount Chargeable (in words)

TOTAL: EUR TWOHUNDREDTHIRTYONETHOUSEND

TOTAL € 231.000,00

Declaration
We declare that this invoice shows the actual price of the goods described
and that all particulars are true and correct.

Signature & Date
DEGENER & LUTZ
09.10.20(0)

Häuser

Packliste (Packing List)

Exporter DEGENER & LUTZ HOLZHEIMER WEG 33 41464 NEUSS GERMANY	Invoice No: & Date 24.450.155 09.10.20(0)	Exporter's Ref. 450USA0077
	Buyers Order No. & Date 774-GE-21 26.09.20(0)	
	Other Reference(s) Order-No. 4.434.774.98	
Consignee BROWN & CO. LTD. 584 SOUTH MARYLAND AVENUE CHICAGO, USA	Buyer (if other than consignee) As CONSIGNEE	
	Country to Origin of Goods GERMANY	Country of Final Destination USA
Pre-Carriage by TRUCK	Place or Receipt by Pre-Carrier NEUSS	Terms of Delivery and Payment CIF CHICAGO
Vessel/Flight No METTE MAERSK	Port of Loading BREMEN	
Port of Discharge CHICAGO	Final Destination USA	

Marks & Nos./ Container No.	No. & Kind of Pkgs.	Description of Goods	Quantity PCS	Remarks NET WT.	GR.WT
GRLU 343652-4	430 CARTONS	MOTOR VEHICLE ACCESSOIRES			
	110 CARTONS (001 to 110)	TACHOMETER, Art. 7440 110 CARTONS X 80 PCS	8.800		
	120 CARTONS (111 to 230)	TANK INDICATOR, Art. 7321 120 CARTONS X 100 PCS	12.000		
	200 CARTONS (231 to 430)	OIL PRESSURE INDICATOR, Art. 7843, 200 CARTONS X 60 PCS	12.924		
TOTAL	430 CARTONS	TOTAL PCS	33.724	16.250	16.980

Signature & Date
DEGENER & LUTZ
09.10.20(0)

Häuser

Bevor die Dokumente bei der Bank des Exporteurs eingereicht werden, werden noch einmal alle Akkreditivbedingungen anhand der folgenden Prüfliste **sorgfältigst** kontrolliert.

Prüfliste als Formular Seite 425

Prüfliste Akkreditivbedingungen	
Prüfkriterien	**Anmerkungen**
Widerspruchsfreiheit	Die Dokumente müssen untereinander widerspruchsfrei sein (z. B. bei der Warenbeschreibung, bei den Mengenangaben u. Ä.).
Konnossement-Qualität ▪ Aussteller ▪ Bord-/Übernahmekonnossement ▪ Namens-/Orderkonnossement ▪ reines Konnossement ▪ voller Satz ▪ Absender/Empfänger/Notify	Wenn im Akkreditiv nicht anders vermerkt, sind nur Konnossemente zugelassen, die von einem Frachtführer (Reederei) ausgestellt worden sind. Weitere Anforderungen an das Dokument sind genauestens zu erfüllen.
Warenbeschreibung	Die Warenbeschreibung muss im Akkreditiv und in allen Dokumenten übereinstimmen. Im Konnossement darf die Beschreibung allgemeiner ausfallen. Ein Widerspruch zum Akkreditiv ist aber unzulässig.

Lieferbedingung	Wurde der im Akkreditiv genannte INCOTERM korrekt ausgeführt?
Frachtkosten/Prämien u. Ä.	Ist die Zahlung bestimmter Kosten nachzuweisen, muss dies aus den Dokumenten hervorgehen.
Reiseroute	Die im Akkreditiv vorgeschriebene Reiseroute muss mit der tatsächlichen Route übereinstimmen.
Verlade-/Löschhafen/Umladung	Wenn Vorschriften bestehen, sind sie durch die Dokumente nachzuweisen.
Verladedatum	Das Verladedatum ergibt sich aus dem Konnossement. Es muss den Akkreditivbedingungen („frühestens" – „spätestens") entsprechen.
Verfalldatum des Akkreditivs	Reicht die Laufzeit des Akkreditivs aus, um die Dokumente rechtzeitig vorlegen zu können?
Änderungen im Konnossement	Änderungen im Papier sind vom Frachtführer abzuzeichnen.

Die Rechnung (Nr. 4976) für den Versender wird erstellt und abgeschickt. (Der Empfänger erhält seine Rechnung über den Seehafenspediteur in Chicago).

Die Intersped GmbH hat in den letzten Monaten trotz schwacher konjunktureller Lage erhebliche Zuwächse vor allem im internationalen Geschäft verzeichnet. Während einer Sitzung der Geschäftsleitung Anfang September 20(0) ergibt sich eine Diskussion über die weitere Entwicklung des Unternehmens.

Decker: Es ist ja erfreulich, dass wir in den letzten Monaten so viele Aufträge im Export- und Importbereich erhalten haben. Da es sich um Luft- und Seefrachtabwicklungen handelt, stellt sich die Frage, ob wir in diesem Bereich unser Engagement erhöhen sollten.

Berger: Wir haben ja im Luftfrachtbereich jetzt ein eigenes Luftfrachtbüro. Im Seefrachtbereich arbeiten wir mit Interport in Bremen zusammen.

Decker: Die verdienen nicht schlecht an uns. Hier ist vielleicht möglich, diese Tätigkeit selbst zu übernehmen.

Berger: So richtig zufrieden sind wir mit unserem Seehafenpartner wirklich nicht. Wir glauben, dass Interport doch zu stark an bestimmte Reedereien und Allianzen gebunden ist. Das ist nicht immer im Interesse unserer Kunden. Für den anstehenden Großauftrag des Versender Siemens Technology Systems nach Shanghai arbeiten wir ja jetzt erstmals mit der ASIA-Reederei zusammen, mit der ich selbst verhandelt habe. Sie wissen schon, es geht um die Komplettcharter für das Staudammprojekt in Shanghai.

Decker: Also, aus dem hohlen Bauch können wir nicht entscheiden, ob das für alle Aufträge im Seefrachtbereich sinnvoll ist. Die Frage ist doch, ob das Geschäft sich auf Dauer trägt. Der Export und der Import über See erfolgt ja in die USA/Kanada und nach bzw. von Fernost. Ich würde erst einmal gerne wissen, wie sich der Export und der Import Deutschlands in den nächsten Jahren entwickeln wird. Wir sollten Herrn Hünting beauftragen, die Entwicklungslinien der Außenwirtschaft in einer Tischvorlage zusammenzustellen.

Berger: Dem stimme ich zu. Wir brauchen Informationen über die Steigerungsraten des Welthandels und des deutschen Außenhandels. Uns interessiert natürlich hauptsächlich, wie hoch der Seefrachtanteil an diesen Geschäften ist.

Decker: Und dann steht ja auch noch die Entscheidung über den Angebotspreis an den Versender Siemens Technology Systems an. Sie wissen schon, die Komplettcharter für das Staudammprojekt in Shanghai. Die Abteilung Sea/Air hat inzwischen wohl alle notwendigen Daten für die Angebotskalkulation zusammengestellt. Was mir noch Bauchschmerzen macht, ist die Seefracht in Höhe von insgesamt 250.000,00 USD. Der Geschäftsführer der Siemens Technology Systems, Hubert Wolberg, wünscht einen festen Angebotspreis in €.

Berger: Sie haben Recht, die Seefracht wird ja erst in drei Monaten fällig. Möglich, dass der USD bis dahin viel teurer ist als heute. Wir sollten Herrn Hünting auch noch darauf ansetzen zu prüfen, ob wir dieses Problem irgendwie in den Griff kriegen.

Decker: Und dann müssen wir bald das Angebot herausschicken. Ich habe Herrn Wolberg versichert, dass unser Angebot ihm in den nächsten Tagen vorliegt. Wir dürfen die Siemens Technology Systems nicht verärgern. Ich hatte im Gespräch mit der Herrn Wolberg den Eindruck, dass eine längerfristige Geschäftsbeziehung möglich ist.

Berger: ... an der unsere Mitbewerber sicherlich auch Interesse haben....

Lernsituation 16 | zu SLG S. 338–352, WSP S. 173–179, KSK S. 117–124, (DV) 196–201

Sendungsdaten:

Versender:	Siemens Technology Systems, Heinrich-Heine-Allee 19, 40213 Düsseldorf
Empfänger:	Chinese Dam Projekt Corporation, 29nd F POS Plaza, 1600 Century Avenue, Pudong, Shanghai 200122
Güter:	Generatoren und Ausrüstung für das Three gorges dam-Projekt - Sendungsdetails folgen in separater Aufstellung vom Versender - Das Volumen der Güter erfordert eine Komplettcharter für den Seetransport.
Wert:	CIF-Wert 61.446.000,00 €
Transport:	Per LKW von Düsseldorf nach Bremen Mitte Dezember 20(0)
	Per Seeschiff von Bremen nach Shanghai
	Per LKW vom Kai in Shanghai zum Lager des Importeurs
Liefererbedingung:	CIF Shanghai gemäß Incoterms 2000

Für die Vorkalkulation des Fixpreises für den Versender brachten die Anfragen folgende Ergebnisse:

1.	Vorlaufkosten Düsseldorf-Bremen per LKW	113.050,00 €	
2.	Terminal-Handling-Charges (THC) im Bremer Hafen:	46.550,00 €	
3.	Seefracht Komplettcharter	250.000,00 USD	Berger hat bei der ASIA-Reederei, die erst seit kurzem am Markt ist, einen Festpreis von 250.000,00 USD ohne weitere Preiszuschläge aushandeln können.
4.	Terminal-Handling-Charges im Hafen Shanghai	66.500,00 USD	
5.	Nachlauf Hafen Shanghai – Lager Importeur	47.880,00 USD	
6.	B/L-Gebühr	19,25 €	
7.	Transportversicherung	332.500,00 €	

Aus der Abteilung Rechnungswesen liegen aktuell folgende Zuschlagssätze (bezogen auf die Abteilung Sea/Air) für eine Zuschlagskalkulation des Angebotspreises für den Versender vor:

- Gemeinkostenzuschlag: 20 %
- Gewinnzuschlag: 5 %.

Herr Hünting hat dem Firmenkundenberater der Commerzbank Düsseldorf, Michael Elsweiler, das Problem der in ca. drei Monaten in USD fälligen Seefracht kurz am Telefon geschildert. Daraufhin hat die Commerzbank Herrn Hünting einige Informationen zusammengestellt und per Fax zugeschickt:

```
08/09/20(0)      11:02 FAX 0211870335        Commerzbank AG                    S. 01
```

COMMERZBANK

Intersped GmbH
Herrn Hünting
per Fax Nr. 0211 56733

Nordstr. 108, 40223 Düsseldorf
TEL.: +49 211 870 – 334
FAX: +49 211 870 - 335

Sehr geehrter Herr Hünting,

folgende aktuelle Preisinformationen habe ich für Sie zusammengestellt:

Auszug aus Devisenkurszettel von heute:

EuroFX (1EUR=)	USA (USD)		Japan (JPY)		England (GBP)		Schweiz (CHF)	
	Geld	Brief	Geld	Brief	Geld	Brief	Geld	Brief
Kassa	1.33680	1.34280	134.77000	135.25000	0.77290	0.77690	1.52100	1.5250
1 Monat	1.33580	1.34280	134.30000	134.86000	0.77340	0.77770	1.51840	1.5232
3 Monate	1.33500	1.34150	133.34000	134.00000	0.77410	0.77870	1.51440	1.5191
6 Monate	1.33270	1.33970	132.34000	133.01000	0.77550	0.78050	1.50890	1.5143

Lernsituation 16 | zu SLG S. 338–352, WSP S. 173–179, KSK S. 117–124, (DV) 196–201

```
08/09/20(0)      11:02 FAX 0211870335        Commerzbank AG           S. 02
```

Auszug aus möglichen Optionsgeschäften:

Long (Kauf)			
EUR-CALL (Euro-Kauf-Option) (= USD-Verkaufs-Option)		EUR-PUT (Euro-Verkaufs-Option) (= USD-Kauf-Option)	
Basispreis	1.33500 USD je €	Basispreis	1.33500 USD je €
Betrag	250.000,00 USD	Betrag	250.000,00 USD
Laufzeit	3 Monate	Laufzeit	3 Monate
Prämie	1 % vom € Gegenwert	Prämie	1 % vom € Gegenwert

Allgemeine Informationen zu von uns angebotenen Devisengeschäften finden Sie auf unserer Homepage, insbesondere unter folgendem Link:

https://www.companyworld.de/de/auslandsgeschaeft_2006/devisen/start.htm.

Weitere Fragen beantworte ich Ihnen gerne.

Mit freundlichen Grüßen
Michael Elsweiler
Commerzbank Düsseldorf

Innere Organisation von Profit-Centern

Nachdem bei INTERSPED die Profit-Center gebildet worden waren und die Zuständigkeiten neu geregelt wurden, machte sich das Controlling daran, die innere Organisation der Profit-Center neu zu ordnen und den veränderten Verhältnissen anzupassen.

Zunächst musste sichergestellt werden, dass die Profit-Center auch tatsächlich als eigenverantwortliche Unternehmensteile handeln können und mit der notwendigen Entscheidungsfreiheit ausgestattet wurden. Diese Arbeiten sind abgeschlossen, so dass man sich nun der Frage zuwenden konnte, auf welche Weise den Profit-Centern auch die Gewinnverantwortung übertragen werden sollte. Man will erreichen, dass der Leiter des Profit-Centers in seinem Bereich ergebnisbeeinflussende Entscheidungen treffen kann.

Break-even-Point

Albrecht Deyhle: Controller-Praxis, Gauting b. München, 1997, S. 73)

Um diese Frage zu beantworten, greift der Controller, Herr Sedinger, auf die Definition von Deyhle zurück. In seinem Buch Controller-Praxis steht: „Unter einem Profit-Center ist ein Bereich zu verstehen, der als Erfolgs-Maßstab die Größe Gewinn besitzt. Der Gewinn ... eines Profit-Centers ... wird allerdings nicht als Teil des Bilanzgewinns der Gesamtunternehmung zu definieren sein, sondern als ein Deckungsbeitrag II. Aber mit einem solchen Maßstab eröffnet sich die Möglichkeit der Delegation unternehmerischer Kompetenz an Bereichs-Manager."

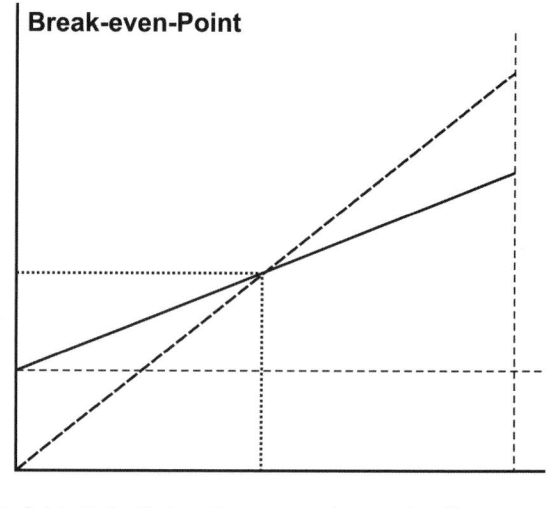

Herr Sedinger ist der Ansicht, dass die Profit-Center eine einfache Form der Kalkulation der Preise benötigen, die es ihnen ermöglicht, dem Kunden möglichst schon am Telefon den Preis für die nachgefragte Leistung zu offerieren. Außerdem muss das Profit-Center jederzeit in der Lage sein, den Erfolg des einzelnen Auftrags einzuschätzen und die Gewinnsituation zu beurteilen. So folgt Herr Sedinger dem Gedanken, die Kosten- und Leistungsrechnung der Profit-Center auf der Basis der Deckungsbeitragsrechnung zu organisieren.

Zunächst veranlasst er, dass alle Profit-Center Preise für ihre Leistungen festlegen. Bei der Preisfestlegung müssen sich die Profit-Center an den Marktpreisen orientieren, wenn sie ihre Leistungen an die übrigen Profit-Center verkaufen wollen. Da die Profit-Center wie kleine eigenständige Unternehmen im Gesamtunternehmen handeln, könnten sie auch auf den externen Beschaffungsmärkten einkaufen, wenn die Leistungen der Profit-Center des eigenen Unternehmens zu teuer sind.

Als Nächstes muss er nun feststellen, wie hoch die Kosten der einzelnen Profit-Center geplant werden müssen. Er zieht zur Planung der Betriebskosten der Profit-Center den letzten BAB heran. Dort findet er Angaben über die von den einzelnen Profit-Centern verursachten Betriebskosten.

In der Konferenz der Leiter der Profit-Center mit der Geschäftsführung und den Vertretern des Controlling konnte Herr Sedinger seine Vorstellungen von der Zuordnung der Betriebskosten ohne Probleme durchsetzen. Bei der Frage, welche Anteile der Kosten für die Geschäftsführung, das Controlling und die Allgemeine Verwaltung auf die einzelnen Profit-Center verrechnet werden sollen, gab es heftige Auseinandersetzungen.

Herr Sedinger wollte die Verteilung so vornehmen, wie sie auch der letzte BAB ausweist, damit waren die Leiter der Profit-Center aber nicht einverstanden.

Nach langem Hin und Her konnte aber Einigkeit über die Höhe des Anteils an den Kosten für Verwaltung usw., des so genannten Overhead, erzielt werden und Herr Sedinger versprach, umgehend mitzuteilen, wie hoch die gesamten Vorgabekosten für die einzelnen Profit-Center in der nächsten Planperiode von Juli bis Dezember 20(0) angesetzt würden.

In seinen anschließenden Ausführungen warb er bei den Leitern für seine Idee einer deckungsbeitragsorientierten Kosten- und Leistungsrechnung:

Sedinger: Der feste Block der Vorgabekosten hat auch sein Gutes. Sie können mit dieser festen Größe im wahrsten Sinne des Wortes rechnen. Er verändert sich in Ihrer Abrechnung nicht. Auf den Einkauf von Leistungen aber haben Sie unmittelbaren Einfluss. Wenn Sie günstig einkaufen, erzielen Sie einen hohen Deckungsbeitrag und Sie werden schnell in die Gewinnzone gelangen.

Sundermann: Und was geschieht, wenn ich im eigenen Hause einkaufe? Wie werden die Leistungen verrechnet?

Sedinger: Wenn das Angebot aus dem Hause günstig ist und Sie kaufen dort, erhalten Sie von dem Profit-Center eine entsprechende Abrechnung. Die könnte allerdings als spezifizierte Monatsabrechnung erfolgen. Dennoch wissen Sie aber, welche direkten Kosten und welchen Deckungsbeitrag Sie durch den jeweiligen Auftrag erwirtschaftet haben.

Gerhards: Und woher weiß ich, welchen Umsatz ich im Monat haben muss, um auch Gewinn zu erzielen?

Sedinger: Sie müssen nur täglich die erwirtschafteten Deckungsbeiträge kumulieren und die Summe von den Vorgabekosten abziehen. Am besten, Sie stellen diesen Vorgang grafisch dar, dann können Sie jederzeit auch sehen, wie weit Sie noch von der Gewinnzone entfernt sind. Ich schlage Ihnen vor, dass ich in den nächsten Tagen zu Ihnen komme und Ihnen zeige, wie ich mir das vorstelle.

Einen Tag später erhalten die Profit-Center folgende Hausmitteilung

Hausmitteilung		INTERSPED GmbH Internationale Spedition		
	Von:	Abt. Controlling		
	Betreff:	Vorgabekosten für Profit-Center für Juli - Dezember 20(0)		
	An	alle Profit-Center		
Gesamt	Spedition	Sea-Air	Fuhrpark	Lager
3.392.984	766.105	556.257	1.328.800	741.822

Die folgende Tabelle zeigt die Deckungsbeiträge vom 01. Juli bis 25. Juli 20(0) im Profit-Center Air/Sea:

Deckungsbeiträge Juli 20(0) im Profit-Center Air/Sea								
Datum	Anzahl der Aufträge	€	Datum	Anzahl der Aufträge	€	Datum	Anzahl der Aufträge	€
	Übertrag:	56.479,01		Übertrag:	31.583,49			
01	6	3.219,15	11	6	2.998,15	21		0
02	5	2.879,28	12	8	3.729,00	22	4	1.825,54
03	9	4.456,98	13		0	23	6	2.698,65
04	6	2.920,16	14		0	24	8	3.697,87
05	13	5.825,55	15	4	1.978,34	25		
06		0	16	8	3.931,19	26		
07		0	17	5	2.345,45	27		
08	4	1.789,34	18	9	3.976,05	28		
09	10	4.820,14	19	14	5.937,34	29		
10	12	5.672,89	20		0	20		
						31		
	Summe	31.583,49		Summe	56.479,01			

Lernsituation 16 | zu SLG S. 338–352, WSP S. 173–179, KSK S. 117–124, (DV) 196–201

Umsatzsteuerfrei, weil die Einfuhrumsatzsteuer bei der Binnenlandverzollung ermittelt wird.

Am 25. Juli 20(0) sind für bisher acht Aufträge Deckungsbeiträge in Höhe von 3.954,23 € aufgelaufen. Die unten stehenden Belege aus dem Besorgungsauftrag für die KAULMANN KG (Direktzustellung) sind noch zum 25. Juli 20(0) zu erfassen. Für den selben Tag liegt noch eine Kundenanfrage für einen Auftrag Luftfracht nach New York vor. Die Recherchen des Sachbearbeiters haben ergeben, dass für den Auftrag 1.200,00 € Kosten anfallen. Der Kunde ist bereit, 1.280,00 € zu zahlen.

Matthias Deiters

Rechnung Nr.	20-455/17
Datum:	20(0)-07-24

Matthias Deiters, Brooktorkai 25, 20457 Hamburg

SPEDITION INTERSPED GMBH
MERKURSTRASSE 14
40223 DÜSSELDORF

Sendung:
3.200 kg Transformatoren, Seoul-Solingen, Ernst Kaulmann KG, Solingen

Position		€	€
01	Abfertigung Seehafen		78,00
02	Ausgelegte Seefracht, 160,00 USD		126,80
	Rechnungsbetrag		196,80

Bankverbindung: Hanseatic Bank, BLZ 20120700, Konto-Nr. 553 764 02

MÖLLER-TRANS GmbH
Güternah- und Güterfernverkehr
Merowingerstraße 8
40223 Düsseldorf

MÖLLER-TRANS GmbH, Merowingerstraße 8, 40223 Düsseldorf

INTERSPED GmbH
Merkurstraße 14
40223 Düsseldorf

Telefon:	0211 87655
Fax:	0211 32198
ID-Nr.	DE 421 658 945
Datum:	24.07.20(0)

Rechnung Nr. 1238-20(0)

Position	Text	EUR	EUR
01	3.200 kg Transformatoren von Hamburg nach Solingen		260,00
	Rechnungsbetrag		260,00

Bankverbindung: Kreissparkasse Düsseldorf, Kto-Nr. 775 348 21, BLZ 30150200

INTERSPED GmbH

Intersped GmbH, Merkurstraße 14, 40223 Düsseldorf

ERNST KAULMANN KG
- Elektromotoren –
Bismarckstraße 18
42659 Solingen

Internationale Spedition
Merkurstraße 14
40223 Düsseldorf
Telefon: 0221 56742-0
Telefax: 0221 56733
ID-Nr. DE 458 977 344

Rechnung Nr. D-32568

Kundennummer	Speditionsauftrags-Nr.			Datum 25.07.20(0)
Zeichen und Nr.	Anzahl	Packstück	Inhalt	Brutto-Gewicht in kg
WON NOS 1 – 32	32	Karton	Transformatoren	3.200 kg

Pos.-Nr.	Text	€	€
01	Abfertigung Seehafenspediteur	80,00	
	Ausgelegte Fracht Seehafenspediteur, 180,00 US-$	142,20	222,20
02	Transport Hamburg – Solingen per LKW		300,00
03	Verzollung		75,00
	Rechnungsbetrag		597,20

Bankverbindung: Commerzbank Düsseldorf, Konto 4865 051 000, BLZ 300 400 00

Formulare zur Erledigung des Arbeitsauftrags

Wesentliche Regelungen des INCOTERMS CIF Chicago

1.	Wer hat die Güter seemäßig zu verpacken?	
2.	Wer hat den Frachtvertrag mit der Reederei abzuschließen und die Transportkosten für den Seetransport zu übernehmen?	
3.	Wer schließt die Transportversicherung mit welchem Leistungsumfang ab, wer trägt die Kosten?	
4.	Wer muss das Konnossement beschaffen und die Kosten für das Papier tragen?	

Lernsituation 16 | zu SLG S. 338–352, WSP S. 173–179, KSK S. 117–124, (DV) 196–201

5.	Welche Nachrichten sind eventuell zu erteilen?	
6.	Bis zu welchem Punkt trägt der Exporteur das Transportrisiko?	
7.	Wann hat der Exporteur seine Lieferverpflichtung erfüllt?	
8.	Wer muss die Ausfuhrverzollung besorgen und bezahlen?	
9.	Wer hat die Kosten der Entladung im Bestimmungshafen zu tragen?	

Empfänger		Fax FROM
		INTERSPED
		Internationale Spedition
		Merkurstraße 14
		40223 Düsseldorf
	Telefon:	0221 56742-0
	Fax:	0221 56733
	E-Mail:	intersped@t-online.de
	Datum:	

Versicherungsantrag Transportversicherung

Transportdaten

Versender:	
Empfänger:	
Transportbeginn:	
Transportende:	
Beförderungsmittel:	
Verpackung (bei Containern die Nr. angeben):	
Warenart:	
Wert der Sendung:	
Leitungsweg/Länder:	
Transportbeteiligte: (Spediteure/Frachtführer)	

Unterschrift

Wir arbeiten ausschließlich aufgrund der Allgemeinen Deutschen Spediteurbedingungen (neueste Fassung).
Diese beschränken in Ziffer 23 ADSp die gesetzliche Haftung des Spediteurs nach § 431 HGB Schäden an Gütern in speditionellem Gewahrsam auf 5,00 EUR/KG, bei multimodalen Transporten unter Einschluss einer Seebeförderung auf 2 SZR/kg; darüber hinaus je Schadensfall bzw. Schadensereignis auf 1 Mio. bzw. 2 Mio. EUR oder 2 SZR/kg, je nachdem, welcher Betrag höher ist.

Lernsituation 16 | zu SLG S. 338–352, WSP S. 173–179, KSK S. 117–124, (DV) 196–201

Prüfliste Transportversicherung

Prüfkriterien	Anmerkungen	Ergebnis der Prüfung
1. Äußere Aufmachung	Liegt das vorgeschriebene Transportversicherungsdokument vor (Police oder Zertifikat)?	
2. Aussteller und Unterschrift	Hat die Versicherungsgesellschaft oder ein Agent das Dokument unterschrieben?	
3. Voller Satz	Liegt der volle Satz an Dokumenten vor?	
4. Art des Wertpapiers	Liegt das im Akkreditiv verlangte Wertpapier vor (Namens-, Order- oder Inhaberpapier)?	
5. Versicherungssumme	Entspricht die Versicherungssumme den Vorschriften des Akkreditivs?	
6. Währung	Falls nicht anders vorgeschrieben, muss die Währung des Versicherungsdokuments der Währung im Akkreditiv entsprechen.	
7. Risiken	Sind die Risiken gemäß Akkreditiv eingedeckt?	
8. Warenbeschreibung	Entspricht die Warenbeschreibung im Versicherungsdokument der Beschreibung im Akkreditiv?	
9. Reiseroute	Stimmt die Reiseroute im Versicherungsdokument mit den Akkreditivbedingungen und mit dem Transportdokument überein?	
10. Prämienzahlung	Ist dem Versicherungsdokument die Zahlung der Prämie zu entnehmen?	
11. Versicherungsbeginn	Der Versicherungsbeginn darf nicht später liegen als am Tag der Übernahme der Sendung zum Transport.	

Prüfliste Akkreditivbedingungen

Prüfkriterien	Anmerkungen	Ergebnis der Prüfung
1. Widerspruchsfreiheit	Die Dokumente müssen untereinander widerspruchsfrei sein (z. B. bei der Warenbeschreibung, bei den Mengenangaben u. Ä.).	
2. Konnossement-Qualität		xxxxxxxxxxxxxxxxxxxxxxxxxxxxxxxxxxxxxxxxxxxxxxxxxx
▪ Aussteller	Wenn im Akkreditiv nicht anders vermerkt, sind nur Konnossemente zugelassen, die von einem Frachtführer (Reederei) ausgestellt worden sind. Weitere Anforderungen an das Dokument sind genauestens zu erfüllen.	
▪ Bord-/ Übernahmekonnossement		
▪ Namens-/Orderkonnossement		
▪ Reines Konnossement		
▪ Voller Satz		
▪ Absender/Empfänger/ Notify		
3. Warenbeschreibung	Die Warenbeschreibung muss im Akkreditiv und in allen Dokumenten übereinstimmen. Im Konnossement darf die Beschreibung allgemeiner ausfallen. Ein Widerspruch zum Akkreditiv ist aber unzulässig.	
4. Lieferbedingung	Wurde der im Akkreditiv genannte INCOTERM korrekt ausgeführt?	
5. Frachtkosten/ Prämien u. Ä.	Ist die Zahlung bestimmter Kosten nachzuweisen, muss dies aus den Dokumenten hervorgehen.	
6. Reiseroute	Die im Akkreditiv vorgeschriebene Reiseroute muss mit der tatsächlichen Route übereinstimmen.	
7. Verlade-/ Löschhafen/ Umladung	Wenn Vorschriften bestehen, sind sie durch die Dokumente nachzuweisen.	
8. Verladedatum	Das Verladedatum ergibt sich aus dem Konnossement. Es muss den Akkreditivbedingungen („frühestens" – „spätestens") entsprechen.	
9. Verfalldatum des Akkreditivs	Reicht die Laufzeit des Akkreditivs aus, um die Dokumente rechtzeitig vorlegen zu können?	
10. Änderungen im Konnossement	Änderungen im Papier sind vom Frachtführer abzuzeichnen.	

INTERSPED GmbH

Empfänger:

_____

_____

_____

_____

_____

Internationale Spedition
Merkurstraße 14
40223 Düsseldorf
Telefon: 0221 56742-0
Telefax: 0221 56733
ID-Nr.: DE 458 977 344
E-Mail: intersped@t-online.de
Datum: _____

Rechnung Nr.

Position	Text	EUR	EUR
	Rechnungsbetrag		

Spediteurrechnungen sind sofort und ohne Abzug fällig.
Bankverbindung: Commerzbank Düsseldorf, Konto 4865 051 000, BLZ 300 400 00

Aufgabe 1
Stellen Sie den Ablauf des Dokumentenakkreditivs aus dem Einstiegsbeispiel mithilfe der unten stehenden Übersicht (siehe nächste Seite) dar.

Aufgabe 2
Beschreiben Sie die weiteren Abläufe des Exportgeschäfts nach dem Eintreffen des Seeschiffs in Chicago.

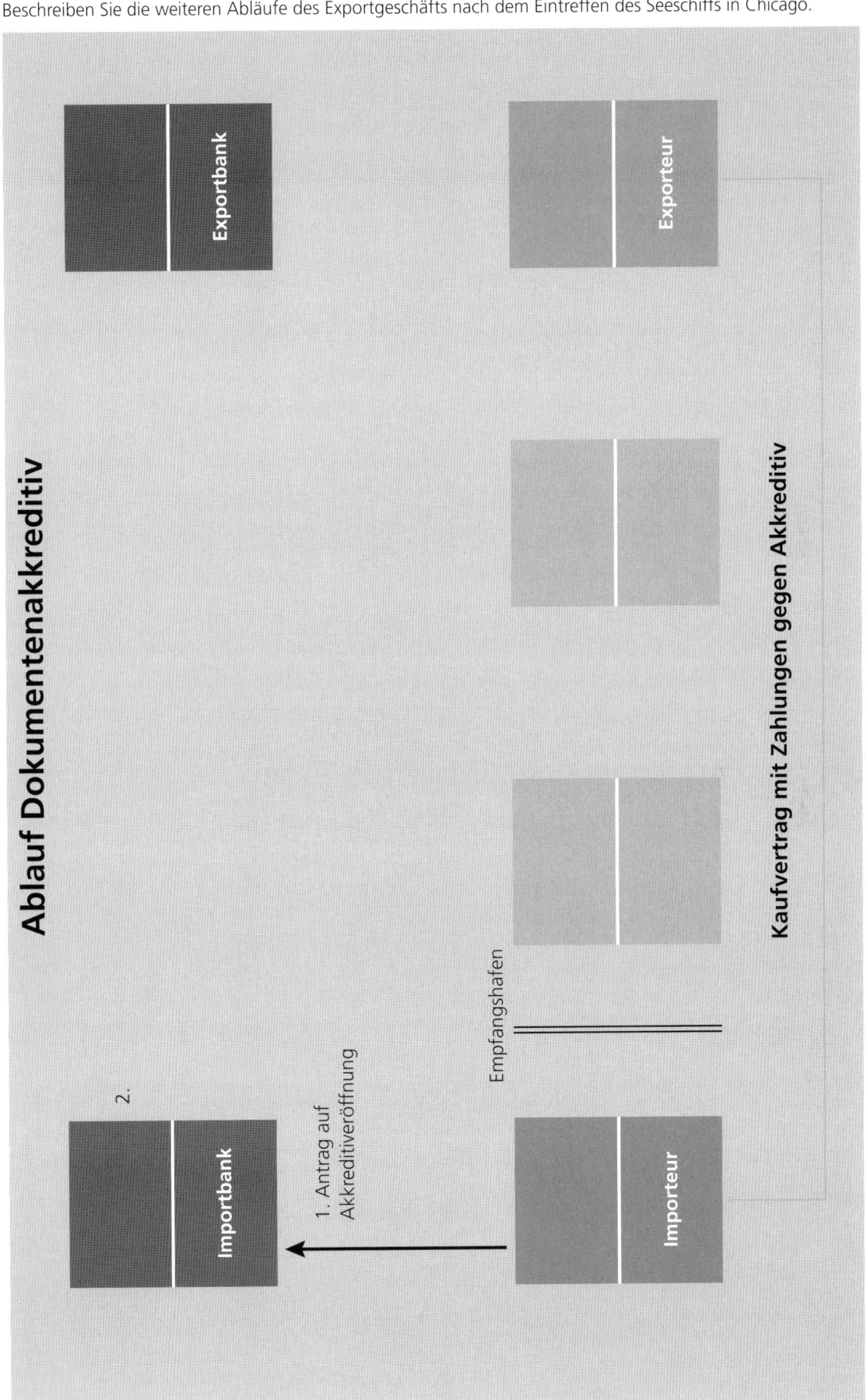

Ablauf Dokumentenakkreditiv

- Exportbank
- Exporteur
- Importbank
- Importeur
- 1. Antrag auf Akkreditiveröffnung
- 2.
- Empfangshafen

Kaufvertrag mit Zahlungen gegen Akkreditiv

Lernsituation 16 | zu SLG S. 338–352, WSP S. 173–179, KSK S. 117–124, (DV) 196–201

Aufgabe 3

a. Ordnen Sie die unten aufgeführten Kosten in der Reihenfolge des Transportablaufs in die unten stehende Übersicht ein.

b. Suchen Sie geeignete INCOTERMS für Seetransporte, die die Kostenaufteilung zwischen Exporteur und Importeur deutlich machen.

c. Kennzeichnen Sie jeweils den Gefahrenübergang.

Zusatzinformation: Kosten- und Gefahrenreichweite der INCOTERMS DES und DEQ

DES (Geliefert ab Schiff) bedeutet, dass der Verkäufer seine Lieferverpflichtung erfüllt, wenn die Ware, die vom Verkäufer nicht für die Einfuhr freizumachen (zu „verzollen") ist, dem Käufer an Bord des Schiffs im benannten Bestimmungshafen zur Verfügung gestellt wird. Der Verkäufer hat alle Kosten und Gefahren der Lieferung der Ware bis zum benannten Bestimmungshafen zu tragen.

DEQ (Geliefert ab Kai [verzollt/unverzollt]): Der Verkäufer hat seine Lieferverpflichtung erfüllt, wenn er die Ware dem Käufer am Kai des benannten Bestimmungshafens zur Verfügung stellt. Der Verkäufer hat alle Gefahren und Kosten bis zu diesem Ort zu tragen. Die Verzollung ist Aufgabe des Käufers.

Kosten

1. Verzollung im Bestimmungshafen
2. Seeversicherung
3. Qualitätsprüfung im Verschiffungshafen
4. Umschlagkosten Exporteur – Lkw
5. seemäßige Verpackung
6. 6. Seefracht
7. Schäden durch kriegerische Ereignisse auf See
8. Entladen im Bestimmungshafen
9. Lkw-Transport Bestimmungshafen – Importeur
10. 10. Umschlag Seeschiff im Verschiffungshafen
11. 11. Lkw-Transport Exporteur – Seehafen

Kosten- und Gefahrenübergang ausgewählter See-INCOTERMS

Fabrik	Vorlauf	Längsseits Seeschiff Verschiffungshafen	Reling Seeschiff	Seetransport	Seeschiff Bestimmungs- hafen	Kai	Nach- lauf Empf.
				Seefracht	Seeversicherung (Mindestdeckung C nach ICC¹)			

1) Schäden, die z. B. durch kriegerische Ereignisse entstehen, sind durch die Mindestdeckung C nicht abgedeckt.

Aufgabe 4

Machen Sie an ausgewählten Bestimmungen (Nr. 1–5) des Terms FOB deutlich, welche Änderungen sich gegenüber CIF ergeben, wenn im Eingangsfall FOB Bremen vereinbart worden wäre. Erstellen Sie eine Übersicht nach folgendem Muster.

CIF Chicago		FOB Bremen			
A 1	B 1	A 1	keine Änderung	B 1	keine Änderung
A 2	B 2	A 2		B 2	
A 3	B 3	A 3		B 3	
A 4	B 4	A 4		B 4	
A 5	B 5	A 5		B 5	

Aufgabe 5

Ergänzen Sie die Abbildung mit den Buchstaben E, F, C und D (für die INCOTERM-Gruppen).

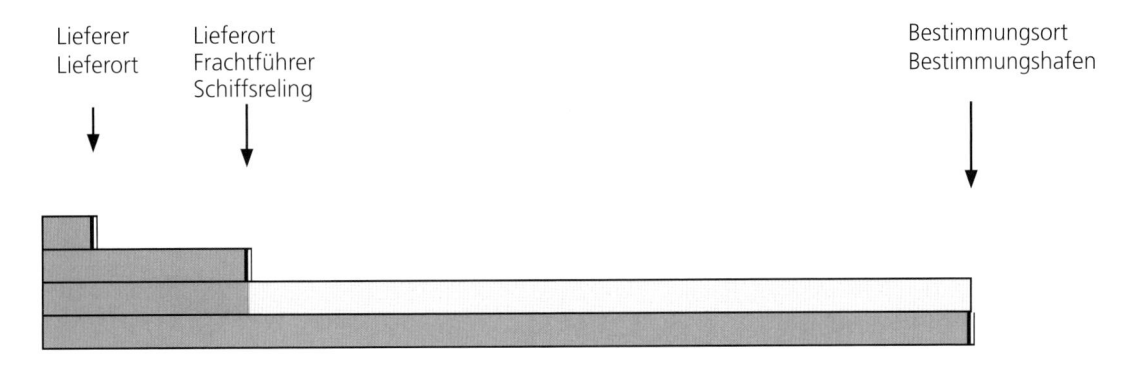

Lieferer Lieferort Bestimmungsort
Lieferort Frachtführer Bestimmungshafen
         Schiffsreling

Aufgabe 6

Stellen Sie die nachfolgenden INCOTERMS in der unten stehenden Übersicht grafisch dar, indem Sie jeweils den Kosten- und Gefahrenübergang kennzeichnen. Sendungsdaten: Transport von Düsseldorf nach Belgrad; falls ein Grenzort anzugeben ist, wählen Sie Villach (Österreich).

EXW, FCA, CPT, CIP, DAF, DDU, DDP

		DUS (Verk.)	Frachtführer	Villach	Belgrad	Anwendung
1.	EXW					EXW _____
2.	FCA					
3.	CPT					
4.	CIP					
5.	DAF					
6.	DDU					
7.	DDP					

Aufgabe 7

Ordnen Sie die INCOTERM-Gruppen (E-, F-, C-, D-Terms) den Aussagen a) bis g) zu:

a. Kosten- und Gefahrenübergang am Lieferort
b. Kosten- und Gefahrenübergang am Bestimmungsort
c. Gefahrenübergang: Lieferort bzw. Schiffsreling, Kostenübergang: Bestimmungsort/-hafen
d. Ankunftsklauseln
e. Abholklauseln
f. Käufer trägt Kosten des Haupttransports.
g. Kosten des Haupttransports werden vom Verkäufer übernommen.

Aufgabe 8

Halten Sie in einer Übersicht fest, welche INCOTERMS bzw. welcher INCOTERM sich

a. speziell für See- und Binnenschiffstransporte,
b. besonders für den Luftverkehr,
c. speziell für den Eisenbahnverkehr und
d. für alle Transportarten einschließlich multimodale Transporte eignen (eignet).

Aufgabe 9

Stellen Sie den See-INCOTERMS FOB, CFR und CIF geeignete INCOTERMS gegenüber, die für Land- und multimodale Transporte einsetzbar sind.

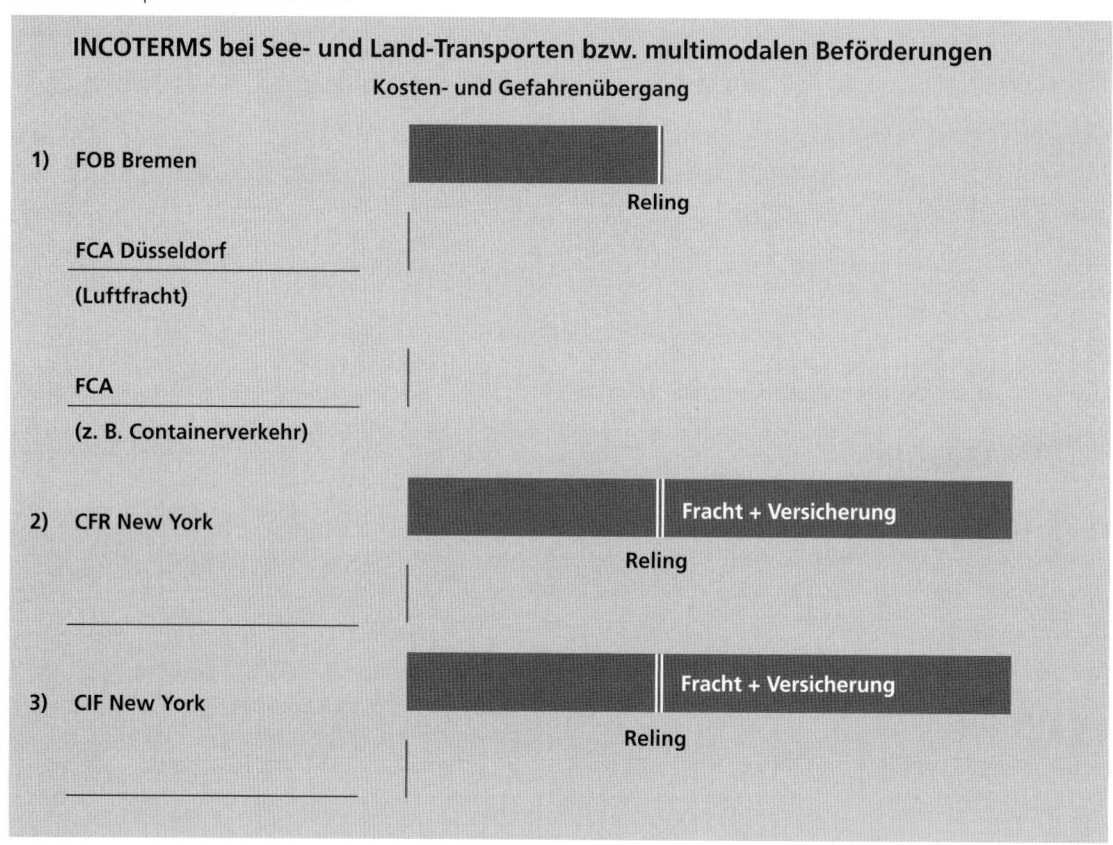

INCOTERMS bei See- und Land-Transporten bzw. multimodalen Beförderungen

Kosten- und Gefahrenübergang

1) FOB Bremen — Reling

FCA Düsseldorf (Luftfracht)

FCA (z. B. Containerverkehr)

2) CFR New York — Reling — Fracht + Versicherung

3) CIF New York — Reling — Fracht + Versicherung

Aufgabe 10

Die nachstehende Aufstellung gibt die wichtigsten Kosten wieder, die bei einem Seetransport mit binnenländischem Vor- und Nachlauf anfallen. Markieren Sie die Stellen, an denen jeweils die Teilung der Kosten zwischen Exporteur und Importeur in Abhängigkeit vom vereinbarten INCOTERM stattfindet.

Kosten eines Seetransports					
Nr.	Kosten	Exporteur			
		FOB	CFR	CIF	DDP
	Vorlaufkosten bis zum Seehafen				
	FOB-Spesen (Umschlag, Anbordnahme, B/L-Spesen, Ausfuhrverzollung)				
	Seefracht				
	Seeversicherung				
	Entladen im Bestimmungshafen (THC)				
	Nachlaufkosten				
	Verzollung im Bestimmungsland				
					Importeur

Aufgabe 11
Tragen Sie in die unten stehende Übersicht den Ablauf beim Dokumenten**inkasso** (D/P) ein.

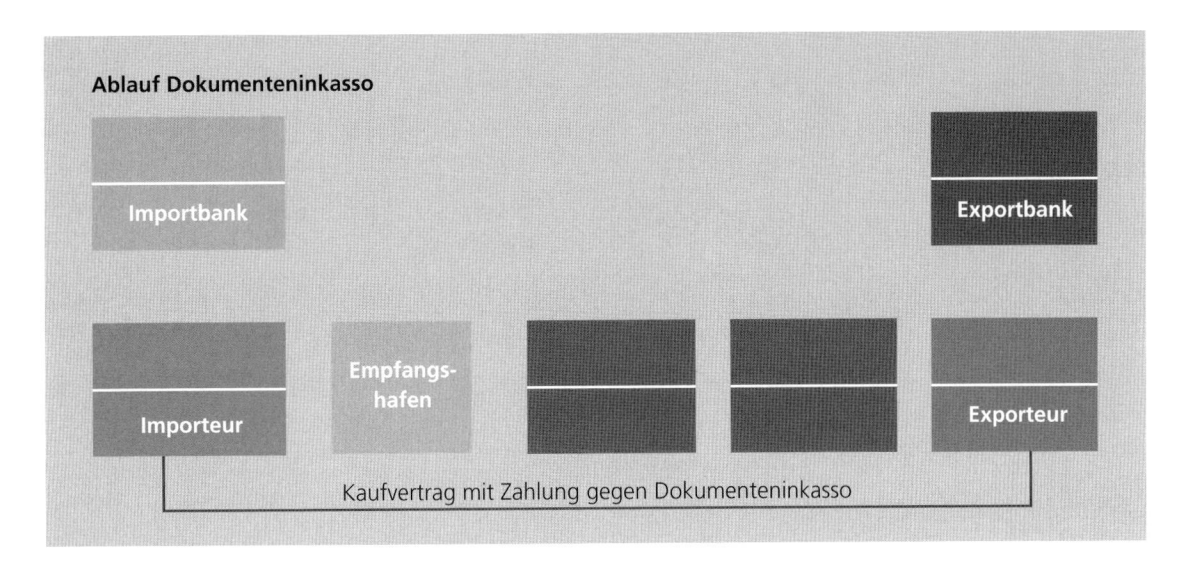

Ablauf Dokumenteninkasso

[Diagramm: Importbank — Exportbank; Importeur — Empfangshafen — [zwei Felder] — [zwei Felder] — Exporteur; Kaufvertrag mit Zahlung gegen Dokumenteninkasso]

Aufgabe 12
Erstellen Sie eine Übersicht zum Dokumentenakkreditiv und zum Dokumenteninkasso nach folgendem Muster:

Merkmale	Dokumentenakkreditiv	Dokumenteninkasso
Wer ergreift die Initiative?		
Sicherheit für den Exporteur		
Zeitpunkt der Verschiffung		
Zeitpunkt der Gutschrift		

Aufgabe 13
a. Erläutern Sie die Regelungen zum Kosten- und Gefahrenübergang bei den INCOTERM-Gruppen E, F, C und D.

b. Wie ist in den INCOTERM-Gruppen die Verpflichtung zum Abschluss des Transportvertrags geregelt?

c. Wer hat für die Verzollung (Export- und Importfreimachung) der Sendung gemäß INCOTERMS zu sorgen?

Aufgabe 14
a. Was versteht man unter einem unwiderruflichen, bestätigten Dokumentenakkreditiv?

b. Erläutern Sie den zeitlichen Zusammenhang von

- spätestes Verladedatum,
- Dokumentenvorlagefrist und
- Verfalldatum des Akkreditivs.

Aufgabe 15
a. Warum bezeichnet man ein Transportversicherungsdokument als Wertpapier?

b. Das Transportversicherungsdokument ist in der Regel ein Inhaberpapier. Woran kann man das erkennen?

Aufgabe 16

Die GAZ-Anlagenbau GmbH & Co. KG, Düsseldorf, exportiert eine Futtermühle für die Geflügelzucht nach Saudi-Arabien. Mit der Besorgung der Versendung wird die Spedition INTERSPED, Düsseldorf, beauftragt. Die Sendungsdaten sind dem unten stehenden Bill of Lading und der nachfolgenden Tabelle zu entnehmen.

Bill of Lading
NR. HANJ B3087455

SHIPPER	BOOKING NO	FWDR. REF. NO.
GAZ-ANLAGENBAU GMBH & CO. KG BUCHENSTRASSE 94, 40599 DUESSELDORF GERMANY PHONE 0049 211 36576 271 FAX 0049 211 365794	IN62702	04 10 498786

CONSIGNEE: TO THE ORDER OF NATIONAL COMMERCIAL BANK, JEDDAH	Carrier:
NOTIFY ADDRESS: AMDAL AL-KHASA FARM AGRICULTURE P.O. BOX 3765 RIYADH 11453 SAUDI ARABIA TEL 01 2314591 FAX 01 2314599	Hanjin Shipping Co. LTD Antwerpen

PRE-CARRIED BY	PLACE OF RECEIPT BY PRE-CARRIER	FORWARDING AGENTS INTERSPED GMBH MERKURSTRASSE 14 40223 DUESSELDORF PHONE: 0049 211 56742 0
PORT OF LOADING ANTWERP PORT	PORT OF DISCHARGE DAMMAM PORT	
PLACE OF DELIVERY: FARM SITE AL-KHASA	MODE OF ON-CARRIAGE TRUCK BY OVERLAND TRANSPORTATION	SPACE FOR CARRIER'S AGENTS ENDORSMENTS HANJIN SAUDI ARABIA G.M.S. CO CORNICHE ROAD P.O. BOX 5288 DAMMAM 32664 K. S.A. PHONE: +966 3 774 07233 FAX: +966 3 774 07244
OCEAN VESSEL MSC ALESSIA	AGENTS AT PORT OF DISCHARGE/DELIVERY	

CONTAINER NOS, MARKS AND NUMBERS. HANU 137762-5	NUMBER AND KIND OF PACKAGES; CARGO DESCRIPTION SAID TO CONTAIN: 1 x 40′ STANDARD-CONTAINER FEED MILL SHIPPED ON BOARD FREIGHT PREPAID	CARGO GROSS WEIGHT (KG) 15.400	MEASUREMENT KGS

Received by the Carrier in apparent good order and condition the goods or packages specified herein and to be discharged at the above mentioned port of discharge. The weight, measure, marks, numbers, quality, contents and value, being particular furnished by the Shipper, are not checked by the Carrier on loading. The Shipper, Consignee and the Holder of this Bill of Lading hereby expressly accept and agree to all printed, written or stamped provisions, exceptions and conditions of this Bill of Lading, including those on the back hereof.

In witness whereof the Carrier or his Agent has signed Bills of Lading all of this tenor and date, one of which being accom-plished, the others to stand void. Shippers are requested to note particularly the exceptions and conditions of this Bill of Lad-ing with reference to the validity of the insurance upon their goods.

HANJIN SHIPPING CO. LTD
09.11.20(0)
Centen

MOVEMENT: FCL/FCL	TOTAL NO. OF CONTAINERS RECEIVED BY THE CARRIER: - 1 -	NO. OF ORIGINAL B/L 3/THREE
FREIGHT PAYABLE AT: ANTWERPEN	PLACE AND DATE OF ISSUE: ANTWERPEN; 09.11.20(0)	
Original	*Centen*	HANJIN SHIPPING CO. LTD Antwerpen

Weitere Sendungsdaten

Transport:	per Lkw von Düsseldorf nach Antwerpen
	per Seeschiff von Antwerpen nach Dammam Port (Saudi-Arabien)
	per Lkw von Dammam Port zur Geflügelzuchtfarm Al-Khasa
Lieferbedingung:	DDU Farm Site Al-Khasa gemäß INCOTERMS 2000
Liefernachweis:	reines An-Bord-Konnossement
Verpackung:	Versand in einem Container
Versicherung:	Der Kunde hat eine eigene Transportversicherung abgeschlossen.

Übersicht Seefrachtraten (Auszug)

Hanjin Shipping Co. / LTD
Düsseldorf Sales Office
Heinrichstraße 169 b - 40239 Düsseldorf - Germany

To	INTERSPED GMBH, Düsseldorf
From	Hartwig Lanvermann
Subject	Raten ab Ladehafen Hamburg, Bremerhaven, Rotterdam und Antwerpen
Validity	gültig ab Verschiffungsdatum 30.10. bis 31.12.20(0)

Saudi Arabia

Port of Discharge	via	20' Standard (USD)	40' Standard (USD)	40' High Cube (USD)
Jeddah	direkt	650,00	850,00	850,00
Dammam	Khor Fakkan	700,00	950,00	950,00
Riyadh	Dammam	875,00	1.300,00	1.300,00

Alle Raten zuzüglich des zum Zeitpunkt der Verladung gültigen BAF, CAF und WAR RISC SURCHARGE.

Am 09.11.20(0) beträgt der BAF 20,00 USD pro Container. Weitere Zuschläge werden nicht erhoben.

a. Das Bill of Lading ist an die Order einer Bank gestellt.
   aa. Aus welchem Grunde haben die Kaufvertragspartner diese Regelung vermutlich getroffen?
   ab. Wie kommt die Geflügelzuchtfarm Al-Khasa in den Besitz der Sendung?
b. Warum ist im B/L eine Notify-Adresse angegeben?
c. Warum ist im B/L der Vermerk „Freight prepaid" erforderlich?
d. Erläutern Sie den Gefahrenübergang beim INCOTERM DDU.
e. Wie erfüllt der Exporteur die Anforderungen an den Liefernachweis?
f. Wofür wird der BAF erhoben?
g. Berechnen Sie den EUR-Betrag, den der Spediteur dem Versender in Rechnung stellt. Die Spedition schlägt auf alle entstandenen Kosten 20 % für Gemeinkosten und auf die Zwischensumme 5 % Gewinn auf.

Entstandene Kosten

See-(Grund-)fracht (siehe Auszug aus der Preisliste); THC Dammam Port 100,00 USD, Lkw-Nachlauf 530,00 USD, Lkw-Vorlauf 375,00 EUR, BAF, B/L-Gebühren für die Spedition Intersped 25,00 EUR, THC Antwerpen 110,00 EUR, ISPS-Zuschlag Antwerpen 15,00 EUR

Kurs: 1 EUR = 1,2385 USD

Aufgabe 17

Sie erhalten am 18.10.20(0) von der Bau-Chemie AG, Düsseldorf, den Auftrag, eine Sendung mit Kunststoffprofilen von Düsseldorf nach Hongkong zu besorgen. Die Güter werden vom Versender in einen Container verladen. Der Transport soll per Seeschiff über Hamburg nach Hong Kong durchgeführt werden. Vor- und Nachlauf werden mit Lkw abgewickelt. Zusammen mit dem Speditionsauftrag schickt Ihnen der Versender per Fax die unten abgebildete Mitteilung über eine Akkreditiveröffnung.

a. Erläutern Sie anhand der Mitteilung über die Akkreditiveröffnung den Ablauf beim bestätigten Dokumenten-Akkreditiv und gehen Sie dabei auf die Rolle der Beteiligten (eröffnende Bank, Auftraggeber, Begünstigter, Akkreditivstelle, Spediteur) ein.
b. Beschreiben Sie den Vorteil, der sich für den Exporteur dadurch einstellt, dass die Deutsche Bank in der Mitteilung über die Akkreditiveröffnung in der Zeile „Bestätigungsanweisung" den Vermerk „CONFIRMED" eingefügt hat.
c. Erläutern Sie den Zusammenhang zwischen Datum der Eröffnung, letzter Verschiffungstag, Datum des Verfalls aus der Mitteilung über die Akkreditiveröffnung.

Lernsituation 16 | zu SLG S. 338–352, WSP S. 173–179, KSK S. 117–124, (DV) 196–201

Auszug aus einer Mitteilung der Akkreditivstelle über die Akkreditiveröffnung

DEUTSCHE BANK Koenigsallee 45 – 47, 40212 Düsseldorf **AKKREDITIVEROEFFNUNG ISSUE OF A DOCUMENTARY CREDIT**	
EROEFFNENDE BANK ISSUING BANK	SHANGHAI COMMERCIAL BANK LTD., HONGKONG
FORM DES AKKREDITIVS FORM OF DOCUMENTARY CREDIT	IRREVOCABLE
FREMDE AKKREDITIV-NR. DOCUMENTARY CREDIT NO.	LC BF 048332
AUFTRAGGEBER APPLICANT	MASTERING INVESTMENTS LTD., 2102, WANCHAI COMMERCIAL CENTRE, 134 JOHNSTON ROAD, WANCHAI, HONGKONG
BEGUENSTIGTER BENEFICIARY	BAU-CHEMIE AG, DAIMLERSTRASSE 45, 40235 DUESSELDORF, GERMANY
AKKREDITIVSTELLE NOMINATED BANC	DEUTSCHE BANK, KOENIGSALLEE 45-47, 40212 DUESSELDORF
DATUM DER EROEFFNUNG DATE OF ISSUE	15.10.20(0)
DATUM UND ORT DES VERFALLS DATE AND PLACE OF EXPIRY	08.12.20(0), KASSEL, GERMANY
WAEHRUNGSCODE/BETRAG CURRENCY CODE AND AMOUNT	USD/29.500,00
TEILVERLADUNG PARTIAL SHIPMENT	ALLOWED
UMLADUNG TRANSSHIPMENT	ALLOWED
LETZTER VERSCHIFFUNGSTAG LATEST DATE OF SHIPMENT	09.11.20(0)
WARENBESCHREIBUNG DESCRIPTION OF GOODS	PROFILES M-SRL 3676 KGS PROFILES RED M-BR 3200 KGS
INCOTERM	CIF HONGKONG
ERFORDERLICHE DOKUMENTE DOCUMENTS REQUIRED	1. FULL SET OF CLEAN ON BOARD OCEAN BILLS OF LADING MADE OUT TO ORDER OF SHANGHAI COMMERCIAL BANK LTD., HONGKONG NOTIFY: L/C APPLICANT WITH FULL ADDRESS MENTIONING THIS L/C NO. MARKED ‚FREIGHT PREPAID' 2. …
BESTÄTIGUNGSANWEISUNG CONFIRMATION	CONFIRMED
USW.	
SOFERN NICHT AUSDRUECKLICH ETWAS ANDERES BESTIMMT IST, GELTEN FUER DIESES DOKUMENTEN-AKKREDITIV DIE „EINHEITLICHEN RICHTLINIEN UND GEBRAEUCHE FUER DOKUMENTEN-AKKREDITIVE (ERA 600)", WELCHE ZUM ZEITPUNKT DER AKKREDITIEROEFFNUNG GUELTIG SIND.	

Hinweis zu den Aufgaben 18-22

Suchen Sie das Lösungswort!

Anleitung für die folgenden Aufgaben 18 - 22

Ordnen Sie den folgenden Aufgabenstellungen jeweils die zutreffenden Antworten aus den kursiv gedruckten Lösungsalternativen zu. Tragen Sie dann den Buchstaben der zutreffenden Antwort in das zugehörige unten stehende Lösungskästchen ein. Bei richtiger Zuordnung ergeben die Buchstaben der zutreffenden Antworten das Lösungswort.

Lösungswort:

18	19a)	19ba)	19bb)	19c)	19d)	19e)	19f)	20	21a)	21b)	22a)	22b)	22c)	22d)	22e)	22f)

Aufgabe 18

Eine Speditionsklasse plant eine Klassenfahrt nach Prag, bei der sie unter anderem das dort ansässige Skoda-Werk besichtigen wollen. Der Klassensprecher erkundigt sich im Internet nach den Kosten für die Unterkunft. Das Hotel Admiral gibt als Zimmerpreis pro Person und Übernachtung 942,50 CZK an, das Hotel Praha nennt einen Zimmerpreis pro Person und Übernachtung von 37,75 €. Welches Hotel bietet die billigste Übernachtung an?

Land	Währung		Kurse in 1 €	
	Name	Abkürzung	Geldkurs	Briefkurs
Tschechien	Tschechische Krone	CZK	28,1450	28,3450

F: Hotel Admiral
S: Hotel Praha

Aufgabe 19

Die Spedition ALLSPED organisiert für ihren Neukunden, den kanadischen Versender Britain Fruit Service Ltd. einen Lufttransport und hat die Abrechnung in kanadischen Dollar (CAD) akzeptieren müssen. Die Rechnung in Höhe von 15.000,00 CAD ist in sechs Monaten fällig.

(1 EUR =)	Kanada (CAD)	
	Geld	Brief
Kassa	1.41580	1.42780
1 Monat	1.41720	1.42930
3 Monate	1.41940	1.43150
6 Monate	1.42190	1.43410

a.
I: 10.594,71 €
R: 10.505,67 €
P: 10.494,65 €

a. Ermitteln Sie den €-Wert der 15.000,00 CAD per Kasse.

ba.
E: Steigender Wechselkurs
T: Sinkender Wechselkurs

b. Um den Erlös des Speditionsauftrages bereits heute sicher kalkulieren zu können, verkauft die Spedition ALLSPED die 15.000,00 CAD auf Termin.
  ba. Welche Wechselkurserwartung hat die Spedition ALLSPED?
  bb. Ermitteln Sie den Terminverkaufspreis in €.

bb.
I: 10.459,52 €
U: 10.505,67 €
M: 10.549,27 €
K: 10.478,52 €

c. Wenn die Spedition ALLSPED das Währungsrisiko statt mit dem unbedingten Terminverkauf mit Hilfe eines Devisenoptionsgeschäftes absichern möchte, muss die Spedition eine
  E: eine EUR-CALL-Option
  C: eine EUR-PUT- Option kaufen.

d.
W: 209,19
N: 104,60 €

d. Ermitteln Sie die Höhe der Optionsprämie. Gehen Sie von einem Basispreis von 1,43410 und einer Laufzeit von 6 Monaten aus.

Auszug aus möglichen Optionsgeschäften

Long (Kauf)							
EUR-CALL				**EUR-PUT**			
Basispreis	1,43410 CAD je €			Basispreis	1,43410 CAD je €		
Betrag	15.000,00 CAD			Betrag	15.000,00 CAD		
Laufzeit	3 Monate	Prämie	1 %	Laufzeit	3 Monate	Prämie	1 %
Laufzeit	6 Monate	Prämie	2 %	Laufzeit	6 Monate	Prämie	2 %

e. Falls der CAD-Kassakurs zum Laufzeitende der Option bei 1,45 liegt, wird die Spedition
  N: die Option nicht ausüben, da sie am Kassamarkt einen günstigeren Kurs vorfindet
  E: die Option ausüben, da sie am Kassamarkt einen ungünstigeren Kurs vorfindet

f. Falls der CAD-Kassakurs zum Laufzeitende der Option bei 1,41 liegt, wird die Spedition
  C: die Option nicht ausüben, da sie am Kassamarkt einen günstigeren Kurs vorfindet
  E: die Option ausüben, da sie am Kassamarkt einen ungünstigeren Kurs vorfindet

Aufgabe 20

Die Spedition ALLSPED hat die Absicht, mit einem kanadischen Transportunternehmen Geschäftsbeziehungen aufzunehmen. Um sich ein Bild von dem Unternehmen machen zu können und zur Aushandlung der Vertragsbedingungen, beschließt der Geschäftsführer von ALLSPED, selbst nach Kanada zu fahren. Zu diesem Zweck möchte er die 900,00 Schweizer Franken, die er von seinem Skiurlaub übrig hat, bei seiner Bank in kanadische Dollar umtauschen. Berechnen Sie, wie viele kanadische Dollar er erhält.

N: 878,78
H: 869,16

Land	Währung		Kurse in 1 €	
	Name	Abkürzung	Geldkurs	Briefkurs
Schweiz	Franken	CHF	1,4844	1,4884
Kanada	Dollar	CAD	1,4374	1,4494

Aufgabe 21

Eine international tätige Spedition möchte 20.000,00 €, die im nächsten Monat nicht benötigt werden, möglichst günstig anlegen. Der Finanzchef der Spedition überlegt, ob er das Geld in Deutschland in € oder in Norwegen in Norwegischen Kronen (NOK) anlegen soll. Folgende Devisenkursnotierungen liegen ihm vor:

(1 EUR =)	Kanada (CAD)	
	Geld	Brief
Kassa	7,88420	7,93220
1 Monat	7,88330	7,93150
3 Monate	7,88220	7,93080
6 Monate	7,88040	7,93000

a. Der Terminkurs des NOK wird mit einem
   F: Report
   S: Deport gehandelt.

b. In welchem der beiden Länder ist das Zinsniveau höher?
   E: in Deutschland
   I: in Norwegen

Aufgabe 22

Folgende Aufgaben a) – f) beziehen sich auf nebenstehende Grafik:

a. Im Beobachtungszeitraum ist eine Aufwertung des EUR erfolgt.
   C: zutreffend
   L: nicht zutreffen
   D: wegen fehlender notwendiger Informationen nicht überprüfbar

b. Ein USD ist im Beobachtungszeitraum im Verhältnis zum EUR teurer geworden.
   K: zutreffend
   H: nicht zutreffend
   A: wegen fehlender notwendiger Informationen nicht überprüfbar

c. Die dargestellte Kursentwicklung ist typisch für den Konjunkturverlauf in den ersten Jahresmonaten
   A: zutreffend
   L: nicht zutreffend
   U: wegen fehlender notwendiger Informationen nicht überprüfbar

d. Einfuhren aus den USA von Importeuren in Deutschland sind auf Grund der Kursentwicklung billiger geworden.
   U: zutreffend
   R: nicht zutreffend
   N: wegen fehlender notwendiger Informationen nicht überprüfbar

e. Die Kursentwicklung ist für deutsche Touristen in den USA günstig.
   A: zutreffend
   S: nicht zutreffend
   C: wegen fehlender notwendiger Informationen nicht überprüfbar

f. Die dargestellte Kursentwicklung begünstigt deutsche Exporteure.
   E: zutreffend
   Ö: nicht zutreffend
   M: wegen fehlender notwendiger Informationen nicht überprüfbar

Aufgabe 23

Der Abteilungsleiter der Abt. Lager/Umschlag in der Spedition ALLSPED GmbH erhält die nachfolgend abgebildete Deckungsbeitragsrechnungs-Analyse als Computerausdruck (fehlende Werte sind aus Übungszwecken zu errechnen. Erstellen Sie dazu eine Excel-Tabelle).

a. Wie ist das Monatsergebnis März zu beurteilen, wenn Ist-Zahlen und Plan-Zahlen miteinander verglichen werden?

b. Wie stellt sich das Monatsergebnis im Jahresvergleich dar?

c. Welche Entwicklungstendenz lässt sich erkennen, wenn man die März-Zahlen mit den aufgelaufenen Zahlen (Januar bis März in Blatt 2) vergleicht?

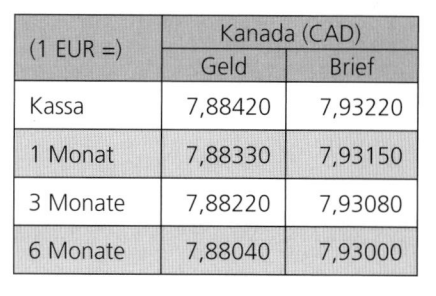

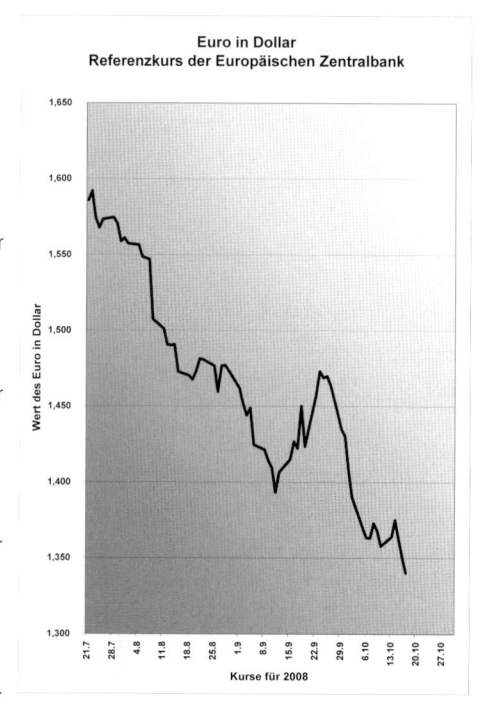

Blatt 1: Deckungsbeitragsrechnungs-Analyse März 20(0)

Spedition ALLSPED		Abteilung	Deckungsbeitrags-Analyse:	Ist-Daten:		Blatt 01
Abteilungsleiter		005	Nach Abteilungen	03/20(0)		20(0)-04-12
		Monat März				
		Ist	Plan	Abweichungen vom Plan		
		€	€	€		%
	Umsatzerlöse	306.158	324.561			
./.	Speditionskosten	182.740	191.491			
=	Rohergebnis	123.418	133.070			
./.	Variable Gemeinkosten	38.142	36.796			
=	Deckungsbeitrag	85.276	96.274			

Blatt 2: Deckungsbeitragsrechnungs-Analyse März 20(0)

Spedition ALLSPED		Abteilung	Deckungsbeitrags-Analyse	Ist-Daten		Blatt 01
Abteilungsleiter		005	Nach Abteilungen	03/20(0)		20(0)-04-12
		Monat Januar - März				
		Ist	Plan	Abweichungen vom Plan		
		€	€	€		%
	Umsatzerlöse	1.054.602	1.100.877			
./.	Speditionskosten	622.215	653.517			
=	Rohergebnis	432.387	447.360			
./.	Variable Gemeinkosten	99.004	90.802			
=	Deckungsbeitrag	333.383	356.558			

Aufgabe 24

Herr Wanders, Leiter der Abteilung Spedition der SPEDLog GmbH, hat die zweite Vierteljahresbesprechung mit dem Geschäftsführer, Herrn Gutermund, vorzubereiten. Der Geschäftsführer wünscht nach jeweils drei Geschäftsmonaten einen Zwischenbericht, in dem die Plan-Daten und die Ist-Daten miteinander verglichen werden, die zurückliegende Geschäftsperiode beurteilt und die zukünftige Entwicklung eingeschätzt wird.

Die Besprechung nach dem ersten Quartal hat Herr Wanders noch in unguter Erinnerung, weil die Ist-Zahlen nicht besonders gut ausgefallen waren. Grundlage der Besprechung war das untenstehende Controllingformular. Es muss für das nächste Gespräch mit den Ist-Zahlen der Monate April bis Juni ergänzt werden.

Abteilung: Spedition

Monat	Plan-Zahlen			Ist-Zahlen			SpK			DB			
	Umsatz-anteil	Plan-umsatz	aufgelaufen	Ist-Umsatz	aufge-laufen	Abweichung-en Plan/Ist-Umsatz	im Monat		aufgelaufen				
	%	€	€	%	€	€	€	%	€	%	€	€	
Jan	7,58	66.948	66.948	7,58	57.636	57.636	-9.312	-13,91	-9.312	-13,91	29.208	28.428	
Feb	5,95	52.552	119.500	13,53	42.652	100.288	-9.900	-18,84	-19.212	-16,08	21.672	20.980	
Mär	7,84	69.244	188.744	21,37	63.628	163.916	-5.616	-8,11	-24.828	-13,15	32.740	30.888	
Apr	8,82	77.900	266.644	30,19									
Mai	7,94	70.128	336.772	38,13									
Jun	7,25	64.036	400.808	45,38									

Ende Juni liegen nebenstehende Ist-Zahlen für das zweite Quartal vor:

Monat	Umsatz	Speditionskosten (direkte Kosten)
	€	€
April	87.544,00	44.280,00
Mai	81.640,00	41.216,00
Juni	75.296,00	38.080,00

a. Erstellen Sie das Controllingformular als Excel-Tabelle und ergänzen Sie die Ist-Zahlen des zweiten Quartals. Verfassen Sie einen Controllingzwischenbericht für den Geschäftsführer.

b. Ergänzen Sie anhand der unten stehenden Zahlen den Controlling-Schlussbericht für das Geschäftsjahr 20(0).

Zahlen für das dritte und vierte Quartal 20(0)				
	Plan-Zahlen		Ist-Zahlen	
Monat	Umsatzanteil	Umsatz	Umsatz	Speditionskosten
	(%)	€	€	€
Juli	7,48	66.064	85.124	43.040
August	6,93	61.208	67.404	34.140
September	8,90	78.608	91.928	46.528
Oktober	9,65	85.232	92.520	48.060
November	10,75	93.356	73.228	37.644
Dezember	11,09	97.952	102.972	59.448

SELBSTTEST LERNSITUATION 16

→ Diese **Prozesse** sollten Sie beherrschen:
- Abwicklung einer See-Exportsendung
- Kalkulation eines See-Exports
- Ablauf Dokumentenakkreditiv
- Konformitätsprüfung von Akkreditivpapieren
- Wechselkurssicherung vornehmen
- Außenwirtschaftliche Handelsbeziehungen einschätzen
- Eine deckungsbeitragsorientierte Kosten—und Leistungsrechnung einrichten
- Den monatlichen Break-even-Point eines Profitcenters berechnen
- Eine Trendberechnung für den Break-even-Point durchführen (Excel)

→ Diese **Begriffe** sollten Sie kennen:

1. Abholklausel
2. Abnahmerisiko
3. All-risk-Versicherung
4. Ankunftsklausel
5. Auf-/Abwertung
6. Außenhandel
7. Bestätigtes Dokumentenakkreditiv
8. Break-even-Point
9. Brief
10. CFR
11. CIF
12. CPT
13. D/A
14. D/P
15. DDP
16. Deckungsbeitragsanalyse
17. Devisenkurs
18. Devisenotionsgeschäft
19. Dokumentenakkreditiv
20. Dokumenteninkasso
21. ERA 500
22. EUR-Call
23. EUR-Put
24. EXW
25. Eingeschränkte Deckung
26. Einzelversicherungspolice
27. Exportüberschuss
28. FOB
29. Fixkostenblock
30. Gefahrenübergang
31. Geld
32. Generalversicherungspolice
33. Handelspartner
34. Haus-Haus-Versicherung
35. ICC Paris
36. INCOTERM-Gruppen
37. INCOTERMS
38. Imaginärer Gewinn
39. Kassa
40. Kostenübergang
41. Kriegsklausel
42. Kumulierte Deckungsbeiträge
43. Lieferungsrisiko
44. Länderrisiko
45. Mindestdeckung
46. Optionsgeschäfte
47. Seefrachtanteil Export/Import
48. Terminverkaufspreis
49. Transportversicherung
50. Transportversicherungsdokument
51. Trendberechnung
52. Versicherungszertifikat
53. Volle Deckung
54. Wechselkurs
55. Währungssicherung
56. Zahlungsrisiko

Lernsituation 17

- **Eine Luft-Exportsendung besorgen**
- **Formen und Ursachen der Arbeitslosigkeit beurteilen**
- **Bilanz und GuV über Controlling-Kennziffern auswerten**
- **Bilanzkennziffern mit Excel berechnen**

Am Donnerstag, den 11. Oktober 20(0) erhält INTERSPED von einem Kunden den Auftrag, eine eilige Sendung per Luftfracht nach Los Angeles zu befördern. Per Fax trifft folgender Speditionsauftrag ein mit der Bitte,

- vorab die Kosten der Beförderung als Festpreis mitzuteilen,
- für eine ausreichende Versicherung nach dem INCOTERM CIP Sorge zu tragen.

Speditionsauftrag (Auszug)

Speditionsauftrag

1 Versender/Lieferant MDO Albertstraße 15 40233 Düsseldorf	2 Lieferanten Nr.	3 Speditionsauftrag-Nr. 01435-20(0)		
		4 Nr. Versender beim Versand-Spediteur		
5 Beladestelle		6 Datum 11.10.20(0)		7 Relations-Nr.
8 Sendungs-/Ladungs-Bezugs-Nr.		9 Versand-Spediteur		10 Spediteur-Nr.
11 Empfänger Sports Car 200 Century Blvd. Los Angeles California USA 14 Anliefer-/Abladestelle	12 Empfänger-Nr.	INTERSPED GmbH Merkurstraße 14 40223 Düsseldorf		
		Fax		Telefon
		13 Bordero-/Ladeliste-Nr.		
		15 Versendervermerke für den Versandspediteur Notify: LCA-Transport, 991 California Street, Los Angeles, USA		
		16 Eintreff-Datum: 13.10.20(0)		17 Eintreff-Zeit:

18 Zeichen und Nr.	19 Anzahl	20 Packstück	21 SF	22 Inhalt	23 Lademittel- Gewicht kg	24 Brutto- Gewicht kg
MDO1	1	Paket		Automobile parts Wert der Sendung: 14.302,97 EUR		485,0
Summe:	25	26 Rauminhalt cdm/Lademeter 140 x 140 x 10 CM Summen:			27	28
30 Frankatur CIP Los Angeles gemäß INCOTERMS 2000				31 Warenwert für Güterversicherung	32 Versender- Nachnahme	

Die Sendung ist so zu disponieren (abholen, im Rahmen der Sammelladung umschlagen, zum Flughafen zustellen), dass der Terminwunsch des Kunden eingehalten wird. Sendungen, die bis ca. 16:00 Uhr beim Versender abgeholt werden, können am nächsten Tag ab ca. 08:00 Uhr in die Zustellung zum Flughafen gehen.

Aufgrund des Speditionsauftrags macht sich Frau Theben mit dem INCOTERM CIP vertraut, um die Aufgaben- und Kostenteilung zwischen Exporteur und Importeur zu überschauen. Mit folgendem Fragenkatalog geht sie gewöhnlich an den Text eines INCOTERMS heran:

1. Wer hat die Güter zu verpacken?
2. Wer hat den Frachtvertrag abzuschließen und die Transportkosten zu übernehmen?
3. Wer schließt die Transportversicherung mit welchem Leistungsumfang ab, wer trägt die Kosten?
4. Wer muss das Beförderungspapier beschaffen und die Kosten für das Papier tragen?
5. Auf welche Benachrichtigung muss der Exporteur warten, welche Nachricht muss er erteilen?
6. Bis zu welchem Punkt trägt der Exporteur das Transportrisiko?
7. Wann hat der Exporteur seine Lieferverpflichtung erfüllt?
8. Wer hat die Ausfuhrverzollung zu besorgen und zu bezahlen?

Lernsituation 17 | zu SLG S. 353–372, WSP S. 163-165, KSK S. 125–143, (DV) 190–201

Folgende Kosten sind zu berechnen und nach dem INCOTERM CIP auf den Exporteur (als Rechnung) und den Importeur (als Kostennachnahme über den Luftfrachtbrief) zu verteilen:

- Vorlaufkosten (als Sammelgut nach dem Tarif für Spediteursammelgut, Entfernung 30 km)
- Luftfracht (nach IATA-Tarif: TACT); INTERSPED schließt den Luftfrachtvertrag mit der Lufthansa ab, weil sie ihr die höchsten Rabatte auf den TACT gewährt.
- Falls erforderlich: die Kosten für eine Haftungserhöhung oder Versicherung der Güter. Es kommen infrage:
  - Erhöhung der Luftfrachtführerhaftung durch Lieferwertangabe (Wertzuschlag); 1 SZR = 1,2228 EUR
  - Angebot eines Transportversicherers als Mindestdeckung nach dem INCOTERM CIP; die Prämie beträgt 3,2 Promille vom Warenwert. Es kann auch ein imaginärer Gewinn versichert werden.
  - Abschluss einer Güterversicherung durch INTERSPED; die Prämientabelle und der Versicherungsumfang sind unten dargestellt.
- Nebenentgelte:
  - AWB-Fee 20,00 EUR
  - Fuel Surcharge 0,45 EUR/kg
  - Security Fee 0,15 EUR/kg
- Kosten für die Ausfuhrabfertigung (37,50 EUR)

Sofern in USD gerechnet wird, ist folgender Kurs zu beachten: 1 EUR = 1,2417 USD

Luftfracht: Alternative Frachtberechnung beachten

Beachten Sie: Grenzüberschreitende Transporte u. Beförderung im Ausland sind von der deutschen Versicherungsteuer befreit. Siehe Stichw. „Versicherungsteuer" im Informationsband

Güterversicherung

Prämien für allgemeine Speditionsgüter (Warengruppe A)
Einzeltransporte nach oder von Orten in Deutschland
Prämie in ‰ – für See- und Landtransporte (Auszug)

Region 0	Region 1	Region 2	Region 3	Region 4	Region 5	Region 6	Region 7
Europa ohne Staaten der ehemaligen UdSSR	Staaten der ehemaligen UdSSR	USA/ Kanada/ Ostküste	USA/ Kanada/ Westküste	Australien, Neuseeland, Ozeanien	Naher Osten, Fernost, Nordafrika, Südafrika	Mittlerer Osten	Mittelamerika, Südamerika/ Ostküste
0,45	zu vereinbaren	2,50	3,00	3,50	4,00	6,50	5,50

Für Güterfolge- und Vermögensschäden, falls gewünscht, 10 % Zuschlag auf die Prämiensätze.

Lufttransporte: Auf die genannten Sätze ein Rabatt von 20 %	Versicherungszertifikat (akkreditivfähig): 7,50 EUR
Versicherungsumfang: - Der Versicherungsschutz gilt weltweit nach DTV-Güterversicherungsbedingungen 2000 – **volle Deckung, von Haus zu Haus**, einschließlich eventueller Vor- und Nachreisen sowie einschließlich der Risiken des **Be- und Entladens**. - Disponierte Lagerungen sind bis zu einer Dauer von 60 Tagen mitversichert. - Krieg-, Streik- und Aufruhrklausel nach DTV: Erhöhung der Prämie um 0,275 ‰ (sofern kein Krisengebiet)	**Ausgeschlossene Güter:** - Umzugsgut, Kunstgegenstände, Edelsteine - explosive Güter, Waffen, Munition - lebende Tiere und Pflanzen - Temperaturgeführte Güter, Tiefkühlgut - Kraftfahrzeuge aller Art - Glas, Porzellan, Elektronik, gebrauchte Güter

Die genauen Flugzeiten ergeben sich aus nachfolgend abgebildetem Ausschnitt aus dem Air Cargo Guide:

Flugplan: Auszug aus dem Air Cargo Guide

DÜSSELDORF GERMANY (DUS)								0200
- RHEIN-RUHR (DUS) 6 mls/9 kms N of city centre - MAIN STATION (QDU)								
Validy		Days of			Flight			
From	To	Service	Dep	Arr	No.	Acft	Class	Stops
Los Angeles	**US**	**LAX**						
–	–	3	0750	DUS 1340	LH 8252	M1F	AC	1
–	–	1234567	1035	DUS 1305	UA 456	747	BC	0
–	–	1234567	1035	DUS 1305	LH 3521	747	BC	0
–	–	7	1410	DUS 1950	UA 8250	M1F	AC	1

M1F = McDonnell Douglas MD (freighter)
UA = United Airlines

Danach kann der Luftfrachtbrief ausgefüllt und die Sendung für den Export (zolltechnisch) abgefertigt werden. Dazu werden der Luftfrachtbrief, die Handelsrechnung (siehe Seite 253) und die Ausfuhrerklärung dem Zollamt in Düsseldorf vorgelegt. Der Zoll verzichtet in diesem Fall auf eine Zollbeschau.

Auszug aus dem Luftfrachttarif TACT		
Düsseldorf	DE	DUS
	KGS	EUR
LOS ANGELES	M	76,69
US	N	4,90
	100	3,80
	300	3,10
	500	2,90

Hinweise zum Luftfrachtbrief:

- Die AWB-Nummer lautet 020 DUS 2440 3471.
- INTERSPED hat eine eigene IATA-Agentur am Düsseldorfer Flughafen eingerichtet, die alle Luftfrachtsendungen übernimmt: INTERSPED LUFTFRACHT GmbH, Flughafenstraße 68, 40474 Düsseldorf.
- Der IATA-Code der Agentur lautet: 23-4 7445/3012.
- Luftfrachtführer: Lufthansa Cargo, Airport Düsseldorf, 40474 Düsseldorf, Fax: 0211 42345400

Hinweise zur Ausfuhrabfertigung:

- Zollnummern der Beteiligten
  MDO: DE4877432
  INTERSPED: DE4682334
- Folgende Felder des Einheitspapiers sind auszufüllen: 1, 2, 5, 8, 14 (direkte Vertretung), 17 (Bestimmungsland-Code), 19, 20, 21, 22, 24, 25, 26, 29, 31, 32, 33, 34 b, 35, 37, 38, 46, 54
- Feld 33: Die statistische Warennummer lautet 87084020.
- Feld 46: Statistischer Wert = Warenwert frei deutsche Grenze einschließlich Vertriebskosten bis zur Grenze. Die Beförderungskosten für die Teilstrecke Düsseldorf – deutsche Grenze sind mit den Vorlaufkosten und 2 % der Luftfracht (einschließlich der Luftfrachtnebenkosten) anzusetzen. Der errechnete Betrag ist auf volle EUR aufzurunden.
- Aus**fuhr**zollstelle ist das Zollamt Düsseldorf.
- Aus**gangs**zollstelle ist die Zollstelle am Düsseldorfer Flughafen (Feld 29: Die Nummer der Zollstelle lautet DE002601).

Am Flughafen Düsseldorf werden der Ausgangszollstelle das AWB und die abgestempelte Ausfuhrerklärung vorgelegt. Eine physische Gestellung der Güter ist nicht erforderlich. Anschließend (bis ca. zwei Stunden vor dem Abflug) wird die Sendung der Lufthansa Düsseldorf zum Transport übergeben.

Der Versender wird per Rechnung mit seinen Kosten belastet.

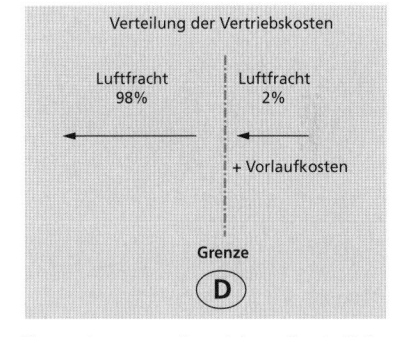

Lernsituation 17 | zu SLG S. 353–372, WSP S. 163-165, KSK S. 125–143, (DV) 190–201

MDO

MDO Aktiengesellschaft Düsseldorf

450USA0077   09.10.20(0   ORDER-NO: 4.434.774.98

MDO, Albertstraße 15, 40233 Düsseldorf

Sports Car
200 Century Blvd.
Los Angeles
California
USA

INVOICE -   NO. 24.450.155   450USA0077

Place of Delivery:	CIP Los Angeles (airport)	Packing:	1 package
Payment:	90 days net	Net weight:	460 kg
Mode of dispatch:	by airfreight	Gross weight:	485 kg
Forwarding address:	INTERSPED GmbH Düsseldorf	Dimension:	140 x 140 x 10 CM
Marks:	4.434.774.98		

Art.-No.	Item	Quantity	Description	Price in USD
			Automobile parts	
890.44	33	10	tool holder NR CF 00109D	3.295,00
860.44	18	2	set centering device 130 h7	2.483,00
860.45	36	100	insert, 36.71.263 SPB 38	5.177.00
860.31	36	100	insert, 36.71.262 SPB 38	3.131,00
860.23	30	100	set jaw SZA 25 - 38	3.674,00
				17.760,00

MDO Düsseldorf
on behalf

Haider

Die INTERSPED GmbH hat in den letzten Jahren einen stetigen, teilweise sogar überraschend guten Aufschwung ihrer Geschäftsentwicklung erleben können. Durch die Ausweitung der Geschäftsfelder hat sich der Umsatz in den letzten Jahren immer weiter steigern lassen. Im laufenden Jahr stieg der Umsatz nochmals um 109.635,00 € gegenüber dem Vorjahr auf 5.343.235,00 € an. Allerdings blieb die Umsatzerhöhung erheblich gegenüber dem Plan-Umsatz zurück.

Auch an der INTERSPED GmbH ist mithin der konjunkturelle Abschwung nicht ohne Folgen vorübergegangen. Die Outsourcing-Maßnahmen im Bereich des Fuhrparks haben zwar erhebliche Einsparungen durch den Abbau von Fixkosten gebracht, dennoch ist der Gewinn unter den des Vorjahres gefallen. Die Controllingabteilung wurde von der Geschäftsleitung angewiesen, in einer Analyse die Bilanzen sowie die Gewinn-und Verlustrechnungen der letzten zwei Jahre zu vergleichen und anhand der üblichen Kennziffern nach den Ursachen des schlechten Abschneidens zu forschen.

Lernsituation 17

Bilanz der INTERSPED GmbH, Düsseldorf, Merkurstraße 14 zum 20(0)-12-31				
Aktiva			20(0)	20(-1)
A.	Anlagevermögen		€	€
	I.	Immaterielle Vermögensgegenstände		
	II.	Sachanlagen		
		1. Grundstücke und Gebäude	720.000,00	720.000,00
		2. Transportanlagen	654.000,00	630.000,00
		3. Fuhrpark	1.302.560,00	1.520.630,00
		4. Betriebs- und Geschäftsausstattung	497.400,00	380.000,00
	III.	Finanzanlagen	156.000,00	156.000,00
B.	Umlaufvermögen			
	I.	Vorräte	56.000,00	95.600,00
	II.	Forderungen und sonstige Vermögensgegenstände	596.928,00	580.055,00
	III.	Wertpapiere	-	-
	IV.	Schecks, Kassenbestand, Bankguthaben	267.690,00	123.600,00
C.	Rechnungsabgrenzungsposten		-	-
Summe der Aktiva			4.250.578,00	4.205.885,00
Passiva				
A.	Eigenkapital			
	I.	Stammkapital	1.200.000,00	1.200.000,00
	II.	Kapitalrücklage	85.000,00	85.000,00
	III.	Gewinnrücklage	80.000,00	80.000,00
	IV.	Gewinnvortrag/Verlustvortrag	0	0
	V.	Jahresüberschuss	98.436,00	110.655,00
B.	Rückstellungen		0	0
C.	Verbindlichkeiten		0	0
	I.	Darlehensschulden	2.350.000,00	2.350.000,00
	II.	Verbindlichkeiten aus Lieferungen und Leistungen	418.216,00	360.500,00
	III.	Sonstige Verbindlichkeiten	18.926,00	19.730,00
D.	Rechnungsabgrenzungsposten		0	0
Summe der Passiva			4.250.578,00	4.205.885,00

Düsseldorf, 20(0)-12-31 *Berger*

Folgende Werte aus dem Jahr 20(-2) liegen noch vor:
Eigenkapital zum 31.12.20(-2): 1.385.760,00, Gesamtkapital zum 31.12.20(-2): 4.115.230,00.

Gewinn- und Verlustrechnung INTERSPED GmbH, Düsseldorf, Merkurstraße 14 zum 20(0)-12-31				
			20(0)	20(-1)
			€	€
	1.	Speditionserlöse	5.343.235,00	5.233.600,00
+	2.	Sonstige Erträge	12.456,00	14.250,00
=		Nettoumsatz	5.355.691,00	5.247.850,00
-	3.	Betriebliche Aufwendungen: Speditionsaufwand	-1.864.270,00	-1.393.394,00
=		Rohergebnis (Deckungsbeitrag)	3.491.421,00	3.854.456,00
-	4.	Personalaufwand	-1.955.025,00	-2.120.000,00
-	5.	Abschreibungen	-240.600,00	-210.000,00
-	6.	Sonstige betriebliche Aufwendungen		
		Fuhrparkkosten	-446.910,00	-697.750,00
		Raumkosten	-101.550,00	-85.600,00
		Betriebliche Abgaben	-108.475,00	-108.300,00
		Unternehmenskosten	-129.475,00	-130.600,00
+	7.	Zinsen und ähnliche Erträge	23.000,00	45.000,00
-	8.	Zinsen und ähnliche Aufwendungen	-221.457,00	-189.700,00
=	9.	Ergebnis aus gewöhnlicher Geschäftstätigkeit	310.929,00	357.506,00
+	10.	Außerordentliche Erträge	+ 3.800,00	+ 2.700,00
-	11.	Außerordentliche Aufwendungen	-2.890,00	-1.680,00
=	12.	Außerordentliches Ergebnis	311.839,00	358.526,00
-	13.	Steuern vom Einkommen und Ertrag	0	0
-	14.	Sonstige Steuern	-213.403,00	-247.871,00
=	15.	Jahresüberschuss	98.436,00	110.655,00

Diese Bilanz- und GuV-Analyse muss regelmäßig durchgeführt werden. Daher bereitet die Controllingabteilung eine Exceltabelle vor, in der diese Analyse automatisiert wird. Die Tabelle enthält die Bilanz und die Gewinn- und Verlustrechnung. Die Begriffe, die man für die Kennziffernanalyse benötigt, werden zuerst berechnet. Die Berechnung erfolgt mit Verweisen, so dass bei jedem Verändern der Bilanzdaten auch die Kennziffern neu berechnet werden. Aus den Begriffen werden danach die Kennziffern berechnet. Das System soll so funktionieren, dass nur Bilanz- und GuV-Daten verändert werden müssen.

Beispiel:

	A	B	C	D	E	F	G	H	I	J
1				Bilanz der INTERSPED GmbH, Düsseldorf, Merkurstraße 14						
2				zum 20(0)-12-31				**Begriffe**	20(0)	20(-1)
3					20(0)	20(-1)		Anlagevermögen	3.329.960,00 €	3.406.630,00 €
4					€	€		Umlaufvermögen	920.618,00 €	799.255,00 €
5	**Aktiva**							Gesamtvermögen	4.250.578,00 €	4.205.885,00 €
6		A.		Anlagevermögen						
7			I.	Immaterielle Vermögensgegenstände						
8			II.	Sachanlagen						
9				1. Grundstücke und Gebäude	720.000,00 €	720.000,00 €				
10				2. Transportanlagen	654.000,00 €	630.000,00 €				
11				3. Fuhrpark	1.302.560,00 €	1.520.630,00 €		**Kennzahlen**	20(0)	20(-1)
12				4. Betriebs- und Geschäftsausstattung	497.400,00 €	380.000,00 €		Anlagenintensität	78,3%	81,0%
13			III.	Finanzanlagen	156.000,00 €	156.000,00 €		Umlaufintensität	21,7%	19,0%
14		B.		Umlaufvermögen						
15			I.	Vorräte	56.000,00 €	95.600,00 €				
16			II.	Forderungen und	596.928,00 €	580.055,00 €				
17			III.	Wertpapiere						
18			IV.	Schecks, Kassenbestand, Bankguthaben	267.690,00 €	123.600,00 €				
19		C.		Rechnungsabgrenzungsposten						
20	Summe der Aktiva				4.250.578,00 €	4.205.885,00 €				

Der Mitarbeiter Karl Siebert aus der Sammelgutabteilung trifft sich am Abend mit seinen Freunden zum Kegeln in seiner Stammkneipe. Heute ist die Stimmung besonders mies, sind doch in der letzten Woche zwei weitere Kegelbrüder arbeitslos geworden.

Karl: Das verstehe ich nicht, Paul. Du hast doch bei AXM, einer großen Computerchipfabrik gearbeitet. Das Geschäft mit den Computerchips ist doch sehr modern; wieso bist du dann entlassen worden?

Paul: Im Moment werden wir die Chips einfach nicht los. Früher haben wir viel in die USA exportiert; heute wird dort nur noch wenig gekauft. Auch die Nachfrage in der Bundesrepublik geht zurück. Die Leute haben einfach kein Geld mehr, um neue PCs zu kaufen. Die gesamtwirtschaftliche Lage ist einfach trostlos.

Frank: Bei mir als Kellner sieht die Sache anders aus. Meine Ex-Kneipe ist pleite; ich habe aber in der nächsten Woche bereits vier Vorstellungsgespräche in anderen Restaurants. Ich denke, dass ich da schnell eine neue Stelle finde.

Heinz: Ich habe da wenig Hoffnung. Die Zeiten der Bergleute sind vorbei. Unsere Zeche hat ihren Betrieb eingestellt und es gibt einfach nur noch wenige Arbeitsplätze in diesem Sektor.

Kurt: Mir geht es im Moment ganz gut. Ich arbeite in einer Konservenfabrik. Jetzt ist Erntezeit und ich habe genug Arbeit. Das wird sich aber zum Winter wieder ändern.

Manfred: Ach ja, der Winter. Da sieht es bei mir auch wieder schlecht aus. Die Baubranche hat da einfach wegen des schlechten Wetters wenig zu tun. Ich rechne schon mit Kurzarbeit. Wenn ich Pech habe, werde ich sogar entlassen.

Uwe: Ich habe jahrelang in der Lackierung in der Automobilbranche gearbeitet. Der Arbeitgeber hat irgendwann vollautomatische Industrieroboter gekauft; so bin ich arbeitslos geworden.

Karl: Bei uns in der Spedition wird auch kräftig rationalisiert. Die Routinearbeiten erledigt der Computer fast alleine. Wenn unsere Firma nicht so viele zusätzliche Aufträge hätte, könnte es auch für mich knapp werden. Wir arbeiten viel im Bereich des Exports, und der boomt schon lange.

Markus: Mein Chef hat mir an meinem letzten Arbeitstag noch einmal ausdrücklich gesagt, wie zufrieden er mit meiner Arbeit war. Er hat aber im Moment einfach keine Aufträge. Überall wird gespart; niemand investiert oder kauft etwas.

Mehmet: Nicht den Mut verlieren, Jungs. Ich war jetzt auch drei Wochen arbeitslos, aber ab Dienstag fange ich in einer neuen Firma an. Lasst uns jetzt lieber noch ein bisschen kegeln.

Air Waybill

Shipper's Name and Address	Shipper's Account Number	Not Negotiable
		Air Waybill Issued by

Copies 1, 2 and 3 of this Air Waybill are originals and have the same validity.

It is agreed that the goods described herein are accepted in apparent good order and condition (except as noted) for carriage SUBJECT TO THE CONDITIONS OF CONTRACT ON THE REVERSE HEREOF. ALL GOODS MAY BE CARRIED BY ANY OTHER MEANS INCLUDING ROAD OR ANY OTHER CARRIER UNLESS SPECIFIC CONTRARY INSTRUCTIONS ARE GIVEN HEREON BY THE SHIPPER, AND SHIPPER AGREES THAT THE SHIPMENT MAY BE CARRIED VIA INTERMEDIATE STOPPING PLACES WHICH THE CARRIER DEEMS APPROPRIATE. THE SHIPPER'S ATTENTION IS DRAWN TO THE NOTICE CONCERNING CARRIER'S LIMITATION OF LIABILITY. Shipper may increase such limitation of liability by declaring a higher value for carriage and paying a supplemental charge if required.

Consignee's Name and Address	Consignee's Account Number

Issuing Carrier's Agent Name and City	Accounting Information

Agent's IATA Code	Account No.

Airport of Departure (Addr. of First Carrier) and Requested Routing	Reference Number	Optional Shipping Information

| To | By First Carrier | Routing and Destination | to | by | to | by | Currency | CHGS Code | WT/VAL PPD COLL | Other PPD COLL | Declared Value for Carriage | Declared Value for Customs |

| Airport of Destination | Requested Flight / Date | Amount of Insurance | INSURANCE – If carrier offers insurance, and such insurance is requested in accordance with the conditions thereof, indicate amount to be insured in figures in box marked "Amount of Insurance". |

Handling Information

SCI

(For USA only): These commodities, technology or software were exported from the United States in accordance with the Export Administration Regulations. Diversion contrary to USA law prohibited.

No. of Pieces RCP	Gross Weight	kg lb	Rate Class / Commodity Item No.	Chargeable Weight	Rate / Charge	Total	Nature and Quantity of Goods (incl. Dimensions or Volume)

Prepaid	Weight Charge	Collect	Other Charges

| Valuation Charge |
| Tax |
| Total Other Charges Due Agent |
| Total Other Charges Due Carrier |

Shipper certifies that the particulars on the face hereof are correct and that **insofar as any part of the consignment contains dangerous goods, such part is properly described by name and is in proper condition for carriage by air according to the applicable Dangerous Goods Regulations.**

Signature of Shipper or his Agent

| Total Prepaid | Total Collect |
| Currency Conversion Rates | CC Charges in Dest. Currency |

Executed on (date) at (place) Signature of Issuing Carrier or its Agent

| For Carrier's Use only at Destination | Charges at Destination | Total Collect Charges |

ORIGINAL 3 (FOR SHIPPER)

Lernsituation 17 | zu SLG S. 353–372, WSP S. 163-165, KSK S. 125–143, (DV) 190–201

EUROPÄISCHE GEMEINSCHAFT Nr. M 6926773

Exemplar für das Versendungs-/Ausfuhrland

1 — 2 Versender/Ausführer Nr.

A VERSENDUNGS-/AUSFUHRZOLLSTELLE

1 ANMELDUNG xxxxx

3 Vordrucke | 4 Ladelisten xxxxx

5 Positionen | 6 Packst. insgesamt xxxxxxx | 7 Bezugsnummer

8 Empfänger Nr.

9 Verantwortlicher für den Zahlungsverkehr Nr.
xxxxxxxxxxxxxxxxxxxxxxxxxxxxxxxxxxxx

10 Erstes Best. Land xxx | 11 Handelsland | 13 G.L.P. xxxx

14 Anmelder/Vertreter Nr.

15 Versendungs-/Ausfuhrland xxxxxxxxxxxxxx | 15 Vers./Ausf.L.Code a) xxx b) xx | 17 Bestimm.L.Code a) b) xx

16 Ursprungsland | 17 Bestimmungsland

18 Kennzeichen und Staatszugehörigkeit des Beförderungsmittels beim Abgang xxxxxxxxxxxxxxxxxxxxxxxxxxxxxx | 19 Ctr. xxx

20 Lieferbedingung | xx

21 Kennzeichen und Staatszugehörigkeit des grenzüberschreitenden aktiven Beförderungsmittels | 22 Währung u. in Rechn. gestellter Gesamtbetr. | 23 Umrechnungskurs xxxxxxxx | 24 Art des Geschäfts

25 Verkehrszweig an der Grenze | 26 Inländischer Verkehrszweig | 27 Ladeort xxxxxxxxxxx xxx | 28 Finanz- und Bankangaben xxxxxxxxxxxxxxxxxxxxxxxxxxxxxx

1 — 29 Ausgangszollstelle | 30 Warenort xxxxxxxxxxxxxxx xxxxxxxxxxxxxxxxxxxxxxxxxxxxxx

31 Packstücke und Warenbezeichnung | Zeichen und Nummern - Container Nr. - Anzahl und Art

32 Positions Nr. | 33 Warennummer | | | xxxx

34 Urspr.land Code a) b) | 35 Rohmasse (kg)

37 VERFAHREN | 38 Eigenmasse (kg) | 39 Kontingent xxxxx

40 Summarische Anmeldung/Vorpapier

41 Besondere Maßeinheit

44 Besondere Vermerke/ Vorgelegte Unterlagen/ Bescheinigungen u. Genehmigungen | Ausgeführt mit unvollständiger/vereinfachter Ausfuhranmeldung Nr. _____ vom _____
Ausfuhrgenehmigung vom _____ Nr. _____ Gültig bis _____

Code B.V. xxx

46 Statistischer Wert

47 Abgabenberechnung | Art | Bemessungsgrundlage | Satz | Betrag | ZA
xxxxxxxxxxxxxxxxxxxxxxxxxxxxxxxxxxxx

Summe:

48 Zahlungsaufschub xxxxxxxxxxxxxxxx | 49 Bezeichnung des Lagers

B ANGABEN FÜR VERBUCHUNGSZWECKE

Ausfuhranmeldung

Zollstelle der ergänzenden Anmeldung
Bezeichnung:
Anschrift:

50 Hauptverpflichteter Nr. | Unterschrift: | **C** ABGANGSSTELLE

51 Vorgesehene Durchgangszollstellen (und Land) | vertreten durch Ort und Datum:
xxxxxxxxxx | xxxxxxxxxx | xxxxxxxxxx | xxxxxxxxxx | xxxxxxxxxx | xxxxxxxxxx

52 Sicherheit nicht gültig für xxxxxxxxxxxxxxxxxxxxxxxxxxxxxxxxxxxxxxxxxx | Code xx | 53 Bestimmungsstelle (und Land) xxxxxxxxxxxxxxxxxxxxxxxx

D PRÜFUNG DURCH DIE ABGANGSSTELLE | Stempel: | 54 Ort und Datum:
Ergebnis:
Angebrachte Verschlüsse: Anzahl:
Zeichen:
Frist (letzter Tag):
Unterschrift: | Unterschrift und Name des Anmelders/Vertreters:

0733 Einheitspapier (Versendung/Ausfuhr) · III B 1 · **(2005)**

Aufgabe 1
Beschreiben Sie den zolltechnischen Ablauf bei einem Export von Gütern anhand des Einstiegsfalls.

Aufgabe 2
Wie ändert sich die Verteilung der Kosten aus dem Einstiegsfall, wenn die Vertragspartner des Kaufvertrags den INCOTERM FCA Düsseldorf vereinbart hätten?

Siehe INCOTERM FCA im Anhang des Informationsbandes

Aufgabe 3
Lösen Sie anhand des nachfolgend abgebildeten Auszugs aus einer Ausfuhranmeldung folgende Teilaufgaben:
a. Erläutern Sie den Inhalt der Felder 1, 14, 17, 19, 21, 31, 34, 35 und 37.
b. Beschreiben Sie, wie man den Code für die Ausgangszollstelle Rielasingen (DE004103, Feld 29) ermittelt.
c. Stellen Sie fest, wie man die Warennummer 39231000 (Feld 33) überprüfen kann.
d. Erläutern Sie die Auswirkung des INCOTERMS DDU Thun (Feld 20) auf die Einfuhrverzollung in der Schweiz.

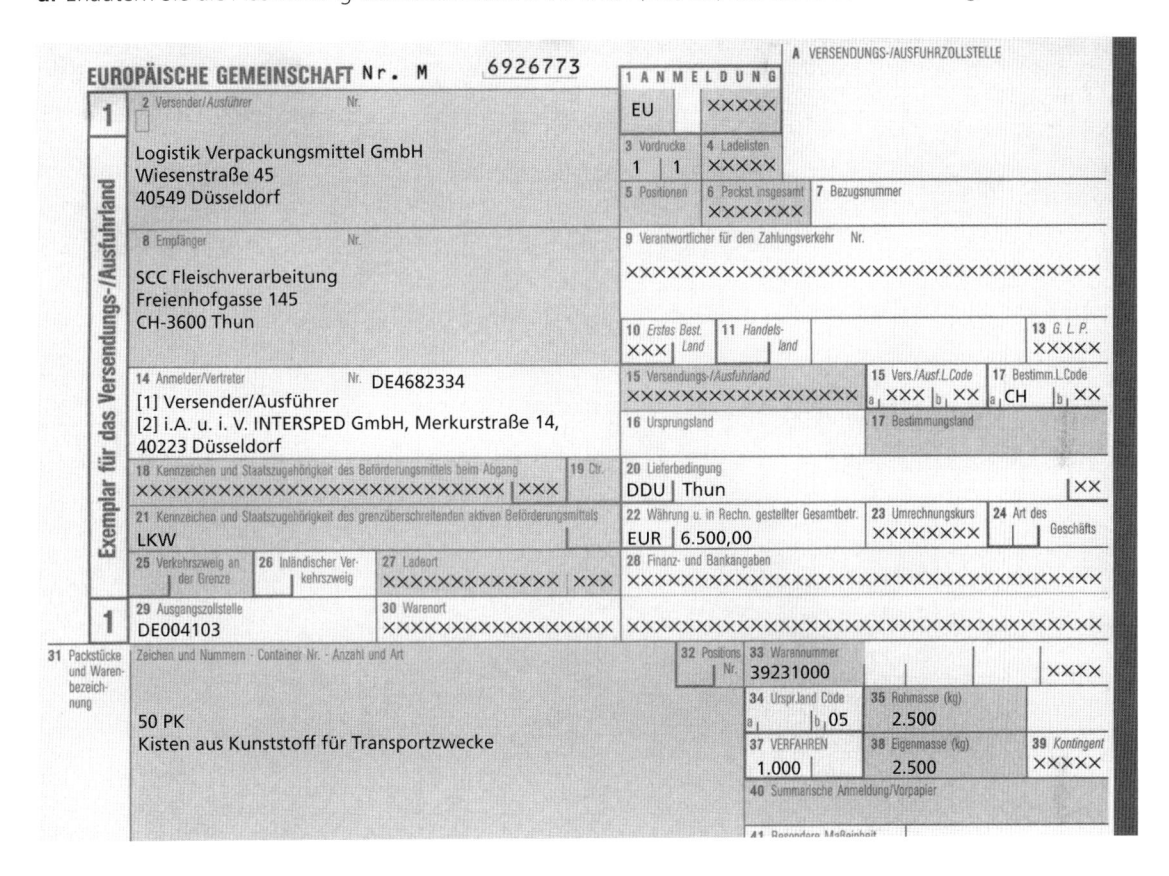

EUROPÄISCHE GEMEINSCHAFT Nr. M 6926773		A VERSENDUNGS-/AUSFUHRZOLLSTELLE
1 2 Versender/Ausführer Nr.	**1 ANMELDUNG** EU xxxxx	
Logistik Verpackungsmittel GmbH Wiesenstraße 45 40549 Düsseldorf	3 Vordrucke 1 / 1 4 Ladelisten xxxxx	
	5 Positionen 6 Packst. insgesamt xxxxxxx 7 Bezugsnummer	
8 Empfänger Nr. SCC Fleischverarbeitung Freienhofgasse 145 CH-3600 Thun	9 Verantwortlicher für den Zahlungsverkehr Nr. xxxxxxxxxxxxxxxxxxxxxxxxxxxxxxx	
	10 Erstes Best. xxx / Land	11 Handelsland	13 G.L.P. xxxxx
14 Anmelder/Vertreter Nr. DE4682334 [1] Versender/Ausführer [2] i.A. u. i. V. INTERSPED GmbH, Merkurstraße 14, 40223 Düsseldorf	15 Versendungs-/Ausfuhrland xxxxxxxxxxxxxx a|xxx b|xx	17 Bestimm.L.Code a|CH b|xx
	16 Ursprungsland	17 Bestimmungsland
18 Kennzeichen und Staatszugehörigkeit des Beförderungsmittels beim Abgang xxxxxxxxxxxxxxxxxxxxxxxxx | xxx	19 Ctr.	20 Lieferbedingung DDU | Thun | xx
21 Kennzeichen und Staatszugehörigkeit des grenzüberschreitenden aktiven Beförderungsmittels LKW	22 Währung u. in Rechn. gestellter Gesamtbetr. EUR 6.500,00	23 Umrechnungskurs xxxxxxxx	24 Art des Geschäfts
25 Verkehrszweig an der Grenze	26 Inländischer Verkehrszweig	27 Ladeort xxxxxxxxxxx | xxx	28 Finanz- und Bankangaben xxxxxxxxxxxxxxxxxxxxxxxxxxxxxxxx
1 29 Ausgangszollstelle DE004103	30 Warenort xxxxxxxxxxxxxxxxx	xxxxxxxxxxxxxxxxxxxxxxxxxxxxxx
31 Packstücke und Warenbezeichnung	Zeichen und Nummern – Container Nr. – Anzahl und Art 50 PK Kisten aus Kunststoff für Transportzwecke	32 Positions Nr.	33 Warennummer 39231000	xxxx
		34 Urspr.land Code a| b|05	35 Rohmasse (kg) 2.500	
		37 VERFAHREN 1.000	38 Eigenmasse (kg) 2.500	39 Kontingent xxxxx
		40 Summarische Anmeldung/Vorpapier	
		41 Besondere Maßeinheit	

Aufgabe 4
Beschreiben Sie den zolltechnischen Ablauf bei der Ausfuhr von Gütern anhand der nachfolgenden Begriffe:
- Gestellung,
- Zollbeschau,
- Zollbefund,
- Zollanmeldung,
- Zollverfahren,
- Ausfuhrzollstelle,
- Ausgangszollstelle.

Aufgabe 5
Nehmen Sie an, Intersped sei bei der Abwicklung einer Luftfrachtsendung von FRA nach LA an der genauen Flugdauer interessiert.

Siehe oben

Flugzeiten: Abflug/Ankunft 10:15 / 12:45 (local time).

Das Flugzeug hat eine Zwischenlandung in New York.

a. Berechnen Sie die „reine" Flugzeit unter Zuhilfenahme der Zeitzonenkarte, die z.B. unter www.weltzeit.de abgerufen werden kann.

Siehe auch Informationshandbuch

b. Nennen Sie den IATA-Richtungscode.
c. Welchen Konferenzgebieten gehören FRA und LA an?
d. Der Flug nach New York dauert 7 Std. 20 Min. Um welche Ortszeit landet das Flugzeug in New York?

Lernsituation 17

Aufgabe 6

Sie haben für die AMW-Motorenfabrik, Ellerstraße 117, 40227 Düsseldorf, eine Luftfrachtsendung nach Pakistan abzuwickeln. Der Kaufvertrag ist mit einem Dokumentenakkreditiv gesichert.

Zusammen mit dem Speditionsauftrag schickt Ihnen der Versender per Fax die unten abgebildete Mitteilung über eine Akkreditiveröffnung.

a. Erläutern Sie den Ablauf dieses Dokumenten-Akkreditivgeschäfts und gehen Sie dabei auf die Rolle der Beteiligten (eröffnende Bank, Auftraggeber, Begünstigter, Akkreditivstelle, Spediteur) ein.

b. Stellen Sie die Bedeutung der Zeile „CONFIRMATION INSTRUCTIONS" für den Exporteur dar.

c. Begründen Sie, warum die Akkreditivbank als Empfänger der Sendung genannt wird (siehe AWB-Ausschnitt unten).

d. Die Mitteilung über das Akkreditiv enthält eine weitere Bedingung, die unten gesondert aufgeführt ist. Erläutern Sie die Bedeutung dieser Formulierung für den organisierenden Spediteur.

Auszug aus einer Mitteilung der Akkreditivstelle über die Akkreditiveröffnung

NATIONAL BANK OF PAKISTAN, FRANKFURT
HOLZGRABEN 31, 60313 FRANKFURT / MAIN, GERMANY
ISSUE OF A DOCUMENTARY CREDIT

ISSUING BANK	BANK ALFALAH LIMITED, THE MALL, RAWALPINDI, PAKISTAN
FORM OF DOKUMENTARY CREDIT	IRREVOCABLE
DOCUMENTARY CREDIT NO.	SLCRWPO 22488-07
APPLICANT	MICRO BUSINESS MACHINES, 62/11 AL-FAISAL PLAZA, RAWALPINDI, PAKISTAN
BENEFICIARY	AMW-MOTORENFABRIK, ELLERSTRASSE 117, 40227 DUESSELDORF, GERMANY
NOMINATED BANK	NATIONAL BANK OF PAKISTAN, HOLZGRABENSTRASSE 31, 60313 FRANKFURT/MAIN
DATE OF ISSUE	05.10.20(0)
DATE AND PLACE OF EXPIRY	28.12.20(0) GERMANY
CURRENCY CODE AND AMOUNT	EUR (EURO) 12.455,70
LATEST DATE OF SHIPMENT	09.12.20(0)
PERIOD FOR PRESENTATION	DOCUMENTS MUST BE PRESENTED WITHIN 20 DAYS AFTER THE DATE OF ISSUANCE OF TRANSPORT DOCUMENTS, BUT NOT LATER THAN THE EXPIRY DATE OF THIS CREDIT
CONFIRMATION INSTRUCTIONS	WITHOUT
DESCRIPTION OF GOODS	JUNCTION BOX
INCOTERM	CFR KARACHI
DOCUMENTS REQUIRED	1. ORIGINAL ARWAY BILL, BEARING THIS CREDIT NUMBER AND DATE OF ISSUE SHOWING BANK ALFALAH LIMITED, THE MALL; RAWALPINDI, PAKISTAN … 2. PACKING LIST … 3. …
USW.	

Auszug aus dem AWB

Consignee's Name and Address	Consignee's account Number	Copies 1, 2 and 3 of this Air Waybill are originals and have the same validity
BANK ALFALAH LIMITED THE MALL RAWALPINDI PAKISTAN		

Auszug aus der Mitteilung über das Akkreditiv

DOCUMENTS REQUIRED	A CERTIFICATE FROM THE ARLINE COMPANY OR THEIR AGENTS IS REQUIRED THAT THE CARRYING CRAFT IS NOT OPERATING UNDER ISRAELI AND INDIAN AIRLINES OR CALL AT ANY OF THEIR AIRPORTS WHILE CARRYING THE GOODS

Aufgabe 7

Nehmen Sie an, INTERSPED hätte auf Wunsch des Versenders MDO (siehe Seite 439) die Kosten einer Transportversicherung durch den Luftfrachtführer (Lufthansa) mit in die Vergleichsrechnung einbezogen.

a. Ermitteln Sie die Kosten für diese Versicherung anhand des nachfolgenden Auszuges aus den Versicherungsbedingungen der Lufthansa.

b. Vergleichen Sie Ihre Lösung mit dem Ergebnis des Arbeitsauftrages von Seite 252.

4.3 AIR CARGO INSURANCE FROM DOOR TO DOOR

1. ...

2. Duration of Insurance

The insurance is in effect from Door to Door.
- Transportation to the airport of departure is only covered if the insurance on the Lufthansa Cargo Air Waybill was expressly requested at the Lufthansa Cargo or IATA agent's office issuing the AWB, prior to commencement of transportation,
- Transportation of valuables (precious metals, currency, jewelry, objects of art, furs, etc.) to and from the airport is only insured if security precautions appropriate to the type of goods have been arranged.

3. Maximum Amount of Insurance

The maximum amount of insurance per shipment (AWB) is EUR 500.000,00 or equivalent in other currency. It is possible to exceed this maximum amount by requesting authorization from the insurer via the nearest Lufthansa Cargo office prior to commencement of the transportation.

4. Premium Tariff and Insurance Zones

Base premiums (in %) for General Commodities* from/to

Zone	1	2	3	4
1	0.15	0.22	0.22	0.38
2	0.22	0.15	0.30	0.38
3	0.22	0.30	0.30	0.38
4	0.38	0.38	0.38	0.45

* except for cars/motorcycles, household goods, personal effects, perishable commodities and live animals.

Insurance Zones

Zone 1   Europe, Israel, (except Eastern Europe, Turkey and Canary Islands)
Zone 2   USA, Canada (continent only)
Zone 3   Australia, New Zealand, Hong Kong, Singapore, Japan, Chinese Taipei and South Korea
Zone 4   Eastern Europe, Turkey, Canary Islands and all other countries
Special arrangements are possible upon request.

Aufgabe 8

Analysieren Sie die nachstehende aufbereitete Bilanz der Spedition ALLSPED GmbH mit dem finanzwirtschaftlichen Instrumentarium.

Aktiva	Bilanz der ALLSPED GmbH		Passiva		
	Berichtsjahr	Vorjahr		Berichtsjahr	Vorjahr
Anlagevermögen			Eigenkapital	2.268.800	2.067.200
Sachanlagen	3.200.000	2.720.000			
Finanzanlagen	480.000	720.000	Fremdkapital		
			Langfristiges Fremdkapital	1.846.400	1.713.600
Umlaufvermögen					
Vorräte	134.400	144.000	Kurzfristiges Fremdkapital	716.800	696.000
Forderungen	867.200	755.200			
Liquide Mittel	150.400	137.600			
	4.832.000	4.476.800		4.832.000	4.476.800

Aufgabe 9

Analysieren Sie die nachstehende aufbereitete GuV der Spedition ALLSPED GmbH mit dem erfolgswirtschaftlichen Instrumentarium.

	Gewinn- und Verlustrechnung der ALLSPED GmbH	Berichtsjahr	Vorjahr
		€	€
	1. Speditionserlöse	6.233.600,00	6.109.400,00
+	2. Sonstige Erträge	14.250,00	12.570,00
-	3. Betriebliche Aufwendungen: Speditionsaufwand	2.350.000,00	2.310.500,00
-	4. Personalaufwand	2.120.000,00	2.060.700,00
-	5. Abschreibungen	210.000,00	205.500,00
-	6. Sonstige betriebliche Aufwendungen		
	Fuhrparkkosten	797.750,00	786.490,00
	Raumkosten	85.600,00	84.300,00
	Betriebliche Abgaben	18.300,00	17.350,00
	Unternehmenskosten	230.600,00	228.560,00
+	7. Zinsen und ähnliche Erträge	45.000,00	44.500,00
-	8. Zinsen und ähnliche Aufwendungen	189.700,00	181.450,00
=	9. Ergebnis aus gewöhnlicher Geschäftstätigkeit	290.900,00	291.620,00
+	10. Außerordentliche Erträge	2.700,00	1.990,00
-	11. Außerordentliche Aufwendungen	75.400,00	3.980,00
=	12. Außerordentliches Ergebnis	218.200,00	289.630,00
-	13. Steuern vom Einkommen und Ertrag		
-	14. Sonstige Steuern	108.200,00	107.650,00
=	15. Jahresüberschuss	110.000,00	181.980,00

Weitere Angaben: Eigenkapital 20(-2): 1.885.220,00, Gesamtkapital 20(-2): 4.120.130,00.

Aufgabe 10

Werten Sie die folgende kurzfristige Erfolgsrechnung der Spedition TRANSlog GmbH mit sinnvollen Controlling-Instrumenten aus.

	TRANSlog GmbH		Geschäftsführung	Nationale Spedition	Internationale Spedition	Fuhrpark	Lager/Umschlag
8000	Umsatzerlöse (netto)	21.422.766		7.560.000	4.250.000	4.862.766	4.750.000
7000	Speditionskosten	7.457.080		3.520.000	1.730.100	456.980	1.750.000
	Deckungsbeitrag	13.965.686		4.040.000	2.519.900	4.405.786	3.000.000
	Betriebskosten:						
4000	Lohn- u. Lohnnebenkosten	3.367.100	201.400	166.600	17.500	1.462.300	1.519.300
4001	Gehalts- und Gehaltsnebenkosten	4.053.000	1.315.500	1.106.800	775.900	388.900	465.900
∑	Personalkosten	7.420.100	1.516.900	1.273.400	793.400	1.851.200	1.985.200
4200	Fuhrparkkosten	1.787.640	36.500	11.560	12.230	1.707.500	19.850
4300	Raumkosten	406.200	54.400	84.700	23.000	71.700	172.400
4400	Verwaltungskosten	322.200	13.600	45.100	37.600	47.300	178.600
4500	Sonstige Steuern u. Versicherungen	433.900	46.300	62.900	82.800	41.300	200.600
4600	Unternehmenskosten	517.900	53.600	270.500	42.100	48.300	103.400
∑	Allg. Verwaltungskosten	1.680.200	167.900	463.200	185.500	208.600	655.000
4800	Kalkulatorische Kosten	2.489.000	1.025.600	15.000	7.400	1.244.400	196.600
∑	Gesamtkosten	13.376.940	2.746.900	1.763.160	998.530	5.011.700	2.856650
	Umlage Overhead			1.213.260	1.189.500	245.500	98.640
	Zwischensumme			2.976.420	2.188.030	5.257.200	2.955.290
	Abgrenzungen	195.000		88.000	37.000	58.000	12.000
	Kosten Gesamt/ Profit-Center	13.571.940		3.064.420	2.225.030	5.315.200	2.967.290
	Ergebnisse Gesamt/Profit-Center	393.746		975.580	294.870	-909.414	32.710

Aufgabe 11

Bearbeiten Sie die Geschäftsfälle des Monats Dezember 20(0) der Spedition ALLSPED.

a. Eröffnen Sie die Konten des Hauptbuchs mit den Eröffnungsbeständen aus der unten stehenden Aufstellung. Die Saldenliste wurde am 01.12.20(0) erstellt und enthält die zusammengefassten Werte des Jahres 20(0) für die Monate Januar bis November.

b. Für den Jahresabschluss fehlen noch die Buchungen der Geschäftsfälle des Monats Dezember. Buchen Sie deshalb die noch ausstehenden Geschäftsfälle des Monats Dezember.

c. Schließen Sie die Konten der Finanzbuchführung ab.

d. Erstellen Sie die Gewinn- und Verlustrechnung und die Bilanz für das Geschäftsjahr.

e. Werten Sie die Bilanz und GuV aus.

Die Hauptbuchkonten der Finanzbuchhaltung der ALLSPED GmbH weisen zum 01.12.20(0) folgende Werte [1] aus:

Saldenliste zum 01.12.20(0)		Salden	
Nr.	Konto	Soll	Haben
02000	Transportanlagen	153.586,00	0,00
02200	Fuhrpark	392.482,00	0,00
02400	Geschäftsausstattung	106.038,00	0,00
04110	Darlehen (Sparkasse)	0,00	518.040,00
05000	Eigenkapital	0,00	268.654,00
10000	Kasse	13.380,00	0,00
10201	Commerzbank Düsseldorf	95.199,00	0,00
10202	Sparkasse Düsseldorf	0,00	138.148,00
14000	Forderungen	206.076,00	0,00
14570	Vorsteuer	0,0	0,00
16000	Verbindlichkeiten	0,00	165.021,00
16690	Mehrwertsteuer	0,00	37.998,00
20000	Außerordentliche Aufwendungen	2.523,00	0,00
21100	Periodenfremde Aufwendungen	3.585,00	0,00
22100	Zinsaufwendungen	36.262,00	0,00
24700	Bilanzielle Abschreibungen	33.876,00	0,00
24900	Wagnisse	9.750,00	0,00
25000	Außerordentliche Erträge	0,00	1924,00
26100	Periodenfremde Erträge	0,00	5.196,00
40100	Löhne	194.940,00	0,00
40400	Spesen	5.593,00	0,00
40500	Gesetzliche soziale Abgaben	46.239,00	0,00
41000	Gehälter	270.480,00	0,00
41100	Gesetzliche soziale Abgaben	63.940,00	0,00
42010	Treibstoffverbrauch	22.618,00	0,00
42020	Schmierstoffe	952,00	0,00
42100	Reifenverbrauch	3.841,00	0,00
42300	Reparaturen	12.240,00	0,00
42400	Kfz-Versicherungen	8.110,00	0,00
42500	Kfz-Steuern	2.173,00	0,00
43000	Mieten	23.250,00	0,00
43700	Sonstige Raumkosten	14.035,00	0,00
44000	Büromaterial	3.021,00	0,00
44300	Mieten/Leasing	5.781,00	0,00
44600	Kommunikation	8.079,00	0,00
45200	Güterschadenhaftpflicht	684,00	0,00
45800	Versicherungen, Gebühren, Beiträge	6.075,00	0,00
46100	Reisekosten	5.520,00	0,00
46400	Werbung	11.262,00	0,00
48000	Kalkulatorischer Unternehmerlohn	0,00	0,00
48100	Kalkulatorische Mieten	0,00	0,00
48200	Kalkulatorische Zinsen	0,00	0,00

---

[1] Anmerkung: Diese Werte sind von der Datensicherungsdiskette in die Finanzbuchhaltung von Lexware zu übertragen (Datenrücksicherung) oder manuell als Saldovorträge in der Finanzbuchhaltung zu buchen.

Saldenliste zum 01.12.20(0)		Salden	
Nr.	Konto	Soll	Haben
48300	Kalkulatorische Abschreibungen	0,00	0,00
48500	Kalkulatorische Wagnisse	0,00	0,00
70000	Speditionsaufwand	905.724,00	0,00
80000	Speditionserlöse	0,00	1.532.333,00
		2.667.314,00	2.667.314,00

Die Offene-Posten-Listen der Debitoren und Kreditoren weisen folgende Werte aus:

Debitoren ALLSPED		Bestand 01.12.20(0) €	Kreditoren ALLSPED		Bestand 01.12.20(0) €
140001	Sanders AG	34.452,00	160001	ALLTRANS	47.148,00
140002	Drenkmann KG	32.364,00	160002	Niemöller GmbH	82.509,00
140003	Wentrup KG	38.454,00	160003	Franz Maas	35.364,00
140004	F. Gebbing	24.708,00			
140005	W. Nienhaus OHG	11.136,00			
140006	Euromex B.V.	14.442,00			
140007	H. Frantzen	13.050,00			
140008	Handrup GmbH	4.176,00			
14099	Übrige Kunden	33.294,00			
Forderungen gegenüber Kunden		206.076,00	Verbindlichkeiten gegenüber Frachtführern		165.021,00

Noch zu buchende Geschäftsfälle des Monats Dezember 20(0)		
Datum	Geschäftsvorgang	€
02.12.20(0)	Dauerauftrag Miete für Büro und Lager	11.625,00
02.12 20(0)	Lastschrift der Stadtwerke für Energie Nettobetrag 19 % USt Lastschriftbetrag	1.275,00 242,25 1.517,25
10.12.20(0)	Überweisung der USt.-Zahllast für November	?
22.12.20(0)	Rechnungseingang für eine Werbeanzeige (ER 1535) Nettobetrag 19 % USt Rechnungsbetrag	1.450,00 275,50 1.725,50
23.12.20(0)	ER 1536 für Büromaterial Nettobetrag 19 % USt Rechnungsbetrag	300,00 57,00 357,00
26.06.20(0)	ER 1537 für Einrichtungsgegenstände Nettobetrag 19 % USt Rechnungsbetrag	3.100,00 589,00 3.689,00
26.12.20(0)	Lastschrift der Kfz-Versicherung bei der Commerzbank	4.200,00
27.12.20(0)	Lastschrift der Sparkasse für Hypothekenzinsen für Tilgung	9.240,00 25.000,00
30.12.20(0)	Lastschrift der Telekom bei der Sparkasse Nettobetrag 19 % USt Lastschriftbetrag	2.850,00 541,50 3.391,50
30.12.20(0)	ER 1538 für Kraftstoffe (Sammelrechnung für den Monat Dezember) Nettobetrag 19 % USt Rechnungsbetrag	21.000,00 3.990,00 24.990,00
01.-31.12.	Eingangsrechnungen von Frachtführern im Monat Dezember:	
	ER 301 von J. Niemöller, Internationale Transporte Nettobetrag 19 % USt Rechnungsbetrag (brutto)	188.250,00 35.767,50 224.017,50

Noch zu buchende Geschäftsfälle des Monats Dezember 20(0)		
	ER 302 von ALLTRANS GmbH. Nettobetrag 19 % USt Rechnungsbetrag (brutto)	154.875,00 29.426,25 184.301,25
	ER 303 von Franz Maas, Transportgesellschaft mbH. Nettobetrag 19 % USt Rechnungsbetrag (brutto)	111.450,00 21.175,50 132.625,50
01.-31.12.	Ausgangsrechnungen an Kunden im Monat Dezember:	
	AR 611 an Kunden Drenkmann Nettobetrag 19 % USt Rechnungsbetrag (brutto)	195.150,00 37.078,50 232.228,50
	AR 612 an Kunden F. Gebbing Nettobetrag + 19 % USt Rechnungsbetrag (brutto)	144.525,00 27.459,75 171.984,75
	AR 613 an Kunden Sanders oHG Nettobetrag + 19 % USt Rechnungsbetrag (brutto)	218.325,00 41.481,75 259.806,75
	AR 614 an Kunden Wentrup KG Nettobetrag + 19 % USt Rechnungsbetrag (brutto)	76.650,00 14.563,50 91.213,50
	AR 615 an Kunden Handrup GmbH. Nettobetrag + 19 % USt Rechnungsbetrag (brutto)	131.025,00 24.894,75 155.919,75
01.12 bis 31.12.20(0)	Zahlungseingänge durch Banküberweisungen von Kunden lt. Kontoauszügen der Sparkasse Düsseldorf von Sanders von Wentrup von Drenkmann von Euromex von Gebbing von Handrup von Nienhaus von Frantzen	131.284,00 36.688,00 217.722,00 10.687,00 134.158,00 118.434,00 9.688,00 11.838,00

Aufgabe 12

Auszug aus: Deutsche Bundesbank Geschäftsbericht 20(0)

Am Arbeitsmarkt blieben die Hoffnungen auf eine Wende zum Besseren auch 20(0) unerfüllt. Vielmehr stieg die Arbeitslosigkeit erneut spürbar an und die Beschäftigung wurde nochmals deutlich reduziert. Zwar waren hierfür zum Teil Einschränkungen von arbeitsmarktpolitischen Maßnahmen, die unter dem Zwang zur Konsolidierung der öffentlichen Haushalte vorgenommen wurden, von Bedeutung, doch ergibt sich auch nach Ausschaltung solcher Sparanstrengungen kein grundlegend anderes Bild.

Von den insgesamt 4,4 Millionen Arbeitslosen in Deutschland entfielen 20(0) 3,02 Millionen auf den Westen und 1,36 Millionen auf den Osten. Von der Arbeitslosigkeit besonders betroffen waren weiterhin ältere Arbeitnehmer und solche ohne umfassende Berufsausbildung.

Eine zunehmende Verfestigung der Arbeitslosigkeit zeigt sich vor allem in der hohen und steigenden Dauer der Arbeitslosigkeit. Nach Angaben der Bundesanstalt für Arbeit waren 20(0) 34 % der Arbeitslosen in Westdeutschland seit einem Jahr oder länger ohne Beschäftigung, das sind zwei Prozentpunkte mehr als 20(-1). Auch die durchschnittliche Verweildauer in der Arbeitslosigkeit ist in den alten wie in den neuen Bundesländern von knapp 30 Wochen auf 32 Wochen angestiegen. Diese Zahlen geben insofern noch ein zu günstiges Bild, als Teilnehmer an arbeitsmarktpolitischen Maßnahmen nicht mehr zu den Arbeitslosen gezählt werden.

Vor dem Hintergrund sich verschärfender Arbeitsmarktungleichgewichte und eines zunehmenden internationalen Wettbewerbs der Industriestandorte waren die Tarifvertragsparteien im letzten Jahr bestrebt, die Bedingungen für wirtschaftliches Wachstum und Beschäftigung zu verbessern. Die getroffenen Vereinbarungen brachten im Ergebnis ein Mehr an notwendiger Differenzierung und Flexibilität und trugen maßgeblich zur Kostenentlastung im Inland bei. Die Tarifabschlüsse fielen 20(0) im Durchschnitt mit 1,5 % erneut recht maßvoll aus.

Tipp: Suchen Sie bei den Statistischen Ämtern (Länder, Bund) und bei den Wirtschaftsforschungsinstituten (DIW, IFO) aktuelles Datenmaterial. Statistisches Bundesamt: http://www.destatis.de

Arbeitsmarktpolitische Maßnahmen (Angaben in Tausend)

Zeit	Erwerbstätige	Arbeitslose	Kurzarbeiter	Beschäftigte in Arbeitsbeschaffungsmaßnahmen	Teilnehmer an Fortbildung und Umschulung
20(-2)	34.860	3.612	199	384	560
20(0)	33.962	4.384	183	302	431

a. Ermitteln Sie die Arbeitslosenquote für 20(-2) und für 20(0).

b. Untersuchen Sie mit Hilfe des o. a. Auszugs aus dem Geschäftsbericht der Deutschen Bundesbank, ob sich die Struktur der Arbeitslosigkeit verbessert oder verschlechtert hat.

Aufgabe 13

In welchen der nebenstehenden Fälle handelt es sich um 1. saisonale, 2. konjunkturelle, 3. strukturelle, 4. friktionelle Arbeitslosigkeit?	a. Produktionsverlagerung ins Ausland b. Automatisierung c. winterliche Witterungsbedingungen im Baugewerbe d. Insolvenz einer Unternehmung e. allgemeiner Produktionsrückgang f. geänderte Bedürfnisse der Nachfrager

SELBSTTEST LERNSITUATION 17

Diese Prozesse sollten Sie beherrschen:

- Abwicklung eines Exportauftrags als Luftfracht nach CIP
- Abrechnung (Kostenverteilung) einer Exportsendung
- Versicherung einer Exportsendung
- Ausfuhr von Gütern
- Formen und Ursachen der Arbeitslosigkeit beurteilen
- Eine Bilanz mit den Kennziffern des finanzwirtschaftlichen Controllings auswerten
- Eine Gewinn- und Verlustrechnung mit den Kennziffern des erfolgswirtschaftlichen Controllings auswerten
- Einen Controllingbericht erstellen.
- Bilanzkennziffern mit Excel berechnen

Diese Begriffe sollten Sie kennen:

1. Abgabenordnung
2. Aktive Veredlung
3. Arbeitslosenquote
4. Arbeitslosigkeit
5. Arbeitslosigkeit, friktionelle
6. Arbeitslosigkeit, konjunkturelle
7. Arbeitslosigkeit, saisonale
8. Arbeitslosigkeit, strukturelle
9. Ausfuhranmeldung
10. Außenhandelsstatistik
11. Beschäftigungspolitik
12. Bestimmungslandprinzip (Umsatzsteuer)
13. Bilanzanalyse (finanzwirtschaftliches Controlling)
14. Bilanzierungs- und Bewertungsgrundsätze
15. Bilanzverdichtung
16. Break-even-Analyse
17. Cashflow/Cashflowrate
18. Direkte Vertretung
19. Dual-use-Güter
20. Einheitspapier
21. Freizone
22. GATT
23. Gemeinschaftswaren
24. Gestellung
25. GuV-Analyse (erfolgswirtschaftliches Controlling)
26. Indirekte Vertretung
27. Innergemeinschaftliche Lieferung
28. Innergemeinschaftlicher Erwerb
29. Intrastat-Meldung
30. Kennzahlen der Rentabilität
31. Kennzahlen zur Kapitalstruktur
32. Kennzahlen zur Liquidität
33. Kennzahlen zur Vermögenslage
34. Niederstwertprinzip
35. Operatives Controlling
36. Passive Veredlung
37. Return on Investment (ROI)
38. Statistische Warennummer
39. Strategisches Controlling
40. Strukturbilanz
41. Umwandlungsverfahren
42. Ursprungslandprinzip (Umsatzsteuer)
43. Versandverfahren
44. Weiße Spediteurbescheinigung
45. Wertschöpfung
46. Working-Capital
47. Zollanmeldung
48. Zollbeschau
49. Zollgebiet
50. Zollkodex
51. Zolllagerverfahren
52. Zollrechtlich freier Verkehr
53. Zollrechtliche Bestimmung
54. Zollstelle
55. Zollunion
56. Zollverfahren

Lernsituation 17 | zu SLG S. 353–372, WSP S. 163-165, KSK S. 125–143, (DV) 190–201

Lernsituation 18

- Eine Importsendung verzollen
- Zollpflichtige Ware innerhalb der EU versenden
- Konjunktur und Konjunkturpolitik einschätzen
- Internetsuche zu Konjunkturindikatoren durchführen

Die ERNST KAULMANN KG bezieht für ihre Elektromotorproduktion Messwandler (Transformatoren) aus Südkorea, weil die Produkte dort zu besonders günstigen Preisen herzustellen sind. Von der KAULMANN KG erhalten wir heute folgendes Fax:

Situation 1

ERNST KAULMANN KG, Elektromotoren, Bismarckstraße 18, 42659 Solingen

Spedition
INTERSPED GmbH
Merkurstraße 14
40223 Düsseldorf

FAX
Fax-Nr.: 0212 43563
Telefon-Nr.: 0212 912567
Datum: 12.10.20(0)

Speditionsauftrag

Sehr geehrte Frau Theben,
übernehmen Sie bitte die Organisation folgender Importsendung ab FOB Pusan (Südkorea):

Absender:	WON CHANG HIGH-TECH, 512-8 Guui-dong, SEOUL
Empfänger:	ERNST KAULMANN KG, Bismarckstr. 18, 42659 Solingen
Warenbeschreibung:	Messwandler, Typ TS-0-7-kVA (0,7 kVA)
Gewicht brutto:	3.200 kg
Gewicht netto:	2.370 kg
Wert:	FOB Pusan (Südkorea) 23.226,00 USD
Transport:	ab Seehafen Pusan per Seeschiff nach Hamburg, Nachlauf per LKW nach Solingen
Lieferbedingung:	FOB Pusan gemäß INCOTERMS 2000
Transportversicherung:	Wird durch uns mit der laufenden Police eingedeckt.
Versand:	per Container im LCL/LCL-Verkehr
Versand-Datum:	2. Nov. 20(0)
Ankunfts-Datum:	voraussichtlich am 25. Nov. 20(0)

Bitte verzollen Sie die Sendung unmittelbar nach Ankunft in Hamburg zum zoll- und steuerrechtlich freien Verkehr und veranlassen Sie den Transport nach Solingen. Teilen Sie uns für Kalkulationszwecke bitte mit, in welcher Höhe unsere Zoll- und Einfuhrumsatzsteuer-Aufschubkonten jeweils belastet werden.

Die Statistische Warennummer für die Messwandler lautet vermutlich 8504 3121 00 0. Bitte überprüfen Sie deren Richtigkeit, weil sich der Messwandler-Typ gegenüber der letzten Lieferung etwas verändert hat.

Mit freundlichen Grüßen

Lutz

Aufgrund des Auftrags hat INTERSPED die Seehafenspedition SOUTH EAST Forwarder, 15-34 Ga, Jungang-dong, Pusan, Südkorea, mit der Organisation der Sendung im Seehafen Pusan beauftragt. Der Seehafenspediteur hat sich daraufhin an den Exporteur gewandt und auch den Auftrag für die FOB-Lieferung erhalten, sodass die gesamte Abwicklung des Transports in Südkorea nun in einer Hand liegt.

Der koreanische Seehafenspediteur hat die Sendung als Sammelgut in einem Container verstaut und die japanische KIUSHU SHIPPING CORPORATION mit dem Transport von Pusan nach Hamburg beauftragt. Der Name des Schiffs lautet „HANJIN KEELUNG". Über die Teilsendung hat der Seehafenspediteur ein FBL ausgestellt. Eine Kopie erhält INTERSPED am 3. Nov. 20(0) per Fax. Die drei Originale übergibt er gemäß den Akkreditivvorschriften der Bank des Exporteurs. Außerdem übersendet der Seehafenspediteur Kopien der Handelsrechnung und des Präferenznachweises an die INTERSPED GmbH. Da Südkorea zolltechnisch als Entwicklungsland (APS-Staat) gilt, ist der Präferenznachweis für eine Zollbegünstigung notwendig. Mit der Abfertigung der Sendung im Hamburger Hafen wird die Seehafenspedition DEITERS von INTERSPED beauftragt. Über die Bank des Importeurs hat die INTERSPED GmbH in der Zwischenzeit ein Original-FBL erhalten (siehe nächste Seite). Dies wird dem Seehafenspediteur DEITERS in Hamburg am 15. Nov. 20(0) übersandt, damit die Sendung eingelöst werden kann.

Lernsituation 18 | zu SLG S. 373–382, WSP S. 162–166, 169–171, KSK (DV) 231–236

Consignor WON CHANG HIGH-TECH 512-8 Guui-dong SEOUL/SOUTH KOREA		**FBL** FIATA	Nr. 30689.96
Consigned to order of ERNST KAULMANN KG BISMARCKSTR. 18, 42659 SOLINGEN/GERMANY		Multimodal Transport Bill of Lading Issued subject to ICC Uniform Rules for a Combined Transport Document (ICC publication 298)	ICC
Notify address SAME AS CONSIGNEE		**SOUTH EAST FORWARDER** **15-34 Ga, Jungang-dong,** **PUSAN, SOUTH KOREA**	
	Place of receipt		
Ocean vessel HANJIN KEELUNG	Port of loading PUSAN		
Port of discharge HAMBURG	Place of delivery		

Marks and numbers	Number and kind of packages	Description of goods	Gross weight (kg)	Measurement
WON NOS 1 to 32	32 CASES S.T.C. ELECTRICAL APPLIANCES LOADED IN CONTAINER NO: MUSL 374887-0 FREIGHT COLLECT according to the declaration of the consignor		3.200 KGS	

The goods and instructions are accepted and dealt with subject to the Standard Conditions printed overleaf.
Taken in charge in apparent good order and condition the goods, unless otherwise noted herein, at the place of receipt for transport and delivery as mentioned above.

One of these Multimodal Transport Bills of Lading must be surrendered duly endorsed in exchange for the goods. In witness whereof the original Multimodal Transport Bill of Lading all of this tenor and date have been signed in the number stated below, one of which being accomplished the other(s) to be void.

Freight amount	Freight payable at HAMBURG	Place and date of issue PUSAN, 02.11.20(0)
Cargo insurance through the undersigned [X] not covered [ ] Covered according to attached Policy	Number of original FBLs 3/THREE	Stamp and signature **SOUTH EAST FORWARDER** 15-34 Ga, Jungang-dong **PUSAN, SOUTH KOREA** セミナーにて
For delivery of goods please apply to: DEITERS Seehafenspedition Hafenbezirk 235 21079 Hamburg		

Handelsrechnung

Exporter		
WON CHANG HIGH-TECH 512-8 Guui-dong SEOUL/SOUTH KOREA	**Invoice** No: & Date MCD/8/774 25.10.20(0)	Exporter's Ref. GER00457
	Buyers Order No. & Date SK77-09 14.08.20(0)	
	Other Reference(s) AD: 887455	
Consignee ERNST KAULMANN KG BISMARCKSTR. 18, 42659 SOLINGEN/GERMANY	Buyer (if other than consignee) AS CONSIGNEE	
	Country to Origin of Goods SOUTH KOREA	Country of Final Destination GERMANY
Pre-Carriage by BY SEA	Place or Receipt by Pre-Carrier SEOUL	Terms of Delivery and Payment FOB PUSAN D/P
Vessel/Flight No	Port of Loading PUSAN	
Port of Discharge HAMBURG	Final Destination GERMANY	

Marks & Nos./ Container No.	No. & Kind of Pkgs.	Description of Goods	Quantity KGS	Rate	Amount FOB USD
WON NOS 1 to 32	32 CASES	TRANSFORMER Art.-No. TS73-CC4-070 Type: TS-0-7-kVA	3.200		23.226,00
TOTAL	32 CASES		TOTAL KGS 3.200	TOTAL FOB VALUE USD	23.226,00

Amount Chargeable (in words)   TOTAL USD 23.226,00

TOTAL: USD   TWENTYTHREE THOUSAND TWOHUNDREDTWENTYSIX

Declaration
We declare that this invoice shows the actual price of the goods described
and that all particulars are true and correct.

Signature & Date
WON CHANG HIGH-TECH
25.10.20(0)

Won Dong Chang

Präferenznachweis

1. Goods consigned from (exporter's business name, address, country) WON CHANG HIGH-TECH 512-8 Guui-dong SEOUL/SOUTH KOREA	Referenz EI No. 3089447
2. Goods consigned to (consignee's name, address, country) ERNST KAULMANN KG BISMARCKSTR. 18, 42659 SOLINGEN/GERMANY	**GENERALIZED SYSTEM OF PREFERENCES CERTIFICATE OF ORIGIN** (Combined declaration and certificate) **Form A** Issued in ....SOUTH KOREA................
3. Means of transport and route (as far as known) BY SEA PUSAN (SOUTH KOREA) TO HAMBURG (GERMANY)	4. For official use

5. Item number	6. Marks and numbers of packages	7. Number and kind of packages; description of goods	8. Origin criterion (see notes over-leaf)	9. Gross weight or other quantity	10. Number and date of invoices
1.	WON NOS 1 to 32	THIRTYTWO CASES CONTAINING ELECTRICAL TRANSFORMERS	'P'	3.200 KGS	MCD/8/774 DATE 25.10.20(0)

P = Die Ware wurde vollständig im Ursprungsland erzeugt.

11. Certification
It is hereby certified, on the basis of control
carried out, that the declaration by the exporter
is correct.

レ丰ユ ブルヴモ
(stamp)   Shon Lee

Pusan, 29.10.20(0)

12. Declaration by the exporter
The undersigned hereby declares that the above details
and statements are correct: that all the goods were

produced in .... **SOUTH KOREA**
and that they comply with the origin requirements specified
for those goods in the generalised system of preferences for goods
exported to

Germany   WO CHANG HIGH TECH
SEOUL, 29.10.20(0)
Won Dong Chang

Lernsituation 18 | zu SLG S. 373–382, WSP S. 162–166, 169–171, KSK (DV) 231–236

Das Seeschiff trifft planmäßig am 25. Nov. 20(0) in Hamburg ein. Nach dem Löschen werden die Container in der Container Freight Station entladen und nach Empfängern aufgeteilt. Von DEITERS erhält INTERSPED am 26. Nov. 20(0) die Nachricht, dass die Sendung für die KAULMANN KG am 27. Nov. 20(0) abholbereit in der Freizone des Hamburger Hafens zur Verfügung steht.

Frau Theben erstellt daraufhin am 26. Nov. 20(0) einen Abholauftrag (Adresse: Hamburg, Freihafen, Bei St. Annen 2, Schuppen 74) als Rückladung für den Lkw (Kennzeichen: D-MX-4872), der am 27. Nov. 20(0) nach Hamburg fährt.

Die zolltechnische Abfertigung der Sendung zum freien Verkehr und die Angaben zum Zollwert erledigt Frau Theben über das Internet. Sie wird die ausgefüllte Zollanmeldung zweifach ausdrucken und dem Fahrer mitgeben. Dieser wird die Sendung am Stellplatz in der Freizone abholen, zum Zollamt befördern und sie dort für die Verzollung gestellen. Wenn die Güter zum freien Verkehr abgefertigt worden sind, wird er sie als ordnungsgemäß verzollte Gemeinschaftsware von Hamburg zum Empfänger nach Solingen transportieren.

Einheitspapier und Zollwertberechnung siehe Informationsband

http://www.zoll.de (Internetzollanmeldung)

Hinweise:

- Zollnummern der Beteiligten: Kaulmann DE4931178, INTERSPED DE4682334
- Die Einfuhrverzollung wird über das Internet abgewickelt (Internet-Maske siehe Seite 462).
- Der Empfänger der Sendung ist zum Vorsteuerabzug berechtigt.
- Die USD-Beträge sind mit folgendem Kurs umzurechnen: 1 EUR = 1,25845 USD.
- Die Seefracht Seoul – Hamburg beträgt 180,00 USD; die Transportversicherung Seoul – Hamburg kostet 82,50 EUR; die Fracht Hamburg – Solingen wird mit 300,00 EUR (netto) in Rechnung gestellt.
- Das Aufschubkonto der KAULMANN KG hat die Nummer AA-D-71122.
- Die Felder 6 bis 9 der Zollwertanmeldung sind alle mit NEIN zu beantworten.
- Der Einfuhrumsatzsteuersatz beträgt 19 %.

Ausfüllhinweise zur Internet-Zollanmeldung (IZA)

In der Maske auf Seite 462 werden im Wesentlichen nur die Pflichtfelder abgebildet.

- Die Originalseite im Internet (http://www.einfuhr.internetzollanmeldung.de) bietet wegen der Drop-down-Menüs eine gute Hilfe beim Ausfüllen. Die Anmeldung aus dieser Lernsituation kann auch über das Internet durchgeführt werden, allerdings sollte das Formular nicht abgeschickt werden.
- Die Nummerierung des Formulars entspricht der Nummerierung des Einheitspapiers (siehe Informationen zum Einheitspapier im Informationsband).
- Zu Feld 1: „Bearbeitende Dienststelle": Einzutragen ist die Nummer des Hauptzollamts in Hamburg-Hafen, weil sich dort die Ware befindet, siehe Anhang 4 zum Einheitspapier (siehe auch Feld 29).
- Zu Feld 2: Nationalitätskennzeichen: Siehe Anhang 1A zum Einheitspapier.
- Feld 21: Art des grenzüberschreitenden aktiven Beförderungsmittels: 01 Lastkraftwagen, 02 Schiff, 03 Waggon, 04 Flugzeug, 05 Pkw, 06 Ohne, 07 Andere
- Feld 48: Siehe Erläuterungen zu Feld 48 des Einheitspapiers.
- Positionen: Sobald die Pflichtangaben der Felder 1 bis 58 ausgefüllt sind, gelangt man über diesen Button zu den Feldern 31 bis 38 sowie 46.
- Feld 31: Art der Packstücke. Siehe Anhang 8 zum Einheitspapier.
- Kosten-EUSt: Beförderungskosten vom Ort des Verbringens in die EU bis zum ersten inländischen Bestimmungsort, falls die Ware nicht an der Grenze verzollt wird (notwendig für die Ermittlung der Bemessungsgrundlage für die Einfuhrumsatzsteuer).

Situation 2

Die ERNST KAULMANN KG bezieht weiterhin regelmäßig Messwandler (Transformatoren) aus Südkorea. Die INTERSPED GmbH wird ebenso regelmäßig mit der Importabwicklung und dem Transport von Hamburg nach Solingen beauftragt. Allerdings war mit dem Versender abgesprochen worden, die Sendung nicht mehr im Hamburger Hafen zu verzollen, sondern die Güter im Versandverfahren unter zollamtlicher Überwachung nach Düsseldorf zu befördern und erst dort beim Zollamt zum freien Verkehr abfertigen zu lassen. Vor drei Wochen hat die INTERSPED GmbH nebenstehendes Fax von der KAULMANN KG erhalten:

Der Transport der Sendung nahm den gewohnten Verlauf: Der Seehafenspediteur in Pusan besorgte die Beförderung mit dem koreanischen Seeschiff DANUBE und stellte die notwendigen Papiere rechtzeitig zur Verfügung (FBL, Handelsrechnung, Präferenznachweis). Von der Seehafenspedition DEITERS in Hamburg erhalten wir heute die Nachricht, dass die Güter eingetroffen sind und am 15. Febr. 20(0) abholbereit im Hamburger Freihafen (= Freizone) zur Verfügung stehen. Folgende Arbeiten hat Frau Theben, die den Vorgang bearbeitet, bereits erledigt:

Formular zur Internet-Versandanmeldung siehe Seite 465

http://www.zoll.de (Internetzollanmeldung)

- den Abholauftrag für den Lkw-Fahrer erstellt (Adresse: Hamburg, Freihafen, Bei St. Annen 2, Schuppen 51); Kennzeichen des Lkw (Gliederzug): D-MX-44872;
- den Frachtbrief ausgefüllt.

Der Fahrer soll beauftragt werden, die Sendung am Stellplatz in der Freizone abzuholen, dem zuständigen Zollamt zu gestellen und als zollrechtliche Bestimmung „Überführung in ein Zollverfahren" zu beantragen, und zwar in das **Versandverfahren**.

Lernsituation 18 | zu SLG S. 373–382, WSP S. 162–166, 169–171 , KSK (DV) 231–236   **461**

ERNST KAULMANN KG, Elektromotoren, Bismarckstraße 18, 42659 Solingen

INTERSPED GmbH
Merkurstraße 14
40223 Düsseldorf

Fax
Fax-Nr.: 0212 43563
Telefon-Nr.: 0212 912567
Datum: 7. Jan. 20(0)

Speditionsauftrag

Sehr geehrte Frau Theben,
übernehmen Sie bitte die Organisation folgender Importsendung ab FOB Pusan (Südkorea):

Absender:	WON CHANG HIGH-TECH, 512-8 Guui-dong, SEOUL
Empfänger:	ERNST KAULMANN KG, Bismarckstr. 18, 42659 Solingen
Warenbeschreibung:	Messwandler, Typ TS-0-7-kVA
Gewicht brutto:	4.800 kg / 37 Karton / Zeichen: WON1-37
Gewicht netto:	4.100 kg
Wert:	FOB Pusan (Südkorea) 32.450,00 USD
Transport:	ab Seehafen Pusan per Seeschiff nach Hamburg, Nachlauf per LKW nach Solingen
Lieferbedingung:	FOB Pusan gemäß INCOTERMS 2000
Transportversicherung	Wird durch uns mit der laufenden Police eingedeckt.
Versand:	per Container im LCL/LCL-Verkehr
Versand-Datum:	22. Jan. 20(0)
Ankunfts-Datum:	voraussichtlich am 13. Febr. 20(0)

Bitte übernehmen Sie den Transport der Sendung von Hamburg über Düsseldorf (Verzollung zum zoll- und steuerrechtlich freien Verkehr) nach Solingen.

Mit freundlichen Grüßen

Paul Winterkorn

Frau Theben wird dazu die Daten für die Versandanmeldung über das Internet eingeben. Der Antrag richtet sich an die Abgangszollstelle in Hamburg-Waltershof. Ist das elektronische Antragsformular korrekt ausgefüllt worden, erhält Frau Theben eine Bestätigung vom Abgangszollamt, die mit einer Arbeitsnummer versehen ist. Der Fahrer kann dann die Waren unter Angabe dieser Arbeitsnummer in Hamburg gestellen. Anschließend sollen die Güter unter Zollüberwachung nach Düsseldorf transportiert und dem dortigen Zollamt erneut gestellt werden, um dort die Überführung in den zoll- und steuerrechtlich freien Verkehr zu veranlassen.

Hinweise zum Ausfüllen der Internet-Versandanmeldung

- Art der Anmeldung: T1- oder T2-Verfahren
- Arbeitsnummer: vergibt die Zollverwaltung nach dem Absenden der Versandanmeldung
- MRN: wird an der Abgangszollstelle nach Gestellung und Prüfung von Waren und Papieren eingetragen
- TIN (Teilnehmer-Identifikationsnummer) Versender: keine
- TIN Hauptverpflichteter: Zollnummer (siehe Seite 260)
- TIN Empfänger: Zollnummer (siehe Seite 260)
- vertreten durch: Frau Theben
- Bewilligung: kein Eintrag
- Abgangszollstelle: Siehe Anhang 4 zum Einheitspapier
- Bestimmungszollstelle: DE002607 Düsseldorf-Reisholz
- Versendungs-/Bestimmungsland: siehe Anhang 1A zum Einheitspapier
- verbindliche Beförderungsroute: keine
- Beförderungsmittel im Abgang: siehe Feld 18 des Einheitspapiers
- Beförderungsmittel an der Grenze:

ID	Bezeichnung
10	Seeschiff
34	Lkw mit Anhänger
35	Zugmaschine mit Auflieger
40	Flugzeug

- Verschlüsse: Anzahl: 1, Art: Warenbeschreibung
- Sicherheit: Art: siehe Anmerkungen zu Feld 52 im Einheitspapier, Betrag: 500.000,00 EUR
- Referenznummer (der Sicherheit): 05DE0000000530631
- Warennummer: 8504 3121
- Verpackungscode: siehe Anhang 8 zum Einheitspapier
- Vorpapiere: 0, keine

Aufbau
Referenznummer:
05: Jahr der Erteilung (2005)
DE: Deutschland
elf Ziffern: laufende Nummer
3: Prüfziffer
1: Art der Bürgschaft

Lernsituation 18 | zu SLG S. 373–382, WSP S. 162–166, 169–171, KSK (DV) 231–236

Siehe http://www.einfuhr.internetzollanmeldung.de

Internet-Maske zur Einfuhr-Zollanmeldung

Atlas / Einfuhr / Allgemeine Anmeldedaten

1. Anmeldung* ☐ Anmeldeart A Bearbeitende Dienststelle* ☐

2. Versender/Ausführer
   - Zollnummer
   - Straße u. Hausnummer*
   - Postleitzahl *
   - Nationalitätskennzeichen*
   - Name, Vorname bzw. Firma*
   - Ort*
   ☐

8. Empfänger
   - Zollnummer
   - Straße u. Hausnummer*
   - Postleitzahl *
   - Postfachnummer
   - Name, Vorname bzw. Firma*
   - Ort*
   ☐ Anmelder ist Empfänger   Vorsteuerabzugsberechtigt ☐

14. Anmelder
    - Zollnummer
    - Straße u. Hausnummer*
    - Postleitzahl *
    - Nationalitätskennzeichen
    - Name, Vorname bzw. Firma*
    - Ort*
    ☐

14. Vertreter   Art der Vertretung   ○ keine   ○ direkt   ○ indirekt
    - Zollnummer
    - Straße u. Hausnummer*
    - Postleitzahl *
    - Nationalitätskennzeichen*
    - Name, Vorname bzw. Firma*
    - Ort*
    ☐

15. Versendungs-/Ausfuhrland*   ☐
17b. Bestimmungsland *   ☐
18. Kennzeichen des Beförderungsmittels bei Ankunft*   19. Ctr. ☐
20. Lieferbedingung*   Lieferort*
    ☐
21. Staatszugehörigkeit*   Art des grenzüberschreitenden aktiven Beförderungsmittels*
    ☐
22. Währung und in Rechnung gestellter Gesamtbetrag*   24. Art des Geschäfts*
    ☐   ☐
25. Verkehrszweig an d. Grenze*
    ☐
29. Eingangszollstelle
    ☐
48. Zahlungsart*   ☐
54. Ort*   Datum der Anmeldung*   Name des Anmelders/Vertreters*   Stellung in der Firma *   Telefon-Nr.*

Positionen

31. Warenbezeichnung*

    Art der Packstücke*   Anzahl der Packstücke*
    ☐

33. Warennummer (Codenummer)*   Zusatzcode 1   Zusatzcode 2

34. Ursprungsland*   35. Rohmasse (kg)*   36. Beantragte Begünstigung   36. Eigenmasse (kg)*
                     ☐   ☐

37. Verfahren*   EU-Code/nationales Verfahren
    ☐   ☐

    Zollwert*   Kosten-EUSt   Statistischer Wert

Weitere Positionen erfassen   **IZA abgeben**

Europäische Gemeinschaft	**Anmeldung der Angaben über den Zollwert D.V.1**
1 Verkäufer (Name oder Firma, Anschrift)	FÜR AMTLICHE ZWECKE
2 (a) Käufer (Name oder Firma, Anschrift)	
2 (b) Zollwertanmelder (Name oder Firma, Anschrift)	
	3 Lieferbedingung (z. B. FOB New York)
Wichtiger Hinweis Mit der Unterzeichnung und Vorlage dieser Anmeldung übernimmt der Zollwertanmelder die Verantwortung bezüglich der Richtigkeit und Vollständigkeit der auf diesem Vordruck und sämtlichen mit ihm zusammen vorgelegten Ergänzungsblättern gemachten Angaben und bezüglich der Echtheit aller als Nachweis vorgelegten Unterlagen. Der Zollwertanmelder verpflichtet sich auch zur Erteilung aller zusätzlichen Informationen und zur Vorlage aller weiteren Unterlagen, die für die Ermittlung des Zollwertes der Waren erforderlich sind.	4 Nummer und Datum der Rechnung
	5 Nummer und Datum des Vertrags

6	Nummer und Datum der früheren Zollentscheidungen zu den Feldern 7 bis 9	
7	(a) Sind Käufer und Verkäufer VERBUNDEN im Sinne von Artikel 143 der Verordnung (EWG) Nr. 2454/93 *) - Falls NEIN, weiter zu Feld 8 — Zutreffendes ankreuzen	☐ JA ☐ NEIN
	(b) Hat die Verbundenheit den Preis der eingeführten Ware BEEINFLUSST?	☐ JA ☐ NEIN
	(c) (Antwort freigestellt) Kommt der Transaktionswert der eingeführten Waren einem der Werte in Artikel 29 Abs. 2 b der Verordnung (EWG) 2913/92 SEHR NAHE? Falls JA, Einzelheiten angeben.	☐ JA ☐ NEIN
8	(a) Bestehen BESCHRÄNKUNGEN bezüglich der Verwendung und des Gebrauchs der Waren durch den Käufer, ausgenommen solche, die - durch das Gesetz oder von den Behörden in der Gemeinschaft auferlegt oder gefordert werden, - das Gebiet abgrenzen, innerhalb dessen die Waren weiterverkauft werden können, - sich auf den Wert der Waren nicht wesentlich auswirken?	☐ JA ☐ NEIN
	(b) Liegen hinsichtlich des Kaufgeschäftes oder des Preises BEDINGUNGEN vor oder sind LEISTUNGEN zu erbringen, deren Wert im Hinblick auf die zu bewertenden Waren nicht bestimmt werden kann? Art der Einschränkungen, Bedingungen oder Leistungen angeben. Falls der Wert im Hinblick auf die zu bewertenden Waren bestimmt werden kann, Betrag in Feld 11 b angeben.	☐ JA ☐ NEIN
9	(a) Hat der Käufer unmittelbar oder mittelbar LIZENZGEBÜHREN für die eingeführten Waren nach den Bedingungen des Kaufgeschäftes zu zahlen?	☐ JA ☐ NEIN
	(b) Ist das Kaufgeschäft mit einer Vereinbarung verbunden, nach der ein Teil der Erlöse aus späteren WEITERVERKÄUFEN, sonstigen ÜBERLASSUNGEN oder VERWENDUNGEN unmittelbar oder mittelbar dem Verkäufer zugutekommt?	☐ JA ☐ NEIN

*) (a) (b) (c) (d) (e) (f) (g) (h)	Falls JA zu (a) oder auch (b): Die Umstände angeben und, wenn möglich, die Beträge in den Feldern 15 und 16 angeben. PERSONEN GELTEN NUR DANN ALS VERBUNDEN; WENN sie der Leitung des Geschäftsbetriebes der jeweils anderen Person angehören; sie Teilhaber oder Gesellschafter von Personengesellschaften sind; sie sich in einem Arbeitgeber-/Arbeitnehmerverhältnis zueinander befinden; eine beliebige Person unmittelbar oder mittelbar 5 % oder mehr der im Umlauf befindlichen stimmberechtigten Anteile oder Aktien beider Personen besitzt oder kontrolliert; eine von ihnen unmittelbar oder mittelbar die andere kontrolliert; beide von ihnen unmittelbar oder mittelbar von einer dritten Person kontrolliert werden; sie zusammen unmittelbar oder mittelbar eine dritte Person kontrollieren oder sie Mitglieder derselben Familie sind. Die Tatsache, dass ein Käufer und ein Verkäufer miteinander verbunden sind, schließt die Anwendung des Transaktionswertes nicht unbedingt aus (siehe Artikel 29 Abs. 2 der Verordnung (EWG) Nr. 2913/92 und Anhang 23 zu der VO (EWG) 2454/93). **Auf das Merkblatt „Zollwert" (Vordruck 0466) wird hingewiesen.**	10 (a) Anzahl der beigefügten Ergänzungsblätter D.V.1 BIS 10 (b) Ort, Datum, Unterschrift

Lernsituation 18 | zu SLG S. 373–382, WSP S. 162–166, 169–171, KSK (DV) 231–236

Rückseite des Formulars:

			Ware (Pos.)	Ware (Pos.)	Vermerk der Zollstelle
A. Grundlage der Berechnung	11	(a) Nettopreis in der RECHNUNGSWÄHRUNG (Tatsächlich gezahlter Preis oder Preis im maßgebenden Bewertungszeitpunkt)			
		Nettopreis in NATIONALER WÄHRUNG (Umrechnungskurs ....)			
		(b) Mittelbare Zahlungen (siehe Feld 8b) (Umrechnungskurs ....)			
	12	Summe A in NATIONALER WÄHRUNG			
B. HINZURECHNUNGEN: Kosten in NATIONALER WÄHRUNG, die NICHT in A enthalten sind *) Gegebenenfalls NACHSTEHEND frühere Zollentscheidungen hierzu angeben	13	Kosten, die für den Käufer entstanden sind (a) Provisionen (ausgenommen Einkaufsprovisionen)			
		(b) Maklerlöhne			
		(c) Umschließungen und Verpackung			
	14	Gegenstände oder Leistungen, die vom Käufer unentgeltlich oder zu ermäßigten Preisen für die Verwendung im Zusammenhang mit der Herstellung und dem Verkauf zur Ausfuhr der eingeführten Waren geliefert werden. Die aufgeführten Werte sind ggf. entsprechend aufgeteilt. (a) In den eingeführten Waren enthaltene Materialien, Bestandteile und dergleichen			
		(b) Bei der Herstellung der eingeführten Waren verwendete Werkzeuge, Gussformen und dergleichen			
		(c) Bei der Herstellung der eingeführten Waren verbrauchte Materialien			
		(d) Für die Herstellung der eingeführten Waren notwendige Techniken, Entwicklungen, Entwürfe, Pläne und Skizzen, die außerhalb der Gemeinschaft erarbeitet wurden			
	15	Lizenzgebühren (siehe Feld 9a)			
	16	Erlöse aus Weiterverkäufen, sonstigen Überlassungen oder Verwendungen, die dem Verkäufer zugutekommen (siehe Feld 9 b)			
	17	Lieferungskosten bis (Ort des Verbringens) (a) Beförderung			
		(b) Ladekosten und Behandlungskosten			
		(c) Versicherung			
	18	Summe B			
C. ABZÜGE: Kosten in NATIONALER WÄHRUNG, die in A ENTHALTEN sind *)	19	Beförderungskosten nach Ankunft am Ort des Verbringens			
	20	Zahlungen für den Bau, die Errichtung, Montage, Instandhaltung oder technische Unterstützung nach der Einfuhr			
	21	Andere Zahlungen (Art)			
	22	Zölle und Steuern, die in der Gemeinschaft wegen der Einfuhr oder des Verkaufs der Waren zu zahlen sind			
	23	Summe C Grundlage der Berechnung			
24 ANGEMELDETER WERT (A + B – C)					

*) Wenn Beträge in AUSLÄNDISCHER WÄHRUNG zu zahlen sind, hier den Betrag in ausländischer Währung und den Umrechnungskurs unter Bezug auf jede Ware und Zeile angeben.
Bezug   Betrag   Umrechnungskurs

Zusätzliche Angaben

Maske für die Internet-Versandanmeldung (Ausschnitt)

Atl@s

Art der Anmeldung ☒
Arbeitsnummer
MRN

Annahmedatum ___ Ergebnis ___
Überlassungsdatum
Frist (letzter Tag)

Versender
TIN
Name
Straße und HNr.
Ort
Postleitzahl ___ Land ___ ☒

Empfänger
TIN
Name
Straße und HNr.
Ort
Postleitzahl ___ Land ___ ☒

Hauptverpflichteter
TIN
Name
Straße und HNr
Ort
Postleitzahl ___ Land ___ ☒

vertreten durch
Name
Stellung

Dienststellen
Abgangszollstelle
Bestimmungszollstelle

Bewilligung
Bewilligungsnummer
Ladeort

Gesamtwerte
Rohmasse gesamt
Packstücke gesamt

Beteiligte Länder
Versendungsland ☒
Bestimmungsland ☒

Verbindliche Beförderungsroute
Beschreibung

Beförderungsmittel am Abgang
Kennzeichen
Staatszugehörigkeit ☒

Beförderungsmittel an der Grenze
Art ☒
Kennzeichen
Staatszugehörigkeit ☒

Verschlüsse
Anzahl ___ Art
Zeichen und Nummern

Sicherheit
Art ___ Betrag
Referenznummer
Ort ___ Datum

[Position]   [Versandvorgang abschließen]

Maske Nr. 2 (für die Warenpositionen)

Position

Warenangaben
Warenbezeichnung
Warennummer

Packstücke
Verpackungscode ☒   Anzahl

Vorpapiere
Typ ☒

Herr Sedinger, verantwortlich für das Controlling, hat eine mittelfristige Prognose über die Geschäftstätigkeit der Intersped GmbH erstellt. Er ist der Ansicht, dass ein Unternehmen dieser Größe gerade im Bereich der Sachinvestitionen und bei der Personalpolitik von bestimmten Annahmen über die Entwicklung der Geschäftstätigkeit ausgehen muss. Im Mittelpunkt seiner Überlegungen steht die konjunkturelle Entwicklung. Die logistischen Aktivitäten folgen zeitversetzt den Entwicklungen in der Produktion.

In dem folgenden Schaubild hat Sedinger die Informationen über die Konjunkturentwicklung berücksichtigt. Allerdings sind diese Annahmen von großer Unsicherheit geprägt. Daher beauftragt die Geschäftsführung den Assistenten, eine mit den volkswirtschaftlichen Daten und den vorhandenen Konjunkturindikatoren gestützte Analyse der Entwicklung der Wirtschaft und den Folgen für die Geschäfts der logistischen Dienstleistern vorzulegen. Dabei ist auch zu berücksichtigen, dass ein großer Anteil des Geschäfts von Intersped inzwischen im Internationalen Bereich (Export/Import) stattfindet. Die Daten müssen im Internet gesucht werden.

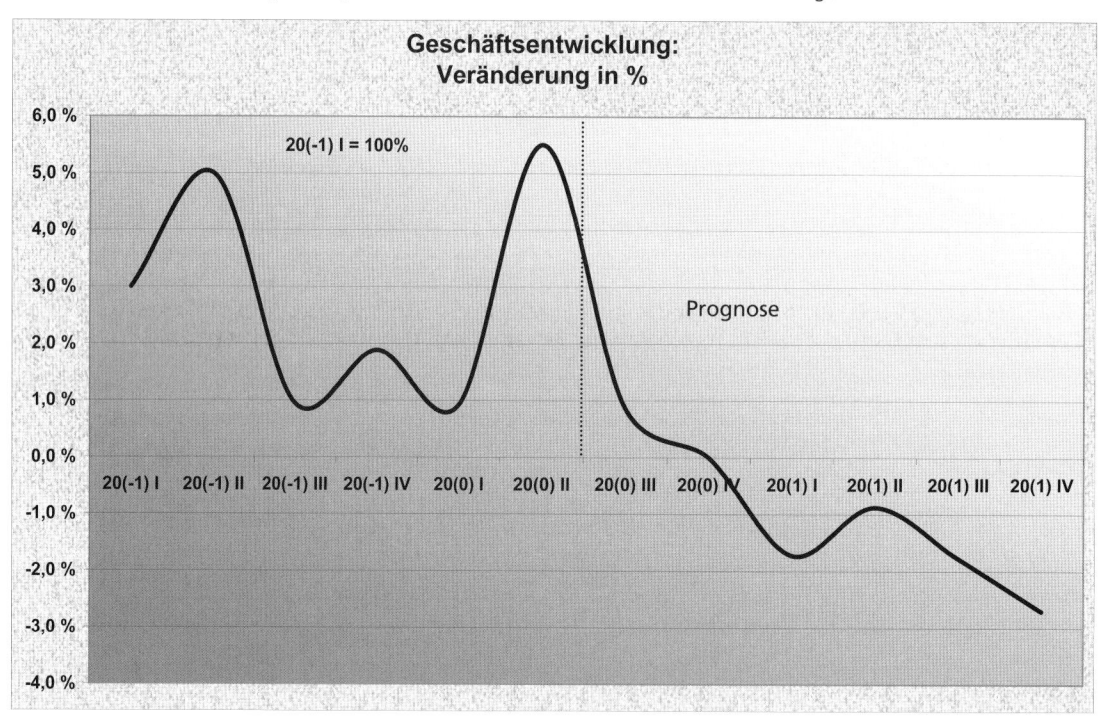

Geschäftsentwicklung: Veränderung in %

20(-1) I = 100%

Prognose

Quartale: 20(-1) I, 20(-1) II, 20(-1) III, 20(-1) IV, 20(0) I, 20(0) II, 20(0) III, 20(0) IV, 20(1) I, 20(1) II, 20(1) III, 20(1) IV

Aufgabe 1
Überprüfen Sie die Ergebnisse Ihres Arbeitsauftrags (von Seite 457) mithilfe der nachfolgend abgebildeten Bescheide der Zollverwaltung Düsseldorf.

Zollamt Düsseldorf
Datum: 26.11.20(0)

Abgabenrechnung

Datum der Überlassung: 26.11.20(0)
Datum der buchmäßigen Erfassung: 26.11.20(0)
Registrierkennzeichen des Abgabenbescheides: F-2322-8-1996-8302/3

Abgabenart	Menge/Wert	EUSt-Wert	Abgabensatz	Fälligkeit	Abgabenbetrag/EUR
A00 Zoll	18.681,57 EUR	0,00 EUR	1,600 %	16.12.20(0)	298,91
B00 EUSt	18.681,57 EUR	18.980,48 EUR	19,00 %	16.12.20(0)	3.606,29
				Summe:	3.905,20

Zollamt Düsseldorf
AA-D-71122

Aufschubbescheinigung

Aufschubkonten
Belegnummer der Bundeskasse Koblenz
Außenstelle Trier

Aufschubnachweis
Name/Firma des Aufschubnehmers: Ernst KAULMANN KG
Bismarkstr. 18
42659 Solingen

8302/3

Abgabenart und Schlüssel-Nr.	Fälligkeit	Betrag/EUR
Zoll A00	16.12.20(0)	298,91
EUSt B00	16.12.20(0)	3.606,29
	Summe:	3.905,20

Registrierkennzeichen des Abgabenbescheids: F-2322-8-1996-8302/3

Der Betrag ist spätestens am oben genannten Fälligkeitstag an die Bundeskasse Koblenz – Außenstelle Trier – zu zahlen.

Aufgabe 2
Gehen Sie beim Einstiegsfall von folgenden Annahmen aus: Die Sendung wird unter zollamtlicher Überwachung von Hamburg nach Düsseldorf befördert, erst dort zum zoll- und steuerrechtlich freien Verkehr abgefertigt und anschließend nach Solingen zum Empfänger transportiert. Berechnen Sie für diese Situation den Zollwert und den Einfuhrumsatzsteuerwert. Beachten Sie: Die Frachtkosten von Hamburg nach Düsseldorf (die Anschlussbeförderung nach Solingen bleibt unbeachtet) betragen 300,00 EUR (netto).

Siehe Seite 457.

Aufgabe 3
Berechnen Sie für den nachfolgend dargestellten Import von Gütern aus den USA die Einfuhrabgaben.

Handelsrechnung (Auszug)

Quantity	Article	Weight kg	Unit-Price USD	Total USD
50	Receivers RC442	150	150,00	7.500,00
100	Speakers SP321	1.500	90,00	9.000,00
			FOB-Delivery	250,00
			Sub-Total	16.750,00
		less 10 % quantity rebate (from 16.500,00 USD)		1.650,00
			Total	15.100,00

Die Güter werden in Frankfurt verzollt. Beachten Sie: Die Beförderungskosten sind nach dem Gewicht, die Versicherungskosten nach dem Güterwert aufzuteilen.

Importkosten

Seefracht New York – Bremen	USD 450,00	Zollsatz für Rundfunkgeräte	14 %
Transportversicherung	EUR 60,00	Zollsatz für Lautsprecher	5,7 %
Fracht Bremen – Frankfurt	EUR 350,00	Einfuhrumsatzsteuer:	19 %
		Umrechnungskurs:	1 EUR = 1,25845 USD

Berechnung der Einfuhrabgaben

		Receiver	Speaker
Warenwert laut Rechnung	USD		
Rabatt			
FOB Delivery	150 : 1.500		
Summe			
Seefracht			
	USD		
in EUR			
Transportversicherung			
CIF-Wert EU-Grenze			
Zoll			
Umlage Fracht			
Summe ESt.-Wert			
ESt.			
Summe Einfuhrabgaben			
Summe gesamt			

Aufgabe 4

Zollgutlagerung siehe Informationsband

a. Betrachten Sie die Abbildung zur Zollgutlagerung im Informationsband. Ordnen Sie die Ziffern 1–4 den unten stehenden Aussagen zu. Entscheiden Sie, ob bei den letztgenannten Vorgängen eine Zollschuld entsteht oder nicht.

	Eingang der Ware in die EU: Zollschuld entsteht für die eingeführte Ware.
	Einfuhr der Ware zur Zollgutlagerung. Stundung des Zolls während der Lagerdauer.
	Ausfuhr in ein Drittland: Es entsteht eine/keine Zollschuld.
	Transport von PZL zu PZL: Es entsteht eine/keine Zollschuld.

b. Welcher Lagertyp kommt für INTERSPED infrage, wenn die Spedition wie folgt mit zollpflichtiger Ware umgeht: Im Rahmen der Getränkelogistik versorgt INTERSPED auch den osteuropäischen Markt mit Spirituosen aus den USA. Diese Produkte werden in einem abgetrennten Bereich des Lagers als Zolllager untergebracht. Von dort aus gehen die Güter – ohne Verzollung – direkt weiter zu den Empfangsspediteuren nach Osteuropa.

Aufgabe 5

Betrachten Sie die Abbildung zur aktiven Veredlung im Informationsband. Prüfen Sie, ob bei den Vorgängen a) bis d) jeweils Zoll fällig wird.

a. Einfuhr der unveredelten Ware (z. B. Stoff + Zutaten)
b. Veredelung zum Kleid
c. Ausfuhr der veredelten Ware in ein Drittland
d. Die veredelte Ware bleibt in der EU: Abfertigung zum freien Verkehr

Aufgabe 6

Betrachten Sie im Informationsband die Abbildung zum Umwandlungsverkehr und berechnen Sie die Höhe des Zolls.

Zollumwandlung siehe Informationshandbuch

- Einfuhr einer Ware (Heizkörper): Zoll = 9 % von 7.500,00 EUR
- Umwandlung der Ware zu einer anderen Ware mit geringerem Wert (Schrott): Zoll = 0 % von 750,00 EUR

Aufgabe 7

Stellen Sie fest, welche Art von Zollverfahren jeweils vorliegt:

1. Ein deutscher Importeur erwirbt Textilien aus China und veräußert sie nach kurzer Zwischenlagerung unverändert weiter in die GUS-Staaten.
2. Südamerikanische Bananen werden im Hamburger Hafen entladen und in ein Warenverteilzentrum einer Lebensmittelkette transportiert. Die Güter werden bei einer Binnenzollstelle verzollt.
3. Zugeschnittene Textilien aus der Bundesrepublik werden nach Tunesien transportiert, dort zu Konfektionsware verarbeitet und anschließend nach Deutschland zurückexportiert.
4. Rohkaffee wird bis zur Verarbeitung in der Bremer Freizone zwischengelagert. Die Ware wird erst verzollt, wenn der Röstprozess unmittelbar bevorsteht.

Aufgabe 8

Im Rahmen einer passiven Veredlung sind folgende Zahlen zu beachten:

a. Ausfuhr von Stoffen + Zutaten (unveredelt, Wert 100.000,00 EUR), Zoll 7 %

b. Wiedereinfuhr als Kleid (veredelt, Wert 800.000,00 EUR), Zoll 10 %

Berechnen Sie die Höhe des Zolls, die der Zollschuldner in diesem Fall zu zahlen hat.

Aufgabe 9

Nachstehender Import – entsprechende Handelsrechnung liegt vor – soll zollrechtlich abgefertigt werden. Die Güter werden in Frankfurt verzollt. Der Rechnungspreis wird als Transaktionswert anerkannt.

Importkosten

Seefracht New York – Antwerpen	520,00 USD	Kurs:
Fracht Antwerpen – Frankfurt	180,00 EUR	1 EUR = 1,2417 USD
Zollsatz für Computer – Teile:	14 %	
Einfuhrumsatzsteuer:	19 %	

a. Berechnen Sie in EUR

    aa. den Zollwert,

    ab. den Zoll,

    ac. den EUSt-Wert,

    ad. die EUSt.

b. Erläutern Sie den Zahlungsvermerk D/P.

Lernsituation 18 | zu SLG S. 373–382, WSP S. 162–166, 169–171, KSK (DV) 231–236

EXPORTER		Invoice No. & Date FR/531/A	
C.A. Miller Corp. 2000-03-13 768 North Columbus Avenue NEW YORK, NY 47110, USA		Buyers Order No. & Date BK 42-275 14.02.20(0)	
		Other Reference(s) PO: 74240	
Consignee Walter Lux KG Sternstr. 75 42275 WUPPERTAL/GERMANY		Buyer (if other than consignee) As CONSIGNEE	
		Country of Origin USA	Country of Final Destination GERMANY
Pre-Carriage by BY SEA	Place or Receipt by Pre-Carrier NEW YORK	FOB NEW YORK	
Vessel/Flight No Galveston	Port of Loading NEW YORK	D/P	
Port of Discharge ANTWERPEN	Final Destination WUPPERTAL Germany		
Marks & Nos./ Container No	No. & Kind of Pkgs	Description of Goods	Quantity KGS	Rate FOB	Amount USD
Mil	16 Cartons	electronic components for computers	1600		16.800,00
TOTAL	16 Cartons	TOTAL KGS	1600		
				Total FOB Value USD	16.800,00
Amount Chargeable (in words) TOTAL: SIXTEENTHOUSENDEIGHTHUNDRED				TOTAL USD	16.800,00
Declaration We declare that this invoice shows the actual price of the goods described and that all particulars are true and correct				Signature & Date C.A. Miller Corp. 13.03.20(0) *DOWNES*	

Aufgabe 10

Vom Zollamt Düsseldorf ist das nachfolgende T2-Dokument für einen Sammelguttransport von Düsseldorf nach Oslo im Rahmen des **gemeinsamen** Versandverfahrens ausgestellt worden.

a. Begründen Sie, aus welchem Anlass INTERSPED die Waren mit einem T2 zu einem Spediteur in Norwegen versendet.

b. Erläutern Sie den Inhalt der Felder 1 (einschließlich MRN), 18, 50, 51, 52 und 53.

c. Der 01.06.20(0) ist vom Zollamt Düsseldorf als Gestellungsfrist festgesetzt worden. Begründen Sie, welche Bedeutung dieses Datum für den Hauptverpflichteten hat.

Auszug aus einem Versandbegleitdokument

EUROPÄISCHE GEMEINSCHAFT — Versandbegleitdokument

A	2 Versender/Ausführer Nr. DE4682334 INTERSPED GmbH Merkurstraße 14 40223 Düsseldorf	1 Anmeldung T2	MRN 06DE830207144771M7
		3 Vordrucke 1	4 Ladelisten 5
		5 Positionen 9	Packst. ingesamt 9	7 Bezugsnummer
	8 Empfänger Nr. DFDS Logistic AS Kongveien 152 NO 1411 Oslo Kolbotn		
	18 Kennzeichen und Staatszugehörigkeit des Bef.-Mittels im Abgang LKW DFDS 243654	19 Ctr. NO 0	15 Versendungs-/Ausfuhrland DE	17 Bestimmungsland NO

Auszug Teil 2

51 Vorgesehene Durchgangszoll-stellen (und Land)	50 Hauptverpflichteter Nr **DE4682334** **INTERSPED GmbH** **Merkurstraße 14** **40223 Düsseldorf**			C Abgangszollstelle **Zollamt Düsseldorf** **DE002602** **Düsseldorf 24.05.20(0)**
	Oslo toll – Hjortnes NO			
52 Sicherheit nicht gültig für	05DE0000000030631	Düsseldorf	Code 1	53 Bestimmungszollstelle (und Land) **Oslo toll – Kongshavn (NO)**

Aufgabe 11

1. Stellen Sie fest, welches Zollgutversandverfahren (gVV oder Carnet TIR bzw. ATA) anzuwenden ist:
2. Transport einer Sendung von Düsseldorf nach Moskau. Die Güter sollen in Moskau verzollt werden.
3. Soja-Produkte aus den USA werden in Hamburg entladen und in Frankfurt verzollt.
4. Wie 2, die Verzollung geschieht aber in Wien (Österreich).
5. Transport von Gütern zwischen Deutschland und Italien über die Schweiz.
6. Transport einer Sendung von Düsseldorf nach Moskau. Die Güter sollen auf einer Messe in Moskau ausgestellt und anschließend wieder zum Exporteur zurückbefördert werden.

Aufgabe 12

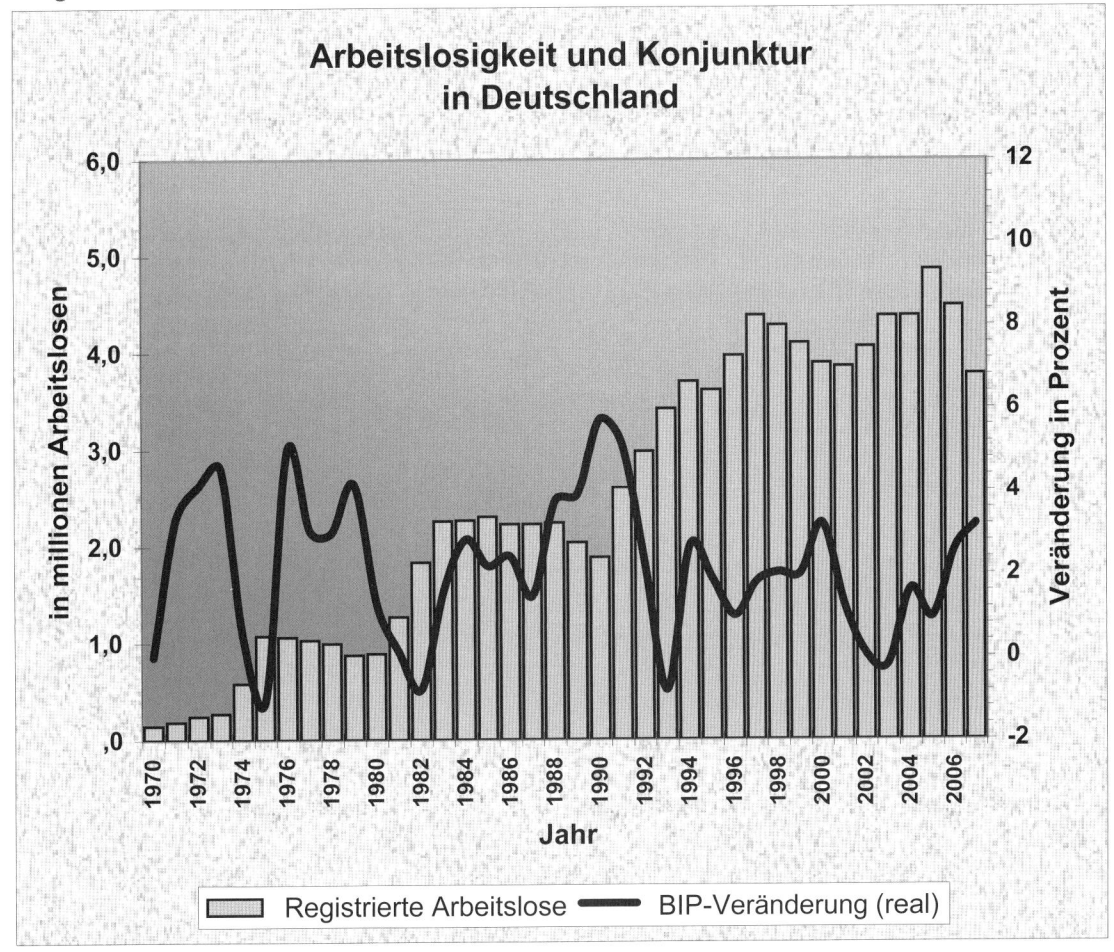

Konjunkturzyklen werden in Phasen beschrieben. Zur Beschreibung der Konjunkturzyklen werden die Schwankungen des realen (preisbereinigten) Bruttoinlandsproduktes (BIP) verwendet. Ein Konjunkturzyklus beginnt mit dem Aufschwung am Ende der Rezession.

a. Bestimmen Sie die Anzahl, den Beginn/das Ende der Konjunkturzyklen in Deutschland.
b. Beschreiben Sie die einzelnen Phasen der Konjunkturzyklen und deren Merkmale.

Aufgabe 13

Das Stabilitätsgesetz verpflichtet den Staat, konjunkturpolitische Maßnahmen zu ergreifen.

a. Wie wird die Notwendigkeit staatlicher Konjunkturpolitik begründet?
b. Erläutern Sie die in diesem Gesetz beschriebenen Ziele der Konjunkturpolitik.
c. Beschreiben Sie die Zielkonflikte (z. B. zwischen dem Ziel der Stabilität des Preisniveaus und einem hohen Beschäftigungsstand).

> **Gesetz zur Förderung der Stabilität und des Wachstums der Wirtschaft**
>
> § 1
>
> Bund und Länder haben bei ihren wirtschafts- und finanzpolitischen Maßnahmen die Erfordernisse des gesamtwirtschaftlichen Gleichgewichts zu beachten. Die Maßnahmen sind so zu treffen, dass sie im Rahmen der marktwirtschaftlichen Ordnung gleichzeitig zur Stabilität des Preisniveaus, zu einem hohen Beschäftigungsstand und außenwirtschaftlichem Gleichgewicht bei stetigem und angemessenem Wirtschaftswachstum beitragen.

Aufgabe 14

Welche der nachfolgenden staatlichen Maßnahmen sollten bei Rezession durchgeführt werden?

- Erhöhung der Umsatzsteuer
- Vergabe öffentlicher Aufträge
- Senkung der Gewerbesteuer für Unternehmen
- Kürzung der Sozialleistungen
- Steuervorteile für Bauherren

Aufgabe 15

„Ziel der Fiskalpolitik ist es, den Schwankungen des Konjunkturzyklus entgegenzuwirken. Da der Staat selbst einer der dominierenden Akteure in der Volkswirtschaft ist, kann er als Anbieter und Nachfrager von Produkten und Leistungen mit seiner Ausgaben-, Einnahmen- und Verschuldungspolitik bzw. Überschusspolitik auf das Wirtschaftsgeschehen einwirken." (Microsoft Encarta 2006)

Eine der Möglichkeiten des Staates, Konjunkturpolitik zu betreiben, ist die „antizyklische Fiskalpolitik".

a. Beschreiben Sie den Grundgedanken der antizyklischen Fiskalpolitik.
b. Erläutern Sie die Maßnahmen der Fiskalpolitik in den unterschiedlichen Konjunkturphasen.

Aufgabe 16

Ermitteln Sie anhand der folgenden Zahlen die Wertschöpfung der einzelnen Unternehmen und die Gesamtwertschöpfung.

Ein Chemiewerk verkauft (ohne Vorleistung) Fasern für 10.000 € an eine Spinnerei. Diese verkauft Garne für 15.000 € an eine Weberei. Die Weberei verkauft die aus dem Garn produzierten Schlafdecken an den Großhandel zu 24.000 €. Der Einzelhandel erwirbt die Schlafdecken für 31.000 €. Die Verbraucher zahlen schließlich insgesamt 52.000 €.

Aufgabe 17

Zur Dämpfung des Preisanstiegs in der Bauwirtschaft beschließt die Bundesregierung im Rahmen ihrer Wirtschaftspolitik eine Kürzung der Subventionen für den öffentlich geförderten Wohnungsbau.

a. Beschreiben Sie die Auswirkungen dieser Maßnahme.
b. Welche Folgen hat die Maßnahme für das Ziel „Hoher Beschäftigungsstand"?
c. Beschreiben Sie den Zielkonflikt „Stabilität des Preisniveaus" und „Hoher Beschäftigungsstand".

Steuer- und Abgabenquote in Deutschland	
(Anteil der Steuern und der gezahlten Sozialbeiträge am BIP)	
1975	34.3
1985	36.1
1990	34.8
1995	37.2
2000	37.2
2005	34.8
2006	35.6
2007	36.2
(nach OECD, 2008)	

Aufgabe 18

In der Bundesrepublik Deutschland wurde folgende Abgabenquoten (Anteile von Steuern und Sozialversicherungsbeiträgen am BIP in v.H.) festgestellt:

Wie beurteilen Sie die Entwicklung der Abgabenquote?

Welche Konsequenzen versuchen Steuerpflichtige zu ziehen, wenn sie die Grenzen der Belastung mit Abgaben als erreicht ansehen?

SELBSTTEST LERNSITUATION 18

→ Diese **Prozesse** sollten Sie beherrschen:
- den Zollgutversand nach dem gemeinschaftlichen Versandverfahren abwickeln.
- eine Importsendung zum zoll- und steuerrechtlich freien Verkehr abfertigen
- den Zollwert berechnen
- Konjunkturelle Entwicklung und staatliche Konjunkurpolitik beurteilen

→ Diese **Begriffe** sollten Sie kennen:

1. ATLAS
2. Abgabenordnung
3. Abgabenquote
4. Aufschubverfahren
5. Beschäftigungspolitik
6. Bruttoinlandproduktes
7. Bürgschaft
8. Bürgschaft
9. Carnet A.T.A
10. Carnet-TIR
11. Deutscher Gebrauchs-Zolltarif
12. Einfuhr
13. Einfuhrabgaben
14. Einfuhrumsatzsteuer
15. Einzelbürgschaft
16. Einzelsicherheit
17. Externes gVV
18. Fiskalpolitik
19. Fiskalpolitik, antizyklische
20. Gemeinsamer Zolltarif
21. Gemeinschaftliches Versandverfahren
22. Gemeinschaftswaren
23. Gesamtbürgschaft
24. Gesamtbürgschaft
25. Gestellungsfrist
26. Hauptverpflichteter
27. Interne gVV
28. Internet-Zollanmeldung
29. Konjunktur
30. Konjunkturphasen
31. Konjunkturpolitik
32. MRN
33. Magisches Viereck
34. Meistbegünstigungsgrundsatz
35. Nichtgemeinschaftswaren
36. Nämlichkeit
37. Nämlichkeit
38. Pauschalbürgschaft
39. Präferenznachweis
40. Rückschein
41. Sicherheiten
42. Stabilitätsgesetz
43. Statistische Warennummer
44. TIR
45. Transaktionswert
46. Verbrauchsteuern
47. WTO
48. Wertschöpfung
49. Wertzölle
50. Zollfaktura
51. Zollgutversand
52. Zolllagerverfahren
53. Zollwert
54. Zölle

Lernsituation 18 | zu SLG S. 373–382, WSP S. 162–166, 169–171, KSK (DV) 231–236

Lernsituation 19

- Ein Angebot für eine JIS-Belieferung entwickeln
- Einen Finanzierungsvergleich durchführen

Die Automobilwerke AG plant die Produktion ihres neuen Kleinwagens „XETRAX" am Produktionsstandort in 99831 Creuzburg, Eisenacher Straße 53. Die INTERSPED GmbH beteiligt sich an der Ausschreibung eines JIS-Transports (Just-in-sequenz) für das Modul „Instrumententafel".

Der Hersteller des Moduls ist die Stella Fahrzeugtechnik GmbH in 37287 Oetmannshausen (Wehretal), Kasseler Straße 4, 25 km vom Herstellerwerk entfernt.

Gegenstand der Ausschreibung ist die produktionssynchrone Versorgung des Herstellerwerks mit dem Fahrzeugmodul. Die Instrumententafeln variieren nach den verschiedenen Fahrzeugmodellen des XETRAX. Die Module sind demnach takt- und typengenau anzuliefern. Der Hersteller stellt allerhöchste Anforderungen an die Prozesssicherheit, weil eine Unterbrechung des Materialflusses zu einem Bandstillstand mit unüberschaubaren Kosten führt.

Der logistische Dienstleister hat die Güter beim Lieferanten abzuholen (Beladung durch den Fahrer), zum Herstellerwerk zu befördern, dort zu entladen (ein Gabelstapler ist zu stellen) und bis an das Produktionsband heranzuführen (Line Feeding mithilfe eines Schleppers).

Umgekehrt ist mit dem Leergut zu verfahren.

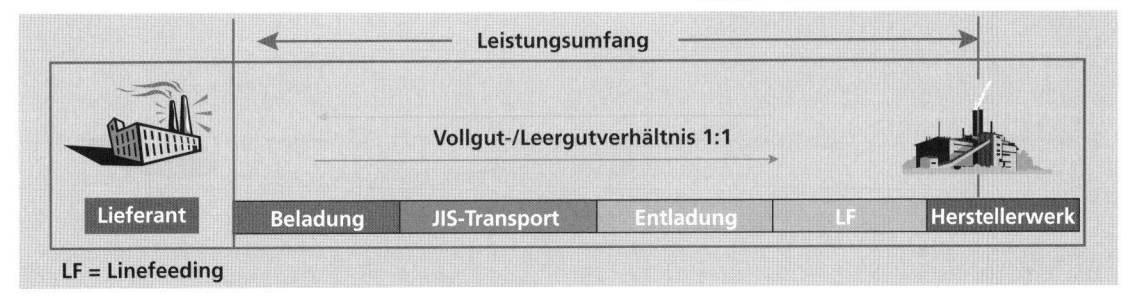

Der zu organisierende Rundlauf wird vom Hersteller wie folgt dargestellt:

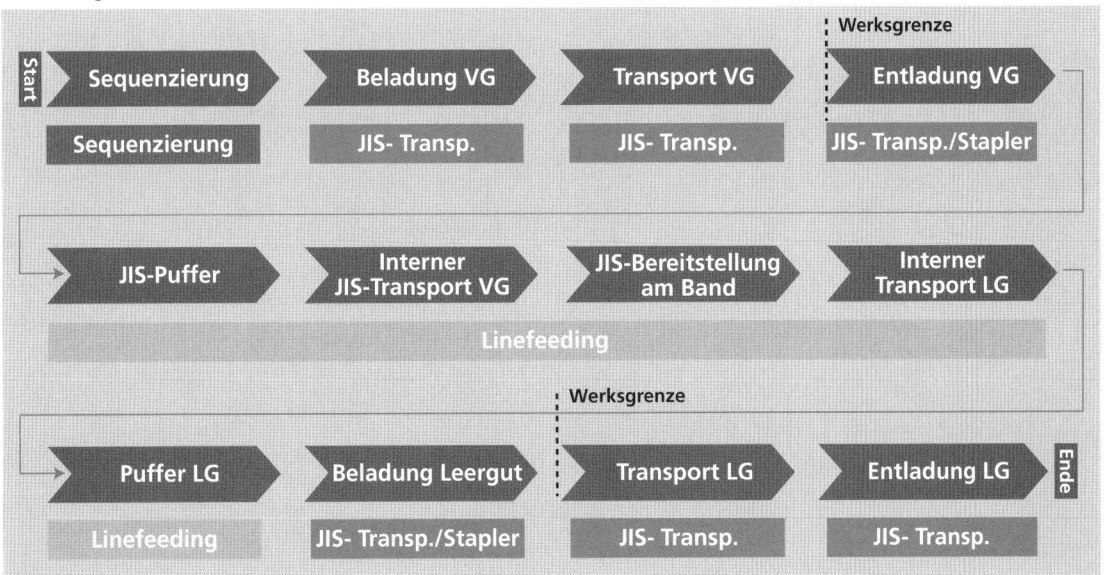

VG = Vollgut, LG = Leergut

Lernsituation 19 | zu SLG S. 388–399, WSP S. 135 - 138

JIS-Behälter = Gestelle, auf denen die Module befördert werden.

Die Automobilwerke AG stellt in ihrer Ausschreibung folgende Daten zur Verfügung:

Standort Systemlieferant	37287 Oetmannshausen
Standort Herstellerwerk	99831 Creuzburg
Produktionsangaben	
Anzahl Arbeitstage pro Jahr	250
reine Arbeitszeit pro Woche	36 Stunden
Arbeitstage pro Woche	5
Anzahl der Schichten	3
Planstückzahl pro Jahr	90.000
Taktzeit (Minuten pro Fahrzeug)	3,6 (3 Min. 36 Sek.)
Be-/Entladen Systemlieferant	Gabelstapler (Lkw-Fahrer)
Be-/Entladen Herstellerwerk	Gabelstapler (Lkw-Fahrer)

reine Arbeitszeit: Arbeitszeit ohne Pausen u. Ä.

Modul	
Gewicht pro Stück	75 kg
Anzahl pro PKW	1
JIS-Behälter	
Länge	2,2 m
Breite	1,3 m
Höhe	2,6
Anzahl Module pro Behälter	2
Tara	150 kg

pro Fahrzeug = pro Pkw

Der Hersteller erwartet ein Preisangebot für folgende Leistungen:

Leistungspaket	Beschreibung	Preis in EUR pro Fahrzeug
A	■ Be-/Entladung beim Systemlieferanten ■ Rundlauftransport zum Herstellerwerk	
B	■ Bereitstellung eines Gabelstaplers beim Hersteller (ohne Personal, Entladung durch den Fahrer) (1 Stapler im Dreischichtbetrieb)	
C	■ Be-/Entladung des JIS-Fahrzeugs ■ Linefeeding im Werk (1 Arbeiter pro Schicht, 1 Elektroschlepper im Dreischichtbetrieb)	

Als Vertragslaufzeit wird eine Dauer von fünf Jahren in Aussicht gestellt.
Die vom logistischen Dienstleister zu organisierenden Zeiten sind in die gesamte Steuerzeit von 270 Minuten eingebunden. Er hat sicherzustellen, dass im Takt von 3,6 Minuten jeweils eine Instrumententafel für den Einbau zur Verfügung steht.

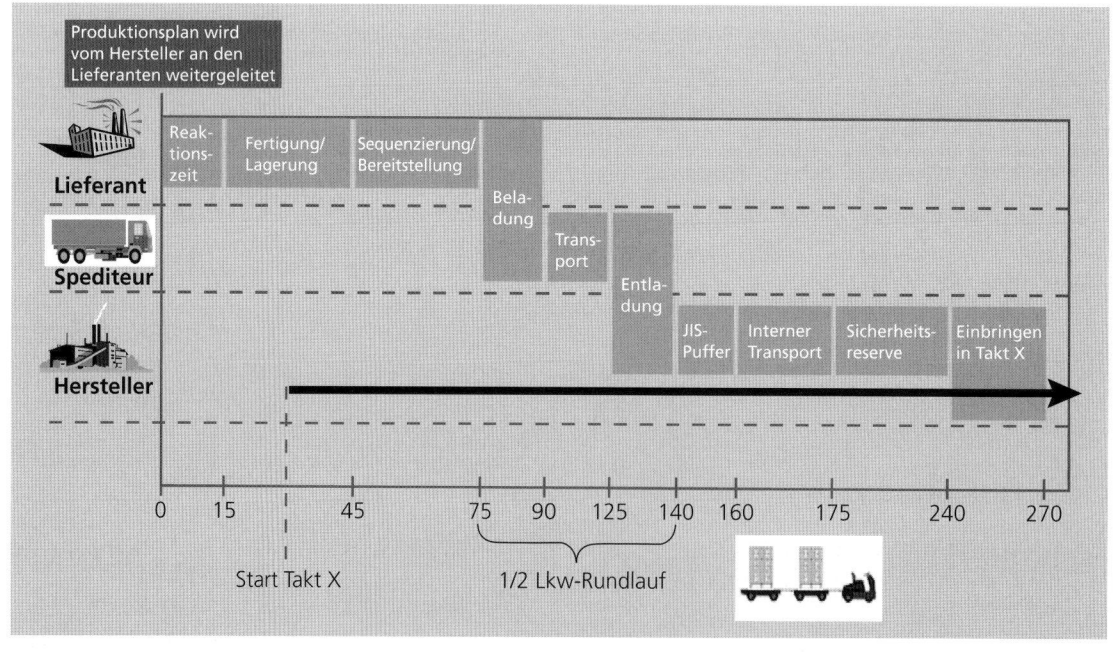

*Takt x = Start der Produktion des Autos mit der Produktionsnummer x an diesem Tag.
Alle 3,6 Minuten beginnt ein neuer Takt.
Steuerzeit = Zeit für das Einbringen des Moduls in den Pkw am Band (von der Produktion des Moduls bis zum Einbau)*

Ermittlung des Grundtaktes

Ausgangspunkt für die Planung der Taktzeiten sind die geplante Outputmenge an Pkw (Fahrzeugen) pro Tag und die zur Verfügung stehenden Produktionsminuten. Ausgehend von einem Drei-Schicht-Betrieb mit 36 Stunden reiner Arbeitszeit pro Woche und 250 Arbeitstagen im Jahr ergibt sich eine Gesamtanzahl an Produktionsminuten von:

$$\text{Arbeitszeit einer Schicht pro Tag} = \frac{36 \frac{\text{Stunden}}{\text{Woche}}}{5 \frac{\text{Tage}}{\text{Woche}}} = 7,2 \frac{\text{Stunden}}{\text{Tag}} \times 60 \frac{\text{Minuten}}{\text{Stunde}} = 432 \frac{\text{Minuten}}{\text{Tag}}$$

$$\text{Gesamtzahl an Produktionsminuten} = 432 \frac{\text{Minuten}}{\text{Tag}} = \times 250 \text{ Tage} \times 3 \text{ Schichten} = 324.000 \text{ Minuten}$$

Bei einer geplanten Jahresproduktion von 90.000 Pkw ergibt dies pro Pkw:

$$\text{Taktzeit} = \frac{324.000 \text{ Minuten}}{90.000 \text{ PKW}} = 3,6 \frac{\text{Minuten}}{\text{PKW}} = 3 \text{ Minuten } 36 \text{ Sekunden}$$

Dies bedeutet: Alle 3,6 Minuten muss ein Pkw fertiggestellt werden, um die Planproduktionsmenge zu erreichen. Da von einem kontinuierlichen Produktionsprozess ausgegangen wird, bedeutet dies auch, dass alle 3,6 Minuten mit einem neuen Fahrzeug begonnen werden muss und auch alle folgenden Produktionsstufen in diesem Takt durchlaufen werden. Folglich müssen alle Teile im Takt von 3,6 Minuten angeliefert werden.

Dieser Takt bestimmt daher auch den Takt, in dem Lkw-Ladungen in die Produktion geliefert werden müssen. Auf dieser Grundlage können nun die Planungsüberlegungen des logistischen Dienstleisters einsetzen. Er hat folgenden Wert zu ermitteln:

① **Lkw-Kapazität**

Es ist zunächst festzustellen, wie viele JIS-Behälter, die die Module aufnehmen, in einem Lkw untergebracht werden können.

Zur Verfügung stehende Lkw:

	Gliederzug nach BDF-Norm		Sattelzug	
	Motorwagen	Anhänger	Zugeinheit	Auflieger
Länge innen	7,30 m	7,30 m		13,60 m
Breite innen	2,44 m		2,44 m	
Zuladung	ca. 25 t		ca. 25 t	

Daten des JIS-Behälters: Siehe oben.
Es ist auch zu gewährleisten, dass die Zulademöglichkeiten nicht überschritten werden.

② **Berechnung des Lkw-Taktes**

Der Lkw-Takt ergibt sich aus der Taktzeit im Herstellerwerk und der Lkw-Kapazität.

③ **Ermittlung der Rundlaufzeit**

Die Rundlaufzeit setzt sich aus der Beladung, dem eigentlichen Transport und der Entladung zusammen, und zwar jeweils für die Beförderung des Vollgutes und des Leergutes. Da die Güter über Bundesstraßen befördert werden, ist als Erfahrungswert für die Durchschnittsgeschwindigkeit des Lkw eine Zeit von 45 km/h anzunehmen.

Tipp: 45 km/h in km pro Minute umrechnen.

④ **Anzahl der benötigten Lkw**

Aus Rundlaufzeit und Lkw-Takt lässt sich die Anzahl der einzusetzenden Lkw berechnen. Es ist zu beachten, dass eine Pufferzeit als Sicherheitsreserve berücksichtigt werden sollte.

Aus den gewonnenen Daten kann man für die Kalkulation die Anzahl der Fahrer und die Zahl der Gesamtkilometer ermitteln.

Kalkulationsdaten zu Leistungspaket A

Die folgende Fahrzeugkalkulation geht von vereinfachten Zahlen aus und betrachtet einen Gliederzug. Alle Angaben beziehen sich auf **ein** Fahrzeug.

Auf alle Kosten (Lkw, Fahrer, Stapler, Schlepper) sind 7,5 % allgemeine Verwaltungskosten aufzuschlagen. Die Zwischensumme wird um 2,5 % Gewinnzuschlag erhöht.

Lkw	
Anschaffungskosten Motorwagen	55.000,00 EUR
Anschaffungskosten Anhänger	25.000,00 EUR
Reifenkosten Motorwagen	0,015 EUR/km
Reifenkosten Anhänger	0,012 EUR/km
Versicherung/Steuern Motorwagen	3.000,00 EUR
Versicherung/Steuern Anhänger	250,00 EUR
Treibstoffkosten (EUR/Liter)	0,85 EUR
Treibstoffverbrauch	25 Liter/100 km
Wartung Motorwagen	2.200,00 EUR
Wartung Anhänger	1.000,00 EUR
Abschreibungsdauer	5 Jahre
Zinsen (von den halben Anschaffungskosten)	6 % pro Jahr

Die Angaben beziehen sich auf **einen** Fahrer.

Fahrer	
Zahl der Schichten	3
Kosten pro Fahrer und Monat	2.850,00 EUR

Kalkulationsdaten zu Leistungspaket B

Gabelstapler (Elektrostapler, Fa. Still, R 50)	
Anschaffungskosten Stapler	28.000,00 EUR
Anschaffungskosten für 2. Batterie	4.500,00 EUR
Abschreibungsdauer	5 Jahre (kein Restwert)
Zinsen (von den halben Anschaffungskosten)	6 % pro Jahr
Wartung	2.400,00 EUR
Energiekosten	1.700,00 EUR

Kalkulationsdaten zu Leistungspaket C

Schlepper (Elektroschlepper, Fa. Still, R06)	
Anschaffungskosten Schlepper	13.000,00 EUR
Anschaffungskosten für 2. Batterie	4.000,00 EUR
Abschreibungsdauer	5 Jahre (kein Restwert)
Zinsen (von den halben Anschaffungskosten)	6 % pro Jahr
Wartung	1.920,00 EUR
Energiekosten	1.500,00 EUR

Fahrer	
Anzahl pro Schicht	1
Zahl der Schichten	3
Kosten pro Fahrer und Monat	2.700,00 EUR

Kalkulationsformular (Beispiel)

	A	B
1		
2	**Kalkulation Stapler**	
3	**Eingabe**	€
4	Anschaffungskosten	
5	Anschaffungskosten für 2. Batterie	
6	Abschreibungsdauer/Jahre	
7	Zinsen in %	
8	Wartung	
9	Energiekosten	
10	Allgemeine Verwaltungskosten in %	
11	Gewinnzuschlag	
12		
13	**Ausgabe**	
14	Anschaffungskosten (gesamt)	
15	**Laufende Kosten**	
16	Abschreibung	
17	Zinsen (½ Anschaffungskosten)	
18	Wartung	
19	Energiekosten	
20	Summe	
21	Allgemeine Verwaltungskosten	
22	Zwischensumme	
23	Gewinnzuschlag	
24	Gesamt-Angebotspreis	
25		
26	Ausbringungsmenge (Fahrzeuge)	
27	Preis pro Fahrzeug (Angebotspreis)	
28		

Kalk. Stapler / Kalk. Schlepper \ **Muster** /

Muster: Leistungsumfang des Preisangebots

Leistungsgegenstand	Sequenzbelieferung und Line Feeding Automobilwerke AG in Creuzburg
Fahrzeug	usw.
Fahrstrecke	
Lkw	
Jahresvolumen	
Anzahl Arbeitstage	
Arbeitsschichten	
Beladung	
Entladung	
Anzahl Fahrpersonal	
Anzahl der Module pro Lkw	
Anzahl der Umläufe pro Tag	
Zykluszeit (Lkw-Rundlauf)	
Stapler	
Schlepper	

Falls die INTERSPED GmbH den Zuschlag für den JIS-Transport von der Automobilwerke AG erhält, wird ein weiterer LKW benötigt. Geschäftsführer Berger hat den Mitarbeiter Baumeister beauftragt, verschiedene Angebote einzuholen, und sich schließlich für folgendes Angebot des Autohauses Niemeyer entschieden.

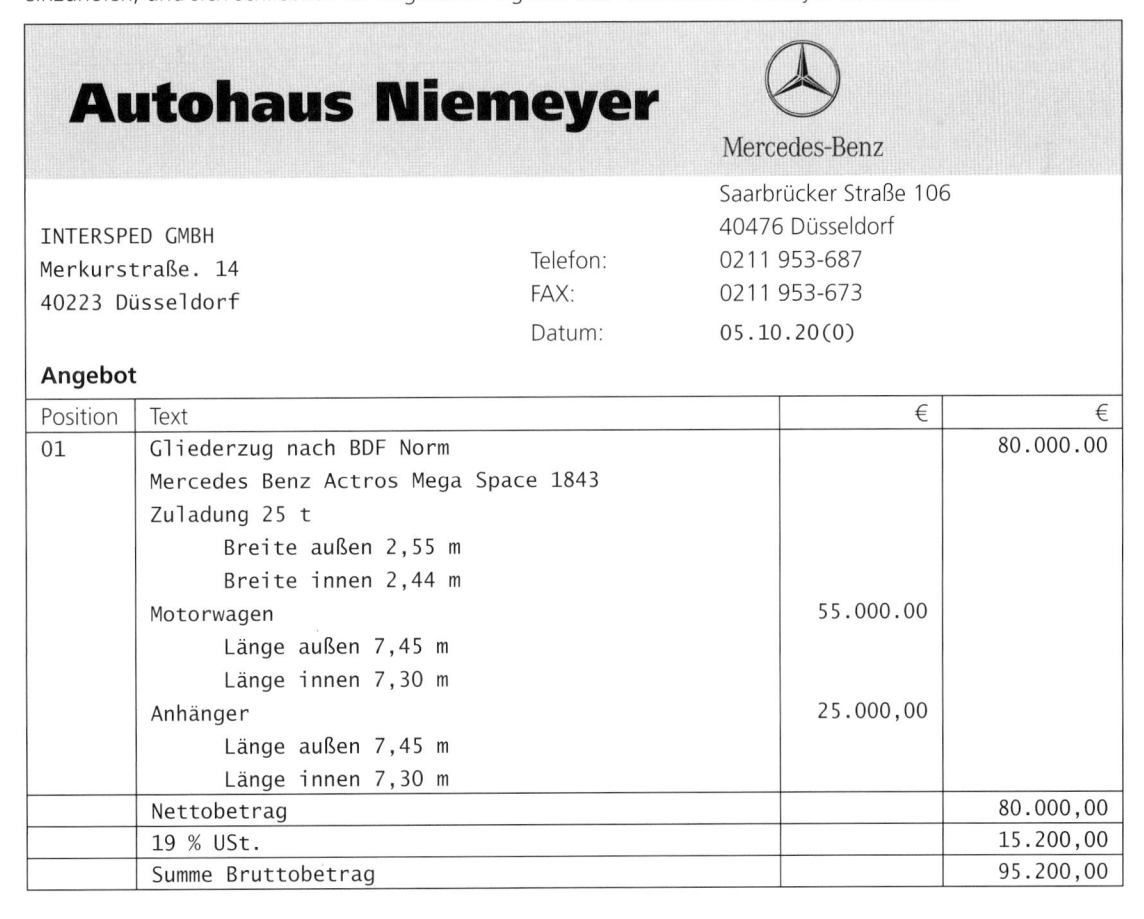

Autohaus Niemeyer

Mercedes-Benz

INTERSPED GMBH
Merkurstraße. 14
40223 Düsseldorf

Saarbrücker Straße 106
40476 Düsseldorf
Telefon: 0211 953-687
FAX: 0211 953-673
Datum: 05.10.20(0)

Angebot

Position	Text	€	€

01	Gliederzug nach BDF Norm
	Mercedes Benz Actros Mega Space 1843
	Zuladung 25 t
	    Breite außen 2,55 m
	    Breite innen 2,44 m
	Motorwagen
	    Länge außen 7,45 m
	    Länge innen 7,30 m
	Anhänger
	    Länge außen 7,45 m
	    Länge innen 7,30 m
		
		55.000,00
		
		25.000,00
			80.000,00

	Nettobetrag		80.000,00
	19 % USt.		15.200,00
	Summe Bruttobetrag		95.200,00

Lernsituation 19 | zu SLG S. 388–399, WSP S. 135 - 138

Das Autohaus Niemeyer hat auf Anfrage folgendes Finanzierungsmodell für das Fahrzeug angeboten.

Datum 20(0)-10-05

Finanzierungsangebot für den Gliederzug nach BDF Norm

Sehr geehrter Herr Baumeister,

vielen Dank für Ihr Interesse an einem Finanzierungsangebot. Gerne unterbreiten wir Ihnen nach Ihren Vorgaben folgendes Angebot:

Fahrzeug-Kaufpreis excl. Umsatzsteuer		80.000,00 €
Anzahlung	10 %	./.8.000,00 €
Darlehensbetrag		72.000,00 €
Laufzeit in Monaten	48	
Ratenzahlung	monatlich	
Zinssatz nominal p. a.	6,25 %	
Kreditkosten		9.561,60 €
Gesamtdarlehen		81.561,60 €
Monatliche Ratenhöhe		1.699,20 €

Dies ist ein Angebot der Fahrzeug-Finanz GmbH und basiert auf den derzeitigen Kapitalmarktzinsen. Es ist freibleibend und verpflichtet keine Seite zum Vertragsabschluss.

Mit freundlichen Grüßen

Dorte Fromm

Autohaus Niemeyer, Düsseldorf

Herr Baumeister hat festgestellt, dass die zur Finanzierung der Anzahlung benötigten Eigenmittel zur Verfügung stehen.

Barzahlungsnachlass beachten!

Aufgrund einer telefonischen Rückfrage durch Herrn Baumeister hat Frau Fromm vom Autohaus Niemeyer im Falle der Barzahlung des gesamten Fahrzeugkaufpreises einen Preisnachlass von 4 % vom Fahrzeuglistenpreis zugesichert. Die Höhe des benötigten Bankdarlehens hat Herr Baumeister wie folgt berechnet:

	€
Nettopreis	80.000,00
– Barzahlungsnachlass (4 % vom Nettopreis)	3.200,00
Netto-Barzahlungspreis (Finanzierungsbedarf ohne USt)	79.800,00
– Benötigtes Eigenkapital für die Händlerfinanzierung	8.000,00
benötigtes Fremdkapital (Bankdarlehen)	68.800,00

Vor diesem Hintergrund holte Herr Baumeister ein Finanzierungsangebot bei der Hausbank der INTERSPED GmbH, der Commerzbank Düsseldorf, ein.

COMMERZBANK

Commerzbank, Nordstraße 108, 40223 Düsseldorf

Niederlassung Düsseldorf
Nordstraße 108
40223 Düsseldorf
Telefon-Nr. 0211 870-334
Fax-Nr. 0211 870-335

INTERSPED GMBH
Merkurstraße 14
40223 Düsseldorf

Ihre Kreditanfrage   Datum 20(0)-10-09

Sehr geehrter Herr Baumeister,

wir bedanken uns für Ihre Anfrage über die Ausweitung Ihres Kreditengagements in unserem Hause und bieten Ihnen folgende Konditionen an:

    Darlehen über € 68.800,00; Verwendungszweck: LKW-Finanzierung;
    Laufzeit 4 Jahre; Zinssatz 7,5 % p. a. fest, Annuitätendarlehen
    (Finanzierungsplan siehe Anlage).

Die weitere Abwicklung und die Festlegung geeigneter Kreditsicherheiten klären wir gerne in einem persönlichen Gespräch. Wir bitten um Terminvereinbarung unter o. a. Rufnummer.

Mit freundlichen Grüßen

Michael Elsweiler

Commerzbank Düsseldorf

Finanzierungsplan		Anlage	
Monatliches Annuitätendarlehen		Ihr Ansprechpartner:	
Anschaffungskosten in €	68.000,00	Michael Elsweiler	
Darlehenszinsfuß in %	7,50		
Disagio in %	0,00		
Laufzeit des Darlehens in Jahren	4		

Jahr	Darlehen Jahresanfang	in € zum Jahresende	Tilgung	Zinsen	Liquiditätsbelastung
1	68.800,00	53.478,30	15.321,70	4.640,42	19.962,12
2	53.478,30	36.967,15	16.511,15	3.450,97	19.962,12
3	36.967,15	19.174,17	17.792,98	2.169,14	19.962,12
4	19.174,17	0,00	19.174,17	787,95	19.962,12
Gesamt	-,--	-,--	68.800,00	11.048,48	79.848,48

Aufgabe 1

Beschreiben Sie die Tätigkeiten des logistischen Dienstleisters als JIS-Lieferant im Automobilwerk anhand der nachfolgenden Abbildung.

EP = Einfügepunkt

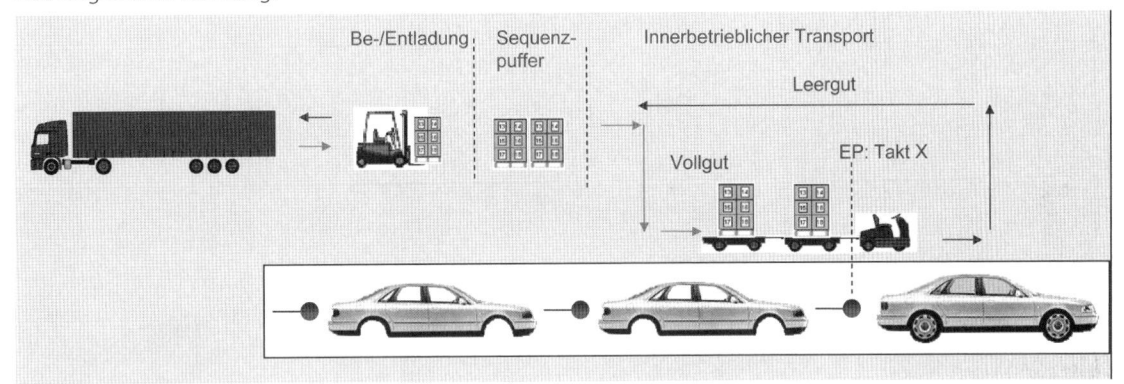

Aufgabe 2

Der Geschäftsleitung der Intersped GmbH war folgende Anzeige in der DVZ ins Auge gefallen:

Gebietsspediteure

Führendes Unternehmen der Elektronikindustrie sucht zuverlässige und leistungsfähige Verkehrsunternehmen für die Abholung von Fertigungsmaterialien und Vorprodukten bei Lieferanten sowie für die gebündelte Zustellung der gesammelten Güter zur Produktionsstätte in Süddeutschland.

Wir erwarten die Entwicklung eines geschlossenen Konzepts zur Beschaffungslogistik unter enger Anbindung an die Produktionsabläufe in unserem Unternehmen.

Verkehrsunternehmen mit entsprechenden logistischen Erfahrungen und Kapazitäten, die diese Aufgabe durchführen können, werden gebeten, sich unter der Nr. 497 über die DVZ zu bewerben.

Die INTERSPED GmbH hatte sich auf diese Anzeige beworben und folgende Unterlagen erhalten:

Unternehmensbeschreibung:	Die ELEKTROMATIK AG stellt im Werk Stuttgart Telefon- und Funkgeräte her. Mit 1.500 Mitarbeitern wurden im Jahre 20(-1) ca. 5 Millionen Geräte in mehr als 700 Varianten produziert.
Zielbeschreibung:	Für die Produktion sind etwa 1.800 unterschiedliche Einzelteile erforderlich, die bisher direkt von rund 500 Lieferanten bezogen worden sind. Für die organisatorische Abwicklung des nationalen Einkaufs war die Bundesrepublik in 10 Bezirke gemäß den Postleitzahlzonen eingeteilt worden. Zukünftig sollen Gebietsspediteure nach einem modernen Logistik-Konzept die Verantwortung für die Materialbeschaffung übernehmen.

Lernsituation 19 | zu SLG S. 388–399, WSP S. 135 - 138

Nach ersten Vorgesprächen ist die INTERSPED GmbH von der ELEKTROMATIK AG beauftragt worden, das Logistik-Konzept federführend zu entwickeln. Der Auftraggeber erwartet folgende Leistungen:

1. Festlegung der räumlichen Ausdehnung der Gebietsspeditionen

Dazu sind aus den unten stehenden Daten leistungsfähige Gebiete abzugrenzen. Die nachfolgend aufgeführten **Gesichtspunkte für die Gebietsbildung** sind zu beachten.

- Die Zahl der Gebiete sollte **unterhalb von 10** liegen, für die beteiligten Spediteure aber noch zu zumutbaren Vorlaufentfernungen führen. Eine generelle Orientierung an den Postleitzahlen ist aber weiterhin angebracht. Eine Gleichverteilung des Sendungsaufkommens ist zwar wünschenswert, aber angesichts der ungleichmäßigen Verteilung der Lieferanten kaum erreichbar.

- Das Sendungsaufkommen sollte möglichst so groß sein, dass die **Hauptläufe wirtschaftlich** abgewickelt werden können. Dies erfordert komplette Ladungen. In Gebieten mit geringer Lieferantenzahl sind allerdings Einschränkungen unumgänglich.

- Die **Vorläufe** sollten möglichst **kurz** sein.

- Für jedes Gebiet muss der Ausgangspunkt des Hauptlaufs festgelegt werden (der sogenannte **Konsolidierungs-punkt**). Die Festlegung sollte den Schwerpunkt des Sendungsaufkommens im Gebiet berücksichtigen, damit möglichst viele Sendungen kurze Vorläufe haben und „rückläufiges" Vorholen gering gehalten wird.

consolidation [engl.] = Zusammenlegung, Vereinigung

Beispiel:

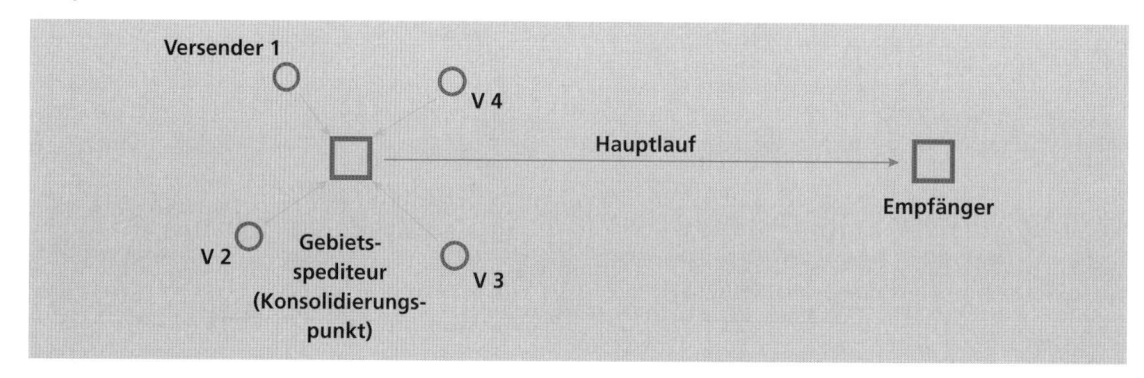

Problematisch sind die Sendungen von Versender 3 und 4, weil das Aufholen gegen die Hauptlaufrichtung stattfindet, der Transport auf einer Teilstrecke folglich „doppelt" durchgeführt wird.

Ge-biet	Anzahl der Lieferer	Sendg.	Gewicht kg	Ge-biet	Anzahl der Lieferer	Sendg.	Gewicht kg	Ge-biet	Anzahl der Lieferer	Sendg.	Gewicht kg
01	2	8	11.000	30	10	66	150.000	60	1	20	25.000
02	–	–	–	31	10	150	170.000	61			
03	–	–	–	32	8	60	110.000	63	10	150	60.000
04	2	7	2.000	33	11	120	140.000	64	4	15	22.000
06	3	8	4.000	34	7	25	85.000	65	5	30	21.000
07	3	7	5.000	35	7	30	90.000	66	6	35	280.000
				36	8	40	95.000	67	3	10	55.000
				37	9	45	135.000	68	4	40	30.000
				38	6	25	35.000	69	2	40	22.000
				39	2	8	4.000				
Su.:	10	30	22.000	Su.:	78	569	1.014.000	Su.:	35	340	515.000
10				40	10	150	150.000	70			
12	3	6	8.000	41	9	110	40.000	71	17	230	160.000
13				42	15	160	70.000	72	18	145	63.000
14	2	7	7.000	44	16	120	135.000	73	16	160	240.000
15	2	6	8.000	45	8	26	15.000	74	18	150	155.000
16	2	5	5.000	46	4	12	22.000	75	12	140	132.000
17	–	–	–	47	5	24	35.000	76	13	135	47.000
18	–	–	–	48	4	10	50.000	77	12	110	210.000
19	–	–	–	49	4	8	9.000	78	14	90	195.000
								79	10	85	27.000
Su.:	9	24	28.000	Su.:	75	620	526.000	Su.:	130	1.245	1.229.000
20				50	4	22	30.000	80			
21	7	60	120.000	51	5	25	50.000	81	4	15	6.000
22				52	3	24	40.000	82	4	14	7.000
23	3	18	11.000	53	3	18	15.000	83	2	9	8.000
24	3	7	10.000	54	2	17	6.000	84	4	12	12.000
25	5	23	47.000	55	2	10	4.000	85	10	60	11.000
26	3	6	14.000	56	3	30	35.000	86	7	55	48.000
27	3	8	19.000	57	10	150	250.000	87	9	145	65.000
28	3	9	7.000	58	15	290	300.000	88	7	110	22.000
29	4	20	50.000	59	11	80	38.000	89	10	94	17.000
Su.:	31	151	278.000	Su.:	58	666	768.000	Su.:	57	514	196.000

Ge-biet	Anzahl der Lieferer	Sendg.	Gewicht kg
90	16	165	143.000
91	9	140	127.000
92	5	18	8.000
93	2	10	4.000
94	3	21	7.000
95	8	90	45.000
96	5	88	12.000
97	9	100	38.000
98	3	18	4.000
99	4	60	148.000
Su.:	64	710	536.000

Zusammenfassung				
Gebiet	0	10	30	22.000
Gebiet	1	9	24	28.000
Gebiet	2	31	151	278.000
Gebiet	3	78	569	1.014.000
Gebiet	4	75	620	526.000
Gebiet	5	58	666	768.000
Gebiet	6	35	340	515.000
Gebiet	7	130	1.245	1.229.000
Gebiet	8	57	514	196.000
Gebiet	9	64	710	536.000
Su.:		547	4.869	5.112.000

Lernsituation 19 | zu SLG S. 388–399, WSP S. 135 - 138

Quelle: Postdienst, Das Postleitzahlenbuch

Einteilung der Bundesrepublik Deutschland nach Postleitzahlen-Regionen

2. Vorschläge zur Organisation des Güter- und Informationsflusses

Standardprodukte werden täglich benötigt. Daher sind alle Materialien tagesgenau anzuliefern, d. h., sie müssen am Abend vor dem Produktionstag im Werk der ELEKTROMATIK AG zur Verfügung stehen.

Die Produktionszeit der Materialien bei den Lieferanten beträgt drei Tage; eine Sendung, die vom Lieferanten bis 16:00 Uhr avisiert wird, kann am nächsten Tag vom Spediteur aufgeholt und auf dem Lager des Gebietsspediteurs zu einer Ladung zusammengefasst werden; der Hauptlauf vom Gebietsspediteur zum Werk in Stuttgart dauert per Lkw einen Tag.

Die ELEKTROMATIK AG kann ihren Lieferanten eine Produktionsvorschau für drei Monate geben (Grobsteuerung); konkrete Abrufmengen (Feinsteuerung) könnten ca. eine Woche vor der Produktion bereitgestellt werden. Als Kommunikationsmittel kommen Fax oder DFÜ infrage.

Tag	Aktionen zum Güterfluss	Aktionen zum Datenfluss
- 6		
- 5		
- 4		
- 3		
- 2		
- 1		
0	Produktionstag in der ELEKTROMATIK AG	

Grafische Darstellung des Güter- und Informationsflusses

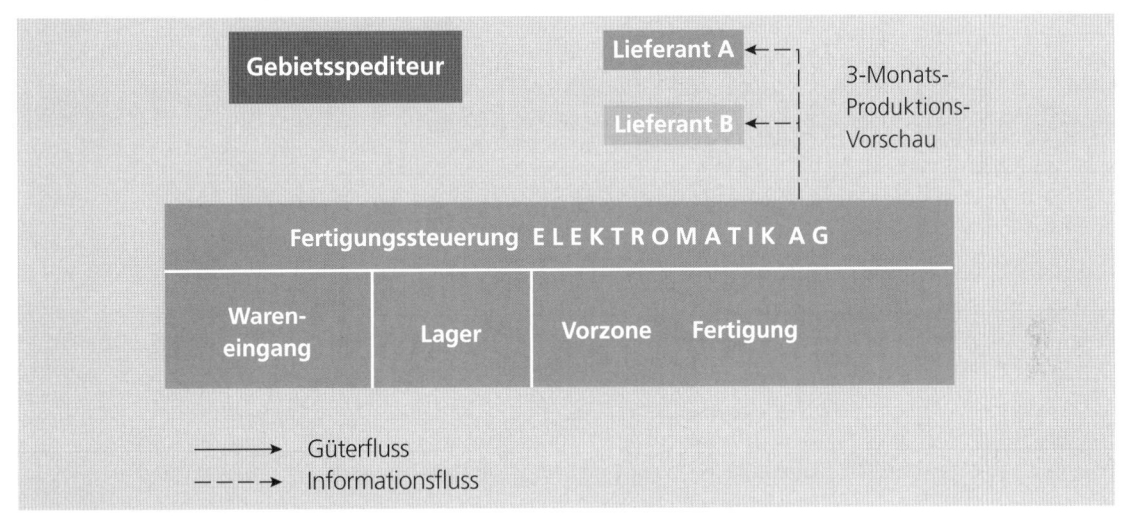

3. Preisvorstellungen entwickeln

Beispielhaft für ein Gebiet mit folgenden Kennzahlen:

- 100 Lieferanten
- Ein Lkw kann 10 Lieferanten pro Tag anfahren.
- paarige Verkehre durch Voll- und Leergut sowie durch die Übernahme von Fertigprodukten
- Vorlauf im Durchschnitt 100 km; Hauptlauf 400 km

Kalkulationsdaten

- Kilometerabhängige Kosten: 0,30 EUR pro km; Fahrpersonalkosten: 175,00 EUR pro Tag (jeweils Vor- und Hauptlauf); feste Fahrzeugkosten: 175,00 EUR pro Tag (jeweils Vor- und Hauptlauf); Übernahme in das Lager, Handling der Sendung, Disposition: 1,25 EUR pro Tonne; Ladungsgewicht des Lkw durchschnittlich 20 Tonnen; Gemeinkosten: 15 % der Einsatzkosten; Gewinn 10 %

Lernsituation 19 | zu SLG S. 388–399, WSP S. 135 - 138

Kalkulationsschema

I. Vorlaufkosten		
A km-abhängige Kosten		
+ Fahrpersonalkosten		
+ feste Fahrzeugkosten		
II. Überlagernahme (Handling)		
Warenbewegung, Erfassung, Disposition u. Ä.		
III. Hauptlaufkosten		
A km-abhängige Kosten		
+ Fahrpersonalkosten		
+ feste Fahrzeugkosten		
Einsatzkosten		
IV. Gemeinkosten		
anteilige Verwaltungskosten 15 %		
Selbstkosten		
V. Gewinn		
10 % der Selbstkosten		
Preis für eine Ladung		
(10 Lieferanten, 100 km Vorlauf, 400 km Hauptlauf)		

Aufgabe 3

Beschreiben Sie die Unterschiede zwischen den nachfolgend dargestellten Versorgungsmodellen der AUTOMOBIL AG und beurteilen Sie die Modelle.

Beurteilungsgesichtspunkte:

- Vorzüge und Risiken, wenn die INTERSPED GmbH in die neue Beschaffungslogistik der AUTOMOBIL AG eingebunden ist,
- Umweltproblematik

Die INTERSPED GmbH ist seit Jahren für die AUTOMOBIL AG in Ulm als Spediteur und Frachtführer tätig. Die INTERSPED GmbH holt im Rhein-Ruhr-Gebiet Vorprodukte für den Automobilbau bei den Serienlieferanten ab, sammelt sie und transportiert die Zulieferteile in das Wareneingangslager nach Ulm. Die Fertigungssteuerung des Automobilwerkes ruft die Teile bei Bedarf aus dem Lager ab und bringt sie in den Produktionsprozess ein. Dazu werden die Teile in der Nähe des Fertigungsbandes gelagert (Vorzone), bis sie von den Mitarbeitern in die Fahrzeuge eingebaut werden.

Modell 1

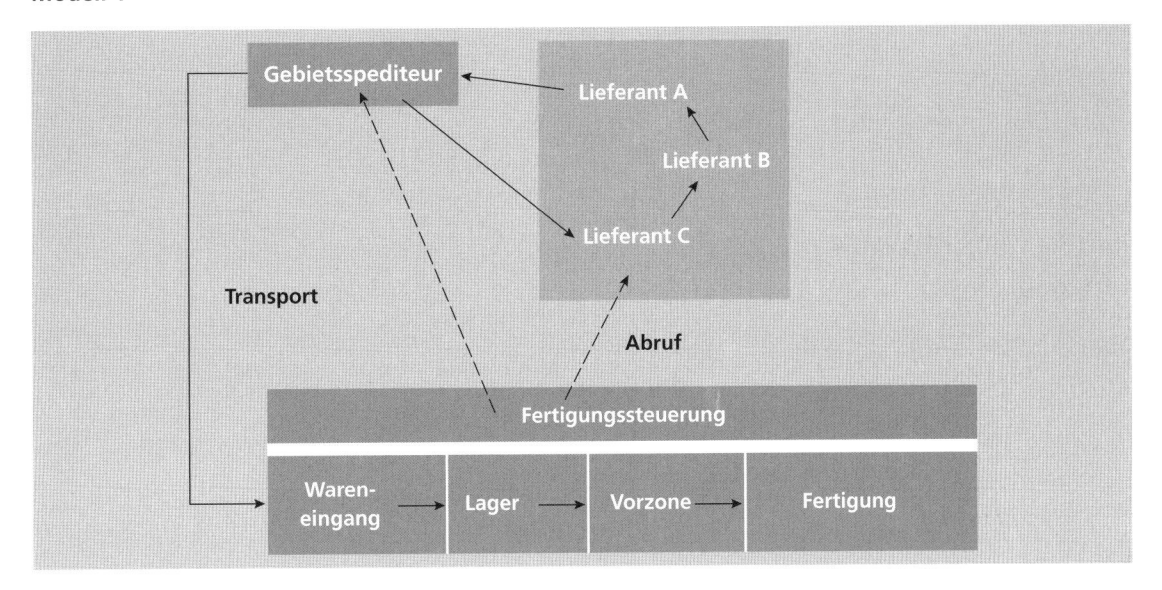

[Diagramm: Gebietsspediteur ← Lieferant A, Lieferant B, Lieferant C; Transport; Abruf; Fertigungssteuerung; Wareneingang → Lager → Vorzone → Fertigung]

Die AUTOMOBIL AG möchte die Materialversorgung nach dem Just-in-Time-Konzept modernisieren. Die nachfolgende Abbildung gibt das neue Versorgungskonzept wieder:

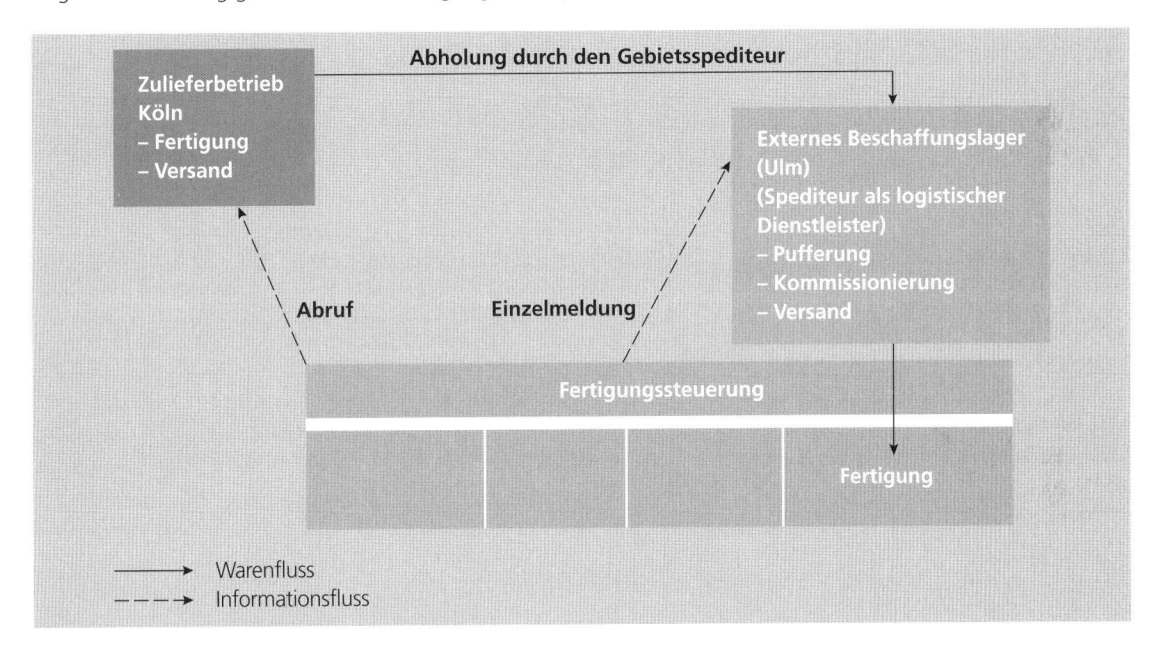

[Diagramm: Zulieferbetrieb Köln – Fertigung – Versand; Abholung durch den Gebietsspediteur; Externes Beschaffungslager (Ulm) (Spediteur als logistischer Dienstleister) – Pufferung – Kommissionierung – Versand; Abruf; Einzelmeldung; Fertigungssteuerung; Fertigung]

→ Warenfluss
---→ Informationsfluss

Beschaffungslogistik der AUTOMOBIL AG

Das Automobilwerk teilt seinen Lieferanten zwei Wochen im Voraus mit, welche Pkw-Typen produziert werden sollen. Nach diesen Angaben fertigt der Teilelieferant seine Vorprodukte (z. B. Lichtmaschinen, Sitzelemente). Anschließend werden die Teile in ein externes Beschaffungslager in der Nähe des Automobilwerks transportiert. Dort werden die Vorprodukte in der Reihenfolge der Pkw-Produktion zusammengestellt (kommissioniert) und zum vorgesehenen Bedarfszeitpunkt direkt an die Fertigungsstraße geliefert, wo die Teile eingebaut werden.

Der Vorlieferant fertigt die Produkte nach den gemeldeten Ausstattungsmerkmalen. Der Spediteur im externen Beschaffungslager übernimmt die entscheidende Verantwortung in der logistischen Kette, nämlich die reihenfolgegenaue Anlieferung der Teile. Das bedeutet im Einzelnen: Abholung der Einbauteile bei den Lieferanten, Transport zum Lager, kommissionieren, eventuell auch Vormontage, genaues Timing bei der Direktanlieferung. Das Beschaffungslager ist dabei nicht Lager im traditionellen Sinne, sondern nur kurzfristiger Puffer zwischen der Herstellung der Vorprodukte und ihrem Einbau in den Pkw.

Dieses logistische Konzept eignet sich besonders für Lieferer, die ihren Sitz nicht in der Nähe des Automobilproduzenten haben. Abnehmernahe Vorlieferanten können auch direkt an das Fertigungsband liefern.

Aufgabe 4

a. Beschreiben Sie das nachfolgend abgebildete Logistik-Konzept des Pkw-Herstellers.
b. Nennen Sie Vor- und Nachteile des Konzepts für Vorlieferanten, Spediteure und den Pkw-Hersteller.

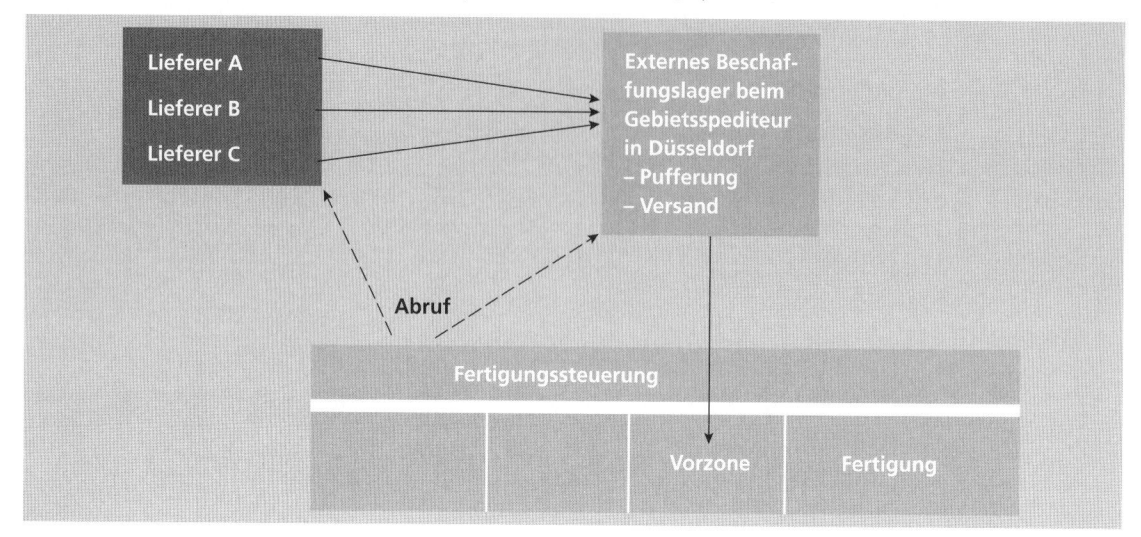

Aufgabe 5

	alt	neu
Zahl der Fertigungslinien	1	4
Tagesproduktion	2.000 Geräte	8.000 Geräte
Zahl der Arbeitstage pro Monat (Durchschnitt)	25 Arbeitstage	25 Arbeitstage
Arbeitszeit	07:00 bis 15:00 Uhr (8 Std.)	07:00 bis 15:00 Uhr (8 Std.)
Ladekapazität der Palette	1.000 Faltschachteln	1.000 Faltschachteln

Weil die finanziellen und räumlichen Möglichkeiten der TEKO GmbH keine Erweiterung der Produktionsgebäude zulassen, muss die zusätzliche Produktion mit der vorhandenen Fläche bewältigt werden. Dazu sind folgende Maßnahmen vorgesehen:

1. Das bisher für Fertigprodukte und Rohstoffe/Vorprodukte verwandte Lager soll nur noch für Fertigprodukte und für elektronische Bausteine genutzt werden. Letztere nehmen aufgrund zunehmender Miniaturisierung kaum noch Lagerfläche in Anspruch.

2. Die Versorgung der Fertigungslinien mit Rohstoffen und Vorprodukten soll grundlegend geändert und auf das japanische KANBAN-System umgestellt werden. Dazu sind die umfangreichen Lagerflächen an der Fertigungslinie aufzulösen, um Platz für die neuen Fertigungslinien zu schaffen. Die Materialbereitstellung nach dem Bedarfsprinzip ist durch eine Materialversorgung nach dem Verbrauchsprinzip zu ersetzen.

Die Produktionsabläufe lassen sich wie folgt darstellen:

Lernsituation 19 | zu SLG S. 388–399, WSP S. 135 - 138

Alt

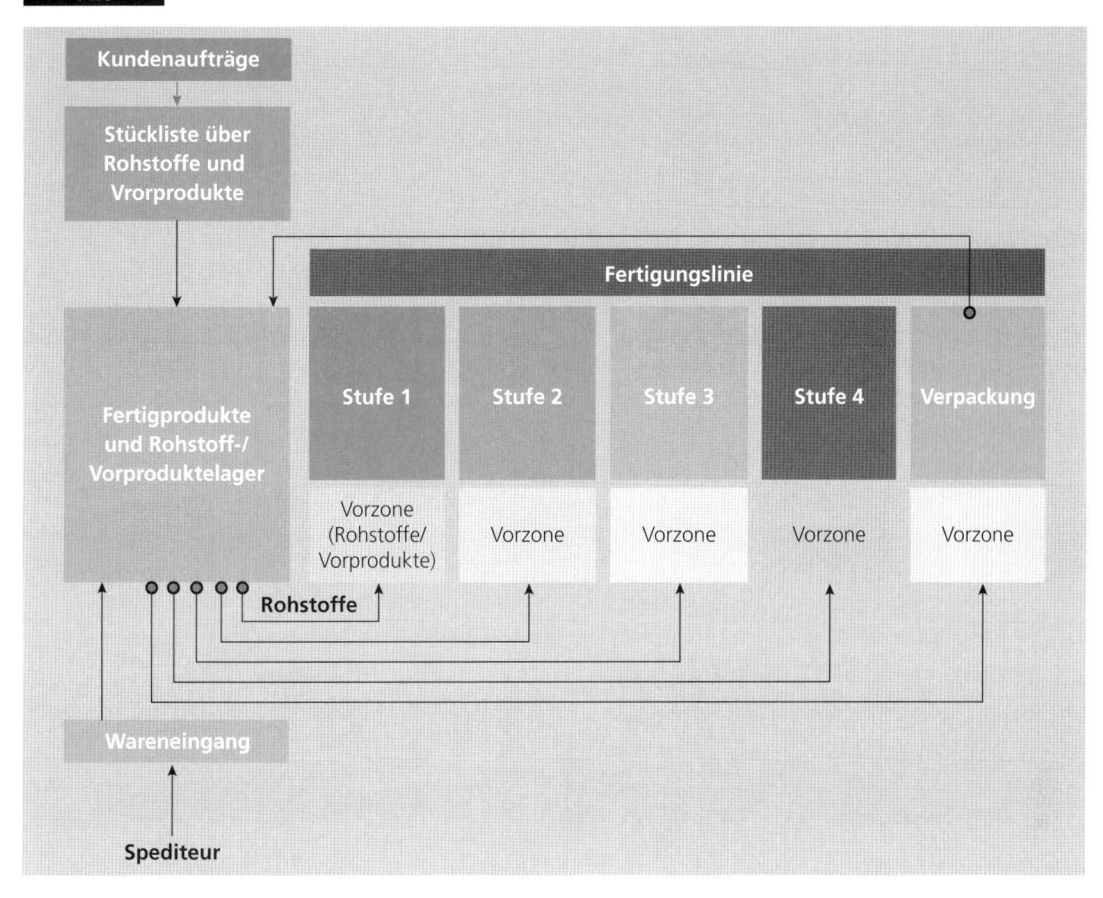

[Diagramm: Ablauf alte Fertigung]

- Kundenaufträge
- Stückliste über Rohstoffe und Vorprodukte
- Fertigprodukte und Rohstoff-/Vorproduktelager
- Fertigungslinie: Stufe 1, Stufe 2, Stufe 3, Stufe 4, Verpackung
- Vorzone (Rohstoffe/Vorprodukte), Vorzone, Vorzone, Vorzone, Vorzone
- Rohstoffe
- Wareneingang
- Spediteur

Beschreibung der Abläufe

Aufgrund von Kundenaufträgen wurde der Bedarf an Rohstoffen und Vorprodukten in Stücklisten ermittelt und dem Lager übergeben. Von dort wurde den einzelnen Stufen der Fertigungslinie das Material bereitgestellt, gewöhnlich mit einem gewissen zusätzlichen Bestand für Ausschuss und Fehldispositionen. Danach begann die Produktion der Telefongeräte. Zum Schluss wurde das nicht aufgebrauchte Material wieder zum Lager gebracht.

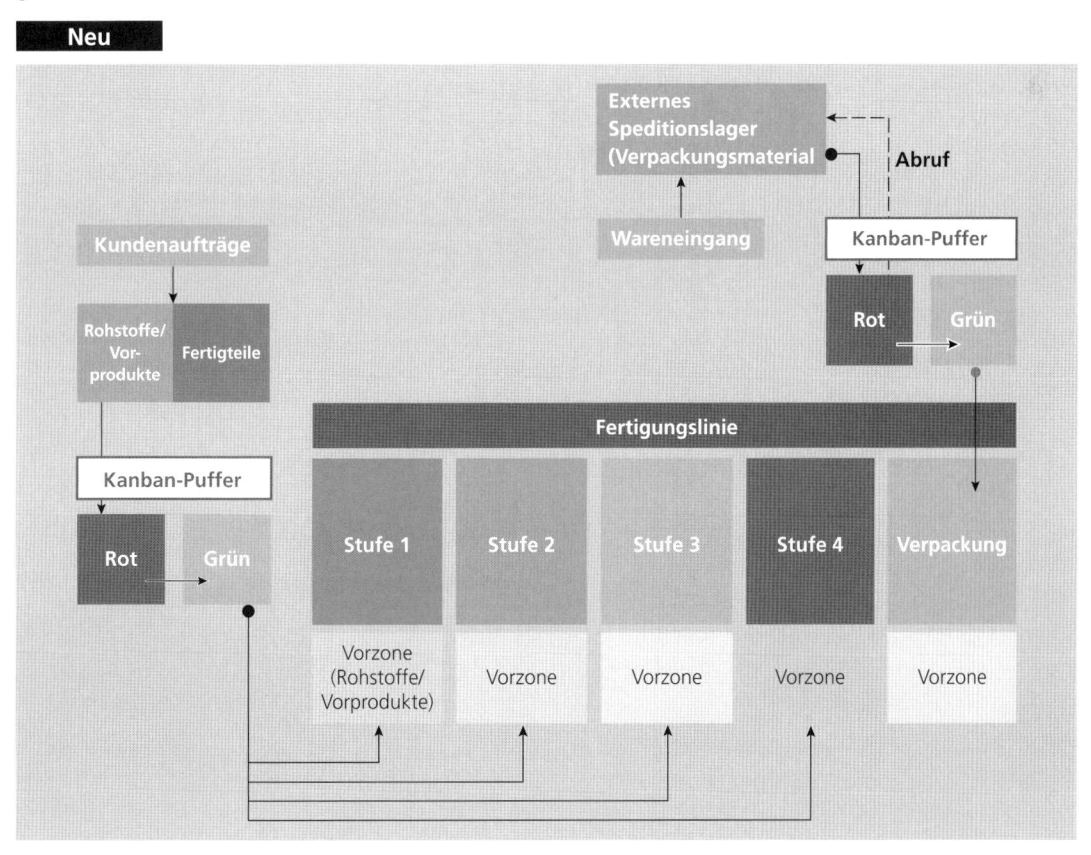

Neu

[Diagramm: Ablauf neue Fertigung]

- Externes Speditionslager (Verpackungsmaterial) — Abruf
- Kundenaufträge
- Wareneingang
- Kanban-Puffer: Rot, Grün
- Rohstoffe/Vorprodukte, Fertigteile
- Kanban-Puffer: Rot, Grün
- Fertigungslinie: Stufe 1, Stufe 2, Stufe 3, Stufe 4, Verpackung
- Vorzone (Rohstoffe/Vorprodukte), Vorzone, Vorzone, Vorzone, Vorzone

Lernsituation 19 | zu SLG S. 388–399, WSP S. 135 - 138

Durch Kundenaufträge wird die Produktionssteuerung veranlasst, Produktionsmaterial bereitzustellen, allerdings nicht in einem Umfang, der für die gesamte Produktionsmenge (Los) erforderlich wäre. Vielmehr wird nur der KANBAN-Puffer aufgefüllt. Für die Produktion wird aus dem grünen Teil des Puffers Material entnommen. Sobald dieser Vorrat aufgebraucht ist, werden die Rohstoffe und Vorprodukte aus dem roten Puffer in den grünen überführt und in die Produktion eingebracht. Der leere rote Puffer ist ein Signal, den Materialvorrat zu ergänzen. Bei dem hier betrachteten Versorgungsbeispiel mit Faltschachteln geht der Abruf an das externe Lager, das bei der INTERSPED GmbH unterhalten wird. Die TEKO GmbH behandelt das externe Lager wie ein eigenes. Der Spediteur füllt den roten Puffer auf; die Produktion läuft unterdessen mit den Materialien aus dem grünen Puffer weiter. Dieser Ablauf setzt sich fort, bis die geplante Produktionsmenge fertiggestellt worden ist.

Der Materialnachschub wird auf diese Weise allein von der Produktion bestimmt.

Die TEKO GmbH möchte nun die jeweiligen Liefermengen und Lieferintervalle mit der INTERSPED GmbH abstimmen. Dazu soll ein Zeitmodell entwickelt werden, das die Versorgung mit Verpackungsmaterial in Abhängigkeit von der Produktion sicherstellt. Außerdem soll eine Kostenübersicht für die Leistungen des Spediteurs erstellt werden. Dazu erhält die INTERSPED GmbH folgende Informationen:

- Die beiden KANBAN-Puffer für Faltschachteln an den Fertigungslinien werden mit Vorräten für jeweils vier Arbeitsstunden gefüllt.
- Der Abruf geschieht durch DFÜ, ist also zeitgleich beim Spediteur.
- Es dauert 30 Minuten, bis eintreffende Güter im Wareneingang der TEKO GmbH angenommen und in die KANBAN-Puffer der Fertigungslinien gebracht worden sind.

INTERSPED geht von folgenden Daten aus:

- Nach dem Eintreffen des DFÜ-Abrufs benötigt man 30 Minuten, um die Paletten zusammenzustellen.
- 60 Minuten sind für den Transport vom Speditionslager zum Wareneingang der TEKO GmbH anzusetzen.
- Die Materialien können bis 17:00 Uhr im Lager der TEKO GmbH angeliefert werden.

Hilfreich ist es, die Abläufe optisch darzustellen. Dazu eignen sich z. B. Zeitschienen nach folgendem Muster:

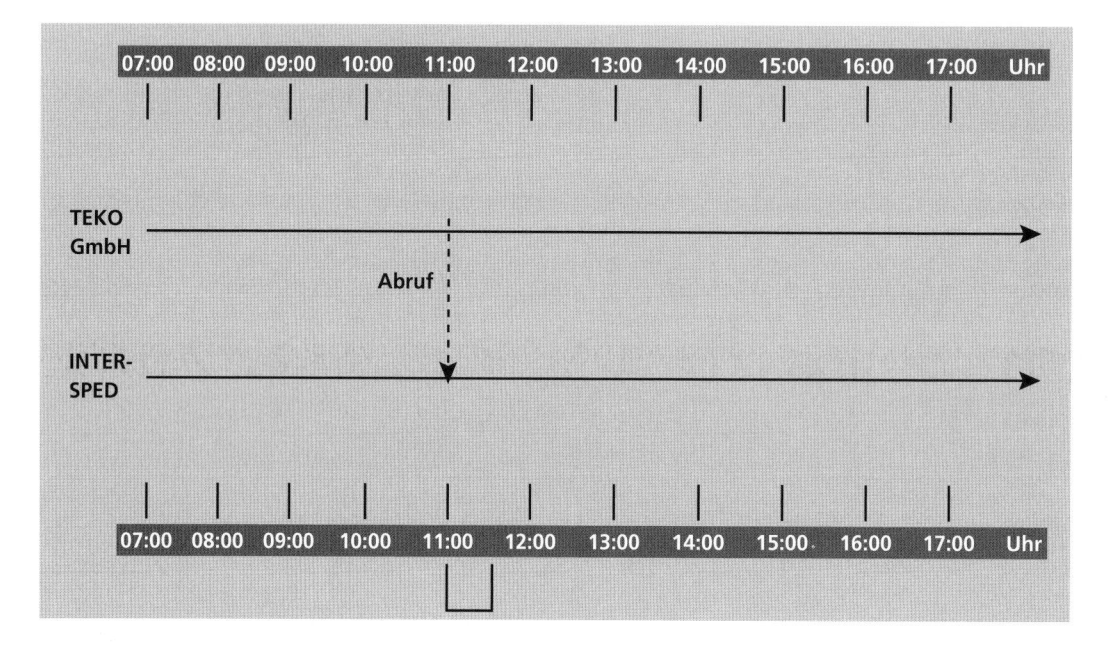

Für die Kalkulation der logistischen Dienstleistungen geht INTERSPED von folgenden Zahlen aus einem ähnlichen Projekt aus:

- Basis für die Abrechnung ist die Anzahl der Paletten.
- Die TEKO GmbH verlangt, dass ein Monatsverbrauch als Bestand im externen Spediteurlager vorrätig gehalten wird. Der Bestand wird zweimal im Monat durch Bestellungen der TEKO GmbH bei ZENTRAPACK aufgefüllt.
- Die Lagerhaltung des Vorrats an Faltschachteln (1 Monatsverbrauch) ist mit 1,50 EUR pro Palette zu kalkulieren.
- Einlagerungskosten: 2,50 EUR pro Palette
- Zusammenstellung der Sendung und auslagern: 5,00 EUR pro Palette
- Zustellung zur TEKO GmbH: 10,00 EUR pro Palette
- Gemeinkostenzuschlag: 20 % auf die Einzelkosten
- Gewinnzuschlag: 15 % auf die Selbstkosten

Aufgabe 6

a. Bestimmen Sie den optimalen Bestellzeitpunkt unter Berücksichtigung der Verbrauchsdaten und folgender Informationen:

- Neue Faltschachteln sind zu bestellen, sobald ein bestimmter Bestellpunkt (Meldebestand) erreicht ist.
- Ein Mindestbestand von fünf Tagesverbräuchen ist als eiserne Reserve immer vorrätig zu halten.
- Die Lieferzeit vom Hersteller ZENTRAPACK, Berlin, bis nach Düsseldorf beträgt zwei Tage.
- Der Tagesverbrauch während der Lieferzeit ist bei der Berechnung des Bestellpunkts zu berücksichtigen.
- Die Bestellmenge soll zwei Sattelzüge füllen, das sind 66 Paletten.

Vgl. Lösung zu den Liefermengen und Lieferintervallen auf Seite 288.

b. Übertragen Sie das KANBAN-System auf die Materialbewirtschaftung im Lager der INTERSPED GmbH. Gehen Sie davon aus, dass die Faltschachtel-Paletten in einem Hochregallager untergebracht sind. Das Hochregallager befindet sich in einem separaten Teil des INTERSPED-Lagers. Entwickeln Sie Vorschläge, wie im Lager ein automatischer Materialfluss in Gang gesetzt werden kann. Die Mindestbestellmenge beträgt 33 Paletten (1 Sattelzug).

Aufgabe 7

a. Wie groß ist der Meldebestand (optimaler Bestellzeitpunkt)?

b. Es wird von einem kontinuierlichen Lagerabgang ausgegangen. Wie wird die durchschnittliche Lagerbestandsmenge berechnet, wenn Bestellmenge und Mindestbestand bekannt sind? Stellen Sie dies grafisch dar.

c. Ergänzen Sie folgende Tabelle und bestimmen Sie die optimale Bestellhäufigkeit und die optimale Bestellmenge.

Bestellmenge	Bestellhäufigkeit	Ø Lagerbestand in Stück	Bestellkosten EUR	Lagerkosten EUR	Gesamtkosten EUR
	5				
	10				
	20				
	50				
	80				
	100				

Aufgabe 8

Eine Spedition erhält von ihrer Hausbank folgende Finanzierungsangebote zur Finanzierung eines Fahrzeuges per Fax. Allerdings sind einige Teile des Faxes unleserlich. Vervollständigen Sie die fehlenden Felder.

Finanzierungsplan – Fälligkeitsdarlehen				
Anschaffungskosten in €	68.300,00			
Darlehenszinsfuß in %	7,50			
Disagio in %	0,00			
Laufzeit des Darlehens in Jahren	4			
Jahr	Darlehen in € zum		Tilgung	Zinsen	Liquiditätsbelastung
	Jahresanfang	Jahresende	in €	in €	in €
1	68.300,00		0,00	5.122,50	5.122,50
2			0,00	5.122,50	5.122,50
3			0,00	5.122,50	5.122,50
4			68.300,00	5.122,50	
Gesamt	-,-		-,-		

Finanzierungsplan – Monatliches Ratendarlehen				
Anschaffungskosten in €	68.300,00			
Darlehenszinsfuß in %	7,50			
Disagio in %	0,00			
Laufzeit des Darlehens in Jahren	4			
Jahr	Darlehen in € zum		Tilgung	Zinsen	Liquiditätsbelastung
	Jahresanfang	Jahresende	in €	in €	in €
1	68.300,00		17.075,00	4.535,55	
2			17.075,00	3.254,92	
3			17.075,00	1.974,30	
4			17.075,00	693,67	
Gesamt	-,-	-,-			

Finanzierungsplan – Monatliches Annuitätendarlehen				
Anschaffungskosten in €			68.300,00	
Darlehenszinsfuß in %			7,50	
Disagio in %			0,00	
Laufzeit des Darlehens in Jahren			4	
Jahr	Darlehen in € zum		Tilgung	Zinsen	Liquiditätsbelastung
	Jahresanfang	Jahresende	in €	in €	in €
1	68.300,00	53.094,88	15.205,12	4.606,88	19.812,00
2	53.094,88			3.426,47	19.812,00
3				2.154,41	19.812,00
4				783,61	19.835,37
Gesamt	-,-	-,-			

Aufgabe 9

Erstellen Sie einen Finanzierungsplan nach unten stehendem Muster (mit dem Tabellenkalkulationsprogramm Excel)

a. des ersten Jahres für das in Aufgabe (8) angebotene Ratendarlehen.

b. des zweiten Jahres für das in Aufgabe (8) angebotenen Annuitätendarlehen.

Muster eines Finanzierungsplans				
Monat	Darlehensbestand am Monatsanfang	Tilgung in €	Zinsen in €	Gesamtrate in €
...	...	...	..	...
Summen	—			

Aufgabe 10

Die Sparkasse Lübeck schließt das Girokonto der Spedition Winter GmbH zum 31. März zu folgenden Konditionen ab: Sollzinssatz 10,5 %, Habenzinssatz 0,75 %, Auslagen 16,50 €. Wie hoch ist der Kontensaldo zum 31. März? Berücksichtigen Sie das unten stehende Schema.

Datum	Vorgang	Wertstellung	Soll	Haben
02.01.	Saldovortrag	31.12.		5.120,00
07.01.	Scheckgutschrift	09.01.		6.314,00
12.01.	Überweisungsauftrag	12.01.	10.300,00	
21.01.	Scheckeinlösung	21.01.	2.850,00	
05.02.	Überweisungsauftrag	05.02.	3.730,00	
23.02.	Überweisungsgutschrift	23.02.		9.380,00
05.03	Scheckgutschrift	07.03.		11.200,00
12.03.	Scheckeinlösung	12.03.	7.360,00	
26.03.	Überweisungsauftrag	26.03.	3.370,00	

Schema für die Abrechnung eines Kontokorrentkontos mit Hilfe von Zinszahlen							
	Verfügung		Saldo				
Wert	S/H	€	S/H	€	Zinstage	Soll	Haben

Aufgabe 11

Posteingang INTERSPED GmbH:

a. Rechnung von der Konti-Reifenfabrik AG über Reifen im Wert von 12.000,00 €, Rechnungsdatum 10. April 20(0), Zahlungsbedingung: „Zahlbar innerhalb 10 Tagen mit 3 % Skonto oder innerhalb 30 Tagen netto."

b. Kontoauszug Geschäftsgirokonto mit Soll-Saldo 40.000,00 €, KK-Kredit T€ 50, vereinbarte Sollzinsen 9,5 % p. a., Überziehungsprovision 4,5 % p. a.

Entscheiden Sie, wie die INTERSPED GmbH die Reifen finanzieren sollte.

Aufgabe 12

Die Firma Birger Computer Systeme hat auf Rückfrage folgendes Leasingangebot der Düsseldorfer Leasing GmbH vermittelt:

Angebot siehe nächste Seite

Auszug aus dem Leasingangebot der Düsseldorfer Leasing GmbH	
Leasingobjekt	Computersystem lt. Angebot der Firma Birger Computer Systeme, Kaufpreis netto 30.142,60 €
Laufzeit	36 Monate
Leasingsonderzahlung (Anzahlung)	10.000,00 €
Monatliche Leasingrate	279,42 €
Unverbindliche Kaufoption nach 3 Jahren zum Preis von	13.600,00 €

Eine Rückfrage bei der Commerzbank Düsseldorf ergab folgende Konditionen für ein Bankdarlehen:

Auszug aus dem Darlehensangebot der Commerzbank Düsseldorf	
Verwendungszweck	Finanzierung eines Computersystems lt. Angebot der Firma Birger Computer Systeme, Kaufpreis netto 30.142,60 €
Darlehensbetrag unter Berücksichtigung des Eigenkapitals von 10.000,00 €	20.142,60 €
Nominalzinssatz	8,0 %
Einmalige Bearbeitungsgebühr	2,0 %
Laufzeit	36 Monate
Monatliche Rückzahlungsrate	643,82 €

Für welche Finanzierungsalternative sollte sich die INTERSPED GMBH entscheiden? Stellen Sie die Finanzierungsalternative zur Entscheidungsvorbereitung mit Hilfe des folgenden Schemas gegenüber:

	Leasing	Bankdarlehen
Vertragsart		
Beteiligte		
Liquiditätsbelastung: ▪ *monatliche Rate* ▪ *Gesamtaufwand unter Berücksichtigung von Sonderzahlungen bzw. notwendigem Eigenkapital sowie möglichem Kaufpreis nach Ablauf des Leasingvertrages*		
Wahrung sonstiger Liquiditätsreserven		
Bilanzierung i. d. R. bei...		
Abschreibung durch ...		
Steuerlich abzugsfähige Betriebsausgaben		
Investitionsrisiko trägt ...		

BCS
Birger Computer Systeme
Hardware – Software - Systeme

BCS, Harkortstraße 28, 40210 Düsseldorf

INTERSPED GmbH
Merkurstraße 14
40223 Düsseldorf

Angebot Computersystem für den Mittelstand

Sehr geehrter Herr Berger,

wir danken Ihnen für ihre Anfrage und machen Ihnen hiermit folgendes Angebot über ein komplettes Computersystem für Ihr Unternehmen:

Anzahl	Nr.	Komponente	Beschreibung	Einzelpreis in €	Gesamtpreis in €
2	300	ADVANCE SERVER	Prozessor: Intel® Xeon Dual-Core 7110M NVS 290, 256MB PCIe x16, DUAL DVI mit VGA Gigabit5-LAN 10/100/1000 (onboard) SCSI Ultra320 146GB (15,000rpm)	3.240,00	6.480,00
2	381	Adapter	U320 RAID Controller (128MB cache)	450,00	900,00
2	312	Gehäuse	19" Rack 4HE	214,00	428,00
2	332	RAM	Arbeitsspeicher 4,0 GB und 400 MHz dual rank	87,00	174,00
1	411	Netzwerkschrank	24HE, 800x800mm, grau	630,00	630,00
1	422	Server USV	KSM 42 SU 1400 VA	1.210,00	1.210,00
8	100	Workstations	Small Form, Prozessor Intel® CoreTM 2 Duo, Arbeitsspeicher 2,0 GB, Festplatte SATA 160 GB, 16x DVD+/-RW-Laufwerk	428,00	3.424,00
9	1102	Monitore	N-743B, 17", 4ms	174,00	1.566,00
1	433	Backup	Buffalo 19" SCSI NAS-Server - 4 TB Gigabit Ethernet	1.630,00	1.630,00
1	1202	Nadeldrucker	DLQ3000+	1.345,00	1.345,00
2	1205	Laserdrucker	KYO-FS2000D	730,00	1.460,00
1	1206	Laserdrucker	KYO-FS-9530DN	3.130,00	3.130,00
1	1502	Switch	3C SuperStack	932,00	932,00
1	1603	Router	SMC 7008 BR	249,60	249,60
			Summe Hardware		23.558,60
1		Windows	Windows Server-Betriebssystem 2008	920,00	920,00
8		Windows 2000	Workstation Betriebssystem	290,00	2.320,00
8		MS Office	MS Office 2000 SmallBusiness	138,00	1.104,00
1		BackUp	Veritas Pro	200,00	200,00
			Summe Software		4.544,00
2		Installation	Server	650,00	1.300,00
8			Workstations	70,00	560,00
6			Programme	30,00	180,00
			Summe Installation		2.040,00
			Summe Gesamt (netto)		30.142,60
			19 % Ust.		5.727,09
			Summe Gesamt (brutto)		35.869,69

Zahlungsbedingungen: Zahlbar innerhalb 10 Tagen mit 2 % Skonto, Zahlungsziel 4 Wochen.

Mit freundlichen Grüßen

Jens Birger

BCS, Düsseldorf

SELBSTTEST LERNSITUATION 19

→ Diese **Prozesse** sollten Sie beherrschen:
- ein Angebot für eine Just-in-sequence-Belieferung entwerfen
- Preise in der Beschaffungslogistik kalkulieren
- ein Gebietsspediteurkonzept entwickeln
- Finanzierungsmöglichkeiten vergleichen

→ Diese **Begriffe** sollten Sie kennen:

1. 3 PL, 4 PL
2. 7 r's
3. Abzahlungsdarlehn
4. Annuitätendarlehn
5. Außenfinanzierung
6. Bankdarlehen
7. Bearbeitungsgebühr
8. Bedarfsgesteuert
9. Beschaffungslogistik
10. Bestellpunktverfahren
11. Bestellzyklusverfahren
12. Beteiligungsfinanzierung
13. Disagio
14. Distributionslogistik
15. Effektivzins
16. Eigenfinanzierung
17. Entsorgungslogistik
18. Factoring
19. Fertigungslogistik
20. Festdarlehn
21. Finanzierung durch Kapitalfreisetzung
22. Fremdfinanzierung
23. Fälligkeitsdarlehn
24. Gebietsspediteur-Konzept
25. Global Sourcing
26. Innenfinanzierung
27. Just-in-sequence
28. Just-in-time-Produktion
29. KANBAN
30. Kernkompetenz
31. Kontokorrentkredit
32. Kontraktlogistik
33. Kreditfinanzierung
34. Lean-Production
35. Leasing
36. Lieferantenkredit
37. Liquiditätsbelastung
38. Logistikdienstleister
39. Logistikvertrag
40. Meldebestand
41. Modular Sourcing
42. Nominaler Zinssatz
43. Outsourcing
44. Produktionslogistik
45. Pufferlager
46. Pull-Prinzip
47. Push-Prinzip
48. Ratendarlehn
49. Reihenfolgeplanung
50. Selbstfinanzierung
51. Single Sourcing
52. Skonto
53. Systemdienstleister
54. Taktgenau
55. Tilgung
56. Tilgungsaussetzungsdarlehn
57. Tilgungsdarlehn
58. Verbrauchsgesteuert

Lernsituation 19 | zu SLG S. 388–399, WSP S. 135 - 138

Lernsituation 20

- Ein Angebot für ein Distributionslogisitik-Projekt abgeben
- Eine Bankkreditfinanzierung abwickeln

Die INTERSPED GmbH ist seit einigen Monaten für einen Versender tätig, der Fernsehgeräte aus China importiert und an Elektronik-Märkte in Europa verkauft. Das Unternehmen, die FE-Impex GmbH, Bergstraße 15, 40627 Düsseldorf, ist noch sehr jung.

Die INTERSPED GmbH hat bisher den Import und den Transport zum Importeur übernommen. Dort wurden die Geräte ausgepackt, mit landesspezifischen Decodern, Netzgeräten, Kabeln und Bedienungsanleitungen versehen und dann nach den Wünschen der Elektronik-Märkte typengerecht kommissioniert. Die Geräte stehen in vier Varianten zur Verfügung. Anschließend übernahm INTERSPED wieder den Transport zu den Empfängern über das nationale und internationale Sammelgutnetz.

Nun ist der Leiter des Unternehmens, Herr Bremer, am Telefon.

Herr Bremer: „Die Geschäfte laufen immer besser, es wächst mir langsam über den Kopf. Ich habe mir daher Folgendes überlegt: Warum schaffen wir die Geräte erst zu mir, da sie doch ohnehin wieder auf Ihrem Lager landen? Einfacher wäre es, die Fernsehapparate blieben auf Ihrem Lager. Dann müssten Sie nur die länderspezifische Umrüstung der Fernsehapparate übernehmen. Das ist aber völlig unproblematisch und dauert pro Gerät eine Viertelstunde. Meine Teilzeitkräfte könnten Sie übernehmen. Dann habe ich mit dem Vertrieb nichts mehr zu tun. Sie bekommen die Aufträge für den Import und die Kommissionieraufträge für die Auslagerung."

Herr Berger: „Wir wollen Sie gerne beim Outsourcing unterstützen. Freie Lagerkapazitäten stehen zur Verfügung."

Herr Bremer: „Sehr schön. Ich benötige dann aber von Ihnen einen Preis pro Palette."

Herr Berger: „Ich mache Ihnen ein Angebot für die Einlagerung, die eigentliche Lagerung, die Kommissionierung und die Auslagerung, jeweils bezogen auf eine Palette. Das Mengengerüst ist mir weitgehend bekannt. Für die logistische Zusatzleistungen benötige ich von Ihnen noch ein paar Details."

Herr Bremer: „Die faxe ich Ihnen gleich zu."

Herr Berger: „Dann erhalten Sie von mir auch sehr schnell das Angebot."

Dem Fax sind folgende Daten zu entnehmen:

- ca. 200 Vollpaletten pro Monat im Eingang; 18 Karton pro Palette
- Zusätzlich ca. zwei Paletten mit Zubehör pro Monat (Decoder, Netzteil, Kabel, Bedienungsanleitungen)
- Im Ausgang sind die Paletten durchschnittlich mit 14 Kartons belegt (mit vier unterschiedlichen Gerätetypen).
- Die Umrüstung dauert nach Angaben der FE-Impex GmbH pro Gerät 15 Minuten. Die Teilzeitmitarbeiter kosten pro Stunde 14,00 EUR (einschließlich Lohnnebenkosten).
- Für die Lagerung und Kommissionierung steht das Getränkelager mit den Raab-Produkten zur Verfügung. Siehe Lernsituation 13

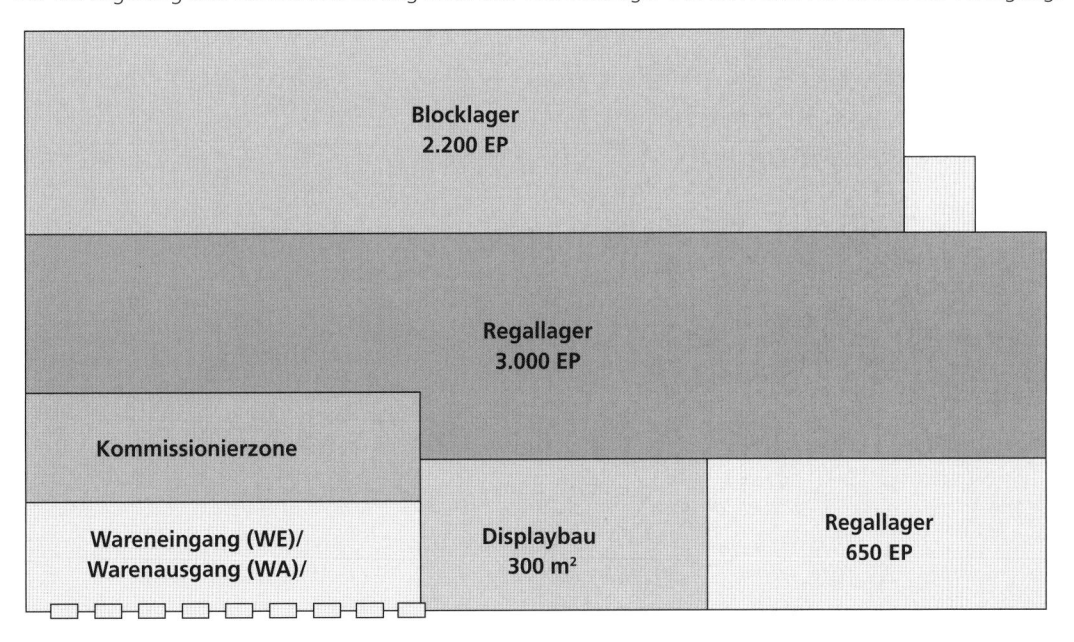

Blocklager 2.200 EP

Regallager 3.000 EP

Kommissionierzone

Wareneingang (WE)/ Warenausgang (WA)/

Displaybau 300 m²

Regallager 650 EP

Es ist zu prüfen, wie der Auftrag in die bestehenden Abläufe der Getränkelogistik (Lagerung und Kommissionierung) eingebunden werden kann.

Lernsituation 20 | zu SLG S. 402–410, WSP S. 138–142

Herr Berger im Gespräch mit Herrn Baumeister, der das Angebot erstellen soll:

Herr Berger: „Halten Sie bitte auch die Haftungsproblematik im Auge, weil wir hier ja nicht nur als Spediteur tätig sind."

Herr Baumeister: „Wir arbeiten nach ADSp – steht auf jedem Papier, das aus dem Haus geht – und wir sind haftungsversichert. Die Versicherung tritt für alle Haftungsansprüche ein, die nach ADSp oder HGB an uns gestellt werden."

Herr Berger: „Schauen Sie einmal in Ziffer 2 ADSp. Wir haben es hier auch mit logistischen Nebenleistungen zu tun, die nach meiner Meinung nicht unter die ADSp fallen. Ich denke, wir müssen zusätzlich die Logistik-AGB vereinbaren und eine entsprechende Versicherung abschließen."

Herr Baumeister: „Aber was soll denn bei diesem Auftrag passieren?"

Herr Berger: „Erinnern Sie sich noch an die Umtauschaktion bei unseren frisch gekauften Laptops? Die Netzteile wurden ausgetauscht, da unter ungünstigen Bedingungen ein Gerätebrand möglich sein sollte. Stellen Sie sich einmal vor, unsere Aushilfen bauen falsche Netzteile in die Fernseher ein."

Preiskalkulation

- Für das Einlagern können die Preise aus der Getränkelogistik übernommen werden:
- Einlagerung: 2,74 EUR
- Auslagerung: 6,68 EUR
- Für die Lagerung berechnet INTERSPED 4,00 EUR pro Palette und Monat.
- Der Preis für das Kommissionieren ist neu zu kalkulieren, weil er produktspezifisch ist.

Logistik-AGB/Versicherung

Nach Auskunft unserer Versicherung kostet der Abschluss einer Versicherung im Zusammenhang mit den Logistik-AGB ca. 2.500,00 EUR im Jahr. Da auch in der Getränkelogistik Nebenleistungen anfallen, sind – wegen des hohen Risikos – 2.000,00 EUR in den Palettenpreis einzukalkulieren.

Einige Vorüberlegungen zur Kalkulation sind bereits angestellt worden.

Basisdaten	
Gehalt kaufmännische Mitarbeiter (pro Stunde inkl. Lohnnebenkosten)	22,00 EUR
Lohn gewerblicher Mitarbeiter (pro Stunde inkl. Lohnnebenkosten)	16,00 EUR
Wege und Verteilzeiten	19 %
Zeiten der Abwesenheit	18 %
Kosten Stapler je Stunde	5,00 EUR
Kosten für Kommissionierfahrzeug je Stunde	6,00 EUR
Allgemeine Verwaltungskosten	10 %
Gewinn	5 %

Kommissionieren			
Tätigkeit/Transaktion	Minuten pro Palette	Kosten pro Std./ EUR	EURO pro Palette
Bereitstellung der Produkte in der Kommissionierzone (kontinuierliche Bestandshaltung für den Kommissionierprozess)	2	16,00	0,53
Staplereinsatz für die Bereitstellung	2	5,00	0,17
Auslagerungsauftrag entgegennehmen, Kommissionierauftrag erstellen		22,00	
Bereitstellung der erforderlichen Kommissionierhilfsmittel und Entnahme der Ladeeinheit			
Aufsuchen der Bereitstellplätze in der Kommissionierzone			
Kommissionierfahrzeugeinsatz für Entnahme der Ladeeinheit und Aufsuchen der Bereitstellplätze			
Kommissionierung der Ladeeinheit und Abschlussmeldung an das Lagerverwaltungssystem			
Abgabe der Palette an die Umrüstfläche			
Kommissionierfahrzeugeinsatz für das Kommissionieren und die Abgabe der Palette an die Umrüstfläche			
Aufsuchen der Umrüstfläche, Übernahme der Palette und Bereitstellung im Warenausgang			
Staplereinsatz für das Aufsuchen der Palette am Umrüstplatz und das Bereitstellen im Warenausgang			
Buchung der Kommissionierung und zeitnahe Übertragung der Daten an das Warenwirtschaftssystem des Auftraggebers			
Kfm. Mitarbeiter: Wege und Verteilzeiten [19 %] + Abwesenheit [18 %] = 37 % auf die kaufm. Einsatzzeit		22,00	
Gewerbliche Mitarbeiter: Wege und Verteilzeiten [19 %] + Abwesenheit [18 %] = 37 % auf die gewerbl. Einsatzzeit*)		16,00	
		EUR pro Palette	

*) ohne die Einsatzzeiten von Stapler und Kommissionierfahrzeug

Allgemeine Verwaltungskosten 10 %	
Zwischensumme	
Gewinn 5 %	
Nettopreis pro Palette	

Umrüsttätigkeiten

- Entnahme eines Kartons von der Palette
- Öffnen des Kartons, Entnahme des Geräts
- Öffnen des Geräts
- Einbau von Decoder und Netzteil
- Schließen des Geräts und Rücklage in den Karton
- Hinzufügen von Kabeln und Bedienungsanleitung
- Schließen des Kartons und Rücklage auf die Palette

Arbeitszeit 15 Minuten
durchschnittlich 14 Karton pro Palette
10 % allgemeine Verwaltungskosten,
5 % Gewinn

Angebotspreis

Tätigkeit	Preis pro Palette
Einlagerung	
Lagerung	
Kommissionieren	
Umrüsten	
Auslagern	

Lernsituation 20 | zu SLG S. 402–410, WSP S. 138–142

Siehe dazu das Angebot des Autohauses Niemeyer auf Seite 479

Die INTERSPED GmbH hat einen Kreditantrag bei der Commerzbank Düsseldorf für die Finanzierung des neuen LKW gestellt. Einige Tage später gehen der INTERSPED GmbH per Post folgende Unterlagen zu:

COMMERZBANK

Commerzbank, Nordstraße 108, 40223 Düsseldorf

INTERSPED GMBH
Merkurstraße 14
40223 Düsseldorf

Niederlassung Düsseldorf
Nordstraße 108
40223 Düsseldorf
Telefon-Nr. 0211 870-334
Fax-Nr. 0211 870-335

Darlehenszusage

Datum 20(0)-10-16

Sehr geehrte Herr Berger, sehr geehrter Herr Decker,

gerne werden wir Ihnen das Darlehen 4865 051 230 in Höhe von 68.800,00 € zur Verfügung stellen. Die Darlehensbedingungen entnehmen Sie bitte dem beigefügten Kreditvertrag und den Sicherheitenverträgen. Die Originale der beigefügten Unterlagen reichen Sie uns bitte vervollständigt und unterzeichnet zurück.

Mit freundlichen Grüßen

Commerzbank Düsseldorf
Mit freundlichen Grüßen

Michael Elsweiler

Commerzbank Düsseldorf

Kreditvertrag (in Auszügen)

Darlehen mit Festzins	**COMMERZBANK**	Nordstraße 108 40223 Düsseldorf - nachstehend Bank -
		Konto-Nr. 4865 051 230

INTERSPED GmbH, Merkurstraße 14, 40223 Düsseldorf - nachstehend der Darlehensnehmer genannt -

erhält von der Bank zu folgenden Bedingungen ein Annuitätendarlehen
im Nennbetrag von   **68.000,00 Euro**

Gutschriftskonto:	4865 051 000	Belastungskonto:	4865 051 000

1 Darlehenskosten, Rückzahlung

1.1 Verzinsung: **Das Darlehen ist mit jährlich 8,5 % zu verzinsen. Dieser Zinssatz ist für die gesamte Laufzeit des Darlehens unveränderlich.**

1.2 Sonstige Kosten: **Bearbeitungsgebühr 2 % der Darlehenssumme (1.376,00 €).**

1.3 Rückzahlung und Zahlungstermine: Alle fälligen Beträge werden jeweils dem oben bezeichneten Belastungskonto belastet. Zinsen und Tilgungsbeträge sind erstmals am 30. nach Auszahlung zu zahlen. Die jährliche Leistungsrate (Zinsen und Tilgung) beträgt
in den Jahren 1-4 pro Jahr 19.962,12 €. Sie ist in Teilbeträgen von 1.663,51 € am 30. jeden Monats zu zahlen.

2 Sicherheiten

Das Darlehen kann erst in Anspruch genommen werden, wenn die folgenden vereinbarten Sicherheiten bestellt sind.

1. Bürgschaft Olaf Decker, geb. 4. Juli 1966, Fontanestr. 42, 40667 Meerbusch
2. Sicherungsübereignung
   LKW Gliederzug nach BDF Norm Mercedes Benz Actros Mega Space 1843

Ort, Datum	Ort, Datum
	Michael Elsweiler *Karl Walter*
Unterschrift(en) Darlehensnehmer	Für die Commerzbank Düsseldorf

Bürgschaft (in Auszügen)

1 Sicherungszweck

Zur Sicherung aller

Forderungen aus:	dem Darlehen Nr. 4865 051 230
gegen:	INTERSPED GmbH, Merkurstraße 14, 40223 Düsseldorf
	- nachstehend Hauptschuldner genannt -
verbürgt sich:	Olaf Decker, geb. 4. Juli 1966, Fontanestr. 42, 40667 Meerbusch
	- nachstehend der Bürge genannt -
gegenüber	der Commerzbank Düsseldorf, Nordstraße 108, 40223 Düsseldorf
	- nachstehend Bank genannt -

ohne zeitliche Beschränkung als Selbstschuldner für den genannten Hauptschuldner

bis zum Betrag	von 80.000,00 € i. W. achtzigtausend Euro
	einschließlich Nebenleistungen wie insbesondere Zinsen und Kosten. Sie gilt neben etwaigen von Bürgen abgegebenen sonstigen Bürgschaftserklärungen.

2 Selbstschuldnerische Bürgschaft

Die Bürgschaft ist selbstschuldnerisch unter Verzicht auf die Einrede der Vorausklage übernommen. ... Die Bank ist nicht verpflichtet, sich zunächst an andere Sicherheiten zu halten, bevor sie den Bürgen in Anspruch nimmt.

3 Zahlungen des Bürgen

Falls der Bürge Zahlungen leistet, gehen die Rechte der Bank gegen den Hauptschuldner auf ihn über.

Ort, Datum	
	Unterschrift(en) des Bürgen

Sicherungsübereignungsvertrag Kraftfahrzeug (in Auszügen)

1 Zur Sicherung aller Ansprüche aus der gesamten Geschäftsverbindung

gegen die	INTERSPED GmbH, Merkurstraße 14, 40223 Düsseldorf
	- nachstehend Hauptschuldner genannt -
übereignet die	INTERSPED GmbH, Merkurstraße 14, 40223 Düsseldorf
	- nachstehend der Sicherungsgeber genannt -
gegenüber der	Commerzbank Düsseldorf, Nordstraße 108, 40223 Düsseldorf
	- nachstehend Bank genannt -

das nachstehend bezeichnete Kraftfahrzeug mit Bestandteilen und Zubehör

Fabrikat	Typ		Art
Mercedes Benz	Gliederzug nach BDF Norm Actros Mega Space 1843		LKW
Erstzulassung	Fahrgestell-Nr.	Amtliches Kennzeichen	Kraftfahrzeug-Brief-Nr.

2 Übergang des Eigentums

2.1 Die Vertragsparteien einigen sich dahin, dass das Eigentum an dem Fahrzeug mit Abschluss des Vertrages auf die Bank übergeht. Die Übergabe wird dadurch ersetzt, dass die Bank dem Sicherungsgeber das Fahrzeug leihweise belässt und ihm die Weiterbenutzung gestattet. Die Bank kann das Besitzrecht widerrufen, wenn sie dies für erforderlich hält. Der Sicherungsgeber verpflichtet sich, das Fahrzeug sachgemäß zu verwahren, pfleglich zu behandeln und auf eigenen Kosten instand zu halten.

2.2 Der Sicherungsgeber trägt alle das Fahrzeug betreffenden Gefahren, Haftungen, Steuern, Abgaben und sonstigen Lasten, auch so weit sie aus dem Betrieb des Fahrzeuges herrühren.

2.3 Der Sicherungsgeber übergibt der Bank den über das Fahrzeug ausgestellten Brief für die Dauer ihres Eigentums an dem Fahrzeug.

4 Versicherung

Der Sicherungsgeber verpflichtet sich, das Fahrzeug während der Dauer der Übereignung gegen die Gefahren, für die der Bank ein Versicherungsschutz erforderlich erscheint, in ausreichender Höhe zu versichern. Der Sicherungsgeber tritt hiermit seine gegenwärtigen und künftigen Ansprüche gegen den jeweiligen Versicherer an die Bank ab.

5	Verwertungsrecht der Bank	
	Die Bank ist berechtigt, falls der Schuldner seinen Verpflichtungen aus diesem Vertrag oder aus der Geschäftsverbindung mit der Bank nicht nachkommt, ihre Recht ohne gerichtliches Verfahren geltend zu machen. Zur Verwertung ist die Bank erst nach vorheriger Androhung mit angemessener Nachfrist berechtigt.	
	Die Bank kann die Herausgabe des Fahrzeugs vom Sicherungsgeber verlangen. Sie ist befugt, das Fahrzeug freihändig oder durch öffentliche Versteigerung zu verwerten oder unter Berechnung eines angemessenen Preises selbst zu übernehmen und sich damit für ihre Forderung zu befriedigen. Die Bank kann ferner vom Sicherungsgeber verlangen, dass dieser das Fahrzeug verwertet oder bei der Verwertung mitwirkt. Der Sicherungsgeber hat alles, was er bei der Verwertung des Fahrzeugs erlangt, unverzüglich an die Bank herauszugeben.	
6	Freigabe von Sicherheiten	
	Sobald die Bank wegen aller ihrer Ansprüche gegen den Schuldner befriedigt ist, ist sie verpflichtet, das Sicherungsgut freizugeben.	
Ort, Datum		Ort, Datum
		Michael Elsweiler Karl Walter
Unterschrift(en) Darlehensnehmer		Für die Commerzbank Düsseldorf

Herr Baumeister hat von der Geschäftsführung den Auftrag erhalten, die Unterlagen zu prüfen und ggf. zu vervollständigen. Olaf Decker bittet Baumeister, insbesondere zu prüfen, ob die von ihm verlangte selbstschuldnerische Bürgschaft akzeptabel ist. Gerd Berger, von dem der Commerzbank bereits eine selbstschuldnerische Bürgschaft vorliegt, ist skeptisch, ob die geforderte Sicherungsübereignung des Gliederzugs erforderlich ist. Er fordert Baumeister daher auf, festzustellen, ob nicht stattdessen die Verpfändung des Fahrzeuges ausreichen würde.

Aufgabe 1
Bringen Sie die nachfolgend dargestellten Arbeitsschritte bei einer Getränke-Kommissionierung in die richtige Reihenfolge.

a. Kommissionierer erhält die Aufforderung, das Packstück an einem definierten Bereitstellungsplatz abzustellen.

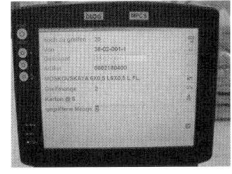

b. Der Kommissionierer wird mittels Information auf seinem Touchscreen zu einem Kommissionierplatz geführt und erhält den Pickauftrag mit Angabe der Artikelnummer, Artikelkurzbezeichnung, Greifeinheit (Karton) und Greifmenge.

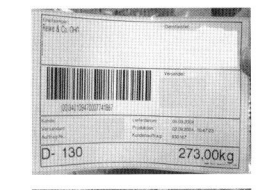

c. Ausdruck des Transportlabels

d. Kommissionierung der Einzelpositionen

e. Auftragseingang vom Hersteller

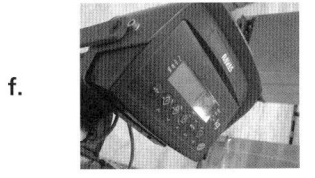

f. Online-Verwiegung zur Qualitätskontrolle des Kommissioniervorgangs

g. automatische Information an des Lagerverwaltungsprogramm: Status „verpackt"

h. Wickeln der kommissionierten Palette

i. Scannen des Lagerplatzes

Aufgabe 2
Nun ist genau das eingetreten, was Herr Berger befürchtet hatte: In England sind zwei Fernsehgeräte wegen falscher Netzteile reklamiert worden.

Der Importeur verlangte daraufhin eine Rückrufaktion, weil er hohe Schadenersatzansprüche befürchtete. 820 Geräte mussten abgeholt, repariert und erneut zugestellt werden. Kosten der Aktion 26.000,00 EUR.

Prüfen Sie, wer für den Schaden aufzukommen hat, wenn die INTERSPED GmbH die Logistik-AGB vereinbart und die zugehörige Versicherung abgeschlossen hat.

Aufgabe 3

In der Spedition INTERSPED soll auf allen Geschäftspapieren der Hinweis auf die ADSp ergänzt werden, und zwar um eine Formulierung, die auf die Logistik-AGB verweist.

a. Formulieren Sie den nachfolgenden Text entsprechend um.

> **Wir arbeiten ausschließlich aufgrund der Allgemeinen Deutschen Spediteurbedingungen (neueste Fassung).**
> Diese beschränken in Ziffer 23 ADSp die gesetzliche Haftung des Spediteurs nach § 431 HGB für Schäden an Gütern in speditionellem Gewahrsam auf 5,00 EUR/kg; bei multimodalen Transporten unter Einschluss einer Seebeförderung auf 2 SZR/kg; darüber hinaus je Schadensfall bzw. Schadensereignis auf 1 Mio. bzw. 2 Mio. EUR oder 2 SZR/kg, je nachdem, welcher Betrag höher ist.

b. Erläutern Sie, wie Allgemeine Geschäftsbedingungen unter Kaufleuten wirksam werden.

Aufgabe 4

Auftragnehmer = Spediteur (Logistikdienstleister)

Bestimmen Sie anhand des nachfolgenden Auszugs aus den Logistik-AGB die beiden Bedingungen, die vorliegen müssen, damit die Logistik-AGB anwendbar sind.

> 1. Anwendungsbereich
> 1.1 Diese Logistik-AGB gelten für alle logistischen (Zusatz-)Leistungen, die nicht von einem Verkehrsvertrag nach Ziffer 2.1 der Allgemeinen Deutschen Spediteurbedingungen (ADSp) – soweit vereinbart – oder von einem Fracht-, Speditions- oder Lagervertrag erfasst werden, jedoch vom Auftragnehmer im wirtschaftlichen Zusammenhang mit einem solchen Vertrag erbracht werden.

Aufgabe 5

Entwickeln Sie ein Distributionskonzept für die nachfolgend beschriebene Situation. Gehen Sie dabei auf folgende Kernüberlegungen ein:

- Transshipment-Terminal (Cross-Docking)
- Mehrwegbehälterrundlauf
- Mehrwertdienst-Sicherungsetikett
- Mehrwertdienst-Kofferreparatur

Frau Theben im Gespräch mit dem Versandleiter des italienischen Kofferherstellers FIRENZE, Herrn Steffens. Herr Steffens ist für den Vertrieb in Deutschland verantwortlich und hatte um ein Gespräch gebeten. Die INTERSPED GmbH unterhält für das italienische Unternehmen das Distributionslager. Die gesamte Produktpalette wird im Lager der INTERSPED GmbH vorrätig gehalten und nach Anweisung des Herstellers an die Kunden, vorzugsweise Einzelhändler, versandt. Im Durchschnitt trifft jeden Tag ein Lkw mit Koffern bei der INTERSPED GmbH ein.

In der Verteilung bestehen die Sendungen im Regelfall aus ein bis drei Koffern, die Warenhauskette METRA erhält täglich ca. 100 Koffer, die in das Warenverteilzentrum nach Dortmund zu befördern sind. Das durchschnittliche Volumen eines im Karton verpackten Koffers beträgt 0,1 m³.

Herr Steffens: „Wenn wir die Vertriebszahlen der einzelnen europäischen Länder vergleichen, müssen wir leider feststellen, dass der Versand in Deutschland zu teuer und zu langsam ist."

Die Lagerbestände sind einfach zu hoch, die Umschlagsgeschwindigkeiten der einzelnen Produkte sehr niedrig. Da wir auch modisch orientierte Koffer herstellen, entsteht für uns ein großes Risiko."

Frau Theben: „Wir beobachten die Entwicklung auch mit Sorge, müssen aber feststellen, dass Aufträge, die von Ihnen bis 16:00 Uhr eintreffen, noch am selben Tag zum HUB unserer Sammelgutkooperation gehen und auch die Sendungen der METRA am nächsten Tag zugestellt werden. Schneller geht es nicht."

Herr Steffens: „Das ist auch in Ordnung. Das Problem ist der Lagerbestand. Wir stellen uns vor, das Lager komplett aufzulösen und nur noch ein bestandsloses Transshipment-Terminal zu unterhalten.

Aufträge, die bei uns eintreffen, werden aus dem Fertigwarenlager in Florenz artikelbezogen abgearbeitet, hierher befördert und von Ihnen sendungsbezogen kommissioniert.

Hinzu kommt, dass die METRA nun ein eigenes Mehrwegbehältersystem eingeführt hat. Man ver-langt von uns, dass die Koffer in diesen Behältern im Zentrallager angeliefert werden. Außerdem müssen Koffer mit einem Wert ab 50,00 EUR mit einem Sicherungsetikett versehen werden. Das ist ein Chip, der mit einer kleinen Plastikschlaufe am Koffergriff befestigt wird. Zunächst sollte das während der Produktion geschehen – im Grunde für uns kein Problem. Wir kaufen allerdings auch Fertigprodukte aus Fernost hinzu, die wir eigentlich nicht mehr auspacken wollen. Die Arbeit könnte auch im Zentrallager der METRA gemacht werden oder hier bei Ihnen."

Frau Theben: *„Ich kann Ihnen versichern, dass wir die drei Probleme zu Ihrer Zufriedenheit lösen werden. Ich mache Ihnen detaillierte Vorschläge."*

Herr Steffens: *„Gut. Sie müssen natürlich auch den Rücklauf der Mehrwegbehälter organisieren.*

Problem Nr. 4: Wir geben auf unsere Qualitätsprodukte eine Garantie von vier Jahren – eine Verdoppelung der gesetzlichen Gewährleistungsfrist. Wenn allerdings ein Käufer einen Koffer bei seinem Einzelhändler reklamiert, wird er von Ihnen abgeholt, umgeschlagen, zu uns geschickt, repariert, wieder zu Ihnen befördert, umgeschlagen, zu Ihrem HUB oder dem HUB eines Paketdienstleisters befördert und dem Einzelhändler zugestellt – insgesamt vergehen 14 Tage bis drei Wochen; im Zeitalter der Kundenorientierung eine Katastrophe."

Frau Theben: *„Ich nehme an, Sie wünschen, dass wir diese Arbeit hier übernehmen."*

Herr Steffens: *„Oder sehen Sie eine andere Lösung, die Reparaturzeit auf drei Tage zu verkürzen?"*

Frau Theben: *„3 Tage – das ist sehr kurz!"*

Herr Steffens: *„Sie benötigen eine spezielle Näh- und Kunststoffklebemaschine, Ersatzteile und ausgebildete Mitarbeiter. Bei 25.000 Koffern im Jahr und der langen Lebensdauer unserer Produkte sind das rund 750 Reparaturen im Monat mit einer Durchschnittsreparaturzeit von 10 Minuten. Koffer sind allerdings saisonabhängig."*

Frau Theben: *„Wir werden diesen Punkt in unsere Überlegungen einbeziehen."*

Herr Steffens: *„Sehr schön. Wir erwarten von Ihnen ein geschlossenes Konzept, das unsere Geschäftsleitung überzeugt."*

Das Umschlaglager von INTERSPED hat den nachfolgend abgebildeten Grundriss. Palettiertes Sammelgut wird mithilfe der Unterflurkettenanlage auf die Relationen verteilt und im Direktverkehr oder über das HUB befördert. Einzelstücke laufen über einen Paketdienst. Die FIRENZE-Koffer treffen als Kartonware bei der INTERSPED GmbH ein und müssen für die jeweilige Relation kommissioniert werden (HUB- oder Direktverkehr).

Lernsituation 20 | zu SLG S. 402–410, WSP S. 138–142

Andockrampen   Transportkette

Lagerfläche   **Steuerzentrale**   **Lagerfläche**

Aufgabe 6

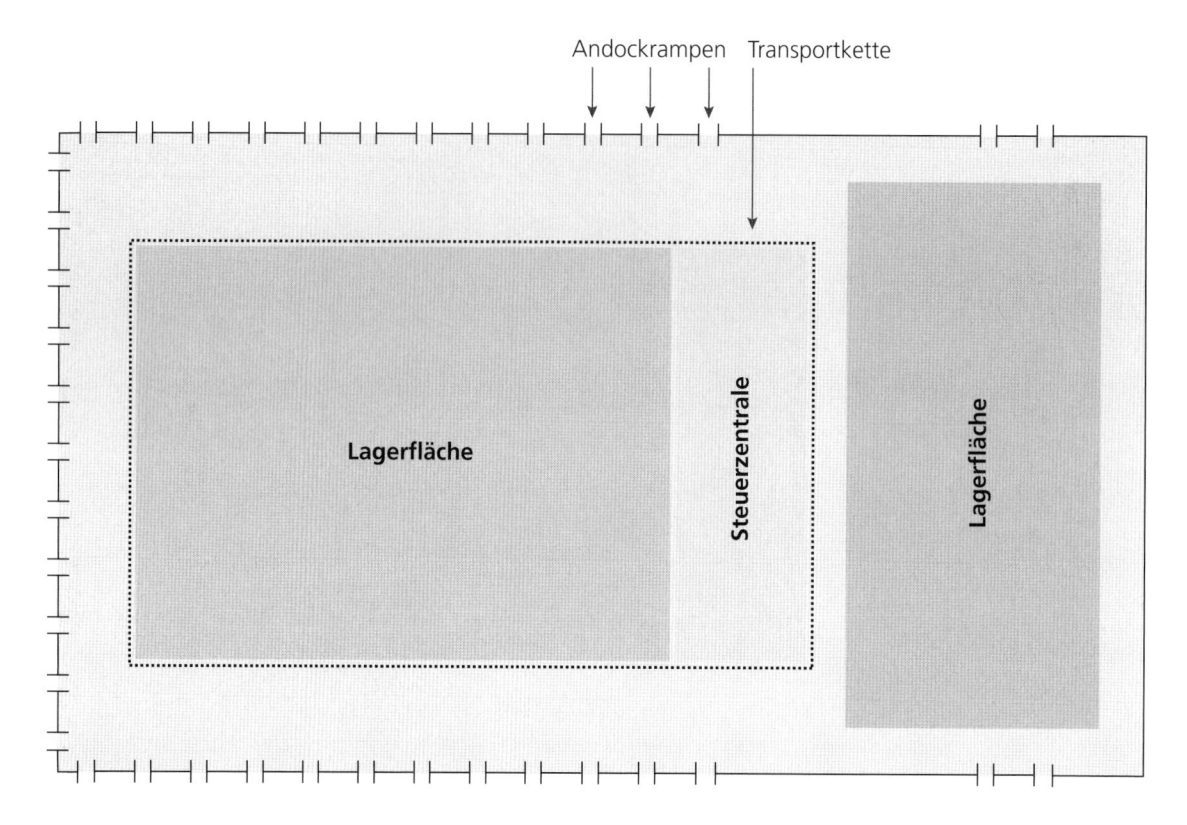

SPEDLOG besorgt die bundesweite Logistik für den Getränkehersteller SUNNY GmbH. Bei den Produkten handelt es sich um hochwertige Fruchtsäfte verschiedener Geschmacksrichtungen. Sie werden im Produktionsbetrieb in Köln mit eigenem Lkw oder durch fremde Frachtführer abgeholt, bei SPEDLOG eingelagert, nach den Anweisungen des Auftraggebers kommissioniert und den Kunden der SUNNY GmbH zugestellt. Sendungen über 1,3 t liefert SPEDLOG direkt an den Endempfänger (Direktpartie); bei niedrigeren Gewichten gehen die Sendungen zunächst an Empfangsspediteure, die die Zustellung zum Empfänger übernehmen.

Durch diese Zweiteilung ist bei der Kommissionierung Folgendes zu beachten:
- Direktpartien werden **feinkommissioniert**, d. h., die Getränke werden exakt nach dem Kundenauftrag, der von der SUNNY GmbH übermittelt worden ist, zusammengestellt.
- Sendungen unter 1,3 t werden bei SPEDLOG **grobkommissioniert**, d. h., mehrere Kundenaufträge werden gebündelt und in größeren Gebinden an den Empfangsspediteur ausgeliefert, der daraus die Einzelsendungen für die Kunden zusammenstellt (Feinkommissionierung).

Am 23. Aug. 20(0) trifft bei SPEDLOG folgende Nachricht ein:

Formular a)

SPEDLOG GmbH, Benderstraße 94, 40625 Düsseldorf			
Getränkemarkt Behrend		Auftraggeber:	SUNNY GmbH
Stadtring 145		Relation:	379
96049 Bamberg		DFÜ-Datum:	18.08.20(0)
		Lieferdatum	22.08.20(0)
Lieferschein	Nr. 3383172	Bestell-Nr.	57196/0

Artikel-Nr.	Bezeichnung	Anzahl/Einheit	Gewicht (kg)
00226	Mango Tropical	6 Kartons	45,6
00310	Kirsche/Maracuja	~~6 Kartons~~ *fehlen*	~~18,0~~
00418	Papaya Magic	5 Kartons	41,0
Summe		~~17~~ Kartons *11*	~~104,6~~ 86,6

Ware ~~ordnungsgemäß~~ empfangen   22.08.20(0)   *Behrend*
                                    Datum   Unterschrift

Abläufe in der Getränkelogistik von SPEDLOG

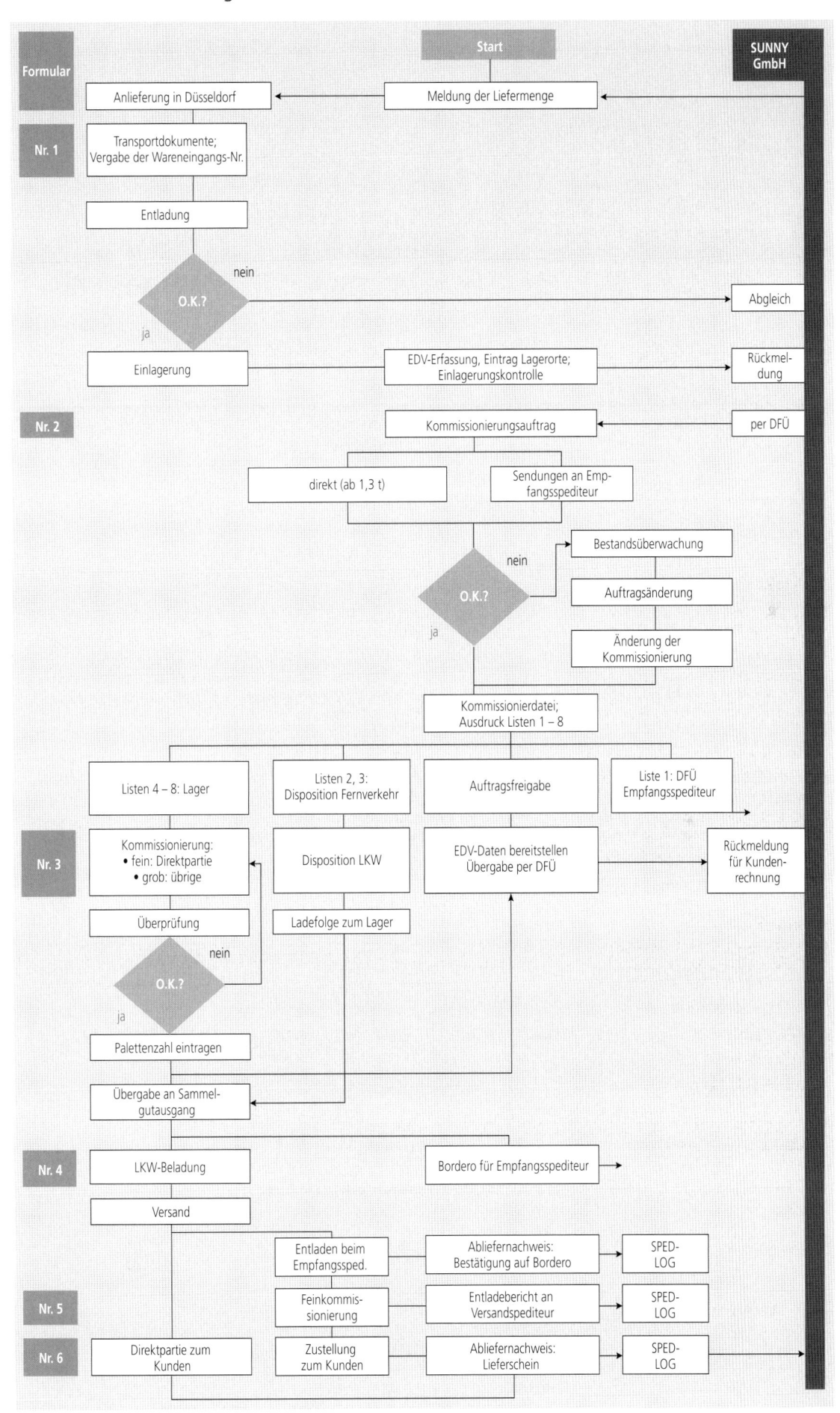

Formular | **Start** → **SUNNY GmbH**

Nr. 1
- Anlieferung in Düsseldorf ← Meldung der Liefermenge ← SUNNY GmbH
- Transportdokumente; Vergabe der Wareneingangs-Nr.
- Entladung
- O.K.? — nein → Abgleich (SUNNY GmbH)
- ja ↓
- Einlagerung → EDV-Erfassung, Eintrag Lagerorte; Einlagerungskontrolle → Rückmeldung (SUNNY GmbH)

Nr. 2
- Kommissionierungsauftrag ← per DFÜ (SUNNY GmbH)
  - direkt (ab 1,3 t)
  - Sendungen an Empfangsspediteur
- O.K.? — nein → Bestandsüberwachung / Auftragsänderung / Änderung der Kommissionierung
- ja ↓
- Kommissionierdatei; Ausdruck Listen 1 – 8

Verzweigung:
- Listen 4 – 8: Lager
- Listen 2, 3: Disposition Fernverkehr
- Auftragsfreigabe
- Liste 1: DFÜ Empfangsspediteur → SUNNY GmbH

Nr. 3
- Kommissionierung:
  • fein: Direktpartie
  • grob: übrige
- Disposition LKW
- EDV-Daten bereitstellen, Übergabe per DFÜ → Rückmeldung für Kundenrechnung (SUNNY GmbH)
- Überprüfung
- Ladefolge zum Lager
- O.K.? — nein
- ja ↓
- Palettenzahl eintragen
- Übergabe an Sammelgutausgang

Nr. 4
- LKW-Beladung
- Bordero für Empfangsspediteur →
- Versand

Nr. 5
- Entladen beim Empfangssped. — Abliefernachweis: Bestätigung auf Bordero — SPED-LOG
- Feinkommissionierung — Entladebericht an Versandspediteur — SPED-LOG

Nr. 6
- Direktpartie zum Kunden — Zustellung zum Kunden — Abliefernachweis: Lieferschein — SPED-LOG

Lernsituation 20 | zu SLG S. 402–410, WSP S. 138–142

Bearbeiten Sie den Fehler, der in der Getränkelogistik von SPEDLOG entstanden ist.

Mögliche Arbeitsschritte im Überblick:

1. Fehler lokalisieren
2. Fehler beheben
3. Fehler auswerten

Einzelarbeitsschritte:

a. Aktivitäten (Kästchen) im Ablaufschema auf der vorherigen Seite schraffieren, die physische Warenbewegungen beschreiben.

b. Die abgebildeten Formulare a)–e) dem Ablaufschema auf der nächsten Seite zuordnen. Ein Muster für die Zuordnung finden Sie unter der Ablaufübersicht.

c. Die Stelle ermitteln, an der der Fehler entstanden ist.

d. Gutschrift für den Kunden veranlassen (DFÜ-Meldung ausfüllen).

e. Fehler klassifizieren und geeignete Maßnahmen zur Fehlervermeidung (siehe Fehlerprotokoll) veranlassen. Aufgelaufene Fehlerquote berechnen.

Formular a) befindet sich auf Seite 506

Formular b)

SUNNY GmbH
Adolphstraße 112
50679 Köln

SUNNY GmbH, Adolphstraße 112, 50679 Köln

SPEDLOG GmbH
Benderstraße 94
40625 Düsseldorf

DFÜ-Datum:	18.08.20(0)
Auftrag-Nr.:	3383172
Empfänger:	Getränkemarkt Behrend Stadtring 145 96049 Bamberg
Lieferdatum:	22.08.20(0) fix

Kommissionierungsauftrag

Artikelnummer	Bezeichnung	Anzahl/Einheit	Gewicht (kg)
00226	Mango Tropical	6 Kartons	45,6
00310	Kirsche/Maracuja	6 Kartons	18,0
00418	Papaya Magic	5 Kartons	41,0
Summe		17 Kartons	104,6

Formular c)

-SL- **SPEDLOG GmbH** Internationale Spedition

Einlagerungskontrollliste

Versender:	SUNNY GmbH Köln
Wareneingangs-Nr.: Eingangsdatum:	3076 25.07.20(0)
Lkw-Nr.	D-MA-4487

Artikel-Nr.	Bezeichnung	Anzahl Paletten	Anzahl Kartons	Inhalt Kartons	Anzahl Flaschen
00310	Kirsche/Maracuja	19	2.375	6	14.250
00312	Orange bitter	1	125	6	750
Summe		20	2.500		15.000

Formular d)

			Kommissionierer:	Steffens
-SL-	**SPEDLOG GmbH** Internationale Spedition		Datum: Kommissionierungs-Nr.:	18.08.20(0) 94664
Kommissionierliste	Empfangsspediteur Anlage: 2 Lieferscheine		Relation:	379

Position	Lagerplatz	Artikel-Nr. Bezeichnung	Anzahl Kartons	Anzahl Flaschen	Gewicht kg	Paletten-Nr.	Kontrolle
1	A 010	00406 Birnennektar	1	48	75,00	8	V.
2	B 015	00226 Mango Tropical	6	36	45,60	8	V.
3	D 009	00882 Zitrone	3	36	36,90	8	V.
4	E 219	00754 Nektarine	5	30	41,00	8	V.
5	G 422	00310 Kirsche/ Maracuja	6	144	18,00	8	
6	H 710	00045 Mango herb	2	12	21,60	8	V.
7	J 332	00312 Orange bitter	12	72	36,00	8	V.
8	L 980	00418 Papaya Magic	18	108	147,60	8	V.
9	O 125	00610 Tomate	15	90	232,50	8	V.
Summe			68	576	654,20		

Formular e)

	Josef Meinhardt Spedition			**Industriestraße 24 96048 Bamberg**		
Entladebericht	**Versandspediteur** SPEDLOG Düsseldorf		Datum: Kommissionierungs-Nr. Relation:	21.08.20(0) 94664 379		

Empfänger	Lieferschein-Nr.	Anzahl Kartons	Inhalt Art.-Nr.	Bezeichnung	Gewicht kg	Kontrolle
REWE-Markt 91301 Forchheim	33834533	3	00203	Pfirsich	88,2	✓
		12	00710	Papaya light	129,9	✓
		3	00914	Tomate	46,5	✓
	Summe	18			213,7	
Getränkemarkt Behrend 96049 Bamberg	3383172	6	00226	Mango Tropical	45,6	✓
		6	00310	Kirsche/ Maracuja	18,0	
		5	00418	Papaya Magic	41,0	✓
	Summe	17			104,6	

Lernsituation 20 | zu SLG S. 402–410, WSP S. 138–142

Formular f)

SL	**SPEDLOG GmbH** Internationale Spedition		
Bordero Blatt 6	**Empfangsspediteur** Josef Meinhardt Spedition Industriestraße 24 96048 Bamberg	Datum: 18.08.20(0) Bordero-Nr. 51488/12 Relation: 379	

Lieferschein-Nr.	Anzahl Einheiten	Inhalt	Gewicht	Empfänger	Fracht/Nachnahme	Versender
33834533	18 Kartons	Getränke	213,7	REWE-Markt 91301 Forchheim		SUNNY GmbH
3383172	17 Kartons	Getränke	104,6	Getränkemarkt Behrend 96049 Bamberg		SUNNY GmbH
Die Sendung muss am 22. Aug. 20(0) ausgeliefert werden (Fixtermin)						
339457	15 Kartons	Getränke	95,2	Hotel Zur Post 96103 Hallstadt		SUNNY GmbH

12 Paletten übernommen 19.08.20(0)   *K. Ewers*
                                  Datum   Unterschrift

Zuordnung der Belege

Formular Nr.	Beleg (Formulare a) – e))	Bezeichnung	Abschnitt im logistischen Ablauf
1	c)	Einlagerungs-Kontrollliste	

Fehlerprotokoll

1. Fehlerursache ☐ **menschlicher Fehler** (Beispiel: Zählfehler, Kontrollfehler)

☐ **Maßnahmen**
☐ Mitarbeitergespräch
☐ Nachschulung
☐ Umbesetzung
☐ Abmahnung

☐ Arbeitsanweisungen im Qualitätshandbuch korrekt? Ja ☐ nein ☐

☐ **Systemfehler** (Beispiel: falscher Lagerplatz)

Maßnahmen
☐ Abläufe überprüfen
☐ Meldung DV-Abteilung

2. Aufgelaufene Fehlerquote berechnen

Fehlerart		Fehlerzahl – alt	Fehlerzahl – neu
☐	Bruch	2	
☐	Verspätung	1	
☐	Kommissionierfehler	4	
Summe der Fehler			
Zahl der Komm.-Aufträge		377	667
Komm.-Aufträge Nr. 94-		275–652	653–942
Fehlerquote in Prozent			

Meldung
< 1 % ☐ --
> 1 % ☐ Abteilungsleiter
> 2 % ☐ **Geschäftsleitung**

Arbeitsanweisung aus dem Qualitätshandbuch (Auszüge)

AA 5.4 GmbH SPEDLOG Stand 6/20(0)	Arbeitsanweisung zur Abwicklung SUNNY

1. Zweck und Anwendungsbereich
   Diese Arbeitsanweisung dient der Beschreibung von Arbeitsabläufen im Bereich Getränkelogistik der SUNNY GmbH.
2. Zu beachtende Punkte:
2.1 Innerhalb des Sunny-Lagers muss die Ware auf Europaletten gelagert werden.
2.2 Die Paletten in der Kommissionierzone sind bis auf den letzten Karton abzukommissionieren, bevor auf eine neue, volle Palette zugegriffen wird.
2.3 Die Positionen auf der Kommissionierliste sind in der vorgegebenen Reihenfolge abzuarbeiten.
2.4 Nach drei kommissionierten Lagen hat sich der Kommissionierer zur Zwischenkontrolle zu melden, nach Fertigkommissionierung der vollen Palette zur Endkontrolle.
2.5 Die Artikelnummer auf der Kommissionierliste muss mit der Artikelnummer auf dem Karton verglichen werden.
2.6 Jede Kommissionierliste muss mit der Unterschrift des Kommissionierers sowie mit dem Namenszeichen des Kontrolleurs versehen sein.
2.7 Der Kontrolleur muss grundsätzlich prüfen, ob alle Positionen kommissioniert worden sind.

Erstellung:	Prüfung:	Freigabe:
Datum: 03.02.20(-1)	Datum: 12.02.20(-1)	Datum: 15.02.20(-1)
Müller	*Maier*	*Marqwart*

DFÜ-Meldung	
Empfänger:	Datum:
Firma	Auftrags-Nr.
Straße	Auftrag vom:
	Lieferdatum:
PLZ Ort	Lieferschein-Nr.

Gutschrift	
für Firma:	über
Straße	
PLZ Ort	
erledigt: Datum, Unterschrift	

Aufgabe 7
Kennzeichnen Sie die Stellen im logistischen Ablauf der Getränkelogistik der SPEDLOG GmbH, an denen Schnittstellen nach ADSp vorliegen. Gehen Sie von folgenden Annahmen aus:
1. Selbsteintritt im Vorlauf (Abholen der Getränke bei der Sunny GmbH) und im Hauptlauf (Zustellung der kommissionierten Sendungen zum Empfangsspediteur oder direkt zum Empfänger).
2. Fremde Frachtführer werden eingesetzt (im Vor- und Hauptlauf).

Aufgabe 8
Die nachfolgende Übersicht gibt einige Tätigkeiten wieder, die mit der Getränkelogistik der SPEDLOG GmbH verbunden sind. Markieren Sie die Tätigkeiten, die Ihrer Ansicht nach nicht zu den typischen Spediteurtätigkeiten gehören:

1. Übernahme der Getränke vom Hersteller per Lkw	6. verkaufsfertige Aufbereitung der palettierten Ware (Preisauszeichnung, Versehen mit Werbeaufklebern u. Ä.)
2. Einlagerung der Güter	
3. Überwachung der Mindesthaltbarkeitsdaten	7. Versand der Güter mit eigenem Lkw zum Empfänger (Direktpartien) oder zum Empfangsspediteur
4. regelmäßige Inventuren zur Kontrolle der Warenbestände	8. Bearbeitung von Kundenreklamationen (fehlende, überzählige oder beschädigte Waren)
5. Kommissionierung der Waren	

Aufgabe 9
Warum übernimmt SPEDLOG bei größeren Sendungen (ab 1,3 t) die Feinkommissionierung und Direktzustellung der Sendung zum Kunden?
1. Die SPEDLOG GmbH will auch an der Fracht verdienen. Bei größeren Sendungen ist das gewinnbringend.
2. Man hat vor allem die Beschäftigung des eigenen Personals im Auge und möchte den Verlust von Arbeitsplätzen vermeiden.
3. Je mehr die Feinkommissionierung in eigener Hand liegt, umso geringer ist die Fehlerquote, weil die SPEDLOG GmbH über Personal verfügt, das auf die Getränkelogistik spezialisiert ist.

Aufgabe 10
Im Lager der SPEDLOG GmbH werden die Produkte der SUNNY GmbH nach dem FIFO-Prinzip ein- und ausgelagert. Warum hat man sich für dieses Verbrauchsfolgeverfahren entschieden?

Aufgabe 11
Erstellen Sie nach den unten stehenden Daten die Lagerrechnung für den Monat August 20(0) an den Kunden SUNNY GmbH. Berücksichtigen Sie:
1. Lagergeld für den Monatsanfangsbestand
2. Lagerpauschale für die Einlagerungen

Die Spedition SPEDLOG rechnet mit der SUNNY GmbH monatlich ab. Die nachfolgend abgebildete Lagerdatei gibt die Warenbewegungen im Monat August wieder:

Lagerbestände		Datum: 30.08.20(0) Zeit: 16:45:13	
Einlagerer:	SUNNY GmbH, Köln		
Konditionen:	Lagergeld: 2,00 EUR / 100 kg / Monatsanfangsbestand Lagerpauschale: 6,50 EUR/100 kg eingelagerte Güter (Einlagerung, Lagergeld für den Monat, Kommissionierung, Auslagerung, Transport zu den Empfängern)		
Versicherung:	Lager-Versicherung ja ☐ nein ☒ ja ☐ nein ☐		

Datum	Wareneingangs-/Kommissionierungs-Nr.	Zugang/kg	Abgang/kg	Bestand/kg
01.08.	Übertrag			800.000
05.08.	Wareneingangs-Nr. 3077	300.000		
07.08.	Kommissionierungslisten Nr. 94275 – 94485		150.000	
12.08.	Kommissionierungslisten Nr. 94486 – 94652		100.000	
18.08.	Kommissionierungslisten Nr. 94653 – 94942		200.000	
19.08.	Wareneingangs-Nr. 3078	450.000		
21.08.	Kommissionierungslisten Nr. 94943 – 95077		50.000	
29.08.	Kommissionierungslisten Nr. 95078 – 95265		130.000	
30.08.	Endbestand			

Empfänger:

SPEDLOG GmbH
Benderstraße 94
40625 Düsseldorf

Telefon: 0211 56742-0
Fax: 0211 56733
ID-Nr.: DE 458 977 344

Rechnung Nr.   Datum:

Pos.-Nr.	Text	EUR	EUR

Spediteurrechnungen sind sofort und ohne Abzug fällig.
Bankverbindung: Commerzbank Düsseldorf, Konto 4269 053 000, BLZ 300 400 00

Aufgabe 12

Ulla Malang ist seit ihrer Abschlussprüfung vor einem Jahr bei der TRANSSPED GmbH als Speditionskauffrau in der Marketingabteilung beschäftigt und verdient ca. 1.050,00 € netto. Ulla hat von einer Tante, die vor kurzem gestorben ist, 15.000,00 € geerbt, die sie in Bundesschatzbriefen angelegt hat. Ihre Schwester Marianne, die zurzeit arbeitslos ist, hat eine neue Stelle im Nachbarort in Aussicht. Um diese Stelle anzutreten, muss sie ein Auto kaufen. Die Volksbank, bei der Marianne ihr Konto hat, ist bereit ein Darlehen in Höhe von 3.500,00 € für den Autokauf zu bewilligen. Allerdings verlangt die Volksbank eine selbstschuldnerische Bürgschaft der Schwester Ulla Malang in Höhe von 3.500,00 €. Soll Ulla die Bürgschaftsverpflichtung eingehen?

Aufgabe 13

Die Mineralöl GmbH nimmt bei der Handelsbank AG einen Kontokorrentkredit über 150.000,00 € auf. Zur Sicherung dieses Kredits tritt die Mineralöl GmbH eine Forderung aus Kraftstofflieferungen an die Winter Speditions GmbH über 175.000,00 €, fällig in zwei Monaten, an die Handelsbank AG ab.

a. Beschreiben Sie die Rechtsbeziehungen vor und nach der Abtretung.
b. Die Mineralöl GmbH bittet die Handelsbank AG, von einer Offenlegung der Zession abzusehen. Begründen Sie dieses Anliegen.

c. Welche Konsequenzen ergeben sich für die Winter Speditions GmbH, wenn ihr die Abtretung der Forderung angezeigt wird?

Aufgabe 14

Welche der unten stehenden Aussagen treffen

1. nur auf die Hypothek,	a. Es handelt sich um einen verstärkten Personalkredit.
2. nur auf die Grundschuld,	b. Neben der persönlichen Haftung tritt die dingliche Sicherung ein.
3. sowohl auf die Hypothek als auch auf die Grundschuld,	c. Diese Kreditsicherung eignet sich besonders zur Absicherung langfristiger Kredite.
4. weder auf die Hypothek noch auf die Grundschuld zu?	d. Diese Kreditsicherung ist ins Grundbuch einzutragen.
	e. Für das Bestehen dieser Kreditsicherung ist die Forderung eines Gläubigers erforderlich.

Aufgabe 15

Welche Kreditsicherheiten werden in den folgenden Aussagen beschrieben?

a. Der Nebenschuldner hat nicht das Recht, von dem Gläubiger die Vorausklage gegen den Hauptschuldner zu verlangen.

b. Das Eigentum an einem Kraftfahrzeug wird dem Gläubiger ohne Übergabe übertragen.

c. Eine Forderung wird durch Einigung und Übergabe von Wertgegenständen an den Gläubiger gesichert.

d. Der Drittschuldner kann mit schuldbefreiender Wirkung nur an den neuen Gläubiger zahlen.

e. Der Nebenschuldner ist erst dann zur Zahlung verpflichtet, wenn der Gläubiger erfolglos die Zwangsvollstreckung in das Vermögen des Hauptschuldners betrieben hat.

f. Die Schuldner wissen nicht, dass ihr Gläubiger seine Forderungen an ein Kreditinstitut abgetreten hat.

Aufgabe 16

Eine Spedition möchte ein Bankdarlehen aufnehmen. Die Bank verlangt geeignete Kreditsicherheiten. Der Spedition stehen unter anderem nachstehende Vermögensgegenstände zur Verfügung. Stellen Sie fest, für welche Art der Kreditsicherung diese Vermögensgegenstände geeignet sind.

a. Lieferwagen

b. Aktien

c. Forderungen gegenüber Versendern

d. Lagereinrichtung

e. Lagerhalle

Aufgabe 17

Stellen Sie bei unten stehenden Krediten fest, um welche der folgenden Kreditarten es sich handelt.

Kreditarten	a. Lombardkredit
1. einfacher Personalkredit	b. Zessionskredit
2. verstärkter Personalkredit	c. Dispositionskredit
3. dinglich gesicherter Kredit	d. Sicherungsübereignungskredit
	e. Bürgschaftskredit

Aufgabe 18

Auf welche Kreditarten beziehen sich folgende Aussagen?

a. Eine Bank gewährt einer Spedition zum Monatsende einen höheren Überziehungskredit für Lohn- und Gehaltszahlungen.

b. Ein Spediteur kauft bei einer Großhandlung Computerpapier und bezahlt die Rechnung erst am Ende des Zahlungsziels.

c. Eine Bank verbürgt sich für eine Spedition, dass diese fällige Zollschulden bezahlt.

d. Forderungen werden vor ihrer Fälligkeit an ein Finanzunternehmen verkauft. Der Betrag wird unter Abzug sofort gutgeschrieben.

Aufgabe 19

Stellen Sie fest, ob es sich bei den folgenden Sachverhalten jeweils	a. Kapitalerhöhung durch Ausgabe von Aktien
1. um eine Maßnahme der Außen- oder Innenfinanzierung,	b. Bildung von freiwilligen Rücklagen
	c. Abschreibungen
	d. Aufnahme eines Darlehens
2. um eine Maßnahme der Eigen- oder Fremdfinanzierung handelt.	e. Aufnahme eines zusätzlichen persönlich haftenden Gesellschafters

SELBSTTEST LERNSITUATION 20

➜ Diese **Prozesse** sollten Sie beherrschen:
- ein Angebot für ein Distributionslogistik-Projekt abgeben
- ein Distributionskonzept entwickeln
- einen Fehler im Ablauf der Distributionslogistik aufspüren und dokumentieren
- Einen Kreditvertrag mit Kreditsicherheiten prüfen und abschließen

➜ Diese **Begriffe** sollten Sie kennen:

1. Abstrakte Kreditsicherheiten
2. Akzessorische Kreditsicherheiten
3. Außenfinanzierung
4. Avalkredit
5. Beteiligungsfinanzierung
6. Blankokredit (einfacher Personalkredit)
7. Bürgschaft
8. Datenmanagement
9. Distributionskanäle
10. Distributionslogistik
11. Distributionslogistik
12. E-Commerce
13. Efficient Consumer Response
14. Eigenfinanzierung
15. FIFO-Prinzip
16. Finanzierung durch Kapitalfreisetzung
17. Fremdfinanzierung
18. Gewöhnliche Bürgschaft
19. Grundschuld
20. Hypothek
21. Innenfinanzierung
22. Kommissionieren
23. Kommissionier-liste
24. Kontraktlogistik
25. Kreditfinanzierung
26. Kreditsicherheiten
27. Kreditsicherung
28. Kreditwürdigkeitsprüfung
29. Logistikvertrag
30. Offene Zession
31. Preisbildung
32. Realkredit
33. Selbstfinanzierung
34. Selbstschuldnerische Bürgschaft
35. Sicherungsabtretung
36. Sicherungsübereignung
37. Stille Zession
38. Transshipmentkonzept
39. Verpfändung
40. Verstärkter Personalkredit
41. Zession

Lernsituation 20 | zu SLG S. 402–410, WSP S. 138–142

Lernsituation 21

- **Einen Kundenbesuch vorbereiten**
- **Auswirkungen geldpolitischer Maßnahmen darstellen**

Der Leiter der Vertriebsabteilung, Herr Schober, erhält vom Disponenten die Mitteilung, dass nach einem Fahrerbericht einer unserer Mitbewerber, die Spedition Maas Logistik beim Versender Giermex Bodenbeläge einen Lkw beladen hat. Da sich Giermex mittlerweile zu einem wichtigen Kunden entwickelt hat, ist Herr Schober alarmiert. Sofort wählt er die Telefonnummer von Herrn Baumann, dem Versandleiter von Giermex.

Herr Schober: „Guten Morgen Herr Baumann, wie geht es Ihnen?"

Herr Baumann: „Guten Morgen Herr Schober – danke, es könnte schlimmer sein."

Herr Schober: „Ich habe von unserem Fahrer gehört, dass Sie jetzt auch Aufträge an die Spedition Maas Logistik geben."

Herr Baumann: „Ja, das ist richtig. Wir haben von Ihrem Mitbewerber ein interessantes Angebot erhalten, das wir zurzeit testen."

Herr Schober: „Ich bin natürlich sehr interessiert, die Angebotsbedingungen von Maas kennenzulernen, um auf dieser Basis unsere Konditionen in einem Gespräch zu vergleichen."

Herr Baumann: „Das Angebot faxe ich Ihnen gleich zu. Ein Gespräch halte ich auch für sinnvoll."

Herr Schober: „Ich schlage Ihnen Mittwoch, also übermorgen, 10:00 Uhr vor."

Herr Baumann: „Augenblick – ja, das geht, einverstanden."

Kurze Zeit später trifft das Fax von Giermex ein:

> ...
> Angebot
> ...
> Preis pro Palette:
> – Haus-Haus-Preis nach BSL-Empfehlungen minus 30 % Marge
> – Nebengebühren nach BSL-Empfehlungen, einschließlich Palettentauschgebühren
> – Mautgebühr nach BSL-Empfehlungen
> ...

Maut: Siehe Tabelle zur Weiterberechnung der Lkw-Maut Seite 170

In der Zwischenzeit hat sich Herr Schober auch das Kundenprofil von Giermex am PC ausgeben lassen:

	A	B	C	D	E	F	G
1							
2	Versender	Giermex	Bodenbeläge	Ludwig-Beck-Straße 24, 41466 Neuss			
3	Jahr	20(-1)					
4	Sendungen	Gewicht	Paletten	Umsatz	Schäden		
5	Anzahl/Stück	t/gesamt	Anzahl/Stück	€	Zahl	Summe	Eigenregulierung
6	1.055	1.867	3.846	175.481,00	3	2.510,00	640,00
7							
8	Durchschnittsgewicht kg pro Palette		485	kg			
9	Laufzeiten:	24-Std.-Zustellung	96	%			
10	Konditionen:	BSL-Empfehlungen, Minusmarge 20 %, Haus-Haus-Preis					
11		Nebengebühren nach BSL-Empfehlungen, Mindestgewicht pro Palettenstellplatz (nicht stapelbar) 300 kg					
12		Keine Palettentauschgebühren					
13		Mautgebühren nach BSL-Empfehlungen					

Alle Schäden waren zu 100 % durch die Haftungsversicherung (eigene oder von Frachtführern/Empfangsspediteuren) ersetzt worden. Von Maas Logistik ist bekannt, dass es sich um eine kleinere, aber aufstrebende Spedition handelt. Ihre Sendungen gehen zum größten Teil über ein HUB bei Kassel, während die INTERSPED GmbH die Relation Berlin wegen des hohen Sendungsaufkommens weitgehend im Direktverkehr zum Empfangsspediteur Homberg bedient.

518 **Lernsituation 21** | zu SLG S. 415–438, WSP S. 167–168

Da die Bodenbeläge zum Teil nur ein geringes Gewicht haben, wurde das Mindestgewicht in Abweichung von den BSL-Empfehlungen auf 300 kg heruntergesetzt. Überpackte Paletten (Überschreitung der EUR-Palettennorm) werden nur in Ausnahmefällen als „sperrig" abgerechnet, auch wenn dadurch nicht – wie in der Kalkulation vorgesehen – 34 Paletten pro Lkw geladen werden können. In der Kalkulation sind die Konditionen von Möller-Trans (Vorlauf) und Homberg (EuV, Nachlauf) zugrunde zu legen (siehe Lernsituationen 3 und 4. Der Preis für den Hauptlauf beträgt zurzeit 800,00 EUR und bezieht sich auf 34 Paletten. Bei der Prüfung des Preisspielsraums für die Verhandlungen mit Giermex hat Herr Schober zu beachten, dass ein Mindestdeckungsbeitrag (Deckungsbeitrag I) von 30 % erzielt werden muss.

Siehe Lernsituation 18, Seite 466

Bei der Diskussion über die von Herrn Sedinger erstellte mittelfristige Prognose über die Geschäftstätigkeit und die Beobachtung der Konjunkturentwicklung wird von der Geschäftsführung auch der Einfluss von Inflation und Außenwert des Euro diskutiert.

Kalkulation

Erträge
1. Haus-Haus-Entgelte
2.

Summe Erträge

Aufwendungen
1. Vorlauf
2.

Summe Aufwendungen

Summe Erträge
– Summe Aufwendungen

Rohergebnis (DB I)
DB I in % der Erträge

	Marge/%	EUR

Siehe Ziffer der BSL-Empfehlung

Berger: Wenn sich der Außenwert des Euro infolge der inflationären Tendenzen negativ entwickelt, kann das einen erheblichen Einfluss auf unser Geschäft hier in der INTERSPED GmbH haben.

Decker: Das betrifft vor allem die Exportaufträge. Werden deutsche Waren im Ausland zu teuer, kann der Export zurückgehen und damit unsere Aufträge.

Sedinger: Da wird sicher nicht so viel passieren. Die Europäische Zentralbank hat den Auftrag, solche Situationen zu bekämpfen

Berger: Haben die überhaupt genügend Möglichkeiten die Inflation zu verhindern, wenn gleichzeitig auf die Konjunkturentwicklung geachtet werden muss.

Sedinger: Doch, die Möglichkeiten der Geldpolitik sind recht umfangreich. So kann die EZB zum Beispiel...

Zinsen und Preise

- - - Geldmarktsätze (Zinssätze) am Frankfurter Bankplatz: Monatsgeld
— Verbraucherpreise (Veränderung zum Vorjahr)
— EZV Basiszinssatz

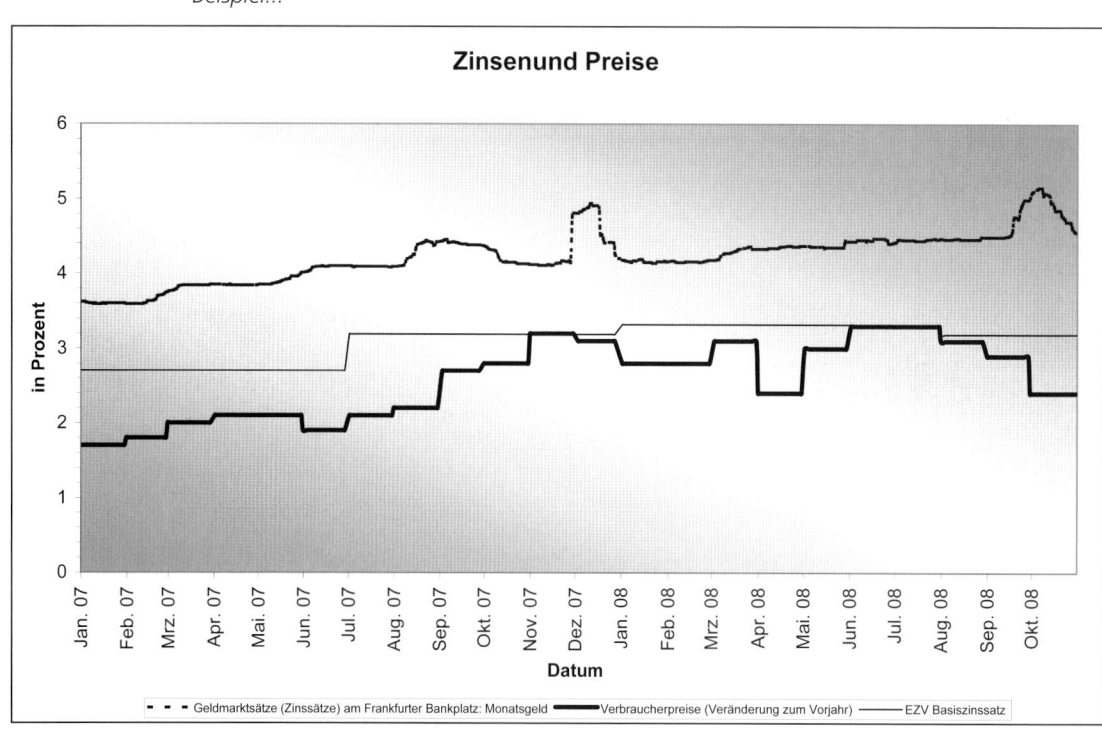

Aufgabe 1

Bei der wöchentlichen Überprüfung der besten 30 Kunden stellt Herr Schober einen deutlichen Rückgang der Sendungszahlen beim Versender Handelshof fest.

	A	B	C	D	E	F	G	H	I	J
1										
2	Auswertung	TOP 30								
3	Zeitraum	37. Woche								
4	Selektion	Sendungen								
5	Versender		Sendungen/Anzahl		Gewicht/t		Paletten/Anzahl		Umsatz/€	
6	Kunden-Nr.	Name	Vorwoche	37. Woche	Vorwoche	37. Woche	Vorwoche	37. Woche	Vorwoche	37. Woche
7	D140004	Kaulmann	30	34	47	55	95	105	4.280,00	4.810,00
8	D140003	Seidlitz	31	33	50	51	92	100	4.210,00	4.633,00
9	D140031	Mussold	24	28	42	45	89	95	3.940,00	4.623,00
10	D140001	Wendering	23	23	47	49	88	89	4.156,00	3.990,00
11	D140002	Degener & Lutz	23	22	47	43	94	88	4.339,00	4.112,00
12	D140112	Rasmussen	20	19	36	36	81	81	3.798,00	3.732,00
13	D140233	WOPEX	22	19	44	37	78	60	3.698,00	2.855,00
14	D140028	Giermex	17	18	29	30	68	69	3.118,00	3.100,00
15	D140044	Baier	14	17	33	33	64	69	2.922,00	3.210,00
16	D140155	Scherer	12	17	29	31	62	64	2.815,00	2.866,00
17	...									
18	D140008	Handelshof	21	8	39	15	81	34	3.844,00	1.588,00
19	usw.									
20										

a. Bereiten Sie ein Telefongespräch vor, in dem Sie den Versender auf das Problem ansprechen.
  – Beachten Sie die Regeln des Telefonmarketings. Stellen Sie sich in der Vorbereitung auf mögliche Ursachen des Auftragsrückgangs ein, z. B.:
  – Verkaufsförderaktion in der Vorwoche,
  – Inventur in der 37. Woche,
  – Mitbewerber ist beim Kunden aktiv geworden (evtl. Kundenverlust),
  – saisonale Schwankungen.

Vorschlag: Telefongespräch als Rollenspiel

b. Begründen Sie, was den Versandleiter der INTERSPED GmbH veranlassen könnte, wöchentlich eine Top-30-Liste zu analysieren.

Aufgabe 2

Der Versender Mussold bereitet zunehmend Sorgen. Dass es dem Kunden geschäftlich nicht besonders gut geht, ist seit Monaten bekannt. Die Monatszahlen bei der INTERSPED GmbH und auch die aufgelaufenen Zahlen Januar bis Juli vermitteln ein eindeutiges Bild.

	A	B	C	D	E	F	G	H	I	J
1										
2	Auswertung	TOP 30								
3	Zeitraum	Juli								
4	Selektion	Umsatz/€								
5	Versender		Umsatz Juli			Umsatz aufgelaufen Januar – Juli			Umsatz Plan	
6	Kunden-Nr.	Name	Plan	Vorjahresmonat	Ist	Plan	Vorjahr	Ist	Jahr 20(0)	
7	...									
8	D140031	Mussold	26.500,00	25.268,00	17.840,00	185.500,00	176.432,00	122.378,00	310.000,00	
9	...									
10	usw.									
11										

Mit dem Kunden war aufgrund der hohen Umsätze der vergangenen Jahre und wegen des für das laufende Jahr prognostizierten Umsatzes von 310.000,00 EUR eine spezielle Bonusregelung und ein verlängertes Zahlungsziel vereinbart worden.

Bonusregelung	
Umsatz	**Bonus**
über 200.000,00 EUR	1 %
über 300.000,00 EUR	2 %
über 400.000,00 EUR	3 %

Zahlungsbedingung
Die Rechnungen sind – abweichend von den ADSp – zahlbar innerhalb von 30 Tagen.

Mit dem Kunden ist ein Gespräch zu vereinbaren, das folgende Zielsetzungen hat:

- Verkürzung der Zahlungsfrist auf 10 Tage, um das Ausfallrisiko zu vermindern.
- Alternativ kann dem Kunden eine Reduzierung der Minusmarge auf die Kundensätze von 20 auf 17 % angeboten werden.
- Um die bisherige Bonushöhe zu erhalten, soll dem Kunden vorgeschlagen werden, zusätzliche Geschäfte mit uns zu tätigen. Uns ist bekannt, dass der Kunde ein Lager mit rund 6.000 Paletten Fertigprodukte unterhält. Über ein Outsourcing der Lagerhaltung könnte der Kunde Kosten sparen und gleichzeitig den höheren Bonus realisieren.
Für einen Kostenvergleich könnten dem Kunden unsere Standard-Sätze für Lagerhaltung mitgeteilt werden:

Einlagerung: 2,74 EUR pro Palette
Lagerhaltung: 4,00 EUR pro Palette und Monat
Kommissionierung: zwischen 1,00 und 12,00 EUR pro Palette je nach Arbeitsaufwand
Auslagerung: 6,68 EUR pro Palette

Als Vorteile des Outsourcings könnten dem Kunden unter anderem genannt werden:
- verringerte Kapitalbindung,
- Variabilisierung fixer Kosten,
- Kostentransparenz,
- kein Auslastungsproblem hinsichtlich der Lagerkapazität,
- Lagerhaltung durch einen spezialisierten Dienstleister,
- größere Flexibilität bei Nachfrageschwankungen.

■ Letztlich muss man sich in dem Gespräch auch darauf einstellen, dass der Umsatzrückgang mit Auftragsverschiebungen zugunsten von Mitbewerbern zusammenhängen kann. Dann ist ein Konditionenvergleich durchzuführen und dem Kunden sind Preis- und Serviceangebote zu unterbreiten (siehe Arbeitsauftrag oben).

Aufgabe 3

Die Tele-Elektronik GmbH ist ein aufstrebendes Unternehmen für Telekommunikationsgeräte. Über die Außendienstmitarbeiterin, Frau Schneider, hat man in der Spedition INTERSPED erfahren, dass das bisher eher regional tätige Unternehmen seinen Wirkungsbereich auf ganz Deutschland ausdehnen möchte. Frau Schneider regt an, Kontakt mit dem Unternehmen aufzunehmen und sich um die zu erwartenden Transporte zu bewerben. Bisher hat die INTERSPED GmbH keine Aufträge der Tele-Elektronik GmbH erhalten.

a. Entwerfen Sie einen zunächst allgemein gehaltenen Werbebrief, in dem Sie die Spedition INTERSPED vorstellen und sich um die Übernahme von Stückgutbeförderungen für Deutschland bewerben. Machen Sie in dem Schreiben bereits einen Terminvorschlag.

b. Fassen Sie telefonisch nach, weil Sie bis kurz vor Ablauf des Terminvorschlags noch keine Antwort erhalten haben. Ihr Ziel muss es sein, in ein persönliches Gespräch zu kommen, in dem folgende Sachverhalte geklärt werden können:
- Sendungsstrukturdaten (Mengen pro Jahr/pro Sendung, Relationen, palettiert/unpalettiert u. a.),
- Informationen über den Mitbewerber, der bisher die Beförderungen erbracht hat,
- Besonderheiten wie Abholzeiten, Laufzeiten, Terminvorgaben.

Am Ende sollte die Abgabe eines Angebots stehen.
Adresse: Tele-Elektronik GmbH, Dürener Straße 77, 40223 Düsseldorf

Aufgabe 4

Die Spedition INTERLOGISTIK ist noch jung am Markt, hat sich aber bereits einen Namen gemacht. Der kleine Mitarbeiterstamm in der Verwaltung zwingt dazu, die Kundenbetreuung auf die wichtigsten Kunden zu konzentrieren. Aus diesem Grunde sollen mithilfe einer ABC-Analyse die A-Kunden bestimmt werden, die man zukünftig besonders intensiv betreuen möchte. Sofern noch personelle Kapazitäten übrig bleiben, will man sich auch um die B-Kunden kümmern. In der nachfolgenden Tabelle sind die Kunden von INTERLOGISTIK mit ihren Umsätzen aufgelistet.

	A	B	C	D	E
1	ABC-Analyse				
2	Auswertung:	Kundenumsätze			
3	Versender		Umsatz	Summierter	Kundengruppe
4	Kunden-Nr.	Name	€	Umsatzanteil/%	
5	1.	ITC	110.349,00		
6	2.	Sindern	95.476,00		
7	3.	Dürer	85.768,00		
8	4.	Kramer	79.364,00		
9	5.	Sinop	75.322,00		
10	6.	Wächter	68.300,00		
11	7.	Bauer	65.388,00		
12	8.	Dehn	58.398,00		
13	9.	Wehmeier	52.897,00		
14	10.	SOUND	48.300,00		
15	11.	BIO-Gen	25.400,00		
16	12.	Seller	18.477,00		
17	13.	Schorn	16.423,00		
18	14.	Bieler	12.300,00		
19	15.	C-Tech	10.455,00		
20			822.617,00		

Bestimmen Sie die A-, B- und C-Kunden nach ihren Umsatzanteilen im Verhältnis 70 : 20 : 10.

Aufgabe 5

Herr Berger, der Geschäftsführer der INTERSPED GmbH, zeigt seinem Vertriebsleiter, Herrn Schober, eine Ausgabe der DVZ und macht ihn auf das Logo der DVZ aufmerksam:

Herr Berger: „Herr Schober, schauen Sie mal, an allerbester Stelle zwei Anzeigen von ABX. So sollten wir unseren Firmennamen auch einmal bekannt machen."

Herr Schober: „Das wird sicherlich einiges kosten – auf der ersten Seite und dann noch hervorragend platziert."

Herr Berger: „Ich denke, es sollte uns 5.000,00 EUR wert sein, dort einige Male im Jahr zu erscheinen, z. B. einmal pro Monat für ein Jahr, wenn es zu teuer ist, etwas weiter nach hinten. Und Sie müssten sich noch gute Slogans einfallen lassen. Ich habe Ihnen hier einige ausgeschnitten."

Lernsituation 21 | zu SLG S. 415–438, WSP S. 167–168

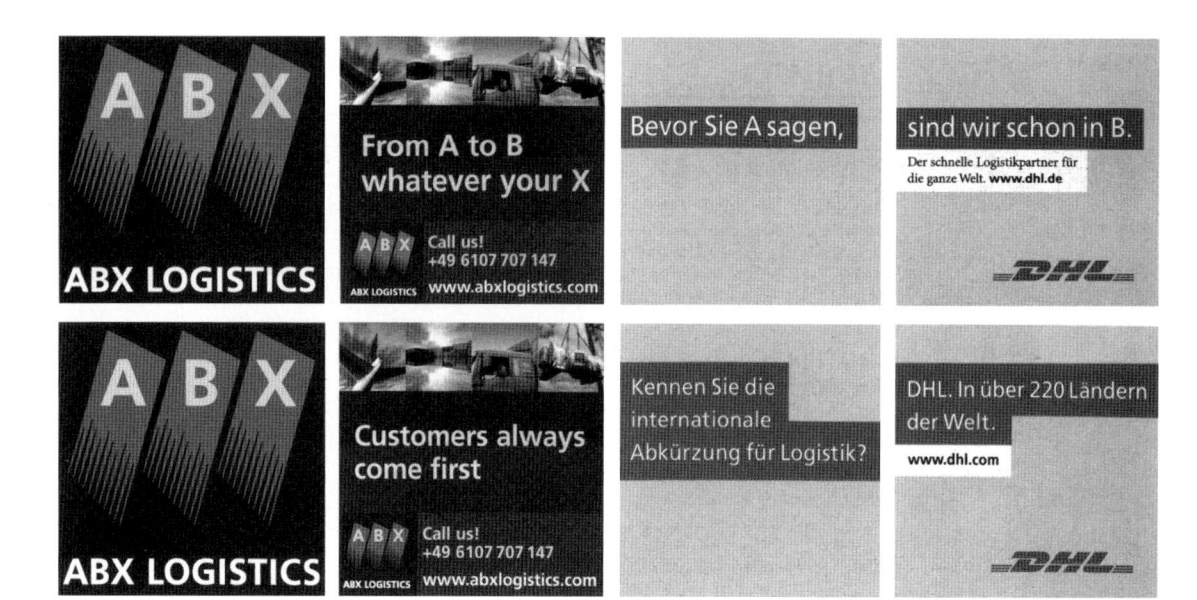

Herr Schober: „Das sind aber sehr allgemeine Werbebotschaften."

Herr Berger: „Aber witzig und Interesse weckend. Noch ein Beispiel des Unternehmens DHL: ‚Logistik machen wir mit links. – Wenn Sie uns Ihre rechte Hand sein lassen.' So etwas müssten wir doch auch hinbekommen."

Herr Schober: „Und was sollen wir unseren Kunden mitteilen?"

Herr Berger: „Wir sind auf vielen Speditionsgebieten tätig, vom Straßengüterverkehr bis zur Luftfahrt, wir organisieren weltweit, wir sind mittlerweile ein führender Logistikdienstleister – daraus muss sich doch etwas Griffiges machen lassen. Wir wollen doch nur, dass man uns bundesweit zur Kenntnis nimmt. Also – stellen Sie mal fest, was solche kleinen Anzeigen kosten. Dann benötige ich noch einen Platzierungsplan und natürlich zündende Textideen."

Herr Schober: „Mm?"

Hinweise zum Format und zu den Anzeigenpreisen

Basispreis: Eine Zeitungsseite ist in fünf Spalten aufgeteilt.
Ein Millimeter Höhe in einer Spalte kostet 3,70 EUR.
Die oben abgebildeten Anzeigen haben eine Höhe von 42 mm und sind eine Spalte breit.

Rabatte: Mengenstaffel: ab 1.000 mm pro Jahr 3 %, ab 2.000 mm 5 % (Rabatte nur vom Bruttopreis)

Malstaffel: 3 Anzeigen (3-mal) 5 %, 6-mal 10 %, 12-mal 15 %

Farbzuschlag: pro weitere Farbe neben Schwarz (Cyan, Magenta, Gelb) 25 % vom Bruttopries (ohne Rabatte), mindestens 270,00 EUR (die ABX-Anzeige ist im Original vierfarbig, DHL dreifarbig)

Erscheinungsweise: dreimal wöchentlich

Berechnungsbeispiel:

Anzeige über 2 Spalten, 80 mm hoch: 80 mm x 2 x 3,70 EUR = 592,00 EUR (= Bruttopreis)

1 Zusatzfarbe: 25 % von 592,00 EUR = 148,00 EUR
Gesamtpreis: 740,00 EUR

Aufgabe 6

Betrachten Sie noch einmal das Ergebnis von Aufgabe 5 und stellen Sie anhand der Situation die Teilschritte einer Werbeplanung zusammen.

a. Werbeziel
b. Zielgruppe
c. Werbegebiet
d. Werbebotschaft
e. Werbeetat
f. Werbemedien
g. Timing

Aufgabe 7

In der Lernsituation 1 hatten Sie folgende Aufgabe zu lösen:

Siehe Seite 18

> **Aufgabe 6**
> Beurteilen Sie die nachfolgenden Aussagen einer Mitarbeiterin in der Abteilung Kundenservice.
>
> **Gespräch Nr. 1**
> Kunde: „Heute bis um 12:00 Uhr sollte eine Sendung bei mir eintreffen. Jetzt ist es 16:00 Uhr."
> Mitarbeiterin: „Bitte Ihre Sendungsnummer."
> Kunde: „8455-241-04"
> Mitarbeiterin: „Da müsste ich einmal nachschauen, ob ich Ihre Sendung im System finden kann. Einen Augenblick bitte."
>
> **Gespräch Nr. 2**
> Kunde: „Heute bis um 12:00 Uhr sollte eine Sendung bei mir eintreffen. Jetzt ist es 16:00 Uhr."
> Mitarbeiterin: „Sagen Sie mir bitte Ihre Sendungsnummer, dann kann ich Ihre Frage sofort klären."
> Kunde: „8455-241-04"
> Mitarbeiterin: „Haben Sie bitte einen kleinen Augenblick Geduld. Das System gibt mir gleich den Status Ihrer Sendung an. Wir können dann sofort überlegen, wie Sie schnellstens an Ihre Sendung kommen."

Entwickeln Sie eine Sammlung von Beispielen kundenfreundlichen und kundenunfreundlichen Verhaltens, die Auszubildenden ausgehändigt werden könnte, wenn sie in der Abteilung Kundenservice eingesetzt werden.

Aufgabe 8

Unternehmen unterscheiden sich aus Kundensicht vorzugsweise durch sogenannte „weiche Faktoren" (z. B. in der Erreichbarkeit von Mitarbeitern). Geben Sie Beispiele aus der Praxis, in denen sich Speditionen in den Augen der Kunden gegenüber Mitbewerbern profilieren.

Beispiele für „weiche Faktoren":

- ein als ausgewogen empfundenes Preis-Leistungs-Verhältnis
- Qualität von Angeboten und Rechnungen
- Kulanz bei Kundenanliegen
- Mitarbeiterverhalten im Kundenkontakt
- Erreichbarkeit von Mitarbeitern
- Auftreten der Fahrer, Erscheinungsbild der Fahrzeuge

Aufgabe 9

In einer Spedition möchte man die Aktivitäten in der Distributionspolitik ausweiten. In der Geschäftsleitung ist man der Ansicht, dass man den Weg über die Verkaufsleiter großer Handelsunternehmen wählen sollte.

a. Ermitteln Sie geeignetes Adressmaterial von Handelsunternehmen im Einzugsbereich Ihres Ausbildungsbetriebs.
b. Legen Sie mindestens drei Kommunikationskanäle fest.
c. Treffen Sie eine Entscheidung über ein notwendiges Werbebudget.
d. Bestimmen Sie messbare Größen für die Erfolgsbewertung.
e. Setzen Sie mindestens zwei Beispiele zur Nutzung bestimmter Werbemedien um (z. B. persönliches Gespräch durch den Außendienstmitarbeiter, Werbebrief, Anzeige, Gestaltung der Internetseite).

Aufgabe 10

Unterscheiden Sie kostenorientierte, konkurrenzorientierte und nachfrageorientierte Preisbildung.

Aufgabe 11

Die Europäische Zentralbank bestimmt die Geldpolitik in der Europäischen Union. Diese Geldpolitik hat starke Auswirkungen auf die Konjunktur- und Wachstumssteuerung der Volkswirtschaften in der EU.

a. Beschreiben Sie die Ziele und Aufgaben der EZB.
b. Der EZB wird oft vorgeworfen, die Konjunkturpolitik zu vernachlässigen. Mit welchen Maßnahmen könnte die Zentralbank die Konjunktur stützen? Welche Gefahren birgt eine solche Geldpolitik?

> Insgesamt, so zum Beispiel die Kritik des Münchner Instituts für Wirtschaftsforschung (ifo), sei die EZB zu einseitig an der Preisniveaustabilität ausgerichtet und reagiere nur unzureichend auf Konjunkturschwankungen.
>
> Auch aus Frankreich und Italien wurden in den Jahren 2003/2004 des öfteren Forderungen laut, die Europäische Zentralbank solle sich künftig mehr konjunkturpolitisch betätigen, um das Wirtschaftswachstum aktiv zu unterstützen.
>
> www.politikerscreen.de

Aufgabe 12

Zur Steuerung der Geldmenge stehen der EZB verschiedene geldpolitische Instrumente zur Verfügung. Erläutern Sie folgende Instrumente:

a. Offenmarktpolitik
b. ständige Fazilitäten
c. Mindestreservepolitik
d. Beschreiben Sie die Wirkung dieser Instrumente auf die Stabilität des Preisniveaus und auf die konjunkturelle Entwicklung in unterschiedlichen Konjunkturphasen.

Aufgabe 13
Die Europäische Zentralbank senkt die Mindestreservesätze.
a. Für welche konjunkturelle Situation ist diese Maßnahme geeignet?
b. Welche Wirkungen ergeben sich für den Kreditspielraum der Kreditinstitute?
c. In welcher Weise beeinflusst diese Maßnahme das Zinsniveau?
d. Welche Grenzen sehen Sie für die Wirksamkeit dieser Maßnahme?

SELBSTTEST LERNSITUATION 21

→ Diese **Prozesse** sollten Sie beherrschen:
- Kundenbesuche vorbereiten und durchführen
- eine ABC-Analyse erstellen
- eine Unternehmenspräsentation erarbeiten
- Geldpolitische Ziele und Instrumente beurteilen

→ Diese **Begriffe** sollten Sie kennen:

1. ABC-Analyse
2. Anzeigen
3. Corporate Identity
4. Distributionspolitik
5. EZB, Ziele und Aufgaben
6. Geldmenge
7. Geldpolitik
8. Gestaltungsmittel
9. Instrumente, geldpolitische
10. Internet-Marketing
11. Kommunikationspolitik
12. Konkurrenzorientierung
13. Kostenorientierung
14. Kundenorientierung
15. Mailings
16. Marketing
17. Mindestreservepolitik
18. Nachfrageorientierung
19. Öffentlichkeitsarbeit
20. Offenmarktpolitik
21. Preisbildung
22. Prospekt
23. Präsentations-Medien
24. Präsentationstechniken
25. Public Relations
26. Sponsoring
27. Sprachliche Mittel (Werbung)
28. Ständige Fazilitäten
29. Telefonmarketing
30. Unternehmensleitbild
31. Verkaufsförderung
32. Verkaufsgespräch
33. Werbebotschaft
34. Werbebrief
35. Werbeetat
36. Werbegebiet
37. Werbemedien
38. Werbeplan
39. Werbung
40. Zeitungsbeilage
41. Zielgruppe

Zusammenhängende Aufgaben zur Wiederholung
Aufgabensatz 1 (82 Punkte, 90 Minuten)

Situation 1

Die Spedition INTERSPED hat von der Automobil-Handels GmbH, Neuss, den Auftrag erhalten, die Beförderung einer Sendung mit Automobilzubehör von Neuss zum Warenverteilzentrum der METRA AG in Nürnberg zu besorgen.

Auszug aus dem Speditionsauftrag

18 Zeichen und Nr.	19 Anzahl	20 Packstück	21 SF	22 Inhalt	23 Lademittelgewicht in kg	24 Bruttogewicht in kg	
ATHA 01 - 04	4	Euro-Flach-paletten	0	Dachgepäckträger		je 400 kg	Bruttogewicht – Nettomasse!
ATHA 05	1	Industrie-Flach-palette	0	10 Stahlkanister á 30 Liter Felgenreiniger (Gefahrgut)		300 kg	
Summe:	25	26 Rauminhalt cdm/Lademeter Summen:			27	28	

29 Gefahrgut

UN-Nr. __UN 3266__   Gefahrgut-Bezeichnung   ÄTZENDER BASISCHER ANORGANISCHER FLÜSSIGER STOFF N.A.G.

Gefahrzettelmuster-Nr. __8__   Verpackungsgruppe __III__   Nettomasse kg/l __280 kg__

Hinweise auf Sondervorschriften

30 Frankatur Frei Haus	31 Warenwert für Güterversicherung 5.800,00 EUR	32 Versender-Nachnahme

33

Datum, Unterschrift

34 Wir arbeiten ausschließlich aufgrund der Allgemeinen Deutschen Spediteurbedingungen und – soweit diese für die Erbringung logistischer Leistungen nicht gelten – nach den Logistik-AGB, jeweils neueste Fassung.
Diese beschränken in Ziffer 23 ADSp die gesetzliche Haftung des Spediteurs nach § 431 HGB für Schäden an Gütern in speditionellem Gewahrsam auf 5,00 EUR/kg; bei multimodalen Transporten unter Einschluss einer Seebeförderung auf 2 SZR/kg; darüber hinaus je Schadensfall bzw. Schadensereignis auf 1 Mio. bzw. 2 Mio. EUR oder 2 SZR/kg, je nachdem, welcher Betrag höher ist.

Aufgabe 1 (2 P.)
Begründen Sie, welche Vertragsart zwischen der Automobil-Handels GmbH und INTERSPED abgeschlossen worden ist.

Aufgabe 2 (4 P.)
a. Berechnen Sie, wie viel Lademeter die Sendung aus dem Speditionsauftrag erfordert.
b. Ermitteln Sie die Zahl der Lademeter für vier Kisten mit folgenden Maßen:
   zwei Kisten je 1,15 x 1,50 m,
   zwei Kisten je 2,20 x 1,00 m.

Aufgabe 3 (5 P.)
Die Sendung wird per Sammelladung, aber im Direktverkehr zum Empfangsspediteur in Nürnberg befördert.
a. Geben Sie zwei Vorteile an, die eine Direktbeförderung im Sammelgutverkehr zur Folge hat.
b. Nennen Sie zwei Voraussetzungen, damit solche Direktverkehre im Sammelgutverkehr durchgeführt werden können.
c. Nennen Sie den entscheidenden Vorteil von Sammelgutverkehren, die über eine Sammelgutkooperation und im HUB and Spoke-Verkehr laufen.

Aufgabe 4 (5 P.)

Die Angabe eines Warenwertes im Speditionsauftrag wird gemeinhin als Versicherungsauftrag an den Spediteur verstanden. Erläutern Sie

a. die Versicherungsart, die der Spediteur für seinen Kunden abschließt,

b. warum der Abschluss dieser Versicherung für den Versender sinnvoll ist.

Aufgabe 5 (15 P.)

a. Stellen Sie anhand der nachfolgenden Auszüge aus dem ADR dar, wie zu prüfen ist, ob es sich bei den Felgenreinigern im Speditionsauftrag um eine begrenzte Menge von Gefahrgut handelt. Nennen Sie auch das Ergebnis Ihrer Prüfung.

Verzeichnis der gefährlichen Güter (Auszug)

UN-Nr.	Benennung u. Beschreibung	Klasse	Verpackungsgruppe	Begrenzte Mengen	Beförderungskategorie	Nr. zur Kennzeichnung der Gefahr
3266	ÄTZENDER BASISCHER ANORGANISCHER FLÜSSIGER STOFF N.A.G	8	III	LQ 19	3	80

Tabelle der begrenzten Mengen je Beförderungseinheit

Beförderungskategorie	Stoffe oder Gegenstände Verpackungsgruppe oder Klassifizierungscode/-gruppe oder UN- Nummer	Höchstzulässige Gesamtmenge je Beförderungseinheit (in kg oder Liter)	Multiplikationsfaktor
…			
3	Stoffe und Gegenstände, die der Verpackungsgruppe III zugeordnet sind und nicht unter die Beförderungskategorie 0, 2 oder 4 fallen.	1000	1
…			

b. Stellen Sie mithilfe des nachfolgenden Tabellenauszugs dar, ob es sich bei den Gefahrgütern eventuell um eine Kleinmenge handelt.

c. Erläutern Sie die Konsequenzen für die Beförderung, wenn

ca. eine begrenzte Menge,

cb. eine Kleinmenge vorliegt.

d. Beschreiben Sie die Bedeutung der Spalte „Nr. zur Kennzeichnung der Gefahr" (80) im Verzeichnis der gefährlichen Güter.

Freistellung von Kleinmengen

Code	zusammengesetzte Verpackungen		Innenverpackungen, die in Trays mit Dehn- oder Schrumpffolie enthalten sind	
	Innenverpackung höchstzulässiger Inhalt	Versandstück höchstzulässige(r) Bruttomasse (kg)/Inhalt (l)	Innenverpackung höchstzulässiger Inhalt	Versandstück höchstzulässige(r) Bruttomasse (kg) l Inhalt (l)
…				
LQ 19	3 l	12 l	1 l	12 l und 20 kg
…				

Aufgabe 6 (6 P.)

Bei der Besorgung des Transportes kam es zu folgenden Ereignissen:

1. Beim Umschlag auf dem Speditionslager von INTERSPED wurde ein Kanister Felgenreiniger beschädigt, sodass er auslief.
2. Aufgrund eines Fehlers des Lkw-Fahrers kam es zu einem leichten Auffahrunfall, bei dem eine Palette mit Dachgepäckträgern so beschädigt wurde, dass die Produkte nicht mehr zu verkaufen waren.

a. Begründen Sie, wer für die Schäden zu haften hat.

b. Berechnen Sie den Schadenersatz.

Hinweise: INTERSPED hat mit seinem Versender einen Fixpreis vereinbart. Wert eines Sonderziehungsrechts am Tag der Sendungsübergabe: 1,2455 EUR. Jede Palette mit Dachgepäckträgern hat einen Wert von 1.200,00 EUR; die zehn Kanister haben einen Lieferwert von 1.000,00 EUR.

Situation 2

Sie sind Mitarbeiter der INTERSPED GmbH, Düsseldorf. Für Ihren Versender, die Seifert Textilmaschinenfabrik GmbH, Düsseldorf, haben Sie eine Sendung mit Textilmaschinen von Düsseldorf zum Empfänger, der XION Textiles Ltd. in Nanjing, China, zu besorgen. Die Sendung wird im Vor- und Nachlauf per Lkw befördert; der Hauptlauf wird mit einem Seeschiff abgewickelt. INTERSPED hat mit dem Versender für die Organisation des Transportes einen festen Betrag als Entgelt vereinbart.

Der Spedition liegt als Fax das nachfolgende Bill of Lading vor, das als Auszug abgebildet ist:

Auszug aus dem Bill of Lading

Marks and numbers	Number and kind of packages	Description of goods	Gross weight	Measurement
CPWU 103145-8 CPWU 154678-9 CPWU 885023-1 CPWU 871991-5	4 x 40'	Textile Machines S.T.C.	105.700 KGS	251,09 cbm
FREIGHT PREPAID Received by the Carrier in apparent good order and ...			SHIPPED ON BOARD TRANS-WORLD-REEDEREI 23.10.20(0) Walther	
Movement: FCL/FCL	Total no. of containers received by the carrier: - 4 -	No. of original Bs/L: 3/three		
Freight payable at: Bremen	Place and date of issue: Bremen, 24.10.20(0)			
COPY NON-NEGOTIABLE		**Trans-World-Reederei Bremen** Walther		

Aufgabe 7 (4 P.)

Erläutern Sie die Abkürzungen

a. 3/three

b. S.T.C.

c. SLD

d. FAC

Aufgabe 8 (8 P.)

Begründen Sie aufgrund des B/L-Auszugs bzw. der Situationsbeschreibung:

a. an welchem Ort der Container beladen wird,

b. an welchem Ort und an welchem Tag die Container auf das Seeschiff geladen worden sind,

c. wie aus dem vorliegenden B/L ein Orderpapier werden kann (zwei Möglichkeiten),

d. welchen INCOTERM die Kaufvertragspartner vereinbart haben sollten, damit sich der Gefahrenübergang genau mit dem physikalischen Übergabepunkt der Container an den Umschlagsbetrieb deckt,

e. ob das oben abgebildete B/L in seiner vollständigen Form (es ist nur als Auszug abgebildet) für ein Dokumentenakkreditiv eingesetzt werden kann.

Aufgabe 9 (6 P.)

Erklären Sie die folgenden Angaben auf einem der eingesetzten Container:

a. Max. Gross
b. Tare
c. Payload
d. cubic capa.
e. CPWU
f. 103145-8

CPWU 103145-8	
Max. Gross	30.480 KGS
	67.200 LBS
Tare	3.880 KGS
	8.550 LBS
Payload	26.600 KGS
	58640 LBS
cubic capa.	750 CU.M.
	2.680 CU.FT.

Aufgabe 10 (6 P.)

Prüfen Sie, ob im beschriebenen Fall multimodaler Verkehr vorliegt. Gehen Sie dabei auf die drei Voraussetzungen nach dem Handelsgesetzbuch ein, die gegeben sein müssen, um von multimodalem Verkehr zu sprechen.

Situation 3

Die Spedition INTERSPED erhält von der Sasse GmbH, Düsseldorf, den Auftrag, den Versand von Messinstrumenten von Köln nach Johannesburg zu besorgen.

Auszug aus dem Speditionsauftrag

18 Zeichen und Nr.	19 Anzahl	20 Packstück	21 SF	22 Inhalt	23 Lademittel-gewicht in kg	24 Brutto-gewicht in kg
SAS 01 – 03	3	Kisten	0	Messinstrumente		
				150 x 100 x 160 cm		215
				120 x 80 x 150 cm		195
				110 x 90 x 170		200
Summe:	25	26 Rauminhalt cdm/Lademeter Summen:			27	28

Hinweise auf Sondervorschriften		
Direktflug Flughafen Köln nach Johannesburg		
30 Frankatur DDU Jahannesburg	31 Warenwert für Güterversicherung keine Versicherung	32 Versender-Nachnahme

Aufgabe 11 (8 P.)

a. Berechnen Sie mithilfe der nachfolgenden Vereinbarungen die Höhe der Luftfracht.
- Vereinbarte Frachtrate: 1,25 EUR pro Bruttokilogramm
- Nebengebühren:
  - Fuel surcharge 0,85 EUR pro kg tatsächlichem Gewicht
  - Security fee 0,15 EUR pro kg tatsächlichem Gewicht

b. Ergänzen Sie die nebenstehend abgebildeten Felder des Luftfrachtbriefes mit den Abrechnungsangaben.

Aufgabe 12 (5 P.)

a. Erläutern Sie den Kosten- und Gefahrenübergang beim INCOTERM DDU Johannesburg.
b. Machen Sie den Unterschied zwischen Einpunkt- und Zweipunktklauseln deutlich.
c. Nennen Sie die für Johannesburg zuständige Traffic Conference.

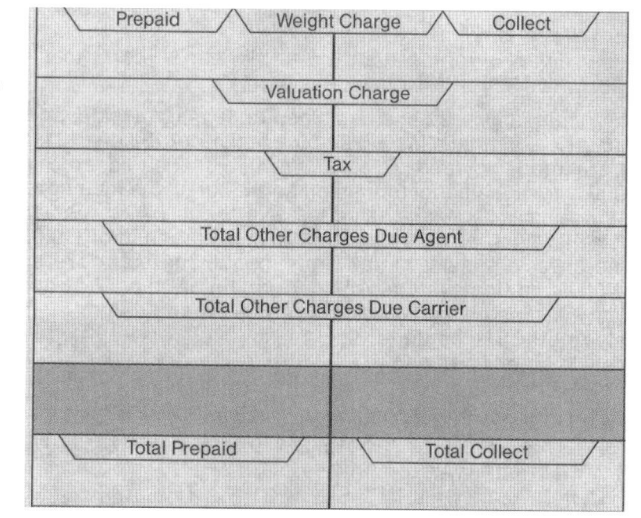

Aufgabe 13 (4 P.)

Die Kiste Nr. 3 (Wert 4.400,00 EUR) ist dem Frachtführer gegen Quittung übergeben worden, sie konnte dem Empfänger aber nicht ausgeliefert werden.

Der Empfänger reklamiert den Verlust beim Luftfrachtführer.

Berechnen Sie die Höhe des Schadenersatzes, mit dem der Anspruchsteller rechnen kann.

1 SZR : 1,2554 EUR

Aufgabe 14 (4 P.)

Im Speditionsauftrag der Situation 1 wird in Feld 34 auf Allgemeine Geschäftsbedingungen verwiesen.

a. Erläutern Sie den unterschiedlichen Geltungsbereich der beiden erwähnten AGBs.
b. Machen Sie deutlich, wie die Logistik-AGB hinsichtlich der Versicherung einen Grundgedanken der ADSp aufgreifen.

Zusammenhängende Aufgaben zur Wiederholung
Aufgabensatz 2 (104 Punkte, 115 Minuten)

Situation 1

Die Maschinenfabrik Degener & Lutz hat der Spedition INTERSPED einen Speditionsauftrag erteilt, der nachfolgend abgebildet ist. Die Beförderung wird im Selbsteintritt durchgeführt. Dafür stehen Lastzüge mit Wechselbrücken (Ladelänge = 7,30 m) zur Verfügung.

Mit dem Versender wurde ein Preis von 55,00 EUR pro angefangenem Lademeter vereinbart. Kosten für Maut und Versicherung werden gesondert berechnet.

Speditionsauftrag

1 Versender/Lieferant 2 Lieferanten-Nr.	3 Speditionsauftrag-Nr.
Degener & Lutz Holzheimer Weg 33 41464 Neuss	4 Nr. Versender beim Versandspediteur
	6 Datum 06.05.20(0) 7 Relations-Nr.
5 Beladestelle Holzheimer Weg 33, **Frühestens 08.05.20(0), 08:00 Uhr**	9 Versandspediteur 10 Spediteur-Nr.
8 Sendungs-/Ladungs-Bezugs-Nr.	**INTERSPED GmbH** **Merkurstraße 14** **40223 Düsseldorf**
11 Empfänger 12 Empfänger-Nr.	
Heinz Anlagenbau GmbH Kruppstraße 210 70469 Stuttgart	Telefon: 0211 56742-0 Fax: 0211 56733 E-Mail: INTERSPED@t-online.de
	13 Bordero-/Ladelisten-Nr.
14 Anliefer-/Abladestelle	15 Versendervermerke für den Versandspediteur
Kruppstraße 210	
	16 Eintreff-Datum 17 Eintreff-Zeit 08.05.20(0) 17:00 Uhr

18 Zeichen und Nr.	19 Anzahl	20 Packstück	21 SF	22 Inhalt	23 Lademittel- gewicht in kg	24 Brutto- gewicht in kg
HE-001-002	2	Holzkisten	0	Antriebsmotoren M44-Z je 2,20 m x 2,60 m		4.400
HE-003-023	21	Euro-Flach- paletten	0	Stellmotoren S17GS		13.650
Summe:	25 23	26 Rauminhalt cdm/Lademeter Summen:			27	28 18.050

29 Gefahrgut

UN-Nr. _____   Gefahrgut-Bezeichnung

Gefahrzettelmuster-Nr. _____   Verpackungsgruppe ____   Nettomasse kg/l ____

Hinweise auf Sondervorschriften

30 Frankatur	31 Warenwert für Güterversicherung 190.000,00 EUR	32 Versender-Nachnahme

33
Preis: 55,00 EUR pro angefangenen Lademeter

06.05.20(0)   *Mauser*

Datum, Unterschrift

34 Wir bearbeiten ausschließlich aufgrund der Allgemeinen Deutschen Spediteurbedingungen (neueste Fassung).
   Diese beschränken in Ziffer 23 ADSp die gesetzliche Haftung des Spediteurs nach § 431 HGB Schäden an Gütern in speditionellem Gewahrsam auf 5,00 EUR/KG, bei multimodalen Transporten unter Einschluss einer Seebeförderung auf 2 SZR/kg; darüber hinaus je Schadensfall bzw. Schadensereignis auf 1 Mio. bzw. 2 Mio. EUR oder 2 SZR/kg, je nachdem welcher Betrag höher ist.

Aufgabe 1 (2 P.)

Dem Speditionsauftrag war die Anfrage des Versenders vorausgegangen, ob die gesetzliche Haftung des Spediteurs bei einem Güterwert von 190.000,00 EUR ausreichend sei. Dem Versender wurde empfohlen, eine Güterversicherung abzuschließen.

Begründen Sie diese Empfehlung (1 SZR = 1,0700 EUR).

Aufgabe 2 (4 P.)

Der Versender wünscht vorab eine Information über die Kosten der Versicherung.

Berechnen Sie die Versicherungsprämie mithilfe der nachfolgenden Prämientabelle.

Prämientabelle	
Warengruppe A Allgemeine Speditionsgüter, die nicht in der Warengruppe B gesondert aufgeführt sind.	
Warengruppe B	
• Elektrische Haushaltsgeräte	• Foto- und Filmapparate
• Nahrungsmittel	• Unterhaltungselektronik (z. B. Fernseh-, Video-, Rundfunkgeräte)
• Flüssigkeiten in Flaschen	
• Kosmetikartikel	• weiße Ware (z. B. Waschmaschinen, Kühlschränke etc.)
• Tabakwaren	
• Spirituosen	• Maschinen mit hohem Elektroanteil
• Arzneien	• Computer (Hardware und Software) und Peripheriegeräte
• Neumöbel	• temperaturgeführte Güter
• Daten-, Ton- und Musikträger	• medizinisch-technische Geräte

		Prämien in Promille	
		Warengruppe A	Warengruppe B
1.1	Deutschland	0,70	1,85
1.2	...		
7.	Mindestprämie je Transport	2,50 EUR	
	Bei innerdeutschen Transporten zuzüglich der gesetzlichen Versicherungssteuer von zurzeit 19 %.		

Aufgabe 3 (4 P.)

Beschreiben Sie zwei Möglichkeiten, wie der Speditionsvertrag (dokumentiert im Speditionsauftrag) rechtswirksam zustande gekommen sein könnte.

Aufgabe 4 (4 P.)

Begründen Sie,

a. ob INTERSPED aufgrund des bestehenden Speditionsvertrages als Spediteur oder als Frachtführer anzusehen ist,

b. ob sich an der Rechtsposition von INTERSPED etwas ändert, wenn ein Frachtführer mit dem Transport der Sendung nach Stuttgart beauftragt wird.

Aufgabe 5 (4 P.)

In Feld 34 des Speditionsauftrages wird auf die Ziffer 23 ADSp verwiesen, die die Haftung des Spediteurs auf mindestens 2 SZR pro kg festlegt. Erläutern Sie die entsprechende HGB-Regelung, die zu dieser Haftungsuntergrenze in der gesetzlichen Haftung des Spediteurs führt.

Aufgabe 6 (6 P.)

Stellen Sie fest, ob die Sendung auf einen Gliederzug mit zwei Wechselbehältern verladen werden kann. Begründen Sie Ihre Lösung rechnerisch oder durch eine grafische Darstellung.

Aufgabe 7 (10 P.)

Der Versender hat im Speditionsauftrag die Abhol- und Zustellzeit vorgeschrieben. Prüfen Sie, ob die Zeiten unter folgenden Bedingungen einzuhalten sind:

Fahrt Düsseldorf – Neuss (15 km): 30 Minuten (der Fahrer hat mit Fahrtbeginn seine Tagesruhezeit beendet)
Beladen in Neuss: 30 Minuten (der Fahrer stellt das digitale Kontrollgerät auf Lenkzeitunterbrechung)
Entfernung Neuss – Stuttgart 450 km
Durchschnittsgeschwindigkeit: 60 km/h
Ergänzen Sie den nachfolgenden Tourenplan entsprechend.

Tourenplanung Düsseldorf – Neuss – Stuttgart					
Datum	Uhrzeit	Ortsangaben	Km	Fahrzeit (Std:Min)	Pause (Std:Min)
08.05.20(0)	07:30	Abfahrt Düsseldorf	15	0:30	
	08:00	Ankunft Degener & Lutz			
	08:30	Ende Beladen			0:30
		Summe			

Aufgabe 8 (6 P.)

a. Bei Antritt der Fahrt in Düsseldorf (siehe Aufgabe 7) hat unser Fahrer im digitalen Kontrollgerät die UTC-Zeit einzugeben. Berechnen Sie die UTC-Zeit unter Beachtung der Sommerzeit.

b. Der Fahrer wählt die Autobahnen A46, A3, A67, A6 und A81 für den Weg nach Stuttgart. Seine Fahrt führt ihn daher an folgenden Städten vorbei:

Darmstadt – Bonn – Ludwigsburg – Wiesbaden – Mannheim – Köln – Heilbronn – Koblenz

Bringen Sie die Städte auf der Strecke von Neuss nach Stuttgart in die geografisch richtige Reihenfolge.

Aufgabe 9 (8 P.)

Berechnen Sie

a. den Betrag (brutto), den INTERSPED dem Versender in Rechnung stellt. Beachten Sie dabei:

  aa. Die Fracht wird aufgrund der Preisvereinbarung ermittelt.

  ab. Die Versicherungsprämie einschließlich Versicherungssteuer wird der Umsatzsatzsteuer unterworfen.

  ac. Die Maut wird mithilfe der unten stehenden Mauttabelle an den Versender weitergereicht. Der Autobahnanteil beträgt 460 km.

b. das Rohergebnis aus diesem Auftrag, wenn INTERSPED mit folgenden Kostensätzen kalkuliert:

Tagessatz: 480,00 EUR (für den Auftrag wird ein voller Tagessatz angesetzt)

Kilometersatz: 0,42 EUR

Die Mautkosten laut Tabelle gehen in die Kostenrechnung von INTERSPED ein.

Die Versicherungsprämie bleibt unbeachtet.

Mautgebühren* für Sendungen über 3 Lademeter

Lademeter	Entfernung in km										
	1-100	101-200	201-300	301-400	401-500	501-600	601-700	701-800	801-900	901-1000	1001-1100
3,1 – 4,0	2,17 €	6,51 €	10,85 €	15,19 €	19,53 €	23,87 €	28,21 €	32,55 €	36,89 €	41,23 €	45,57 €
4,1 – 5,0	2,79 €	8,37 €	13,95 €	19,53 €	25,11 €	30,69 €	36,27 €	41,85 €	47,43 €	53,01 €	58,59 €
5,1 – 6,0	3,41 €	10,23 €	17,05 €	23,87 €	30,69 €	37,51 €	44,33 €	51,15 €	57,97 €	64,79 €	71,61 €
6,1 – 7,0	4,03 €	12,09 €	20,15 €	28,21 €	36,27 €	44,33 €	52,39 €	60,45 €	68,51 €	76,57 €	84,63 €
7,1 – 8,0	4,65 €	13,95 €	23,25 €	32,55 €	41,85 €	51,15 €	60,45 €	69,75 €	79,05 €	88,35 €	97,65 €
8,1 – 9,0	5,27 €	15,81 €	26,35 €	36,89 €	47,43 €	57,97 €	68,51 €	79,05 €	89,59 €	100,13 €	110,67 €
9,1 – 10,0	5,89 €	17,67 €	29,45 €	41,23 €	53,01 €	64,79 €	76,57 €	88,35 €	100,13 €	111,91 €	123,69 €
10,1 – 14,0	6,20 €	18,60 €	31,00 €	43,40 €	55,80 €	68,20 €	80,60 €	93,00 €	105,40 €	117,80 €	130,20 €

* Beträge in Euro ohne Umsatzsteuer (Mehrwertsteuer)

Situation 2

Sie haben den Auftrag, in der INTERSPED Luftfracht GmbH eine Luftfrachtsammelladung von Düsseldorf nach Sydney, Australien, abzuwickeln. Die Sendung besteht aus sechs Teilsendungen mit nebenstehenden Maßen und Gewichten.

Mit der Beförderung der Sammelgutsendung wird die Lufthansa beauftragt. Im Luftverkehr zwischen Deutschland und Australien gilt die derzeit aktuellste internationale Rechtsgrundlage.

Sendung Nr.	Gewicht kg	Maße cm
1	320,0	150 x 80 x 53
2	5,0	40 x 40 x 20
3	45,0	80 x 60 x 55
4	1.100,0	160 x 120 x 110
5	120,0	110 x 110 x 80
6	80,0	100 x 60 x 70

Aufgabe 10 (7 P.)

Zur Sendung 1 hat INTERSPED den nachfolgenden Speditionsauftrag (Auszug) vom Versender Landmaschinen Wehmeier KG erhalten.

a. Erläutern Sie, welche Vertragsart und welche Vertragsgrundlage
 - **aa.** zwischen dem Versender und INTERSPED,
 - **ab.** zwischen INTERSPED und der Lufthansa besteht.

b. Durch den Hinweis in Feld 33 des Speditionsauftrages wird INTERSPED zum vertraglichen Frachtführer. Begründen Sie diese Aussage.

c. Begründen Sie, wem die Kosten für die Luftfrachtbeförderung in Rechnung gestellt werden.

d. Nehmen Sie an, der Speditionsauftrag enthielte die Frankatur „FCA Duesseldorf Airport". Machen Sie die Unterschiede zwischen den INCOTERMS DDU Sydney und FCA Duesseldorf Airport hinsichtlich des Kosten- und Gefahrenübergangs deutlich.

Speditionsauftrag (Auszug)

18 Zeichen und Nr.	19 Anzahl	20 Packstück	21 SF	22 Inhalt	23 Lademittel-gewicht in kg	24 Brutto-gewicht in kg
WEH01	1	Kiste	0	Farm machine parts DIM 150 x 80 x 53 cm		320
Summe:	25	26 Rauminhalt cdm/Lademeter Summen:			27	28

29 Gefahrgut

30 Frankatur DDU Sydney	31 Warenwert für Güterversicherung	32 Versender-Nachnahme

33
Preis: laut Sammelgutpreisliste vom 01.03.20(0)

06.05.20(0)   *Schneider*

Datum, Unterschrift

34 Wir bearbeiten ausschließlich aufgrund der Allgemeinen Deutschen Spediteurbedingungen (neueste Fassung). **Diese beschränken in Ziffer 23 ADSp die gesetzliche Haftung des Spediteurs nach § 431 HGB Schäden an Gütern in speditionellem Gewahrsam auf 5,00 EUR/KG, bei multimodalen Transporten unter Einschluss einer Seebeförderung auf 2 SZR/kg; darüber hinaus je Schadensfall bzw. Schadensereignis auf 1 Mio. bzw. 2 Mio. EUR oder 2 SZR/kg, je nachdem welcher Betrag höher ist.**

Aufgabe 11 (10 P.)

a. Für den Flug nach Sydney steht die unten aufgeführte Flugverbindung zur Verfügung.

b. Erläutern Sie die einzelnen Positionen des Flugplans.

c. Machen Sie deutlich, an welcher Stelle es ein Kapazitätsproblem geben könnte.

d. Der Versender möchte wissen, wann das Flugzeug nach Ortszeit Düsseldorf in Sydney landet. Errechnen Sie die Ankunftszeit nach local time Düsseldorf (Wochentag, Uhrzeit). Wählen Sie als Abflugtag die erste Verbindung ab Düsseldorf.

Auszug aus dem Cargo-Flugplan

DÜSSELDORF GERMANY (DUS)							0200
Frequency	Depart	Arrive		Flight	Equip	Class	Stops
	Transfer Connection						
13	**18:35**	DUS	19:30 FRA	LH 815	321	P	0
1234567	23:30	FRA	**06:25**$_{+2}$ SYD	QF6	747	BC	1

Hinweise: FRA = Frankfurt, SYD = Sydney, LH = Lufthansa, QF = Quantas Airways
Zeitverschiebung Sydney: UTC +10; Düsseldorf = Sommerzeit
321 = Airbus 321, 747 = Boeing 747 passenger

Aufgabe 12 (6 P.)

Als Beförderungspapiere werden verschiedene AWB ausgestellt (House-/Master-AWB).

a. Beschreiben Sie, wie diese Papiere in der Luftfrachtsammelladung eingesetzt werden.

b. Geben Sie jeweils an, wer als Absender, Frachtführer und Empfänger

  ba. im House-AWB,

  bb. im Master-AWB

  eingetragen wird.

Aufgabe 13 (2 P.)

In der Luftfrachtsammelladung wird auch ein Cargo-Manifest verwendet. Erläutern Sie den Inhalt und die Aufgabe dieses Papiers.

Aufgabe 14 (9 P.)

a. Berechnen Sie mithilfe der nebenstehenden Preisliste und der unten stehenden Tabelle die Erlöse, die die Spedition INTERSPED für die Sendungen 1 bis 6 nach Sydney von den Versendern erhält.

b. Mit der Luftverkehrsgesellschaft hat INTERSPED für ihre Sammelgutsendungen eine Gewichtsrate von 4,60 EUR pro kg vereinbart. Ermitteln Sie das Rohergebnis, das die Spedition allein aus den Frachterlösen erzielt.

c. Erläutern Sie 3 weitere Abrechnungspositionen mit den Kunden.

Düsseldorf	DE	DUS
EURO	KGS	EUR
Sydney	**AU**	
	M	84,00
	N	11,30
	45	9,20
	100	5,70
	300	4,85
	500	4,30

Sendung Nr.	Gewicht kg	Maße cm	Volumen-kilogramm	Berechnungsgrundlage: Gewicht/ Volumenkilogramm	EUR pro kg	Gesamtbetrag EUR (Erlöse)
1	320,0	150 x 80 x 53				
2	5,0	40 x 40 x 20				
3	45,0	80 x 60 x 55				
4	1.100,0	160 x 120 x 110				
5	120,0	110 x 110 x 80				
6	80,0	100 x 60 x 70				

Situation 3

In der Spedition INTERSPED trifft heute, am 06.05.20(0), ein Auftrag des Versenders Hans Brauner, Lüftungstechnik, GmbH, Münsterstraße 142, 40476 Düsseldorf, ein.

Speditionsauftrag (Auszug)

18 Zeichen und Nr.	19 Anzahl	20 Packstück	21 SF	22 Inhalt	23 Lademittel-gewicht in kg	24 Brutto-gewicht in kg
BR-DU01-04	4	Euro-Flachpalette	0	Filteranlagen 7,650 m³		3.800
Summe:	25	26 Rauminhalt cdm/Lademeter		Summen:	27	28

29 Gefahrgut

30 Frankatur	31 Warenwert für Güterversicherung	32 Versender-Nachnahme
CIF Dubai	85.000,00 EUR	

33
Festpreis über 1.050,00 (ohne Transportversicherungsprämie)
Transportversicherung über 110 % des Güterwertes, Haus-Haus, volle Deckung
FBL als Beförderungsdokument mit dem Vermerk „Shipped on board"
Versicherungszertifikat als Inhaberpapier

06.05.20(0)   *Graf*

Datum, Unterschrift

Die Sendung wird als Sammelgut per Seeschiff von Hamburg nach Dubai befördert. Die Organisation in den Seehäfen wird die Christiansen Seehafen-Speditionsgesellschaft mbH, Hamburg, übernehmen. Den Lkw-Vorlauf Düsseldorf – Hamburg organisiert INTERSPED.

Aufgabe 15 (6 P.)

Klären Sie anhand des INCOTERMS folgende Fragen:

a. Wer trägt die Beförderungskosten bis Dubai?
b. Wem werden die Kosten für die Transportversicherung in Rechnung gestellt?
c. Wer hat das Beförderungs- und Versicherungsdokument zu besorgen?

Aufgabe 16 (8 P.)

Mit dem Versender war ein Festpreis in Höhe von 1.050,00 EUR vereinbart worden (die Prämie für die Transportversicherung wird in gleicher Höhe, wie von der Versicherungsgesellschaft berechnet, weiter gereicht).

Stellen Sie das Zustandekommen des Betrages anhand folgender Angaben fest:

Preisvereinbarungen vom 05.05.20(0) mit der Hans Brauner GmbH	
Vorlauf Düsseldorf – Hamburg, 410 km	280,00 EUR (einschließlich Maut)
Seefracht CAF BAF THC	65,00 USD M/G 10 % 8 USD M/G 22,00 EUR/1.000 kg
FBL-Spesen	25,00 EUR
ISPS-Zuschlag • Stückgut (LCL) • Container (FCL)	 3,00 EUR pro Sendung 15,00 EUR pro Container
Gemeinkostenzuschlag (auf die Summe der Kosten)	20 %
Gewinnzuschlag (auf den um die Gemeinkosten erhöhten Betrag) Zum Schluss wird der Festpreis auf volle 50,00 EUR gerundet.	10 %

Kurs: 1 EUR = 1,55765 USD

Aufgabe 17 (4 P.)

Beschreiben Sie den Weg des FBL im Rahmen der Beförderungsorganisation.

Aufgabe 18 (2 P.)

Stellen Sie dar, inwieweit die vereinbarten Anforderungen an die Transportversicherung die Ansprüche an die Transportversicherung gemäß INCOTERM CIF übersteigen.

Aufgabe 19 (2 P.)

Der Versender wünscht ein Versicherungszertifikat als Inhaberpapier. Erläutern Sie die beiden Fachbegriffe.